MARGOT FLEISCHER

DER „SINN DER ERDE" UND DIE ENTZAUBERUNG
DES ÜBERMENSCHEN

MARGOT FLEISCHER

DER „SINN DER ERDE" UND DIE ENTZAUBERUNG DES ÜBERMENSCHEN

EINE AUSEINANDERSETZUNG MIT NIETZSCHE

WISSENSCHAFTLICHE BUCHGESELLSCHAFT
DARMSTADT

Einbandgestaltung: Neil McBeath, Stuttgart.

Einbandbild: Friedrich Nietzsche, 1882.
Ullstein Bilderdienst, Berlin.

Die Deutsche Bibliothek – CIP-Einheitsaufnahme

Fleischer, Margot:
Der „Sinn der Erde" und die Entzauberung des
Übermenschen: eine Auseinandersetzung mit
Nietzsche / Margot Fleischer. – Darmstadt:
Wiss. Buchges., 1993
ISBN 3-534-12098-1

Bestellnummer 12098-1

© 1993 by Wissenschaftliche Buchgesellschaft, Darmstadt
Gedruckt auf säurefreiem und alterungsbeständigem Offsetpapier
Gesamtherstellung: Wissenschaftliche Buchgesellschaft, Darmstadt
Printed in Germany
Schrift: Linotype Times, 9.5/11

ISBN 3-534-12098-1

INHALT

EINLEITUNG

Denen, die heute *nicht* an dem Fragwürdigen unseres Daseins leiden,
habe ich nichts zu sagen.

(NF VIII 2, 240)

wir geborenen Räthselrather, die wir gleichsam auf den Bergen warten,
zwischen Heute und Morgen hingestellt und in den Widerspruch zwischen
Heute und Morgen hineingespannt, wir Erstlinge und Frühgeburten des
kommenden Jahrhunderts, denen eigentlich die Schatten, welche Europa
alsbald einwickeln müssen, jetzt schon zu Gesicht gekommen sein *sollten*
[...]

(FW 343 / V 2, 256)

Nietzsche ist ein Denker des Übergangs. So verstand er selbst sich im späten 19. Jahrhundert. Man könnte vielleicht meinen, 100 Jahre danach und in einer so schnellebigen Zeit wie der unsrigen sei sein Heute und Morgen schon zum Gestern geworden, sei sein übergängiges Denken (ähnlich dem Descartes', nur nicht ganz so weit entfernt) geschichtliche Vergangenheit geworden, und denen, die jetzt und heute 'an dem Fragwürdigen unseres Daseins leiden', habe er nichts mehr zu sagen. Diese Einschätzung wäre falsch. Zum Zeugen gegen sie ließe sich das anhaltende Rezeptionsgeschehen aufrufen (an dem sich allerdings auch manche beteiligen, denen Nietzsche erklärtermaßen nichts zu sagen hat). Die Frage ist aber: Wie hat Nietzsche existentiell betroffenem Philosophieren heute (und etwa auch noch morgen) etwas zu sagen? Meine Antwort ist: Nur in der Auseinandersetzung mit ihm.

Die Auseinandersetzung mit Nietzsche ist noch nicht zu Ende geführt. Und solange das nicht geschehen ist, sind nicht alle Denkerfahrungen gemacht, die – im Positiven wie im Negativen – aus seiner Philosophie gewonnen werden können. Nietzsches Wege – teils mit ihm, teils ohne ihn – zu Ende gehen, das bringt mancherlei Klarheit für unsere eigene Denksituation und unsere Aufgaben. Es klärt, wo wir nicht hinter Nietzsche zurückgehen können, und auch, wo wir über ihn hinausgehen oder uns von ihm trennen müssen. Es trägt bei zu einem reflektierten Umgang mit unserer langen Denktradition, gegen die Nietzsche zum Streit angetreten ist. Es zeigt ferner, welche Auswege aus unseren Schwierigkeiten wir nicht mehr zu versuchen brauchen und welchen Versuchungen Nietzsches widerstanden werden sollte, aber auch welche positiven Impulse er zu geben oder zu verstärken vermag und welche Aufschlüsse über 'das, was ist' ihm zu danken sind.

Im Mittelpunkt meiner Untersuchung steht der Mensch. Aber dieses
Thema ist bei Nietzsche so zentral, daß, wo es in seine verschiedenen
Dimensionen entfaltet wird, das Grundgefüge von Nietzsches Philosophie
mit zur Sprache kommt. Entscheidend ist für Nietzsche, daß der Mensch
des Heute und Morgen zunächst einmal begreife, wer er nicht ist, genauer
gesagt: daß der europäische Mensch Abschied nehme von dem Selbstverständnis, das ihn in langer Tradition getragen und ihm ein hohes Selbstwertgefühl gegeben hat. Dem dienen Nietzsches Destruktionen von 'Logik',
Metaphysik und absoluter Moral. Vor dem Hintergrund dieser Destruktionen zeigt sich, was der Mensch aller Zeiten in Wahrheit ist. Dazu bringt
Nietzsche Thesen vor, die neue Wertungen implizieren, und er verbindet sie
mit seiner Seinsthese, die besagt, daß schlechterdings alles, was ist, also
auch der Mensch, Wille zur Macht ist. Aber Nietzsche bleibt nicht dabei stehen, mitzuteilen, was der Mensch fälschlich zu sein vermeinte, jedoch nicht
ist, und was er demgegenüber tatsächlich ist, blickt man von Tradition befreit und unerschrocken auf die Realität. Nietzsches besonderes Engagement gilt dem Entwurf einer höheren Form des Menschseins, einer Vollen-
dungsmöglichkeit, die er als Übermensch einführt und später dann, als Abstriche an dem ursprünglichen Konzept unvermeidlich werden, eher als höheren Typus bezeichnet. Mit dem ›Zarathustra‹ beginnt, was das 'Konstruk-
tive' in Nietzsches Philosophie betrifft, ein Denkgeschehen von ziemlicher
Dramatik, das nicht ohne weiteres zutage liegt und das ich herausarbeiten
werde. Es endet mit den ›Dionysos-Dithyramben‹, von denen einige in ihrer Bedeutung für Nietzsches Persönlichkeit als Philosoph und für sein Denken als Durchgang, der für uns noch nicht Vergangenheit ist, sehr hoch einzuschätzen sind.

Meine Absicht, zur Auseinandersetzung mit Nietzsche beizutragen, habe
ich schon zu erkennen gegeben. Man wird demgemäß eine kritische Darstellung erwarten. Diese Erwartung wird zwar noch nicht von Anfang an,
aber je länger um so mehr erfüllt werden. Es geht mir aber auch um Interpretation und um das Aufzeigen innerer Zusammenhänge im Denken Nietzsches. Und ich bekenne mich dazu, daß mir als potentielle Leser nicht nur
Nietzsche-Experten vor Augen stehen, daß ich vielmehr auch an Interessierte denke, die einen Fundus an Nietzsche-Kenntnis nicht schon mitbrin-
gen (und von denen ich nicht verlangen mag, sich zunächst einmal aus anderen Arbeiten über Nietzsche und aus den Texten Nietzsches eine Ausgangs-
basis für das Verständnis meiner Schrift zu schaffen). Das bringt es mit sich,
daß vor den mit Nietzsches Werk Vertrauten manches ausgebreitet werden
muß, das sie gut kennen. Ich hoffe, ich habe sie dafür ausreichend mit Eigenem entschädigt. Übrigens klärt ja das Inhaltsverzeichnis darüber auf, wo
welche Schwerpunkte gesetzt sind.

Ich lege meinen Ausführungen Nietzsches Werke ab ›Menschliches, All-

zumenschliches‹ zugrunde, also keine Frühschriften. (Über zwei der Frühschriften habe ich mich in kleineren Arbeiten geäußert, von denen eine,
nämlich diejenige über die Zeitlichkeit des Menschen, anthropologisch einschlägig ist.) Beim Nachlaß beschränke ich mich fast ganz auf den späten
(ab 1885), der unverzichtbar ist und – in einer Auswahl – als angebliches
Hauptwerk Nietzsches unter dem Titel ›Der Wille zur Macht‹ zu großer Wirkung gekommen ist (vgl. Anm. 33 zu Kap. 9). – Weitgehend ausgespart
bleibt die Problematik von Wahrheit und Erkenntnis, obwohl sie mehrfach
berührt wird. Mit ihr setzt sich das Nietzsche-Kapitel meiner Schrift ›Wahrheit und Wahrheitsgrund‹ auseinander, das als komplementär zu dieser Untersuchung angesehen werden kann und auf das ich gelegentlich zurück-
greife.

In der Literatur über Nietzsche wird häufig mehr zitiert als anderwärts
üblich, und das wird auch hier geschehen. Dafür gibt es verschiedene
Gründe. In den ausgefeilten Aphorismen oder im ›Zarathustra‹ gehört die
Art, wie Nietzsche sich äußert, so sehr zu ihm, daß man das von ihm Gesagte nicht durch Paraphrase ersetzen möchte. Ferner ist man gegenüber einem sich in Aphorismen präsentierenden Werk und gegenüber Nachlaß-Notizen in einer anderen Lage als gegenüber durchgängigen Schriften. Die
Orientierung an den interpretierten Texten ist dem Leser äußerlich er-
schwert, die Belege sind besonders verstreut; da ist das Zitat eine Hilfe.
Schließlich haben bei einem Philosophen wie Nietzsche, der so viel Um-
stürzlerisches und Provokantes geäußert hat, die Zitate in gesteigertem
Maße die Funktion der Dokumentation, daß er das 'wirklich gesagt' und
'wirklich so gesagt' hat.

Ich habe mich bemüht, meine Gedankenführung möglichst klar heraustreten zu lassen. In diesem Bemühen habe ich vieles als Anmerkung gegeben (Erweiterungen und Nebengedanken bis hin zu kleinen Exkursen, weitere Zitate zwecks zusätzlicher Dokumentation oder Ergänzung, Bezugnah-
men auf andere Autoren u. ä.). So ist es dem Leser überlassen, ob er das,
was mir am Rande meines Weges wichtig gewesen ist, zunächst einmal auf
sich beruhen lassen will.

Das Literaturverzeichnis gibt außer der zitierten Literatur eine Auswahl
einschlägiger Schriften der Nietzsche-Forschung an, die meine Darlegungen ergänzen oder Kontrapunkte zu ihr enthalten; bei den Fällen der letzteren Art habe ich durch meine Argumentationen indirekt Stellung genommen. Für in weiterem Rahmen wichtige Nietzsche-Literatur verweise ich
auf die Literaturangaben meines Nietzsche-Artikels in der Theologischen
Realenzyklopädie sowie auf meinen Artikel zur Nietzsche-Rezeption. Eine
Literaturauswahl zu Wahrheit und Erkenntnis bei Nietzsche findet sich in
meiner Schrift ›Wahrheit und Wahrheitsgrund‹.

Ich danke Frau Elisabeth Heinrich für die Mitarbeit an den Registern.

1. DIE DESTRUKTION VON 'LOGIK' UND METAPHYSIK

Nietzsches philosophische Bemühung um den Menschen hat nicht beiläufig, sondern wesentlich eine kritische, ja destruktive Seite. Denn so, wie Nietzsche seine Aufgabe versteht – nämlich einen radikalen Umbruch im Denken und Werten herbeizuführen – kann er Positives über den Menschen glaubwürdig nicht vorbringen, wenn es ihm nicht gelingt, bestehendes und überliefertes menschliches Selbstverständnis außer Kraft zu setzen. Nietzsche praktiziert als Philosoph seinen im Zeichen des Dionysos erblickten Grundgedanken der unlöslichen Einheit von Schaffen und Zerstören. Nur zerstörend kann eine radikal neue Bestimmung des Menschen geschaffen, d. h. entworfen und durchgesetzt werden. Kants kritische Unternehmungen erscheinen daneben als harmlos und primär bewahrend. Nietzsche hält es für notwendig, 'Logik', Metaphysik und absolute Moral (sowie mit ihnen im Bunde stehende Religion) zu destruieren. Der Mensch wird damit dem Nihilismus ausgesetzt; dies aber gerade, damit ein neuer, auf neue Weise bejahender Menschentypus entstehe.

Die von Nietzsche versuchte Destruktion der 'Logik' umgreift mehr als die formale Logik, wollte man diese isoliert auffassen. Sie setzt an der ursprünglichen Zusammengehörigkeit von Logik und Ontologie an, ja geht hinter beide zurück zu dem elementaren menschlichen Lebensvollzug des Logisierens (als dessen philosophischer Niederschlag dann auch Kants transzendentale Logik angesehen werden kann). Logik meint hier bei Nietzsche das Insgesamt der Erkenntnisbedingungen, durch die dem Menschen die Realität, in die er verflochten ist, verfügbar wird. Die Pointe Nietzsches ist, daß der Mensch nur dank der Erkenntnisbedingungen zu leben und zu gedeihen vermag, daß diese aber, vom Menschen selbst erst geschaffen, Wahrheit nicht ermöglichen, sondern ausschließen. Menschliche Erkenntnis als Weltorientierung ist Erkenntnis in Anführungszeichen. Sie ist ohne Wirklichkeitsgehalt, wiewohl sie selbst eminent wirklich ist[1].

Noch ehe Nietzsche seinen eigenen ontologischen Grundgedanken, daß das Sein Wille zur Macht ist, öffentlich ausgesprochen, ja, soweit der Nachlaß darüber Auskunft geben kann, überhaupt schriftlich fixiert hat[2], ist seine Kritik der menschlichen Erkenntnisfähigkeit in ihren Grundzügen schon ausgebildet. Die kleine nachgelassene Schrift ›Ueber Wahrheit und Lüge im aussermoralischen Sinne‹ von 1873 präludiert das Thema (vgl. Anm. 28 zu Kap. 6). ›Menschliches, Allzumenschliches‹ enthält schon eine endgültige Formulierung: „Auch die *Logik* beruht auf Voraussetzungen, denen Nichts in der wirklichen Welt entspricht, z. B. auf der Voraussetzung der Gleichheit von Dingen, der Identität des selben Dinges in verschiedenen Puncten der Zeit: aber jene Wissenschaft entstand durch den entgegengesetzten Glauben (dass es dergleichen in der wirklichen Welt allerdings gebe)" (MA I 11 / IV 2, 27). In diesem frühen Werk versetzt Nietzsche das Entstehen solcher unangemessenen Voraussetzungen noch in den großen Zusammenhang der Evolution und geht dabei bis zu niedrigen Organismen zurück (vgl. MA I 16 / IV 2, 33 und MA I 18 / IV 2, 35).

Für Nietzsches ausgereifte Einstellung zum 'Logisieren' sind besonders einschlägig die Aphorismen 54, 57, 110–112, 121, 265 und 301 in ›Die fröhliche Wissenschaft‹. Aus ihnen ergibt sich: Was wir für die Bedingungen wahrer Erkenntnis halten, das sind diejenigen Irrtümer der menschlichen Art, die sich aus einer Unzahl anderer Irrtümer als die lebensdienlichsten herausgeschält haben und die insofern die anderen irrtümlichen Versuche des menschlichen Intellekts zur Weltorientierung selbst auch 'überlebt' haben. Warum aber handelt es sich um Irrtümer und nicht um Wahrheiten? Weil alles wird und fließt, der Mensch sich aber nur zu behaupten vermag, wenn sein Intellekt das Werden anhält und Gleiches erblickt, wo nur Ungleiches ist, Bleibendes ansetzt, wo nichts bleibt, Trennungen vornimmt (z. B. von Ursache und Wirkung), wo alles zusammenhängt. Im Zuge dieses Verfahrens schafft er für sein Denken 'Realitäten', die keine sind: Substanzen, Dinge, Stoffe, Atome, Körper, Flächen, Linien, teilbaren Raum, teilbare Zeit, Bewegung und Ruhe, Ursachen und Wirkungen[3]. Alle diese Vorstellungen haben längst den Status der Unwiderlegbarkeit erlangt, aber im Sinne der Unentbehrlichkeit für menschliches Leben, die nichts bezüglich der Wahrheit beweist. Wahrheit, wie sie lebensweltlich und in den Wissenschaften für uns bestimmend ist, hat ihren Ursprung im Irrtum, in ihrem Gegensatz, und das ergibt, daß sie Übereinstimmung des Denkens mit der Wirklichkeit gerade nicht ist. Erkennen ist an seinem Ursprung schon und von da ab immerfort ein Weg-sehen der Unterschiede und des Wechsels[4] – sowie ein Erdichten und Ausdichten, ein Schaffen in diesem Sinn. Es bringt ausschließlich Schein vor sich, ermöglicht aber eben dadurch, wie gesagt, das Gedeihen des Menschen in einer ihm prinzipiell unfaßbaren Realität. Der Schein ist daher von größtem Wert; als nunmehr durchschauter Schein ist er zu bejahen und aufrechtzuerhalten. Er gerade, und nicht sein vermeintliches Gegenteil, ist wirklich. Nietzsche schreibt: „Ich habe für mich *entdeckt,* dass die alte Mensch- und Thierheit, ja die gesammte Urzeit und Vergangenheit alles empfindenden Seins in mir fortdichtet, fortliebt, forthasst, fortschliesst, – ich bin plötzlich mitten in diesem Traume erwacht, aber nur zum Bewusstsein, dass ich eben träume und dass ich weiterträumen *muss,* um nicht zu Grunde zu gehen: wie der Nachtwandler weiterträumen muss, um nicht hinabzustürzen. Was ist mir jetzt 'Schein'! Wahrlich nicht der Gegensatz irgend eines Wesens, – was weiss ich von irgend welchem Wesen auszusagen, als eben nur die Prädicate seines Scheines! Wahrlich nicht eine todte Maske, die man einem unbekannten X aufsetzen und auch wohl abnehmen könnte! Schein ist für mich das Wirkende und Lebende selber" (FW 54 / V 2, 90 f.)[5].

Das Logisieren als Denkbarmachen der Realität ist ein Lebensvollzug des Menschen, ohne den er zugrunde ginge. Es wird, ist erst einmal das Leben als Wille zur Macht gedacht, als Vollzug des Willens zur Macht (vgl. Kap. 9) bestimmt. 1885/86 notiert Nietzsche: „Zum Verständniß der *Logik* ::: *der Wille zur Gleichheit ist der Wille zur Macht*" (NF VIII 1, 104). Gleichmachen ist Erkennbarmachen durch Übermächtigen des Ungleichen (Unerkennbaren), und in diesem Übermächtigen ist der Wille des Erkennenden am Werk. Er stellt Werdendes still, schafft die für Erkenntnis unerläßliche Illusion von Seiendem, nämlich Bleibendem. In einer Notiz aus dem Jahr 1887 heißt es: „*Erkenntniß* und *Werden* schließt sich aus. / *Folglich* muß 'Erkenntniß' etwas anderes sein: es muß ein Wille zum Erkennbar-machen vorangehn, eine Art Werden selbst muß die *Täuschung des Seienden* schaffen" (NF VIII 2, 46). Der willenhafte Prozeß des Erkennbarmachens schafft mit der Täuschung des Seienden nicht nur die Voraussetzung für lebensweltliche Orientierung und Einzelwissenschaften, sondern er schafft der Wissenschaft vom Seienden, der Ontologie bzw. Metaphysik, ihre Gegenstände. Nietzsches Destruktion des überlieferten Verständnisses von 'Logik' geht nahtlos in seine Destruktion der Metaphysik über. Daran wird bald anzuknüpfen sein. Zuvor aber gilt es, bezüglich des schon Ausgeführten zwei Akzente zu setzen, einen anthropologischen und einen zu Nietzsches Verständnis von 'Auslegung'.

Nietzsches Destruktion der 'Logik', sein Umdenken und Umwerten auf diesem Feld, dient der Bestimmung dessen, was der Mensch ist und nicht ist. Wahrer Erkenntnis im geläufigen Sinn ist der Mensch nicht fähig[6]. Sein Weltverhältnis ist nicht das eines Wissenden, nimmt man diesen Ausdruck beim Wort. Aber er verschafft sich durch grundlegende Täuschungen Macht über das unerkennbare Werden und gedeiht dabei, während er ohne sie zugrunde ginge. Er ist in diesem Sinne ein logisierendes und – dank seines Logisierens – 'erkennendes' Wesen. Sein lebenbedingender Vollzug des Erkennbarmachens, im schaffenden Willen verankert, ist nach Nietzsches Verständnis ein Auslegen.

Es handelt sich um eine von mehreren Bedeutungen von Auslegung (Interpretation), die bei Nietzsche begegnen und hier zur Sprache kommen werden. Sie wird in Notizen des ›Nachlasses‹ faßbar: Gemeint ist *Umdeutung* des Werdenden in Seiendes, vom Willen vollzogene *Überwältigung* und (in diesem Sinne) aktives *Hineinlegen* von 'Wahrheit', als endloser Prozeß[7]. Von uns geschaffene und unverzichtbar gewordene Schemata legen wir, es übermächtigend, in das Werden hinein. „Das vernünftige Denken ist ein Interpretiren nach einem Schema, welches wir nicht abwerfen können" (NF VIII 1, 198 – Notiz gesperrt). Die hier vorliegende Bedeutung von Auslegung ist an Täuschung gebunden. Von ihr ist *Nietzsches* Denken der 'Logik' zu unterscheiden. Es ist genetische Analyse und Kritik von Gegebenem: des Tatbestandes 'Erkennen' und 'Wissenschaft'. Sein Fundament hat es in der Grundvoraussetzung, die vorerst unbefragt bleiben mag: „gesetzt alles ist Werden" ... (NF VIII 1, 104). –

Nietzsches Kritik der Metaphysik gilt nicht nur einer philosophischen Disziplin unter anderen, auch nicht nur dem Gepräge abendländischer Philosophie seit Platon, sondern dem menschlichen Selbstverständnis in der europäischen Tradition (zu dem das Christentum wesentlich beigetragen hat). Schon deshalb gehört sie mit Nietzsches Kritik absoluter Moral engstens zusammen. Nietzsche deckt mehrere Wurzeln der Metaphysik auf, denen eigentümlich ist, daß sie sich nicht gänzlich voneinander isolieren lassen, und jedenfalls führen sie alle auf ein Werten als Wesenszug der Metaphysik.

Eine ihrer Wurzeln hat die Metaphysik in der 'Logik'[8]. Daß diese, indem sie die Täuschung des Seienden (Nichtwerdenden, Bleibenden) schafft, der Metaphysik die Gegenstände bereitstellt, wurde schon gesagt. Dies geschieht in Begriffen und Begriffsrelationen, damit in Sprache und grammatischen Grundstrukturen[9], so eben, daß den Formen Realitäten unterlegt werden, die es nicht gibt. Nietzsche entfaltet das an vielen Stellen für den Grundbestand metaphysischer Begrifflichkeit. Genannt wurden schon: Substanz, Ding, Stoff, Atom, Körper, Raum, Zeit, Bewegung – Ruhe, Ursache – Wirkung. Hinzuzufügen sind mindestens: Täter – Tun (Subjekt – Prädikat), Tun – Leiden, Eigenschaft, Subjekt – Objekt, Geist, Seele, Individuum, Gattung, Form, Idee, Zweck, Gesetz, Einheit, Identität, Dauer, Grund, Sein[10]. Wie sehr hier zugleich der Mensch anvisiert ist, braucht kaum eigens hervorgehoben zu werden.

Daß das Logisieren als elementarer menschlicher Lebensvollzug nicht nur die genannten Begriffe erzeugt, sondern ihnen Realität korrespondieren läßt, das gilt Nietzsche als Tatbestand. Aber er geht weiter und fragt nach dem Warum. Der Tatbestand läßt sich auf die Formel bringen: „wir haben *unsere* Erhaltungs-Bedingungen projizirt als *Prädikate des Seins* überhaupt / daß wir in unserem Glauben stabil sein müssen, um zu gedeihen, daraus haben wir gemacht, daß die 'wahre' Welt keine wandelbare und werdende, sondern eine *seiende* ist" (NF VIII 2, 17). Aber warum verfuhren wir so? Warum nahmen wir jene lebensnotwendigen Grundbegriffe (Schemata, Kategorien) nicht für das, was sie sind, und gestanden wir uns ihren fälschenden Charakter nicht ein? Die Antwort ist paradox: Eine 'Moralkategorie', und zwar ausgerechnet die Wahrhaftigkeit, hat das verhindert. So begegnet Moral bereits am 'logischen' Ursprung der Metaphysik. „Die Absicht war, sich auf eine nützliche Weise zu täuschen: die Mittel dazu, die Erfindung von Formeln und Zeichen, mit deren Hülfe man die verwirrende Vielheit auf ein zweckmäßiges und handliches Schema reduzirte. / Aber wehe! jetzt brachte man eine *Moral-Kategorie* ins Spiel: kein Wesen will sich täuschen, kein Wesen darf täuschen, – folglich giebt es nur einen Willen zur Wahrheit" (NF VIII 3, 128 f.). Kein Wesen will sich täuschen – nämlich hinsichtlich dessen, was je und je sein Gedeihen betrifft. Das besagt beim Menschen: Niemand will sich täuschen im je aktuellen Vollzug seines 'Erkennens', denn Irren wäre hier schädlich, wo nicht gar tödlich. Man will daher auch nicht getäuscht werden – von niemandem und nichts. Jeder möchte Zutrauen haben können zu allen und allem. Jedermann, ja alles, was ist, soll wahrhaftig sein. Man will die wahre, unwandelbare, seiende Welt, und „die *wahre* Welt muß auch eine *wahrhaftige* sein, eine solche, die uns nicht betrügt, nicht zu Narren hat: an sie glauben ist beinahe glauben *müssen* (– aus Anstand, wie es unter zutrauenswürdigen Wesen geschieht –)" (NF VIII 3, 143). Das Logisieren gleitet an der Hand einer Moralkategorie, die aus ihm hergeleitet werden kann, lautlos in die Metaphysik hinein[11].

Die 'wahre' Welt schaffen und sie mit einem hohen Wert versehen, ist ein und derselbe Vorgang[12]. Das Logisieren ist aber nur eine Quelle von mehreren, aus denen dieser sich speist. Es allein würde kaum begreiflich machen, daß der europäische Mensch seit über zwei Jahrtausenden in geschichtlich erheblich verwandelten Ansätzen an der 'wahren' Welt und ihrem Gegensatz zur Wirklichkeit (zur 'scheinbaren' Welt des Werdens) weiterdichtet. Sein Interesse an dieser Welt muß größer sein als bisher sichtbar wurde.

Da findet man als weitere Wurzel der Metaphysik bei Nietzsche zunächst einmal das Leiden des Menschen an der Wirklichkeit verzeichnet. Unter dem Titel ›Zur Psychologie der Metaphysik‹ notiert Nietzsche 1887: „Diese Welt ist scheinbar – *folglich* giebt es eine wahre Welt. / Diese Welt ist bedingt – *folglich* giebt es eine unbedingte Welt. / Diese Welt ist widerspruchsvoll – *folglich* giebt es eine widerspruchslose Welt. / Diese Welt ist werdend – *folglich* giebt es eine seiende Welt. [...] Zu diesen Schlüssen *inspirirt das Leiden*: im Grunde sind es *Wünsche*, es möchte eine solche Welt geben; ebenfalls drückt sich der Haß gegen eine Welt, die leiden macht, darin aus, daß eine andere imaginirt wird, eine *werthvolle*: das *Ressentiment* der Metaphysiker gegen das Wirkliche ist hier schöpferisch" (NF VIII 1, 337). Die Metaphysik verdoppelt die Welt. Sie versieht *die* Welt, auf die es nach ihrer Auffassung ankommt, mit den Wertprädikaten wahr, unbedingt, widerspruchslos, seiend. Dies geschieht nach Nietzsches Auffassung, weil der hier am Werk befindliche Mensch leidet und nichts als leidet an den Grundzügen der einzigen Welt, die es gibt: am Schein, an der Bedingtheit, am Werden sowie am Widerspruch (das heißt hier: am Kampf, am Wechsel, an der

Vergänglichkeit). Schein täuscht, Bedingtheit beschränkt, Werden verunsichert, Vergänglichkeit gipfelt im Tod als Ende der Existenz. Das aus Leiden geborene Wünschen geht auf das jeweilige Gegenteil, auf Zutrauen und Verläßlichkeit, auf Freiheit, auf Beständigkeit, auf Unsterblichkeit. Ihm wird durch Erfindung der übersinnlichen Welt entsprochen. Die irdische Welt wird ebendamit endgültig abgewertet. Nietzsche sieht in der zitierten Stelle das Abwerten der Wirklichkeit zugleich als Ressentiment. Das Verurteilen dessen, was leiden macht, schafft zusätzliche Befriedigung. – Anderwärts erfährt man von Nietzsche darüber hinaus: Das Leiden an der Wirklichkeit paart sich mit Unvermögen und Müdigkeit, ja wurzelt in ihnen. Daß die schöpferischen Kräfte zu schwach sind, in der Wirklichkeit, wie sie ist, Gegengewichte gegen das Leiden zu setzen, läßt sie auf den Ausweg der Hinterwelten verfallen[13]. Wer zu schwach und zu müde ist, der Wirklichkeit selbst Ziele zu setzen, wird mit ihrer Zweck- und Sinnlosigkeit konfrontiert. Er entdeckt für sie als Ganzes und für sein eigenes Leben kein Wozu. Es entsteht in ihm das Bedürfnis nach einer metaphysischen Welt, in der Zweck und Sinn des Daseins zu finden sind[14]. Er hat das Bedürfnis, 'Seiendes' zu verehren, und dies Bedürfnis ist metaphysisch-weltauslegend. Wird das aber durchschaut, und das ist nach Nietzsche neuerdings immer mehr der Fall, dann ereignet sich der Umschlag in offenen Nihilismus. Den „berühmten Weisen" der Vergangenheit war er freilich noch fern. Zu ihnen sagt Zarathustra: „Ach, dass ich an eure 'Wahrhaftigkeit' glauben lerne, dazu müsset ihr mir erst euren verehrenden Willen zerbrechen. / Wahrhaftig – so heisse ich Den, der in götterlose Wüsten geht und sein verehrendes Herz zerbrochen hat" (Za VI 1, 129).[15] – Die Wertung der zur Überwindung des Leidens erdichteten jenseitigen Welt und ihres Gegensatzes wird von Nietzsche als verdeckt nihilistisch und *moralisch* begriffen. Sie entscheidet über Seinsollen und Nichtseinsollen: Die wahre Welt, „die Welt, wie sie sein *sollte*, existiert; diese Welt, in der wir leben, ist nur Irrthum, – diese unsere Welt sollte *nicht* existiren" (NF VIII 2, 29). Indem die Metaphysik auf diese Weise wertet, ist sie selbst moralischen Wesens.

Das macht sie um so geeigneter, der absoluten Moral als Fundament zu dienen. Diese Inanspruchnahme durch die Moral ist eine dritte Wurzel der Metaphysik. Absolute Moral ist ohne Freiheit nicht möglich. Vorausgesetzt, es gilt uneingeschränkt: „Diese Welt ist bedingt", dann muß es, soll absolute Moral sein, eine „unbedingte Welt" geben (s. o.). Die Metaphysik stellt *die* Welt bereit, in der die absolute Moral das an sich Gute ansiedeln kann – Gutes, das nicht erst gesetzt zu werden braucht, das vielmehr immer schon und ein für allemal und für alle feststeht, das Halt gewährt und menschliche Würde verbürgt. Nicht zuletzt um der absoluten Moral willen dichtet der Mensch die übersinnliche Welt aus. Und indem er das an sich Gute in ihr beheimatet, versieht er sie mit dem höchsten Wert, den er zu vergeben hat.

Diese Motivation für die Ausbildung von Metaphysik trifft freilich zusammen mit dem erwähnten metaphysischen Bedürfnis nach Verehrung. Die metaphysische Welt erreicht ihre höchste Verehrungswürdigkeit, indem das moralisch Gute, ja ein guter Gott in ihr angetroffen werden. In ›Jenseits von Gut und Böse‹ schreibt Nietzsche: „In der That, man thut gut (und klug), zur Erklärung davon, wie eigentlich die entlegensten metaphysischen Behauptungen eines Philosophen zu Stande gekommen sind, sich immer erst zu fragen: auf welche Moral will es (will *er* –) hinaus? Ich glaube demgemäss nicht, dass ein 'Trieb zur Erkenntniss' der Vater der Philosophie ist, sondern dass sich ein andrer Trieb, hier wie sonst, der Erkenntniss (und der Verkenntniss!) nur wie eines Werkzeugs bedient hat" (JGB 6 / VI 2, 14). So gilt denn nach Nietzsche: „Seit Plato ist die Philosophie unter der Herrschaft der Moral" (NF VIII 1, 267). Platon knüpft dabei an seinen Lehrer Sokrates an. Für beide ist die Dialektik „der Weg zur Tugend" (NF VIII 2, 94). Sokrates, meint Nietzsche, habe sich lustig gemacht, „wenn die Moral sich nicht logisch zu rechtfertigen wußte" (NF VIII 3, 80). Nietzsche analysiert das Hervorgehen der Philosophie aus dem Verlangen nach logischer Rechtfertigung moralischen Verhaltens im Blick auf Sokrates und Platon in derselben Aufzeichnung folgendermaßen[16]: Die in der Polis gewachsenen, durch das Gemeinwesen bedingten moralischen Urteile werden ihres Bezugs zu dieser bestimmten Polis und also ihrer Relativität entkleidet; sie werden sublimiert zu Ideen (des Guten, des Gerechten) und, derart entnatürlicht und freigesetzt, sind sie Gegenstände der Dialektik. In der metaphysischen Welt angesiedelte Ideen fundieren die absolute Moral, die, als wesentlich vernünftige, solcher Fundierung bedarf. Die metaphysische Welt erweist sich erneut als eine gute Welt[17].

Nietzsche selbst verkennt freilich nicht den Wandel, den Kant hier herbeigeführt hat. Aber in Kants Philosophie ändert sich dennoch nichts Wesentliches an der Grundkonstellation, um die es Nietzsche geht. Bei Kant stellt die absolute Moral nicht nur die (zum Vernunftglauben verwandelte) Metaphysik in ihren Dienst, sondern sogar die Vernunftkritik[18]. Damit wurde, in Nietzsches Sinne gesprochen, eine geschichtliche Chance vertan, absolute Moral und Metaphysik schon im 18. Jahrhundert loszuwerden. Während Platon „das größte Malheur Europas" bleibt[19], hat Kant das Verdienst, das 'größte Unglück der neueren Philosophie' zu sein[20].

Auch Kant also war nach Nietzsche Metaphysiker um der Moral willen, und damit er – zugleich Kritiker der erkennenden Vernunft – es sein konnte, mußte er den verfehlten Gegensatz von Erscheinungen und unerkennbaren Dingen an sich selbst (s. u.) einführen. Demgemäß greift Kants Metaphysikkritik, indem sie der Metaphysik die Möglichkeit abspricht, Wissenschaft vom Übersinnlichen zu sein, viel zu kurz. 1886, in der späten Vorrede zur ›Morgenröthe‹, schreibt Nietzsche: „Woran liegt es doch, dass von Plato ab alle philosophischen Baumeister in Europa umsonst gebaut haben? [...] Oh wie falsch ist die Antwort, welche man jetzt noch auf diese Frage bereit hält, 'weil von ihnen Allen die Voraussetzung versäumt war, die Prüfung des Fundamentes, eine Kritik der gesammten Vernunft' – jene verhängnissvolle Antwort Kant's, der damit uns moderne Philosophen wahrhaftig nicht auf einen festeren und weniger trüglichen Boden gelockt hat! [...] Die richtige Antwort wäre vielmehr gewesen, dass alle Philosophen unter der Verführung der Moral gebaut haben, auch Kant –, dass ihre Absicht scheinbar auf Gewissheit, auf 'Wahrheit', eigentlich aber auf *'majestätische sittliche Gebäude'* ausgieng: um uns noch einmal der unschuldigen Sprache Kant's zu bedienen", und Nietzsche fährt wenig später fort: „um Raum für *sein* 'moralisches Reich' zu schaffen, sah er sich genöthigt, eine unbeweisbare Welt anzusetzen, ein logisches 'Jenseits', – dazu eben hatte er seine Kritik der reinen Vernunft nöthig!" (M, Vorrede, 3 / V 1, 5 f.) Nietzsche fügt hinzu, Kant habe das moralische Reich auf diese Weise nicht nur unangreifbar, sondern auch für die erkennende Vernunft ungreifbar machen wollen, *weil* die *Erfahrung* von Natur und Geschichte gerade auch für ihn so sehr der Moral widersprach. –

Drei Wurzeln der Metaphysik und metaphysischen Wertens wurden gefunden[21]. Sie benennen, das war bei Nietzsche auch schon umstürzlerische Kritik an der Metaphysik als solcher. Am radikalsten wirkt sich aus, daß ihre Gegenstände auf das die Wirklichkeit verfälschende Logisieren zurückgeführt werden. Wenn es demnach das alles nicht gibt, was die Metaphysik mit den oben aufgeführten Grundbegriffen zu fassen meint, dann stellt sich das Problem ihrer lang währenden Existenz und Geschichte. Diesem Problem ist Nietzsche, wie gezeigt, durch Aufweis von Motiven zu Leibe gerückt.

Nietzsche hat seine Destruktion der Metaphysik durch Einzelanalysen metaphysischer Begriffe und Grundpositionen unterstützt. Davon sollen hier nur zwei kurz gestreift werden, die beide in besonderem Maße Kants Philosophie betreffen.

Zum einen: Nietzsche hält die Unterscheidung Ding an sich – Erscheinung für haltlos (und übt damit Kritik auch an Schopenhauer und seiner eigenen frühen Metaphysik)[22]. Haltlosigkeit stellt sich hier ein, wenn der Dingbegriff ein fälschendes Schema ist; dann nämlich kann es auch kein Ding an sich geben. Nietzsche kritisiert aber darüber hinaus speziell an Kant, daß er kein Recht dazu gehabt habe, den Erscheinungen die Dinge an sich selbst als Ursachen zugrunde zu legen, da er den rechtmäßigen Gebrauch der Kategorie Ursache auf Erscheinungen eingeschränkt hatte[23]. Auf seiten der Realität scheiden in Erscheinung und Ding an sich, bedeutet überdies, in die erkennende Vernunft einen Widerspruch hineintragen – nämlich einerseits ihren Vollzug perspektivischen Vorstellens mit einem Glauben an Realität (der Erscheinungen) ausstatten, andrerseits ihr diesen

Glauben rauben mittels eines Wissens um die wahre Realität (der Dinge an sich), mag diese im übrigen auch unbekannt sein (wie bei Kant) oder weitgehend unbekannt sein (wie bei Schopenhauer)[24].

Zum andern: Nietzsche verbannt teleologisches Denken, wie es im Denkhorizont der Metaphysik anzutreffen war und von Kant in der ›Kritik der Urteilskraft‹ eingesetzt wurde, um das Reich der Natur und das der Freiheit zu vermitteln. Auch der Zweckbegriff gehört zu den erfolgreichen, aber fälschenden Schemata und ist schon von daher bei Nietzsche hinreichend suspekt. Näherhin gilt nach Nietzsche: Dem Dasein und Sosein von Naturdingen Zwecke als Ursachen (und immer gleiche Ursachen) unterlegen, ist völlig verfehlt. In einem Aphorismus, in dem Nietzsche von Zwecken im Recht und in der Natur handelt, sagt er: „[...] dass nämlich die Ursache der Entstehung eines Dings und dessen schliessliche Nützlichkeit, dessen thatsächliche Verwendung und Einordnung in ein System von Zwecken toto coelo auseinander liegen; dass etwas Vorhandenes, irgendwie Zu-Stande-Gekommenes immer wieder von einer ihm überlegenen Macht auf neue Ansichten ausgelegt, neu in Beschlag genommen, zu einem neuen Nutzen umgebildet und umgerichtet wird; dass alles Geschehen in der organischen Welt ein *Überwältigen, Herrwerden* und dass wiederum alles Überwältigen und Herrwerden ein Neu-Interpretieren, ein Zurechtmachen ist, bei dem der bisherige 'Sinn' und 'Zweck' nothwendig verdunkelt oder ganz ausgelöscht werden muss. Wenn man die *Nützlichkeit* von irgend welchem physiologischen Organ [...] noch so gut begriffen hat, so hat man damit noch nichts in Betreff seiner Entstehung begriffen: so unbequem und unangenehm dies älteren Ohren klingen mag, – denn von Alters her hatte man in dem nachweisbaren Zwecke, in der Nützlichkeit eines Dings, einer Form, einer Einrichtung auch deren Entstehungsgrund zu begreifen geglaubt, das Auge als gemacht zum Sehen, die Hand als gemacht zum Greifen. [...] Aber alle Zwecke, alle Nützlichkeiten sind nur *Anzeichen* davon, dass ein Wille zur Macht über etwas weniger Mächtiges Herr geworden ist und ihm von sich aus den Sinn einer Funktion aufgeprägt hat" (GM II 12 / VI 2, 329f.). Metaphysik, wo immer und wie immer sie teleologisch argumentierte, verkannte also nach Nietzsche den Ursprung von Nützlichkeiten und daß diese selbst nichts Feststehendes sind, sondern wechseln. Nicht zuletzt mit dieser Verkennung hatte sich die Metaphysik aber ermöglicht, die Welt für vernünftig zu halten, ja sie auf eine verständige Welturscache hin zu überschreiten[25]. Damit ist es nach Nietzsche nun nichts mehr; er hat „dem schönen Chaos des Daseins alle fürsorgende Vernunft und Güte abgestritten" (FW 277 / V 2, 201). Daß er gleichwohl von einem *schönen* Chaos spricht, mag verwundern. Schönheit kann hier nichts mit einer wie immer gearteten Zweckmäßigkeit zu tun haben. Kurz vor der zitierten Stelle findet man aber Aufschluß, wenn nämlich Nietzsche sich vornimmt, „das Nothwendige an den Dingen als das

Schöne" zu sehen (FW 276 / ebd.). Dabei muß es sich um eine Notwendigkeit handeln, die sich mit Zufall bestens verträgt[26]. –

Nietzsches Metaphysikkritik kann vorläufig so auf den Punkt gebracht werden: Während das 'Logisieren', auch nachdem es in seiner Wahrheitsferne durchschaut wurde, unentbehrlich ist und zum Menschen gehört, ist die Metaphysik nach Nietzsche nun nicht nur überflüssig, sondern sogar schädlich und deshalb zu verabschieden (vgl. S. 43 f.). Der Mensch ist zwar ein 'logisierendes', aber kein metaphysisches Wesen. Metaphysikkritik kann, anthropologisch gesehen, nur sagen, was alles der Mensch nicht ist. Je eingehender sie das tut, um so mehr handelt sie freilich davon, was der europäische Mensch gewesen ist, von der geschichtlichen Realität seines Selbstverständnisses. Diese Geschichte bewertet Nietzsche durchaus nicht nur negativ[27]. –

Metaphysik ist nach Nietzsche, wie schon das Logisieren, Auslegung, und da sie im Logisieren eine ihrer Wurzeln hat, ist die Weiche schon gestellt, daß auch diese Auslegung wesentlich Täuschung ist. Sie lebt nach Nietzsche von Hypostasierungen fälschender Begriffe, von Projektionen in eine wahre Welt, welche Welt sie, darin durchaus schöpferisch, selbst auf diese Weise erdichtet. Wie das logisierende Auslegen, ist sie in Interesse verwurzelt. Ihr Interesse aber wird von Nietzsche im Kern nicht als lebensdienlich, sondern als lebensfeindlich angesehen (wiewohl die Metaphysik, geschichtlich betrachtet, Verdienste gehabt hat). Metaphysische Auslegung ist wertend (und abwertend). Sie legt wertend die Welt als ganze aus – und kommt dabei zur Auseinanderfaltung in zwei Welten, eine vermeintlich wahre und eine scheinbare. Da die wahre Welt nicht existiert, ist metaphysisches Auslegen das Schaffen von Fiktionen[28]. Es gilt hier, im Blick auf Nietzsches eigene Philosophie und sein Verständnis von Auslegung, zu beachten: Nicht, daß die Metaphysik Weltauslegung und wertende Weltauslegung ist, ist gegen sie einzuwenden, sondern daß ihre Weltauslegung falsch ist, bloße Fiktionen schafft und die Wirklichkeit zur Nichtigkeit herabsetzt. Damit bleibt der Weg offen für eine Weltauslegung, die sich vom Logisieren und den spezifischen Wertungen der Metaphysik freimacht. Während der fälschende Charakter des logisierenden Auslegens unaufhebbar bleibt und dieses Auslegen dem Menschen zur Orientierung in der Realität unentbehrlich ist, kann und soll die metaphysische Weltauslegung, ist sie erst einmal als Irrtum durchschaut, preisgegeben werden, um einer anderen Weltauslegung Platz zu machen. –

Im Anschluß an die Darstellung des Logisierens wurde kurz Nietzsches eigenes diesbezügliches Denken bestimmt. Das soll auch jetzt, hinsichtlich Nietzsches Destruktion der Metaphysik, geschehen. Bei ihr handelt es sich wiederum um genetische Analyse und Kritik von Gegebenem, hier des geschichtlichen Tatbestandes Metaphysik. Es kommt dabei aber eine für

Nietzsche so charakteristische Komponente hinzu: Er spricht als 'Psychologe' und diagnostiziert, er deckt verborgene Motive auf – er legt aus in diesem Sinne. Genetische Analyse, psychologische Interpretation und Kritik der Metaphysik haben dieselbe Grundvoraussetzung wie die Destruktion der 'Logik': daß alles Werden ist. –

Im vorigen wurde gezeigt, daß es die Metaphysik auch deshalb gibt, weil die absolute Moral ihrer als eines Fundamentes bedarf. Der Schluß legt sich nahe, daß eben deshalb die absolute Moral zusammen mit der Metaphysik schon destruiert ist und daß es hier keiner weiteren Anstrengungen bedarf. Tatsächlich aber hat Nietzsche zahlreiche Anstrengungen unternommen, die absolute Moral unmittelbar zu destruieren. Und tatsächlich bedarf sogar die Metaphysikkritik dieser Ergänzung. Denn: Wäre die Absolutheit der Moral auf anderem Wege als über die Metaphysik nicht zu erschüttern, dann geriete Nietzsches Metaphysikkritik, ja sogar seine Destruktion der 'Logik' ins Zwielicht. Anders gesprochen: Wäre die absolute Moral in sich gewiß und unerschütterlich (z. B. durch den kategorischen Imperativ), dann wäre sie durch ihre Metaphysikbedürftigkeit gerade eine Stütze der Metaphysik. Insofern macht Nietzsches Destruktion der Metaphysik die unmittelbare Destruktion der absoluten Moral nicht überflüssig, sondern wird ihrerseits durch sie abgesichert[29]. Aber es gilt dann auch: Einer unmittelbar in Verdacht geratenen absoluten Moral kann Metaphysik nicht rettend beispringen.

2. DIE DESTRUKTION DER ABSOLUTEN MORAL

Absolute Moral, das meint: Moral, die ihre Verbindlichkeit ausdrücklich und rechtfertigend auf an sich Gutes gründet. In formaler Betrachtungsweise ist unter diesem, wie schon einmal gesagt, Gutes zu verstehen, das unabhängig ist von menschlicher Setzung, das zeitlos (und ungeschichtlich) schlechterdings alle Menschen bindet, das fraglosen Halt gibt und Würde verleiht. Die Auffassung, daß Moral absolut ist, daß sie also ein Unbedingtes und höchsten Ranges ist, prägt weitgehend das Selbstverständnis des Menschen europäischer Tradition. Für Nietzsche handelt es sich bei der absoluten Moral um eine Moral unter anderen Moralen, um eine (späte) Epoche in der Geschichte 'der' Moral. Sie verdankt sich dem *Irrtum* vom an sich Guten, hat gleichwohl Positives bewirkt, ist nun aber 'freieren' Geistern nicht mehr gemäß, ja steht dem Schaffen eines neuen Menschentypus im Wege. Zu ihrer Destruktion läßt Nietzsche es sich angelegen sein, Moral auf vielfältige Weise als relativ, als bedingt zu erweisen. Seine Moralkritik ist umfassend und durchzieht sein Werk seit ›Menschliches, Allzumenschliches‹. Hier schon (vor allem im 2. Hauptstück des 1. Bandes: ›Zur Geschichte der moralischen Empfindungen‹) hat Nietzsche alle seine wesentlichen diesbezüglichen Hinsichten gefunden[1]. In der ›Morgenröthe‹ (Untertitel ›Gedanken über die moralischen Vorurtheile‹) geht er den begonnenen Weg weiter, in ›Die fröhliche Wissenschaft‹ und im ›Zarathustra‹ verliert er ihn nicht aus dem Auge, und auf den ›Zarathustra‹ läßt er ›Jenseits von Gut und Böse‹ und ›Zur Genealogie der Moral‹ folgen. Im späten ›Nachlaß‹ finden sich einschlägige Aufzeichnungen (auf die man aber, wie aus dem Gesagten schon ersichtlich, bei der Moralkritik Nietzsches weniger angewiesen ist als bei einigen anderen zentralen Themen seiner Philosophie). Offensichtlich hatte Nietzsche Gründe, das Thema Moralkritik trotz seiner frühen Entfaltung nicht als abgeschlossen zu betrachten (vgl. S. 114 f.). Hier möchte ich akzentuieren, daß Nietzsches Moralkritik, in ihren Grundzügen früh ausgebildet, sich als unabhängig von seiner entfalteten und begründeten Beurteilung der Metaphysik präsentiert – und ferner, daß sie den Grundgedanken des Willens zur Macht nicht abzuwarten brauchte (was nicht heißt, daß nicht auch sie für Nietzsche schließlich in diesem ihr eigentliches Fundament fände). Nietzsches Moralkritik berührt sich übrigens mit seinen anthropologischen Grundthesen (vgl. Kap. 4). Das gilt insbesondere für seine Leugnung der Willensfreiheit. –

In Nietzsches Destruktion der absoluten Moral wird die Zurückführung von Moral auf den Nutzen, und keineswegs primär auf den individuellen, eine erhebliche Rolle spielen, und zwar so, daß der Nutzen den absoluten Wert der Moral zum relativen zurückstutzt. Deshalb sollte vielleicht erwähnt werden, daß Nietzsche im Utilitarismus durchaus keine Geistesverwandtschaft zu sich zu erkennen vermag. Eher käme dieser als Gegner in Betracht, wenn nur Nietzsche etwas mehr Achtung für ihn aufbringen könnte[2]. An Respekt fehlt es Nietzsche übrigens auch gegenüber den englischen Moralphilosophen früherer Zeiten (bzw. gegenüber den englischen Philosophen überhaupt), so daß er sich auch hier eines eingehenderen pro und contra enthält[3]. Größte Hochachtung hat er dagegen für die französischen Moralisten. Sie sind dem Autor von ›Menschliches, Allzumenschliches‹ Vorbild, und ihren Büchern bescheinigt er: „sie enthalten mehr *wirkliche Gedanken,* als alle Bücher deutscher Philosophen zusammengenommen" (MA II (2) 214 / IV 3, 285)[4]. –

In Aphorismus 139 der ›Morgenröthe‹ (V 1, 129) formuliert Nietzsche lapidar: „es giebt keine absolute Moral." Eine Begründung bleibt er an dieser Stelle schuldig. Man sucht sie wohl am besten zuerst einmal in seinen Erörterungen über Vielfalt und Gegensätzlichkeit von Moral. Damit stehen Moralen (im Plural) im Blick, und zwar als relative, bedingte[5]. Geprägt von langer europäischer Tradition, mag man fragen, ob bedingte Moral nicht etwa ein hölzernes Eisen sei und ob mit der absoluten Moral nicht Sittlichkeit überhaupt preisgegeben werde. Nietzsche sieht das keineswegs so. Er bestimmt Sittlichkeit als „die Empfindung für den ganzen Inbegriff von Sitten [...], unter denen man lebt und erzogen wurde" (MA II (1) 89 / IV 3, 48). Und: „Moralisch, sittlich, ethisch sein heisst Gehorsam gegen ein altbegründetes Gesetz oder Herkommen haben. [...] 'Gut' nennt man Den, welcher wie von Natur, nach langer Vererbung, also leicht und gern das Sittliche thut, je nachdem diess ist (zum Beispiel Rache übt, wenn Rache-üben, wie bei den älteren Griechen, zur guten Sitte gehört). [...] Böse ist 'nichtsittlich' (unsittlich) sein, Unsitte üben, dem Herkommen widerstreben, wie vernünftig oder dumm dasselbe auch sei" (MA I 96 / IV 2, 90f.). Diese im Blick auf die Sittlichkeit der Sitte (vgl. u.) erfolgten Formulierungen ließen sich für die Epoche 'absoluter' Moral abwandeln, zumal wenn 'absolute' Moral als sublimierte Sitte zu denken sein sollte. (Aufs deutsche 18. Jahrhundert gesehen, wäre man dann mit dem „leicht und gern" des letzten Zitates freilich näher bei Schiller als bei Kant.)

Hat Nietzsche also keine Schwierigkeit, von relativer (bedingter) Moral und von Moralen im Plural zu sprechen, so ist er sich doch bewußt, daß das keineswegs immer möglich ist. Jede bedingte Moral hält sich nämlich für *die* Moral, solange sie mächtig ist. Anders zu werten, als sie es tut, gilt ihr als Irrtum oder etwa auch als eine überwundene niedrigere Stufe. Moral als relativ erfassen, das kann nur, wer ihr frei und vergleichend gegenüber zu treten vermag. Und das gerade liegt nicht im Belieben des einzelnen, es muß geschichtlich ermöglicht sein. Nietzsche findet sich in einem „Zeitalter der Vergleichung", das er in Aphorismus 23 von ›Menschliches, Allzumenschliches‹ I beschreibt (IV 2, 40f.). Er sieht es charakterisiert durch das Freisein von strengen Bindungen und durch damit möglich gewordene mannigfaltige Berührungen und wechselseitige Bekanntschaften von Sitten oder Kulturen, ja durch ein Auswählen unter Formen von Sittlichkeit. Damit verbindet sich bestens, daß Nietzsche ebenfalls in ›Menschliches, Allzumenschliches‹ das Signum des Zeitalters „im Streben nach Erkenntniss des gesammten historischen Gewordenseins" erblickt (MA II (1) 185 / IV 3, 97). Das aber meint bei ihm, daß Erkenntnis „zum ersten Male zwischen Natur und Geist, Mensch und Thier, Moral und Physik die alten Mauern zerbrochen hat" (ebd.)[6]. Hellsichtiger hätte Nietzsche nicht auf eine Grundtendenz seines späteren Werkes vorausblicken können.

Hier nun geht es um das 'historische Gewordensein' von Moral(en), und der Titel des 5. Hauptstücks von ›Jenseits von Gut und Böse‹: „zur Naturgeschichte der Moral" bekommt Kontur. Entfaltete Naturgeschichte der Moral, das wäre (nach Auskunft des ersten Aphorismus dieses Hauptstücks) die nun in Europa möglich gewordene „Wissenschaft der Moral"; Nietzsche sieht sie aber noch in den Kinderschuhen stecken, weshalb er an dieser Stelle für Bescheidung plädiert, für Beschränkung auf das, „*was* hier auf lange hinaus noch noth tut, *was* vorläufig allein Recht hat: nämlich Sammlung des Materials, begriffliche Fassung und Zusammenordnung eines ungeheuren Reichs zarter Werthgefühle und Werthunterschiede, welche leben, wachsen, zeugen und zu Grunde gehn, – und, vielleicht, Versuche, die wiederkehrenden und häufigeren Gestaltungen dieser lebenden Krystallisation anschaulich zu machen, – als Vorbereitung zu einer *Typenlehre* der Moral" (Aph. 186 / VI 2, 107). Man wird Nietzsche richtig sehen, wenn man ihm die Überzeugung unterstellt, daß schon die Anfänge dieser Wissenschaft und die Beiträge, die er zu ihr geleistet hat, für sein eigenes Hauptproblem, die Destruktion absoluter Moral, völlig hinreichen. Tatsächlich aber ist Nietzsche selbst bei der soeben beschriebenen Aufgabe einer empirischen Wissenschaft der Moral bzw. ihres vorbereitenden Teils gar nicht stehengeblieben. Treffender für ihn selbst hatte er in der ›Morgenröthe‹ (Aph. 428 / V 1, 268) von zwei Arten von Moralisten gesprochen: Wie sich Naturforscher unterscheiden in solche, die ein Naturgesetz zum erstenmal zu Gesicht bringen, und solche, die ein Naturgesetz erklären, so stehe es auch bei den Moralisten – es gibt diejenigen, die „die menschlichen Gesetze sehen und aufzeigen – die feinohrigen, feinnasigen, feinäugigen Moralisten", und die anderen, die „das Beobachtete erklären. Die letzteren müssen vor Allem *erfinderisch* sein und eine durch Scharfsinn und Wissen *entzügelte* Phantasie haben." Nietzsche gehört jedenfalls zu den letzteren; besser noch sieht man in ihm die Vereinigung beider Arten von Moralisten in einer Person. So wäre er denn Moralhistoriker, tätig auf dem Feld einer empirischen „Naturgeschichte der Moral", zugleich und vor allem aber erklärender Moralist. Erklären meint hier: Aufdecken der Motive. Es handelt sich, genauer besehen, um psychologisch-genetische Auslegung, die ihr produktives, entdeckerisches Moment der „Phantasie" verdankt. Tätig wird sie, soweit bis jetzt sichtbar, an aufgefundenen historischen Gegebenheiten auf dem Felde der Moral. Nietzsche wendet sie aber mit gleicher Intensität auf die menschlichen Individuen bzw. auf *den* Menschen an.

Die Moral auf neue Weise zum wissenschaftlichen Gegenstand machen, das bedeutet für Nietzsche, eine Wertfrage aufwerfen und Moral in diesem Sinne zum Problem machen. Nietzsche zieht hier eine scharfe Grenzlinie zur Moralwissenschaft der philosophischen Tradition. Diese zielte auf „die *Begründung* der Moral [...]; die Moral selbst aber galt als 'gegeben'" (JGB 186 / VI 2, 107f.). Da Vergleichung der Moralen nicht vollzogen, vielmehr die eigene Moralperspektive absolut gesetzt wurde, stand Moral *als solche* nicht auf dem Prüfstand. Die philosophische Aufgabe lag in der Explikation von Verbindlichkeit, fraglos hingegen war der Wert der Moral – fraglos, weil unbedingt[7]. Anderwärts kommt Nietzsche allerdings auf Moral*historiker* vor ihm zu sprechen, differenziert auch zwischen ihnen, erteilt ihnen aber insgesamt schlechte Noten und erblickt ihre Unterschiede in der Verschiedenheit ihrer grundlegenden Fehler. Der Aphorismus, in dem das geschieht (›Die fröhliche Wissenschaft‹, 5. Buch, Aph. 345), interessiert hier vor allem deshalb, weil er an die Wertfrage in Nietzsches Sinne heranführt. Nietzsche schreibt dort: „Ersichtlich war bisher die Moral gar kein Problem [...]. Ich sehe Niemanden, der eine *Kritik* der moralischen Werthurtheile gewagt hätte [...]. Kaum dass ich einige spärliche Ansätze ausfindig gemacht habe, es zu einer *Entstehungsgeschichte* dieser Gefühle und Werthschätzungen zu bringen [...]. Mit diesen Moral-Historikern (namentlich Engländern) hat es wenig auf sich: sie stehen gewöhnlich selbst noch arglos unter dem Kommando einer bestimmten Moral und geben, ohne es zu wissen, deren Schildträger und Gefolge ab" (V 2, 260). Reihen sich die Moralhistoriker dieses Schlages dank ihres grundlegenden Fehlers[8] ziemlich umstandslos in die Phalanx traditioneller Moralphilosophen ein, so gibt es doch auch andere, und deren Grundfehler sind ergiebiger für Nietzsches Problemstellung. Sie machen entweder den Fehler, daß sie, „nachdem ihnen die Wahrheit aufgegangen ist, dass bei verschiedenen Völkern die moralischen Schätzungen *nothwendig* verschieden sind, einen Schluss auf Unverbindlichkeit *aller* Moral machen", was Nietzsche für eine 'grosse Kinderei' hält (V 2, 261). Oder aber (und das gilt von den „Feineren unter ihnen") sie machen den Fehler, „dass sie die vielleicht thörichten Meinungen eines Volkes über seine Moral oder der Menschen über alle menschliche Moral aufdecken und kritisiren, also über deren Herkunft, religiöse Sanktion, den Aberglauben des freien Willens und dergleichen, und ebendamit vermeinen, diese Moral selbst kritisirt zu haben. Aber der Werth einer Vorschrift 'du sollst' ist noch gründlich verschieden und unabhängig von solcherlei Meinungen über dieselbe und von dem Unkraut des Irrthums, mit dem sie vielleicht überwachsen ist [...]. Eine Moral könnte selbst *aus* einem Irrthum gewachsen sein: auch mit dieser Einsicht wäre das Problem ihres Werthes noch nicht einmal berührt" (ebd.). Es ergibt sich aus den zitierten Stellen: Moralen im Plural entdecken, ihre Relativität auf Völker (und Zeiten) begreifen, darf nicht zur Bestreitung von Verbindlichkeit führen. Es ist falsch, Moral ihrer Relativität wegen für unverbindlich, also niemanden bindend und deshalb widersinnig und wertlos auszugeben. Als relative bindet sie gerade, nur eben in beschränktem Umkreis. Und das kann sie sehr wertvoll machen – wenngleich ihr Wert nicht selbst noch einmal moralisch abzuschätzen ist[9], sich vielmehr anderswoher bestimmt. Ferner: Ob Menschen über die sie bindende relative Moral oder über Moral überhaupt falsche Auffassungen haben, trägt nichts aus bezüglich des Wertes der Moral, ja mehr noch: selbst die Herkunft einer Moral aus einem Irrtum spricht nicht gegen ihren Wert. Die (immer nur bedingte) Verbindlichkeit von Moral und ihr Wert werden von Nietzsche als unabhängig von der Wahrheit moralischen Denkens angesehen. Auch mit dieser Indifferenz gegenüber Wahrheit ist der Denkhorizont absoluter Moral verlassen.

Worin der Wert von Moral besteht und wie eng er seiner Auffassung nach mit Irrtum verknüpft ist, hat Nietzsche mehrfach zum Ausdruck gebracht. Moral hat am Menschen eine große erzieherische Leistung vollbracht, sie hat ihn 'menschlich' gemacht, ihr ist ein 'menschenwürdiger' Zivilisationsstand im Zusammenleben der Menschen und in der kulturellen Lebensgestaltung zu verdanken. Von den vier Irrtümern des folgenden Aphorismus sind hier besonders die beiden letzten von Bedeutung: „Der Mensch ist durch seine Irrthümer erzogen worden: er sah sich erstens immer nur unvollständig, zweitens legte er sich erdichtete Eigenschaften bei, drittens fühlte er sich in einer falschen Rangordnung zu Thier und Natur, viertens erfand er immer neue Gütertafeln und nahm sie eine Zeit lang als ewig und unbedingt, sodass bald dieser, bald jener menschliche Trieb und Zustand an der ersten Stelle stand und in Folge dieser Schätzung veredelt wurde. Rechnet man die Wirkung dieser vier Irrthümer weg, so hat man auch Humanität, Menschlichkeit und 'Menschenwürde' hinweggerechnet" (FW 115 / V 2, 152). Während es, wie ausgeführt, nach Nietzsche in der Erkenntnis jetzt darauf ankommt, die Grenze „zwischen Natur und Geist, Mensch und Thier, Moral und Physik" aufzuheben (vgl. S. 18), hat der Irrtum über diese Grenze und bezüglich der Überlegenheit des Geistes über die Natur, des Menschen über das Tier, in der Erziehung der Menschheit Gutes bewirkt.

Und dasselbe gilt für den Wandel der Moralen und das ihn begleitende irrtümliche Bewußtsein unbedingter Werte. Allseitige Veredelung menschlicher Triebe ist hier das positive geschichtliche Resultat[10]. (Ob Nietzsches Immoralismus zu solchen Äußerungen in Widerspruch steht, wird später zu fragen sein.) Besonders begrüßt Nietzsche das Erstarken der Wahrhaftigkeit, durch das diese nunmehr – bei ihm selbst und bei ihm verwandten Geistern – fähig geworden ist, aus Wahrhaftigkeit vollzogene Täuschung (vgl. S. 8f.) zu durchschauen und sich von ihr zu befreien. In ›Menschliches, Allzumenschliches‹ spricht er vom 'Sinn für Wahrheit und Gerechtigkeit der Erkenntnis' als der „höchsten Blüthe" der „Erzeugung der moralischen Phänomene" und fügt hinzu: „war der Irrthum und die Verirrung der Phantasie das einzige Mittel, durch welches die Menschheit sich allmählich zu diesem Grade von Selbsterleuchtung und Selbsterlösung zu erheben vermochte – wer dürfte jene Mittel geringschätzen? [...] Alles auf dem Gebiete der Moral ist geworden, wandelbar, schwankend, Alles ist im Flusse, es ist wahr: – aber *Alles ist auch im Strome:* nach Einem Ziele hin" (MA I 107 / IV 2, 103). Die Zukunftsperspektive einer „Selbsterlösung" der Menschheit wird der geschichtlichen Vielfalt und Fortentwicklung der Moralen samt ihren Irrtümern verdankt, so freilich, daß nun Wahrhaftigkeit gerade auch auf dem Felde der Moral tätig werden muß – kritisch, ja was die absolute Moral anbelangt, destruierend. Nietzsche ist dabei an den Punkt gelangt, den heilsamen und fördernden Wirkungen der Moral andere zur Seite zu stellen, und dazu dürfte seine Sorge beigetragen haben, Moral könnte den Weg zu dem Zukunftsziel, für das er sich engagiert, versperren. Insofern wäre die Problemstellung unvollständig erfaßt, nähme man nicht auch die folgende Ausführung in ›Zur Genealogie der Moral‹ zur Kenntnis: „Sprechen wir sie aus, diese *neue Forderung:* wir haben eine *Kritik* der moralischen Werthe nöthig, *der Werth dieser Werthe ist selbst erst einmal in Frage zu stellen* – und dazu thut eine Kenntniss der Bedingungen und Umstände noth, aus denen sie gewachsen, unter denen sie sich entwickelt und verschoben haben (Moral als Folge, als Symptom, als Maske, als Tartüfferie, als Krankheit, als Missverständniss; aber auch Moral als Ursache, als Heilmittel, als Stimulans, als Hemmung, als Gift), wie eine solche Kenntniss weder bis jetzt da war, noch auch nur begehrt worden ist. Man nahm den *Werth* dieser 'Werthe' als gegeben, als thatsächlich, als jenseits aller In-Frage-Stellung; man hat bisher auch nicht im Entferntesten daran gezweifelt und geschwankt, 'den Guten' für höherwerthig als 'den Bösen' anzusetzen, höherwerthig im Sinne der Förderung, Nützlichkeit, Gedeihlichkeit in Hinsicht auf *den* Menschen überhaupt (die Zukunft des Menschen eingerechnet). Wie? wenn das Umgekehrte die Wahrheit wäre? Wie? wenn 'im Guten' auch ein Rückgangssymptom läge, insgleichen eine Gefahr, eine Verführung, ein Gift, ein Narcoticum, durch das etwa die Gegenwart *auf*

Kosten der Zukunft lebte? Vielleicht behaglicher, ungefährlicher, aber auch in kleinerem Stile, niedriger? ... So dass gerade die Moral daran Schuld wäre, wenn eine an sich mögliche *höchste Mächtigkeit und Pracht* des Typus Mensch niemals erreicht würde? So dass gerade die Moral die Gefahr der Gefahren wäre? ..." (Vorrede 6 / VI 2, 265). –

Daß Moral sich Nietzsche als geworden und im Fluß befindlich zeigt, wurde schon dokumentiert. Das ist nun etwas weiter zu entfalten. Moral ist relativ auf verschiedene Zeiten. Unter dem Aspekt moralischer und kultureller Höherentwicklung (übrigens durchaus auch im Sinne der Verfeinerung von Egoismus[11]), wie er in ›Menschliches, Allzumenschliches‹ im Vordergrund steht, heißt das: „Die Rangordnung der Güter ist [...] keine zu allen Zeiten feste und gleiche; wenn Jemand Rache der Gerechtigkeit vorzieht, so ist er nach dem Maassstabe einer früheren Cultur moralisch, nach dem der jetzigen unmoralisch. 'Unmoralisch' bezeichnet also, dass Einer die höheren, feineren, geistigeren Motive, welche die jeweilen neue Cultur hinzugebracht hat, noch nicht oder noch nicht stark genug empfindet: es bezeichnet einen Zurückgebliebenen, aber immer nur dem Gradunterschied nach" (MA I 42 / IV 2, 63). Wichtig ist, daß hier schon der Unterschied moralisch – unmoralisch vom Moralhistoriker Nietzsche als bloßer Gradunterschied und insofern als selbst auch relativ angesehen wird: Was einmal moralisch war, kann nicht schlechthin unmoralisch werden; es gibt hier kein 'schlechthin'[12]. – In ›Menschliches, Allzumenschliches‹ sieht Nietzsche im Wandel der Zeiten nicht nur die Motive feiner und geistiger werden, sondern auch (und damit in bester Einheit) die Intelligenz zunehmen. Vergangene moralische Wertungen können sich im Rückblick als unintelligent erweisen – inzwischen geht man beim moralischen Werten klüger und bedachtsamer (effektiver und kostensparender?) zu Werke[13].

Moralen sind relativ auf Zeiten nicht nur, sondern auch auf Völker, und gerade auch auf gleichzeitig existierende. Jedes Volk hat die ihm eigene Moral. Es war schon die Rede von der „Wahrheit [...], dass bei verschiedenen Völkern die moralischen Schätzungen *nothwendig* verschieden sind" (vgl. S. 19). Notwendig ist nach Nietzsches Auffassung die Verschiedenheit, weil ein Volk nur durch Abgrenzung, ja Entgegensetzung gegen die moralischen Schätzungen seiner Nachbarvölker seine Identität findet und sich in ihr erhält. Nicht sein Volkscharakter, sein Wesen, drückt sich in seinen moralischen Schätzungen aus. Diese bestimmen sich vielmehr in hohem Maß von außen, insofern sie eben Gegen-Schätzungen sind – ein zusätzliches relatives Moment[14].

Eine weitere Herkunft moralischer Schätzungen (oder auch dieselbe, weit genug gefaßt) sieht Nietzsche in den Bedürfnissen des Volkes als einer Gemeinschaft, „Gemeinde", „Heerde": „Wo wir eine Moral antreffen, da finden wir eine Abschätzung und Rangordnung der menschlichen Triebe und Handlungen. Die Schätzungen und Rangordnungen sind immer der Ausdruck der Befürfnisse einer Gemeinde und Heerde: Das, was *ihr* am ersten frommt – und am zweiten und dritten –, das ist auch der oberste Maassstab für den Werth aller Einzelnen. [...] Da die Bedingungen der Erhaltung einer Gemeinde sehr verschieden von denen einer anderen Gemeinde gewesen sind, so gab es sehr verschiedene Moralen; und in Hinsicht auf noch bevorstehende wesentliche Umgestaltungen der Heerden und Gemeinden, Staaten und Gesellschaften kann man prophezeien, dass es noch sehr abweichende Moralen geben wird" (FW 116 / V 2, 152 f.). Mit der Bindung der Schätzungen und Rangordnungen an die Bedürfnisse eines Volkes, eines Staates, einer Gesellschaft ist die Abhängigkeit der Moral vom *Nutzen* gesetzt. Moral menschlicher Gemeinschaften ist relativ auf deren je eigenen Nutzen, d. h. auf ihre Erhaltung und ihr Gedeihen.

Nun ist es Nietzsche selbstverständlich nicht entgangen, daß es völkerübergreifende Moral gibt. Für diese oder jene elementare Schätzung findet er eine ganz natürliche Erklärung: ihre Unentbehrlichkeit[15]. Im weiteren aber kommt er zu geschichtlichen Gewichtungen. In konsolidierten Gemeinwesen, die in ihrem Bestand von außen kaum mehr bedroht sind, tritt die dem Gemeinwesen ursprünglich eigentümliche Moral zurück zugunsten neuer moralischer Schätzungen, ja es können radikale Umwertungen stattfinden. Dabei, so wird man Nietzsche verstehen müssen, geht die Entwicklung vieler Gemeinwesen in ähnliche Richtungen, so daß im Ergebnis übereinstimmende Schätzungen die Differenzen überwiegen. Nietzsche denkt hier an die Moral der Nächstenliebe. Auch sie ist für ihn relativ, und zwar nicht nur, weil sie erst unter bestimmten historischen Umständen überhaupt entstehen kann, sondern auch, weil das Motiv ihrer Entstehung so ganz und gar nichtmoralisch ist. Sie wurzelt nach Nietzsche nämlich in der *Furcht* vor dem Nächsten. Zur Abwendung der Gefahr, die man im Nächsten erblickt, wird die Moral der Nächstenliebe entwickelt. Insofern ist auch hier wieder der Nutzen ausschlaggebend. Aber Nietzsche geht als Psychologe nun noch hinter ihn zurück – bis zur Furcht eben. Auch aus der Nützlichkeitsmoral der früheren Epoche blickt diese nun als mitkonstituierend hervor[16].

Mit dem im vorigen referierten Aufweis von Relativitäten der Moral ist ein Hauptangriff Nietzsches auf die absolute Moral schon dargestellt. Ehe von weiteren derartigen Angriffen die Rede ist, mag daran erinnert werden, daß Relativität der Moral für Nietzsche keineswegs mit Wertlosigkeit der Moral identisch ist. Nur eben mit an sich Gutem hat man es in der Moral nicht zu tun. Und: Wert *und* Unwert ein und derselben Moral sind keine Seltenheit (das zeigte sich bereits S. 21 f. und wird auch wiederkehren). –

Im Umkreis des vorigen sind Nietzsches Erörterungen zur Sittlichkeit der Sitte angesiedelt, die deshalb hier wichtig sind, weil Nietzsche die absolute Moral und also die Moralauffassung unserer europäischen Tradition als aus

jener Sittlichkeit herausgewachsen und daher letztlich mit ihr gleichen Ursprungs versteht. Ja, derart *geworden* zu sein, das entkleidet die absolute
Moral nach Nietzsches Überzeugung aller unbedingten Ansprüche.

Nietzsches Auffassung von der Sitte wurde zuvor, anläßlich seiner Bestimmung von Sittlichkeit, schon flüchtig gestreift (vgl. S. 17); sowohl die
Relativität von Sitte als auch der zentrale Begriff des Herkommens tauch-
ten dabei auf. Der damals beigezogene Aphorismus kann nun den Anschluß liefern: „Nicht das 'Egoistische' und das 'Unegoistische' ist der
Grundgegensatz, welcher die Menschen zur Unterscheidung von sittlich
und unsittlich, gut und böse gebracht hat, sondern: Gebundensein an ein
Herkommen, Gesetz und Lösung davon. Wie das Herkommen *entstanden*
ist, das ist dabei gleichgültig, jedenfalls ohne Rücksicht auf gut und böse
oder irgend einen immanenten kategorischen Imperativ, sondern vor Allem
zum Zweck der Erhaltung einer *Gemeinde,* eines Volkes" (MA I 96 / IV 2,
91)[17]. Das Eigentümliche der Sitte ist nun aber, daß in ihr je länger um so
mehr dieser ihr Zweck bzw. ihr Ursprung in Vergessenheit gerät und daß dadurch das Herkommen nicht etwa an Macht verliert, sondern einen Zuwachs an Ehrwürdigkeit erhält; „die ihm gezollte Verehrung häuft sich von
Generation zu Generation auf, das Herkommen wird zuletzt heilig und erweckt Ehrfurcht" (ebd.). In diesem Sinne findet schon im Bereich der Sitte
ein Sublimierungsprozeß statt, der zugleich das Ansehen dieser Moral hebt.
(Meine Bemerkung darf aber nicht zu dem Mißverständnis verleiten, daß
für Nietzsche der geschichtliche Übergang von der Sitte zur absoluten Moral jenen Prozeß im Sinne einer Steigerung nur fortsetzt – er hat, wie sich
zeigen wird, vielmehr die Schwächung der Sitte zur Voraussetzung. Nur auf
eine Tendenz der Moral zur Sublimierung sollte schon einmal aufmerksam
gemacht werden.) – Übrigens ermöglicht es der hier bemühte Aphorismus,
die „Moral der Nächstenliebe", von der oben zu sprechen war, in die Epoche der Sittlichkeit der Sitte hineinzunehmen (was bezüglich einer bald her-
anzuziehenden Äußerung aus ›Zur Genealogie der Moral‹ nicht unwichtig
ist)[18].

Waren bisher Nutzen und Furcht als Ursprünge von Moral im Blick, so
sind ihnen nun, und zwar gerade im Bezug auf die Sitte, das Angenehme
und die *Lust* zur Seite zu stellen, ja Nietzsche sieht sie eine Verbindung ein-
gehen. Unter dem Titel ›Die Lust in der Sitte‹ heißt es: „Eine wichtige Gattung der Lust und damit der Quelle der Moralität entsteht aus der Gewohnheit. Man thut das Gewohnte leichter, besser, also lieber, man empfindet dabei eine Lust, und weiss aus der Erfahrung, dass das Gewohnte sich bewährt hat, also nützlich ist [...]. Die Sitte ist demnach die Vereinigung des
Angenehmen und des Nützlichen, überdiess macht sie kein Nachdenken nöthig. [...] Diese Auffassung des Gewohnten als einer Bedingung des Daseins wird bis auf die kleinsten Einzelheiten der Sitte durchgeführt" – und

Nietzsche fügt noch hinzu, „dass auch die strengste Lebensweise zur Gewohnheit und damit zur Lust werden kann" (MA I 97 / IV 2, 92)[19]. Die dem Herkommen gezollte Verehrung und die Lust am Gewohnten, am bewährten und leicht gewordenen Althergebrachten, ergänzen sich bestens. Von an sich Gutem ist da um so weniger zu erblicken. Und schon in ›Menschliches, Allzumenschliches‹ deutet sich an, daß Nietzsche den Wert, der der Sitte zuzuschreiben ist, durchaus mit Negativem verknüpft sieht, insofern sie nämlich von den einzelnen Konformität verlangt und das Individuum als solches nicht zuläßt[20]. An sich Gutes hätte aber schlechthin positiv zu sein.

In der ›Morgenröthe‹ greift Nietzsche das Thema Sittlichkeit der Sitte auf. Dabei setzt er etwas andere Akzente, die seiner moralkritischen Absicht förderlich sind. Den einschlägigen Aphorismen 9–11, 16, 19, 20, 33 und 38 dieses Werkes ist zu entnehmen: Während Jahrtausende hindurch die Sitte größte Macht über die Menschen hatte, ist ihre Macht inzwischen sehr zurückgegangen (wodurch und wie, das wird zur Sprache kommen). Die Sittlichkeit der Sitte ist daher weitgehend etwas Vergangenes und für uns Fremdes, und darin die Herkunft unserer Moralauffasung zu erblicken und anzuerkennen, sind wir so leicht nicht bereit. Sitte, als Sitte je einer „Gemeinde", durchdrang ursprünglich alle Lebensbereiche[21]; der Rückgang ihrer Macht geht mit einer Verminderung ihres Geltungsumfangs einher. Am Anfang einer Sitte stehen Erfahrungen über Nutzen und Schaden. Es ist aber gerade das Charakteristische für die Sittlichkeit der Sitte, daß die Erfahrungen über Nutzen und Schaden der Vergangenheit angehören, daß sie nicht aktualisiert werden und vergessen sind. Das Herkommen ist als das Bestimmende an ihre Stelle getreten. „Sitten [...] sind die *herkömmliche* Art zu handeln und abzuschätzen" (M 9 / V 1, 18). Sittlichkeit der Sitte ist Gehorsam gegen die Sitten, also gegen das Herkommen. Aber warum wird dem Herkommen gehorcht? Nicht, weil es Nützliches befiehlt, sondern einzig weil es befiehlt und mit einer Autorität ausgestattet ist, die man fürchtet. Diese Autorität und die Furcht vor ihr bestimmt Nietzsche näher: „Es ist die Furcht vor einem höheren Intellect, der da befiehlt, vor einer unbegreiflichen unbestimmten Macht, vor etwas mehr als Persönlichem, – es ist *Aberglaube* in dieser Furcht" (ebd.). Alter und Heiligkeit der Sitte werden geachtet; die Sitte ist jeder Diskussion entzogen. Nietzsche vermutet, daß es in den Anfängen der Zivilisation neben den auf Nutzen und Schaden bezogenen Sitten auch solche gibt, die, indem sie Überflüssiges gebieten, ihren Zweck darin haben, einen blinden Gehorsam gegen die Sitte zu stabilisieren und den Zwang zur Sitte allgegenwärtig zu machen. Er sieht im Bereich der Sittlichkeit der Sitte zwei Haupttypen von Moralen: In der einen ist der Sittlichste der, „welcher das Gesetz am häufigsten erfüllt: also, gleich dem Brahmanen, das Bewusstsein desselben überallhin und in jeden kleinen Zeittheil trägt"; in der anderen ist der Sittlichste, wer „am meisten der Sitte *opfert"*, und das nur, damit „das Herkommen herrschend erscheine, trotz allem individuellen Gegengelüst und Vortheil" (M 9 / V 1, 18f.).

Die abergläubische Furcht vor der in der Sitte befehlenden unbestimmten Macht wird gespeist durch vermeintliche Strafen, die das Gemeinwesen treffen, wenn – und sei es auch nur von einzelnen – die Sitte übertreten worden ist. Die Strafen gelten als übernatürlich und schwer zu begreifen. Bedrohliche Naturvorgänge werden als verhängte Strafen ausgelegt (oder auch als Launen dämonischer Wesen). Statt die Wirklichkeit zu erforschen, natürliche Ursachen sowie die Folgen von Handlungen zu erkennen, erdichten die Menschen in abergläubischer Furcht eine eingebildete, höhere Welt. An sie spinnt der Mensch im Bann der Sittlichkeit der Sitte „alle seine höheren Empfindungen (der Ehrfurcht, der Erhabenheit, des Stolzes, der Dankbarkeit, der Liebe)" an (M 33 / V 1, 38). Aus allem Gesagten ergibt sich Beständigkeit als Wesenszug der Sitte. Aus sich ist die Sittlichkeit der Sitte nicht fähig und bereit, neue und bessere Sitten an die Stelle alter zu setzen. Daß dennoch innerhalb des Herrschaftsbereichs einer bestimmten Sitte Wandel stattfinden kann, das liegt zum einen an den (im Sinne dieser Sitte) Bösen. Sie sprengen an diesem oder jenem Punkt die Sitte und begeben sich dabei in die Gefahr, daß ihr Handeln von der Gemeinde aufs schärfste geahndet wird. Mitunter aber eben bewirkt die von ihnen geübte Verletzung einer Vorschrift längerfristig deren Aushöhlung und damit einen Wandel, ein Umwerten[22]. Zum andern wird eine Gemeinde, wenn sie trotz offensichtlich peinlicher Beachtung alles herkömmlich Gebotenen durch alle ihre Mitglieder doch von vermeintlichen Strafen nicht verschont bleibt, zur Abwendung derselben neue Rituale und Bräuche einsetzen.

Davon zu unterscheiden ist der geschichtliche Vorgang des Schwindens der Macht der Sitte überhaupt, durch den, wie erwähnt, die Moralauffassung unserer Tradition möglich wurde. Solchen Schwund bewirkt der „Sinn der Causalität" (M 10 / V 1, 20). Je weiter die Menschen darin vordringen, Vorgänge aus ihren Ursachen zu erkennen, statt ihnen den Aspekt von Schuld und durch unbegreifliche Mächte zugefügte Strafe anzuheften, um so weniger gibt es abergläubisch zu fürchten, um so mehr verlieren die Gebote des Herkommens ihre Gehorsam bewirkende Kraft. „Im Verhältniss zu der Lebensweise ganzer Jahrtausende der Menschheit leben wir jetzigen Menschen in einer sehr unsittlichen Zeit: die Macht der Sitte ist erstaunlich abgeschwächt und das Gefühl der Sittlichkeit so verfeinert und so in die Höhe getragen, dass es ebenso gut als verflüchtigt bezeichnet werden kann" (M 9 / V 1, 17). Was hier als Sublimierung des Gefühls der Sittlichkeit beschrieben wird, weist auch auf die Sublimierung der Moral auf seiten ihrer Inhalte. Absolute Moral ist verfeinerte, in die Höhe getragene, verflüchtigte Moral. Sie idealisiert, sie verallgemeinert, ja sie entleert sich zum formalen Gesetz. Darauf komme ich zurück. –

Daß der Aspekt der Doppelgesichtigkeit von Moral auch in der ›Morgenröthe‹ gegenwärtig ist, soll hier noch durch die folgende Äußerung dokumentiert werden, die zugleich aufs neue Nietzsches Feststellung bestätigt, daß den bisherigen Moralen die Tendenz einwohnt, die irdische Welt zu transzendieren: „Durch *Irrthümer* über ihre Herkunft, ihre Einzigkeit, ihre Bestimmung, und durch *Anforderungen,* die auf Grund dieser Irrthümer gestellt wurden, hat sich die Menschheit hoch gehoben und sich immer wieder 'selber übertroffen': aber durch die selben Irrthümer ist unsäglich viel Leiden, gegenseitige Verfolgung, Verdächtigung, Verkennung, und noch mehr Elend des Einzelnen in sich und an sich in die Welt gekommen. Die Menschen sind *leidende* Geschöpfe geworden, in Folge ihrer Moralen: was sie damit eingekauft haben, das ist, Alles in Allem, ein Gefühl, als ob sie im Grunde zu gut und zu bedeutend für die Erde wären und nur vorübergehend sich auf ihr aufhielten" (M 425 / V 1, 265).

In einem wichtigen Aphorismus aus ›Zur Genealogie der Moral‹, der in anderen Zusammenhängen noch mehrfach interessieren wird, knüpft Nietzsche ausdrücklich an seine Ausführungen zur Sittlichkeit der Sitte in der ›Morgenröthe‹ an. Er rechtfertigt nun das Leiden, das diese Sittlichkeit mit sich brachte, durch ihr geschichtliches, sie selbst überwindendes Resultat: das souveräne Individuum, das der Verantwortlichkeit fähig ist. Damit meint Nietzsche an dieser Stelle allerdings nicht ein sittliches, sondern ein übersittliches Individuum und blickt also über die Epoche europäischer Moraltradition als sublimierter Sitte hinaus[23]. Um diese jedoch bzw. um Nietzsches Versuch ihrer Destruktion durch genetische Rückführung auf die Sittlichkeit der Sitte hat es hier nunmehr zu gehen. Durch Destruktion soll sie selbst zu einem geschichtlichen Durchgang gemacht werden, zu einer Station auf dem Weg zum übersittlichen Individuum. Diese Station könnte man im Sinne des soeben beigezogenen Aphorismus bezeichnen als Moral des *sittlichen Individuums unter Geboten* verwandelter, eben *sublimierter Sitte* – wobei sittlich hier bei Nietzsche ja bedeutet: nicht autonom, von der Sittlichkeit der Sitte keineswegs schon ganz losgekommen, durchaus noch nicht 'nur sich selbst gleich'. Wenn Kant, der neuzeitliche Kronzeuge absoluter Moral, Autonomie und Sittlichkeit als untrennbar ansieht, so hat er aus der Sicht dieses Aphorismus einen verfehlten Begriff von Autonomie[24].

Kants Ethik scheint der These Nietzsches, absolute Moral sei sublimierte Sitte, den stärksten Widerstand zu leisten. Aber das scheint nur so. Tatsächlich könnte Nietzsche auf eine auffällige Strukturverwandtschaft zwischen der von Kant bestimmten Sittlichkeit und der von ihm selbst analysierten Sittlichkeit der Sitte rekurrieren. Es ist zu vermuten, daß für Nietzsche die formalen Charakteristika der Sitte von vornherein auf eine Sublimierung kantischer Prägung hin transparent waren[25]. Ich erinnere an den Gehorsam

gegen die Sitten; an die Unterwerfung unter das Herkommen nicht aus
Nützlichkeitserwägungen, sondern weil es befiehlt; an die Autorität des
Herkommens, die man fürchtet und der man Ehrfurcht entgegenbringt; an
den höheren Intellekt als unbegreifliche Macht und als 'mehr als Persönliches'; an die Sitte als Undiskutierbares, Fragloses; an den Typus von Sittlichkeit der Sitte, der das Opferbringen, das Hintansetzen von Gegengelüst
und eigenem Vorteil, auszeichnet; an den Überschritt in eine höhere Welt.
Für dieses alles gibt es bei Kant Äquivalente. Kategorischer Imperativ und
Handeln aus Achtung fürs Gesetz brauchen da kaum erwähnt zu werden[26].
Die Ehrfurcht und der Bezug zum Übersinnlichen sind da[27]. Daß den Nei-
gungen Abbruch zu tun ist, wann immer die Achtung für das Sittengesetz
das unumgänglich macht, versteht sich bei Kant von selbst, und eine Handlung aus Pflicht erscheint ihm um so wertvoller, je weiter Pflicht und Neigung bei ihr auseinander liegen[28]. Die Fraglosigkeit des Gesetzes gehört
zum Nerv kantischer Ethik. Als unleugbares Faktum und als *Datum* reiner
Vernunft streift es, was seine Verbindlichkeit angeht, an jene unbegreifliche
Macht, muß es als vernünftig, aber eben nicht von menschlicher Vernunft
erzeugt oder von ihrem vorgängigen Begreifen abhängig angesehen werden
und kann es als 'mehr als persönlich' aufgefaßt werden. Seine Verbindlichkeit hat jede Frage nach ihrem Warum oder Woher immer schon überholt.
(Erst die Anerkennung dieses Sachverhalts setzt bei Kant die menschliche
praktische Vernunft für ihre eigenen Gedanken frei.) – Die Macht der Sitte
verwandelt sich in dieser Sicht zur Macht des Sittengesetzes als unleugbaren
Datums in der menschlichen reinen Vernunft. Autorität liegt hier wie dort
vor. Ihre Unbedingtheit wird jetzt ins Zentrum philosophischer Durchdringung der Moral gerückt. Der Inhalt der Sitten ist schlechthin verflüchtigt –
das Sittengesetz ist formal, gebietet und verbietet keine bestimmten Handlungen. Dadurch ist es tauglich geworden, schlechthin für alle Vernunftwesen zu gelten, sogar für Gott. Es ist an 'Überpersönlichkeit' in diesem Sinn
nicht zu übertreffen. Und was für die Sitte das jeweilige konkrete Gemeinwesen war, das hat sich nun erhoben zur idealen Vorstellung eines Reiches
aller vernünftigen Wesen.

So wichtig für Nietzsches Absicht, die absolute Moral durch Zurückführung auf die Sitte ihrer Absolutheit zu entkleiden, die neuzeitliche Position
Kants ist, hinge seine Untersuchung doch in der Luft, würden nicht die Anfänge europäischer Moraltradition einbezogen. Nietzsche sieht klar, daß die
Moralauffassung der griechischen Antike kaum imperativisch ist, so daß
beim Aufweis, daß sie sublimierte Sitte sei, der Gehorsam ganz zurückzu-
treten hat[29]. Das kompliziert den Sachverhalt anscheinend auch insofern,
als demnach die Moralauffassung kantischer Prägung nicht als geradlinige
Fortsetzung einer Entwicklung von einer frühen Sittlichkeit der Sitte über
die antike philosophisch fundierte Moral bis hin ins 18. (und 19.) Jahrhun-

dert gesehen werden kann. Tatsächlich aber schadet das Fehlen solcher geradliniger Weiterentwicklung nicht Nietzsches These von der Herkunft der absoluten Moral aus der Sittlichkeit der Sitte, macht sie vielmehr plausibler, indem auch für nachantike und nichtgriechische Sitte Raum bleibt, sich im Sinne der Sublimierung auszuwirken.

Bei der Zurückführung der absoluten Moral antiker Prägung auf die Sitte stehen bei Nietzsche Sokrates und Platon ganz im Vordergrund. Dafür empfiehlt sie, daß sie am Anfang europäischer Ethik stehen. Aber damit ist auch ein charakteristischer Akzent gesetzt. Denn Nietzsche hatte Sokrates schon in ›Die Geburt der Tragödie‹ eine verhängnisvolle Rolle in der griechischen (und europäischen) Geistesgeschichte zugeschrieben, und daß Platon ihm als „das größte Malheur Europas" galt, wurde schon erwähnt (vgl. S. 11). Europa hätte in Nietzsches Sicht eine sehr viel günstigere Entwicklung genommen bzw. hätte sich einen langen Umweg erspart, wenn nach dem Machtschwund der griechischen Sitte die Sophisten, nicht aber Sokrates und Platon (und ihre Nachfolger) die Oberhand behalten hätten[30]. Es ist allerdings zu vermerken, daß Nietzsche, was Platons Ethik betrifft, über den in der ›Politeia‹ erreichten Stand nicht hinausblickt. Namentlich die Vernachlässigung des ›Philebos‹ ist hier für sein verkürztes Platon-Verständnis verantwortlich, zu dessen Grundbestand „die platonische Sinnen-Verleumdung" (NF VIII 2, 411) gehört.

Platon „will die *ideale Polis,* nachdem der Begriff 'Polis' sich überlebt hatte" (NF VIII 2, 410), und sein Entwurf der idealen Polis ist zugleich Ethik der absoluten Moral. Die in der ›Politeia‹ durchgeführte Entsprechung der Tugenden im Staat und der Tugenden in der Seele, das heißt des Individuums, könnte von Nietzsche als Nahtstelle zwischen sublimierter Sitte im Sinne politischer Tugend einerseits und im Sinne individueller Tugend andererseits beansprucht werden, und damit als Keimzelle einer weit über die Antike hinausreichenden Entwicklung.

Daß die Macht der Sitte nachgelassen haben muß, damit der Schritt zur absoluten Moral getan werden kann, und daß eine solche Lage nach Nietzsches Überzeugung für Sokrates und Platon gegeben war, wurde gesagt. Aber daß dieser Schritt getan werden kann, bedeutet nicht ohne weiteres schon, daß er auch getan wird. Hierfür sollte also noch nach Gründen gefragt werden, und Nietzsche tut das.

Da mag zunächst aufgegriffen werden, was im Rahmen von Nietzsches Metaphysikkritik schon zu streifen war (vgl. S. 11): Sokrates und Platon erfinden die Dialektik als „Weg zur Tugend". Damit wird logische Rechtfertigung von Gründen, sowohl bezüglich der Tugenden selbst als auch bezüglich der einzelnen Handlungen, zum Bestandteil von Moral. Die Herrschaft der Sitte ließ einer sich rechtfertigenden Vernunft keinen Raum, nun aber ist diese auf dem Plan. Sie hat Verbindlichkeit zu rechtfertigen und kann das

– als Vernunft – nur im Blick auf Allgemeines. Nicht diese bestimmte Polis, sondern eine ideale Polis ist in den Blick zu fassen. Und: In dieser bestimmten Polis gewachsene, mindestens aber durch ihre Sitte möglich gewordene, also jedenfalls relative moralische Urteile müssen zu an sich gültigen Gründen sublimiert werden, die ein Rechenschaftgeben (λόγον διδόναι) ermöglichen. Das tun sie, indem sie in den Stand von Ideen erhoben werden[31].

Aber das Fragen nach Gründen für das Hervorgehen absoluter Moral aus vom Machtschwund befallener Sitte braucht hier nicht stehenzubleiben. Man kann fragen: Warum denn Dialektik als „Weg zur Tugend"? Auf diese Frage antwortet Nietzsche als Psychologe. Er sieht Griechen vom Schlage des Sokrates und Platon in einer Zeit ohnmächtiger Sitte in Gefahr. Dazu läßt er sich in der ›Götzen-Dämmerung‹ vernehmen: „Der Fanatismus, mit dem sich das ganze griechische Nachdenken auf die Vernünftigkeit wirft, verräth eine Nothlage: man war in Gefahr, man hatte nur Eine Wahl: entweder zu Grunde zu gehn oder – *absurd-vernünftig* zu sein… Der Moralismus der griechischen Philosophen von Plato ab ist pathologisch bedingt; ebenso ihre Schätzung der Dialektik. Vernunft = Tugend = Glück heisst bloss: man muss es dem Sokrates nachmachen und gegen die dunklen Begehrungen ein *Tageslicht* in Permanenz herstellen – das Tageslicht der Vernunft. Man muss klug, klar, hell um jeden Preis sein: jedes Nachgeben an die Instinkte, an's Unbewusste führt *hinab*…" (GD, Das Problem des Sokrates, 10 / VI 3, 66)[32]. Dunkle Begehrungen, unbewußte Triebe, Instinkte sind also die Gefahr (für Individuum und Polis, wie man Nietzsche verstehen darf), und Vernunft tut zur Rettung den Schritt zum an sich Guten. Das Zitat nennt die für Nietzsche wichtige Gleichsetzung von Vernunft, Tugend und Glück, die seine Argumentationen auch für diejenigen antiken Moralphilosophen öffnet, die, wie Aristoteles, von Platons Ideenwelt nicht viel halten.

Ich schiebe hier eine Zwischenbemerkung ein, die Aristoteles im Kontext dieses Kapitels eine Stelle anweisen soll. Eine strenge Gleichsetzung von Vernunft, Tugend und Glück findet sich bei Aristoteles hinsichtlich der Weisheit, der Vollendungsgestalt menschlichen Glücks. Sie wird von Nietzsches Destruktion der Metaphysik berührt. Die Gleichsetzung kann insoweit aber auch für das Glück in der Gestalt trefflichen Handelns (εὐπρα-ξία) gelten, als dieses von der Einsicht (φρόνησις) abhängt; die Einsicht freilich steht mit ethischer Trefflichkeit (Besonnenheit im weitesten Sinn) im Verhältnis wechselseitigen Sichbedingens[33]. Was die einzelnen ethischen Trefflichkeiten bei Aristoteles betrifft, könnte auf sie Nietzsches Vorstellung von sublimierter Sitte ausgedehnt werden. Nur greift hier eben nicht, was Nietzsche bei Platon feststellte: Sublimation als Ansetzen von Ideen. Nietzsches Versuch, die absolute Moral aristotelischer Prägung zu destruieren und dabei die *ethischen Tugenden* zu treffen, wird denn auch aus anderer Richtung unternommen: Er verwirft das Herzstück in Aristoteles' Bestimmung dieser Tugenden, die Mitte (μεσότης): „jene Herabstimmung der Affekte auf ein unschädliches Mittelmaass, bei welchem sie befriedigt werden dürfen, der Aristotelismus der Moral", ist „Klugheit, gemischt mit Dummheit" und gehört mit hinein in das „Kapitel 'Moral als Furchtsamkeit'" (JGB 198 / VI 2, 120 f.). Indem diese Moral von Nietzsche mit Herden-Moral gleichgesetzt wird, ist ihre Zurückführung auf die Sitte faktisch vollzogen. Die Nachlaß-Stelle, die das belegen kann, würde, falls das überhaupt noch nötig sein sollte, die Unangemessenheit von Nietzsches Aristoteles-Verständnis vollends deutlich machen: „Der Instinkt der Heerde schätzt die *Mitte* und das *Mittlere* als das Höchste und Werthvollste ab: die Stelle, auf der die Mehrzahl sich befindet; die Art und Weise, in der sie sich daselbst befindet; damit ist er Gegner aller Rangordnung [...]. In der Mitte hört die Furcht auf; hier ist man mit nichts allein; hier ist wenig Raum für das Mißverständniß; hier giebt es Gleichheit [...]" ((NF VIII 2, 140). –

Ich nehme den Hauptfaden des Themas wieder auf. Absolute Moral geht aus geschwächter Sitte hervor; an ihrem antiken Anfang ist sie nach Nietzsches Auffassung restaurativ und konstituiert sich doch durch einen ganz neuen und folgenreichen Schritt – sie setzt die Vernunft als rechtfertigende Instanz ein. Die Vernunft begründet moralische Verbindlichkeit, indem sie sich selbst und die Tugend und das Glück in eine unlösliche Einheit zusammennimmt. Gemäß diesem Konzept führt rechtfertigende ('dialektische') Vernunft, indem sie die Leitung menschlichen Verhaltens übernimmt, zu Tugend, die glücklich macht. Das gilt gemäß Platons ›Politeia‹ sowohl für den Staat als auch für den einzelnen. Das Konzept bewahrt (auf sublimierte Weise) aus der Sittlichkeit der Sitte, daß „Sittlichkeit" Nutzen (Gedeihen) bringt und lustvoll sein kann, es bewahrt die „Vereinigung des Angenehmen und des Nützlichen" (vgl. S. 24). Es bewahrt bei Platon auch die Vorstellung vom Unglück als Strafe, die in der ›Politeia‹ (wie schon früher bei Platon) durch den vom philosophischen Mythos vollzogenen Ausblick ins Jenseits ihre Tiefendimension bekommt, wie denn auch in diesem Ausblick das Glück des Individuums sich nach dem Tode aufs schönste fortsetzt. (Daß Nietzsche hier bedenklich ist, versteht sich von selbst[34].)

Die absolute Moral europäischer Prägung verdankt sich nach Nietzsche ganz wesentlich „Plato's Erfindung vom reinen Geiste und vom Guten an sich" (JGB, Vorrede / VI 2, 4). Daß es sich beim Guten an sich um eine Erfindung handelt, ist nach Nietzsche dann offenkundig, wenn dieses Gute als *geworden* aufgezeigt werden kann (geworden sein und an sich sein schließen sich aus). Ist es geworden, so kann es logischerweise nur aus relativ Gutem geworden sein (falls es überhaupt aus *Gutem* geworden ist). *Alle* Moral ist relativ, nicht nur die Sittlichkeit der Sitte, sondern auch Moral, die dank Sublimierung aus ihr hervorgegangen ist.

Gegen Nietzsches Zurückführung absoluter Moral auf die Sitte könnte aber ein immanenter Einwand versucht werden aus dem Umstand, daß gemäß Nietzsches eigenen Darlegungen die Sitte dem Individuum feindlich ist[35], während die absolute Moral das Individuum in den Vordergrund rückt. Tatsächlich aber ginge der Einwand an Nietzsche vorbei. Daß Nietzsche das *übersittliche* Individuum als „reifste Frucht" am Baum der Sittlichkeit der Sitte auffaßt, wurde schon zitiert (Anm. 23 zu diesem Kapitel). Das *sittliche* Individuum dürfte ebenfalls eine Frucht an diesem Baum sein, wenngleich natürlich nicht die, auf die es Nietzsche ankommt. (Daß überhaupt das Individuum freigesetzt wird, muß von Nietzsche positiv beurteilt werden[36].) Man kann gegen den möglichen Einwand aber auch noch anders argumentieren. Wenn, bei den antiken Philosophen, dem Machtschwund der Sitte und der damit heraufkommenden 'Gefahr' freigesetzter Triebe durch das Einsetzen rechtfertigender (und durch Sublimation restaurierender) Vernunft begegnet wird, dann ist damit das Individuum zugelassen, ja gefordert. Denn die Rechtfertigung der Tugenden als des an sich Guten muß jedes Individuum selbst für sich nachvollziehen (was auch hinsichtlich der 'politischen' Tugenden gilt); und angesichts des an sich Guten hat es selbst seine Taten vernünftig zu verantworten. Der von Nietzsche behaupteten Sublimation der Sitte zur absoluten Moral widerspricht die neue Bedeutung des Individuums nicht, sie gehört vielmehr wesentlich zu diesem Prozeß. Das Individuum mit seiner Vernunft kommt zur Geltung zusammen mit einem schlechthin Allgemeinen (dem an sich Guten), dem es zugleich unterstellt wird[37]. –

Nietzsches Versuch, die absolute Moral zu destruieren, kann vor der Instanz des Gewissens nicht haltmachen, die doch mit untrüglicher Sicherheit und ungerufen über an sich Gutes und Böses Bescheid zu geben scheint. Da wäre zunächst einmal zu vermerken, daß Nietzsche einen Wandel des Gewissens historisch feststellt, der in den Wandel von der Sittlichkeit der Sitte zur absoluten Moral einbehalten ist und ihm entspricht. Im Herrschaftsbereich der Sitte gab es den 'Herden-Gewissensbiß'; er bezog sich auf einen der Gemeinschaft zugefügten Schaden und wurde nicht nur von dessen Veranlasser, sondern auch von allen anderen Gliedern der Gemeinschaft empfunden; demgegenüber werden im Bereich sublimierter Moral – entsprechend der Wichtigkeit des Individuums – Gewissensbisse die Angelegenheit je eines Individuums, bezogen auf seine eigenen Taten (vgl. FW 117 / V 2, 153). Innerhalb *dieses* Bereichs sieht Nietzsche noch einmal eine Entwicklung gegeben, derart, daß die Autorität des Gewissens um so stärker in den Vordergrund tritt, je mehr die übermenschlichen Autoritäten an Einfluß verlieren (vgl. Anm. 13 zu Kap. 3).

Ist das Gewissen schon durch seinen Wandel ins Werden versetzt, so läßt sich das noch überbieten, indem Gewissen überhaupt als etwas Gewordenes vorgeführt wird. Nietzsche tut das einerseits mit Bezug auf die Sittlichkeit der Sitte, andererseits im Blick auf die Individuen späterer Epochen der Moralgeschichte.

Für das erste ist Aphorismus 16 der 2. Abhandlung in ›Zur Genealogie der Moral‹ einschlägig (VI 2, 337 ff.). Hier lokalisiert Nietzsche den Ursprung des schlechten Gewissens am Übergang der Menschen aus dem Naturzustand in den Zustand der Gesellschaft und des Friedens. Das schlechte Gewissen ist der Preis, der für diesen Übergang gezahlt wurde, ein hoher Preis, denn es handelt sich um eine Erkrankung. Den „der Wildniss, dem Kriege, dem Herumschweifen, dem Abenteuer glücklich angepassten Halbthieren" waren „mit Einem Male [...] alle ihre Instinkte entwerthet und 'ausgehängt'" (VI 2, 338), denn nun sollten sie ihr Leben schließend, berechnend, Ursachen und Wirkungen kombinierend in die Hand nehmen. Diesen Vorgang denkt Nietzsche als Psychologe weiter: Die entwerteten, zu äußerer Betätigung nicht mehr zugelassenen, aber gleichwohl vorhandenen Instinkte kehren sich nach innen und mißhandeln ihren Inhaber (was Nietzsche ausführlich und eindrucksvoll schildert). Das 'schlechte Gewissen' ist damit entsprungen. Nietzsche fiele freilich hinter seine Wertung der Sittlichkeit der Sitte, in der diese Sittlichkeit ein doppeltes, aber gerade auch positives Gesicht zeigte, zurück, wenn er nicht auch dem schlechten Gewissen außer dem Aspekt der Erkrankung einen anderen, positiven zu geben vermöchte. Diesen hat es für Nietzsche allerdings nur, wenn Hoffnung besteht, daß es eine Durchgangsphase zu neuer Gesundheit ist[38]. Wie die Sitte und ihre Sittlichkeit etwas Gewordenes sind, so auch – und mit ihnen – das schlechte Gewissen. Geworden und wandelbar, ja, wie Nietzsche hofft, vergänglich, hat es nichts Unbedingtes.

Als geworden, wandelbar und bedingt zeigt sich Nietzsche das Gewissen (nun primär das gute, zur sittlichen Handlung anhaltende) zum anderen an den als selbständig sich verstehenden Individuen. Das dokumentiert ein ebenfalls recht umfangreicher Aphorismus, diesmal in ›Die fröhliche Wissenschaft‹ (Aphorismus 335 / V 2, 240 ff.). Darin zieht Nietzsche ein derartiges Individuum ins Gespräch. Es vermeint, das Wesen einer moralischen Handlung in folgendem Dreischritt erfaßt zu haben: Zuerst wird geurteilt, daß etwas so und nicht anders recht ist; daraus wird geschlossen, daß es zu geschehen hat; daraufhin wird es getan. Nietzsche hält dem entgegen, daß schon das erste, das Urteilen, eine Handlung sei, und zwar eine, die die Fragen erlaubt: „könnte nicht schon auf eine moralische und auf eine unmoralische Weise geurtheilt werden? *Warum* hältst du diess und gerade diess für recht?" Antwort: „Weil mein Gewissen es mir sagt; das Gewissen redet nie unmoralisch, es bestimmt ja erst, was moralisch sein soll!" (V 2, 241) Mit dieser Antwort hat der imaginäre Gesprächspartner Nietzsche natürlich unterschätzt. Er hat nicht begriffen, daß die vorangegangenen Fragen seine Antwort schon überholt hatten, und gibt so Gelegenheit zu einer noch etwas peinlicheren Befragung: „Aber warum *hörst* du auf die Sprache deines Gewissens? Und inwiefern hast du ein Recht, ein solches Urtheil als wahr und untrüglich anzusehen? Für diesen *Glauben* – giebt es da kein Gewissen mehr? Weisst du Nichts von einem intellectuellen Gewissen? Einem Gewissen hinter deinem 'Gewissen'?" (ebd.) Die erste dieser Fragen zielt auf die Motive der Befolgung des vom Gewissen Angeratenen. Und Nietzsche macht im Fortgang des Aphorismus klar, daß es sehr viele, und extrem verschiedene Motive und Arten gibt, auf das Gewissen zu hören. Die weiteren Fragen sollen das Vertrauen in die Wahrheit und Sicherheit des Gewissensspruches als naiv, ja mehr noch: als intellektuell unredlich enthüllen. In neuester Zeit jedenfalls, in einem „Zeitalter der Vergleichung" eben (vgl. S. 18), ist das moralische Gewissen vom intellektuellen Gewissen auf den Prüfstand zu stellen (womit denn von Nietzsche das intellektuelle Gewissen anerkannt und die intellektuelle Tugend der Redlichkeit gefordert wäre – der er sich, was später zu zeigen sein wird, selbst in hohem Maße verpflichtet[39]). Das intellektuelle Gewissen deckt das moralische Gewissen als geworden und relativ auf. Warum jemand etwas Bestimmtes für recht hält, das kann vielerlei und sehr verschiedene Gründe haben, etwa Erziehung[40], beruflichen Erfolg und Ansehen als Erträge der 'Pflichterfüllung', innere Unselbständigkeit und Kraftlosigkeit[41]. Und jedenfalls: „wenn du feiner gedacht, besser beobachtet und mehr gelernt hättest, würdest du diese deine 'Pflicht' und diess dein 'Gewissen' unter allen Umständen nicht mehr Pflicht und Gewissen benennen: die Einsicht darüber, *wie überhaupt jemals moralische Urtheile entstanden sind,* würde dir diese pathetischen Worte verleiden" (V 2, 242). Damit mündet die Gewissensproblematik in den Hauptstrom der Moralproblematik ein. Und für Nietzsche stellt sich unmittelbar im Anschluß an die soeben zitierte Stelle der Blick auf den kategorischen Imperativ und auf Kant wie von selbst ein. (Das macht Sinn, wenn man bei Nietzsche die Auffassung annimmt, daß jemand bei Anwendung des kategorischen Imperativs genau zu den Ergebnissen kommt, die dank seines auf die beschriebene Weise entstandenen und relativen Gewissens schon feststehen.)

Daß das Gewissen als gewordenes und bedingtes relativ ist, zeigte sich soeben für 'selbständige' Individuen und damit zugleich für die Epoche absoluter Moral. Die Relativität des Gewissens im Herrschaftsbereich der Sitte mag hier noch eigens erwähnt werden, obwohl sie sich von selbst versteht: „Der selbe Trieb entwickelt sich zum peinlichen Gefühl der *Feigheit,* unter dem Eindruck des Tadels, den die Sitte auf diesen Trieb gelegt hat: oder zum angenehmen Gefühl der *Demuth,* falls eine Sitte, wie die christliche, ihn sich an's Herz gelegt und *gut* geheissen hat. Das heisst: es hängt sich ihm entweder ein gutes oder ein böses Gewissen an! An sich hat er, wie *jeder Trieb,* weder diess noch überhaupt einen moralischen Charakter und

Namen" (M 38 / V 1, 41 – als weitere Beispiele nennt Nietzsche im Fortgang des Aphorismus den Neid, die Hoffnung, den Zorn).

Ein Einwand gegen das Gewissen als unbedingte Instanz ist schließlich auch Nietzsches Feststellung, daß Schuldgefühle bezüglich eigener 'unrechter' Taten keineswegs alle Individuen heimsuchen, ja in der Vorgeschichte des Menschen von gar niemandem erfahren wurden[42].

Wie sich gezeigt hat, haben für Nietzsche gutes wie schlechtes Gewissen, so bedingt sie auch sind, seit langem geschichtliche Realität. Daran ändert sich auch nichts, wenn sich herausstellt, daß sie – in Nietzsches Sicht – auf einer Fiktion beruhen, auf der Fiktion des freien Willens (vgl. S. 38 ff.). Wohl aber dürfte Nietzsche in der Leugnung der Willensfreiheit einen Hebel gesehen haben, die eine neue Zukunft eröffnende Überwindung des schlechten Gewissens ins Werk zu setzen, d. h. 'gesünderen' (übersittlichen) Individuen den Weg zu bereiten. –

Nietzsches Darlegungen zur Relativität von Moral dienen der Unterminierung des Guten an sich, der Unbedingtheit von Moral. Die vorgeführten Aspekte können in dieser Hinsicht noch überboten werden.

Bisher zeigte sich: Moralen sind im Werden, kommen und gehen und widersprechen einander, ja Moral ist überhaupt (in fernen Zeiten) entstanden – Werden (wie Widerspruch) und An-sich-sein schließen sich aber aus. – Eine Moral kann sehr wohl den Doppelaspekt von nützlich und schädlich zeigen – an sich Gutes jedoch dürfte nicht wirklich schädlich sein. – Moralen sind bedingt durch Nichtmoralisches: durch Bedürfnisse einer Gemeinde, durch Bedingungen ihrer Erhaltung und ihres Gedeihens, also durch Nutzen; durch Furcht (vor Schaden einer Gemeinde oder vor dem Nächsten); durch Angenehmes und Lust.

Nun ist von Nietzsches Pointe zu sprechen, daß Gutes aus *Bösem* entstehen kann, was bedeutet, daß Gut und Böse keine Wesensgegensätze und keine Wertgegensätze sind. Für diese radikale Zuspitzung spielt eine Rolle, daß die soeben als nichtmoralisch bezeichneten Bedingungen von Moral als egoistisch aufgefaßt werden können und damit im Horizont absoluter Moral des moralischen Unwerts verdächtig sind.

Schon in ›Menschliches, Allzumenschliches‹ bestreitet Nietzsche einen Gattungsunterschied zwischen guten und bösen Taten und setzt einen Gradunterschied an seine Stelle[43]. Ein „unegoistisches Handeln" gibt es, „streng gefasst", nicht; es handelt sich da vielmehr um eine Sublimierung, bei der „das Grundelement fast verflüchtigt erscheint und nur noch für die feinste Beobachtung sich als vorhanden erweist" (MA I 1 / IV 2, 19 f.). Das Grundelement ist Egoismus; 'unegoistisches' Handeln ist von egoistischem nur dem Grad nach verschieden, es ist weniger egoistisch oder verfeinert egoistisch. Egoismus ist aber nun einmal nicht das an sich Gute absoluter Moral; als uneingeschränktes Prinzip des Handelns erscheint er in ihr als böse.

Grade von Egoismus legen nach einer Auskunft von ›Menschliches, All-zumenschliches‹ auch die 'Ordnung der Güter' fest: „Die einmal angenommene Rangordnung der Güter, je nachdem ein niedriger, höherer, höchster Egoismus das Eine oder das Andere will, entscheidet jetzt über das Moralisch-sein oder Unmoralisch-sein. Ein niedriges Gut (zum Beispiel Sinnengenuss) einem höher geschätzten (zum Beispiel Gesundheit) vorziehen, gilt als unmoralisch, ebenso Wohlleben der Freiheit vorziehen" (MA I 42 / IV 2, 63).

Nietzsche hat schon in diesem frühen Werk keine Schwierigkeit, gemeinhin als altruistisch angesehene Verhaltensweisen als egoistische zu interpretieren. Der Aphorismus-Titel ›Moral als Selbstzertheilung des Menschen‹ weist hier die Richtung; in diesem Aphorismus analysiert Nietzsche u. a. die Bereitschaft von Soldaten, sich für ihr Vaterland zu opfern, und von Müttern, für ihre Kinder auf Schlaf, Speise, Gesundheit, Vermögen zu verzichten: „Ist es nicht deutlich, dass in all diesen Fällen der Mensch *Etwas von sich*, einen Gedanken, ein Verlangen, ein Erzeugniss mehr liebt, als *etwas Anderes von sich,* dass er also sein Wesen *zertheilt* und dem einen Theil den anderen zum Opfer bringt? [...] Die *Neigung zu Etwas* (Wunsch, Trieb, Verlangen) ist in allen genannten Fällen vorhanden; ihr nachzugeben, mit allen Folgen, ist jedenfalls nicht 'unegoistisch' " (MA I 57 / IV 2, 74). Sollte tatsächlich auf diese Weise *alles* Handeln der Selbstliebe entspringen und ein Handeln *aus* Neigung sein, dann wäre ein Handeln *aus Pflicht* im Sinne Kants jedenfalls ausgeschlossen, denn Kant hat hier einen kontradiktorischen Gegensatz gesehen. Was Nietzsche betrifft, so liegt in Fällen von 'Selbstzerteilung' der beschriebenen Art ein geringerer Grad an Egoismus und zugleich ein sublimerer Egoismus vor als bei Handlungen, in denen ein Ego ungeteilt sich selbst zum Zweck seines Tuns macht[44].

Auch hinsichtlich des 'Ursprungs der Gerechtigkeit', die doch in besonderem Maße dem Anderen Rechnung zu tragen scheint, weiß Nietzsche früh schon Rat: Gerechtigkeit entsteht, wo in etwa gleiche Machtverhältnisse vorliegen und Kämpfen mehr Schaden als Vorteil verspricht; d. h. sie „geht natürlich auf den Gesichtspunct einer einsichtigen Selbsterhaltung zurück, also auf den Egoismus jener Ueberlegung: 'wozu sollte ich mich nutzlos schädigen und mein Ziel doch nicht erreichen?' " (MA I 92 / IV 2, 87f.) Nietzsche fügt hinzu, daß dieser Ursprung der Gerechtigkeit vergessen worden ist, so daß gerechte Handlungen als unegoistische erscheinen können. „Wie wenig moralisch sähe die Welt ohne die Vergesslichkeit aus!" (ebd.)[45]. Man fragt sich, wie Nietzsche dem Einwand zu begegnen vermöchte, daß gerechtes Handeln bei Individuen, für die der Zusammenhang von Gerechtigkeit und Selbsterhaltung in Vergessenheit geraten ist, doch sehr wohl unegoistisch sein könne. Zur Beantwortung dieser Frage ließen sich (u. a.) die mit *Lust* verbundene Gewohnheit wie auch das *Ansehen,* das gerechtes Verhalten gemeinhin einbringt, ins Feld führen (vgl. S. 24f. mit Anm. 19).

Schon jetzt läßt sich sagen: Wenn alle Handlungen und Wertungen mehr oder weniger egoistisch sind, dann sind sie *alle entweder* mehr oder weniger schlecht *oder* mehr oder weniger gut (je nachdem, wie der Egoismus bewertet wird). *Jedenfalls* besteht bei ihnen in moralischer Hinsicht kein Wesensgegensatz und deshalb auch kein Wert*gegensatz*.

In dem wichtigen Aphorismus 2 von ›Jenseits von Gut und Böse‹ erklärt Nietzsche sich dazu noch einmal sehr deutlich und parallelisiert dabei Moralproblematik und Wahrheitsproblematik; auch zwischen „wahr" und „falsch" besteht nach seiner Auffassung kein Wesens- und Wertgegensatz[46]. Es heißt dort: „'Wie *könnte* Etwas aus seinem Gegensatz entstehn? Zum Beispiel die Wahrheit aus dem Irrthume? Oder der Wille zur Wahrheit aus dem Willen zur Täuschung? Oder die selbstlose Handlung aus dem Eigennutze? [...] Solcherlei Entstehung ist unmöglich; wer davon träumt, ein Narr, ja Schlimmeres; die Dinge höchsten Werthes müssen einen anderen, *eigenen* Ursprung haben, – aus dieser vergänglichen verführerischen täuschenden geringen Welt, aus diesem Wirrsal von Wahn und Begierde sind sie unableitbar! [...] Der Grundglaube der Metaphysiker ist *der Glaube an die Gegensätze der Werthe.* Es ist auch den Vorsichtigsten unter ihnen nicht eingefallen, hier an der Schwelle bereits zu zweifeln [...]. Man darf nämlich zweifeln, erstens, ob es Gegensätze überhaupt giebt, und zweitens, ob jene volksthümlichen Werthschätzungen und Werth-Gegensätze, auf welche die Metaphysiker ihr Siegel gedrückt haben, nicht vielleicht nur Vordergrunds-Schätzungen sind, nur vorläufige Perspektiven, vielleicht noch dazu aus einem Winkel heraus, vielleicht von Unten hinauf [...]? Bei allem Werthe, der dem Wahren, dem Wahrhaftigen, dem Selbstlosen zukommen mag: es wäre möglich, dass dem Scheine, dem Willen zur Täuschung, dem Eigennutz und der Begierde ein für alles Leben höherer und grundsätzlicherer Werth zugeschrieben werden müsste. Es wäre sogar noch möglich, dass *was* den Werth jener guten und verehrten Dinge ausmacht, gerade darin bestünde, mit jenen schlimmen, scheinbar entgegengesetzten Dingen auf verfängliche Weise verwandt, verknüpft, verhäkelt, vielleicht gar wesensgleich zu sein. Vielleicht! – Aber wer ist Willens, sich um solche gefährliche Vielleichts zu kümmern! Man muss dazu schon die Ankunft einer neuen Gattung von Philosophen abwarten [...]. – Und allen Ernstes gesprochen: ich sehe solche neue Philosophen heraufkommen" (VI 2, 10f.). Wertgegensätze wie der von Selbstlosigkeit und Eigennutz sind jedenfalls (auch) volkstümlich. Zugleich als Wesensgegensätze aufgefaßt, können sie füreinander nicht Ursprung sein. Das gibt den Metaphysikern, die die volkstümlichen Wertungen besiegeln, die Möglichkeit, die Ursprünge des Guten einerseits, des Schlechten andererseits auf zwei verschiedene Welten zu verteilen. So münden Nietzsches Moralkritik und Metaphysikkritik ineinander ein. Wichtiger ist im Augenblick die Destruktion der absoluten Moral durch die auch von diesem Aphorismus vollzogene Aufhebung des Gegensatzes der Werte. Ihr Gegensatz wird zum Gradunterschied herabgesetzt. Das kann aber mit Bezug auf die absolute Moral nur heißen, daß sie (wenn denn beispielsweise selbstloses Handeln dem von ihr abgewerteten Eigennutz entspringt) alle Handlungen als mehr oder weniger schlecht einräumen müßte. Hingegen könnte ein Werten, das die absolute Moral verabschiedet hat, zu der Überzeugung kommen, daß alle Handlungen mehr oder weniger gut sind, dann nämlich, wenn es Gründe gäbe, so etwas wie Eigennutz als gut anzusetzen[47]. Diese Linie auszuziehen und Nietzsche als einen der neuen Philosophen vorzustellen, die er kommen sieht, würde die Grenzen dieses der Destruktion überlieferter Moral gewidmeten Kapitels sprengen. Hier sei nur noch einmal hervorgehoben: Da Wahrheit und Moral aus dem Irrtum entstehen können, erweisen sie sich insofern als verwandt[48]. Um so weniger ist dem Irrtum auf dem Felde der Moral etwas vorzuwerfen bzw. ist von moralischen Vorstellungen Wahrheit zu fordern – um so weiter aber ist man auch entfernt von der absoluten Moral, die ein Wissen des Guten als für sie konstitutiv ansieht[49]. –

Absolute Moral setzt Willensfreiheit voraus, und diese tritt im Denkbereich absoluter Moral um so stärker ins Blickfeld, je imperativischer die Moral sich gibt. Nietzsche leugnet die Freiheit menschlichen Wollens. Das könnte ihm selbst als die schärfste Waffe gegen die absolute Moral erschienen sein. Tatsächlich ist diese Waffe zweischneidig und kehrt sich auch gegen ihn selbst. Das Freiheitsproblem hat bei Nietzsche verschiedene Dimensionen und wird die Untersuchung im folgenden noch mehrfach beschäftigen. An dieser Stelle soll nur die Leugnung der Willensfreiheit, und auch sie bloß thesenförmig, zur Sprache kommen. Das 4. Kapitel wird den anthropologischen Kontext liefern.

Irrtum und (relative) Moral gehen, wie gezeigt, für den Moralhistoriker Nietzsche bestens zusammen, und die Freiheit des Willens ist nach seiner Auffassung ein Grundirrtum des Menschen[50]. Dieser Irrtum stellt allerdings in besonderem Maße vor das Problem seiner Entstehung. Wie kann es dazu kommen, daß ein Wesen, dessen Wollen ganz der Notwendigkeit unterliegt, sich für frei hält? Das ist eine alte Frage, auf die zu antworten Leugner der Willensfreiheit (wie Spinoza und Schopenhauer) oder in anderer Absicht einen Determinismus des Handelns durchspielende Denker (Fichte in ›Die Bestimmung des Menschen‹ von 1800) immer schon gehalten waren. Nietzsche stellt sie sich bereits in ›Menschliches, Allzumenschliches‹. Hier sind die Aphorismen 9–12 der 2. Abteilung des II. Bandes (IV 3, 183 ff.) einschlägig. In Aphorismus 9 vertritt Nietzsche die These, daß es verschiedene Weisen gibt, wie Menschen der Notwendigkeit unterstehen (z. B. Notwendigkeit ihrer Leidenschaften oder ihrer Gewohnheit zu gehorchen), und daß sie genau dort, wo sie am stärksten gebunden sind, ihre Freiheit ansetzen. Er erklärt das aus dem Grad des Lebensgefühls, das ihnen aus ihren stärksten Bindungen am kräftigsten erwächst. Dieser Zusammenhang von Lebensgefühl und Freiheitsbewußtsein läßt Nietzsche den Ursprung der Lehre von der Willensfreiheit in den herrschenden Ständen ansiedeln. – Aphorismus 10 setzt das Bewußtsein der Willensfreiheit gleich mit dem Nichtfühlen von Ketten. Wir sind in Ketten, aber Gewohnheit läßt uns das nicht mehr bemerken. Solange keine neuen Ketten entstehen, halten wir uns daher für frei. Dem liegt aber der Fehlschluß zugrunde, daß Abhängigkeit uns, wann immer sie besteht, bemerkbar und erkennbar ist. Und darin wirkt sich die falsche Voraussetzung aus, daß Abhängigkeit die Ausnahme ist und uns deshalb, als Verlust von Freiheit, auffällt. – Aphorismus 11 sieht einen erkenntnistheoretischen bzw. ontologischen Irrtum denjenigen von der Willensfreiheit ermöglichen. Als schlechte Beobachter der Wirklichkeit, die ein kontinuierliches Fließen ist, und im Bann von Sprache und Begriffen, verschmelzen wir vieles in eins, in ein Faktum, und *isolieren* solche Fakten. Unteilbares derart irrtümlich teilend, bzw. abgrenzend, wo keine Grenzen bestehen, kommen wir auch zur Vorstellung einzelner, isolierter *Handlungen* (als Fakten). Diese vergleichen wir dann (obwohl hier in Wahrheit gar nichts zu vergleichen ist) und isolieren auf höherer Gedankenebene Gruppen von Fakten, die wir als gute oder böse Handlungen, oder auch mit anderen moralischen Prädikaten, klassifizieren. Der Glaube an isolierte moralische Fakten und Gruppen von Fakten ist eins mit dem Glauben an die Willensfreiheit. Eine falsche 'Atomistik' und Sprachmythologie ist die Grundlage für die Illusion des Selbstanfangs bei jeder Handlung[51]. – In Aphorismus 12 bewertet Nietzsche den Irrtum der Willensfreiheit, indem er zugleich die Linie zur Selbstüberschätzung des Menschen auszieht, positiv für die Entwicklung der Menschheit. Als „Grundempfindung" des Menschentums sieht er hier an, „dass der Mensch der Freie in der Welt der Unfreiheit sei, der ewige *Wunderthäter,* sei es dass er gut oder böse handelt, die erstaunliche Ausnahme, das Ueberthier, der Fast-Gott, der Sinn der Schöpfung, der Nichthinwegzudenkende, das Lösungswort des kosmischen Räthsels, der grosse Herrscher über die Natur und Verächter derselben, das Wesen, das seine Geschichte *Weltgeschichte* nennt! – Vanitas vanitatum homo" (IV 3, 185f.).

Der Irrtum der Willensfreiheit bringt den Irrtum der Verantwortlichkeit mit sich. Dieser wird wie jener von Nietzsche 'aufgedeckt'; Verantwortlichkeit des Menschen wird schlechterdings zurückgewiesen. (Höchst zweischneidig ist Nietzsches Waffe auch an dieser Stelle.) Hier ist zunächst Aphorismus 39 des I. Bandes von ›Menschliches, Allzumenschliches‹ (IV 2, 60ff.) heranzuziehen, wo Nietzsche das Verantwortlichmachen genetisch untersucht und sodann die Hintertür zuschlägt, die Schopenhauer sich öffnete, indem er von Kant die intelligible Freiheit übernahm. Nietzsche unterscheidet mehrere „Hauptphasen" in der „Geschichte der Empfindungen, vermöge deren wir Jemanden verantwortlich machen" (IV 2, 60). Die erste Hauptphase ist die Beurteilung einzelner Handlungen als gut oder böse aus der Perspektive ihrer nützlichen und schädlichen Folgen. „Bald aber vergisst man die Herkunft dieser Bezeichnungen und wähnt, dass den Handlungen an sich, ohne Rücksicht auf deren Folgen, die Eigenschaft 'gut' oder 'böse' innewohne [...]. Sodann legt man das Gut- oder Böse-sein in die Motive hinein und betrachtet die Thaten an sich als moralisch zweideutig. Man geht weiter und giebt das Prädicat gut oder böse nicht mehr dem einzelnen Motive, sondern dem ganzen Wesen eines Menschen, aus dem das Motiv, wie die Pflanze aus dem Erdreich, herauswächst. So macht man der Reihe nach den Menschen für seine Wirkungen, dann für seine Handlungen, dann für seine Motive und endlich für sein Wesen verantwortlich" (IV 2, 60f.). Eine Entdeckung bezüglich der in der letzten Hauptphase erreichten Auffassung durchstreicht nicht nur diese selbst, sondern auch die früheren: „Nun entdeckt man schliesslich, dass auch dieses Wesen nicht verantwortlich sein kann, insofern es ganz und gar nothwendige Folge ist und aus den Elementen und Einflüssen vergangener und gegenwärtiger Dinge concrescirt: also dass der Mensch für Nichts verantwortlich zu machen ist, weder für sein Wesen, noch seine Motive, noch seine Handlungen, noch seine Wirkungen" (IV 2, 61)[52]. Das ist Nietzsches Position, und es versteht sich, daß er an dieser Stelle ein Wort zu Schopenhauers Rettungsversuch der Freiheit sagen muß[53]. Er referiert präzise Schopenhauers diesbezügliche Grundgedanken und kritisiert dessen Schritt vom Schuldbewußtsein zur intelligiblen Freiheit als Fehlschluß, insofern hier nämlich fälschlich die „vernünftige *Zulässigkeit*" des Schuldgefühls unterstellt wird, während nach Nietzsche gilt: „Aber der Unmuth nach der That braucht gar nicht vernünftig zu sein: ja er ist es gewiss nicht, denn er ruht auf der irrthümlichen Voraussetzung, dass die That eben *nicht* nothwendig hätte erfolgen müssen. Also: weil sich der Mensch für frei hält, nicht aber weil er frei ist, empfindet er Reue und Gewissensbisse" (IV 2, 62). Nietzsche kommt zu dem Fazit: „Niemand ist für seine Thaten verantwortlich, Niemand für sein Wesen; richten ist soviel als ungerecht sein" (ebd.). Damit ist jedes Urteil, das auf dem Boden absoluter Moral gefällt wird, seiner Gültigkeit beraubt. Es gibt keine Möglichkeit, rechtmäßig so zu urteilen.

Auch hier sei noch einmal, und zugleich ins nächste Kapitel vorausblickend, auf das Einschneidende für das mit der absoluten Moral groß gewordene Selbstwertgefühl des Menschen verwiesen: „Die völlige Unverantwortlichkeit des Menschen für sein Handeln und sein Wesen ist der bitterste Tropfen, welchen der Erkennende schlucken muss, wenn er gewohnt war, in der Verantwortlichkeit und der Pflicht den Adelsbrief seines Menschenthums zu sehen. Alle seine Schätzungen, Auszeichnungen, Abneigungen sind dadurch entwerthet und falsch geworden" (IV 2, 101).

Nietzsche vertritt in Aphorismus 106 des I. Bandes von ›Menschliches, Allzumenschliches‹ den striktesten und umfassendsten Determinismus, der freilich vorerst noch eine ziemlich unbegründete Setzung bleibt. Für einen allwissenden Geist wären in der Natur und im Bereich menschlichen Handelns in alle Zukunft hinaus jeder einzelne Vorgang und jede einzelne Tat mit völliger Gewißheit vorauszusehen. Nietzsche versagt sich hier nicht die Pointe: „Die Täuschung des Handelnden über sich, die Annahme des freien Willens, gehört mit hinein in diesen auszurechnenden Mechanismus" (ebd.).

Nietzsches Leugnung der Willensfreiheit wurde im vorigen aus einem relativ frühen Werk belegt. Es sollte vielleicht dokumentiert werden, daß Nietzsche an ihr festgehalten hat. Dazu kann der Beginn des Aphorismus 21 aus ›Jenseits von Gut und Böse‹ dienen. Nietzsche kritisiert dort den Begriff causa sui und führt in darauf zurück, daß der Mensch sich selbst als causa sui nimmt, indem er sich fälschlich Willensfreiheit und unbedingte Verantwortlichkeit zuschreibt[54].

Nietzsche geht auch in der Frage der Willensfreiheit auf seinen Gegner Kant ein. Zutreffend, wenn auch stark verkürzend, ist seine Feststellung: „Die Denkbarkeit der Freiheit beruht auf der transscendentalen Ästhetik. Kommen Zeit und Raum den Dingen als solchen zu, so sind die Erscheinungen gleich den Dingen an sich, [. . .] so giebt es nichts von der Zeit unabhängiges, so ist die Freiheit schlechterdings unmöglich [. . .]" (NF VIII 1, 277). Da es in Kants Philosophie Freiheit nur geben kann, wenn Erscheinungen und Dinge an sich selbst sich unterscheiden lassen und so ein Bereich 'neben' der determinierten (äußeren und inneren) Natur angenommen werden darf, entfällt die Möglichkeit der Willensfreiheit, wenn, wie es bei Nietzsche geschieht (vgl. S. 12 f. und 11 f.), jene Unterscheidung bestritten wird. –

Wie sichtbar geworden ist, stellt für Nietzsche das intellektuelle Gewissen den Anspruch, daß man jetzt so über die absolute Moral denkt, wie er es tut. Es selbst ist aber dank der bisherigen Moral geworden, und mit ihm die intellektuelle Tugend der Redlichkeit bzw. Wahrhaftigkeit. Daher kann Nietzsche in der späten Vorrede zur ›Morgenröthe‹ von der *"Selbstaufhebung der Moral"* (V 1, 8) sprechen, und auch mit Bezug auf die Moral heißt es anderwärts: „Alle grossen Dinge gehen durch sich selbst zu Grunde, durch einen Akt der Selbstaufhebung: so will es das Gesetz des Lebens [. . .]" (GM III 14 / VI 2, 428).

Nietzsche hat das Problem der Moral als das Problem ihres Wertes bezeichnet (vgl. S. 19 ff.). Daß Moral, die sich nach Nietzsches Überzeugung nun selbst aufhebt, in der langen voraufgegangenen Geschichte Wertvolles bewirkt hat, wird von Nietzsche, wie schon aufgezeigt, anerkannt. Noch 1886/87 notiert er: „es gab bisher keine grundsätzlicheren Probleme als die moralischen, *ihre* treibende Kraft ist es, aus der alle großen Conceptionen im Reiche der bisherigen Werthe ihren Ursprung genommen haben (– zum Beispiel alles was gemeinhin 'Philosophie' genannt wird; und dies bis hinab in die letzten erkenntnißtheoretischen Voraussetzungen)" (NF VIII 1, 224) – und: „Tiefste Dankbarkeit für das, was die Moral bisher geleistet hat; aber *jetzt nur noch ein Druck,* der zum Verhängniß werden würde! *Sie selbst zwingt* als Redlichkeit zur Moral-Verneinung" (NF VIII 1, 210). Moral-Verneinung macht für die Zukunft Umwertung des bisherigen Bösen (und Guten) möglich[55]. Zarathustra äußert als eine seiner 'Menschen-Klugheiten': „dass ich mir den Anblick der *Bösen* nicht verleiden lasse durch eure Furchtsamkeit", und alsbald fügt er hinzu: „Wahrlich, es giebt auch für das Böse noch eine Zukunft!" (VI 1, 181) Zarathustra spricht hier von Bösen und dem Bösen aus der Wertperspektive unserer Moraltradition, d. h. er spricht von solchem, das dem an dieser Wertperspektive Festhaltenden als böse erscheinen muß. Ebensogut kann Nietzsche sich auch anders ausdrücken: „'Wenn der Mensch sich nicht mehr für böse hält, hört er auf es zu sein –' Gut und böse sind nur Interpretationen, und durchaus kein Thatbestand, kein An sich. Man kann hinter den Ursprung dieser Art Interpretation kommen; man kann den Versuch machen, damit sich von der eingewurzelten Nöthigung, moralisch zu interpretiren, langsam zu befreien" (NF VIII 1, 129 f.).

3. BERAUBUNG UND BEFREIUNG. DER NIHILISMUS

Nietzsches Destruktionen der 'Logik', der Metaphysik und der absoluten Moral führen nach seinem eigenen Verständnis zunächst einmal auf den Standpunkt des Nihilismus[1]. Sie fügen sich damit ein in eine geschichtliche Entwicklung, die nach Nietzsches Auffassung bereits im Gange ist und immer deutlicher und umfassender in Erscheinung tritt. In seiner Sicht ist der Nihilismus doppelgesichtig: Er ist Gefahr völligen Niedergangs und Chance neuer Wertsetzungen. Und die Destruktionen haben für Nietzsche den Doppelcharakter von Beraubung und Befreiung. Sie berauben den Menschen, dessen Selbstverständnis durch europäische Tradition geprägt ist, der Inhalte seiner höchsten Verehrung, der wesentlichsten Ziele und der Basis seines Selbstwertgefühls – dies aber nach Nietzsches Intention, um ihn von verdeckt nihilistischen, die Wirklichkeit, wie sie ist, geringschätzenden Wertungen zu befreien und ihn freizusetzen für bejahende Umwertungen[2].

Im vorigen war schon angeklungen: Die vom metaphysischen Bedürfnis geschaffene 'wahre' Welt ist eo ipso die wertvolle Welt; gegen sie wird die Wirklichkeit als die 'scheinbare' Welt abgewertet. Wenn es aber die 'wahre' Welt gar nicht gibt, dann ist solch metaphysisches Welt-werten verdeckt nihilistisch. Wird schließlich das metaphysische Bedürfnis als Ursprung der 'wahren' Welt durchschaut, so tritt der Nihilismus zutage und wird zur geistigen Situation. Ein kritisches Umdenken auch hinsichtlich einer teleologischen Verfaßtheit der Natur schneidet den Weg ab, die Wirklichkeit als vernünftig zu interpretieren und auf einen vernünftigen Welturheber hin zu überschreiten.

Nietzsche bringt das folgendermaßen auf den Punkt: „Wir sind abgesotten in der Einsicht und in ihr kalt und hart geworden, dass es in der Welt durchaus nicht göttlich zugeht, ja noch nicht einmal nach menschlichem Maasse vernünftig, barmherzig oder gerecht: wir wissen es, die Welt, in der wir leben, ist ungöttlich, unmoralisch, 'unmenschlich', – wir haben sie uns allzulange falsch und lügnerisch, aber nach Wunsch und Willen unsrer Verehrung, das heisst nach einem *Bedürfnisse* ausgelegt. Denn der Mensch ist ein verehrendes Thier! Aber er ist auch ein misstrauisches: und dass die Welt *nicht* das werth ist, was wir geglaubt haben, das ist ungefähr das Sicherste, dessen unser Misstrauen endlich habhaft geworden ist" (FW 346 / V 2, 262). Am Ende desselben Aphorismus spricht Nietzsche von „einem unerbittlichen, gründlichen, untersten Argwohn über uns selbst, der uns Europäer immer mehr, immer schlimmer in Gewalt bekommt und leicht die kommenden Geschlechter vor das furchtbare Entweder-Oder stellen könnte: 'entweder schafft eure Verehrungen ab oder – *euch selbst!*' Das Letztere wäre der Nihilismus; aber wäre nicht auch das Erstere – der Nihilismus? – Dies ist *unser* Fragezeichen" (V 2, 263). Mit den aus metaphysischer Verehrung erwachsenen Maßstäben gemessen, zeigt sich die einzige Wirklichkeit, die es gibt, nunmehr nicht als gut, sondern eher, wie Schopenhauer es meinte, als die schlechteste aller möglichen Welten. Nicht einmal 'menschlich' geht es in ihr zu, geschweige denn göttlich[3]. Wer an jenen Maßstäben weiterhin festhielte, müßte bei einiger Konsequenz sich der Existenz in solcher Welt verweigern, und das heißt an seinem eigenen Dasein den Nihilismus praktisch vollziehen. Die Alternative, die Nietzsche hier nennt, ist das Zurücknehmen der alten Verehrungen selbst. Bewahrt es vor Nihilismus? Oder führt es in ihn hinein? Nietzsche hat es nicht bei seinem „Fragezeichen" belassen[4].

Er schreibt: „extreme Positionen werden nicht durch ermäßigte abgelöst, sondern wiederum durch extreme, aber *umgekehrte.* Und so ist der Glaube an die absolute Immoralität der Natur, an die Zweck- und Sinnlosigkeit der psychologisch nothwendige *Affekt,* wenn der Glaube an Gott und eine essentiell moralische Ordnung nicht mehr zu halten ist. Der Nihilismus erscheint jetzt, *nicht* weil die Unlust am Dasein größer wäre als früher, sondern weil man überhaupt gegen einen 'Sinn' im Übel, ja im Dasein mißtrauisch geworden ist. *Eine* Interpretation gieng zu Grunde; weil sie aber als *die* Interpretation galt, erscheint es, als ob es gar keinen Sinn im Dasein gebe, als ob alles *umsonst* sei" (NF VIII 1, 216). Das Werden metaphysisch zu interpretieren, es in Bleibendem zu gründen und auf einen göttlichen, guten und wahrhaftigen Urheber hin zu überschreiten, ihm auf diese Weise Sinn und Rechtfertigung zuteil werden zu lassen, das war in Nietzsches Sicht eine extreme Position, von der nicht gradweise Abstand genommen werden kann. Der Umschlag ins andere Extrem ist hier allein möglich. Er ist affektiv, schafft Leiden – das Leiden am schlechthinnigen Umsonst, am Nichts in diesem Sinne. Das Extreme *dieser* Position wurzelt in der Einstellung, die verloren gegebene Interpretation sei die einzige, die überhaupt in Betracht gezogen werden kann. Damit ist schon angedeutet, daß eine Überwindung des Nihilismus möglich sein mag, wenn eine neue überzeugende Weltinterpretation mit neuen Wertsetzungen auftritt.

Der Affekt des Umsonst geht mit einer krankhaften Verallgemeinerung einher und empfängt von ihr das Schneidende. *Absolute* Sinnlosigkeit ist die nihilistische Devise[5]. Nietzsche vermag den so verstandenen Nihilismus als Zwischenzustand anzusehen, und zwar im Sinne einer Krise, die die Möglichkeiten positiver Überwindung und völligen Niedergangs in sich birgt. „Der Nihilism stellt einen pathologischen *Zwischenzustand* dar (pathologisch ist die ungeheure Verallgemeinerung, der Schluß auf gar keinen Sinn): sei es, daß die produktiven Kräfte noch nicht stark genug sind: sei es, daß die décadence noch zögert und ihre Hülfsmittel noch nicht erfunden hat" (NF VIII 2, 15). Eine Décadence, die sich mit dem Nihilismus arrangiert, indem sie durch eigens dazu erfundene Hilfsmittel die allgemeine Sinnlosigkeit erträglich macht, ist Nietzsches Gegner. (Hier haben u. a. Nietzsches zahlreiche Attacken gegen den Sozialismus ihren Ort[6].) Nietzsche setzt seine Hoffnung auf das Erstarken der produktiven Kräfte in der näheren oder auch erst ferneren Zukunft und stellt sein Denken in ihren Dienst. Als er noch beabsichtigte, ein Werk mit dem Titel ›Der Wille zur Macht‹ zu veröffentlichen, notierte er sich für dessen Vorrede: „Denn man vergreife sich nicht über den Sinn des Titels, mit dem dies Zukunfts-Evangelium benannt sein will. '*Der Wille zur Macht*. Versuch einer Umwerthung aller Werthe' – mit dieser Formel ist eine *Gegenbewegung* zum Ausdruck gebracht, in Absicht auf Princip und Aufgabe: eine Bewegung, welche in irgend einer Zukunft jenen vollkommenen Nihilismus ablösen wird; welche ihn aber *voraussetzt*, logisch und psychologisch, welche schlechterdings nur *auf ihn* und *aus ihm* kommen kann" (NF VIII 2, 432). Ein 'Zukunftsevangelium' hatte Nietzsche zu jener Zeit schon der Öffentlichkeit vorgelegt, den ›Zarathustra‹ (dazu unten Kap. 5 ff.). Festzuhalten bleibt hier, daß er den Nihilismus, so gefährlich er als Krise ist, bejaht als logische und psychologische Voraussetzung dafür, daß seine eigene Weltauslegung zur Wirkung kommen kann. Ohne ein durchdachtes und erlittenes umfängliches Umsonst erscheint ihm eine radikale Umwertung im Sinne neuer Wertsetzung nicht möglich. Deshalb sind in seiner Sicht die schmerzlichen Beraubungen, die sein destruktives Denken zufügt, zugleich Befreiungen.

Ehe der Aspekt der Befreiung etwas deutlicher zur Sprache kommen soll, mag es angezeigt sein, einige, teils schon bekannte, Beraubungen einzeln herauszuheben[7]. (Ergänzungen wird das nächste Kapitel enthalten.) Ich vermerke, daß mit dem folgenden zugleich das 7. Kapitel vorbereitet wird.

Es war schon gezeigt worden, daß Nietzsche dem Menschen die Fähigkeit zu wahrer *Erkenntnis* im üblichen Sinn abspricht. Er selbst stellt in diesem Punkt eine Verbindung zum Nihilismus her: „Die extremste Form des Nihilism wäre: daß *jeder* Glaube, jedes Für-wahr-halten nothwendig falsch ist: *weil es eine wahre Welt gar nicht giebt*. Also: ein *perspektivischer Schein*, dessen Herkunft in uns liegt [...] – daß es das *Maaß der Kraft* ist, wie sehr wir uns die *Scheinbarkeit*, die Nothwendigkeit der Lüge eingestehn können, ohne zu Grunde zu gehn" (NF VIII 2, 18 – „wahre Welt" und „Maaß der Kraft" fettgedruckt). Nietzsche beraubt hier den Menschen auch derjenigen Domänen der Erkenntnis, die Kant durch die ›Kritik der reinen Vernunft‹ abzusichern suchte. Zugleich nimmt er Kants Kritik an der Metaphysik als Wissenschaft auf, ohne jedoch Kants Ausweg in eine zum Vernunft-

glauben verwandelte Metaphysik offenzulassen. Kant gab dem Menschen
die geraubte Metaphysik in verwandelter Form zurück. Nietzsche, so
scheint es, tut das nicht. Nichts mehr ist es mit der von Platon im Sonnen-
gleichnis dargelegten Auffassung, daß die Ideen und die menschliche Vernunft durch die Idee des Guten (das Göttliche) in ein Joch zusammenge-
spannt sind, wodurch wahre Erkenntnis der Ideen nicht nur, sondern abgestuft auch der Sinnendinge möglich ist; nichts ist es mehr mit der in unserer
erkennenden Vernunft wirkenden göttlichen Kraft. Soweit *Weisheit* im
Sinne metphysischen Wissens das Glück des Menschen ausmachte (gemäß
Platons ›Philebos‹ war sie der wertvollste Bestandteil der guten Mischung
von Einsicht und Lust, in der das Glück des Individuums liegt, und gemäß
der ›Nikomachischen Ethik‹ des Aristoteles war sie die höhere der zwei Gestalten menschlichen Glücks), ist das *Glück* dahin[8]. – Wenn es 'eine wahre
Welt gar nicht gibt', dann auch nicht einen transzendenten *Gott,* dem sie
und mit ihr der Mensch zugeartet ist und der sie an Sein und Wahrheit übertrifft. Damit entfällt für den Menschen der *Seinsvollzug des Gott Ähnlich-
werdens* (ὁμοίωσις θεῷ), der nach Platon die Vollendungsmöglichkeiten
des Menschen als Philosoph, als politisches Wesen (Staatsmann) und als
sein Glück herstellendes Individuum bestimmt und in dem der Mensch
seine Herkunft vom Göttlichen realisiert[9]. Auch von *Eros* als einem metaphysischen Streben kann keine Rede sein, von der Liebe zum Göttlich-
Schönen, durch die der Mensch bei Platon seine Zeitlichkeit transzendiert
und wahre Tugend hervorbringt, vom besonnenen Wahnsinn der Philosophie, der zum Immerseienden entrückt, von Enthusiasmus im Sinne des ver-
zückten Erfülltseins vom Gott. Verloren ist ferner die *Unsterblichkeit*[10] –
zentrales Thema bei Platon, von Aristoteles festgehalten, von eminenter
Bedeutung bei Kant. Mit ihr fällt die von Kant postulierte Möglichkeit einer
sittlichen *Vervollkommnung* in unendlichem Progreß; und die von Kant
eröffnete Aussicht auf die einer fortschreitenden Glückswürdigkeit angemessene, durch göttliche Mitwirkung herbeigeführte *Glückseligkeit* des
Menschen verschließt sich wieder. Der Mensch ist nicht mehr, wie von Kant
im Vernunftglauben neu bekräftigt, der *Endzweck* der Schöpfung[11]. – Wenn
die Vorstellung eines göttlichen Welturhebers preiszugeben ist, entfällt das
Problem der *Theodizee* als Rechtfertigung Gottes angesichts des Übels in
der Welt, ein Problem, das seit Platons ›Politeia‹ (379aff. und 612eff.) immer wieder nach Lösung drängte, bei Leibniz besonders virulent wurde und
den späten Kant zum radikalen Bösen im Menschen greifen ließ[12]. Mit dem
Problem verschwinden die Lösungsversuche, nicht jedoch das Übel, das
nun als aller Rechtfertigungmöglichkeit beraubt erscheint. – Schließlich:
Wenn 'wahre' und 'scheinbare' Welt einander wie Unbedingtes und Bedingtes entgegenstehen, fällt mit der 'wahren' Welt das *Unbedingte* – außerhalb
des Menschen nicht nur, sondern auch in ihm. Dieses fällt aber auch durch

die Selbstaufhebung der Moral, wie sie im vorigen Kapitel vorgeführt wurde[13]. Wie denn nun auch der 'Weg zum Glücklichwerden', als der die Moral angesehen wurde (vgl. NF VIII 2, 12), als versperrt erscheint. Die Gleichung Vernunft = Tugend = Glück geht nicht mehr auf, und das eben gilt nach Nietzsches Überzeugung auch für nichtmetaphysische Konzepte.

Destruktion fundamentaler Überzeugungen der europäischen Tradition hat für Nietzsche, wie angedeutet, den Sinn gerade auch von Befreiung. Nietzsche hat sich vielfach dahingehend geäußert. Am ehesten denkt man hier wohl an das klassische Kapitel der ›Götzen-Dämmerung‹: „Wie die 'wahre Welt' endlich zur Fabel wurde" (VI 3, 74 f.). In dieser „Geschichte eines Irrthums" wird es in der fünften Phase, dank Abschaffung der wahren Welt, 'heller Tag'. Die „freien Geister" begrüßen ihn mit „Teufelslärm", und „Heiterkeit" breitet sich aus. Es folgt die sechste Phase, die im Zeichen des Beginns Zarathustras steht und in der das „Ende des längsten Irrthums" und der „Höhepunkt der Menscheit" einander berühren.

›Auf den glückseligen Inseln‹ (so der Titel eines Kapitels im II. Teil des ›Zarathustra‹) sagt Zarathustra zu seinen Freunden: „Manchen Abschied nahm ich schon, ich kenne die herzbrechenden letzten Stunden. / Aber so will's mein schaffender Wille [...]. Hinweg von Gott und Göttern lockte mich dieser Wille; was wäre denn zu schaffen, wenn Götter – da wären!" (VI 1, 107) Wer der metaphysischen (und christlichen[14]) Gottesvorstellung beraubt ist, ist nach Nietzsche dazu befreit, eine Welt zu schaffen, die anders ist als die bestehende[15].

Eng hängt für Nietzsche mit der 'Befreiung' von der Gottesvorstellung zusammen die von einer teleologisch und als vernünftig interpretierten Welt. Auch dazu läßt sich Zarathustra vernehmen: „'Von Ohngefähr' – das ist der älteste Adel der Welt, den gab ich allen Dingen zurück, ich erlöste sie von der Knechtschaft unter dem Zwecke. / Diese Freiheit und Himmels-Heiterkeit stellte ich gleich azurner Glocke über alle Dinge, als ich lehrte, dass über ihnen und durch sie kein 'ewiger Wille' – will. / Diesen Übermuth und diese Narrheit stellte ich an die Stelle jenes Willens, als ich lehrte: 'bei Allem ist Eins unmöglich – Vernünftigkeit!'" (VI 1, 205)

Auch die Destruktion des Unbedingten der Moral wird von Zarathustra als Befreiung zum Schaffen begrüßt. Er läßt das „Du-sollst" im Bild eines großen, mit 'tausendjährigen Werten' geschuppten und glänzenden Drachen erscheinen, aus dessen Herrschaft sich der Geist, zum Löwen geworden, befreit, indem er sein „ich will" und mit ihm „ein heiliges Nein auch vor der Pflicht" spricht (VI 1, 26)[16].

Was schließlich die Leugnung der Unsterblichkeit betrifft, so hatte Nietzsche sie in Aphorismus 501 der ›Morgenröthe‹ schon als Befreiung verstanden: Während früher unter dem Druck, das ewige Heil der Seele nicht zu

verfehlen, alles ankam auf rasche, in einem kurzen Menschenleben zu vollziehende Erkenntnis und Entscheidung, hat die Menschheit nun Zeit, darf
Versuche machen, Irrtümer wagen. „Wir dürfen mit uns selber experimenti-
ren! Ja die Menschheit darf es mit sich!" (V 1, 298) Das wird aufzugreifen
sein[17].

4. DIE FREIE SICHT AUF DEN MENSCHEN – ANTHROPOLOGISCHE THESEN

Die Destruktionen von 'Logik', Metaphysik und absoluter Moral haben bezüglich des Menschen vieles aufgedeckt, und zwar nach Nietzsches Verständnis vor allem, was der Mensch *nicht* ist, aber zu sein geglaubt hat. Die Sicht ist frei auf das, was er tatsächlich ist. Es gilt für Nietzsche die Devise: „Den Menschen [...] zurückübersetzen in die Natur; über die vielen eitlen und schwärmerischen Deutungen und Nebensinne Herr werden, welche bisher über jenen ewigen Grundtext homo natura gekritzelt und gemalt wurden; machen, dass der Mensch fürderhin vor dem Menschen steht, wie er heute schon, hart geworden in der Zucht der Wissenschaft, vor der *anderen* Natur steht, mit unerschrockenen Oedipus-Augen und verklebten Odysseus-Ohren, taub gegen die Lockweisen alter metaphysischer Vogelfänger, welche ihm allzulange zugeflötet haben: 'du bist mehr! du bist höher! du bist anderer Herkunft!'" (JGB 230 / VI 2, 175) Diese Sichtweise schließt allerdings für Nietzsche nicht aus, daß er seinerseits fragt, was der Mensch – auf der Basis dessen, was er tatsächlich ist – künftig sein sollte, d. h. sie schließt eine Sinn- und Zielbestimmung nicht aus. Davon werden spätere Kapitel handeln. In diesem Kapitel sind 'Tatbestände' vorzuführen, die Nietzsche an der Menschennatur feststellt. Dabei, und das ist besonders zu betonen, wird noch zurückgehalten mit dem, was Nietzsches Grundformel „Wille zur Macht" zur anthropologischen Thematik beizutragen hat. Dieses Vorgehen muß sich durch den Fortgang der Untersuchung rechtfertigen. Hier sei dazu nur bemerkt, daß es mir angezeigt scheint, für das nächste Kapitel (oder auch: für die drei folgenden Kapitel) einen anthropologischen Hintergrund bereitzustellen, ohne der dort verhandelten Sache Nietzsches im voraus Boden zu entziehen und ohne die Dynamik zu schwächen, die sich, etwas locker formuliert, unter den Titel bringen läßt: '›Zarathustra‹ und was folgt'. Dieses Kapitel wird also (umrißhaft) etwas von jenem „ewigen Grundtext homo natura" zur Sprache bringen, ohne noch die Dimension zu betreten, die Nietzsche veranlaßt haben dürfte, in demselben Aphorismus aus ›Jenseits von Gut und Böse‹ vom „schreckliche[n] Grundtext homo natura" zu sprechen (ebd.).

Nietzsches „unerschrockenen Oedipus-Augen" hat sich (und zwar durchaus auch ehe er noch vom Willen zur Macht her dachte) der erkennende Mensch enträtselt als ein logisierendes, sich durch Täuschungen die Welt erkennbar machendes und dadurch allererst lebensfähiges Wesen. Daran braucht hier nur erinnert zu werden (vgl. S. 5 ff. und 45 f.)[1]. Unter den fälschenden Schemata, die Nietzsche namhaft macht (vgl. S. 6), befinden sich viele, die der Mensch (auch) auf sich selbst anwendet, darunter so prominente wie Geist, Seele, Subjekt, dazu Einheit und Identität, ferner (vgl. Anm. 50 zu Kap. 2) freier Wille. Hier gilt es, mit „unerschrockenen Oedipus-Augen" hindurchzublicken und insbesondere auch den wollenden Menschen zu enträtseln.

Im folgenden werden Thesen Nietzsches über die menschlichen Triebe, den Intellekt, das Ich, das Bewußtsein, die Willensfreiheit und den Willen, über Leib und Vernunft, Geist, Seele und Instinkt mitgeteilt. Dabei wird von Stellungnahmen noch abgesehen. Der Aufbau ist von der chronologischen Folge der beigezogenen Texte bestimmt. Am Schluß des Kapitels wird die Frage nach dem Wissenscharakter der anthropologischen Thesen gestellt. –

Zunächst mag von den Aphorismen 109, 115, 116, 119 und 120 der ›Morgenröthe‹ (V 1) ausgegangen werden. In Aphorismus 109 stellt Nietzsche sechs Methoden dar, einen als übermächtig und lästig empfundenen Trieb zu beherrschen oder gänzlich niederzuhalten. Die Darlegung mündet in die Feststellung: Ob oder ob nicht jemand einen heftigen Trieb bekämpft, ferner mit welcher Methode er ihn gegebenenfalls bekämpft und ob er erfolgreich ist, das entscheidet nicht sein Ich oder sein Intellekt, sondern es wird darüber durch einen mit jenem heftigen Trieb rivalisierenden anderen Trieb entschieden. Dieser tritt in einen Kampf mit jenem ein (oder auch nicht), *seine* Heftigkeit bestimmt wesentlich den Ausgang des Kampfes[2]. Der Intellekt wird als Werkzeug in diesen Kampf hineingezogen; er muß als solches Partei ergreifen nach Maßgabe des Kräfteverhältnisses der Triebe. – Über diese und alle anderen inneren Vorgänge sind wir weitgehend im unklaren, und dadurch allein ist die geläufige Ich-Vorstellung möglich. Wir halten ein mit dem Beobachten, wo uns die Worte zur Bezeichnung fehlen. Die Sprache versorgt uns mit Ausdrücken aber nur für „*extreme* Zustände" – z. B. „Zorn, Hass, Liebe, Mitleid, Begehren, Erkennen, Freude, Schmerz" (V 1, 105). Nietzsche neigt hier dazu, alle uns bewußt werdenden Zustände unter die extremen zu begreifen. Sie sind es, die wir unserem Ich zuschreiben, und nur weil sie uns als die einzig vorhandenen gelten, können wir an unser Ich glauben. Tatsächlich jedoch ragen sie zeitweilig heraus aus einem beweglichen Geflecht, in dem die zahllosen Triebbestimmungen geringeren Grades für unseren Charakter die wichtigeren sind. „*Wir sind Alle nicht Das,* als was wir nach den Zuständen erscheinen, für die wir allein Bewusstsein und Worte – und folglich Lob und Tadel – haben" (V 1, 105 f.). Das heißt also auch, daß moralische Urteile über Handlungen und Charaktere nichts taugen, weil sie am 'Ich' hängenbleiben und die Sphäre gar nicht erreichen, die als vorbewußte von wesentlicher Bedeutung ist[3]. Allerdings unterschätzt Nietzsche nicht den Einfluß, den auf Sein und Verhalten eines Menschen auch die Meinung über sein 'Ich' ausübt. – In Aphorismus 116 wendet Nietzsche sich noch dezidierter gegen den Wahn, das Entstehen eigener und fremder Handlungen sei wißbar, und er akzentuiert, wie sehr davon Freiheit und Verantwortlichkeit betroffen sind. Frei ist, wer weiß oder wissen kann, was er tut, und nur der Freie ist moralisch verantwortlich für sein Handeln. Wenn das Handeln aber in einer Schicht des inneren Lebens entschieden wird, in die das Wissen des Handelnden nicht vordringt, dann müssen die Vorstellungen der Freiheit und Verantwortlichkeit preisgegeben werden, sobald dieser Tatbestand aufgedeckt ist. Nietzsche ist überzeugt, „dass, was man von einer That überhaupt wissen kann, *niemals* ausreicht, sie zu thun", so daß gilt: „Die Handlungen sind *niemals* Das, als was sie uns erscheinen! [...] alle Handlungen sind wesentlich unbekannt" (V 1, 107)[4]. – In Aphorismus 119 setzt Nietzsche den Gedankengang fort. Selbstkenntnis bleibt immer oberflächlich, wie schon gesagt, und von ihr den gedanklichen Schritt zur Selbst*bestimmung* zu tun, das verbietet sich auch deshalb, weil für die Selbstkenntnis die 'Ernährung' unserer Triebe etwas ganz Zufälliges bleibt. Damit meint Nietzsche: Welche Triebe in uns jeweils erstarken, welche zurücktreten, das hängt ab von Erlebnissen und Begebenheiten unseres täglichen Lebens, und gerade auch von denen, die wir selbst nicht herbeiführen, die uns vielmehr gleichsam blind zugeworfen werden. *Sie* befriedigen oder befriedigen nicht den 'Durst' eines Triebes, d. h. sein Verlangen nach „Übung seiner Kraft, oder Entladung derselben oder Sättigung einer Leere" (V 1, 110); sie stärken ihn also oder lassen ihn ermatten, ja schließlich verdorren[5].

Derselbe Aphorismus bringt auch das perspektivische Interpretieren zur Sprache, das unsere Triebe an Begebenheiten vollziehen. Eine Begebenheit kann höchst verschieden erlebt und gedeutet werden zufolge des vorherrschenden Triebes, der sie ergreift. Nietzsche macht das an einem Beispiel klar: Ein auf dem Markt an uns Vorübergehender lacht über uns. Wie wir das auffassen, das gründet in uns, und hier wirkt sich nicht nur die Verschiedenheit von Individuen aus, sondern auch das veränderliche Triebverhältnis in einem Individuum, so daß also auch derselbe Mensch zu verschiedenen Zeiten sich sehr verschieden zu jenem Ereignis verhalten könnte. „Der Eine nimmt es hin wie einen Regentropfen, der Andere schüttelt es von sich wie ein Insect, Einer sucht daraus Händel zu machen, Einer prüft seine Kleidung, ob sie Anlass zum Lachen gebe, Einer denkt über das Lächerliche an sich in Folge davon nach, Einem thut es wohl, zur Heiterkeit und zum Sonnenschein der Welt, ohne zu wollen, einen Strahl gegeben zu haben – und in jedem Falle hat ein Trieb seine Befriedigung daran, sei es der des Ärgers oder der der Kampflust oder des Nachdenkens oder des Wohlwollens. Dieser Trieb ergriff das Vorkommniss wie seine Beute: warum er gerade? Weil er durstig und hungernd auf der Lauer lag" (V 1, 112). – Auch in diesem Aphorismus hebt Nietzsche die Begrenztheit unseres Bewußtseins hervor. Das Bewußtsein erscheint ihm hier als ein Kommentar zu einem Text, den es nicht weiß, der möglicherweise unwißbar ist, der aber gefühlt wird. Das hieße: Unser inneres Leben ist ein ungewußtes und in diesem Sinn unbewußtes, jedoch gefühltes Miteinander und Gegeneinander von Trieben – wozu angemerkt sei, daß Nietzsche (darin Schopenhauer folgend) zwischen Trieben und Affekten nicht wirklich unterscheidet[6]. – Auf die Freiheitsfrage geht auch Aphorismus 120 ein. Dem Skeptiker, der behauptet, nicht zu wissen, was er tut und was er tun soll, gibt Nietzsche Recht; er übermittelt ihm darüber hinaus eine 'zweifelsfreie' Einsicht, nämlich die: *„du wirst gethan!* in jedem Augenblicke!" (V 1, 113) Das bedeutet hier jedenfalls: Du wirst getan von deinen Trieben und den Zufällen, die sie 'ernähren'. Es wird sich zeigen, daß Nietzsche die Freiheit auch noch von einer anderen Seite her bestreitet – wie auch, daß er sich selbst damit in Schwierigkeiten bringt. – Aus der ›Morgenröthe‹ sollen hier noch zwei ergänzende Gedanken zu diesem Fragenkomplex vermerkt werden. Zur Determination eines Charakters tragen Vererbung und Erziehung bei; edel zu sein ist kein Verdienst, gemein zu sein keine Schuld, vielmehr hat hier der Zufall die Hand im Spiel (Aph. 267 / V 1, 213). Und: Wenn es denn eine Freiheit des Willens nicht gibt, so bedarf das fälschliche Freiheitsbewußtsein bzw. die Lehre von der Willensfreiheit einer Erklärung. Nietzsche bietet hier als Ursprung dieser Verkennung den Stolz und das Machtgefühl an (Aph. 128 / V 1, 116)[7]. – Von ferne kündigt sich in der ›Morgenröthe‹ der Wille zur Macht an, wenn es heißt: „Nicht die Nothdurft, nicht die Begierde, – nein, die Liebe zur Macht ist der Dämon der Menschen. Man gebe ihnen Alles, Gesundheit, Nahrung, Wohnung, Unterhaltung, – sie sind und bleiben unglücklich und grillig: denn der Dämon wartet und wartet und will befriedigt sein. Man nehme ihnen Alles und befriedige diesen: so sind sie beinahe glücklich, – so glücklich als eben Menschen und Dämonen sein können" (Aph. 262 / V 1, 211). –

Der Umriß, den die behandelten Aphorismen der ›Morgenröthe‹ zu erkennen geben, kann zunächst mit Hilfe einer Stelle aus ›Die fröhliche Wissenschaft‹ vervollständigt werden. Sie betrifft die nach Nietzsche nunmehr angezeigte Auffassung vom menschlichen Willen. Wollen ist für Nietzsche, und das verwundert nach dem vorigen nicht mehr, etwas höchst Komplexes und durchaus nicht von der Art, daß es sich zusammenfassen ließe in der Vorstellung eines wollenden Ich als Ursache von Handlungen, als für sich selbst durchsichtige Letztgegebenheit; vielmehr wird, wo diese Vorstellung herrscht, ein Gefühl des Willens (das als Faktum von Nietzsche gerade nicht bestritten wird) falsch verstanden: „Jeder Gedankenlose meint, der Wille sei das allein Wirkende; Wollen sei etwas Einfaches, schlechthin Gegebenes, Unableitbares, An-sich-Verständliches. Er ist überzeugt, wenn er

Etwas thut, zum Beispiel einen Schlag ausführt, *er* sei es, der da schlage, und er habe geschlagen, weil er schlagen *wollte*. Er merkt gar Nichts von einem Problem daran, sondern das Gefühl des *Willens* genügt ihm, nicht nur zur Annahme von Ursache und Wirkung, sondern auch zum Glauben, ihr Verhältnis zu *verstehen*. Von dem Mechanismus des Geschehens und der hundertfältigen feinen Arbeit, die abgethan werden muss, damit es zu dem Schlage komme, ebenso von der Unfähigkeit des Willens an sich, auch nur den geringsten Theil dieser Arbeit zu thun, weiss er Nichts" (FW 127 / V 2, 160). Der Schluß der Stelle läßt nicht nur an das Geflecht der miteinander und gegeneinander wirkenden Triebe denken, sondern rückt auch den (hier instrumental aufgefaßten) Leib ins Blickfeld, auf den das Wollen bei der Ausführung von Taten angewiesen ist. –

Im ›Zarathustra‹ setzt sich die Thematik fort in einem Umdenken und Umwerten des Leibes. In den Kapiteln ›Von den Hinterweltlern‹ und ›Von den Verächtern des Leibes‹ kritisiert Nietzsche die Abwertung des Leibes gegenüber Seele und Vernunft, Ich und Geist, wie er sie in der Tradition gegeben sieht[8], und setzt ihr sein neues Verständnis und seine Bejahung des Leibes entgegen. Der Weg zur angemessenen Schätzung des Leibes führt über die Redlichkeit des Ich, das sich eingesteht, was hier im vorigen ausgeführt wurde, nämlich daß, wenn überhaupt „Ich" gesagt werden soll, nicht der Bezugspunkt oder die Summe der gewußten Bewußtseinszustände allein gemeint sein kann, sondern zugleich und vor allem das viel umfassendere Triebleben, aus dem die gewußten Bewußtseinszustände herausragen. Von *diesem* Ich und seinem „Widerspruch und Wirrsal" gilt: es ist das „schaffende, wollende, werthende Ich, welches das Maass und der Werth der Dinge ist" (VI 1, 32). Wenn es redlich auf sein Sein reflektiert, entdeckt es den wahren Leib, entdeckt es sich selbst als Leib. Leib und Ich (oder Seele oder Vernunft oder Geist) sind keine Gegensätze mehr oder gar getrennte und kaum zu vermittelnde Entitäten. Sie sind eins, und wollte man in alten ontologischen Schemata denken, so wären der Leib als Zugrundeliegendes, dagegen Ich, Seele, Vernunft, Geist als Akzidenz zu begreifen – „der Erwachte, der Wissende sagt: Leib bin ich ganz und gar, und Nichts ausserdem; und Seele ist nur ein Wort für ein Etwas am Leibe" (VI 1, 35).

Der Leib, als schaffend, wollend, wertend und Maß der Dinge, usurpiert für sich den Namen Vernunft, genauer gesagt, er tritt als die große Vernunft auf, an der sich die Vernunft im traditionellen Sinn als kleine Vernunft mit einstellt – als nützliches Werkzeug. „Der Leib ist eine grosse Vernunft, eine Vielheit mit Einem Sinne, ein Krieg und ein Frieden, eine Heerde und ein Hirt. / Werkzeug deines Leibes ist auch deine kleine Vernunft, mein Bruder, die du 'Geist' nennst, ein kleines Werk- und Spielzeug deiner grossen Vernunft" (ebd.). Große *Vernunft* kann der Leib heißen, weil in ihm zwar Vielheit und Krieg der Triebe ist, aber auch Einheit und Frieden unter einem

'Hirten', nämlich Fortbestand und Gedeihen des individuellen Leib-wesens (des *einen* Leibes als einer Ganzheit) in seinem Schaffen, Wollen, Werten. Der „Hirt" ist aber eben der seine Vielheit zur Einheit organisierende Leib selbst und nicht die Vernunft in engerer Bedeutung; diese ist vielmehr sein Werkzeug, wie auch die Sinne seine Werkzeuge sind (vgl. u.). Der Leib, die große Vernunft, „sagt nicht Ich, aber thut Ich" (ebd.) – der Leib ist selbstbezüglich. Deshalb wird er von Nietzsche jetzt als Selbst angesprochen (von dem das Ich, das Ich *sagt,* unterschieden wird als etwas, das auf die Seite der kleinen Vernunft, des Geistes, gehört). „Werk- und Spielzeuge sind Sinn und Geist: hinter ihnen liegt noch das Selbst. Das Selbst sucht auch mit den Augen der Sinne, es horcht auch mit den Ohren des Geistes. / Immer horcht das Selbst und sucht: es vergleicht, bezwingt, erobert, zerstört. Es herrscht und ist auch des Ich's Beherrscher. / Hinter deinen Gedanken und Gefühlen, mein Bruder, steht ein mächtiger Gebieter, ein unbekannter Weiser – der heisst Selbst. In deinem Leibe wohnt er, dein Leib ist er" (VI 1, 35 f. – vgl. dort den Fortgang). Angemerkt sei, daß hier in die anthropologische Problematik der Wille zur Macht eingetreten ist (der ja, wie erwähnt, im ›Zarathustra‹ zum ersten Mal öffentlich formuliert und offensichtlich kaum früher überhaupt von Nietzsche beim Namen genannt wurde). Auch ist auf zwei Konsequenzen hinzuweisen, die sich aus dem Umdenken und Umwerten des Leibes und seiner früheren Gegensätze ergeben. Der neu verstandene und bejahte Leib macht Selbstbezüglichkeit ('Egoismus') zum Wert, zur Tugend, so daß Selbstlosigkeit den Anschein von Tugend ablegen muß[9]. Und: Ist der Mensch wesentlich Leib und große Vernunft, ist dementsprechend seine Seele bloß ein Etwas am Leib und die kleine Vernunft ein von der großen Vernunft geschaffenes und in Dienst genommenes Werkzeug, dann bedeutet der Tod das Ende. Das Selbst als Leib ist mit dem Leib im überlieferten Sinn (dem Körper, dem Organismus) unlöslich eins und vergeht mit ihm[10].

Menschliches Wollen war als höchst komplex vor Augen geführt worden. Daran knüpft Nietzsche in dem jetzt zu thematisierenden wichtigen Aphorismus 19 von ›Jenseits von Gut und Böse‹ an. Nietzsche beginnt mit der Feststellung: „Die Philosophen pflegen vom Willen zu reden, wie als ob er die bekannteste Sache von der Welt sei; ja Schopenhauer gab zu verstehen, der Wille allein sei uns eigentlich bekannt, ganz und gar bekannt, ohne Abzug und Zuthat bekannt" (VI 2, 25). Schopenhauer und die übrigen Philosophen irren nach Nietzsche in dieser Frage, und zwar schon, indem sie von *dem* Willen sprechen. Nietzsche hält ihnen entgegen: „Wollen scheint mir vor Allem etwas *Complicirtes,* Etwas, das nur als Wort eine Einheit ist" (VI 2, 26). Nietzsche legt die scheinbare Einheit auseinander in eine Vielheit von Gefühlen, zu denen noch Denken und ein besonderer Affekt hinzukommen. Als Gefühle sind beim Wollen gegeben „das Gefühl des Zustandes, von dem *weg,* das Gefühl des Zustandes, zu dem *hin,* das Gefühl von diesem 'weg' und 'hin' selbst, dann noch ein begleitendes Muskelgefühl, welches, auch ohne dass wir 'Arme und Beine' in Bewegung setzen, durch eine Art Gewohnheit, sobald wir 'wollen', sein Spiel beginnt" (ebd.). Wollen ist also jedenfalls auch Fühlen. Ferner enthält es jederzeit „einen commandirenden Gedanken" (ebd.), worunter man hier wohl eine Anweisung der instrumentellen Vernunft bezüglich der Ausführung der Tat zu verstehen hat. Und schließlich gesellt sich zu den Gefühlen (als Bewußtseinszuständen der bezeichneten Art) und zum befehlenden Gedanken noch ein besonderer „Affekt des Commando's" (ebd.), der das bestimmte Tun in Gang setzt. Es ist dieser Affekt, der nach Nietzsches jetziger Auskunft dem Mißverständnis der Willensfreiheit zugrunde liegt. Im Wollen selbst hebt er sich nämlich, als befehlend, von anderem ab, dem er befiehlt, so daß er sich diesem als dem Gehorchenden gegenüber als nicht gehorchend und frei erscheint. „Ein Mensch, der *will –,* befiehlt einem Etwas in sich, das gehorcht oder von dem er glaubt, dass es gehorcht" (ebd.). Nietzsche geht in seiner Analyse noch einen Schritt weiter. Indem der so Wollende sich in die fälschliche Einheit „Ich" zusammennimmt, schreibt er *sich* das Befehlen *und* Ausführen zu, rechnet er *sich* die Aktion und ihr Gelingen an – und um so mehr glaubt er sich frei, unabhängig wirkend. In diesem Sinne führt Nietzsche im Blick auf das Befehlen und Gehorchen in einem Wollenden aus: „Weil in den allermeisten Fällen nur gewollt worden ist, wo auch die Wirkung des Befehls, also der Gehorsam, also die Aktion *erwartet* werden durfte, so hat sich der *Anschein* in das Gefühl übersetzt, als ob es da eine *Nothwendigkeit von Wirkung* gäbe; genug, der Wollende glaubt, mit einem ziemlichen Grad von Sicherheit, dass Wille und Aktion irgendwie Eins seien –, er rechnet das Gelingen, die Ausführung des Wollens noch dem Willen selbst zu und geniesst dabei einen Zuwachs jenes Machtgefühls, welches alles Gelingen mit sich bringt. 'Freiheit des Willens' – das ist das Wort für jenen vielfachen Lust-Zustand des Wollenden, der befiehlt und sich zugleich mit dem Ausführenden als Eins setzt, – der als solcher den Triumph über Widerstände mit geniesst, aber bei sich urtheilt, sein Wille selbst sei es, der eigentlich die Widerstände überwinde. Der Wollende nimmt dergestalt die Lustgefühle der ausführenden, erfolgreichen Werkzeuge, der dienstbaren 'Unterwillen' oder Unter-Seelen – unser Leib ist ja nur ein Gesellschaftsbau vieler Seelen – zu seinem Lustgefühle als Befehlender hinzu" (VI 2, 27). Damit hat die Analyse des Wollens zur Wiederaufnahme der Leib-Thematik aus dem ›Zarathustra‹ geführt, wobei sich eine (wie sich zeigen wird nicht zufällige) Nähe zur ›Monadologie‹ von Leibniz ergeben hat. Der Wollende ist Leib als große Vernunft in dem im ›Zarathustra‹ angedeuteten Sinn – das bedeutet jetzt: er ist es als „Gesellschaftsbau vieler Seelen", als Gefüge von vielen Unterwillen und einem leitenden Oberwillen, einer 'Oberseele'.

Diese ist komplex, und anders als bei Leibniz widerspricht das bei Nietzsche ihrer Einheit. Das hatte Nietzsche in einem voraufgehenden Aphorismus desselben Werkes eingeschärft, wobei er (in Einklang mit seiner im
›Zarathustra‹ schon mitgeteilten Überzeugung, daß Leib und Seele keine
Gegensätze sind) von der Seele ebenfalls als von einem Gesellschaftsbau
von Trieben, Affekten, von Subjekten spricht. Übrigens läßt er sich die Gelegenheit nicht entgehen, mit der Einheit der Seele erneut auch deren Unsterblichkeit zu verabschieden, für die die Einheit (Unzusammengesetzt-
heit, Unteilbarkeit) schon seit Platons ›Phaidon‹ ein Argument hergab. Der
„*Seelen-Atomistik*" soll der Garaus gemacht werden, und Nietzsche erklärt
dazu: „Mit diesem Wort sei es erlaubt, jenen Glauben zu bezeichnen, der
die Seele als etwas Unvertilgbares, Ewiges, Untheilbares, als eine Monade,
als ein Atomon nimmt: *diesen* Glauben soll man aus der Wissenschaft hin-
ausschaffen! Es ist, unter uns gesagt, ganz und gar nicht nöthig, 'die Seele'
selbst dabei los zu werden [...]. Aber der Weg zu neuen Fassungen und Ver-
feinerungen der Seelen-Hypothese steht offen: und Begriffe wie 'sterbliche
Seele' und 'Seele als Subjekts-Vielheit' und 'Seele als Gesellschaftsbau der
Triebe und Affekte' wollen fürderhin in der Wissenschaft Bürgerrecht haben" (JGB 12 / VI 2, 21). Diese Vorstellung von der Seele schlägt auf die
vom Willen durch, der ebenfalls als ein Komplex von (wollenden) Affekten
begegnet, wenn es heißt: „Der Wille, einen Affekt zu überwinden, ist
zuletzt doch nur der Wille eines anderen oder mehrer anderer Affekte"
(JGB 117 / VI 2, 93).

Die Seele in ihrer Komplexität wäre als Bewußtsein bzw. Selbstbewußtsein viel zu eng interpretiert. Hier sollte nun der Aphorismus 354 aus dem
1887 hinzugefügten 5. Buch von ›Die fröhliche Wissenschaft‹ zu Wort kommen, der sogleich aufs Ganze geht: „Das Problem des Bewusstseins (richtiger: des Sich-Bewusst-Werdens) tritt erst dann vor uns hin, wenn wir zu begreifen anfangen, inwiefern wir seiner entrathen könnten: und an diesen
Anfang des Begreifens stellt uns jetzt Physiologie und Thiergeschichte (welche also zwei Jahrhunderte nöthig gehabt haben, um den vorausfliegenden
Argwohn *Leibnitzens* einzuholen). Wir könnten nämlich denken, fühlen,
wollen, uns erinnern, wir könnten ebenfalls 'handeln' in jedem Sinne des
Wortes: und trotzdem brauchte das Alles nicht uns 'in's Bewusstsein zu treten' (wie man im Bilde sagt). Das ganze Leben wäre möglich, ohne dass es
sich gleichsam im Spiegel sähe: wie ja thatsächlich auch jetzt noch bei uns
der bei weitem überwiegende Theil dieses Lebens sich ohne diese Spiege-
lung abspielt –, und zwar auch unsres denkenden, fühlenden, wollenden
Lebens, so beleidigend dies einem älteren Philosophen klingen mag. *Wozu*
überhaupt Bewusstsein, wenn es in der Hauptsache *überflüssig* ist?" (V 2,
272) Nietzsches Attacke gilt dem reflexiven Bewußtsein, das die 'älteren'
Philosophen als Vernunft oder Geist hochhielten und in dem sie die spezi-

fische Differenz des Menschen gegenüber den Tieren erblickten. Der Mensch, 'in die Natur zurückübersetzt' und 'wissenschaftlich' betrachtet, zeigt sich Nietzsche als ein Wesen, das das reflexive Bewußtsein in mancher Beziehung entbehren kann. Soweit der Mensch auf einer präreflexiven Bewußtseinsebene denkt, fühlt, will, sich erinnert, handelt, unterscheidet er sich nicht wesentlich von den Tieren – und so steht es nach Nietzsche eben „in der Hauptsache". Gleichwohl gibt es das reflexive Bewußtsein, und so stellt sich die Frage: Wozu? Nietzsche beantwortet sie im Fortgang des Aphorismus ausführlich. Er stellt eine Beziehung her zwischen Differenziertheit und Grad des Bewußtseins einerseits und der Mitteilungsfähigkeit andererseits, die selbst im Verhältnis zur Mitteilungsbedürftigkeit steht. Seine genetische Auskunft, zugleich seine Antwort auf die Frage nach dem Zweck des Bewußtseins, lautet, „dass *Bewusstsein* überhaupt sich nur unter dem Druck des Mittheilungs-Bedürfnisses entwickelt hat" (V 2, 273), daß ein Mitteilungsbedürfnis beim Menschen aber deshalb unausweichlich gegeben war (und ist), weil er nur vergesellschaftet mit seinesgleichen zu überleben und zu gedeihen vermag. Verständigung über die Nöte und Bedürfnisse ist um des Nutzens willen erfordert, und sie findet insbesondere auch zwischen Befehlenden und Gehorchenden statt. Sie setzt voraus, daß man 'weiß', wessen man bedarf; nur das ausdrücklich Bewußtgewordene läßt sich artikulieren (in Sprache vor allem). „Der Zeichen-erfindende Mensch ist zugleich der immer schärfer seiner selbst bewusste Mensch; erst als sociales Thier lernte der Mensch seiner selbst bewusst werden, – er thut es noch, er thut es immer mehr" (V 2, 274), und das eben „in Bezug auf Gemeinschafts- und Heerden-Nützlichkeit" (ebd.). Und trotzdem bleibt es für Nietzsche dabei: „der Mensch, wie jedes lebende Geschöpf, denkt immerfort, aber weiss es nicht; das *bewusst* werdende Denken ist nur der kleinste Theil davon, sagen wir: der oberflächlichste, der schlechteste Theil" (ebd.). Hier berührt Nietzsche sich zunächst noch mit Leibniz[11]; seine Wertung jedoch entfernt ihn von diesem nicht nur, sondern von unserer gesamten philosophischen Tradition. Begreiflich wird sie, wenn man bedenkt, daß Nietzsche das 'bewußt werdende Denken' an die „Gemeinschafts- und Heerden-Natur" (V 2, 274) des Menschen koppelt und an das Gemeinschaftliche der Sprache samt ihren Allgemeinbegriffen, so daß das Individuelle, dem Nietzsches ganze Hochschätzung gilt, aus dieser Sphäre ausgeschlossen bleibt. Er vermerkt, „dass [...] Jeder von uns, beim besten Willen, sich selbst so individuell wie möglich zu *verstehen,* 'sich selbst zu kennen', doch immer gerade das Nicht-Individuelle an sich zum Bewusstsein bringen wird, sein 'Durchschnittliches' [...]. Unsre Handlungen sind im Grunde allesammt auf eine unvergleichliche Weise persönlich, einzig, unbegrenzt-individuell, es ist kein Zweifel; aber sobald wir sie in's Bewusstsein übersetzen, *scheinen sie es nicht mehr ...*" (V 2, 274f.)[12]. –

Wenn das bewußt werdende Denken ('Denken' in weitestem Sinn genommen) nur ein kleiner, und eben ein oberflächlicher und schlechter Teil menschlicher Lebendigkeit ist, dann kommen Instinkte im Menschen zu Würden. Sie stiften Einheit bezüglich der inneren Vielfalt von Bestrebungen. „Instinkt-Sicherheit" ist wichtig, und: „Jeder Fehler in jedem Sinne ist die Folge von Instinkt-Entartung, von Disgregation des Willens: man definirt beinahe damit das *Schlechte*. Alles *Gute* ist Instinkt – und, folglich, leicht, nothwendig, frei. Die Mühsal ist ein Einwand" (GD, Die vier grossen Irrthümer, 2 / VI 3, 84). Intakte Instinkte lassen keine Wahl, zwingen dabei aber nicht, denn sie gehen sicher auf das für das wollende Wesen Angemessene. Solange Décadence in weiter Ferne ist, d. h. „so lange das Leben *aufsteigt,* ist Glück gleich Instinkt" (GD, Das Problem des Sokrates, 11 / VI 3, 67). So wird verständlich, daß Nietzsche sagen kann: „wir leugnen, dass irgend Etwas vollkommen gemacht werden kann, so lange es noch bewusst gemacht wird", wozu er unmittelbar vorausschickt: „Ehemals sah man im Bewusstsein des Menschen, im 'Geist', den Beweis seiner höheren Abkunft, seiner Göttlichkeit [...]. Wir haben uns auch hierüber besser besonnen: das Bewusstwerden, der 'Geist', gilt uns gerade als Symptom einer relativen Unvollkommenheit des Organismus, als ein Versuchen, Tasten, Fehlgreifen, als eine Mühsal, bei der unnöthig viel Nervenkraft verbraucht wird" (AC 14 / VI 3, 178 f.; vgl. NF VIII 3, 215 und 102).

Nietzsche bringt diese seine Umwertung von Geist und 'Instinkt' auch als Umwertung von Vernunft und Leidenschaft zur Sprache. Eine Aufzeichnung im späten Nachlaß (NF VIII 2, 373) gibt hier Aufschluß: Nietzsche kritisiert das in der philosopischen Überlieferung fixierte Rangverhältnis von Vernunft und Leidenschaften, demgemäß der Vernunft als dem Höheren die Leitung gebührt und die Leidenschaften, deren Zweck (die Lust, das Vergnügen) ohnehin schon niedrig genug eingeschätzt wird, überdies noch auf den Platz des Unnormalen, Gefährlichen, Halbtierischen verwiesen sind. Nietzsche moniert hier eine doppelte Verkennung, nämlich bezüglich des Wertes des von den Leidenschaften Erstrebten und bezüglich ihrer Unentbehrlichkeit für jegliches Streben – sie sind gerade das Normale. Vernunft wird von Nietzsche ihrer Selbständigkeit beraubt und als ein Verhältnis der Leidenschaften selbst deklariert. Jeder Leidenschaft wird außerdem Vernunft als Ingredienz zugesprochen. Damit ist man wieder beim Instinkt angekommen. Die ganze Äußerung ergänzt auch die Vorstellung vom 'Willen'.

Das Eigentümliche und Verbindende der anthropologischen Thesen Nietzsches, soweit sie in diesem Kapitel thematisiert werden sollten, liegt einerseits darin, tiefere Bewußtseinsschichten als die 'Vernunft' in den Vordergrund zu rücken und ihnen den Vorrang zu geben, und andererseits und damit zusammenhängend darin, bewegte, im Werden befindliche Vielheit an die Stelle von Einheit zu setzen, so beim Willen, bei der Seele, der Vernunft, beim Ich. Das führt beim Willen zum einen zur Herabminderung der Bedeutung vorgestellter Zwecke und zugleich des 'Willens*aktes*'[13], zum andern zur Leugnung, daß es so etwas wie Wille (im traditionellen Verständnis) überhaupt gibt, und hier ist das Ich unmittelbar mitbetroffen[14]. Im günstigen Fall organisiert sich Vielheit zu (prozeßhafter) Einheit, im ungünstigen Fall findet „Disgregation" statt. Beim Willen resultiert demgemäß (in Anführungszeichen zu setzender) 'starker Wille' einerseits, 'schwacher Wille' andererseits[15]. Der Einheit des Ich, die, aller Vielheit zum Trotz, als Bewußtseinsphänomen (Ichbewußtsein) jedenfalls gegeben ist, nähert Nietzsche sich auf verschiedenen Wegen. Sie ist ihm Symptom physiologischer Einheit[16], auch „begriffliche Synthesis"[17] und, am wichtigsten wohl, Horizontlinie. Unter diesem Aspekt setzt er an beim Ich als Ausgangspunkt von Perspektiven: „Wenn unser 'Ich' uns das einzige *Sein* ist, nach dem wir Alles *sein* machen oder verstehen: sehr gut! dann ist der Zweifel sehr am Platze ob hier nicht eine perspektivische *Illusion* vorliegt – die scheinbare Einheit, in der wie in einer Horizontlinie alles sich zusammenschließt" (NF VIII 1, 104). Dergestalt scheint sich Nietzsche ein 'Ich' im Verhältnis zu 'seiner' Welt zu zeigen. Durch eine Blickumwendung kommt ein Wesen auf 'sich' als das Horizont-Bestimmende zurück. Das dürfte gemeint sein, wenn Nietzsche notiert: „'Ich' 'Subjekt' als Horizont-Linie. Umkehrung des perspektivischen Blicks" (NF VIII 1, 89)[18].

Es war eingangs in diesem Kapitel davon die Rede, daß Nietzsche es sich zur Aufgabe macht, mit „unerschrockenen Oedipus-Augen" die Natur des Menschen zu enträtseln und dabei hinter die fälschenden Schemata wie Geist, Seele, Subjekt, freier Wille zu blicken. Eine aus der „Zucht der Wissenschaft" gewachsene 'harte' Sehweise soll sich jetzt und künftig auch den Menschen vornehmen. Es scheint demnach, daß Nietzsches anthropologische Thesen als wissenschaftlich genommen werden möchten[19]. Da denkt man vor allem an Psychologie, teilweise an genetische; Nietzsche erwähnt auch Physiologie und 'Tiergeschichte' (vgl. S. 56). Tatsächlich aber tut Nietzsche einiges, um seine anthropologischen Thesen als *wissenschaftliche* fraglich zu machen, und tatsächlich gibt er ihnen *als Philosoph* ein zusätzliches Fundament, wie zu zeigen sein wird. Damit ist nicht gesagt, daß nicht manches von dem, was Nietzsche über die 'menschliche Natur' formuliert hat, Heimatrecht gewonnen hätte in den modernen Wissenschaften vom Menschen (und darüber hinaus, z. B. in der Literatur des 20. Jahrhunderts). Von ihm selbst aber war zu hören, daß 'alle Handlungen wesentlich unbekannt' sind (vgl. S. 51, ferner S. 57). Unter dem Titel ›Zur Psychologie und Erkenntnislehre‹ notiert er 1887/88: „Ich halte die Phänomenalität auch der *inneren* Welt fest: alles, *was uns bewußt wird*, ist durch und durch erst zurechtgemacht, vereinfacht, schematisirt, ausgelegt – der *wirkliche* Vorgang der inneren 'Wahrnehmung', die *Causalvereinigung* zwischen Gedanken, Gefühlen, Begehrungen, wie die zwischen Subjekt und Objekt, uns absolut verborgen – und vielleicht eine reine Einbildung. Diese 'scheinbare *innere* Welt' ist mit ganz denselben Formen und Prozeduren behandelt, wie die 'äußere' Welt. Wir stoßen nie auf 'Tatsachen' " (NF VIII 2, 295; vgl. ebd. 310). Also: Was hinter, unter, vor der durch Schemata zurechtgemachten und fälschlich ausgelegten 'inneren Welt' liegt, ist uns *absolut verborgen'*. Man muß denn wohl auf dieses 'absolut Verborgene' irgendwie zurückschließen, wenn man es überhaupt ernsthaft theoretisch ins Spiel bringen will. *Ein* Weg wäre, die fälschenden Schemata aus einem Prinzip her in ihrem Fälschen sicherzustellen, ein anderer, das innere Leben auf ein Prinzip zurückzuführen, das über jenes 'absolut Verborgene' Aussagen möglich macht. Beide Wege laufen bei Nietzsche in einen einzigen zusammen. Wille zur Macht heißt das Prinzip. Nietzsche hat es, wie mehrfach erwähnt, im › Zarathustra‹ zuerst öffentlich formuliert. Er hat sich danach mit ihm, je länger um so mehr, befaßt (und doch von dem geplanten Werk › Der Wille zur Macht‹ abgelassen). Es wird später in dieser Untersuchung, wie angekündigt, zu seinem Recht kommen. Zunächst aber soll Nietzsches groß angelegte neue Sinngebung menschlichen Daseins, wie sie im › Zarathustra‹ vorliegt, thematisiert werden.

5. DER ÜBERMENSCH ALS „SINN DER ERDE"

Im ›Zarathustra‹ sind alle Grundthemen Nietzsches präsent, und das Werk könnte insofern mit gewissem Recht als eine Summe seines Denkens bezeichnet werden, wenn damit nicht das Mißverständnis provoziert würde, daß gemeint sei, Nietzsche habe nach dem ›Zarathustra‹ keine entscheidenden Denkschritte mehr vollzogen. Daß letzteres im Gegenteil der Fall ist, wird hier im Fortgang gerade behauptet werden. Der ›Zarathustra‹ stellt den Übermenschen in den Mittelpunkt, und das fordert eben die Versammlung der philosophischen Grundthemen Nietzsches, weil der Übermensch sie alle zu denken und zu bejahen gerufen ist. Es fehlen in diesem Werk sogar nicht die Fragezeichen, die Nietzsche hinter seine Philosophie setzt. –

Die Frage, wer 'der' Übermensch ist, gehört zusammen mit der Frage, wer Nietzsches Zarathustra ist. Können sie wechselweise füreinander gesetzt werden, oder sind sie verschieden? Und wenn letzteres: gibt die Gestalt Zarathustras als solche gleichwohl Aufschluß über den Übermenschen?

Nietzsche faßt im ›Zarathustra‹ den Übermenschen als neue Species, genauer als Über-Art. „Aufwärts geht unser Weg, von der Art hinüber zur Über-Art", läßt er Zarathustra sagen (VI 1, 94). Der Weg ist lang; Zarathustra beginnt ihn und wird selbst das Ziel nicht erleben. Schon wegen seiner geschichtlichen Ferne zur Über-Art ist er selbst kein Übermensch im strengsten Sinn. So muß er auch alle konkreten Wertsetzungen den einstigen Individuen der Über-Art überlassen (deren Wertsetzen freilich ohnehin als ein je eigenes vorzustellen ist – vgl. S. 64f.). Er selbst ist ein Erstling. Das heißt: Es gibt Übereinstimmung zwischen ihm und der Über-Art in allen grundlegenden Gedanken und deren Bejahung. Er ist als Erstling aber auch einmalig, nämlich ursprünglich und 'schöpferisch' als Denker und Lehrer[1].

Wer ist Zarathustra, und was lehrt er? Diese Fragen sollen hier nicht erschöpfend, sondern nur nach Maßgabe der anthropologischen Absicht dieses Kapitels beantwortet werden. Zarathustra selbst gibt zu erkennen, daß das, was er ist, nicht leicht auf einen Begriff zu bringen ist, und das liegt eben daran, daß er am Anfang einer Zukunft steht, die er erst anbrechen läßt, indem er, aus einer andersartigen Vergangenheit herkommend, selbst in sie aufbricht. Er ist nach eigenem Zeugnis ein „Seher, ein Wollender, ein Schaffender, eine Zukunft selber und eine Brücke zur Zukunft – und ach, auch noch gleichsam ein Krüppel an dieser Brücke" (VI 1, 175)[2]. Zu seinen Jüngern fährt er fort: „Und auch ihr fragtet euch oft: 'wer ist uns Zarathustra? [...]' Und gleich mir selbst gabt ihr euch Fragen zur Antwort. / Ist er ein Versprechender? Oder ein Erfüllter? Ein Erobender? Oder ein Er-bender? Ein Herbst? Oder eine Pflugschar? Ein Arzt? Oder ein Genese-ner? / Ist er ein Dichter? Oder ein Wahrhaftiger? Ein Befreier? Oder ein Bändiger? Ein Guter? Oder ein Böser?" (VI 1, 175) Zarathustra *ist* alle diese Gegensätze. Ein Erfüllter ist er, indem er die Zukunft des Übermen-schen verspricht. Er erobert die Zukunft jedenfalls im Denken, aber er hat Vergangenheit geerbt, und sie geht in ihm zu Ende. Ob er ein Dichter ist „oder" ein Wahrhaftiger, wird später zu bedenken sein (S. 88). Er befreit nicht nur von Fesseln, sondern bändigt auch, faßt Kräfte und Ziele zusam-men auf *ein* Ziel hin[3]. Gut ist er als Schaffender, 'böse' als der, der um des Zu-schaffenden willen Altes und Verehrtes zerstören muß[4].

Als Erstling ist Zarathustra ein „Vorspiel [...] besserer Spieler", zugleich aber ein „Beispiel" (VI 1, 258). Ihm ist aufgetragen, zu „befehlen und be-fehlend voran[zu]gehen" (VI 1, 185) – zu befehlen freilich solchen, die ihm entsprechen, und das heißt die ihm „folgen, weil sie sich selber folgen wol-len" (VI 1, 19). Er ist der Lehrer des Übermenschen[5].

Zarathustra ist der „Gottlose, [...] der Fürsprecher des Lebens, der Für-sprecher des Leidens, der Fürsprecher des Kreises" (VI 1, 267). Der Für-sprecher von Leben und Kreis kann er nicht sein, ohne auch Fürsprecher des Leidens zu sein. Er spricht vor und für ein dionysisches Ja (vgl. S. 75 ff.), dessen Leidenskomponente leicht unterschätzt wird. Fürsprecher des Krei-ses ist er als *„der Lehrer der ewigen Wiederkunft"* (VI 1, 271).

Zarathustra ist eine vielschichtigere Gestalt, als bisher sichtbar wurde, und obwohl seine Lehren Nietzsches Lehren sind, wäre eine Gleichsetzung von Zarathustra und Nietzsche verfehlt. Aber das im vorigen Aufgeführte ist sehr wohl als Ausdruck von Nietzsches Selbstverständnis anzusehen. Das sei hier nebenbei bemerkt[6].

Welches sind Zarathustras grundlegende Lehren? Eine erste Antwort auf diese Frage wurde schon vorweggenommen: Es sind die Grundthemen Nietzsches.

Zarathustra durchschaut das Logisieren[7]. Er destruiert die Metaphysik[8], verneint Gott[9], Teleologie[10] und Unsterblichkeit[11]. Er kritisiert und relati-viert die Moral[12]. Er wird von der Vorstellung des Nihilismus erfaßt[13]. Er vollzieht, wie im vorigen Kapitel gezeigt, ein Umdenken und Umwerten von Leib und Vernunft. Kernthemen seines 'konstruktiven' Denkens sind der Wille zur Macht, der Übermensch und die ewige Wiederkunft des Glei-chen.

Fürsprecher des Lebens zu sein, bedeutet, Fürsprecher des *Willens zur Macht* zu sein, denn: „Wo ich Lebendiges fand, da fand ich Willen zur Macht" (VI 1, 143) – und der Wille zur Macht ist „der unerschöpfte zeu-gende Lebens-Wille" (ebd.). Lebendiges vollzieht als solches den Willen zur

Macht. Dieser ist zeugend und im Zeugen unerschöpflich. Er ist es als der
Wille, „Herr zu sein" (VI 1, 144). Sein Zeugen ist Herr-werden, Befehlen,
Überwinden von Widerstehendem, und es erfüllt sich erst wahrhaft als
Selbstüberwindung (zu der freilich durchaus nicht alles Lebendige fähig
ist[14]). Diesen entscheidenden Akzent setzt Nietzsche schon mit der Überschrift des Kapitels, das dem Thema Wille zur Macht gewidmet ist: ›Von der
Selbst-Ueberwindung‹. Überwindung als Lebenssteigerung (Machtsteigerung) ist in Nietzsches Sicht immer zugleich Beeinträchtigung, ‘Opfern’ bis
hin zur Vernichtung – „wo es Untergang giebt und Blätterfallen, siehe, da
opfert sich Leben – um Macht!" (VI 1, 144) Auch und gerade die Selbstüberwindung des Menschen zum Übermenschen hin hat diesen Doppelcharakter. Und die dem Übermenschen zugemutete Bejahung des Willens zur
Macht bezieht sich auf ihn. Den Doppelcharakter ernst zu nehmen, besagt
zugleich, das Befehlen und Sichselbstbefehlen als „Versuch und Wagniss"
zu begreifen (VI 1, 143). „Das ist die Hingebung des Grössten, dass es Wagniss ist und Gefahr und um den Tod ein Würfelspielen" (VI 1, 144). Man
weicht Nietzsche aus, wenn man solche Äußerungen auf das Konto seines
Pathos setzt. Er hat vielmehr schon in seinem ersten Werk, das vom Willen
zur Macht spricht, der Verharmlosung dieses seines philosophischen Grund-
gedankens einige Riegel vorgeschoben, was auch im folgenden ersichtlich
ist.

Zarathustra gibt den Willen zur Macht als Leben zu denken, und so gilt
vom Willen zur Macht, was vom Leben gilt: Er ist „ein Born der Lust" (VI
1, 120) *und* hat „selber Feindschaft nöthig [...] und Sterben und Marter-
kreuze" (VI 1, 121). Letzteres kommt auch in der nach Zarathustra zu bejahenden Frage zum Ausdruck: „Ist in allem Leben selber nicht – Rauben und
Todtschlagen?" (VI 1, 249) Es kann nicht bestritten werden, daß die Natur
diesen Aspekt zeigt. Leben (Wille zur Macht) ist aber nicht auf die Stufe der
Tiere eingeschränkt. Der Mensch – und Übermensch – ist mit umfaßt, und
das nach Nietzsche ganz, eben als Leib (große Vernunft), an der die kleine
Vernunft als Werkzeug vorkommt. Deshalb erscheinen die alten Gebote
„‘Du sollst nicht rauben! Du sollst nicht todtschlagen!’" Zarathustra als
eine „Predigt des Todes", die „heilig hiess, was allem Leben widersprach
und widerrieth" (ebd.). Hier mag ein erstes Mal daran erinnert werden, daß
Zarathustra sich (auch) als Fürsprecher des Leidens versteht.

Das Leben bzw. den Willen zur Macht denken, das heißt „Kampf" und
„Werden" denken (VI 1, 144). Es heißt, das Veränderliche als solches denken. Ob dieses Denken auf festen Grund gelangen kann, wird zu fragen
sein. –

Zarathustra lehrt den *Übermenschen*. Wie ausgeführt, läßt er den langen
Weg zu dieser Über-Art beginnen. Er tut als Lehrer, Vorspiel, Beispiel die
ersten Schritte in die durch Selbstüberwindung des Menschen zu schaffende

Zukunft. Er setzt auf solche Individuen, die fähig sind, sich selbst zu folgen, indem sie ihm folgen, d. h. die sich selbst das Ziel befehlen, das er formuliert und erstrebt – die eben sich selbst überwinden. An Menschen dieses Schlages wendet Zarathustra sich ermunternd und ermahnend. (Beispiele für Paränese oder Protreptik im ›Zarathustra‹ sind die Ziffern 12 und 29 des Kapitels ›Von alten und neuen Tafeln‹ – VI 1, 250 f. und 264.)

Das Ziel ist *ein* Ziel, gegenüber den ‚tausend' Zielen der bisherigen Menschheit, ja, es ist *das* Ziel *der* Menschheit[15]. Mehr noch: Der Übermensch ist Ziel und Sinn der Erde. Die Erde aber ist der Name für alles, was ist, nachdem der Himmel der übersinnlichen Welt ‚abgeschafft' worden ist. Die Erde vollendet sich im Übermenschen, ja hat durch ihn – als ganze mit ihrer Vergangenheit und allen niedrigeren Arten des Seienden[16] – erst Wert. Es ist im Hinblick auf sie ganz und gar nicht gleichgültig, ob oder ob nicht der Übermensch existieren wird. Und so wird denn der Übermensch gebraucht; es kommt zuhöchst auf ihn an. Das wird im Fortgang noch zu denken geben.

„Der Übermensch ist der Sinn der Erde. Euer Wille sage: der Übermensch *sei* der Sinn der Erde!" (VI 1, 8) – das ist Zarathustras befehlende Lehre. Treue zur Erde ist ihr erstes Gebot, und es umfaßt die Abkehr von allen „überirdischen Hoffnungen", die Anerkennung des Todes Gottes und die Umwertung des Leibes[17]. Damit verbunden, impliziert es die Verabschiedung von Vernunft, Tugend und Glück im Sinne des bisherigen Selbstverständnisses des Menschen. Vernunft und Tugend im überlieferten Sinn sowie ein an beide und an die Verachtung des Leibes gebundenes Glück erscheinen als „erbärmliches Behagen" (VI 1, 9 f.). Sollte ein Glück des Übermenschen zu denken sein, so also jedenfalls nicht als behagliches (vgl. S. 79 f.). Auch die große Vernunft (der Leib) hat nichts Behagliches, geht doch mit ihrer Anerkennung eine Aufwertung und Freilassung der Leidenschaften einher. Zumal die Umwertung der bisher als böse verworfenen Leidenschaften verhindert die Behaglichkeit von Tugend (vgl. S. 66 f.).

Zarathustras Lehre des Übermenschen läßt den Platz der Tugend aber nicht leer hinter sich zurück. Die Über-Art des Übermenschen wird durch Adel ausgezeichnet sein. Es „bedarf [...] eines *neuen Adels,* der allem Pöbel und allem Gewalt-Herrischen Widersacher ist" (VI 1, 250). Hier ist ein Stand der Sich-selbst-befehlenden im strengsten Sinn anvisiert, nämlich der neue Werte setzenden Individuen, deren Gemeinsames nicht in konkreten Wertsetzungen, sondern in der zugrunde liegenden neuen und bejahten Sicht von Sein, Welt und Mensch besteht, wie sie von Zarathustra vertreten wird[18]. „Vieler Edlen nämlich bedarf es und vielerlei Edlen, *dass es Adel gebe!"* (VI 1, 250) Die vielerlei Edlen sind Edle sogar nur, wenn sie sich, Werte setzend und sich selbst befehlend, gegeneinander richten – als Feinde, die allerdings zugleich Freunde sind. Zarathustra will mit den „Predigern der Gleichheit", den Sozialisten, nicht „verwechselt sein. Denn so redet *mir* die Gerechtigkeit: 'die Menschen sind nicht gleich.' / Und sie sollen es auch nicht werden! [...] Auf tausend Brücken und Stegen sollen sie sich drängen zur Zukunft, und immer mehr Krieg und Ungleichheit soll zwischen sie gesetzt sein: [...] alle Namen der Werthe: Waffen sollen es sein und klirrende Merkmale davon, dass das Leben sich immer wieder selber überwinden muss! [...] Und weil es Höhe braucht, braucht es Stufen und Widerspruch der Stufen und Steigenden!" (VI 1, 126) Gleichwohl: Es gibt im ›Zarathustra‹ das *eine* Ziel, das alle Ziele eint – eben den Übermenschen und seine Aufgabe, in fortgesetztem neuen Wertsetzen den Sinn der Erde aktiv zu vollziehen. Deshalb kann Zarathustra die Feindschaft der Edlen in Freundschaft einbinden. Er tut es, indem er das Verhältnis der Edlen zueinander mit dem Gewölbe einer Tempelruine vergleicht: „Wie sich göttlich hier Gewölbe und Bogen brechen, im Ringkampfe [...] – / Also sicher und schön lasst uns auch Feinde sein, meine Freunde! Göttlich wollen wir *wider* einander streben!" (VI 1, 127)¹⁹.

Das in Treue zur Erde vollzogene, kraftvolle Wertsetzen der Edlen ist selbstbezüglich und soll es sein. Es ist perspektivisch. Die vollzogenen Befreiungen von der Überlieferung haben in bisher ungekanntem Maß das Individuum freigesetzt. Tugend, wo es sie gibt, ist eine je eigene Tugend – auch das gehört zu Zarathustras Lehre vom Übermenschen und widerstreitet nicht dem Adel der Edlen, verdeutlicht vielmehr nur die schon gegebene Charakterisierung. Dem Kapitel ›Von den Freuden- und Leidenschaften‹ (VI 1, 38ff.) ist zu entnehmen: Jetzt noch von einzelnen Tugenden in positiver Bedeutung zu sprechen, heißt eingedenk sein, daß das höchst paradox ist. Denn jemandes Tugend ist seine und nur seine Tugend, und dieser Tatbestand wird durch bloße Benennung schon verstellt, weil Tugendnamen mit allgemeiner Bedeutung auftreten. Tugend ist unaussprechbar, unnennbar; bestenfalls läßt sich von ihr stammeln. Das bedeutet, daß es keinen allgemein verständlichen und verbindlichen 'Inhalt' von Tugend gibt, daß *inhaltliche* Maßstäbe für das, was als Tugend zu gelten hat, jedenfalls fehlen. Freilich ist schon diese Redeweise, von dem beigezogenen Kapitel her gesehen, verfehlt. Etwas hat nicht als Tugend zu gelten, es sei denn für ein Individuum selbst. Woran könnte dieses sich aber orientieren, um namenlose, je eigene Tugend sich zuzuschreiben? Auch diese Frage kann den Verdacht nicht von sich abweisen, rückständig zu sein. Zarathustra jedenfalls rät: „So sprich und stammle: 'Das ist *mein* Gutes, das liebe ich, so gefällt es mir ganz, so allein will *ich* das Gute. [...]'" (VI 1, 38). Das heißt: Mein Gutes ist mein Gutes, weil ich es will. Die gänzlich auf das Individuum relativierte Tugend ist radikalste Selbstbestimmung. Sie zeichnet die Über-Art der Edlen, den Übermenschen, aus. Wenn vom Übermenschen selbst an einem Gegensatz zur Tugend festgehalten werden soll, so bestimmt dieser sich vom je eigenen Guten her als je eigenes Böses[20]. Dieses dürfte zu verstehen sein als ein Zurückbleiben des Individuums hinter seiner Tugend – im Sinne vermindert aufgebrachter Durchsetzungskraft. Wie es im Denkbereich des Willens zur Macht zu solchem Zurückbleiben überhaupt kommen kann, erklärt der Fortgang des soeben herangezogenen Kapitels mit dem Kampf vieler Tugenden in einem Individuum; die Erklärung muß aber unter dem leichten Vorbehalt gesehen werden, daß Zarathustra hier gezielt zu denen spricht, die auf dem Weg zum Übermenschen sind[21].

Um das Gute und Böse, soweit es konstitutiv ist in Zarathustras Lehre vom Übermenschen, geht es hier. Dazu ist weniges noch zu ergänzen. Zunächst: Was das Kriterium der je eigenen Tugend angeht, so kommt auch in Betracht, was Zarathustra im Kontext der zitierten Äußerung „Das ist *mein* Gutes" mitteilt: Tugend, wie gesagt „unaussprechbar [...] und namenlos", ist, „was meiner Seele Qual und Süsse macht und auch noch der Hunger meiner Eingeweide ist" (VI 1, 38). Mein Gutes ist das, wonach ich als Leib (im Sinne der großen Vernunft) verlange. Und dies Verlangen ist eins mit einer dionysischen Empfindung, eben der Mischung aus Qual und Süße (vgl. S. 75 f.). – Ferner: Es wurde gezeigt, daß nach Zarathustras Lehre der Übermensch inhaltliche allgemeine Maßstäbe auf dem Feld der Tugend hinter sich zurückläßt[22]. Ein formaler allgemeiner Maßstab wird aber von Zarathustra gelehrt: Die 'höchste Güte' ist die „schöpferische" (VI 1, 145). Sie ist es nach Auskunft des Kontextes als fortgesetzte Veränderung – im Sinne von Selbstüberwindung und Einheit von Schaffen und Vernichten. Derselbe formale Maßstab dürfte gemeint sein, wenn Zarathustra anderwärts sagt: „das Beste soll herrschen, das Beste *will* auch herrschen!" (VI 1, 259) Hier wird den zuhöchst Guten, den Schöpferischen, zugleich bestätigt, daß ihnen die Herrschaft zukommt (die sie freilich stets schon ausüben). Es handelt sich auch in diesem Sinn bei ihnen um „Adel" (vgl. S. 79). – Schließlich: Zarathustra spricht auch aus anderer Perspektive als der, die hier bisher im Vordergrund stand, vom Guten und Bösen des Übermenschen und der zu ihm Hinübergehenden, nämlich aus der Perspektive bisheriger Moral. So sagt er etwa: „Ich bin selig, die Wunder zu sehn, welche heisse Sonne ausbrütet: Tiger und Palmen und Klapperschlangen. / Auch unter Menschen giebt es schöne Brut heisser Sonne und viel Wunderwürdiges an den Bösen. / Zwar, wie eure Weisesten mir nicht gar so weise erschienen: so fand ich auch der Menschen Bosheit unter ihrem Rufe. [...] Wahrlich, es giebt auch für das Böse noch eine Zukunft! [...] Und wahrlich, ihr Guten und Gerechten! [...] So fremd seid ihr dem Grossen mit eurer Seele, dass euch der Übermensch *furchtbar* sein würde in seiner Güte!" (VI 1, 181) Unter den Wundern, die heiße Sonne in Menschen ausbrütet, wird man Leidenschaften zu verstehen haben, und insbesondere solche, die nach traditioneller Moralauffassung niederzuhalten waren. Auch und gerade diese haben im Übermenschen eine Zukunft.

Aus der Sicht der traditionellen Moralauffassung wird sich der Übermensch zum Fürchten ausnehmen, und weil von ihr das Furchtbare in Bann getan ist, wird er als böse erscheinen, ja als das bisher gekannte Böse übertreffend. Tatsächlich aber wird das gerade sein Gutes sein. So spricht Zarathustra, der 'Tunichtgut und Tunichtbös jenseits von Gut und Böse' (vgl. VI 1, 280). Und anderwärts sagt er in diesem Sinne: „'Der Mensch ist böse'– so sprachen mir zum Troste alle Weisesten. Ach, wenn es heute nur noch wahr ist! Denn das Böse ist des Menschen beste Kraft. / 'Der Mensch muss besser und böser werden' – so lehre *ich*. Das Böseste ist nöthig zu des Übermenschen Bestem." Er fügt allerdings hinzu: „Solches ist aber nicht für lange Ohren gesagt. Jedwedes Wort gehört auch nicht in jedes Maul. Das sind feine ferne Dinge: nach denen sollen nicht Schafs-Klauen greifen!" (VI 1, 355) Damit ist angedeutet, daß Esel und Schafe das Gesagte mißverstehen dürften und davon ausgeschlossen sein sollten, es weiterzureden. Die 'feinen fernen Dinge' erfordern offensichtlich einen subtilen Verstand und einen dem Sinn der Erde sich verschreibenden Schaffenswillen, um angemessen zu Gesicht zu kommen. Das sollte jedoch nicht von einer Auseinandersetzung mit ihnen abschrecken. Sie soll auf spätere Kapitel verschoben werden. Wohl mag für jetzt zur Ergänzung noch verwiesen werden auf eine andere Stelle, an der vom Bösen als bester Kraft des Menschen gesprochen wird (VI 1, 269f.). Hier diagnostiziert Zarathustra, daß der Mensch „das grausamste Thier" ist und führt zum Beleg an: „Bei Trauerspielen, Stierkämpfen und Kreuzigungen ist es ihm bisher am wohlsten geworden auf Erden; und als er sich die Hölle erfand, siehe, da war das sein Himmel auf Erden." Zarathustra klagt den Menschen deswegen nicht an. Er beklagt vielmehr, daß das festgestellte Böse, die Grausamkeit, so klein und so unschöpferisch ist. –

Zarathustra lehrt den Übermenschen als die Über-Art, die es zu schaffen gilt. Seine Lehre spricht von der Zukunft als Aufgabe der Gegenwärtigen. Er lehrt seine Gefährten, und er läßt sie dabei zugleich wissen, daß sie selbst es wohl nur erst zu Vorfahren des Übermenschen bringen werden[23]. So unterscheidet Zarathustra in seiner Lehre den Übermenschen von einer Generation der Hinübergehenden, die sich zu Schaffenden des Übermenschen umschaffen. Während es sich hier um Vorgänger des Übermenschen handelt, lehrt Zarathustra auch dessen Gegenbilder. Dabei spricht er einerseits von einer Zukunft, in der der Übermensch wirklich geworden ist. Sowenig nämlich der Affe als Art ausgestorben ist, als 'er', über sich hinaus schaffend, den Menschen schuf (vgl. Anm. 16 zu diesem Kapitel), sowenig wird der Mensch aussterben, wenn der Übermensch geschaffen worden ist. Er wird, als Art neben der Über-Art, vielmehr fortbestehen so, wie er schon ist und war, als Krüppel und Bruchstück (vgl. S. 61) sowie als „Volk und Heerde" (VI 1, 38), gemeinschaftlich schätzend wie eh und je. Andererseits

lehrt Zarathustra ein Gegenbild des Übermenschen, das für dessen Verwirklichung eine große Gefahr ist: den letzten Menschen. Genauer gesagt:
die Gegenwart birgt auch die dem Übermenschen entgegengesetzte Zukunft als Möglichkeit in sich, und es muß die Chance ergriffen werden, den
Übermenschen zu schaffen, ehe es zu spät ist, ehe sich ein Zustand der
Menschheit eingestellt hat, aus dem er nicht mehr hervorgehen kann. Davon handelt Zarathustra in einer Mahnrede an das Volk (Zarathustras Vorrede, 5. / VI 1, 13f.). In ihr wird das Bild des letzten Menschen als des verächtlichsten gezeichnet. Er ist unschöpferisch, weil schlechthin selbstzufrie-
den, an Möglichkeiten verarmt, zahm, verzärtelt, glücklich im Sinne des
Behagens, in allem aufs Mittelmaß abgestellt, und er hat sich der Gleichheit
aller verschrieben. Man wird hinzufügen dürfen, daß er sich mit dem Nihilismus arrangiert hat dank aller erdenklichen Hilfsmittel der Décadence
(vgl. S. 45). Kommt es zum letzten Menschen als vorherrschender Art, dann
ist alles verloren, denn der letzte Mensch ist nicht mehr auszutilgen[24].

Daß der Übermensch entstehe, das ist nach Zarathustras Lehre, wie es
bis jetzt scheint, keineswegs sicher. Für den Fall, daß er entsteht, kann aber
näher bezeichnet werden, wann und wodurch – nach unbestimmt langer
Zeit der Vorentwicklung – sein Entstehen eindeutig begonnen haben wird.
Es wird begonnen haben dann, wenn der Gedanke der ewigen Wiederkunft
bejaht wird, und durch diese Bejahung. Sie ist als der geschichtliche Durchbruch zur Zukunft des Übermenschen anzusehen.

Am meisten kommt es also auf Zarathustras Lehre der *ewigen Wiederkunft des Gleichen* an. In der Bereitschaft zum Denken, Bejahen und Verkünden des Gedankens, zu der er selbst heranreifen muß, erfüllt sich erst
wirklich, daß Zarathustra für den Übermenschen Vorspiel und Beispiel und
befehlend Vorangehender ist.

Bevor von der Heraufkunft des Gedankens der ewigen Wiederkunft im
›Zarathustra‹ gehandelt wird, mag ein Einschub über sein Auftauchen bei
Nietzsche selbst erlaubt sein. Verhältnismäßig bekannt ist Nietzsches diesbezügliche Selbstdarstellung in ›Ecce homo‹: „Ich erzähle nunmehr die Geschichte des Zarathustra. Die Grundconception des Werks, der *Ewige-Wie-
derkunfts-Gedanke,* diese höchste Formel der Bejahung, die überhaupt erreicht werden kann –, gehört in den August des Jahres 1881: er ist auf ein
Blatt hingeworfen, mit der Unterschrift: ‘6000 Fuss jenseits von Mensch
und Zeit’. Ich gieng an jenem Tage am See von Silvaplana durch die Wälder;
bei einem mächtigen pyramidal aufgethürmten Block unweit Surlei machte
ich Halt. Da kam mir dieser Gedanke" (VI 3, 333). Festzuhalten für die
Sachproblematik der ewigen Wiederkunft bleibt hieraus schon einmal
Nietzsches Charakterisierung des Gedankens bzw. seiner Bejahung als des
höchsten überhaupt möglichen Ja zur Welt. Daß Nietzsche der Gedanke
1881 in den Wäldern am Silvaplanasee ‘kam’, hat man so zu verstehen, daß

ihm ein ihm durchaus und seit langem in Vorformen historisch bekannter Gedanke in einer Art Evidenzerlebnis als von zentraler Bedeutung für *seine* Philosophie aufging. Schon in der 2. ›Unzeitgemäßen Betrachtung‹ äußert Nietzsche sich – damals allerdings ablehnend – über den Gedanken bei den Pythagoreern (vgl. III 1, 257f.). Seine Vertrautheit mit Heraklit[25] und der Stoa datiert ebenfalls aus seiner frühesten Zeit, so daß er von längst Bekanntem spricht, wenn er in ›Ecce homo‹ sagt: „Die Lehre von der 'ewigen Wiederkunft', das heisst vom unbedingten und unendlich wiederholten Kreislauf aller Dinge – diese Lehre Zarathustra's *könnte* zuletzt auch schon von Heraklit gelehrt worden sein. Zum Mindesten hat die Stoa, die fast alle ihre grundsätzlichen Vorstellungen von Heraklit geerbt hat, Spuren davon" (VI 3, 311)[26]. Ferner: Durch Schopenhauers Werk ist Nietzsche als Philosoph gleichsam geboren worden, und bei Schopenhauer ließen sich Andeutungen des Gedankens sehr wohl finden[27].

Die Aufzeichnung vom August 1881, in der sich nach dem Zeugnis in ›Ecce homo‹ die Entdeckung der Relevanz des Gedankens der ewigen Wiederkunft niedergeschlagen hat, ist im Nachlaß erhalten. Sie ist aufschlußreich auch für den vorherrschenden Akzent, den Nietzsche diesem Gedanken zu Beginn gab. Unter der Überschrift ›*Die Wiederkunft des Gleichen.* Entwurf‹ notiert er als fünften und letzten Punkt: „Das neue *Schwergewicht: die ewige Wiederkunft des Gleichen.* Unendliche Wichtigkeit unseres Wissen's, Irren's, unsrer Gewohnheiten, Lebensweisen für alles Kommende. Was machen wir mit dem *Reste* unseres Lebens – wir, die wir den grössten Theil desselben in der wesentlichsten Unwissenheit verbracht haben? Wir *lehren die Lehre* – es ist das stärkste Mittel, sie uns selber *einzuverleiben.* Unsre Art Seligkeit, als Lehrer der grössten Lehre." Es folgt der Zusatz: „Anfang August 1881 in Sils-Maria, 6000 Fuss über dem Meere und viel höher über allen menschlichen Dingen!'" (V 2, 392) Nietzsche begreift hier den nun gefaßten Gedanken der ewigen Wiederkunft als eine Art Wasserscheide in seinem Philosophendasein. Das bisher Gedachte und Gelehrte tritt in den Anschein von Unwissenheit vor der jetzt zu vertretenden „grössten Lehre". Groß ist die Lehre, weil sie *für alle,* die sie annehmen, das Leben verändert, indem sie auf Denken und Handeln die Verantwortung für eine endlose Zukunft legt, eben für die ewige Wiederkunft jetzigen Erkennens und Irrens, Vollbringens und Versagens.

Auch bei Nietzsches erster Darstellung des Gedankens innerhalb seines Werks ist dessen Bedeutung als Schwergewicht beherrschend. Es handelt sich um den vorletzten Aphorismus des 4. und zunächst letzten Buches von ›Die fröhliche Wissenschaft‹ (Aph. 341 – V 2, 250; es folgt als Aph. 342 das Anfangsstück des ›Zarathustra‹!). Unter der Überschrift ›Das grösste Schwergewicht‹ fordert Nietzsche eindringlich, sich vorzustellen, wie jede Einzelheit eines Menschenlebens samt Schmerz und Lust ewig wiederkehren wird, und er betont das zunächst Niederschmetternde des Gedankens. Die „Frage bei Allem und Jedem 'willst du diess noch einmal und noch unzählige Male?' ", gibt allem „Handeln" größtes Gewicht. Wenn dieser Aphorismus den bedrückenden Aspekt der Lehre mit zur Sprache bringt, dann wirft er einen Schatten auf die „Seligkeit", die Nietzsche sich als dem „Lehrer der grössten Lehre" in der Nachlaßaufzeichnung zugeschrieben hat. Oder hätte man besser noch die Seligkeit von vornherein 'dionysisch' auffassen sollen? Wie dem auch sei, das Bedrückende der Lehre scheint sich für Nietzsche so bald nicht zu verlieren. Noch nach Abschluß des 3. Teils des ›Zarathustra‹ und der dort formulierten dionysischen Bejahung des Gedankens schreibt er an seinen Freund Overbeck, er habe mit dem ›Zarathustra‹ sich „selber Muth machen müssen [...]: Muth zum *Tragen* jenes Gedankens!" (8. 3. 1884; KGB III 1, 485) Gerade auch das Belastende des Gedankens gestaltet er im ›Zarathustra‹. Und weil der Gedanke so belastend ist, erscheint seine Bejahung Nietzsche als weltgeschichtlich (vgl. ebd.)[28]. –

Der Gedanke der ewigen Wiederkunft des Gleichen ist im ›Zarathustra‹ als heraufkommender thematisch. Seine Heraufkunft wird erzählt als Zarathustras äußere und vor allem innere Biographie, die beide ineinandergreifen.

Zarathustra, auf den glückseligen Inseln weilend, wo er vornehmlich zu seinen Jüngern, aber auch zu anderen redet, denkt sich mit folgendem Gedanken, den er auch ausspricht, unmittelbar bis an die ewige Wiederkunft des Gleichen heran (VI 1, 175ff.): Das Vergangene in seiner Faktizität scheint dem Willen entzogen. Geschehenes, das nicht ungeschehen gemacht, Getanes, das nicht ungetan gemacht werden kann, scheint den Willen zur Macht in Schranken zu weisen und ihn seiner Ohnmacht zu vergewissern gegenüber einer ganzen Dimension der Zeit, eben der Vergangenheit. Oder sollte der Wille doch auch hier Macht haben? Indem er etwa dem Vergangenen begegnet mit einem „So wollte ich es!" (VI 1, 175)? Aber würde der Wille sich damit nicht nur selbst belügen? Könnte er sich wirklich mit seinem „So wollte ich es!" Macht zuschreiben über solches, an dem es gar nichts mehr zu wollen gibt? Doch da zeichnet sich eine Lösung ab: Vom „So wollte ich es!" muß durchgestoßen werden zum „Aber so will ich es! So werde ich's wollen!" (VI 1, 177) Oder muß, angesichts des unausweichlichen Wiederauftretens der Grenze, vielleicht noch weiter durchgestoßen werden zu einem 'So werde ich es immer wieder wollen', 'So will ich es als ewig wieder zu Schaffendes, als – ewig Wiederkehrendes'? *Zarathustra* geht mit dem, was er sagt, so weit nicht, erschrickt vielmehr „auf das Äusserste" (ebd.), und das, wie es zunächst scheint, nur deshalb, weil er fürchtet, schon zuviel ausgeplaudert zu haben über etwas, das offensichtlich noch geheim bleiben soll. Am Ende des Kapitels wird aber angedeutet, daß Zarathustra das zu anderen schon Gesagte gar nicht im eigentlichen Sinn zu sich selbst gesprochen hat. Daß das „Zurückwollen" (ebd.), durch das der Wille zur Macht aus der Ohnmacht gegenüber dem Gewesenen befreit werden bzw. sich befreien soll, nur als Vorwollen wirklich ein Wollen ist, das scheint Implikationen zu haben, denen Zarathustra ausweichen möchte.

Hier knüpft das Kapitel ›Die stillste Stunde‹ an (VI 1, 183 ff.). Die „stillste Stunde" spricht aus Zarathustra zu ihm, und das geschieht in einem traumartigen Zustand zwischen Wachen und Schlafen. Sie spricht als sein Geheiß, das ihm gebietet zu werden, der er ist, eben der Lehrer der ewigen Wiederkunft. Er will nicht reden, was er schon weiß, aber 'verdrängt'. Er soll jedoch den Gedanken der ewigen Wiederkunft reden. Trotzig zunächst, dann zitternd, wehrt er sich dagegen und bringt allerlei Ausflüchte vor gegen die gebieterische Stimme, bis er sich schließlich sagen lassen muß: „deine Früchte sind reif, aber du bist nicht reif für deine Früchte!" (VI 1, 185) Damit er reif werde für sie, muß er in seine Einsamkeit zurückkehren. – Er schifft sich ein, um die glückseligen Inseln zu verlassen, wohl wissend: „ich stehe jetzt vor meinem letzten Gipfel und vor dem, was mir am längsten aufgespart war. Ach, meinen härtesten Weg muss ich hinan!" (VI 1, 189 f.) Er muß hinauf und zugleich „tiefer hinab in den Schmerz" als je zuvor; denn es gilt: „Aus dem Tiefsten muss das Höchste zu seiner Höhe kommen" (VI 1, 191).

Unterwegs auf dem Schiff erzählt er den Mitreisenden, „kühnen Suchern" und „Versuchern" wie er, ein Gesicht, das er gehabt hat und das ein Rätsel ist (›Vom Gesicht und Räthsel‹ – VI 1, 193 ff.). Er nennt es auch ein Gleichnis (VI 1, 198). Es wird aufzugreifen sein, daß nur hier und nur in dieser Gestalt Zarathustra selbst *in* diesem Werk den Gedanken der ewigen Wiederkunft 'lehrt'. Wohl sprechen außerdem seine Tiere den Gedanken aus; und wohl läßt Zarathustra ihn im 4. Teil, bei der Wiederaufnahme der Lieder vom Schluß des 3. Teils, vor den höheren Menschen laut werden (VI 1, 393 ff.), aber das ist kein Lehren, denn es geschieht „vor Tauben", die nach Zarathustras Überzeugung unfähig sind, ihn in diesem Punkt zu verstehen (VI 1, 307).

Daß es sich bei dem den Mitreisenden Mitgeteilten um ein Gesicht handelt, das weist auf eine Bewußtseinsschicht 'unterhalb' des Wissens, und in der Tat wird Zarathustra erst später seinen 'abgründlichen Gedanken heraufrufen' (vgl. u.). Zarathustra sieht sich „durch leichenfarbne Dämmerung" (VI 1, 194) und Hochgebirgsgeröll gehen, vom Geist der Schwere, „halb Zwerg, halb Maulwurf" (ebd.), niedergedrückt und gehöhnt. Alles deutet auf Nihilismus. Zarathustra behauptet sich gegen den Zwerg, indem er ihn an einem Torweg den Gedanken der ewigen Wiederkunft fassen läßt (darauf komme ich zurück). Dabei, so berichtet er über sein Gesicht, redete er „immer leiser: denn ich fürchtete mich vor meinen eignen Gedanken und

Hintergedanken" (VI 1, 196 f.). Der zweite Teil des Gesichts, mit verwandelter Szene und neuem Geschehen, scheint mit dem vorigen nichts zu tun zu haben, tatsächlich aber führt er es ins Ziel. Zarathustra 'sieht' jetzt seine düsteren Hintergedanken in ihrer Wirkung: Einem jungen Hirten sind sie als Schlange in den Schlund gekrochen, würgen ihn, verursachen ihm Ekel und Grauen. Aber Zarathustra 'sieht' auch darüber hinaus. Er selbst ruft dem Gepeinigten zu, der Schlange den Kopf abzubeißen, was als die vom jungen Hirten selbst zu leistende Bejahung der ewigen Wiederkunft des Gleichen zu deuten ist (wodurch sie möglich sein könnte, wird hier noch nicht zu verstehen gegeben). Und Zarathustra sieht weiter voraus: Der junge Hirt folgt Zarathustras Aufforderung – und ist verwandelt: „nicht mehr Mensch, – ein Verwandelter, ein Umleuchteter", der lacht mit einem bisher auf Erden nicht gehörten Lachen. Es handelt sich um ein Ja-Lachen (vgl. VI 1, 283). Mit diesem Schluß gibt das Gesicht die Geburt des Übermenschen aus der Bejahung des auch als furchtbar erfahrenen Gedankens der ewigen Wiederkunft zu raten.

Was Zarathustra hier im Gesicht vorausschaut, daß jemand sich dem Gedanken der ewigen Wiederkunft mit allen Implikationen stellt, am Ekel fast zugrunde geht und doch zum Ja durchdringt, das steht ihm selbst noch bevor[29]. Nach der Erzählung des Gesichts und noch auf dem Schiff sagt er im Selbstgespräch: „Ach, abgründlicher Gedanke, der du *mein* Gedanke bist! Wann finde ich die Stärke, dich graben zu hören und nicht mehr zu zittern? [...] Noch wagte ich niemals, dich *herauf* zu rufen: genug schon, dass ich dich mit mir – trug!" (VI 1, 201) Wieder auf dem Festland, macht er allerlei Umwege, bis er schließlich in seine Einsamkeit heimkehrt, umgeben nur noch von seinen Tieren (Adler und Schlange – Symbole seines Stolzes und seiner Klugheit[30]). Hier denkt er einen einzelnen Aspekt der Wiederkunftslehre: Die Welt, aus der Kraft begriffen, ist endlich[31] – eine These, die bei Nietzsche entscheidend ist. Im ›Zarathustra‹ fließt sie mit ein an einer Stelle, die der Bejahung der irdischen, endlichen Welt als einer sich genügenden, vollen, zu verehrenden, dem „Entzücken" sich Darbietenden gilt (VI 1, 231 f.).

Endlich ist es dann soweit: Zarathustra ruft seinen abgründlichen Gedanken als ganzen herauf; sofort wird er vom Ekel zu schwerer Krankheit niedergeworfen; langsam und unter dem Zuspruch seiner Tiere bahnt sich seine Genesung an (›Der Genesende‹ – VI 1, 266 ff.). Was genau den Ekel hervorruft und was die Genesung möglich macht, wird zu bestimmen sein. – Dann bringt Zarathustra das dionysische Ja zur ewigen Wiederkunft des Gleichen auf (›Das andere Tanzlied‹ und ›Die sieben Siegel‹ – VI 1, 278 ff.; vgl. S. 77). Die innere Biographie Zarathustras in bezug auf den Wiederkunftsgedanken ist damit abgeschlossen. Die äußere Biographie des zum Lehrer der ewigen Wiederkunft Herangereiften bewegt sich lange nicht weiter. Die Zeit ist noch nicht reif für diesen Gedanken, bzw. von den Menschen, denen er zu verkünden ist, kann seine Bejahung und also der Übergang in den Übermenschen noch nicht erwartet werden. „Mein Schicksal [...] läßt mir Zeit", sagt der greise Zarathustra zu sich (VI 1, 293). Schließlich erhält er das Zeichen, den Menschen die Lehre zu verkünden; mit seinem Aufbruch zu ihnen endet das Werk (›Das Zeichen‹ – VI 1, 401 ff.).

Daß die Biographie des Lehrers der ewigen Wiederkunft für den Gedanken selbst *im* ›Zarathustra‹ nicht beiläufig ist, dürfte sichtbar geworden sein. Als 'bloße Theorie' wäre der Gedanke falsch eingeschätzt. Das wird sich später auch auf andere Weise bestätigen. Für jetzt gilt es, seinen Inhalt präziser zu fassen. Dazu ist zuerst die Darstellung des Gedankens im Kapitel ›Vom Gesicht und Räthsel‹ vorzunehmen (VI 1, 195 f.). Dort wird der schon erwähnte Torweg Ausgang für ein bildliches und zugleich argumentatives Erfassen der ewigen Wiederkunft des Gleichen. Der Torweg steht für den Augenblick, das Jetzt. In ihm stoßen aus entgegengesetzten Richtungen zwei Wege zusammen – Vergangenheit und Zukunft. Vom Torweg aus gesehen, sind beide Wege endlos, 'ewig': der eine als „lange Gasse zurück", der andere als „lange Gasse hinaus". Auf diesen Wegen kommen und gehen alle Dinge, die am Torweg Augenblick Wirklichkeit haben. Während es nun so scheint, als widersprächen die Richtungen der beiden Wege einander schlechterdings (so daß die Zeit einer Geraden vergleichbar wäre), kann dies doch nicht so sein. Denn: Die Vergangenheit ist ewig. Die Vielheit der Dinge aber ist endlich. Zarathustra wird ja später als Tagweisheit artikulieren, daß da, wo Kraft ist, die Zahl herrscht. *Alle* Dinge müssen also schon einmal dagewesen sein. Und damit natürlich auch die, die diesen Augenblick bestimmen. Was soeben aus der Zukunft im Jetzt angekommen ist, kommt aus ferner Vergangenheit her. Das aber bedeutet: Die beiden Wege laufen vom Torweg aus nicht gerade in die verschiedenen Richtungen hinaus. Sie krümmen sich und schließen sich zum Kreis, der, als solcher schlechterdings anfangs- und endlos, ihre Endlosigkeit nicht aufhebt, sondern gerade sichert. Bei endlicher Zahl möglicher Dinge kann die Zeit nur als Kreis ewig sein. Unter den Annahmen der Endlichkeit der Dinge und der Unendlichkeit der Zeit ergibt sich für Zarathustra, daß das Vergangene das immer und immer wieder Zukünftige ist und das Zukünftige das immer und unendlich oft schon Vergangene. Und das bedeutet zugleich: Jedes Gegenwärtige ist nicht neu und einmalig, sondern es ist wiedergekehrtes Vergangenes *und* in alle Ewigkeit hinaus künftig Wiederkehrendes – wiedergekehrt und wiederkehrend als schlechthin *Gleiches*. Dazu gehört nun ferner, daß, da nichts isoliert existiert (vgl. Anm. 37 zu Kap. 9), alles Gleichzeitige als Gleiches ebenfalls mit wiederkehrt, und zwar hervorgehend aus seiner immer gleichen Vergangenheit und nach sich ziehend die immer gleiche Zukunft. Alles ist mit allem 'fest verknotet'. Gleiches als ewig wiederkehrend streng und konsequent denken, bedeutet, die Verkettung von allem, und das heißt durchgängige Determination, denken. Und so gilt denn, „dass dieser Augenblick *alle* kommenden Dinge nach sich zieht", auch „sich selber noch" (VI 1, 196). An dieser Stelle wird im „Gesicht" Zarathustra nun endgültig von der Furcht vor seinen Hintergedanken befallen, und die Furcht verbildlicht sich im Hirten, den die Schlange des Ekels im Hals würgt, bis er sich schließlich durch den Biß von ihr befreit zum ja-sagenden Lachen[32].

Die Lehre von der ewigen Wiederkunft des Gleichen findet anschließend noch zweimal direkten Ausdruck, und zwar durch den Mund von Zarathustras Tieren im Kapitel ›Der Genesende‹. Sie, denen es um Zarathustras Genesung vom Ekel geht, lassen die Lehre von positivster Warte aus erscheinen – als geradezu heitere, das ewige Wiederaufleben des kostbaren Vergänglichen garantierende: Vergehen und Entstehen sind ein Tanz, ein Reigen, in dem die Dinge sich lachend und fliehend und wiederkommend bei der Hand nehmen (VI 1, 268f.). (Die freundliche Seite Dionysos' läßt grüßen.) Nicht ohne Zarathustra aufgefordert zu haben: „Singe und brause über" (VI 1, 271; vgl. u.), formulieren sie wenig später seine Lehre auf bündigste Weise noch einmal so: „dass alle Dinge ewig wiederkehren und wir selber mit, und dass wir schon ewige Male dagewesen sind, und alle Dinge mit uns. / Du lehrst, dass es ein grosses Jahr des Werdens giebt, ein Ungeheuer von grossem Jahre: das muss sich, einer Sanduhr gleich, immer wieder von Neuem umdrehn, damit es von Neuem ablaufe und auslaufe: – / – so dass alle diese Jahre sich selber gleich sind, im Grössten und auch im Kleinsten, – so dass wir selber in jedem grossen Jahre uns selber gleich sind, im Grössten und auch im Kleinsten" (VI 1, 272). Die eminente Bedeutung des Schlusses der Stelle für menschliches Dasein gilt es festzuhalten. Sie liegt auch in einer Elimination von Freiheit und in der (damit schwer verträglichen) Anmutung, eigene Schuld als ewig wiederkehrende mit in die Bejahung der ewigen Wiederkunft einzubeziehen. Die Stelle enthält ferner, der erwähnten Tendenz der Tiere zum Trotz, einen Ansatzpunkt für die Erklärung des Ekels, den der Gedanke der ewigen Wiederkunft hervorrufen kann. Ewige Wiederkunft auch des Kleinen und Kleinsten, das muß einen kritischen und aktiv auf die Überwindung des Menschen gerichteten Geist niederwerfen. Der Ekel davor läßt den Nihilismus, gegen den der Gedanke der ewigen Wiederkunft doch aufgeboten werden soll, gerade zum Äußersten kommen. Was den Hirten und Zarathustra 'würgt', das ist die Vorstellung: „'Ewig kehrt er wieder, der Mensch, dess du müde bist, der kleine Mensch'" (VI 1, 270). Der Lehrer des Übermenschen (auch hierin Vorspiel des Übermenschen selbst) scheint sich sagen zu müssen: „'Alles ist gleich, es lohnt sich Nichts, Wissen würgt'" (ebd.). „Überdruss an allem Dasein" (ebd.) stellt sich ein. Was macht es möglich, ihn zu überwinden? Die (ebenfalls in jener Äußerung der Tiere ansatzweise enthaltene) Antwort lautet: die ewige Wiederkunft des Großen und Größten[33] und – die je eigene Wiederkunft, vorausgesetzt man findet im eigenen Leben etwas, das 'groß' genug ist, die Selbstbejahung zu tragen. Bei Zarathustra ist das das Lehren der ewigen Wiederkunft als Hebammendienst bei der Geburt des Übermenschen – wozu in Zarathustra freilich die Hoffnung vorausgesetzt werden muß, daß das Lehren des Gedankens nicht den totalen Nihilismus herbeiführen, sondern Menschen erreichen wird, die, wie er, die ewige Wiederkunft auch des Kleinsten zu bejahen vermögen. Ohne solche Hoffnung wäre Zarathustra nicht Zarathustra und hätte er nicht genesen können[34]. Zarathustras Ja zu sich und zur ewigen Wiederkunft aller Dinge läßt sich nach Auffassung seiner Tiere in die Worte fassen: „ – ich komme ewig wieder zu diesem gleichen und selbigen Leben, im Grössten und auch im Kleinsten, dass ich wieder aller Dinge ewige Wiederkunft lehre, – / – dass ich wieder das Wort spreche vom grossen Erden- und Menschen-Mittage, dass ich wieder den Menschen den Übermenschen künde" (VI 1, 272). Es sei hier schon vorläufig hervorgehoben, daß die ewige Wiederkunft des Gleichen eine verwandelte Unsterblichkeit gewährt. Zarathustras Tiere setzen für den Genesenden diesen Akzent (ebd.).

Der Gedanke der ewigen Wiederkunft des Gleichen, wenn nihilistisch durchlitten und sodann bejaht, *ist* die Überwindung des Nihilismus und die Geburt des Übermenschen. Seine Bejahung ist das Kriterium für die Aufrichtigkeit der Bejahung der Welt als ganzer (und nur als ganze kann die Welt bejaht werden, wenn alles mit allem verkettet ist). Und seine Bejahung ist das Prinzip neuer Wertsetzungen durch den Übermenschen. Sie ist gemäß dem ›Zarathustra‹ zu verstehen als der schöpferische Anfang, aus dem sich der Sinn der Erde verwirklicht.

Die Bejahung der Welt als im Größten und Kleinsten ewig gleicher ist ein Unbedingtes[35]. Ein Unbedingtes freilich 'jenseits von Gut und Böse', denn *alles* ist gleichermaßen als ewig wiederkehrend zu bejahen und gutzuheißen. Dieses Unbedingte ist, nach dem Stand von Nietzsches Überlegungen zur Zeit des Abschlusses von ›Zarathustra‹ III, nicht einmal davon abhängig, daß der Gedanke der ewigen Wiederkunft wahr ist; es genügt, wenn er als wahr geglaubt wird[36]. – Zu vermerken ist, daß der Akzent, den ›Die fröhliche Wissenschaft‹ mit dem 'größten Schwergewicht' gesetzt hatte, im ›Zarathustra‹ nicht aufgegriffen worden ist. – Auf das Problem, das die ewige Wiederkunft im ›Zarathustra‹ aufgibt, komme ich zu sprechen. –

Die Bejahung der Welt, wie sie soeben bestimmt wurde, wird von Nietzsche als dionysische aufgefaßt und gestaltet. Damit ist eine Stimmungslage umschrieben, auf ihre adäquate Ausdrucksform gedeutet und ein Bezug zu 'Dionysos' hergestellt[37]. Von jeher war die dionysische Stimmung für Nietzsche gekennzeichnet durch die Mischung gegensätzlicher Gefühle, nämlich

von Schauer und Wonne, Schmerz und Jubel, Leid und Lust; als Enthusiasmus setzt sie das Individuum aus sich heraus und gewährt ihm Anschluß an
eine umfassendere Einheit. So auch im ›Zarathustra‹. Hier findet sie ihren
Ausdruck im Lied, im Dithyrambus, der 'Dionysos' geweiht ist.

Es wurde schon zitiert (vgl. S. 71), daß Zarathustra, um zum Lehrer der
ewigen Wiederkunft heranzureifen, „tiefer hinab in den Schmerz" muß als
je zuvor, und es wurde dargestellt, was das konkret heißt. Der Schmerz über
die ewige Wiederkunft auch des Kleinsten wird nun aber nie mehr vergessen, bleibt vielmehr im Ja zur Welt (stärker oder schwächer) gegenwärtig.
Andererseits wurde bereits die Aufforderung seiner Tiere an Zarathustra erwähnt (vgl. S. 74): „Singe und brause über." Dieser Aufforderung kommt
Zarathustra nach seiner Genesung nach, aber auch vor seiner Krankheit hat
Nietzsche ihn schon bejahend singen lassen (s. u.). Im Schlußgesang des
3. Teils sagt „Vogel-Weisheit" dann ausdrücklich: „'sind alle Worte nicht für
die Schweren gemacht? Lügen dem Leichten nicht alle Worte! Singe! sprich
nicht mehr!'" (VI 1, 287)

In ›Ecce homo‹ (VI 3, 342f.) stellt Nietzsche bei seinen Ausführungen
über den ›Zarathustra‹ expressis verbis den Bezug her zwischen Zarathustra, in dem der Begriff Übermensch „höchste Realität" geworden sei[38],
und dem „Begriff des Dionysos"; er meint damit, auf Zarathustras Bejahung blickend, daß Zarathustra sich „gerade in diesem Umfang an Raum,
in dieser Zugänglichkeit zum Entgegengesetzten als die *höchste Art alles
Seienden*" fühlt. Er zitiert dort zum Beleg aus dem Kapitel ›Von alten und
neuen Tafeln‹, das dem Kapitel ›Der Genesende‹ voraufgeht, und aus dem
noch weiter zurückliegenden Kapitel ›Vor Sonnen-Aufgang‹ (das für die
dionysische Bejahung neben den Liedern am Schluß von Teil III besonders
einschlägig ist). Der Typus des Zarathustra bzw. des Übermenschen erscheint in der erwähnten Passage aus ›Ecce homo‹ als göttlich im Sinne des
Dionysos, und das, weil er als die „höchste Art alles Seienden" die Welt
selbst zur Vollendung gelangen läßt. – Unmittelbar anschließend in ›Ecce
homo‹ fragt Nietzsche: „Welche Sprache wird ein solcher Geist reden, wenn
er mit sich allein redet?" – und er antwortet: „Die Sprache des *Dithyrambus*" (VI 3, 343)[39]. Hier zitiert er nun als Beispiel ganz ›Das Nachtlied‹ aus
›Zarathustra‹ II. Dieses Lied gibt sich als Liebeslied, womit der Dithyrambus Nietzsches charakterisiert ist. Es selbst singt die Liebe als Sehnsucht
nach der Verwirklichung des Übermenschen. Daneben ist im ›Zarathustra‹
Liebe zur Ewigkeit der Welt in deren Weh und Lust Inhalt des Dithyrambus.
Es ist nicht unwichtig und wird aufzugreifen sein, daß damit Dionysos bzw.
das Dionysische Züge bekommt, die Platon als Eros faßte[40]. Ohnehin haben Nietzsches Dionysisches und Platons Eros den Enthusiasmus gemeinsam, das heraussetzende „Entzücken" (vgl. S. 72), das Erfülltsein vom
Gott. „Jetzt bin ich leicht, jetzt fliege ich, jetzt sehe ich mich unter mir, jetzt

tanzt ein Gott durch mich", äußert Zarathustra (VI 1, 46). Und hier wie
dort ist Schönheit konstitutiv[41] und fehlen Bezüge zur Mantik nicht[42].
Nachdem das Dionysische schon vor Zarathustras tiefer Krise mehrfach
und bedeutend zu Wort gekommen war, beherrscht es nach dem Kapitel
›Der Genesende‹ die drei folgenden Kapitel und damit den Schluß des
3. Teils, der für Nietzsche selbst ja zunächst der Schluß des ganzen Werkes
war[43]. (Im vorletzten Kapitel des 4. Teils hat er dann, durch Wiederaufnahme des 'anderen Tanzliedes', diese Dimension auch dem neuen Ende
des Werkes mitgeteilt; VI 1, 393ff.) Zarathustra, der Genesene, singt zunächst von „der grossen Sehnsucht" (VI 1, 274ff.). Die Sehnsucht hatte
Nietzsche schon in ›Die Geburt der Tragödie‹ als dionysisch aufgefaßt, und
Wagners ›Tristan und Isolde‹ war ihm eindrucksvollstes Beispiel dafür (vgl.
III 1, 131f.). Jetzt hat sie eine hellere Stimmungslage und bezieht sich auf
die Entstehung des Übermenschen. Das Kapitel ist ein Selbstgesang der
Seele, wenn dieser Ausdruck zur Bezeichnung eines Gegenstücks zum
Selbstgespräch der Seele erlaubt sein mag. Jedenfalls wird das ganze Kapi-
tel beherrscht vom wiederkehrenden Anruf der Seele („Oh meine
Seele"[44]). Die 'große Sehnsucht' der Seele Zarathustras ist „Wollust des Zukünftigen", Lieben und Verachten in einem. Seine Seele ist zum Weinstock,
dem Gewächs des Dionysos, 'aufgewachsen' und trägt reife Frucht in Fülle –
„überreich und schwer stehst du nun da, ein Weinstock mit [. . .] gedräng-
ten braunen Gold-Weintrauben: – / gedrängt und gedrückt von deinem
Glücke" (VI 1, 275). Der Überreichtum drängt zum Schenken, aber die
Nehmenden sind nicht da. Deshalb drückt das Glück des Reichtums zugleich, ist es, dionysisch Gegensätze vereinend, Seligkeit und Schwermut[45].
Die Schwermut drängt nach Tränen. Aber die Seele hält das Weinen zurück,
besorgt, daß Weinen Klagen und daß Klagen Anklagen sein möchte. Und
sie *kann* das Weinen und Klagen unterlassen, weil sie singen darf. Singend
ihren Gesang der Sehnsucht, weilt sie schon bei ihrer künftigen 'Lösung'.
Diese steht in eins im Zeichen des Dionysos und des Übermenschen, sie
steht im Zeichen der Göttlichkeit des Werdens. Im Dithyrambus des ›Zarathustra‹ wagt Nietzsche sich so weit vor[46]. In ›Von der grossen Sehnsucht‹
geschieht dies, indem Zarathustra seiner Seele singend 'vorhersagt', wie
„über stille sehnsüchtige Meere der Nachen schwebt, das güldene Wunder,
um dessen Gold alle guten schlimmen wunderlichen Dinge hüpfen: – / auch
vieles grosse und kleine Gethier und Alles, was leichte und wunderliche
Füße hat, dass es auf veilchenblauen Pfaden laufen kann, – / – hin zu dem
güldenen Wunder, dem freiwilligen Nachen und zu seinem Herrn: das aber
ist der Winzer, der mit diamantenem Winzermesser wartet, – / dein grosser
Löser, oh meine Seele, der Namenlose – – dem zukünftige Gesänge erst Namen finden!" (VI 1, 276) Der Herr über alles und jedes, im Nachen über das
Meer schwebend, das güldene Wunder der Fruchtbarkeit und Fülle, der

Winzer, der große Löser – das alles evoziert den Gott Dionysos[47]. Und dennoch handelt es sich um einen (immer noch und vorerst auch weiterhin) Namenlosen, denn der Name des *griechischen* Gottes könnte hier nur Symbol sein (vgl. S. 91). Was geschieht, wenn der Winzer mit seinem Winzermesser den Weinstock Zarathustra von der Überfülle seiner Trauben befreit? Zarathustra wird freigelassen, den für seine Lehre bereit gewordenen Menschen (das werden freilich nicht alle sein) den Gedanken der ewigen Wiederkunft zu verkünden, durch den der Übermensch geboren und die Vollendung der Welt im unbedingten Ja zu ihr eingeleitet wird. So singt das Lied dithyrambisch Zarathustras Sehnsucht, die zugleich seine Hoffnung ist. Der Namenlose steht für die Vollendung der Welt im Übermenschen, die von der Welt selbst und gänzlich aus sich hervorgebracht wird und die gebunden ist an den Gedanken der ewigen Wiederkunft des Gleichen und seine Bejahung.

›Das andere Tanzlied‹ (VI 1, 278 ff.) greift dies Thema variierend auf, indem es vom Leben (und damit vom Willen zur Macht) spricht. Sein Anfang schon macht die Anknüpfung an das vorige evident. „ 'In dein Auge schaute ich jüngst, oh Leben: Gold sah ich in deinem Nacht-Auge blinken, – mein Herz stand still vor dieser Wollust: / – einen goldenen Kahn sah ich blinken auf nächtlichen Gewässern". Der erste Teil wird von Zarathustra dem Leben zugesungen, während beide in einem bakchischen „Tanz über Stock und Stein" (VI 1, 279), für den dionysische Bergfeiern von fern Pate gestanden haben dürften, begriffen sind. Hier wie anderwärts im ›Zarathustra‹ weist der Tanz (allerdings primär als eine Bewegung der Seele) in den dionysischen Bereich[48].

Nach einem Zwiegespräch Zarathustras mit dem Leben im zweiten Teil des Kapitels, von dem noch zu sprechen sein wird, läßt sich im dritten Teil die Mitternachtsglocke zwischen ihren zwölf Schlägen mit der Quintessenz dionysischer Weltauffassung vernehmen: 'Die Welt ist tief, / Und tiefer als der Tag gedacht. / Tief ist ihr Weh –, / Lust – tiefer noch als Herzeleid: / Weh spricht: Vergeh! / Doch alle Lust will Ewigkeit –, / – will tiefe, tiefe Ewigkeit!' (VI 1, 282) Lust überwiegt das unaustilgbare tiefe Weh[49]. Sie läßt den Willen die Ewigkeit der Welt wollen.

Der Ewigkeit einer auch von Weh geprägten und doch von der Lust des Willens gewollten Welt gilt Zarathustras siebenfaches Bekenntnis im Schlußkapitel des 3. Teils, das überschrieben ist: ›Die sieben Siegel. (Oder: das Ja- und Amen-Lied)‹ (VI 1, 283 ff.). Das strophische Lied bringt nicht zuletzt mit seinem Refrain nachdrücklich eine wesentliche Komponente des Dionysischen ein, nämlich das Zeugen, das schöpferische Moment des unbedingten Jasagens[50]. (Eros ist hier wieder nah.) Dionysische Winke werden auch an anderen Stellen dieses Liedes gegeben[51].

Die im Zeichen des Dionysos eingegangene Ehe Zarathustras mit dem Leben in seiner Ewigkeit löst ein, worauf hier an früherer Stelle (S. 76) verwiesen wurde, daß nämlich das Dionysische das Individuum im Enthusiasmus über sich hinaushebt und an eine umfassendere Einheit Anschluß finden läßt. Hier im ›Zarathustra‹ ist es die umfassendste Einheit: die Welt in ihrer Ewigkeit.

Es hat sich gezeigt: Das Dionysische steht im ›Zarathustra‹ für eine Vergöttlichung der Welt. Sie erfüllt sich im Übermenschen als dem Sinn der Erde, in seinem schmerzlichen und mehr noch lustvollen Ja zur Welt, das ihn zum Schöpfer willensmächtiger neuer Wertsetzungen macht. Weder ist dieser Sinn der Welt von einem Gott außer ihr bestimmt, noch bedarf sie äußerer Hilfe für seine Verwirklichung. Aus sich setzt sie sich dies höchste Ziel, durch sich erreicht sie es, schlechthin sich selbst genügend[52].

Das Dionysische gibt im ›Zarathustra‹ den *Maßstab* für Vollendung ab, für das, was sein soll, für den Sinn der Erde. Die Übermenschen entsprechen dem doppelten und doch einigen Anspruch dieses Maßstabs: Reinheit des Jasagens zur ganzen, ewig gleichen Welt und Stärke des Willens zur Macht. Das qualifiziert sie zu Herren der Erde[53].

Es sollte vielleicht einiges von dem herausgehoben werden, was umfaßt wird von dem reinen Jasagen, das seine Bewährungsprobe an der ewigen Wiederkunft von allem, auch dem Schmerzlichsten und Verächtlichsten, bestanden hat. Umfaßt sind die Destruktionen von 'Logik', Metaphysik und absoluter Moral, die Nietzsche vorgelegt hat, und dabei zugleich die Unentbehrlichkeit der 'Logik' einerseits, die ewige Wiederkunft der überflüssig und lebensfeindlich scheinenden Metaphysik und absoluten Moral andererseits. Umfaßt sind Nietzsches anthropologische Einsichten und Umwertungen. Und der Doppelcharakter des Willens zur Macht ist einbegriffen, der als „ein Born der Lust" Feindschaft nicht nur, sondern auch Sterben und Totschlagen nötig hat (vgl. S. 63); hier ist Mitleidlosigkeit gefragt[54]. Das von keinem Nein getrübte Ja zum schaffenden Wertsetzen ist eben ein Ja auch zum Vernichten[55]. Es ist ein Ja zum Gewaltüben im Wertsetzen (vgl. VI 1, 145). Schließlich sei erwähnt, daß das reine Jasagen auch eigener Schuld gilt[56], die freilich sehr präzis auf dasjenige Böse bezogen werden muß, das hier (S. 66) als Gegensatz zur Tugend des Übermenschen zu denken war[57]. –

An Zarathustra, dem Erstling, läßt sich vieles ablesen, was der Über-Art des Übermenschen wesentlich zukommen wird, sollte sich Zarathustras Hoffnung auf deren Entstehung erfüllen. Das soll hier für Glück und Liebe noch einmal akzentuiert, für Weisheit kurz angedeutet sein.

Auf die Übermenschen wird Zarathustras Glück übergehen, soweit dieses nicht spezifisch ist für Zarathustra, den Erstling und den Lehrer (und etwa auch für seine Jünger, die sein Werk – die Schaffung der Über-Art – fortsetzen). Zurückzustellen wäre hier also jenes Glück des Überreichen, dem die Nehmenden fehlen, jene Mischung aus Seligkeit und Schwermut, die des Gesangs der Sehnsucht bedarf (vgl. S. 77). Im übrigen aber wird

Zarathustras dionysisches Glück auch das der Übermenschen sein. Das gilt vom dithyrambisch tönenden „Brausen" seines Glücks (VI 1, 208) und von dessen Stille, die aus der Zeit heraushebt und die Vollkommenheit der Welt fühlen läßt[58]. Es gilt vom Glück der tänzerischen Leichtigkeit des Jasagens und seiner Tiefendimension des Leides. Die bleibende Kunde der Mitternachtsglocke vom tiefen Weh der Welt und ihrer noch tieferen Lust läßt Unglück und Glück zusammenrücken[59]. Das Glück des Übermenschen ist das Gegenteil eines Glücks, das Nietzsche, wie erwähnt, als Behagen kritisiert hat und das im letzten Menschen sein Extrem erreicht (vgl. VI 1, 13f.). Schon in ›Die fröhliche Wissenschaft‹ hatte Nietzsche zu denen, die „immerfort allem möglichen Unglücke von ferne her schon" vorbeugen und „Leid und Unlust überhaupt als böse" empfinden, gesagt: „Ach, wie wenig wisst ihr vom *Glücke* des Menschen, ihr Behaglichen und Gutmüthigen! – denn das Glück und das Unglück sind zwei Geschwister und Zwillinge, die mit einander gross wachsen oder, wie bei euch, mit einander – *klein bleiben!*" (V 2, 246f.)

Auch für die Liebe Zarathustras gilt, daß sie den Übermenschen eignen wird, soweit sie nicht Zarathustra als dem Erstling und Lehrer (und etwa seinen Jüngern) eigentümlich ist. Das ist sie als Liebe zum Übermenschen – im Sinne der von Sehnsucht und Hoffnung durchdrungenen schaffenden Liebe Zarathustras zu seinem Werk[60] – und als Liebe zu seinen Jüngern (VI 1, 95 u. ö.). Dagegen kommen Zarathustra und die Übermenschen einer fernen Zukunft überein in der Liebe zur Ewigkeit der Welt, so wie sie ist im Kreisen des immer Gleichen. Diese Liebe soll gemäß dem ›Zarathustra‹ als Zeugen, als schöpferisch verstanden werden (vgl. S. 78). Sie impliziert das Verachten dessen, das es schöpferisch zu überwinden gilt[61]. Sie ist Liebe umfangendster und umfänglichster Seelen[62]. Platons paradoxe Bestimmung des Eros als besonnener Wahnsinn klingt an, wenn Zarathustra für sich und alle wahrhaft Liebenden bemerkt: „Es ist immer etwas Wahnsinn in der Liebe. Es ist aber immer auch etwas Vernunft im Wahnsinn" (VI 1, 45). Die schöpferische Liebe hat gemäß dem ›Zarathustra‹ ein dionysisch-enthusiastisches Moment und bleibt doch 'vernünftig', 'weiß', was sie will, und setzt es sehend ins Werk[63].

Zarathustra liebt nicht nur das Leben, er liebt auch seine Weisheit, und das so sehr, daß das Leben auf Zarathustras Weisheit eifersüchtig ist (VI 1, 280). Zarathustra ist Philosoph im guten alten Wortsinn von philo-sophia. Wird das auch von den Übermenschen zu gelten haben? Werden auch sie weisheitsliebend und weise sein? Wenn der Gedanke der ewigen Wiederkunft des Gleichen in allen Implikationen und Konsequenzen als bejahter die Grundlage ihrer Wertsetzungen sein soll, dann müssen sie ihn gedacht haben und in diesem Sinn weise sein. Im Gegensatz zum ersten Lehrer dieses Gedankens können sie ihn übernehmen. Dazu müssen sie aber selbst auch philosophieren, und zwar, wie sich zeigen wird (vgl. S. 82f.), selbständiger, als man zunächst vermuten möchte. Denen, die bisher im Ruf der Weisen und Wissenden standen, gibt Zarathustra zu befürchten: „ihr würdet vor dem Sonnenbrande der Weisheit flüchten, in dem der Übermensch mit Lust seine Nacktheit badet!" (VI 1, 181) So gehören denn zum Bild des Übermenschen, das dem ›Zarathustra‹ zu entnehmen ist, Glück, Liebe und Weisheit. Über die Weisheit *im* ›Zarathustra‹ und *des* ›Zarathustra‹ ist freilich das meiste erst noch zu sagen.

6. ERKENNEN ALS DENKENDES DICHTEN

Im ›Zarathustra‹ vereinigt Nietzsche, wie schon gesagt, die Grundthemen seiner Philosophie, und zu den wichtigsten 'konstruktiven' bricht er hier erst eigentlich auf. Dabei geht es um nichts Geringeres als den „Sinn der Erde". Für ihn engagiert Nietzsche sich kraftvoll, und das zu verkennen, setzt eine beachtliche Instinktlosigkeit voraus. Nietzsche engagiert sich als Denker – in einer Dichtung. Wie soll man das verstehen? Um was für Denkvollzüge handelt es sich? Wie wollen sie genommen sein? In diesen Fragenkomplex ist vorzudringen, indem durchdacht wird, daß und in welchem Sinn Nietzsches Zarathustra ein Lehrer, ein Weiser, ein Dichter und ein dithyrambisch Singender ist und – daß er das alles als eine gedichtete Gestalt ist.

Im Kapitel ›Auf den glückseligen Inseln‹ vergleicht Zarathustra seine Lehren mit reifen Feigen, die seinen Freunden 'zufallen' und deren Saft und Fleisch sie 'trinken' sollen (VI 1, 105). Er spricht die Freunde an als Erkennende (VI 1, 106) und gibt ihnen zu verstehen, daß sie als die (eine neue Welt des Übermenschen) Schaffenden an Begreifliches und Vernünftiges verwiesen sind[1]. Dies will er durchaus als „Muthmaassen" aufgefaßt haben, aber als ein Mutmaßen, das „begrenzt sei in der Denkbarkeit" (VI 1, 105). Sich in den Grenzen des Denkbaren zu halten, das ist „Wille zur Wahrheit" (ebd.). Das Denkbare aber, so erklärt Zarathustra es den Freunden, bemißt sich daran, ob sie es schaffen können. So ist Gott eine Mutmaßung, die der Wille zur Wahrheit nicht zulassen darf, während der Übermensch eine Mutmaßung im Bereich des Denkbaren ist. Wichtig ist mir an dieser Stelle, daß in dem Aufgeführten von Lehren, Erkennen, Denkbarem, Willen zur Wahrheit und damit auch Wahrheit im positiven Sinn die Rede ist. Denn es kommt viel darauf an zu sehen, daß mit den in diesem Kapitel zu verhandelnden Fragen eine andere Ebene betreten ist als jene Ebene, die konstituiert wird durch das Logisieren, verstanden als Denkbarmachen der Realität durch Produzieren von Schein.

Zarathustra ist Lehrer, der selbst vom Willen zur Wahrheit durchdrungen ist. 'Wahres' läßt er den Freunden 'zufallen'. Aber das Bild von den reifen Feigen, deren reifes Inneres die Beschenkten trinken, reicht nicht aus, um das Verhältnis von Lehren und Lernen in Zarathustras Sinne zureichend faßbar zu machen. Es wurde schon einmal Zarathustras Einsicht gestreift: „lebendige Gefährten brauche ich, die mir folgen, weil sie sich selber folgen wollen – und dorthin, wo ich will" (VI 1, 19). Zarathustras Gefährten, die ihm zu allererst einmal *denkend* folgen müssen, taugen nur, wenn sie, ihm folgend, gerade sich selber folgen, wenn sie nichts von dem Mitgeteilten sich als reife Frucht bloß in den Mund fallen lassen, sondern es selbsttätig zum Eigenen machen. Was das nach Zarathustras Auffassung näher bedeutet, ist einer anderen Textstelle zu entnehmen: „Auf vielerlei Weg und Weise kam ich zu meiner Wahrheit [...]. Und ungern nur fragte ich stets nach Wegen [...]! Lieber fragte und versuchte ich die Wege selber. / Ein Versuchen und Fragen war all mein Gehen [...]. 'Das – ist nun *mein* Weg, – wo ist der eure?' so antwortete ich Denen, welche mich 'nach dem Wege' fragten. *Den* Weg nämlich – den giebt es nicht!" (VI 1, 241) Die Selbsttätigkeit gegenüber der mitgeteilten Lehre bezieht sich also wesentlich auch auf den denkenden Zugang zu ihr. Der eigene Zugang zu ihr muß, versuchend und fragend, gefunden werden. Man schütte aber bitte nicht das Kind mit dem Bade aus. Die *Wege* sind möglicherweise mannigfaltig; der Ort, zu dem sie führen, ist identisch. Andernfalls handelte es sich gar nicht mehr um Zarathustras Lehre und Erkenntnis[2]. In der zuvor zitierten Stelle darf unter keinen Umständen das „und dorthin, wo ich will" unterschlagen werden. Andererseits ist ebenso wichtig, daß eine 'Freiheit' der Wege deshalb besteht, weil es '*den* Weg' nicht gibt. Ein Beweis etwa, eine Deduktion aus einem Prinzip, die fehlerfreie Anwendung einer unzweifelhaften wissenschaftlichen Methode lassen keine anderen sinnvollen Wege zu der von ihnen gewährten Erkenntnis zu. Von anderer Art also muß Zarathustras Denken (und das seiner Gefährten) sein. Es wurden ja im vorigen schon Erkennen und ein in der Denkbarkeit begrenztes Mutmaßen zusammengebracht. Wenn allerdings das Schaffenkönnen als Kriterium für Denkbarkeit anzugeben war, so ist nun und besonders auch im Blick auf das folgende hinzuzufügen, daß damit nicht der ganze Bereich des Denkbaren ausgeleuchtet ist.

Zarathustra ist ein Weiser. Herzstücke seiner Weisheit sind das Leben (der Wille zur Macht) und die ewige Wiederkunft des Gleichen. Über seine Weisheit als solche läßt Zarathustra sich mehrfach vernehmen. Daß Liebe in ihr konstitutiv ist, wurde schon gesagt; Weisheit (Sophia) ist, genauer besehen, Philo-sophia, strebendes Unterwegssein zur Wahrheit, nicht deren gesicherter Besitz. Darin berührt Zarathustra sich mit einer langen Tradition, und ganz besonders mit Platon.

Die Weisheit ist Thema in zwei, schon durch ihren Titel aufeinander bezogenen 'Liedern' (›Das Tanzlied‹, ›Das andere Tanzlied‹). Das erste singt Zarathustra bezeichnenderweise zu dem Tanz, den *Cupido* in einer stillen Waldlichtung mit „lieblichen Mädchen" (VI 1, 135) tanzt. Es erzählt von Zwiegesprächen Zarathustras mit dem Leben und mit der Weisheit und zunächst einmal davon, daß Zarathustra, dem Leben ins Auge blickend, „in's Unergründliche [...] zu sinken" meinte (VI 1, 136). Er versank aber nicht, sondern das Leben selbst zog ihn „mit goldner Angel heraus" (ebd.). Was das besagt, mag noch kurze Zeit offenbleiben. Das Leben gibt Zarathustra zu verstehen, daß er fälschlich von seinem eigenen Nichtergründen auf die Unergründlichkeit des Lebens geschlossen habe. Unergründlich sei es, das Leben selbst, nicht, aber eben veränderlich und deshalb, so darf man hinzufügen, nicht zu ergründen auf die Weise, wie früher Weisheit Seiendes zu ergründen versuchte, nämlich hinter das Werdende zurückgehend, außerhalb seiner den festen Grund des Beständigen (die Ideen Platons etwa oder einen transzendenten ewigen Welturheber) aufsuchend. Doch vielleicht bestehen Bedenken, Zarathustras Bewußtsein der Unergründlichkeit des Lebens mit einer Perspektive zu verknüpfen, die vom Verlust der Inhalte tradierter Weisheit bestimmt ist. Sein Nichtergründen dürfte aber jedenfalls von geläufigen Begründungsverfahren her zu verstehen sein. – Das Leben kehrt Zarathustra gegenüber seine Veränderlichkeit als weibliche Untugend hervor und spricht sich Treue und Ewigkeit ab. Das hieße: wer mit seiner Weisheit das Leben faßt, vermöchte es doch nicht zu halten; nichts erfährt der Weise über das Leben, das irgend für ihn von Dauer wäre. Entscheidend ist, daß Zarathustra das nicht glaubt[3]. Das Leben spricht hier zwar Wahres aus (vgl. u.), übertreibt aber mit seiner Verallgemeinerung („in Allem ein Weib"). Daß das Leben Wille zur Macht ist und daß alles ewig wiederkehrt, daran darf Zarathustra sich halten. – Im Fortgang des Liedes teilt Zarathustra zwei weitere wichtige Gedanken bezüglich der Weisheit mit. Zunächst: Zwischen Zarathustra, dem Leben und der Weisheit besteht ein Dreiecksverhältnis. Zum Ärger der Weisheit liebt Zarathustra beide, das Leben und die Weisheit. Und: „Von Grund aus" liebt er „nur das Leben" (ebd.); ohne die Liebe zum Leben würde er die Weisheit (die das Leben denkt) nicht lieben. Nietzsche artikuliert hier eine Einsicht, die weit über seinen ›Zarathustra‹ hinaus gültig ist. Liebe zur Weisheit ist Liebe zu ihren 'Gegenständen', ja gründet in ihr. Das Engagement für seine Sache macht den Philosophen (wie das Aussein aufs bloße Wissen den bloßen Gelehrten macht). – Zum andern: Zarathustra liebt die Weisheit, weil er das Leben liebt und die Weisheit dem Leben so ähnlich ist. (Er beschreibt dem Leben die Weisheit, und das Leben meint, er spreche von ihm.) Zwischen der Weisheit und dem veränderlichen 'wilden' Leben besteht eine Entsprechung. Das bedeutet hinsichtlich der Weisheit, die dem Leben 'nachgeht'[4], zunächst einmal: „Man dürstet um sie und wird nicht satt, man blickt durch Schleier, man hascht durch Netze" (VI 1, 137). Und es bedeutet ferner und damit zusammenhängend: Auch die Weisheit ist veränderlich (vgl. ebd.). Davon waren allerdings die Auslegung des Lebens als Wille zur Macht und der Gedanke der ewigen Wiederkunft schon auszunehmen. Was meint die Veränderlichkeit der Weisheit dort, wo diese Bestimmung greifen kann? Sicherlich ein Offensein für Korrekturen und ein Mitgehen mit den geschichtlichen Veränderungen des 'Lebens' (so daß etwa in der Epoche des

Übermenschen neue, jetzt noch nicht absehbare Inhalte in die Weisheit Aufnahme zu finden hätten). Vor allem aber wird man an eine negative Bedeutung zu denken haben, nämlich daß hier die Vorstellung abgewehrt wird, Weisheit könnte ein System sein, und das etwa gar im Hegelschen Sinn als absolutes Wissen.

›Das andere Tanzlied‹ beginnt wie das erste Tanzlied mit den Worten: „In dein Auge schaute ich jüngst, oh Leben" (VI 1, 278), aber während Zarathustra damals fortfuhr: „Und in's Unergründliche schien ich mir da zu sinken" (VI 1, 136), singt er jetzt so weiter: „Gold sah ich in deinem Nacht-Auge blinken, – mein Herz stand still vor dieser Wollust". Hier soll man offensichtlich näheren Aufschluß erhalten bezüglich Zarathustras früherer Mitteilung, das Leben habe ihn „mit goldner Angel" herausgezogen, als er ins Unergründliche zu sinken glaubte. Das Gold, das Zarathustra im „Nacht-Auge" des Lebens blinken sah, wird sogleich als goldener Kahn fortbestimmt. Und hier ist man nun in der dionysischen Dimension, die im vorigen Kapitel thematisiert wurde. Zu ihr aber gehört im ›Zarathustra‹ der Dithyrambus.

›Das andere Tanzlied‹, selbst in Nietzsches Verständnis ein Dithyrambus, setzt das Thema Weisheit – Leben in Anknüpfung an das erste Tanzlied fort. Es führt die Entsprechung von Weisheit und Leben aus und betont, daß diese höchst spannungsreich ist. (Damit wird noch nachdrücklicher gesagt, was das erste Tanzlied schon streifte[5]: Eros, vom Dionysischen her verstanden, umfaßt die Gegensätze zur Liebe mit: Haß auf seiten Zarathustras; Kälte, Haß, Flucht, Spott auf seiten des Lebens. Eros ist auch Leiden an diesen Gegensätzen[6].) Vor allem aber gibt das neue Tanzlied zu verstehen: Zarathustra, der Weise, versinkt deshalb nicht ins Unergründliche, weil er auf dionysischem Grund Fuß faßt. Das geschieht im Ja zur ewigen Wiederkunft des Gleichen, dessen angemessener Ausdruck der dithyrambische Gesang ist. Weisheit und das Dionysische schließen sich zu einem Begründungsverhältnis eigener Art zusammen. Es kommt hier viel darauf an zu sehen, daß nicht der pure Gedanke der ewigen Wiederkunft die Weisheit auf einen Grund kommen läßt, sondern der bejahte Gedanke. Der Gedanke der ewigen Wiederkunft stellt nach Nietzsche vor eine Entscheidung, er fordert ein äußerstes Ja oder Nein zum Leben, zur einzig vom Willen zur Macht bestimmten Welt. Das äußerste Nein wäre der radikalste Nihilismus. Dieser würde auch die Weisheit in den Strudel des Umsonst ziehen und als sinnlos vernichten. Weisheit ist ja, wie sich zeigte, nicht ohne Liebe zu ihrem Gedachten. In der *Bejahung* des Gedankens der ewigen Wiederkunft aber kommt die Weisheit deshalb auf ihren Grund, weil dieser Gedanke zu denken gibt: Das Werden ist sich selbst Grund; die Ewigkeit seines Kreisens läßt es immanent begründet sein. Es ist Welt in ewig wiederkehrenden gleichen Weltläufen und kommt selbst dafür auf.

Das Ja zur ewigen Wiederkunft gewährt Zarathustras Weisheit den Grund. Es wurde gesagt, daß Weisheit und dithyrambisch gesungenes Dionysisches damit in ein Begründungsverhältnis eigener Art treten. Das kann noch präzisiert werden. Der Gedanke der ewigen Wiederkunft, *als Gedanke,* eröffnet erst die Tiefendimension des Gedachten, in der eine dionysische Bejahung von Rang sich ansiedeln kann. Die *Bejahung* des Gedankens aber läßt ihn erst wirklich zum Grund von Weisheit werden. Von dieser Bejahung wurde behauptet, daß sie im Dithyrambus ihren angemessenen Ausdruck hat. Das ist zu ergänzen: Der Dithyrambus bezaubert zugleich den Singenden. Dem Enthusiasmus entsprungen, vertieft und steigert er diesen. Damit wirkt er auf die Weisheit zurück. Hier ist der Ort für eine Stelle aus dem 'Selbstgesang' der Seele Zarathustras: „Oh meine Seele, ich lehrte dich so überreden, dass du zu dir die Gründe selber überredest" (VI 1, 274 f.). Überreden ist nicht Überzeugen, etwa durch Beweis. Zu Zarathustras Weisheit gehört auch ein Moment der bezaubernden Überredung, die hier Selbstüberredung aus eigener Kraft ist. Durch Zarathustra versucht Nietzsche, anderen eine derartige Bezauberung zuteil werden zu lassen. Dabei wird es sich nach Nietzsches Verständnis nur um solche anderen handeln können, die von sich aus schon ein gewisses Maß an Kraft zur Bejahung der ewigen Wiederkunft aufbringen, nachdem sie den Gedanken redlich in seinen Konsequenzen durchdacht haben[7]. –

Zarathustra ist ein Weiser, der weiß, daß das Leben Wille zur Macht ist. Aber wie weiß er das? Danach ist das schon einmal beigezogene Kapitel zu befragen, das diesem Grundgedanken gewidmet ist, das Kapitel ›Von der Selbst-Ueberwindung‹. Dort berichtet Zarathustra: „Dem Lebendigen gieng ich nach, ich gieng die grössten und die kleinsten Wege, dass ich seine Art erkenne" (VI 1, 143). Zarathustra ist also als philosophisch Forschender tätig geworden, und da haben sich ihm allenthalben unter dem Lebendigen Verhältnisse des Befehlens und Gehorchens gezeigt. Er selbst kann auf dieser Ebene das Fazit ziehen: „Wo ich Lebendiges fand, da fand ich Willen zur Macht" (ebd.). Damit hat er die Voraussetzung geschaffen für den Schritt vom mannigfaltigen Lebendigen zu *dem* Leben. Den Schritt selbst läßt das Leben ihn tun. Es redet zu ihm, und es teilt ihm ein Geheimnis mit, etwas also, was keineswegs offen zutage liegt, folglich auch niemandem ad oculos demonstriert werden kann[8]. Vom Denkenden aus betrachtet, liegt hier ein Erraten vor[9]. Das Leben gibt dem, der vieles Lebendige philosophisch erforscht hat, sein Geheimnis preis – es läßt sich von ihm erraten. In diesem Sinn 'lehrt' es Zarathustra, den Weisen[10]. Entsprechend lehrt Zarathustra selbst den Willen zur Macht als ein von ihm erratenes Geheimnis des Lebens (zu dem andere sich in dem zuvor erörterten Sinn selbsttätig auf den Weg machen müssen). Das erratene Geheimnis des Lebens ist ein Schlüssel zum Verständnis der Welt, das aber gleichsam in der Mitte bleibt zwischen

Unverstand und völliger Lösung des Welt-Rätsels. So sagt Zarathustra von der Welt: „– nicht Räthsel genug, um Menschen-Liebe davon zu scheuchen, nicht Lösung genug, um Menschen-Weisheit einzuschläfern: – ein menschlich gutes Ding war mir heut die Welt, der man so Böses nachredet!" (VI 1, 232) Eine Welt, die sich der Weisheit als schlechterdings unlösbares Rätsel entgegenstellte, verlöre die Menschen-Liebe (Eros, dionysische Bejahung). Die Welt als gänzlich gelöstes Rätsel verlöre die Weisheit, die eben im ›Zarathustra‹ Philo-sophia ist und das Wachsein ihrem Streben verdankt.

Zarathustra ist ein Dichter. Im positiven Wortsinn ist er das in drei Bedeutungen. Zunächst: Er dichtet und singt Dithyramben, vollzieht darin sein dionysisches Ja zum Dasein, zum Schaffen, zur Welt und insbesondere zur ewigen Wiederkunft des Gleichen – und bringt damit seine Weisheit auf einen Grund. Darüber wurde das meiste schon gesagt. Er ist ferner Dichter, indem er sich im Lehren und Denken dichterischer Mittel bedient – das ist jetzt zu akzentuieren. Und sodann wird die wohl wichtigste Bedeutung herauszustellen sein: Er ist der Dichter des Übermenschen.

Zarathustra spricht in seinen 'prosaischen' (nicht-dithyrambischen) Äußerungen an unzähligen Stellen die Sprache der Dichter, ja er denkt in ihr. Sein philosophisches Argumentieren kann sich eng mit ihr verknüpfen, was bei der Darlegung des Gedankens der ewigen Wiederkunft des Gleichen schon an prominenter Stelle faßbar wurde (Bild vom Torweg). Bilder auch vermitteln die Schlagkraft der Gedanken, so wenn der Übermensch geschichtlich bevorsteht als Blitz (vgl. VI 1, 12). Gleichnisse leisten Aufklärung (etwa im Kapitel ›Von den drei Verwandlungen‹). Sie antizipieren Zukunft, die noch nicht beschrieben werden kann, weil sie erst noch zu schaffen ist[11]. Sie führen zur Wahrheit hin[12]. Zarathustra teilt kühnen Versuchern sein tiefes Gesicht über Nihilismus, Wiederkunftsgedanken und Geburt des Übermenschen als Gleichnis mit, und hier ist daran zu erinnern, daß er *in* diesem Werk Nietzsches den Gedanken der ewigen Wiederkunft nur so lehrt (vgl. S. 71). Dieses Gleichnis tritt als Rätsel auf (das Gesicht ist gesehenes Rätsel[13]). Es wird nicht gesagt für Denker vom Schlage des Theseus, die sich vom Ariadne-Faden logischer Schlußverfahren leiten lassen; es will erraten werden[14]. Schließlich: Jedenfalls in der dionysischen Dimension verdichten sich Bilder zu Symbolen (man denke etwa an den goldenen Kahn zurück). Auf die Frage der dichterischen Mittel ist noch einmal kurz zurückzukommen, wenn es zu bedenken gilt, daß Zarathustra selbst eine gedichtete Gestalt und dieses Werk Nietzsches eine 'Dichtung' ist.

Zunächst aber ist von Zarathustra als dem Dichter des Übermenschen zu sprechen. Zarathustra blickt „hinaus in ferne Zükünfte, die kein Traum noch sah" (vgl. Anm. 11 zu diesem Kapitel). Dichter ist er dabei nicht nur, weil er von ihnen in Gleichnissen redet, sondern in einem viel elementareren Sinn. Dichter ist er im schaffenden Schauen einer Zukunft, in der der

Mensch sich über sich selbst hinaushebt und als Übermensch den Sinn der
Erde erfüllt. Sein Dichten des Übermenschen ist schaffender, umrißhafter,
zum Mitschaffen auffordernder Entwurf, in dem das Deuten der Erde (der
Welt des Werdenden als der einzigen) auf ihr Wozu hin in eins zusammen-
fällt damit, daß der menschlichen Art das Ziel ihrer Selbstüberwindung gesetzt wird.

Solches Dichten darf, gemäß früher Ausgeführtem (S. 82), sehr wohl als
ein Erkennen begriffen werden, wenn dieses verstanden wird als ein 'in der
Denkbarkeit begrenztes Mutmaßen' und die Denkbarkeit sich am Schaffenkönnen bemißt; um 'Begreifliches' und 'Vernünftiges' und Wahres handelt
es sich in ihm. Aus früherem sind bezüglich Zarathustra die Fragen offen:
„Ist er ein Dichter? Oder ein Wahrhaftiger?" (vgl. S. 62). Jetzt kann geant-
wortet werden: *Als* Dichter des Übermenschen *ist* er ein Wahrhaftiger; das
Wahre, Denkbare, Zu-schaffende entwirft er dichtend-vorausschauend. Er
ist ein „Seher" (vgl. ebd.), ein „Wahrsager", der das kommende Wahre, indem er es bejaht und sagt, selbst herbeiführt[15].

Zarathustras Entwerfen des Übermenschen ist „Dichten und Trachten"
in einem (VI 1, 175). Es ist, wie mehrfach schon erwähnt, umrißhaft. Aber
nicht nur deshalb birgt es Risiken in sich. Solange am vollen Wortsinn von
Schaffen festgehalten wird und im Gedanken der ewigen Wiederkunft das
Potential einer echten geschichtlichen Krise liegen soll (die diesbezüglichen
Probleme sind später zu erörtern, vgl. Kap. 13), kann der Wahrsager des
Übermenschen auch scheitern. Im Fall des Scheiterns hätte er zwar den
wahren Sinn der Erde gesagt, dies Wahre wäre aber nicht eingetreten; der
Versuch, es zu schaffen, hätte es verfehlt. In dieser Gedankenlinie ist Zarathustras Dichten *hoffender* Entwurf (wie ja schon zu sagen war, daß seine
schaffende Liebe von Hoffnung durchdrungen ist)[16]. Zugleich ist sein dich-
tendes Entwerfen, zumal solange die Zeit für Zarathustras eigentliches Wirken noch nicht angebrochen ist, Sehnsucht. Diese aber befreit sich vom
Schmerz in dionysischem Gesang. An dieser Stelle mündet auch Zarathustras Dichten des Übermenschen in den Dithyrambus.

Zarathustra, der Lehrer, Weise, Dichter und dithyrambische Sänger, ist
eine gedichtete Gestalt des Philosophen Nietzsche. Wie schon dargestellt,
hat Nietzsche ihr eine karge, aber bedeutsame äußere Biographie zuteil
werden lassen und ihrer inneren Biographie bei einem zentralen Gedanken
des Werks großes Gewicht gegeben.

Nietzsche versteht sich als Dichter des ›Zarathustra‹[17]. Er bezeugt, daß
die Gestalt Zarathustras von ihm gedichtet worden und das Werk ›Also
sprach Zarathustra‹ eine Dichtung sei. In ›Ecce homo‹ berichtet er von zwei
regelmäßigen Spaziergängen während seines Winteraufenthaltes in Rapallo
1882/83 und fährt fort: „Auf diesen beiden Wegen fiel mir der ganze Zarathustra ein, vor Allem Zarathustra selber, als Typus: richtiger er *überfiel*

mich ..." (VI 3, 335). Ebenfalls in ›Ecce homo‹ spricht er davon, das Kapitel ›Von alten und neuen Tafeln‹ sei „im beschwerlichsten Aufsteigen von der Station zu dem wunderbaren maurischen Felsenneste Eza gedichtet" worden (VI 3, 339). Seinem Verleger Schmeitzner kündigt er am 13. 2. 1883 seinen ›Zarathustra‹ (es handelt sich um den 1. Teil) u. a. mit den Worten an: „Es ist eine 'Dichtung', oder ein fünftes 'Evangelium' oder irgend Etwas, für das es noch keinen Namen giebt: bei weitem das Ernsteste und *auch* das Heiterste meiner Erzeugnisse" – und er bittet „um eine schwarze Linie, welche den Text jeder Seite einfaßt: so ist es einer Dichtung würdiger" (KGB III 1, 328 u. 329).

Die Dichtung ›Zarathustra‹ kann nach Nietzsche also auch als ein neues Evangelium angesehen werden[18]. Und daß die gedichtete Gestalt, die in ihrem Mittelpunkt steht, den Namen eines historischen Religionsstifters trägt, ist alles andere als beiläufig[19]. Es wäre eine Überinterpretation, ja Fehlinterpretation dieser Sachverhalte, wenn man Nietzsche den Anspruch oder das Ziel unterstellen wollte, mit dem ›Zarathustra‹ eine neue Religion im Zeichen des Wiederkunftsgedankens und des Dionysischen stiften zu wollen[20]. Aber Nietzsche tritt mit dem ›Zarathustra‹ gegen bestehende Religionen an, vor allem gegen das Christentum. Unzählige biblische Anspielungen, besonders auf das Neue Testament, durchziehen das Werk[21]. Immer wieder tauchen Redewendungen der Luther-Bibel auf[22]. Zarathustra ist sehr wohl als Gegenfigur zu Jesus konzipiert[23]. (Aber auch an Moses wird erinnert[24].) Als Evangelium gilt der ›Zarathustra‹ Nietzsche auch im Sinne einer neuen, mehr oder weniger 'frohen', eben dionysischen Botschaft nach dem Untergang von Metaphysik und absoluter Moral und im Angesicht des Nihilismus.

Damit verträgt sich für Nietzsche gut, daß die Dichtung ›Zarathustra‹ als Tragödie anzusprechen ist, wenn man nur festhält, daß es sich um philosophische Dichtung oder gedichtete Philosophie handelt. Freilich muß man dabei Nietzsches Verständnis von Tragödie einbringen, für das die Frühschrift ›Die Geburt der Tragödie‹ durchaus grundlegend bleibt, wenn auch die verwandelte Einstellung zur Metaphysik jener Schrift Modifikationen zur Folge haben mußte. Das braucht hier im einzelnen nicht verfolgt zu werden[25]. Jedenfalls ist die Dichtung ›Zarathustra‹ Tragödie in Nietzsches Sinn dank der beherrschenden Stellung des Dionysischen in ihr und als Gestaltung eines Umbruchs großen Ausmaßes, eben der Vernichtung von absoluter Moral und Metaphysik samt der Verkündigung des Todes Gottes *und* der dadurch erst möglichen Schaffung des Übermenschen. Ist sie auch eine Tragödie des 'Helden', Zarathustras selbst? Dazu müßte er eigentlich untergehen, und damit tut Nietzsche sich schwer[26]. Er legt (in den Teilen I bis III) so etwas wie eine Tragödie 'mit gutem Ausgang' vor, indem der 'Held' durch tiefstes Leid und eine niederwerfende Krise hindurchgeht, gleichsam 'wiederauflebt' und zu dithyrambischem, Lust und Weh bejahendem Gesang

findet. (Zwischen Dithyrambus und Tragödie besteht für Nietzsche ja der
allerengste Bezug.) Die ›Zarathustra‹-Dichtung ist das Werk eines *„tragischen Philosophen"* und einer „dionysischen Philosophie" (EH, Die Geburt
der Tragödie, 3/VI 3, 310 u. 311). Nietzsche hatte sich am Ende des 4. Buchs
von ›Die fröhliche Wissenschaft‹ auf den ›Zarathustra‹ als eine Tragödie
festgelegt: Der Aphorismus 342 dieses Werks (V 2, 251) ist (bis auf eine
kleine Abweichung) identisch mit dem Anfangskapitel des ›Zarathustra‹
und trägt die Überschrift ›Incipit tragoedia‹. Vielleicht hat Nietzsche damit
auch zum Ausdruck bringen wollen, daß er, der Philosoph, mit seiner ›Zarathustra‹-Dichtung die weltverändernde Aufgabe in Angriff nimmt, die er in
seiner Frühschrift ›Die Geburt der Tragödie‹ – wie er inzwischen längst
glaubt: fälschlicherweise – Richard Wagner und seinem Musikdrama und
damit der Kunst im eigentlichen Sinn zugetraut hatte[27]. Allerdings geht es
ihm nun um mehr als die *Wieder*geburt eines tragischen Zeitalters, nämlich
eben um die *Schaffung* des Übermenschen als des Sinns der Erde.

Natürlich wäre mit dem bisher Gesagten die Frage, warum Nietzsche eine
philosophische Dichtung vorgelegt hat, nur erst vordergründig beantwortet. Weiterführend ist hier die gezieltere Frage, ob der eigentliche Gehalt
des Werks von der dichterischen Form ablösbar wäre oder nicht. Diese
Frage muß verneint werden für die eindeutig dithyrambischen Partien, in
denen das dionysische Ja zur ewigen Wiederkunft und damit zur Welt gestaltet ist. Die Bejahung findet dichterisch ihren angemessenen Ausdruck. Da
sie aber für die Weisheit grundgebend ist (vgl. S. 85 f.), kommt ihrer dichterischen Gestaltung auch bezüglich der Weisheit Bedeutung zu. Doch schon
bei dem bloßen Denken der ewigen Wiederkunft, das dem Bejahen voraus-
gehen muß, wird man die Ablösbarkeit vom Bild (Torweg) feststellen müssen, wie denn ja auch „wache Tags-Weisheit" zu diesem Denken ein Argument beigesteuert hat (vgl. S. 72 mit Anm. 31). Und die Passage über das
Leben als Wille zur Macht aus dem Kapitel ›Von der Selbst-Ueberwindung‹
ließe sich ohne Verlust an Gehalt in philosophische 'Alltagssprache' übersic-
zen. Entsprechendes gilt für die 'Lehre' vom Übermenschen, und selbst ihr
protreptisches Auftreten wäre 'prosaisch' möglich. Anderes, so prinzipielle
Destruktionen und manche anthropologischen Thesen, war von Nietzsche
schon außerhalb der Dichtung formuliert worden, fordert also von sich her
die dichterische Ausdrucksform keineswegs. So könnte man sich durchaus
anstelle des ›Zarathustra‹ ein Werk vorstellen vom Stile der anderen Schriften Nietzsches, dem einige Lieder beigegeben wären. Der Tatsache, daß
dennoch Nietzsche den ›Zarathustra‹ als philosophische Dichtung geschaffen hat, wird man meines Erachtens nur gerecht, wenn man darin eine wesentliche Aussage erblickt. Das Werk will von den Lesern und Mitphilosophierenden nicht als Wissenschaft, sondern eben als philosophische Dichtung genommen werden. Darüber, daß damit nicht das Feld der Fiktionen

betreten und das der Wahrheit verlassen ist, wird hoffentlich nach dem zum ›Zarathustra‹ Ausgeführten kein Zweifel bestehen. Auch läßt sich auf Nietzsches Verständnis von Metapher, Gleichnis und Symbol rekurrieren, wobei man allerdings auf frühe Äußerungen angewiesen ist. Man liest in ›Die Geburt der Tragödie‹: „Die Metapher ist für den ächten Dichter nicht eine rhetorische Figur, sondern ein stellvertretendes Bild, das ihm wirklich, an Stelle eines Begriffes, vorschwebt" (III 1, 56). Auf andere Weise, eben als Bild, schließt sie auf, was der Verstand in Begriffen zu denken hätte[28]. Eine Beziehung von Gleichnis und Erkenntnis stellt Nietzsche her, wenn er vom tragischen Mythos sagt, daß er, „von der dionysischen Erkenntniss in Gleichnissen redet" (GT III 1, 103). (Die Beziehung von Gleichnis und Wahrheit konnte auch aus dem ›Zarathustra‹ belegt werden – vgl. S. 87). – In ›Die dionysische Weltanschauung‹ (Nachlaß, Sommer 1870) verdeutlicht Nietzsche die von ihm behauptete Vereinigung des apollinischen und dionysischen Willens bei den Griechen, indem er schreibt: „Die Wahrheit wird jetzt *symbolisirt*, sie bedient sich des Scheines [...]. Durchaus nicht wird mehr der Schein als *Schein* genossen, sondern als *Symbol*, als Zeichen der Wahrheit" (III 2, 63). Wenn Nietzsche in ›Ecce homo‹, auf ›Die Geburt der Tragödie‹ zurückblickend, davon spricht, es sei „im dionysischen Symbol die äusserste Grenze der *Bejahung* erreicht" (VI 3, 308), so meint Symbol immer noch (auch) Zeichen der Wahrheit, und in diesem Sinn ist das Dionysische Symbol geblieben im ›Zarathustra‹ und über ihn hinaus (vgl. hierzu auch GD, Was ich den Alten verdanke, 4 / VI 3, 153). – Metapher, Gleichnis, Symbol vermitteln Wahrheit, aber eben auf ganz andere Weise als Begriff und Beweis. Nietzsche hat sich, ehe noch sein ›Zarathustra‹ am Horizont war, klar darüber geäußert: „Mit Bildern und Gleichnissen überzeugt man, aber beweist nicht. Desshalb hat man innerhalb der Wissenschaft eine solche Scheu vor Bildern und Gleichnissen; man will hier gerade das Ueberzeugende, das *Glaublich*-Machende *nicht* und fordert vielmehr das kälteste Misstrauen auch schon durch die Ausdrucksweise und die kahlen Wände heraus: weil das Misstrauen der Prüfstein für das Gold der Gewissheit ist" (MA II [2] 145 / IV 3, 252). Nietzsches ›Zarathustra‹, soweit Bilder und Gleichnisse darin wesentlich sind, beweist nicht, aber soll überzeugen, ist nicht Wissenschaft, möchte vielmehr glaublich machen, fordert nicht Mißtrauen heraus, sondern setzt auf Vertrauen, umgibt sich nicht mit kahlen, sondern mit farbigen Wänden.

Nietzsches ›Zarathustra‹ ist gedichtete Weisheit und will es sein. Das Werk enthält 'Dithyramben', die Nietzsche zusammen mit philosophischen Argumentationen in ein gedichtetes Ganzes einzuschmelzen verstand. So ergibt sich eine Nähe zu Platons Verständnis der Philosophie als besonnener Wahnsinn (wie im vorigen Kapitel – S. 80 – eine Nähe zu der damit zusammenhängenden Auffassung Platons von Eros als besonnenem Wahnsinn festzustellen war).

Es sei vermerkt, daß ich bisher mit Bedacht auf den besonderen Charakter der im 4. Teil des ›Zarathustra‹ enthaltenen Gedichte und damit auch dieses Teils selbst nicht eingegangen bin. Diese Problematik ist dem 8. Kapitel vorbehalten. –

Nietzsches ›Zarathustra‹ ist in seinen 'konstruktiven' Grundgedanken Weltauslegung und Sinnentwurf. Unter diesem Aspekt fasse ich die Ergebnisse dieses Kapitels zusammen. Von Erkenntnis und Erkennendem, von Vernünftigem, Begreiflichem war mit positiver Bedeutung zu reden, ebenso von Wille zur Wahrheit und Wahrheit (vgl. hierzu auch Anm. 4 zu Kap. 5). Ebenso eindeutig ist aber, daß Nietzsche mit der „Dichtung" ›Zarathustra‹ als solcher eine Aussage zu Erkenntnis und Wahrheit macht. Dichtung erhebt keinen Gewißheitsanspruch nach Art strenger Wissenschaft. Sie legt aus und will ausgelegt werden. Sosehr Nietzsche sich mit Denkern der Tradition berührt, die Philosophie als strebendes Unterwegssein zur Wahrheit auffaßten, sowenig folgt er ihnen in der Bewertung ihrer Begründungsverfahren. (Das gilt eingeschränkt sogar mit Blick auf Platon, zu dessen Auffassung von der Philosophie als besonnenem Wahnsinn eine Beziehung hergestellt werden konnte.) Erraten schätzt er höher als Erschließen. In Gesicht und Rätsel gibt Wahres sich zu verstehen, und „wache Tags-Weisheit" erhält im Kontext der Dichtung ein neues Vorzeichen. Bezaubernder Überredung bedarf es mehr als eines Überzeugens durch bloße Theorie und systematische Wissenschaft, für die das „Leben" ohnehin unergründlich bliebe. Mutmaßen ist gefragt, freilich ein Mutmaßen von Denkbarem, und denkbar ist jedenfalls das Schaffbare. Der Erkennende und Lehrende läßt andere Wege als den eigenen zu; sich selber folgend und selbsttätig sollen andere an seinem Erkenntnisziel ankommen.

Vorrangige Erkenntnisziele sind im ›Zarathustra‹ das Sein des Lebendigen, die Welt und der „Sinn der Erde" samt ihrer Verflechtung. Verschiedenartige Denkstrukturen und -vollzüge sind diesen Zielen angemessen.

Die Auslegung des Lebens als Wille zur Macht geht aus vom philosophischen Erforschen von Lebendigem ('Beobachten' von Verhältnissen des Befehlens und Gehorchens). Dessen Ergebnisse ermöglichen den Schritt vom Lebendigen zu *dem* Leben. Ihn versteht Nietzsche als die Mitteilung eines Geheimnisses durch das Leben selbst, dem der Denkende mit einem Erraten entspricht.

Das so Verstandene (Leben als Wille zur Macht) scheint grundlos und ohne Halt für den Denkenden. Aber das scheint eben nur so, nämlich solange der neuartige Rückgang in den Grund nicht gesichtet ist. Er vollzieht sich als Weltauslegung im Zirkel von Gedanke und Bejahung des Gedankens. Die schreckliche Seite des Gedankens der ewigen Wiederkunft des Gleichen wird von Zarathustra geahnt und hindert ihn lange, den Gedanken wach zu denken. Ein erstes, vorläufiges Ja zu dem Gedanken, im Sinne der Bereitschaft des Denkenden, sich ihm auszusetzen, bringt mit dem Gedanken aber auch seine furchtbare Konsequenz erst wirklich ans Licht. Jetzt erst ist die eigentliche Bejahung zu leisten. Bleibt sie aus, geht alle Weisheit im Umsonst des radikalsten Nihilismus (Ewigkeit des Sinnlosen, des 'Nichts') unter. Wird sie – im bezaubernden, überredenden Dithyrambus und also dichterisch – geleistet, gelangt das Denken des Lebens auf Grund. Es gewinnt Halt an der Ewigkeit der dank der Wiederkunft des Gleichen in sich selbst begründeten Welt. Der Gedanke wird *von Zarathustra* in der ›Zarathustra‹-Dichtung *gelehrt nur* als Gesicht, Rätsel, Gleichnis; außerdem gestaltet Nietzsche an zentraler Stelle ihn (bzw. sein Heraufkommen) als ein Stück innerer Biographie der von ihm gedichteten Gestalt Zarathustra. Nietzsche richtet sich damit an ein deutendes Vernehmen der Mitphilosophierenden.

Die Auslegungen des Lebens als Wille zur Macht und der Welt als in immer gleichen Weltläufen des Werdens ewig bestehender geben zu verstehen, was die „Erde" ist (als der einzige Seinsbereich, den es nach Nietzsche gibt). Die Erde aber kann auf ihren Sinn, ihr Wozu hin ausgelegt werden. Dieser Sinn heißt Übermensch und ist zugleich das Ziel der Menschheit. Solches Auslegen ist Entwurf, „Dichten und Trachten" in einem, umrißhaftes Voraus-schauen des Kommenden, Zu-schaffenden, ist denkend-dichtendes Eröffnen von Weltzukunft und eine Weise von Mutmaßen in den Grenzen der Denkbarkeit. Es ist ein Wahrsagen, das einerseits den wahren Sinn der Erde artikuliert, andererseits möglicherweise einmal der Falschheit überführt wird, insofern es eine Zukunft vorhersagt, die, falls die richtigen Mitschaffenden sich nicht finden lassen, auch ausbleiben kann. Die Auslegung der Erde auf ihren Sinn hin ist, als Entwurf des Zu-schaffenden, wesentlich bejahend.

7. DER „SINN DER ERDE":
ERSETZTE VERLUSTE – GEGEN-AUSLEGUNG

Nietzsche stellt sich mit seinen Destruktionen der 'Logik', Metaphysik und absoluten Moral bewußt und höchst aktiv in den geschichtlichen Vorgang des Nihilismus, aber um aus ihm wieder herauszuführen. Beraubungen sollen der Befreiung dienen – Entwertung der Ziele und Verehrungen der Tradition sollen neue Wertsetzungen möglich machen (vgl. S. 43). Die ›Zarathustra‹-Dichtung, in der die Destruktionen präsent sind (vgl. S. 62), tritt als dionysisches „Evangelium" zur Überwindung des Nihilismus an. Dabei werden zugefügte Verluste durch frappierende Entsprechungen ersetzt; negierte Tradition ist in diesem Sinn präsent. Das soll nun durch Gegenüberstellung destruktiver und konstruktiver Gedanken Nietzsches aus früheren Kapiteln verdeutlicht werden.

Für Nietzsche gilt die übersinnliche Welt als 'abgeschafft' und ein transzendenter Gott als tot. Der Mensch ist aus diesen Bezügen herausgelöst. Dafür erscheint im Dithyrambus des ›Zarathustra‹ die Vergöttlichung des Werdens; ein noch namenloser Gott kündigt sich an, dem die zu leidvoll-lustvoller Bejahung gestimmte Seele sich vorerst im Zeichen des Dionysos nähert. Vergöttlichung der irdischen und einzigen Welt, das meint ihre Vollendung, meint Ankunft in ihrem immanenten Ziel, und zwar aus eigenem Vermögen. Im Dithyrambus auch gebietet die Seele sich Stille vor diesem (antizipierten) göttlichen Weltglück. Im Kapitel ›Mittags‹ singt Zarathustra sich, unter einem von einem Weinstock 'umarmten' Baum und 'im Einschlafen', zu: „Still! Still! Ward die Welt nicht eben vollkommen?" und: „Scheue dich! Heisser Mittag schläft auf den Fluren. Singe nicht! Still! Die Welt ist vollkommen. [...] der alte Mittag schläft, er bewegt den Mund: trinkt er nicht eben einen Tropfen Glücks – / – einen alten braunen Tropfen goldenen Glücks, goldenen Weins? Es huscht über ihn hin, sein Glück lacht. So – lacht ein Gott" (VI 1, 338 u. 339). Hier ist auch für Verehrung wieder Platz. Dafür zeugt die schon einmal gestreifte Stelle: „– als ob zierliche Hände mir einen Schrein entgegentrügen, – einen Schrein offen für das Entzücken schamhafter verehrender Augen: also bot sich mir heute die Welt entgegen" (VI 1, 232). – Die erreichte Vollendung der Welt wäre die Wirklichkeit des Übermenschen. Der Mensch, geht er in den Übermenschen über, ist gewissermaßen der 'Ort' der Göttlichkeit. Dadurch scheint die Würde, die die Tradition dem Menschen aus seinem Bezug zu Gott und der übersinnlichen Welt zumaß, reichlich ersetzt. Der „tolle Mensch", der in ›Die fröhliche

Wissenschaft‹ den Tod Gottes verkündet (vgl. Anm. 17 zu Kap. 3), sagt dazu auch: „Das Heiligste und Mächtigste, was die Welt bisher besass, es ist unter unseren Messern verblutet [...] Ist nicht die Grösse dieser That zu gross für uns? Müssen wir nicht selber zu Göttern werden, um nur ihrer würdig zu erscheinen?" (FW 125 / V 2, 159) Der ›Zarathustra‹ läßt demgemäß den Übermenschen in die Stellung der 'Götter' einrücken, wenn Zarathustras Sehnsucht, „in ferne Zukünfte" hinausblickend, Götter tanzen sieht und darin das Werden selbst als „Götter-Tanz" begreift (VI 1, 243; vgl. Anm. 52 zu Kap. 5)[1]. Das Gottähnlichwerden (ὁμοίωσις θεῷ), das Platon und andere Denker der Tradition dem Menschen zur Aufgabe stellten, wird hier noch überboten. Schon im Blick auf 'alte Götter' und konsequent vom Willen zur Macht her konnte Zarathustra sagen: „wenn es Götter gäbe, wie hielte ich's aus, kein Gott zu sein!" (VI 1, 106) – gäbe es Götter, so wäre das menschliche Streben, ihnen *ähnlich* zu werden, nicht genug; es ginge vielmehr darauf, ein Gott zu *sein*. Gerade das erfüllt sich aber nach Zarathustra, wenn die neue Göttlichkeit heraufkommt, die ebensosehr Übermensch wie (jetzt noch namenloser, durch „Dionysos" symbolisierter) Gott ist.

Mit der Destruktion der übersinnlichen Welt und der Verneinung eines transzendenten Gottes geht bei Nietzsche die Leugnung eines Endzwecks der Schöpfung einher, wie ihn etwa Kant im Menschen als sittlichem und (in Anmessung an seine Glückswürdigkeit) auch glücklichem Wesen gedacht hatte. Ja, Nietzsche hat im Rahmen seiner Kritik von 'Logik' und Metaphysik teleologisches Denken überhaupt als Täuschung angesehen. Eine verständige Weltursache, Zweckursachen in der Natur und Vernünftigkeit des Geschehens werden gleichermaßen von ihm zur Seite gestellt. Der Übermensch aber ist „Sinn der Erde", immanenter Endzweck der Welt; er ist es als Ziel der Menschheit und bedeutet für die Menschen den „Sinn ihres Seins" (vgl. Anm. 15 zu Kap. 5). Dafür ist der Mensch als Schaffender, über sich hinaus Schaffender in Anspruch genommen. Der Schaffende „ist Der, welcher des Menschen Ziel schafft und der Erde ihren Sinn giebt und ihre Zukunft" (VI 1, 243).

Nietzsches Metaphysikkritik entzieht wesentlichen Gedanken Platons aus dem Umkreis des Gottähnlichwerdens den Boden. Da wäre an Eros zu erinnern: an die Liebe zum Göttlich-Schönen, an ein die Zeitlichkeit transzendierendes metaphysisches Streben, dem Zeugungskraft innewohnt, so daß es wahre Trefflichkeit hervorbringen kann. Eros kehrt aber bei Nietzsche wieder, im Bunde mit Dionysos und dadurch verwandelt. (So hat er nun auch die Gegensätze der Liebe in sich – vgl. S. 85.) Liebe zur Ewigkeit der Welt in ihrem Weh und ihrer Lust wird von Zarathustra aufgebracht und von allen, die ihm folgen. Ebenso Liebe als Sehnsucht, den Übermenschen zu verwirklichen. (Göttliche) Schönheit ist hier wie dort im Spiel. Und: Die von ihm geliebte Ewigkeit wird von Zarathustra als ein 'Weib' besungen,

von dem er Kinder haben möchte. D. h., Eros ist auch hier auf Zeugung bezogen – das liebende Ja zur Welt in ihrer ewigen Wiederkehr ist schöpferisch. Es läßt den neuen Menschen, den Übermenschen und seine Wertsetzungen hervorgehen. – Eros ist bei Platon konstitutiv in der Philosophie; er
macht sie zu besonnenem Wahnsinn; er entrückt den Denkenden zum Immerseienden, läßt ihn in diesem Sinn 'des Gottes voll' sein. Zarathustras
Weisheit, die im Ja zur ewigen Wiederkunft auf Grund kommt, ist, eben im
Vollzug dieses Ja, gleichfalls enthusiastischer Natur; sie hebt das Individuum über seine Grenzen hinweg, versetzt es in die umfassende Einheit des
ewig kreisenden, 'immer seienden' Werdens. Gerade auch von ihr darf Zarathustras Ausspruch gelten, es sei stets etwas Wahnsinn in der Liebe und
etwas Vernunft im Wahnsinn (vgl. S. 80)[2].

Nietzsches Metaphysikkritik destruiert Weisheit (philosophisches Wissen) im Sinne der Tradition. Auch metaphysischen Vernunftglauben im
Sinne Kants läßt sie mit seinen 'Gegenständen' ersterben. Aber Weisheit,
Liebe zur Weisheit, Philo-sophie lebt im ›Zarathustra‹ wieder auf, nicht nur
beim Lehrer des Übermenschen und der ewigen Wiederkunft, sondern als
zum Übermenschen selbst gehörig. Sie gehört zum „Sinn der Erde", zum
Endzweck der Welt. Das Leben will vom Weisen geliebt sein[3]. Ohne gedacht zu sein, könnte die ewige Wiederkunft nicht bejaht werden (wie andererseits ohne ihre Bejahung Weisheit dem nihilistischen Umsonst verfiele).

Nietzsches Destruktion der Weisheit im Sinne der Tradition bedeutet, daß
der Mensch des Glücks beraubt wird, das sie (nach Platons und Aristoteles'
Auffassung) gewährt. Nietzsches kritischer Zugriff auf das Glück macht dabei aber nicht halt, sondern geht ebensosehr auf das Glück, das nach Auffassung vieler Denker der Tradition mit von Vernunft geleiteter Tugend verbunden ist, sei es, daß es in ihr selbst schon liegt oder daß es den um Tugend
Bemühten von göttlicher Seite zuteil wird (bei Platon hat beides statt). Der
Glücksverlust wird bei Nietzsche erstattet durch das freilich dionysisch auf-
zufassende, von Weh oder Sehnsucht durchstimmte Glück Zarathustras und
des Übermenschen, das sich im Ja zur ewigen Wiederkunft einstellt (wodurch es Bezug zur Weisheit hat) und das dem Schaffen eignet. In Momen-
ten des antizipierten Weltglücks sänftigt es sich zur Stille. –

Nietzsches Angriffe auf die übersinnliche Welt und die absolute Moral
richten sich auf Unbedingtes außerhalb des Menschen und in ihm, so auf
eine persönliche, mehr als menschliche Autorität, auch auf eine mehr oder
weniger davon abgelöste Autorität des Gewissens und der Vernunft in einer
imperativischen Moral. Nietzsche stellt seinerseits Unbedingtes (freilich
'jenseits von Gut und Böse') bereit. Die Bejahung ewiger Wiederkunft von
allem und jedem als immer Gleichem, die vom Übermenschen erwartet
werden muß, ist hier an erster Stelle zu nennen, das „ungeheure unbe-
grenzte Ja- und Amen-sagen" (VI 1, 204). Sodann auch Autonomie im

Sinne radikalen Sichselbstbefehlens (nicht der Selbst*gesetzgebung* im strikten Sinn).

Nietzsches Destruktionen und sein Umdenken von Leib und Vernunft führen ihn zur Negation von Unsterblichkeit. Aus solchem Kontext sprach die Stelle: „Deine Seele wird noch schneller todt sein als dein Leib" (vgl. Anm. 10 zu Kap. 4). Nietzsche setzt eine verwandelte Unsterblichkeit an die frei gewordene Stelle. Sie wird von der ewigen Wiederkunft des Gleichen verbürgt: „ich komme ewig wieder zu diesem gleichen und selbigen Leben" (vgl. S. 75, ferner VI 1, 281). Nach jeweils unermeßlich langer Zeit lebt ein gestorbenes Individuum wieder auf, zu einem völlig identischen Sein und Leben. 'Zwischenzeitlich' ist es tot. Oder doch nicht schlechthin? Was will Zarathustras dithyrambische Frage in dem wichtigen Kapitel ›Mittags‹ besagen: „– wann, Brunnen der Ewigkeit! du heiterer schauerlicher Mittags-Abgrund! wann trinkst du meine Seele in dich zurück?" (VI 1, 341)[4]. Streitbarer läßt Zarathustra sich im Kapitel ›Vom Gesicht und Räthsel‹ vernehmen, unmittelbar bevor der Gedanke der Wiederkunft zur Sprache kommt: „Muth aber ist der beste Todtschläger, Muth, der angreift: der schlägt noch den Tod todt, denn er spricht: 'War *das* das Leben? Wohlan! Noch Ein Mal!'" (VI 1, 195) Der Gedanke der ewigen Wiederkunft wird geradezu von der Überwindung des Todes her eingeführt. –

Ich habe an früherer Stelle (S. 45f.) bemerkt, Nietzsche habe in seiner Metaphysikkritik nicht Kants Ausweg in eine zum Vernunftglauben verwandelte Metaphysik offengelassen; Kant habe die geraubte Metaphysik dem Menschen in verwandelter Form zurückgegeben, bei Nietzsche aber, so scheine es, geschehe das nicht. Dazu läßt sich jetzt sagen: Nietzsche überreicht mit dem ›Zarathustra‹ keine verwandelte Metaphysik. Er ist (nach der Frühschrift ›Die Geburt der Tragödie‹) zum Antimetaphysiker geworden und bleibt es. Wohl aber enthält der ›Zarathustra‹ eine *Gegen-Auslegung* zur Metaphysik, die Zug um Zug Entsprechungen und Ersatz anbietet.

Die Frage drängt sich auf, ob Nietzsche den ›Zarathustra‹ planvoll hierauf angelegt hat (wie es für die Gegenstellung zum Christentum gezeigt werden konnte – vgl. S. 89). Mehr spricht dafür, daß seine Gegen-Auslegung als solche ihn selbst erstaunt hat. Während der Arbeit am 3. Teil des Werkes schreibt er an Overbeck: „beim Lesen Teichmüllers bin ich immer mehr starr vor Verwunderung, *wie wenig* ich Plato kenne und *wie sehr* Zarathustra πλατονίζει" (22. Oktober 1883; KGB III 1, 449 – „wie sehr" fettgedruckt). Zarathustras Platonisieren übertrifft für Nietzsches Bewußtsein demnach seine eigene Platon-Kenntnis und überrascht ihn deshalb. Bekannt ist allerdings, daß Nietzsche während seiner Basler Lehrtätigkeit mit für das „Zarathustra πλατονίζει" einschlägigen Dialogen Platons ausgiebig umgegangen ist[5]. So wird man die Äußerung an Overbeck wohl richtig bewerten, wenn man sie vor allem als Zeugnis dafür nimmt, daß der ›Zarathustra‹, soweit er sich auf Platon beziehen läßt, gewissermaßen hinter Nietzsches Rücken zur Gegen-Auslegung geworden ist. Und entsprechend dürfte es sich mit Bestandstücken verhalten, die auf andere Denker der Tradition, vor allem Kant, im Sinne der Gegen-Auslegung Bezug haben.

Was bedeutet es aber, wenn sich der ›Zarathustra‹ als Gegen-Auslegung herausstellt? Muß er nun nicht in Konkurrenz zur Tradition gesehen werden, was jedenfalls mit sich brächte, daß diese nicht als *schlechthin* vergangen, tot, nichts(mehr) sagend gelten könnte? Muß nicht wenigstens dies als erstaunlich angesehen werden, daß die 'Hinterweltler' bei all ihrem Irren doch in der Lage waren, jedenfals die wesentlichen Fragen aufzuwerfen, auf die Zarathustra, der Lehrer des 'Sinns der Erde', antwortet? Dies wird die Untersuchung weiterhin beschäftigen.

8. ERSTE FRAGEZEICHEN NIETZSCHES

Mancherlei Fragen wirft der ›Zarathustra‹ auf. In diesem Kapitel soll nur von den Fragezeichen gehandelt werden, die *Nietzsche selbst* in den Zarathustra eingebaut hat. Schon in ›Von den Dichtern‹ im 2. Teil findet sich derartiges; vor allem aber wird es um drei Gedichte im 4. Teil gehen.

Das Werk ›Zarathustra‹ ist als Dichtung anzusprechen, Zarathustra ist ein Dichter. Die Dichterkritik des Kapitels ›Von den Dichtern‹ (VI 1, 159 ff.), mutwillig den Schluß von Goethes ›Faust II‹ umspielend und manchen Haken schlagend, greift hier sehr wohl. Ein Jünger erinnert Zarathustra an dessen Ausspruch „aber die Dichter lügen zuviel". Zarathustra subsumiert sich darunter, stößt aber den Jünger in Richtung auf die Antinomie des Lügners. Der Jünger hilft sich mit dem Glauben an Zarathustra heraus, was Zarathustra natürlich schon deshalb nicht billigen kann, weil ja, wer ihm folgen will, sich selber muß folgen wollen und können. Dann wird es ernster: „Aber gesetzt, dass Jemand allen Ernstes sagte, die Dichter lügen zuviel: so hat er Recht, – *wir* lügen zuviel" (VI 1, 160). Das heißt gemäß dem Fortgang des Kapitels mancherlei, und auch etwas, das hier besonders interessieren muß: „Ach, es giebt so viel Dinge zwischen Himmel und Erden, von denen sich nur die Dichter Etwas haben träumen lassen! / Und zumal *über* dem Himmel: denn alle Götter sind Dichter-Gleichniss, Dichter-Erschleichniss! / Wahrlich, immer zieht es uns hinan – nämlich zum Reich der Wolken: auf diese setzen wir unsre bunten Bälge und heissen sie dann Götter und Übermenschen: – / Sind sie doch gerade leicht genug für diese Stühle! – alle diese Götter und Übermenschen. / Ach, wie bin ich all des Unzulänglichen müde, das durchaus Ereigniss sein soll! Ach, wie bin ich der Dichter müde!" (VI 1, 160 f.) Zarathustras Dichten des Übermenschen erscheint hier in einer Linie mit dem Dichten hinterweltlerischer Dichter und Philosophen, die das Reich der Wolken mit Göttern besetzen – hier wie dort scheint „Dichter-Erschleichniss" am Werk, scheint auf ganz entsprechende Weise Unzulängliches zum Ereignis hochstilisiert. Zarathustra bekennt, des Unzulänglichen müde zu sein. Hier freilich 'lügt er zuviel', zieht man den Fortgang des Werks in Rechnung. Ja, sofort schon kehrt „sein Auge [...] sich nach innen [...], gleich als ob es in weite Fernen sähe" (VI 1, 161). Blickte er zuvor zurück, so daß ihm das Erdichten des Übermenschen in den Anschein trat, mit metaphysischem Erdichten prinzipiell gleichartig zu sein, so blickt er nun in ferne Zukunft hinaus, der er sich als Schaffender unwiderruflich verschrieben hat. Jener Anschein behält jedoch ein gewisses

Recht. Auch er gehört zu Zarathustra als einem Hinübergehenden. Zarathustra selbst zieht als Fazit aus seinem Zurück- und Vorausschauen: „Ich bin von Heute und Ehedem [...]; aber Etwas ist in mir, das ist von Morgen und Übermorgen und Einstmals" (ebd.; vgl. S. 61 f.). So wird denn im Kapitel ›Von den Dichtern‹ ein Fragezeichen hinter dem Übermenschen angebracht, aber auch relativiert. Wer „von Heute und Ehedem" ist, dem kann (ja muß?) der Übermensch als Analogon metaphysischer 'Fiktionen' von Göttlichkeit erscheinen. Den Schaffenden darf das nicht hindern, in die Zukunft zu schauen und der Verwirklichung des Übermenschen zu dienen. –

Gravierender sind die Fragezeichen, die Nietzsche im 4. Teil des ›Zarathustra‹ ausspricht, wenngleich sie auch dort entschärft werden. Gemeint sind drei Gedichte, die Nietzsche 1888/89 dann mit sechs weiteren Gedichten zur Gedichtsammlung ›Dionysos-Dithyramben‹ vereinigt hat, wobei zwei von ihnen um einen neuen Schluß bedeutungsvoll erweitert wurden (vgl. Kap. 15)[1]. Die Gedichte im 4. Teil des ›Zarathustra‹ sowie später einige der ›Dionysos-Dithyramben‹ sind Dokumente der Redlichkeit, einer Tugend, von der Nietzsche, der Immoralist, so viel gehalten hat[2].

Die drei Gedichte in ›Zarathustra‹ IV sind Lieder, die von höheren Menschen (vgl. Anm. 24 zu Kap. 5) gesungen werden. Das erste (VI 1, 309 ff.) singt der Zauberer vor Zarathustra in der Bergeinsamkeit. Er betätigt sich dabei zugleich als Schauspieler und mit übermäßiger Theatralik, worin zu Recht eine Karikatur Wagners erblickt wird. Dies gehört, zusammen mit Zarathustras Reaktion auf das Lied und Schauspiel, zu den Relativierungen der Fragezeichen, die mit dem Lied gesetzt werden. Der Zauberer spielt Zarathustra, und das Lied handelt von einem entscheidenden Gedanken Zarathustras, mit dem er eins ist. Schließlich (VI 1, 313) beendet Zarathustra die Vorstellung des Zauberers; „mit ingrimmigem Lachen" schlägt er mit seinem Stock auf ihn ein, nennt ihn einen „Falschmünzer" und „Lügner aus dem Grunde". Der Zauberer bekennt nun, „nur zum Spiele" habe er es so getrieben, Zarathustra aber ist „immer noch erregt und finsterblickend". Er ist also stark berührt von dem Vorgang, weiß sich betroffen. (Erst nach längerem Gespräch und 'langem Stillschweigen' findet er zu seiner Heiterkeit zurück; VI 1, 316.) Der Zauberer erklärt, er habe den „*Büsser des Geistes*" gespielt, „den Dichter und Zauberer, der gegen sich selber endlich seinen Geist wendet, den Verwandelten, der an seinem bösen Wissen und Gewissen erfriert" (VI 1, 314) – er hat *Zarathustra* als Büßer des Geistes gespielt, und er erinnert ihn daran, daß er, Zarathustra, diesen Ausdruck geprägt hat. Damit wird an das Kapitel ›Von den Dichtern‹ angeknüpft, in dem Zarathustra bereits als ein Dichter erschien, der nach Art der Hinterweltler Götter (nämlich Übermenschen) ins Reich der Wolken setzt. Am Ende jenes Kapitels sagt Zarathustra: „Verwandelt sah ich schon die Dichter und gegen sich selber den Blick gerichtet. / Büsser des Geistes sah ich kommen: die wuchsen aus ihnen" (VI 1, 162). Der Zauberer, wie gesagt, spielt Zarathustra als einen solchen Büßer des Geistes und Dichter. Es gehört zu den Zurücknahmen der vom Lied aufgeworfenen Fraglichkeit, daß Zarathustra im Gegenzug den Zauberer zum Büßer des Geistes ernennt (auch das eine Anspielung auf Wagner), die Spitze also von sich wegwendet. Mit der Frage „wess versuchtest du *mich?*" (VI 1, 315) werden Lied und Spiel als eine Versuchung Zarathustras ausgegeben. Er widersteht ihr, indem er an sich und seinem erst noch zu vollbringenden Werk festhält. Nietzsche aber gibt durch dieses und die beiden weiteren Lieder zu verstehen, daß es möglich, wenn nicht gar von der Redlichkeit geboten ist, die ›Zarathustra‹-Dichtung mit wesentlichen Fragezeichen zu versehen.

Das erste Lied des Zauberers (er wird auch das nächste Lied singen) zielt auf Zarathustra[3], den Lehrer, Dichter und Schaffenden des Übermenschen und den Erstling der Über-Art; es zielt auf den Übermenschen als den „Sinn der Erde", der als die Vollendung der Welt, als Vergöttlichung des Werdens, als 'Ort' der Göttlichkeit aufzufassen war. Für diese Stellung qualifizieren ihn seine Weisheit (er darf sich zuschreiben, daß das Leben von seiner Weisheit geliebt sein will), sein unbedingtes Ja zu dem von ihr Gedachten und sein machtvolles Setzen neuer Werte. Der Übermensch nimmt die Stelle überlieferter 'Götter' ein. Seine künftige Verwirklichung war zu deuten als neue Göttlichkeit, als *Übermensch und* – jetzt noch namenloser, durch „Dionysos" symbolisierter – *Gott in einem* (vgl. S. 95). Gerade diese Einheit, auf die der ›Zarathustra‹ zwingend geführt hat (mögen auch andererseits dionysisch gestimmte Seele und der Gott als verschieden erschienen sein), wird im ersten Lied des Zauberers zum Problem[4]. Dies Lied ist ein szenisches Spiel *zwischen zweien*, zwischen einem 'unnennbaren' (namenlosen), unbekannten Gott und jemandem, der von diesem Gott gemartert wird und in dessen Denken das Spiel vonstatten geht.

„Wer wärmt mich, wer liebt mich noch?" klagt das Ich des Liedes (VI 1, 309). Von allen Liebenden (auch dem Leben) verlassen, vergleicht es sich „Halbtodtem". Das Leben ist von ihm gewichen, doch nicht bis zur Vernichtung; in erbärmlichem Zustand, von „unbekannten Fiebern" gequält, vegetiert es fort (ebd.). Es wird gemartert von einem Gedanken, der der Präsenz eines furchtbaren, verhüllten und unbekannten Gottes gleichgesetzt ist. Hier wird ein Denkender von einer Konsequenz seines Gedachten heimgesucht und niedergeworfen, und dabei ist (in seinem Denken) ein Gott als schlechthin von ihm verschiedener und so noch nicht erfahrener im Spiel. Der Gott ist Gegner. Merkwürdigerweise will er sich durch Martern und Foltern Liebe erzwingen. Er ist eifersüchtig. Offensichtlich liebt der Gemarterte jemanden anders. Was sollte das aber mit Zarathustra zu tun haben? Bringt dieser nicht, zumal im Enthusiasmus des Dithyrambus, die höchste Liebe zum Leben, zur Welt, zum (noch namenlosen) Gott auf? Wo soll, im Denkbereich des ›Zarathustra‹, ein Gott herkommen, der auf diese höchste Bejahung und dionysische Liebe eifersüchtig sein könnte, weil sie ihn nicht betrifft? Die Antwort muß das szenische Spiel geben.

Der Gemarterte begreift aus dem seltsamen Gebaren des Gottes (dieser behorcht sein Herz, will mit einer Leiter in es einsteigen), daß der Gott geliebt sein will, und faßt dieses Ansinnen völlig zu Recht als Forderung von Hingabe auf. Hingabe aber ist nicht das, was er als Liebender aufzubringen bereit ist. Sie erscheint ihm nicht 'übermenschlich', sondern untermenschlich, hündisch, verächtlich[5]. Die Zumutung abwehrend, fragt er: „Oder soll ich, dem Hunde gleich, / Vor dir mich wälzen? / Hingebend, begeistert-ausser-mir, / Dir – Liebe zuwedeln?" (VI 1, 311) Das „begeistert-ausser-mir" erinnert an den Enthusiasmus in den Dithyramben, aber jetzt wird eine Hingabe gefordert, die in einem radikal anderen Sinn Selbstaufgabe wäre. Es folgt den Fragen ein striktes Nein. Der Gott aber ist ein übermächtiger Gegner, der seinem Gefangenen die Bedingungen der Befreiung diktieren kann. Er fordert als Lösegeld nichts Geringeres als den Gefangenen selbst, totale Hingabe also. Das ist das extreme Gegenteil von dessen Stolz[6]. Auf seinem Stolz aber beharrt der Gefangene, ja er überbietet ihn geradezu in der Gegenforderung an den Gott, sich ihm zu 'ergeben', seinerseits sein Gegenüber mit totaler Hingabe zu lieben. Diese Forderung veranlaßt den Gott, sich gänzlich zurückzuziehen, und auch der Umschlag von Stolz in Bereitschaft zur Hingabe auf seiten des Gequälten und dessen flehentlicher Anruf zur Rückkehr kann ihn nicht dazu bewegen, wieder zu erscheinen. Allerdings hat er im ›Zarathustra‹ (anders als in den ›Dionysos-Dithyramben‹) auch gar keine Gelegenheit dazu, denn genau an dieser Stelle des Liedes erreicht dessen Unerträglichkeit für Zarathustra den Punkt, daß er sich „nicht länger halten" kann (VI 1, 313) und mit Stockschlägen einem etwa möglichen Fortgang der Vorstellung des Zauberers zuvorkommt. So bleibt es denn dabei: Das Ich des Liedes hat seinen 'letzten einzigen Genoss' (VI 1, 312) verloren, und äußerste Einsamkeit ist seine Lage.

Noch einmal gefragt: Was könnte das Spiel im Lied mit Zarathustra zu tun haben, dem umfänglichst Liebenden, dem Erstling und Vorbild aller Übermenschen? Die Gegenfragen drängen sich auf: Sollte Zarathustras Liebe Stolz sein[7], ja sollte sie Selbstliebe und gar ein Maximum an Selbstliebe sein? Hat das Leben, hat die Welt wirklich den Übermenschen nötig, um vollendet zu sein? D. h., kann wirklich nur im Übermenschen, dank seiner Weisheit, seines Ja zur ewigen Wiederkunft und seiner Wertsetzungen, das Werden sich vollenden und sich vergöttlichen? Oder ist der Entwurf des 'Sinns der Erde' als verwandelten Endzwecks nur irriger, versteifter Stolz, selbstbezüglichstes Überbieten der Tradition und interessiertes Gegen-Auslegen? Vertreibt der Übermensch, als „Sinn der Erde" und 'Ort' der Göttlichkeit aufgefaßt, den Gott[8]? Kommt er, so aufgefaßt, der an den Gott gerichteten Forderung nach totaler Hingabe (im Sinne von Selbstaufgabe) gleich? Wäre nicht eher das Hin-geben dieses geliebten Zieles am Platze, und eine liebende Freigabe des Werdens dergestalt, daß dieses nicht im Übermenschen erst wahrhaft zu seinem Wert kommt? Das aber erscheint im Lied des Zauberers als an Zarathustra gerichtete Forderung nach totaler Hingabe, und das ebenfalls im Sinne von Selbstaufgabe. (Zarathustra leistet sie nicht.)

Doch damit nicht genug. Es ist klar, daß von den Fragen die Wahrheit von Zarathustras Entwurf und Lehren berührt ist. Ist er ein Wahr-sager, wenn er den Übermenschen als „Sinn der Erde" lehrt, oder bloß ein Dichter, der 'zuviel lügt'? Falls aber das letztere – was wäre dann überhaupt noch wahr und vertrauenswürdig an seinen Lehren? –

Derselbe Zauberer, der von Zarathustra Schläge bezog für sein versucherisches Singen und Spielen, singt später ein weiteres Lied, das ganz dem Wahrheitsproblem gewidmet ist. Sein Publikum sind nun die in Zarathustras Höhle versammelten höheren Menschen, und durch Schaden klug geworden wartet der Zauberer einen Augenblick ab, zu dem Zarathustra sich entfernt hat (vgl. VI 1, 366). Damit hat Nietzsche es so eingerichtet, daß keine Reaktion Zarathustras auf das Lied erfolgen kann – ein Unterschied zu den beiden anderen Liedern, der aufzugreifen sein wird (vgl. S. 112). Das Kapitel und sein neues Lied heißen ›Das Lied der Schwermuth‹ (VI 1, 365ff.).

Die Quintessenz des Liedes ist, daß jemand, der sich als der „Wahrheit Freier" (VI 1, 367) versteht, sich vorhalten lassen muß: „Nur Narr! Nur Dichter!" (VI 1, 368) Auf Zarathustra trifft zu, daß er ein Dichter ist. Ein Dichter aber will er sein, der zugleich beanspruchen darf, der Wahrheit Freier zu sein – einer, der die Weisheit liebt und das Leben, der um seiner Weisheit willen vom Leben geliebt wird, der, die ewige Wiederkunft bejahend, sein Denken auf dem Grund des Lebens Halt finden läßt und sich der Ewigkeit vermählt. Ein wenig auch Narr zu sein, verträgt sich durchaus damit, denkt man zurück an das närrisch-bakchische Treiben zwischen Zarathustra und dem Leben im Kapitel ›Das andere Tanzlied‹ (Ziffer 1) sowie an Zarathustras Ausspruch: „Es ist immer etwas Wahnsinn in der Liebe. Es ist aber immer auch etwas Vernunft im Wahnsinn" (vgl. S. 80). Aber: Nur Narr zu sein und nur Dichter, nämlich ein lügender, von der Wahrheit abgeschnittener Dichter – das widerspricht dem Selbstverständnis Zarathustras. In Zarathustras Abwesenheit singt der Zauberer genau davon. Man mag sich sofort schon fragen, worauf im ›Zarathustra‹ dies Fragezeichen Nietzsches gegründet werden kann. Und da bietet sich die schon zweimal beigezogene Stelle an: „Auch im Erkennen fühle ich nur meines Willens Zeuge- und Werde-Lust" (vgl. Anm. 7 zu Kap. 5 und S. 88 mit Anm. 15). Das Erkennen ist demnach Vollzug des Willens zur Macht. Gemäß dem früheren bezieht

sich das auf das Logisieren einerseits, auf das Dichten als schaffendes
Schauen der Zukunft, als Wahrsagen des Sinns der Erde, andererseits. Das
Logisieren ist nach Nietzsche eingestandenermaßen fälschend; hier ist der
Mensch *nur* Dichter und muß es bleiben. Jenes Dichten aber galt als Erkennen im Sinne eines 'in der Denkbarkeit (Schaffbarkeit) begrenzten Mutma-
ßens'; es hatte es mit 'Begreiflichem', 'Vernünftigem', Wahrem zu tun. Jetzt
hingegen, im ›Lied der Schwermuth‹, fällt der Gedanke, daß Erkennen
Wille zur Macht ist, zerstörerisch auf den Erkennenden zurück. „Blen-
dende Sonnen-Gluthblicke, schadenfrohe", 'höhnen' den Freier der Wahrheit mit ihrem „Nur ein Dichter!" (VI 1, 367). Und es ist eindeutig, daß damit keineswegs nur das Logisieren (thematisiert in der zweiten Strophe) gemeint ist, was für Zarathustra ja auch ziemlich unverfänglich wäre[9], sondern sein gesamtes Denken. Der Freier der Wahrheit wird aus seinem
„Wahrheits-Wahnsinne" herausgestoßen und findet sich „Von Einer Wahrheit / Verbrannt und durstig: / [...] Dass ich verbannt sei / Von *aller* Wahrheit, / Nur Narr! / Nur Dichter!" (VI 1, 370) Die dritte, vierte und sechste
Strophe beziehen das destruktive Denken (Religions-, Metaphysik- und
Moralkritik) mit ein; auch es erscheint der Wahrheit beraubt, gibt sich als
mutwillig-zerstörerischer, lüstern-raubtierhafter Wille zur Macht. Darauf
komme ich zurück.

    Wie beim ersten Lied des Zauberers hat Nietzsche auch beim zweiten für
Zurücknahmen gesorgt, diesmal vor allem im Lied selbst: Das Ich des Liedes *erinnert* sich, wie es *einst* schadenfroh gehöhnt wurde und darunter litt
– *jetzt* aber spendet der Abend „des Thau's Tröstung" (VI 1, 367). Ferner
singt der Zauberer dies Lied – vorgeblich jedenfalls und vielleicht gehört
das zu seiner List (vgl. VI 1, 366) – in einem Anfall von Schwermut. Der jedoch geht schließlich vorüber. Im nächsten Kapitel heißt es: „Auch der Zauberer lachte und sprach mit Klugheit: 'Wohlan! Er ist davon, mein böser
Geist! / Und habe ich euch nicht selber vor ihm gewarnt, als ich sagte, dass
er ein Betrüger sei, ein Lug- und Truggeist? [...]'" (VI 1, 373)

    Aber unmittelbar auf diese Beschwichtigung des Zauberers folgt schon
wieder ein neues brisantes Lied. Es wird gesungen vom „Wanderer, welcher
sich den Schatten Zarathustra's nannte" (VI 1, 375), der also mindestens seinem Selbstverständnis nach unlöslich zu Zarathustra gehört, ihm überallhin
folgt. Er begleitet sein Lied auf der Harfe des Zauberers (womit Nietzsche
eine Verbindung zu dessen Liedern herstellt) und hat die übrigen höheren
Menschen und Zarathustra zu Zuhörern. Über diesen Sänger und höheren
Menschen gibt das Kapitel ›Der Schatten‹ (VI 1, 334 ff.) näheren Aufschluß. Wie Zarathustra selbst, der sich dem Werden verschrieben hat, ihm
schöpferisch das *eine*, alle Kräfte und Ziele in sich versammelnde Ziel setzt
(vgl. S. 62) und selbst zu diesem 'hinübergeht', ist auch sein Schatten ein
Wanderer und unterwegs[10]. Aber anders als bei Zarathustra ist seine Wan-

derschaft „ohne Ziel", so daß ihm „wahrlich wenig zum ewigen Juden fehlt" (VI 1, 335). Er glaubt freilich, auch bei Zarathustra sei das so, fühlt sich ihm durchaus ähnlich und gänzlich auf seinen Spuren. Darauf pocht er Zarathustra gegenüber, redet dabei dessen Sprache und gibt sich (gefährlich genug für höhere und andere Menschen) als seinesgleichen[11]. Seine Philosophie mündet in den Wahlspruch: „'Nichts ist wahr, Alles ist erlaubt'" (VI 1, 336). Freimütig bekennt er: „Was blieb mir noch zurück? Ein Herz müde und frech; ein unstäter Wille; Flatter-Flügel; ein zerbrochenes Rückgrad" (ebd.). Vor allem aber: „'Wo ist – *mein* Heim?' Darnach frage und suche und suchte ich, das fand ich nicht. Oh ewiges Überall, oh ewiges Nirgendwo, oh ewiges – Umsonst!'" (VI 1, 337) Es ist am Tage: Der Wanderer und Schatten ist *Nihilist*. Wirft Zarathustra diesen Schatten? Er anerkennt, und zwar traurig, die Verfassung, in der der Wanderer sich befindet, als eine Wirkung seines Lehrens (vgl. ebd.). Eine engere Beziehung zu dem Schatten sieht er nicht. Im Lied nun aber, daß der Wanderer und Schatten im Kapitel ›Unter Töchtern der Wüste‹ singt, wird Zarathustra auf eine ganz andere Weise ein Nihilismus angeheftet. Das Lied setzt ein Fragezeichen hinter das ›Zarathustra‹-Evangelium als den Nihilismus überwindende dionysische Frohbotschaft.

Auch hier soll sofort schon genannt werden, worauf sich dieses Fragezeichen gründet: Ausgerechnet die ewige Wiederkunft des Gleichen, der höchste Gedanke des Lebens, der Inhalt äußerster Bejahung, wirft nun einen nihilistischen Schatten (und das gilt damit auch für Zarathustra, ihren Lehrer). „Die Wüste wächst: weh Dem, der Wüsten birgt!" – mit diesem Ausruf beginnt und endet der Wanderer seinen Gesang (VI 1, 376 u. 381; im Text hervorgehoben). Der Ausruf enthält die schmerzliche These des Liedes, daß die Welt, sub specie aeternitatis betrachtet, ohne Leben ist, daß mit jedem neuen, doch immer nur schlechthin gleichen Weltumlauf sich die Ansammlung des Nichts-an-Leben (die sandige Wüstenfläche) vergrößert. Das Lied selbst verrätselt diese These, sie wird in ihm „umsphinxt" (wie der Schatten von den „Mädchen-Katzen" Dudu und Suleika – vgl. VI 1, 378). Das beginnt schon damit, daß der Schatten von seinem Aufenthalt in einer Oase, und nicht etwa in der Wüste selbst, singt. Der Anfang der 2. Strophe lautet: „Wunderbar wahrlich! / Da sitze ich nun, / Der Wüste nahe und bereits / So fern wieder der Wüste, / Auch in Nichts noch verwüstet: / Nämlich hinabgeschluckt / Von dieser kleinsten Oasis" (VI 1, 377). Was ist die kleinste Oasis, und was bedeutet es, daß das Ich des Liedes von ihr „hinabgeschluckt" worden ist – zu ausgezeichnetem Wohlsein übrigens, wie der unmittelbare Fortgang des Liedes versichert. Die Antwort, die noch erhärtet werden muß, lautet: Die kleinste Oasis ist Ewigkeit als ein nunc stans, als zeitlose Weile, in der Werden aufgehoben ist.

Der Wanderer und Schatten Zarathustras hat sein Lied „einst unter Töch-

tern der Wüste" gedichtet (VI 1, 376), in der kleinsten Oasis *sitzend,* wie er
im Lied mehrfach betont, von den Töchtern der Wüste „umlagert" (VI 1,
378). Nichts bewegt sich hier außer einer Palme, die von großer Bedeutung
sein wird, und die zwar tanzt, aber auf der Stelle.

Die Oase bietet „gute helle morgenländische Luft" – fernab vom „wolki-
gen feuchten schwermüthigen Alt-Europa" (VI 1, 376), das als Heimat der
absoluten Moral, der Zweifler (à la Descartes und Kant) und des Reforma-
tors Luther (vgl. VI 1, 381) zu verstehen gegeben wird und das in dem Schatten Zarathustras während seines Aufenthaltes in der Oase virulent bleibt.
Aufs Morgenland aber, die Heimat Zarathustras, verweist auch (auf dem
Weg über Goethes ›West-östlichen Divan‹) der Name einer der Wüstentöch-
ter: Suleika. Es erstreckt sich in dem Lied bis nach Afrika hinein. Und so
dürfte es in der Oase recht warm sein, tropisch eben, wie es sich für Übermenschen gehören würde (vgl. Anm. 52 zu Kap. 5). Die Töchter der Wüste
sind „Morgenland-Mädchen", „tief, aber ohne Gedanken", und fähig zu
tanzen (VI 1, 376). Man darf wohl in ihnen eine Entsprechung zu den Mädchen des Tanzliedes im 2. Teil des Werkes sehen, die mit Cupido in stiller
Waldlichtung tanzen, während Zarathustra dazu das Tanzlied singt. Sein
Schatten findet sich in einer vergleichbaren Idylle, nur tanzen die Mädchen
jetzt nicht, wie denn auch der Schatten im Gegensatz zu Zarathustra nicht
über das Leben singt. Übrigens gibt er sich den Anstrich eines Satyrs[12], womit er dem Dionysischen zu einseitiger Präsenz verhilft. In Wahrheit, wie
gesagt, ist und bleibt er Europäer, mag ihm auch als *erstem* Europäer die
Anwesenheit in der morgenländischen Oase zuteil geworden sein (vgl. die
1. Strophe). Sein Wohlsein bei diesem Aufenthalt bestimmt die übermütige
Tonlage des größten Teils des Liedes selbst, die anscheinend seltsam kontra-
stiert zu dem Gebrüll, mit dem er das Lied (teilweise mindestens) vorträgt[13]. Tatsächlich weist Nietzsche mit dem Gebrüll abermals auf eine nied-
rige Stufe des Dionysischen (und dem korrespondiert dann der Lärm, den
die höheren Menschen nach dem Ende des Liedes entfalten – vgl. S. 111)[14].
Auch wird man in dem Gebrüll als Übertreibung eine Entsprechung zur
übertriebenen Theatralik beim Vortrag des ersten Liedes des Zauberers
(vgl. S. 100) sehen sollen und es zu den Zurücknahmen rechnen dürfen, die
Nietzsche auch für dieses Lied eingebaut hat. Damit nicht genug, ist das Gebrüll auch in guter Übereinstimmung mit einem Grundgedanken des Liedes.

Der Schatten gelangte in die kleinste Oasis, indem sie ihn 'hinab-
schluckte' (vgl. o.); „sie sperrte gerade gähnend / ihr liebliches Maul auf. /
Das wohlriechendste aller Mäulchen: / Da fiel ich hinein, / Hinab, hindurch –
unter euch / Ihr allerliebsten Freundinnen!" (VI 1, 377) Und nun? „Diese
schönste Luft trinkend, / Mit Nüstern geschwellt gleich Bechern, / Ohne Zukunft, ohne Erinnerungen, / So sitze ich hier, ihr / Allerliebsten Freundinnen" (VI 1, 379). Beide Stellen gehören zusammen. In der Oase weilend,

hat das Ich des Liedes weder Zukunft noch Vergangenheit. Es befindet sich damit außerhalb der Zeit, in einer als nunc stans aufzufassenden Ewigkeit. Entscheidend ist, daß das 'stehende Jetzt' *nicht* der Torweg Augenblick aus dem Kapitel ›Vom Gesicht und Räthsel‹ ist, nicht jenes Jetzt der Zeit, das zunächst als beharrendes erschien, dann aber von Nietzsche doch auch in Bewegung gesetzt wurde. Und es ist wichtig, die Ewigkeit als nunc stans scharf abzuheben von *der* Ewigkeit, die in jenem Kapitel vorgestellt wurde, nämlich als die Ewigkeit *der Zeit,* als Kreis der Zeit, ja sich drehender Kreis der Zeit, als *ihre* anfangs- und endlose Kreisbewegung (vgl. S. 73 u. Anm. 32 zu Kap. 5). Während diese dem Werden Endlosigkeit bescherte, ja mit ihm eins war, ist nun, mit der kleinsten Oasis, Ewigkeit als ein zeitloses Nu gegeben. In ihr bewegt sich nichts fort, wird nichts – und vergeht auch nichts, weshalb sie Wohlsein ohne dionysisches Weh gewährt. Was gibt aber das Recht, die kleinste Oasis so zu interpretieren? Die Beziehung zum Kapitel ›Mittags‹ aus dem 4. Teil des Werks. Schon dreimal wurden Stellen aus diesem Kapitel herangezogen: einmal, als Zarathustras und der Übermenschen *stilles* Glück als aus der Zeit heraushebend charakterisiert wurde (vgl. S. 80); sodann im Zusammenhang mit der Vergöttlichung der irdischen Welt, der Antizipation göttlichen Weltglücks in der Vollendungsphase des Werdens (vgl. S. 94); schließlich bei der Feststellung einer verwandelten Unsterblichkeit im ›Zarathustra‹ (vgl. S. 97). Zarathustra befindet sich in dem Kapitel im Einschlafen, womit ebensosehr auf Untätigkeit wie auf eine Bewußtseinslage gewiesen ist[15]. Stille heißen Mittags waltet, der „Mittag schläft auf den Fluren" und soll durch Gesang nicht gestört werden, trinkt er doch im Schlaf „einen alten braunen Tropfen goldenen Glücks" (VI 1, 339); endlich denkt Zarathustra an ein anderes 'Schlafen', an seinen Tod. Da stellt er die schon zitierte Frage: „wann, Brunnen der Ewigkeit! du heiterer schauerlicher[16] Mittags-Abgrund! wann trinkst du meine Seele in dich zurück?" (VI 1, 341) Im jetzigen Zusammenhang, in den das alles hineinspricht, ist eine andere Stelle des Kapitels von noch größerer Bedeutung, an der der Todesgedanke noch nicht gefaßt ist: „Was geschah mir: Horch! Flog die Zeit wohl davon? Falle ich nicht? Fiel ich nicht – horch! in den Brunnen der Ewigkeit? [...] Wie? Ward die Welt nicht eben vollkommen? Rund und reif?" (VI 1, 340) Und auch die Worte, mit denen Zarathustra seine Seele vom mittäglichen Halbschlummer zu neuer Tätigkeit anstoßen möchte, gehören hierher: „Steh auf, [...] du kleine Diebin, du Tagediebin! Wie? immer noch strecken, gähnen, seufzen, hinunterfallen in tiefe Brunnen?" (ebd.) Das Ich im Lied des Schattens ist ebenfalls hinabgefallen, zwar nicht in den *Brunnen* der Ewigkeit, sondern in die *kleinste Oasis,* aber damit eben auch in das Nu der Ewigkeit, und die Zeit ist 'davongeflogen'[17].

Stützt das Kapitel ›Mittags‹ diese Interpretation der kleinsten Oasis, so scheint es doch andererseits dem Verständnis des Liedes eher im Wege zu stehen. Denn wenn bei Nietzsche eine zeitlose Ewigkeit positiv vorkommt, und wenn das Lied mit der kleinsten Oasis daran anknüpft, dann dürfte doch wohl auch in ihm die ewige Wiederkunft des Gleichen kaum ein nihilistisches Fragezeichen aufrichten. Indessen, der zweifelsüchtige Europäer entdeckt im Oasenglück Bedenkliches und bringt die „Mädchen-Katzen" Dudu und Suleika damit zum Weinen. Er schaut nämlich einer „Palme zu, / Wie sie, einer Tänzerin gleich, / Sich biegt und schmiegt und in der Hüfte wiegt" (VI 1, 379), fest auf einem Bein stehend, versteht sich, sie ist ja eben eine Palme. So ist denn hier zu denken an 'morgenländischen' Bauchtanz, nicht aber an tänzerisches Sichfortbewegen. Was aber sollte daran bedenklich sein? Kaum etwas, verlöre man die tiefe Bedeutung aus dem Sinn, die Nietzsche dem (sich fortbewegenden) Tanz zuvor im ›Zarathustra‹ gegeben hat. ›Das Tanzlied‹ und ›Das andere Tanzlied‹ gehören zu den wichtigsten Kapiteln des Werkes; das letztere gestaltet das Symbol des Tanzes zur dem Leben, dem Werden, dem Willen zur Macht angemessenen Verhaltensweise des Denkenden und Schaffenden aus, geht dann zur ewigen Wiederkunft über und führt in die dionysische Dimension tiefen Wehs und noch tieferer Lust. Sodann im Schlußlied des 3. Teils, auch „das Ja- und Amen-Lied" genannt (VI 1, 283), das im Refrain siebenmal die Liebe zur Ewigkeit 'besiegelt'[18], singt Zarathustra: „Wenn meine Tugend eines Tänzers Tugend ist [...]" (vgl. Anm. 51 zu Kap. 5). In der kleinsten Oasis, ohne Zeit, sitzt man, lagert man, tanzt eine Palme nur einen Bauchtanz, während sie unfähig ist, sich von der Stelle zu bewegen. *Nur* einen Bauchtanz? So sieht es jedenfalls das Ich des Liedes, das bei all seinem morgenländischen Wohlsein an der Palmen-Tänzerin nun doch auf europäische Art etwas vermißt: ihr anderes Bein. Fröhlich-mutwillig bringt der Schatten den Wüstentöchtern Schauerliches zu Gehör: Die Palme wiegt sich „Einer Tänzerin gleich, die, wie mir scheinen will, / Zu lange schon, gefährlich lange / Immer, immer nur auf Einem Beine stand? / – da vergass sie darob, wie mir scheinen will, / Das andre Bein?" (VI 1, 379) Man überhöre darin nicht das 'Immer, immer' und die Gefährlichkeit. Die Gefahr ist allerdings, wie der Fortgang zeigt, schon vorüber, weil das Furchtbare 'schon eingetreten' ist. Die Palme vergaß nicht etwa nur ihr anderes Bein – „Sie hat es verloren! / Es ist dahin! / Auf ewig dahin! / Das andre Bein! / Oh schade um dieses liebliche andre Bein!" (VI 1, 380) Ja, der Schatten versteigt sich vor den Wüstenmädchen zu der traurigen Vision, das verlorengegangene liebliche Bein könnte inzwischen (abseits in der Wüste, so muß man es sich vorstellen) von einem Löwen „abgeknabbert" worden sein (ebd.). Die Wüstenmädchen brechen darüber in Tränen aus. Sie sind eben, wie gesagt, „tief, aber ohne Gedanken". Tiefer Empfindung fähig, sind sie vom Vorgetragenen bewegt, das sie doch kaum verstanden haben dürften. Tatsächlich kann es dem Nachdenken etwas absurd erscheinen, daß eine Palme, mag sie auch als Tänzerin angesehen werden, ein Bein verloren haben sollte. Hier scheint ein 'zweifelsüchtiger Europäer' (vgl. VI 1, 377) ein Rätsel aufzugeben, und dies wohl vor allem Europäern, die den ›Zarathustra‹ durchdacht haben. Sie könnten auf den Gedanken kommen, daß der Schatten Zarathustras, von der kleinsten Oasis „hinabgeschluckt" und in ein nunc stans versetzt, im Bauchtanz der Palme einer Konsequenz *jener* Ewigkeit ansichtig wird, die früher (vor allem im Kapitel ›Vom Gesicht und Räthsel‹) als ewige Wiederkunft des Gleichen in einer anfangs- und endlosen *Zeit* zu denken war. Die kleinste Oasis erlaubt auf die *so* verstandene ewige Wiederkunft des Gleichen einen Blick von jenseits der Zeit und gleichsam außerhalb der Welt her. Sie ist der Standort für eine Sicht sub specie aeternitatis auf die ewige Wiederkunft des Gleichen. Und da zeigt sich (will man dem Schatten glauben) im Bild des Bauchtanzes der Palme, deren 'verlorengegangenes' Bein als abgeknabberter Knochen in der Wüste vermutet werden darf und die insofern auf die Wüste hinausweist: Das Werden ist kein wirkliches Werden, es hat keine Möglichkeit der 'Fortbewegung', ist bar alles Schöpferischen und verdient den Namen Leben nicht. Das ewig wiederkehrende Gleiche, streng sub specie aeternitatis vorgestellt, läßt Neues nicht zu. Alles war unendlich oft als Gleiches schon da, und als genau Gleiches wird es noch unendlich oft wiederkehren. Da gibt es nichts zu schaffen, nicht für 'das Leben', nicht für den Menschen, nicht für Zarathustra, der doch dithyrambisch gesungen hatte: „Oh meine Seele, ich gab dir die Freiheit zurück über Erschaffnes und Unerschaffnes [!]: und wer kennt, wie du sie kennst, die Wollust des Zukünftigen?" (VI 1, 274) Wenn mit dem Bauchtanz der Palme Ewigkeit der Zeit (mitsamt den Dingen) als ein ewig sich 'auf der Stelle' bewegender Kreis symbolisiert wird, so wird mit dem beklagten Verlust ihres anderen Beins (das die Palme nie gehabt hat) die Brücke zu dem Ausruf „Die Wüste wächst" geschlagen. Der Gedanke der ewigen Wiederkunft des Gleichen wirft gemäß diesem Lied den Schatten des extremsten, nämlich Leben und Schaffen vernichtenden Nihilismus. Das ist ganz etwas anderes, als wenn Nietzsche sonst Bezüge zwischen ewiger Wiederkunft und Nihilismus herstellt. Hier taucht das Fragezeichen auf, ob nicht das Leben (der Wille zur Macht) in Wahrheit, und zwar weil alles ewig als Gleiches wiederkehrt, schlechthin unschöpferisch und damit dann Zarathustra ein Wanderer ohne Ziel ist, wie sein Schatten, der Nihilist. Zarathustra, sub specie aeternitatis betrachtet, engagiert sich mit Leidenschaft und im Bewußtsein, ein schöpferischer 'Dichter' und Wahrsager zu sein, für die Zukunft als Wirklichkeit des Übermenschen, die doch (falls sie eintrifft) wiederkehrt als unendlich oft schon Dagewesenes, das gar nicht ausbleiben kann. Was soll diese Leidenschaft, was soll dieses Ziel? Es ist nichts damit. Vergrößerung der Wüste findet statt, mehr nicht; und ganz 'von selbst' findet sie statt. Ein Ziel zu haben, ist ebenso sinnlos wie überflüssig.

Wenn aber dennoch Zarathustra als Lehrer des Übermenschen und der ewigen Wiederkunft des Gleichen tätig wird, wenn er dazu *auffordert,* den Übermenschen zu schaffen, und Rangverhältnisse unter den Menschen aufrichtet (neuer Adel; Herde), dann erscheint das unter dem jetzigen Blickwinkel als moralisches Brüllen, von dem er – eben doch nicht wirklich im Morgenland zu Hause, sondern in Europa, der Heimat der absoluten Moral – nun einmal nicht lassen kann. Und gerade das neue Unbedingte, das der ›Zarathustra‹ aufgestellt hatte, ist nun als solches moralisches Brüllen vorzustellen. Unter dem neuen Unbedingten war die uneingeschränkte Bejahung der Welt als im Größten und Kleinsten ewig gleicher zu verstehen, die in eins zu setzen war mit der Überwindung des Nihilismus und der Geburt des Übermenschen (vgl. S. 75). Ist das, so lautet die verrätselte Frage des Wüsten-Liedes, mehr als die wiedererstandene Europäertugend, die doch von Zarathustra siegreich bekämpft zu sein schien?

Nun muß freilich zugegeben werden, daß der Schatten, wenn er von moralischem Brüllen spricht, durchaus von sich selbst und seinem Weheruf „Die Wüste wächst" spricht. Er tut es am Anfang des Liedes, im Anschluß an den Weheruf, und am Ende, unmittelbar vor dessen Wiederholung. Aber wenn die letzte Strophe vom Schatten handelt – wer wollte noch zweifeln, daß es hier gerade um Zarathustra geht, um ein Fragezeichen, das Nietzsche seinem ›Zarathustra‹ beigibt? In der Strophe, an die sich dann die Wiederholung des Weherufs anschließt, heißt es: „Noch Ein Mal brüllen, / Moralisch brüllen! / Als moralischer Löwe / Vor den Töchtern der Wüste brüllen! / – Denn Tugend-Geheul, / Ihr allerliebsten Mädchen, / Ist mehr als Alles / Europäer-Inbrunst, Europäer-Heisshunger! / Und da stehe ich schon, / Als Europäer, / Ich kann nicht anders, Gott helfe mir! / Amen!" (VI 1, 380f.)

Nietzsche hat im Lied des Schattens die Möglichkeit einer äußerst radikalen nihilistischen Konsequenz der Wiederkunftslehre zu bedenken gegeben und Zarathustra – als den Lehrer dieser Lehre und folgerichtig auch als den Lehrer des Übermenschen – mit seinem Schatten, dem ziellosen Wanderer und Nihilisten, zusammenfallen lassen. Zarathustra ist es, der in seinem Denken, Dichten und Jasagen „Wüsten birgt"; ihm gilt das „weh Dem, der Wüsten birgt!". Aber auch diesmal fehlen die Relativierungen und Zurücknahmen nicht. Da fällt zunächst auf, daß Zarathustra selbst, anders als beim ersten Lied des Zauberers, sich nicht erregt und nicht einschreitet. Das sollte nicht dahin ausgelegt werden, daß dieses Lied weniger an den Nerv der 'Sache' geht als die vorigen. Aber vielleicht kann, von Zarathustra her gedacht, eher ein Ausweg gefunden werden: Zarathustra könnte die im Lied vorherrschende Sicht sub specie aeternitatis als dem Menschen und Übermenschen nicht gemäß ablehnen – ist doch schon ein einziger Weltlauf ganz unüberschaubar[19]. Allein für das „Zarathustra-Reich" des Übermenschen, sollte es wirklich werden, darf eine Dauer „von tausend Jahren" angenommen werden (VI 1, 294), und dieses Reich wäre die vergleichsweise sehr kurze Vollendungsphase des Weltlaufs; auch wäre es, mit den übrigen Phasen desselben Weltlaufs verglichen, sogar etwas Neues. Eine andere Frage wäre, ob Nietzsche hier daran gedacht haben könnte, Zarathustra den amor fati (vgl. S. 230ff.) auf den im Lied des Schattens eingestandenen Aspekt der ewigen Wiederkunft ausdehnen zu lassen. Jedenfalls wiederholt sein Zarathustra im ›Nachtwandler-Lied‹ die Bejahung der ewigen Wiederkunft (VI 1, 398f.) und bemühte er selbst sich in der Folgezeit weiter um Beweise für diesen Gedanken. – Daß ferner das Gebrüll des Schattens auch die Bedeutung einer Relativierung des Liedes hat, wurde schon erwähnt. Die Reaktion der höheren Menschen auf das Lied, wiewohl sie dem Gebrüll korrespondiert, sollte man aber lieber nicht, oder jedenfalls keineswegs nur so auffassen. Sie sind dem Übermut und Mutwillen des Liedes auf den Leim gegangen und dürften seinen ernsten Gehalt nicht erfaßt haben – verrätselt genug wurde er ihnen ja dargeboten. Das folgende Kapitel des ›Zarathustra‹ beginnt: „Nach dem Liede des Wanderers und Schattens wurde die Höhle mit Einem Male voll Lärmens und Lachens; und da die versammelten Gäste alle zugleich redeten, und auch der Esel, bei einer solchen Ermuthigung, nicht mehr still blieb, überkam Zarathustra ein kleiner Widerwille und Spott gegen seinen Besuch [...]. 'Sie sind lustig, begann er wieder, und wer weiss? vielleicht auf ihres Wirthes Unkosten" (VI 1, 382). Hier mögen sich auch Interpreten wiedererkennen, denen das Lied des Schattens nur heiter vorkommt[20]. –

Das 7. Kapitel dieser Untersuchung entfaltete die These, daß der ›Zarathustra‹ wesentlich Gegen-Auslegung zur philosophischen Tradition ist, und verwies darauf, daß das Nietzsche während der Arbeit am 3. Teil zu überraschendem Bewußtsein gekommen ist. Dieses Kapitel nun führte die Fragezeichen vor, die Nietzsche an einer Stelle im 2. Teil, vor allem aber im 4. Teil des ›Zarathustra‹ selbst anbringt. Dabei gehen das erste Lied des Zauberers und das Lied des Wanderers auf die wichtigsten Bestandstücke der Gegen-Auslegung, während das zweite Lied des Zauberers die Wahrheit der Gegen-Auslegung und ihrer destruktiven Voraussetzungen zum Problem macht. Kurz zusammengefaßt und akzentuiert, hat sich ergeben: Das erste Lied des Zauberers thematisiert einen Grundgedanken Zarathustras, mit dem dieser eins ist. Das geschieht, indem der Zauberer Zarathustra als den Büßer des Geistes spielt, nämlich als den Dichter, dessen Geist sich gegen sich selbst kehrt und der von seinem „bösen Wissen und Gewissen" heimgesucht wird. Gezielt ist auf den Übermenschen als Gegen-Auslegung zu Gott und zum Endzweck der Welt. Der Übermensch, insofern er die Rolle übernehmen soll, Sinn der Erde (Endzweck), Vollendung der Welt, ja als das der (noch namenlose) Gott selbst zu sein, wird in Frage gestellt[21]. Ein Gott tritt ihm entgegen, läßt die Auslegung des Übermenschen als Produkt extremster Selbstliebe erscheinen, fordert ihre Preisgabe. Da diese, zunächst jedenfalls, nicht geleistet wird, zieht er sich unwiderruflich zurück, die Fragen hinterlassend, ob Leben und Welt zu ihrer Vollendung wirklich des Übermenschen bedürfen, oder ob nicht eher die vermeintliche Göttlichkeit des Übermenschen als des Sinns der Erde den 'Gott' vertreibt. – Das Lied des Wanderers, indem es die ewige Wiederkunft des Gleichen sub specie aeternitatis zu bedenken gibt, wirft die Doppelfrage auf: Durchstreicht die *ewige* Wiederkunft des *schlechthin Gleichen* nicht absolut jede Vorstellung von Schaffen und Ziel – *und* können folglich die Aufforderung, den Übermenschen zu schaffen, sowie die sich als schöpferisch verstehende Dithyrambik der unbedingten Weltbejahung etwas anderes sein als altes moralisches Gebrüll mit anderem Inhalt? Das Unbedingte als Bestandstück der Gegen-Auslegung gerät hier in den Verdacht, ein leerer Spuk vor dem Hintergrund eines uneingestandenen Nihilismus zu sein – und mit ihm das dionysische ›Zarathustra‹-Evangelium als ganzes. – Die beiden Lieder ziehen auch die übrigen Geschenke der Gegen-Auslegung in ihren Sog: Was soll denn eigentlich Liebe (verwandelter Eros) als Liebe zur Ewigkeit der Welt und als Sehnsucht nach Verwirklichung des Übermenschen? Ist der Enthusiasmus der Weisheit nicht verfehlt? Und will wirklich das Leben vom Weisen geliebt werden? Gibt es dionysisches Glück, das kein Selbstbetrug ist? Kann die neu gedachte Unsterblichkeit irgend etwas Erstrebenswertes haben?

Das zweite Lied des Zauberers stellt für die Gegen-Auslegung als solche die Wahrheitsfrage. Es ist vielleicht das bedenklichste der drei Lieder. Jedenfalls hielt Nietzsche es für ratsam, das Lied in Abwesenheit Zarathustras singen zu lassen, so daß er ihm auch keine Gelegenheit bieten konnte, darauf zu reagieren. Damit könnte angedeutet sein, daß dieses Lied von Zarathustra selbst aus am schwersten zurücknehmbar ist. Das Lied versieht Zarathustra, den vermeintlichen Freier der Wahrheit, mit dem Fragezeichen, ob er vielleicht *nur* Narr, *nur* Dichter ist, wenn er schaffend die Zukunft schaut und den Sinn der Erde wahrsagt. Und das deshalb, weil dieses Erkennen Vollzug des Willens zur Macht ist. Ausdrücklich einbezogen in die Fraglichkeit sind aber auch die auf Religion, Metaphysik und absolute Moral bezogenen Destruktionsversuche, die Voraussetzung und Komplement der Gegen-Auslegung sind.

So ergibt sich denn aus den im 4. Teil des ›Zarathustra‹ enthaltenen Fragezeichen die Grund- und Hauptfrage, und zwar gerade auch für Nietzsche selbst: Was kann Mitdenkende dazu veranlassen, der ›Zarathustra‹-Philosophie den Vorzug zu geben vor allen vorangegangenen Positionen der europäischen Philosophie[22]? Nietzsche stellt sich, weiterdenkend und nach dem ›Zarathustra‹ in seinem Werk fortschreitend, dieser Frage. Daß es sich für den Verfasser des 4. Teils des ›Zarathustra‹ um eine Frage handelt, der die Chance positiver Beantwortbarkeit eingeräumt werden kann, bekunden die dargestellten Zurücknahmen. Dazu ist jetzt noch hinzuzufügen: Die Fragezeichen, die Nietzsche im ›Zarathustra‹ auszieht, kommen im Ganzen einer Dichtung vor, und die Fraglichkeiten sind dadurch in Schwebe gehalten, daß das 'Geschehen' der Dichtung über sie hinweggehen darf, ohne daß sie bereits eine Lösung gefunden hätten. Sie markieren damit künftige Aufgaben für den Autor des ›Zarathustra‹[23].

9. DIE PROSA DES WILLENS ZUR MACHT

Die Untersuchung vollzieht nunmehr eine Wendung, die sich seit längerem vorbereitet hat, und folgt darin, wie ich glaube, zunächst einmal einer Bewegung im Denken Nietzsches. In der Zusammenfassung des 6. Kapitels (S. 92 f.) war mit Weltauslegung und Sinnentwurf des ›Zarathustra‹ noch alles in guter Ordnung. Erkenntnis, Begreifliches, Wahrheit waren zu konstatieren. Nur waren sie eben an „Dichtung" zu binden, in die auch die von dichterischen Formen ablösbaren Gedanken einbehalten blieben (vgl. S. 90). Bezaubernder Überredung war Gewicht zu verleihen. Von Weltauslegung im Zirkel von Gedanke und Bejahung des Gedankens war zu sprechen. Einem Mutmaßen von Denkbarem war Raum zu geben, und hier hatte der Sinnentwurf 'Übermensch' seinen Ort – als denkend-dichtendes Eröffnen von Weltzukunft.

Das denkende Dichten des ›Zarathustra‹ schuf einen eigentümlichen Freiraum für Wahrheit. Ihn hat Nietzsche nach dem 4. Teil des ›Zarathustra‹ für länger verlassen; Entscheidendes sagt er dichterisch erst wieder in den ›Dionysos-Dithyramben‹[1]. Allerdings hält er an seiner Hochschätzung des ›Zarathustra‹ fest. In Ziffer 8 der Vorrede zu ›Zur Genealogie der Moral‹ spricht er von „dem halkyonischen Element, aus dem jenes Werk geboren ist", von „seiner sonnigen Helle, Ferne, Weite und Gewissheit" (VI 2, 267) – von seiner (sehr besonderen) Gewißheit also auch. Und doch: Sie hat schon bald nicht mehr genügt. Warum nicht? Das 7. Kapitel konnte den ›Zarathustra‹ als Gegen-Auslegung zur metaphysischen Tradition zu verstehen geben und belegen, daß Nietzsche sich seines Gegen-Auslegens schon während der Ausarbeitung des 3. Teils des ›Zarathustra‹ bewußt war. Es war und ist zu fragen, ob die Gegen-Auslegung als solche nicht der vermeintlich verabschiedeten Tradition zu neuem Gewicht verhilft. Kann das philosophische Denken der Tradition so gänzlich verfehlt gewesen sein, wenn es mindestens bis zu für den Verfasser des ›Zarathustra‹ wichtigen *Fragen* vorgedrungen ist? Taugt es gar so viel, daß seine Konkurrenz keineswegs schon zwingend ausgeschaltet ist? Genügen angesichts dieser Fraglichkeit noch dionysischer Enthusiasmus, bezaubernde Überredung, Rätselraten und Geheimnis, um der Gegen-Auslegung den *Vorzug* zu sichern?

Das 8. Kapitel legte die Fragezeichen dar, die Nietzsche selbst im ›Zarathustra‹ hinter dessen wichtigsten Wahrheiten angebracht hat. Das Dichten des Übermenschen erlitt schon im 2. Teil des ›Zarathustra‹ einen Anflug von Hinterwelt (vgl. S. 99 f.). Die Ergebnisse, zu denen die Interpretation der Lieder im 4. Teil des ›Zarathustra‹ geführt hat, wurden soeben (S. 111f.) noch einmal zusammengefaßt vorgeführt. Der Übermensch wird fraglich als Gegen-Auslegung zu Gott und zum Endzweck der Welt. Haben Leben und Welt wirklich den Übermenschen nötig, um vollendet zu sein? Angesichts eines nihilistischen Schattens, den der Gedanke der ewigen Wiederkunft des Gleichen wirft, wird Schaffen fraglich, und die Aufforderung zu ihm kann als Neuauflage alten Moralgebrülls erscheinen. Das neue Unbedingte verliert unter diesem Aspekt seinen Vorrang vor dem alten. Der Liebe (verwandeltem Eros), der Weisheit, dem Glück, der neuartigen Unsterblichkeit ergeht es nicht besser. Ja, die Wahrheit der Gegen-Auslegung kann in Frage gestellt werden, und sogar die der Destruktionen der Überlieferung. Ich hatte die These vertreten, daß Nietzsche die Fragezeichen, die er im ›Zarathustra‹ artikuliert hat, als Aufgaben mit der Chance positiver Lösung angesehen und ergriffen hat. (Er selbst hat einmal den 4. Teil des ›Zarathustra‹ bezeichnet als einen „Zwischenakt zwischen dem Zarathustra und dem, *was folgt*"[2].) An meiner These halte ich auch angesichts der Gewichtung fest, die Nietzsche im Rückblick von ›Ecce homo‹, am Beginn seiner dortigen Ausführungen zu ›Jenseits von Gut und Böse‹, vornimmt; von der Darlegung über den ›Zarathustra‹ herkommend, schreibt er: „Die Aufgabe für die nunmehr folgenden Jahre war so streng als möglich vorgezeichnet. Nachdem der jasagende Theil meiner Aufgabe gelöst war, kam die neinsagende, *neinthuende* Hälfte derselben an die Reihe: die Umwerthung der bisherigen Werthe selbst, der grosse Krieg, – die Heraufbeschwörung eines Tags der Entscheidung" (VI 3, 348). Jasagender und neinsagender Teil der Aufgabe sind tatsächlich viel unlöslicher miteinander verflochten, als es hier scheinen soll. Und der jasagende Teil der Aufgabe war noch nicht hinreichend gelöst, enthielt er eben doch ungelöste Grundprobleme, über die Nietzsche sich klar war[3]. Auch war die neinsagende Hälfte der Aufgabe längst schon in Angriff genommen, sowohl was die direkt auf 'Logik', Metaphysik, absolute Moral und Religion gerichteten Destruktionsversuche, als auch was das Neintun durch Umwerten (z. B. von Leib und Vernunft) betrifft. Aber wahr ist, daß gemäß Nietzsches Problembewußtsein nach dem ›Zarathustra‹ auch hier viel zu tun blieb. Wirklich nicht von ungefähr läßt er Werke unter den Titeln ›Jenseits von Gut und Böse‹ und ›Zur Genealogie der Moral‹ folgen[4], und viele wichtige Äußerungen zur Metaphysikkritik waren erst noch zu formulieren (Kapitel 1 hatte häufig auf die späten Werke und den späten ›Nachlaß‹ zurückzugreifen). Übrigens zeigt schon Ziffer 2 jenes ›Ecce homo‹-Rückblicks auf ›Jenseits von Gut und Böse‹, daß die 'neintuende Hälfte der Aufgabe', wie sie in ›Jenseits von Gut und Böse‹ angepackt wird, nach Nietzsches Verständnis sehr wohl auch mit Jasagendem zu tun hat, das allerdings geeignet ist, zum Fürchten Veranlagte in kaum beneidenswerte Zustände zu versetzen: „Dies Buch (1886) ist in allem Wesentlichen eine *Kritik*

der Modernität [...], nebst Fingerzeigen zu einem Gegensatz-Typus, der so
wenig modern als möglich ist, einem vornehmen, einem jasagenden Typus.
Im letzteren Sinne ist das Buch eine *Schule des gentilhomme,* der Begriff
geistiger *und radikaler* genommen als er je genommen worden ist. Man
muss Muth im Leibe haben, ihn auch nur auszuhalten, man muss das Fürchten nicht gelernt haben ..." (VI 3, 348f.). Von diesem jasagenden vornehmen Typus, dem radikal genommenen 'Edelmann', der manchen das Fürchten lehren kann, ist weiter unten zu reden, und es wird auch sein Verhältnis
zum Übermenschen, wie der ›Zarathustra‹ ihn entwarf, zu klären sein.

Ich bleibe also, wie gesagt, dabei, daß Nietzsche im ›Zarathustra‹ aufgeworfene Probleme seiner Philosophie anschließend ergreift und Lösungen
zuzuführen sucht. Ein schönes Zeugnis dafür darf im ›Nachgesang‹ zu ›Jenseits von Gut und Böse‹ (VI 2, 253ff.) erblickt werden, der dieses Werk mit
dem ›Zarathustra‹ verknüpft und in dessen Schlußstrophe Nietzsche dionysisch sich und Zarathustra zusammenbringt als Freunde, die „vereinten
Siegs gewiss" sind[5]. Nietzsche übernimmt seinen Part in dieser auf Sieg ausgehenden Freundschaft, indem er seine historisch-genetischen und 'psycho-
logischen' Analysen von Moral, Metaphysik und Religion fortsetzt – und
vor allem, indem er wichtige Schritte auf ontologischem (und anthropologischem) Feld vollzieht. Der angestrebte Zielpunkt seiner Bemühungen mag
durch die Äußerung von 1888 bezeichnet werden: „Wir haben zwei 'Willen
zur Macht' im Kampfe gesehen; *im Specialfall: wir haben ein Princip,* dem
Einen Recht zu geben, der bisher unterlag, und dem, der bisher siegte, Unrecht zu geben: wir haben die 'wahre Welt' als eine *'erlogene Welt'* und die
Moral als eine *Form der Unmoralität* erkannt. Wir sagen *nicht:* 'der Stärkere
hat Unrecht' ..." (NF VIII 3, 114). Das heißt also: Der Vorzug der Gegen-
Auslegung vor der Tradition wird durch Kampf errungen, er ist Sieg eines
Stärkeren – dank eines *Prinzips;* dieses erlaubt die zuverlässige und endgül-
tige Entscheidung der Rechtsfrage.

Das Prinzip möchte ich hier (wie schon in ›Wahrheit und Wahrheitsgrund‹)
als absolute Seinsthese bezeichnen. Damit ist gemeint, daß Nietzsches
Seinsthese vom Willen zur Macht als schlechthin allgemein, als unbedingt
auftritt. Sie ist durch die Formel zu bezeichnen: *„Diese Welt ist der Wille zur
Macht – und nichts außerdem!* Und auch ihr selber seid dieser Wille zur
Macht – und nichts außerdem!" (NF VII 3, 339[6]) 'Diese Welt' steht für das
Insgesamt dessen, was überhaupt je ist, war und sein wird; von ihr ist nach
Nietzsche (kaum mag man es nochmals erwähnen) keine andere, etwa jen-
seitige Welt als real zu unterscheiden; vielmehr kommt eine andere Welt als
Fiktion in 'dieser Welt' historisch vor. 'Diese', die alles umfassende Welt
(samt jener Fiktion) ist Wille zur Macht und durchaus nichts anderes. Und
so ist denn auch der Mensch Wille zur Macht und durchaus nichts anderes.
Nicht zufällig spricht Nietzsche in der zitierten Stelle von *dem* Willen zur

Macht (im Singular). Sosehr es ihm darum geht, ein „Centralwesen" loszuwerden[7] und er ontologisch auf Vielheit (bis hinab zu Willenspunktationen) besteht, sosehr ist eben doch alles gleich in dem, 'was' es im Innersten ist[8]. Vielheit wie auch Vielgestaltigkeit (z. B. Natur, Gesellschaft, Kunst, Mensch) sind aus einem, und eben wirklich nur einem Prinzip zu denken. In ›Jenseits von Gut und Böse‹ spricht Nietzsche von der „Welt, deren Essenz Wille zur Macht ist" (Aph. 186 / VI 2, 109).

Es wurde in früherem schon einmal gestreift, daß Nietzsche in der ›Morgenröthe‹ Schritte in Richtung auf den Willen zur Macht tut: Das Treibende in den Trieben ist ihm das Verlangen nach Kraftübung, Kraftentladung „oder Sättigung einer Leere" (vgl. S. 51). Die ersten beiden Bestimmungen weisen nach vorne, die letzte wird von Nietzsche später an den Rand gedrängt. Bezüglich des Menschen geschieht das ansatzweise schon in der zitierten Stelle der ›Morgenröthe‹: „Nicht die Nothdurft, nicht die Begierde, – nein, die Liebe zur Macht ist der Dämon der Menschen [...]" (vgl. S. 52). Auch das perspektivische Interpretieren hat Nietzsche an den Trieben schon in der ›Morgenröthe‹ herausgestellt (vgl. S. 51). Im ›Zarathustra‹ dann bestimmt der Gedanke des Willens zur Macht die Ineinssetzung von Leib und 'vergleichendem, bezwingendem, eroberndem, zerstörendem' Selbst (vgl. S. 54). Ja, Zarathustra entdeckt in allem Lebendigen Willen zur Macht, der sich ihm zeigt als „der unerschöpfte zeugende Lebens-Wille", und das hieß als der Wille, „Herr zu sein" – im Befehlen *und* Sichselbstbefehlen, in Machtsteigerung um den Preis auch von Vernichtung (vgl. S. 62 f.). Lust und Leid waren damit gesetzt, auch Feindschaft, Kampf. Ich hatte hervorgehoben, daß zur Verharmlosung des Willens zur Macht, wo er im ›Zarathustra‹ beim Namen genannt wird, kein Anlaß besteht. Indessen findet die ›Zarathustra‹-Dichtung den Weg zu dionysischem Enthusiasmus, zu einer *dithyrambisch-bezaubernden* (wenn auch leidbewußten) *Verklärung*. Diese bleibt nun (von wenigen Reminiszenzen, z. B. dem ›Nachgesang‹ zu ›Jenseits von Gut und Böse‹, abgesehen) längerhin erst einmal zurück.

Für die prosaische Entfaltung der Seinsthese, daß alles Wille zur Macht ist, bleibt das Lebendige bzw. das Leben ein Ausgangspunkt; ein weiterer, freilich eng damit zusammenhängender, wird hinzukommen[9]. In einer Aufzeichnung von 1888 bezeichnet Nietzsche das Leben „als die uns bekannteste Form des Seins" und notiert: „Das Leben, als ein Einzelfall: Hypothese von da aus auf den Gesammtcharakter des Daseins" (NF VIII 3, 54)[10]. Das Leben, von dem aus auf dem Weg der Analogie alles Dasein erschlossen werden soll, ist „spezifisch ein Wille zur Accumulation der Kraft / : alle Prozesse des Lebens haben hier ihren Hebel / : nichts will sich erhalten, alles soll summirt und accumulirt werden"; das Leben und alles andere Dasein „strebt nach einem *Maximal-Gefühl von Macht* / : ist essentiell ein Streben nach Mehr von Macht / : Streben ist nichts anderes als Streben nach Macht /

: das Unterste und Innerste bleibt dieser Wille: Mechanik ist eine bloße Semiotik der Folgen" (ebd.). Die Aufzeichnung ist von zentraler Bedeutung.
Vom Gesamtcharakter des Wirklichen sprechend, hebt sie am Schluß den
Bereich noch einmal eigens als mitbetroffen hervor, der das Forschungsfeld
der Mechanik ist und in dem gemeinhin Kraft nicht als willenhaft gilt. Alles
ist im Innersten Wille. Und entscheidend ist inzwischen für Nietzsche, daß
dieser Wille auch im Lebendigen (von Ausnahmesituationen abgesehen,
vgl. Anm. 16 zu diesem Kap.) nicht etwa Erhaltung will, sondern allenthalben Summierung von Kraft, Mehrung von Macht, ein Maximal-Gefühl von
Macht. *Prozesse* der Kraft*anhäufung* und Macht*steigerung* gewähren als solche und in ihrem *Vollzug* ein Machtgefühl. Und wenn *dieses* Machtgefühl
das Gewollte des Willens wesentlich mit ausmacht, dann muß er unausge-
setzt *weiteres* Akkumulieren von Kraft, *fortschreitende* Machtsteigerung –
und damit *Werden* wollen.

Wichtig ist in diesem Zusammenhang eine Notiz von 1885: „Leben wäre
zu definiren als eine dauernde Form von *Prozeß* der *Kraftfeststellungen,* wo
die verschiedenen Kämpfenden ihrerseits ungleich wachsen. In wie fern
auch im Gehorchen ein Widerstreben liegt; es ist die Eigenmacht durchaus
nicht aufgegeben. Ebenso ist im Befehlen ein Zugestehen, daß die absolute
Macht des Gegners nicht besiegt ist, nicht einverleibt, aufgelöst. 'Gehorchen' und 'Befehlen' sind Formen des Kampfspiels" (NF VII 3, 284 f.).
Wenn diese Äußerung als Definition des Lebens genommen werden darf,
zeigt sie, daß Nietzsche den Aspekt der Ernährung (Einverleibung) im Bereich des Akzidentellen ansiedelt. Wesentlich ist Leben nicht Selbsterhaltung durch Einverleibung von Fremdem. Selbsterhaltung stellt sich (und
zwar nicht immer) mit ein an einem Prozeß, in dem es wesentlich um ihn
selbst geht und der in diesem Sinn Spiel ist, ein Kampfspiel eben. Die miteinander Kämpfenden lassen ihre Kraft aus, üben ihre Kraft, steigern sie
dadurch, und wesentlich wollen sie nichts anderes als dies und das damit
verbundene Machtgefühl. Der Kampf führt zwar zu Kraftfeststellungen,
aber sie sind temporär – übergängige Verhältnisse von Befehlen und Gehorchen. – Darin *braucht* das Befehlende das Gehorchende, den Gegenwillen
– ohne ihn kein Übermächtigen und kein Machtgefühl. Wie schon die Ernährung und Selbsterhaltung, gehört gemäß dieser Äußerung Nietzsches
das Auslöschen des Gegners auf die Seite des Akzidentellen. Daß das
Kampfspiel in Gang bleibt, darauf käme es eigentlich an. Und das Kampfspiel dürfte für das Befehlende um so kraftsteigernder und lustvoller sein,
je stärker der Gegenwille ist. Wie schon angedeutet, bringt auch das Gehorchende es, indem es dem Befehlenden zugleich widerstrebt, zu einem Kraftzuwachs[11]. Veränderung aber sieht Nietzsche dadurch gewährleistet, daß
der Kraftzuwachs bei den kämpfenden Parteien differiert.

Man mag in dieser Auslegung des Lebendigen und ihrer Akzentsetzung die schwer begründbare Verabsolutierung eines Aspekts erblicken[12] – Nietzsche macht mit ihr den Versuch, den 'Gesamtcharakter des Daseins' zu fassen. Als transparent auf den Bereich mitmenschlicher Beziehungen darf sie sofort schon angesehen werden. Einen Bezug zum Bereich des Anorganischen versucht Nietzsche in der zitierten Aufzeichnung ausdrücklich herzustellen; diese beginnt mit dem Satz: „Die Verbindung des Unorganischen mit dem Organischen muß in der abstoßenden Kraft liegen, welche jedes Kraftatom ausübt" (ebd.).

Daß der Prozeß des Lebens (und aller Prozeß überhaupt) für Nietzsche essentiell interpretierend und uminterpretierend ist, mag hier durch Rückgriff auf eine früher beigezogene Stelle schon einmal neu bekundet werden: „[...] dass etwas Vorhandenes, irgendwie Zu-Stande-Gekommenes immer wieder von einer ihm überlegenen Macht auf neue Ansichten ausgelegt, neu in Beschlag genommen, zu einem neuen Nutzen umgebildet und umgerichtet wird; dass alles Geschehen in der organischen Welt ein *Überwältigen, Herrwerden* und dass wiederum alles Überwältigen und Herrwerden ein Neu-Interpretieren, ein Zurechtmachen ist, bei dem der bisherige 'Sinn' und 'Zweck' nothwendig verdunkelt oder ganz ausgelöscht werden muss" (GM II 12 / VI 2, 329f.).

Es wurde schon erwähnt, daß Nietzsche, um den 'Gesamtcharakter des Daseins' als Wille zur Macht zu deuten, auch noch einen anderen Ausgangspunkt als das Leben organischer Wesen nimmt, ohne sich jedoch dabei von diesem weit zu entfernen. Das geschieht in dem wichtigen Aphorismus 36 von ›Jenseits von Gut und Böse‹ (VI 2, 50f.), der hier etwas ausführlicher vorzustellen ist. Er beginnt: „Gesetzt, dass nichts Anderes als real 'gegeben' ist als unsre Welt der Begierden und Leidenschaften, dass wir zu keiner anderen 'Realität' hinab oder hinauf können als gerade zur Realität unsrer Triebe – denn Denken ist nur ein Verhalten dieser Triebe zu einander – : ist es nicht erlaubt, den Versuch zu machen und die Frage zu fragen, ob dies Gegeben nicht *ausreicht,* um aus Seines-Gleichen auch die sogenannte mechanistische (oder 'materielle') Welt zu verstehen?" Gegebene Realität für uns sind – so soll hier wenigstens angenommen werden – nur wir selbst, freilich nicht im Sinn der Tradition als Vernunftwesen, sondern eben gemäß Nietzsches Umwertung von Leib und Vernunft (zu der die zitierte Stelle mit ihrer Bestimmung des Denkens einen charakteristischen Beitrag liefert). Wir als Leib (als 'große Vernunft'), unsere Welt der Triebe, das ist hier Ansatzpunkt für eine auf den 'Gesamtcharakter des Daseins' zielende Hypothese und Analogie. Die 'mechanistische Welt' des Anorganischen wird dank dieses Verfahrens als eine Welt „vom gleichen Realitäts-Range" nicht nur, sondern von prinzipiell gleicher Struktur ins Blickfeld gerückt, nämlich „als eine primitivere Form der Welt der Affekte", „als eine Art von Triebleben" und insofern zugleich „als eine *Vorform* des Lebens". Das gibt die

Möglichkeit, *alles* Wirken als willenhaft zu verstehen – das menschliche, ganz von Begierden, Trieben und Leidenschaften bestimmte, ferner alles Wirken in der organischen Natur, und eben das in der anorganischen Natur. Unsere eigene, uns vergleichsweise bekannte[13] Realität, von Nietzsche als Natur begriffen, wird interpretierend auf alle Natur übertragen[14]. Nietzsche beruft sich für sein hypothetisches (und analogisches) Verfahren auf das „Gewissen der *Methode*", das (historisch seit langem schon) gebietet, die Zahl der Prinzipien so gering wie möglich zu halten, was hier jetzt heißt: „Nicht mehrere Arten von Causalität annehmen, so lange nicht der Versuch, mit einer einzigen auszureichen, bis an seine äusserste Grenze getrieben ist". Dieser Versuch setzt die Kraft in allem mechanischen Geschehen als Willenskraft an, gründet alle organischen Funktionen im Willen zur Macht und versteht „unser gesammtes Triebleben als die Ausgestaltung und Verzweigung Einer Grundform des Willens [...] – nämlich des Willens zur Macht". Mit dem geglückten Versuch hätte man „sich das Recht verschafft, *alle* wirkende Kraft eindeutig zu bestimmen als: *Wille zur Macht*. Die Welt von innen gesehen, [...] sie wäre eben 'Wille zur Macht' und nichts ausserdem." Daß sie das für Nietzsche nicht nur 'wäre', sondern *ist,* wird im Fortgang vollends deutlich werden.

Von beiden Ausgangspunkten aus, von der organischen Natur und vom menschlichen Triebleben her, durchmißt Nietzsche die klassischen Seinsbereiche des Endlichen und versteht sie als Entfaltung eines und desselben Prinzips. Überall geht wesentlich dasselbe vor. Das bedeutet, daß die am Lebendigen abgenommenen Verhältnisse (Kampfspiel um willen eines Machtgefühls[15]; Befehlen und Gehorchen; temporäre Kraftfeststellungen) auch das innere Leben der menschlichen Individuen aufschließen (und nicht nur umgekehrt). –

Die Welt, mit Nietzsches Augen „von innen gesehen", soll, an herkömmlichen Weltauffassungen gemessen, durchaus als chaotisch erscheinen (vgl. Anm. 10 zu diesem Kap.). Indessen gibt es Naturwissenschaften, und sie sind erfolgreich im Entdecken von Gesetzmäßigkeiten. Nietzsche will und kann das nicht leugnen. Er bemüht sich, in Übereinstimmung mit seiner Kritik des 'Logisierens', das Phänomen zuverlässiger Naturberechnung aus seinem Seinsprinzip begreiflich zu machen. Der Aphorismus, in dem das geschieht, ist jetzt vor allem wichtig, weil er in wünschenswerter Deutlichkeit den Willen zur Macht charakterisiert: „jene 'Gesetzmässigkeit der Natur', von der ihr Physiker so stolz redet, wie als ob[16] – – besteht nur Dank eurer Ausdeutung und schlechten 'Philologie', – sie ist kein Thatbestand, kein 'Text', vielmehr nur eine naiv-humanitäre Zurechtmachung und Sinnverdrehung, [...] es könnte Jemand kommen, der, mit der entgegengesetzten Absicht und Interpretationskunst, aus der gleichen Natur und im Hinblick auf die gleichen Erscheinungen, gerade die tyrannisch-rücksichtslose und unerbittliche Durchsetzung von Machtansprüchen herauszulesen verstünde, – ein Interpret, der die Ausnahmslosigkeit und Unbedingtheit in allem 'Willen zur Macht' dermaassen euch vor Augen stellte, dass fast jedes Wort und selbst das Wort 'Tyrannei' schliesslich unbrauchbar oder schon als schwächende und mildernde Metapher – als zu menschlich – erschiene; und der dennoch damit endete, das Gleiche von dieser Welt zu behaupten, was ihr behauptet, nämlich dass sie einen 'nothwendigen' und 'berechenbaren' Verlauf habe, aber *nicht,* weil Gesetze in ihr herrschen, sondern weil absolut die Gesetze *fehlen,* und jede Macht in jedem Augenblicke ihre letzte Consequenz zieht" (JGB 22 / VI 2, 31). Die erkenntnistheoretische Problematik darf hier beiseite bleiben. Sehr ernst sollte genommen werden, was über den Willen zur Macht gesagt wird. Denn klar ist ja inzwischen, daß er in allen Seinsbereichen auf die prinzipiell gleiche Weise Wirklichkeit bestimmt, so daß die zitierte Stelle durchaus nicht nur von einer Natur der Physik spricht, sondern auch von der Menschenwelt (und der organischen Natur). Besonders kommt es mir für das weitere an auf die Formulierungen „tyrannisch-rücksichtslose und unerbittliche Durchsetzung von Machtansprüchen"; „Ausnahmslosigkeit und Unbedingtheit in allem 'Willen zur Macht'"; daß „das Wort 'Tyrannei' [...] schon als schwächende und mildernde Metapher – als zu menschlich – erschiene"; daß „jede Macht in jedem Augenblicke ihre letzte Consequenz zieht". *So* zeigt sich hier das Kampfspiel. Nietzsche denkt das Seinsprinzip radikal und schonungslos, und er spricht sich offen darüber aus. Die Konsequenzen sind erheblich und werden diese Untersuchung noch stark beschäftigen. –

Nachdem soeben zu Nietzsches Seinsthese ein Umriß gegeben wurde und der Paukenschlag ertönt ist, dürfte zur weiteren Verdeutlichung des Seinsprinzips und seiner anthropologischen Implikationen sowie zur Bekräftigung der Absolutheit der Seinsthese noch einige Detailarbeit am Platze sein.

Nicht weiterführend, aber von mir Ausgeführtes deutlich bestätigend ist Aphorismus 13 in ›Jenseits von Gut und Böse‹, der, was das Auslassen von Kraft betrifft, über den Bereich des Lebendigen hinaus auf alle Seinsbereiche weist: „Die Physiologen sollten sich besinnen, den Selbsterhaltungstrieb als kardinalen Trieb eines organischen Wesens anzusetzen. Vor Allem will etwas Lebendiges seine Kraft *auslassen* – Leben selbst ist Wille zur Macht –: die Selbsterhaltung ist nur eine der indirekten und häufigsten *Folgen* davon. – Kurz, hier wie überall, Vorsicht vor *überflüssigen* teleologischen Principien! – wie ein solches der Selbsterhaltungstrieb ist (man dankt ihn der Inconsequenz Spinoza's –). So nämlich gebietet es die Methode, die wesentlich Principien-Sparsamkeit sein muss" (VI 2, 21 f.)[17]. 'Diese Welt' aus dem Willen zur Macht denken, das bedeutet, den Aspekt von Stärke zum Wesentlichen erheben. Stärke tritt freilich abgestuft auf. Aber solange von ihr zu Recht gesprochen wird, geht es überall um Kraftsteigerung, um

Auslassen und Üben der Kraft. Erst wo die 'Stärke' gegen Null tendiert, wo Restriktion von Kraft den Anblick von Schwäche entstehen läßt, gilt das nicht mehr.

Es wäre nach Nietzsche gänzlich verfehlt, von der Stärke zu erwarten, daß sie Schwachem rücksichtsvoll begegnet – und das gilt für alle Seinsbereiche, also auch für das Zusammenleben der Menschen. Wenn alles aus *einem* Prinzip gedacht wird, dann gilt eben ausnahmslos: „Von der Stärke verlangen, dass sie sich *nicht* als Stärke äussere, dass sie *nicht* ein Überwältigen-Wollen, ein Niederwerfen-Wollen, ein Herrwerden-Wollen, ein Durst nach Feinden und Widerständen und Triumphen sei, ist gerade so widersinnig als von der Schwäche verlangen, dass sie sich als Stärke äussere. Ein Quantum Kraft ist ein eben solches Quantum Trieb, Wille, Wirken – vielmehr, es ist gar nichts anderes als eben dieses Treiben, Wollen, Wirken selbst, und nur unter der Verführung der Sprache (und der in ihr versteinerten Grundirrthümer der Vernunft), welche alles Wirken als bedingt durch ein Wirkendes, durch ein 'Subjekt' versteht und missversteht, kann es anders erscheinen" (GM I 13 / VI 2, 293). Nirgends kann nach Nietzsche vom Treiben, Wollen, Wirken ein Subjekt unterschieden werden, als Täter eines Tuns (vgl. ebd.). Damit ist – auch beim Menschen – auf ontologischem Weg die Möglichkeit einer Instanz eliminiert, die für das Wirken Verantwortung übernehmen könnte, weil sie fähig wäre, zu hemmen oder zu unterbinden. Den Willen zur Macht auf Nietzsches Weise als Seinsprinzip denken und eine Position jenseits von Gut und Böse einnehmen, ist ein und dasselbe; es bleibt hier zum 'Immoralismus' keine Alternative. Doch damit ist schon vorausgeblickt auf später erst Auszuführendes.

Jetzt mag zunächst weiter belegt werden, wie Nietzsche seine Hypothese in alle Seinsbereiche hineinträgt. Das bloß vegetativ Lebendige macht ihm keine Schwierigkeiten. In einer Aufzeichnung von 1885/86 heißt es: „Der Charakter des unbedingten Willens zur Macht ist im ganzen Reiche des Lebens vorhanden. Haben wir ein Recht, das Bewußtsein zu leugnen, so doch schwerlich das Recht, die treibenden Affekte zu leugnen z. B. in einem Urwalde" (NF VIII 1, 19 f.). – 1888 hält er fest: „Der Wille zur Accumulation von Kraft als spezifisch für das Phänomen des Lebens, für Ernährung, Zeugung, Vererbung, / für Gesellschaft, Staat, Sitte, Autorität / sollten wir diesen Willen nicht als bewegende Ursache auch in der Chemie annehmen dürfen? / und in der kosmischen Ordnung?" (NF VIII 3, 53) – wir sollten natürlich. Aus derselben Zeit gehören noch zwei ›Nachlaß‹-Stellen hierher: „*Wille zur Macht. / Morphologie. / Wille zur Macht* als 'Natur' / als Leben / als Gesellschaft / als Wille zur Wahrheit / als Religion / als Kunst / als Moral / als Menschheit" (NF VIII 3, 46). Und: „Daß alle treibende Kraft Wille zur Macht ist, das [sic] es keine physische, dynamische oder psychische Kraft außerdem gibt . . ." (NF VIII 3, 92).

Die letzte Äußerung findet sich innerhalb einer größeren Notiz, die überschrieben ist „Wille zur Macht psychologisch" und *„Einheitsconception der Psychologie"* (ebd.). Der psychologische Aspekt soll jetzt interessieren. Am Beginn wird hier schon Erörtertes nur akzentuiert: „Wir sind gewöhnt daran, die Ausgestaltung einer ungeheuren Fülle von Formen verträglich zu halten mit einer Herkunft aus der Einheit. / Daß der Wille zur Macht die primitive Affekt-Form ist, daß alle anderen Affekte nur seine Ausgestaltungen sind:" (ebd.). Wichtig ist nun aber der Fortgang, insofern er der Lust ihre Stelle anweist: „Daß es eine bedeutende Aufklärung giebt, an Stelle des individuellen 'Glücks' nach dem jedes Lebende streben soll, zu setzen Macht: 'es strebt nach Macht, nach Mehr in der Macht' – Lust ist nur ein Symptom vom Gefühl der erreichten Macht, eine Differenz-Bewußtheit – / – es strebt nicht nach Lust, sondern Lust tritt ein, wenn es erreicht, wonach es strebt: Lust begleitet, Lust bewegt nicht ..." (ebd.). Lust bewegt nicht, ist nicht das Begehrte, nicht das erstrebte Ziel. Die These, zu der Nietzsche erst hat hinfinden müssen[18], ist fundamental für sein Konzept. Seit Platon hatte man Lust und Begierde derart zusammengebracht, daß Begehren ein Aussein ist auf Lust (oder Lustbringendes) als auf etwas, das noch *mangelt*. (Eine Variante wäre das Aussein auf Dauer einer gegenwärtigen Lust angesichts ihres möglichen Entschwindens, also künftigen Fehlens. Als Kehrseite gehört zum Phänomen das Vermeidenwollen von Unlust.) Es muß klar gesehen werden, daß diese Struktur des Wollens (die noch bei Schopenhauer die Erscheinungen bestimmt[19]) dem von Nietzsche gedachten Willen zur Macht entgegengesetzt ist. Jedenfalls möchte er es so[20]. Zweifellos ist das „Streben nach Mehr von Macht" (vgl. S. 117) ein Streben nach einem Quantum an Macht, das *noch nicht* verwirklicht ist. Aber Nietzsche bemüht sich gerade, dies Streben als Kraftauslassen, Stärke, Ausdruck vorhandener Fülle zu interpretieren[21]. Dem dienen seine Überlegungen zu Lust und Unlust, die im folgenden noch etwas ausführlicher vorgeführt werden müssen. Hier aber mag schon kritisch angemerkt werden, daß Nietzsche sich an diesem für ihn so wichtigen Punkt die Frage gefallen lassen muß, ob er dem Phänomenbestand nicht Gewalt antut, indem er erneut einem Aspekt ein schwer zu rechtfertigendes Übergewicht über andere Aspekte gibt.

Er geht allerdings nicht bedenkenlos vor. Es war schon herauszustellen, daß das Maximal-Gefühl von Macht, nach dem essentiell alles strebt, nicht bestimmend ist als ein noch Mangelndes im Sinne eines durch den Prozeß zu erreichenden, ihn beendenden und insofern von ihm verschiedenen Telos, sondern daß es dem Prozeß der Kraftanhäufung und Machtsteigerung inhäriert. So auch die Lust, als „Symptom vom Gefühl der erreichten Macht"; sie „begleitet" den Prozeß der Machtsteigerung. Für Nietzsche, der ja seit langem schon dionysischer Gefühlsmischung gegenüber aufgeschlossen ist, ist es kein Problem, denselben Prozeß auch von Unlust begleitet zu sehen: „insofern jede Kraft sich nur an Widerstehendem auslassen kann, ist nothwendig in jeder Aktion eine *Ingredienz von Unlust*. Nur wirkt diese Unlust als Reiz des Lebens: und stärkt den *Willen zur Macht!*" (NF VIII 2, 280) Das wird von einer anderen Stelle aus dem ›Nachlaß‹ präzisiert, in der Lust und Unlust auf für das gewöhnliche Verständnis eher paradoxe, für den Willen zur Macht aber höchst charakteristische Weise verschränkt sind: „*nicht* die Befriedigung des Willens ist Ursache der Lust: gegen diese oberflächlichste Theorie will ich besonders kämpfen. [...] / sondern daß der Wille vorwärts will und immer wieder Herr über das wird, was ihm im Wege steht: das Lustgefühl liegt gerade in der Unbefriedigung des Willens, darin, daß er ohne die Grenzen und Widerstände noch nicht satt genug ist . . . / 'Der Glückliche': Heerdenideal" (NF VIII 2, 279 f.)[22]. – Zu Lust und Unlust sind an dieser Stelle noch zusammenhängende Notizen von 1888 zu thematisieren (NF VIII 3, 152–154). Nach klarer Wiederholung seiner Grundthese über das Verhältnis von Wille zur Macht und Lust / Unlust greift Nietzsche dort das Thema Ernährung auf und kommt auf den Hunger zu sprechen, der ein Paradebeispiel für die von der Tradition angenommene Struktur der Begierde ist. An Elementarem exemplifiziert Nietzsche zunächst sein Umdenken: „Nehmen wir den einfachsten Fall, den der primitiven Ernährung: das Protoplasma streckt seine Pseudopodien aus, um nach etwas zu suchen, was ihm widersteht – nicht aus Hunger, sondern aus Willen zur Macht. Darauf macht es den Versuch, dasselbe zu überwinden, sich anzueignen, sich einzuverleiben: – das, was man 'Ernährung' nennt, ist bloß eine Folge-Erscheinung, eine Nutzanwendung jenes ursprünglichen Willens, *stärker* zu werden". Nun kann freilich nicht nur, wie schon angedeutet, gegen Nietzsche das Sichernähren durchaus und immer noch als ein Wesenszug des Lebendigen und also als mehr denn bloße „Folge-Erscheinung" aufgefaßt werden[23]. Auch bezüglich Nietzsches Verständnis des Hungers könnte man bedenklich werden, zufolge einschlägiger Erfahrungen am eigenen Leibe. Hier jedoch weiß Nietzsche Rat. Allgemein für Lebendiges räumt er Hunger als Begehren ein in Fällen restringierter Mächtigkeit des Willens zur Macht: „der Hunger als Folge eines *nicht mehr Herr werdenden* Willens zur Macht", als „Folge der Unterernährung". Außerdem zeigt sich ihm der Hunger als eine späte Erscheinung der Evolution, und zwar ebenfalls unter einem Aspekt von Reduktion. Denn mindestens auf den Menschen bezogen, soll gelten: „erst spät, in Folge Arbeitstheilung, nachdem der Wille zur Macht ganz andere Wege zu seiner Befriedigung einschlagen lernt, wird das Aneignungsbedürfniß des Organismus *reduzirt* auf den Hunger, auf das Wiederersatzbedürfniß des Verlorenen." Die Erfahrung des Hungers und damit eines auf die Beschaffung von Mangelndem ausgehenden, primär unlustigen Begehrens soll also nicht zu einem Einwand dagegen legitimieren, daß Nietzsche diese Begehrensstruktur vom Willen zur

Macht fernhält. Und doch: Der Gedanke der „Arbeitstheilung", vom Phänomenbestand erzwungen, macht Platz für ein Begehren, das 'neben' dem Seinsprinzip sein Wesen treibt[24]. Das ist mißlich für Nietzsches Seinsthese. Und so liest man denn am Ende der hier thematisierten Sequenz von Notizen (Hervorhebung von mir): „*alle gesunden* Funktionen des Organismus haben dies Bedürfniß" – gemeint ist das Bedürfnis nach Überwindung von Gegnern.

Stimmiger und weiteren Aufschluß gebend ist (immer noch in dem gleichen Notizenkomplex) Nietzsches Unterscheidung von *Arten* der Lust und Unlust: Das geläufige Verständnis von Unlust begreift er als unzulässige Verallgemeinerung einer Art von Unlust, derjenigen nämlich, die sich bei einem Kämpfenden einstellt, wenn er durch seinen Krafteinsatz im Kampfspiel nicht stärker, sondern erheblich schwächer geworden ist: „Man hat die Unlust verwechselt mit einer Art der Unlust, mit der Erschöpfung: letztere stellt in der That eine tiefe Verminderung und Herabstimmung des Willens zur Macht, eine meßbare Einbuße an Kraft dar. Das will sagen: Unlust als Reizmittel zur Verstärkung der Macht und Unlust nach einer Vergeudung von Macht; im ersteren Fall ein stimulus, im letzteren die Folge einer übermäßigen Reizung [...]. Die Unfähigkeit zum Widerstand ist der letzteren Unlust zu eigen: die Herausforderung des Widerstehenden gehört zur ersteren". Der Unlust der Erschöpfung korrespondiert eine Art von Lust, die nämlich, die ein Erschöpftes beim Einschlafen empfindet. Auch hier kann Nietzsches Kritik geläufigen Vorstellens ansetzen: „Die große Verwechslung der Psychologen bestand darin, daß sie diese beiden *Lustarten* die des *Einschlafens* und die des *Sieges* nicht auseinanderhielten / die Erschöpften wollen Ruhe, Gliederausstrecken, Frieden, Stille – / es ist das *Glück* der nihilistischen Religionen und Philosophien / die Reichen und Lebendigen wollen Sieg, überwundene Gegner, Überströmen des Machtgefühls über weitere Bereiche als bisher". –

Es gilt nun auch, die „Perspektiven-*setzende* Kraft in das 'wahre Sein' einzurechnen", „eben den nothwendigen Perspektivismus, vermöge dessen jedes Kraftcentrum – und nicht nur der Mensch – von sich aus die ganze übrige Welt construirt, d. h. an seiner Kraft mißt, betastet, gestaltet" (NF VIII 3, 165). An dieser Äußerung ist alles wichtig: die Notwendigkeit und Ausnahmslosigkeit des Perspektivismus, verankert im Sein; die Bedeutung des Setzens von Perspektiven als selbstbezügliche (relative) Weltkonstruktion – nach Maßgabe der eigenen Kraft. Sofort läßt Nietzsche sich wieder die ausdrückliche Einbeziehung des Anorganischen angelegen sein. War dieses hier weiter oben schon als „Vorform des Lebens", eine „Art von Triebleben" und „eine primitivere Form der Welt der Affekte" begegnet, so ist jetzt das „*Spezifisch-Sein*" von Stoffen, wie es vom Chemiker angesetzt wird, „das bestimmt So-und-So-Agiren und -Reagiren" (ebd.), als Vorform des

Perspektivismus zu begreifen; oder, anders herum formuliert: „Der Perspektivismus ist nur eine complexe Form der Spezifität" (ebd., von Nietzsche hervorgehoben). Zum Thema Perspektivismus ist sogleich noch mehr zu sagen. Im Augenblick aber gibt der Fortgang der zuletzt zitierten Notiz Gelegenheit, einerseits die Linie des zuvor über den Willen zur Macht Ausgeführten mit Bezug auf den Bereich des Anorganischen noch deutlicher auszuziehen, und andererseits, von demselben Bereich aus, auf Vereinigungen und Ordnungen hinauszublicken. Wille zur Macht war zu verstehen als strebendes Kraftauslassen, Stärke, Ausdruck von Fülle. Im anorganischen Bereich soll man sich das so vorstellen, „daß jeder spezifische Körper darnach strebt, über den ganzen Raum Herr zu werden und seine Kraft auszudehnen (– sein Wille zur Macht:) und Alles das zurückzustoßen, was seiner Ausdehnung widerstrebt" (ebd.). Der Fortgang der Stelle führt weiter: „Aber er stößt fortwährend auf gleiche Bestrebungen anderer Körper und endet, sich mit denen zu arrangiren ('vereinigen'), welche ihm verwandt genug sind: – so *conspiriren sie dann zusammen zur Macht.* Und der Prozeß geht weiter ..." (NF VIII 3, 165f.). Ein Sicharrangieren, Sichvereinigen mit Verwandtem zwecks gemeinsamen kraftvolleren Machtstrebens – das soll man sich auch in anderen Bereichen denken. Es stiftet Ordnung. So kommt es hier nun darauf an, Nietzsche einerseits Perspektivität und Kampf derart radikalisieren zu sehen, daß die Vorstellung von 'Chaos' evoziert wird, und ihm anderseits dabei zu begegnen, wie er von dort aus Schritte in Richtung auf Ordnungen tut, die es ihm ermöglichen, von der Welt als einem 'sich selbst gebärenden Kunstwerk' (vgl. S. 128) zu sprechen.

Es war schon davon die Rede, daß die „Perspektiven-*setzende* Kraft in das 'wahre Sein' einzurechnen" sei und daß Nietzsche sie *jedem* Kraftzentrum zuspricht, so daß der Perspektivismus Notwendigkeitscharakter hat. Der Gedanke gewinnt noch an Brisanz, wenn im Größten und im Kleinsten Einheit geleugnet wird. Beides geschieht bei Nietzsche. Er notiert: „Es scheint mir wichtig, daß man *das* All, die Einheit los wird, irgend eine Kraft, ein Unbedingtes; man würde nicht umhin können, es als höchste Instanz zu nehmen und Gott zu taufen. Man mu<ß> das All zersplittern" (NF VIII 1, 325). Und auch im Kleinen findet Zersplitterung statt: „es giebt keine dauerhaften letzten Einheiten, keine Atome, keine Monaden: auch hier ist 'das Seiende' erst von uns *hineingelegt,* (aus praktischen, nützlichen perspektivischen Gründen) [...] *es giebt keinen Willen:* es giebt Willens-Punktationen, die beständig ihre Macht mehren oder verlieren" (NF VIII 2, 278f.). Beide Zersplitterungen sind freilich nicht immun gegen Kritik. Diejenige des Alls kann den Verdacht, eine bloße Setzung aus interessierter Betrachtung zu sein, nur schwer von sich abweisen. Und die Negation 'letzter Einheiten' im Kleinen rekurriert auf unser 'Logisieren'[25], das seinerseits dieser Negation bedürftig wäre, um zwingend fundiert zu sein. Indessen, für Nietzsche selbst befestigt sich mit diesem Gedanken die *totale* Perspektivität. Sie ist totale *Relativität*[26] – und zwar der Wertung und der 'Erkenntnis' (was beides zusammengehört). Es soll gelten: „jedes Kraftcentrum hat für den ganzen *Rest* seine *Perspektive* d. h. seine ganze bestimmte *Werthung*, seine Aktions-Art, seine Widerstandsart" (NF VIII 3, 163). Und andererseits: „Es giebt *nur* ein perspektivisches Sehen, *nur* ein perspektivisches 'Erkennen'" (GM III 12 / VI 2, 383); Affekte sind hier bestimmend, und damit Wertungen. Erkenntnis ist möglich nur als „Irrthum über sich selbst, als Wille zur Macht, als Wille zur Täuschung" (NF VIII 1, 321). – Perspektivität bzw. Relativität total gesetzt, das bedeutet zugleich: „Es giebt keine Gegensätze: nur von denen der Logik[27] her haben wir den Begriff des Gegensatzes – und von denen aus fälschlich in die Dinge übertragen" (NF VIII 2, 48). So gibt es denn auch nicht die Gegensätze gut – böse und wahr – falsch.

Zu Nietzsches Charakterisierung der Willens-Punktationen, nämlich daß sie „beständig ihre Macht mehren oder verlieren", ist zu bemerken, daß sie nicht beiläufig, sondern entscheidend und von großer Tragweite ist. Sie gerade hebt die Willens-Punktationen ab von Atomen und Monaden als 'dauerhaften letzten Einheiten'. Auch Werden ist mit ihnen – in der Blickrichtung auf die Elemente von allem – total gesetzt. Aus ihnen bauen sich für Nietzsche nun allerdings, wie schon angedeutet, Einheiten und Ordnungen auf, so daß sich auch für das zersplitterte All ein Gegenbild einstellen kann. Dieselbe Aufzeichnung, die die „dauerhaften letzten Einheiten" negiert, kennt „complexe Gebilde von relativer Dauer des Lebens innerhalb des Werdens", kennt bewegliche, veränderliche „'Herrschafts-Gebilde'" (NF VIII 2, 278). Ordnungen und Einheiten von relativer Dauer ergeben sich nach Nietzsche einerseits durch Überwältigen und In-Dienst-nehmen von Schwächerem durch das Stärkere, andererseits, wie schon erwähnt, durch Vereinigung ('Konspirieren') zu gemeinsamer, gesteigerter Machtausübung. Beides kann sich auch verschränken. Wichtig ist hier zu beachten und festzuhalten: Die totale Perspektivität bzw. Relativität wird durch Vereinigungen der bezeichneten Art nicht durchbrochen; es kommt bei einer Vereinigung wohl zu *gemeinsamen* Perspektiven, aber diese bleiben relativ.

Für Nietzsche gehört, wie früher gezeigt, die Zweckvorstellung zu den fälschenden Schemata, mit denen wir als Denkende Willen zur Macht vollziehen. Die Ordnungen nun aber, die er, als wie übergängige auch immer, entstehen sieht, machen begreiflich, daß so manches in der Welt zweckmäßig erscheinen kann. Die „anscheinende 'Zweckmäßigkeit'" ist „bloß die Folge jenes in allem Geschehen <sich> abspielenden *Willens zur Macht*", und es gilt nach Nietzsche, „daß das *Stärkerwerden* Ordnungen mit sich bringt, die einem Zweckmäßigkeits-Entwurfe ähnlich sehen / daß die anscheinenden *Zwecke* nicht beabsichtigt sind, aber, sobald die Übermacht über eine geringere Macht erreicht ist und letztere als Funktion der größeren arbeitet, eine Ordnung des *Rangs,* der Organisation den Anschein einer Ordnung von Mittel und Zweck erwecken muß" (NF VIII 2, 50). Es handelt sich um etwas, was für schematisierendes Denken so aussieht wie Zweckmäßigkeit, tatsächlich aber „Ordnung von Machtsphären und deren Zusammenspiel" ist (ebd.). Dieser Gedanke, ins Große gedacht, dürfte es sein, der es Nietzsche erlaubt, die Welt ein „sich selbst gebärendes Kunstwerk" zu nennen (NF VIII 1, 117) – wobei die Formulierung keinen Zweifel aufkommen läßt über die reine Immanenz dieses Geschehens und seinen permanenten Prozeßcharakter.

Es sollte vielleicht eigens akzentuiert werden, daß den Willen zur Macht denken und das Seiende bis zu (Dauer von sich abweisenden) Willenspunktationen hinab zersplittern bei Nietzsche nicht zum Ansatz eines *totalen* bellum omnium contra omnes führt. Kraftvergeudung und Erschöpfung werden vermieden, wenn gleich starke 'Gegner' sich miteinander arrangieren; und Vereinigung von Kräften kann eben den Vereinigten Machtsteigerung einbringen. Der *totale* Krieg aller gegen alle wäre mit dem Willen zur Macht durchaus nicht konform. Das gilt auch für den gesellschaftlichen Bereich[28]. Daß damit nicht doch einer Verharmlosung des Willens zur Macht das Tor geöffnet ist, zeigt unverblümt der Aphorismus 259 aus ›Jenseits von Gut und Böse‹, der wegen seiner großen Wichtigkeit (auch für das folgende Kapitel) hier ganz zitiert wird: „Sich gegenseitig der Verletzung, der Gewalt, der Ausbeutung enthalten, seinen Willen dem des Andern gleich setzen: dies kann in einem gewissen groben Sinne zwischen Individuen zur guten Sitte werden, wenn die Bedingungen dazu gegeben sind (nämlich deren thatsächliche Ähnlichkeit in Kraftmengen und Werthmaassen und ihre Zusammengehörigkeit innerhalb Eines Körpers). Sobald man aber dies Princip weiter nehmen wollte und womöglich gar als *Grundprincip der Gesellschaft,* so würde es sich sofort erweisen als Das, was es ist: als Wille zur *Verneinung* des Lebens, als Auflösungs- und Verfalls-Princip. Hier muss man gründlich auf den Grund denken und sich aller empfindsamen Schwächlichkeit erwehren: Leben selbst ist *wesentlich* Aneignung, Verletzung, Überwältigung des Fremden und Schwächeren, Unterdrückung, Härte, Aufzwängung eigner Formen, Einverleibung und mindestens, mildestens, Ausbeutung, – aber wozu sollte man immer gerade solche Worte gebrauchen, denen von Alters her eine verleumderische Absicht eingeprägt ist? Auch jener Körper, innerhalb dessen, wie vorher angenommen wurde, die Einzelnen sich als gleich behandeln – es geschieht in jeder gesunden Aristokratie –, muss selber, falls er ein lebendiger und nicht ein absterbender Körper ist, alles Das gegen andere Körper thun, wessen sich die Einzelnen in ihm gegen einander enthalten: er wird der leibhafte Wille zur Macht sein müssen, er wird wachsen, um sich greifen, an sich ziehn, Übergewicht gewinnen wollen, – nicht aus irgend einer Moralität oder Immoralität heraus, sondern weil er *lebt,* und weil Leben eben Wille zur Macht *ist.* In keinem Punkte ist aber das gemeine Bewusstsein der Europäer widerwilliger gegen Belehrung, als hier; man schwärmt jetzt überall, unter wissenschaftlichen Verkleidungen sogar, von kommenden Zuständen der Gesellschaft, denen 'der ausbeuterische Charakter' abgehn soll: – das klingt in meinen Ohren, als ob man ein Leben zu erfinden verspräche, welches sich aller organischen Funktionen enthielte. Die 'Ausbeutung' gehört nicht einer verderbten oder unvollkommenen und primitiven Gesellschaft an: sie gehört in's *Wesen* des Lebendigen, als organische Grundfunktion, sie ist eine Folge des eigentlichen Willens zur Macht, der eben der Wille des Lebens ist. – Gesetzt, dies ist als Theorie eine Neuerung, – als Realität ist es das *Ur-Faktum* aller Geschichte: man sei doch so weit gegen sich ehrlich! –" (VI 2, 217 f.) Wie gezeigt, war auch der Bereich des Anorganischen, des Unlebendigen, aus dem *einen* Seinsprinzip zu denken, wenn dieses dort auch eher in 'Vorformen' begegnete. 'Eigentlicher' Wille zur Macht, so heißt es jetzt, ist Wille des Lebens. Leben aber umfaßt den gesamten menschlichen Bereich (wie ja des Menschen 'große Vernunft' von Zarathustra Leib genannt wurde). Was sich Nietzsche am Leben im engeren Sinn (der 'uns bekanntesten Form des Seins') zeigt, gilt eben prinzipiell und trotz Restriktionen (durch wechselseitiges Sich-der-Gewalt-Enthalten) auch für das menschliche Zusammenleben. Verletzen, Gewalt, Überwältigung, Unterdrückung, Ausbeutung, Härte, Aufzwängung eigener Formen bleiben angesagt. Für Nietzsche handelt es sich bei diesen Ausdrücken aber eher um unangemessene Vokabeln aus dem Wortschatz der Moral. Jasagen jenseits von Gut und Böse ist gefragt. Neinsagen wäre Lebensverneinung, Décadence, Verfall. Daß es stattfinden kann, beweist sich Nietzsche u. a. am Sozialismus. Für ihn ändert sich dadurch aber nichts daran, daß der Wille zur Macht als Wille des Lebens, der „wachsen, um sich greifen, an sich ziehn, Übergewicht gewinnen" will, das Ur-Faktum von Geschichte ist. (Nietzsche hätte sich auch durch das 20. Jahrhundert bestätigt gesehen.)

Dieses Kapitel hat bis jetzt Nietzsches Seinsprinzip in dem für die Untersuchung erforderlichen Ausmaß vorgeführt. Dabei ging es wesentlich um Nietzsches Tendenz, die Seinsthese als absolut, nämlich schlechthin gültig für alles, was ist, zu erweisen, sowie Werden, Perspektivität und Relativität als totale aufzuzeigen. Von letzterem wurden alle Gegensätze betroffen, und also die Gegensätze gut – böse und wahr – falsch. Der nächste Schritt besteht nun darin, die ewige Wiederkunft des Gleichen in diesen Kontext zu stellen[29].

Die ewige Wiederkunft des Gleichen war ein Kernstück im Ganzen des vom ›Zarathustra‹ vollzogenen denkenden Dichtens. Der Gedanke ist sodann, wo es Nietzsche darum geht, in Prosa den Vorzug seiner Gegen-Auslegung zu erkämpfen, erneut von großer Wichtigkeit. Jetzt dient er der Ab-

sicherung der Seinsthese in ihrer Absolutheit. Dazu muß er bewiesen werden. Wenn nicht nur – durch alle uns gegenwärtigen Seinsbereiche hindurch
– alles, was ist, Wille zur Macht ist, sondern wenn sich außerdem beweisen
ließe, daß niemals etwas anderes war, als Seiendes dieser Seinsart *und* daß
in eine unendliche Zukunft hinaus niemals etwas anderes sein wird (auch
kein Aufhören stattfinden wird), dann, so erscheint es Nietzsche, wäre
sichergestellt, daß 'diese Welt der Wille zur Macht ist – und nichts außerdem', und daß es eben nichts 'gibt' außer dieser einen Welt. Auch kein
Nichts, aus dem sie (wie auch immer) hervorgegangen wäre oder in das sie
untergehen könnte. –

Auf die Darlegung und Prüfung von Nietzsches Beweisen der ewigen
Wiederkunft des Gleichen ist begreiflicherweise schon viel Energie verwendet worden, mit guten Ergebnissen und überwiegend dem Fazit, daß die
ewige Wiederkunft von Nietzsche *nicht* zwingend begründet werden
konnte[30]. Ich sehe das auch so (vgl. u.). Aber darauf kommt es an dieser
Stelle nicht. Es kommt vielmehr darauf an zu zeigen, daß Nietzsche die
'Prosa' des Willens zur Macht mit *Beweisen* der ewigen Wiederkunft des
Gleichen *verkoppelt* hat. *Das* geschieht erst nach dem ›Zarathustra‹ – und
nach meiner Einschätzung eben, um 'Zarathustra' bzw. der Gegen-Auslegung zum Sieg zu verhelfen, um es möglich und zwingend zu machen,
„dem Einen [Willen zur Macht] Recht zu geben, der bisher unterlag, und
dem, der bisher siegte, Unrecht zu geben" (vgl. S. 116).

Meine These sagt wohlgemerkt nicht, daß Nietzsche vor dem ›Zarathustra‹ keine Anstrengungen gemacht hätte, Beweisargumente für die ewige
Wiederkunft zu finden, und sie übersieht auch nicht, daß Wille zur Macht
und ewige Wiederkunft im ›Zarathustra‹ schon einmal verbunden worden
sind. Was zunächst das erstere betrifft: Es wurde früher (S. 69) die von
Nietzsche auf „Anfang August 1881" datierte und in ›Ecce homo‹ erwähnte
Aufzeichnung zitiert, die als Niederschlag seines den Wiederkunftsgedanken
betreffenden Evidenzerlebnisses gelten darf. Der Akzent liegt dort auf dem
'neuen Schwergewicht' (und mit diesem Akzent wird der Gedanke in ›Die
fröhliche Wissenschaft‹ erstmals öffentlich ausgesprochen[31]). In demselben
Heft (Frühjahr–Herbst 1881), das jene Aufzeichnung enthält, und also zu
einer Zeit, zu der Nietzsche zum entschlossenen Denken des Willens zur
Macht vermutlich noch nicht vorgedrungen war (vgl. Anm. 2 zu Kap. 1),
folgen schon mehrere Begründungsversuche für die ewige Wiederkunft.
Obwohl sie die wesentlichen Argumente bereits enthalten, hat Nietzsche
sie damals nicht öffentlich mitgeteilt[32]. Im ›Zarathustra‹ tut er den Schritt.
Aber wie? Nur *ein* Bauelement aus dem Begründungsgefüge wird als „wache
Tags-Weisheit" Zarathustras mitgeteilt: die Endlichkeit der Kraft bzw. der
Welt (vgl. S. 72). Die eigentliche Argumentation hingegen ist eingebettet in
„Gesicht" und „Gleichnis", vollzieht sich, auf Zarathustra bezogen, in einer

Bewußtseinsschicht 'unterhalb des Wissens' und gehört zur inneren Biographie einer gedichteten Gestalt; auch war zu vermerken, daß Zarathustra selbst *in* dem Werk den Gedanken nur im Erzählen des Gesichts lehrt (vgl. nochmals S. 71), wie denn das ganze Werk keinen *wissenschaftlichen* Gewißheitsanspruch erhebt, sondern als philosophische Dichtung genommen werden will. Zarathustra stellt sich dem Beweisen sogar mit dem Diktum entgegen: „'Das – ist nun *mein* Weg, – wo ist der eure?'" (vgl. S. 83) Es wurde auch erwähnt, daß es Nietzsche beim Abschluß des 3. Teils des ›Zarathustra‹ noch hinreichend schien, wenn der Gedanke der ewigen Wiederkunft des Gleichen „als wahr geglaubt" wird (vgl. S. 75). Später aber, und darum geht es jetzt, werden *Beweise* der ewigen Wiederkunft für Nietzsche wichtig[33].

Was zum andern die *Verbindung* von Wille zur Macht und ewiger Wiederkunft im Zarathustra angeht, so führt gerade sie vom Beweisen besonders weit weg. Sie wird vollzogen im Kapitel ›Das andere Tanzlied‹ als Klärung des Verhältnisses von Leben und Weisheit. Wie ausgeführt, versinkt Zarathustra, dem Leben ins Auge blickend, deshalb nicht ins Unergründliche, weil er im Ja zur ewigen Wiederkunft (und nicht etwa durch den puren Gedanken der Wiederkunft) auf Grund kommt. Der Zusammenschluß von Leben (Wille zur Macht) und ewiger Wiederkunft kann für Zarathustras Weisheit der dionysischen Dimension und des Dithyrambus nicht entbehren.

Nun also geht es auf dem Feld der Prosa um die Verkoppelung von Wille zur Macht und *bewiesener* Wiederkehr. Hier empfiehlt sich ein Blick auf jene Aufzeichnung von 1885 (NF VII 3, 338 f.), die endigt mit der früher zitierten und unlängst erneut gestreiften These (der absoluten Seinsthese eben): „*Diese Welt ist der Wille zur Macht – und nichts außerdem!* Und auch ihr selber seid dieser Wille zur Macht – und nichts außerdem!" *Mit ihr* antwortet Nietzsche seinesgleichen, den „Verborgensten, Stärksten, Unerschrockensten, Mitternächtlichsten", falls sie denn einen „*Namen* für diese Welt", eine „Lösung für alle ihre Räthsel" haben möchten. Über diese Welt aber sagt die Prosa der Aufzeichnung, schließlich dann sich auf die vom ›Zarathustra‹ her vertraute Stimmungslage zu bewegend, viel für das Beweisen der ewigen Wiederkunft Entscheidendes: „Diese Welt: ein Ungeheuer von Kraft, ohne Anfang, ohne Ende, eine feste, eherne Größe von Kraft, welche nicht größer, nicht kleiner wird, die sich nicht verbraucht sondern nur verwandelt, als Ganzes unveränderlich groß, ein Haushalt ohne Ausgaben und Einbußen, aber ebenso ohne Zuwachs, ohne Einnahmen, vom 'Nichts' umschlossen als von seiner Gränze, nichts Verschwimmendes, Verschwendetes, nichts Unendlich-Ausgedehntes, sondern als bestimmte Kraft einem bestimmten Raum eingelegt, und nicht einem Raume, der irgendwo 'leer' wäre, vielmehr als Kraft überall, als Spiel von Kräften und Kraftwellen zugleich Eins und 'Vieles', hier sich häufend und zugleich dort sich mindernd, ein Meer in sich selber stürmender und fluthender Kräfte, ewig sich wan-

delnd, ewig zurücklaufend, mit ungeheuren Jahren der Wiederkehr, mit
einer Ebbe und Fluth seiner Gestalten, aus den einfachsten in die vielfältigsten hinaustreibend, aus dem Stillsten, Starrsten, Kältesten hinaus in das
Glühendste, Wildeste, Sich-selber-widersprechendste, und dann wieder aus
der Fülle heimkehrend zum Einfachen, aus dem Spiel der Widersprüche zurück bis zur Lust des Einklangs, sich selber bejahend noch in dieser Gleichheit seiner Bahnen und Jahre, sich selber segnend als das, was ewig wiederkommen muß, als ein Werden, das kein Sattwerden, keinen Überdruß,
keine Müdigkeit kennt –: diese meine *dionysische* Welt des Ewig-sich-sel-
ber-Schaffens, des Ewig-sich-selber-Zerstörens, diese Geheimniß-Welt der
doppelten Wollüste, dieß mein Jenseits von Gut und Böse, ohne Ziel, wenn
nicht im Glück des Kreises ein Ziel liegt, ohne Willen, wenn nicht ein Ring
zu sich selber guten Willen hat, – wollt ihr einen *Namen* für diese Welt? Eine
Lösung für alle ihre Räthsel? ein *Licht* auch für euch, ihr Verborgensten,
Stärksten, Unerschrockensten, Mitternächtlichsten? – *Diese Welt ist der
Wille zur Macht – und nichts außerdem!* Und auch ihr selber seid dieser
Wille zur Macht – und nichts außerdem!"

Also: Die Welt ist anfangs- und endlos. Sie ist es als eine bestimmte (endliche), quantitativ unveränderliche, qualitativ wandelbare Kraftmenge.
(Hiervon hatte schon Zarathustras „wache Tags-Weisheit" etwas gewußt, an
die gerade noch erinnert wurde.) In *jeder* Phase des Weltprozesses ist die
Gesamtgröße der Kraft gleich, so daß ein Kraftzuwachs bei diesem und jenem Seienden („hier sich häufend") einer Kraftverminderung bei anderen
(„zugleich dort sich mindernd") genau entspricht. Auch der Raum ist endlich, und er ist nirgends leer, vielmehr durchgängig von Kraft (vom Spiel der
Kräfte) erfüllt. Die Kräfte sorgen allenthalben für Veränderung, aber gerade innerhalb 'ungeheurer Jahre der *Wiederkehr*' des Gleichen, und das
eben, so wird man schließen sollen, *weil* das „Ungeheuer von Kraft" endlich
ist. Ich habe diese Aufzeichnung, wie schon angedeutet, primär deshalb herangezogen, weil sie die enge Verbindung von absoluter Seinsthese und ewiger
Wiederkunft bezeugt. Es gibt aus dieser Denkperiode Nietzsches zahlreiche
andere, nüchternere und die Beweisabsicht deutlicher herauskehrende Aufzeichnungen, die im Rahmen dieser Untersuchung nicht durchweg und im
Detail behandelt zu werden brauchen[34]. Zur 'Sache' ist ja auch tatsächlich
das meiste schon in Kapitel 5 (S. 73f.) gesagt. Nietzsches Beweisversuche in
dieser Periode sollen daher hier nur auf den Punkt gebracht werden. Dabei
ist sofort schon auf etwas hinzuweisen, das von Nietzsche-Kritikern häufig
übersehen wird: Ewige Wiederkunft und Willen zur Macht prosaisch und
entschlossen zusammendenkend, tut Nietzsche einen Schritt, der ihm geeignet erschienen sein dürfte, die für seine Beweise unverzichtbare These von
der *Anfangslosigkeit der Zeit* zu *begründen*. Die absolute Seinsthese denkt
den Willen als schlechthin konstitutiv für alle Seinsbereiche, indem sie zu-

gleich damit das Werden total setzt. Das bedeutet: Der Wille zur Macht ist – schlechthin – das, was werden macht. Eben deshalb kann er nach Nietzsches Auffassung (zu der später allerdings noch etwas zu bemerken sein wird) selbst nicht geworden sein; ist er noch nicht, so ist ja nichts da, das irgend etwas bzw. ihn entstehen lassen könnte[35]. Nietzsche artikuliert das, indem er (was bei ihm etwas fatal ist) vom Begriff der Ursache Gebrauch macht: „Man kann das, was die Ursache dafür ist, *daß* es überhaupt Entwicklung giebt, nicht selbst wieder auf dem Wege der Forschung über Entwicklung finden; man soll es nicht als 'werdend' verstehn wollen, noch weniger als geworden [...] / der 'Wille zur Macht' kann nicht geworden sein" (NF VIII 2, 259). Kann der Wille zur Macht nicht geworden sein, dann auch nicht die Welt[36] und die Zeit. Nietzsche nimmt das Prinzip des Werdens selbst so strikt von allem Werden aus, daß er den Willen zur Macht nicht nur als ungeworden, sondern auch als niemals werdend verstanden wissen will. Das verdeutlicht der erwähnte (1881 schon nachweisbare) Gedanke, der nun begründet zu sein scheint: daß die Gesamtmenge der Kraft auch innerhalb eines großen Weltenjahres *jederzeit* gleich ist, daß, unter dem Gesamtaspekt gesehen, kein quantitativer, sondern nur qualitativer Wandel der Kraft stattfindet (vgl. S. 137f.).

Die Anfangslosigkeit der Zeit, derart aus dem Seinsprinzip 'begründet', ist zusammenzudenken mit der endlichen Menge der Kraftzentren bzw. der 'Dinge' und der endlichen Zahl möglicher Kraftfeststellungen bzw. Konstellationen. Dann ergibt sich für Nietzsche: In einer unendlichen zurückliegenden Zeit hätte ein Gleichgewichtszustand der Kräfte (Übergang des Werdens in 'Sein', Ende des Willens zur Macht) oder ein Nichts bereits eingetreten sein müssen – und zwar als endgültig (sowenig der Wille zur Macht anfänglich geworden sein kann, sowenig kann er 'wieder werden', kann es einen Neuanfang des Werdens geben). Es *ist* aber immer noch und eben jetzt Werden. Also kann der Wille zur Macht, kann die Welt niemals aufhören. Bei endlicher Gesamtmenge der Kraft und endlicher Zahl möglicher Konstellationen der 'Dinge' bleibt dann nur: die ewige Wiederkunft des Gleichen. Diese, wirklich streng genommen, bedeutet entschiedenste Determination alles Gleichzeitigen und alles Aufeinanderfolgenden als solchen, bedeutet im Neben- und Nacheinander unveränderliche durchgängige Verkettung von allem, in jedem Weltlauf sich wiederholend[37].

Ein Beweis ist bekanntlich nicht stärker als seine Prämissen. Daß Nietzsches Prämisse der Anfangslosigkeit von Welt und Zeit begründeter ist, als gemeinhin angenommen wird, wurde zu zeigen versucht. Daß hier dennoch ein kritischer Punkt bleibt, wird noch herauszustellen sein. Nach einer *philosophischen* Begründung der Endlichkeit der Kraft, die zu überzeugen vermöchte, wird man bei Nietzsche wohl vergeblich ausschauen. Bedenkt man, daß es für Nietzsches Argumentationen weniger darauf ankommt, daß

Kräfte endlich sind (sie sind es schon deshalb, weil sie der Gegenkräfte bedürfen), als vielmehr darauf, daß es nur eine endliche Menge von Kraftzentren bzw. Willens-Punktationen geben soll, dann klingt es wie ein Dekret,
wenn er sagt: „wir verbieten uns den Begriff einer *unendlichen* Kraft *als mit
dem Begriff 'Kraft' unverträglich*" (NF VII 3, 281). Und wenn er fortfährt:
„Also – fehlt der Welt auch das Vermögen zur ewigen Neuheit" (ebd.), wird
man skeptisch sein dürfen, ob aus dieser 'Folgerung' nicht eher der Vater
des Gedankens hervorschaut (vgl. S. 145). Anlehnungen Nietzsches an zeitgenössische Naturwissenschaften oder ihnen nahestehende Autoren[38] verbessern angesichts der Entwicklung der Naturwissenschaften im 20. Jahrhundert die Beweislage in mehr als einem Punkt durchaus nicht.

Nun ist mit der Nietzsche kritisierenden Zurückweisung der *Beweise* der
ewigen Wiederkunft über die Bedeutung des Wiederkunftsgedankens
durchaus noch nicht alles gesagt, und, was hier vorerst wichtiger ist, es ist
von ihr zu unterscheiden Nietzsches Selbstverständnis in dieser Frage. Damit kehre ich zurück zu meiner These, daß Nietzsche die 'Prosa' des Willens
zur Macht *zwecks Absicherung* der absoluten Seinsthese mit Beweisen der
ewigen Wiederkunft verbunden hat, und zwar um seiner Gegen-Auslegung
zum unanfechtbaren Sieg zu verhelfen. 1886/87 notiert er: „Daß *Alles wiederkehrt,* ist die extremste *Annäherung einer Welt des Werdens an die des
Seins: Gipfel der Betrachtung*" (NF VIII 1, 320). Die Stelle bezeugt das
Am-Werke-sein eines Gegen-Denkens gegen die Metaphysik. Deren Welt
des Seins wird ersetzt durch eine Welt des Werdens, die ihrerseits insofern
'Seinscharakter' hat, als sie nicht entstanden ist, nicht vergeht und in einem
gewissen, schon bezeichneten Sinn selbst auch nicht wird. Die Metaphysik
scheint mit ihrer eigenen Strategie geschlagen zu sein. Das gibt Nietzsche
das Bewußtsein, einen Gipfel bewältigt zu haben. Schließlich geht es ja
darum, *dem* Willen zur Macht „Recht zu geben, der bisher unterlag, und
dem, der bisher siegte, Unrecht zu geben" (vgl. S. 116). Unmittelbar vor
der Aufzeichnung, die den „Gipfel der Betrachtung" markiert, hat Nietzsche
notiert: „Dem Werden den Charakter des Seins *aufzuprägen* – das ist der
höchste *Wille zur Macht*" (NF VIII 1, 320). Daß Nietzsche, wenn er denn
seine Seinsthese absolut setzt, auch sein eigenes philosophisches Denken als
Wille zur Macht auffaßt, ist nur konsequent. Der 'höchste Wille zur Macht'
wird allerdings durchaus traditionell zum Sieg geführt, indem er nämlich
alles, was er aus dem Felde schlägt, an *Wissenschaftlichkeit* überbietet. Der
Gedanke der ewigen Wiederkunft ist „die *wissenschaftlichste* aller möglichen Hypothesen. Wir leugnen Schluß-Ziele: hätte das Dasein eins, so
müßte es erreicht sein" (NF VIII 1, 217; man übersehe nicht Nietzsches Hervorhebung in der Stelle). Ebenfalls mit Bezug auf einen wie immer gearteten Endzustand der Welt heißt es: Wäre er möglich, so müßte er „erreicht
sein. Aber er ist nicht erreicht: woraus folgt ... Das ist unsere einzige

Gewißheit, die wir in den Händen halten, um als Correktiv gegen eine große Menge an sich möglicher Welt-Hypothesen zu dienen" (NF VIII 3, 167). Gewißheit gibt es also in diesem eminent wichtigen Punkt. Ja, „daß die Welt *nicht* auf einen Dauerzustand hinaus will, ist das Einzige, *was bewiesen ist*" (NF VIII 2, 201; wieder stammt die Hervorhebung von Nietzsche selbst).

Der Gedanke der ewigen Wiederkunft des Gleichen hat also für Nietzsche gemäß diesen allerdings ›Nachlaß‹ gebliebenen Zeugnissen den Status der wissenschaftlichsten Hypothese; ja er ist gewiß und bewiesen, bzw. folgt aus etwas Gewissem und Bewiesenem. Man wird sich freilich erinnern, daß bezüglich des Willens zur Macht als des in allen Seinsbereichen bestimmenden Prinzips von Hypothese durchaus in schwächerem Sinn zu reden war (vgl. S. 117 u. 119f.). Es kann aber angesichts der Verkoppelung der Seinsthese mit dem Gedanken der ewigen Wiederkunft und mit dessen Gewißheit kein Zweifel mehr bestehen, daß es sich beim Willen zur Macht und seiner Absolutheit um *die* Hypothese Nietzsches handelt, die für andere Hypothesen neben ihr durchaus keinen Raum lassen will. So gewiß die ewige Wiederkunft ist, so gewiß ist es nun denn auch, daß 'diese' Welt die einzige ist und daß sie 'der Wille zur Macht – und nichts außerdem' ist.

Nach Nietzsches (möglicherweise nicht ganz ungebrochenem[39]) Selbstverständnis siegt nun seine Gegen-Auslegung über alles, wogegen sie sich richtet. Seine Seinsthese tritt nicht nur als schlechthin alles Seiende umfassend auf (vermag sie doch sogar 'Logik', Metaphysik und absolute Moral als Vollzüge des Willens zur Macht zu begreifen – vgl. S. 136f.), sondern auch als für alle Vergangenheit und Zukunft gültig, als ewig gültig. Selbst nicht zu relativieren, setzt sie Relativität, Perspektivität und Werden total. Damit eliminiert sie alle fixierbaren Gegensätze (darunter so prominente wie wahr – falsch, gut – böse) und versetzt auch hier alles in Bewegung. Von der „Ausnahmslosigkeit und Unbedingtheit in allem 'Willen zur Macht'" war zu sprechen (vgl. S. 121), auch vom „nothwendigen Perspektivismus" (vgl. S. 125), und die „Lehre von der 'ewigen Wiederkunft'" begegnete in einer Formulierung aus ›Ecce homo‹ als Lehre „vom unbedingten und unendlich wiederholten Kreislauf aller Dinge" (vgl. S. 69). Es ist nun zu fragen, was so viel Totalität, Notwendigkeit und Unbedingtheit zu leisten vermag zur Lösung der prosaischen Aufgabe, die am Anfang dieses Kapitels umrissen wurde.

Darf *für Nietzsche* die Konkurrenz der philosophischen Tradition als gänzlich ausgeschaltet gelten? Darauf ist (im Sinne Nietzsches) ohne weitere Umschweife zu antworten: Relativität, Perspektivität und Werden als total gesetzt, zusammen mit der dadurch unausweichlich gemachten Aufhebung der Wesensgegensätze und Wertgegensätze von wahr – falsch und gut – böse, *fundieren* die Destruktionen von 'Logik', Metaphysik und absoluter Moral. 'Logik', Metaphysik und absolute Moral, zusammenhängend und doch auch different, sind durch *ein* Prinzip aus den Angeln gehoben. Totales

Werden läßt Denken im Sinne der Weltorientierung nur dank täuschenden
Schematisierens zu und verweist die Metaphysik, die sich an einer Welt des
Bleibenden zu tun macht, vom Platz. Totale Perspektivität bzw. Relativität
vernichtet jedes An-sich (z. B. Dinge an sich, eine wahre Welt, an sich Gutes) und trifft Metaphysik und absolute Moral ins Herz. Für einen Gott jenseits 'dieser Welt' des Werdens bleibt kein Raum[40], folglich auch nicht für
eine Beziehung des Menschen zu ihm (etwa ein Gottähnlichwerden). Sind
Wahres und Falsches einander an sich nicht entgegengesetzt, dann kann ein
Wahrheitsanspruch im Sinne der Tradition für menschliches Erkennen nicht
erhoben werden, nicht in der Lebenswelt, nicht für die Wissenschaften,
nicht für die Metaphysik, auch nicht für Ethik. Sind Gutes und Böses einander an sich nicht entgegengesetzt, dann werden alle 'absoluten' Moralvorstellungen als das durchschaut, was sie immer schon waren: als höchst interessierte, diesen ihren eigenen Charakter aber verkennende Setzungen.

Wenn dergestalt die 'Übel' der Tradition bei der *Wurzel* gepackt und aus-
gerissen sind, so dürfte schon dadurch für Nietzsche seine Gegen-Auslegung vom konkurrierenden Anspruch der Traditionsgehalte nachhaltig befreit sein. Gleichwohl: Die absolute Seinsthese samt ewiger Wiederkunft leistet nach Nietzsches Verständnis sicher auch in zentralen *Einzelfragen* gute
Dienste, jedenfalls für die Destruktion der absoluten Moral. Es ist ja klar,
daß die bewiesene ewige Wiederkunft des Gleichen, als bewiesener Determinismus, die Leugnung der Willensfreiheit (und damit die Leugnung von
Verantwortlichkeit) abzusichern vermag. Auch vom Gewissen als einer Instanz für an sich Gutes und Böses kann um so gegründeter keine Rede mehr
sein. Hingegen sind alle Relativitäten, auf die Nietzsche, die absolute Moral destruierend, den Finger legt, durch das Seinsprinzip insofern fundiert,
als dieses ja anderes als Relatives bzw. anderes als Perspektiven Setzendes
und selbstbezüglich Wertendes gar nicht zuläßt. Das Seinsprinzip taugt aber
auch dazu, begreiflich zu machen, wie mit den relativen Moralen Ordnungen von einiger Dauer entstehen können (vgl. S. 122 u. 127).

Damit ist schon der Punkt berührt, der, zuvor schon einmal angedeutet,
noch einer etwas ausdrücklicheren Erwähnung bedarf: Zu den 'Leistungen'
der Seinsthese gehört (in Nietzsches Sinn) auch, daß sie die Destruktionen
nicht nur fundiert, sondern 'Logik', Metaphysik und Moral zugleich aus
dem Seinsprinzip gleichsam zu 'erklären' vermag. Für das 'Logisieren' findet sich dafür ein Beleg in einer schon einmal zitierten ›Nachlaß‹-Stelle
(VIII 2, 48 f.), wo es u. a. heißt: Wahrheit ist „etwas, *das zu schaffen ist* und
das den Namen für einen *Prozeß* abgibt, mehr noch für einen Willen der
Überwältigung [. . .]. Es ist ein Wort für den 'Willen zur Macht'". Mit Bezug
auf Metaphysik und Moral notiert Nietzsche (übrigens in derselben Aufzeichnung, die die für dieses Kapitel zentrale Äußerung vom Kampf zweier
Willen zur Macht und vom Unterliegen des bisher siegreichen enthält): „die

bisherigen obersten Werthe sind ein Spezialfall des Willens zur Macht", und
für die Moral setzt er noch den Akzent, sie sei „ein Spezialfall der *Unmoralität*" (NF VIII 3, 113). Letzteres wird verdeutlicht durch eine Aufzeichnung, die Moral versteht als Mittel gegen die Verzweiflung bei Menschen
und Ständen, die vom Willen zur Macht der „Herren" niedergehalten werden: „Die Moral hat folglich am tiefsten *hassen* und *verachten* gelehrt, was
der Grundcharakterzug der Herrschenden ist: *ihren Willen zur Macht*";
wenn aber der Wille zur Macht „dem Leben essentiell" ist, dann ergibt sich,
daß „selbst in jenem 'Willen zur Moral' nur dieser 'Wille zur Macht' verkappt" ist, daß „auch jenes Hassen und Verachten noch ein Machtwille ist"
(NF VIII 1, 218f.)[41]. – Nietzsche hat der Metaphysik als einen Wesenszug
zugeschrieben, daß sie wertend ist. Wertend, vollzieht sie Willen zur Macht:
„Alle Werthschätzungen sind nur Folgen und engere Perspektiven *im Dienste dieses Einen Willens*: das Werthschätzen selbst ist nur dieser Wille zur
Macht [...]. *Das Sein selbst abschätzen*: aber das Abschätzen selbst ist dieses Sein noch –: und indem wir Nein sagen, so thun wir immer noch, was wir
sind ... Man muß die *Absurdität* dieser daseinsrichtenden Gebärde einsehen [...]" (NF VIII 2, 287). Nietzsche spricht von der „Welt-Überwältigung [...] nach der Manier des Plato" (JGB 14 / VI 2, 22).

Nietzsches Gegen-Auslegung geht zusammen mit seinen anthropologischen Thesen. Insofern diese durch die Ausarbeitung der absoluten Seinsthese vertieft und gestützt werden, verhilft die Seinsthese auch von dieser
Seite der Gegen-Auslegung zum Sieg. –

Immer noch aus Nietzsches Perspektive gesehen, darf man die Lage vielleicht umreißen mit einem 'So weit, so gut'. Sobald und soweit er sich indessen mit der Frage konfrontiert hat, ob die mit dem 4. Teil des ›Zarathustra‹
gestellten Aufgaben umfassend gelöst sind, müßte er auf einen Überhang
an Problematischem gestoßen sein.

Der Übermensch wurde von Nietzsche mit einem Fragezeichen versehen,
insoweit er als Gegen-Auslegung zu Gott und zum Endzweck der Welt eingeführt worden war. Das erste Lied des Zauberers machte die neue Göttlichkeit, die Identität des (zukünftig, wie Zarathustra hofft, verwirklichten)
Übermenschen mit dem Gott, fraglich. Es ließ dem Übermenschen bzw.
Zarathustra einen von ihm verschiedenen Gott entgegentreten und provozierte die Frage: Bedürfen Leben und Welt, um vollendet zu sein, wirklich
des Übermenschen? Oder vertreibt vielmehr der Übermensch, als Sinn der
Erde aufgefaßt, den Gott? Ich bin der Auffassung, daß Nietzsche diesem
Problem zu Leibe gerückt ist, aber mit zweifelhaftem Erfolg.

Die Prosa der Seinsthese samt Wiederkunftslehre führt Nietzsche zur Annahme einer *quantitativen Gleichheit* der wirkenden Macht in jeder Phase
des Weltprozesses. Die quantitative Gleichheit sichert der Welt eine vom
Übermenschen unabhängige Göttlichkeit. Es wurde schon einmal gesagt,

daß Nietzsche den Willen zur Macht, der alles werden macht, strengstens
vom Werden ausnimmt, in dem Sinne, daß der Wille zur Macht nicht nur
nicht angefangen haben, sondern sich auch nicht vermehren oder vermindern kann. Die Gleichheit der Gesamtmenge der Kraft in jeder Phase des
Weltprozesses hatte sich für Nietzsche aber auch mit dem Gedanken der
ewigen Wiederkunft sofort schon (1881) verbunden (vgl. nochmals NF V 2,
396). In einer erwähnten Aufzeichnung von 1885 spricht er von der „endlichen, bestimmten, unveränderlich gleich großen Kraft, wie es 'die Welt' ist"
(NF VII 3, 280)[42]. Hier geht es nun darum, welche Bedeutung dieser 'Tatbestand' für Nietzsche gewinnt. Im Anschluß daran, daß er die ewige Wiederkunft zur wissenschaftlichsten aller möglichen Hypothesen erklärt hat,
schreibt er: „Da begreift man, daß hier ein Gegensatz zum Pantheismus
angestrebt wird: denn 'Alles vollkommen, göttlich, ewig' zwingt *ebenfalls
zu einem Glauben an die 'ewige Wiederkunft'*. Frage: ist mit der Moral auch
diese pantheistische Ja-stellung zu allen Dingen unmöglich gemacht? Im
Grunde ist ja nur der moralische Gott überwunden. Hat es einen Sinn, sich
einen Gott 'jenseits von Gut und Böse' zu denken? Wäre ein Pantheismus
in *diesem* Sinne möglich?[43] Bringen wir die Zweckvorstellung aus dem Prozesse weg und bejahen wir *trotzdem* den Prozeß? – Das wäre der Fall, wenn
Etwas innerhalb jenes Prozesses in jedem Momente desselben *erreicht*
würde – und immer das Gleiche" (NF VIII 1, 217 f.). Daß letzteres der Fall
ist, nimmt Nietzsche in einer späteren Aufzeichnung ausdrücklich an: „Der
Sinn des Werdens muß in jedem Augenblick erfüllt, erreicht, vollendet sein"
(NF VIII 2, 281). Unter diesem Aspekt tritt Nietzsches Seinsthese an die
Stelle eines Pantheismus, wenn sie sich nicht gar als neuer Pantheismus
jenseits von Gut und Böse zu verstehen gibt[44].

   An diesem brisanten Punkt muß viel daran gelegen sein, keine Mißverständnisse aufkommen zu lassen. Zunächst einmal sollte klar sein, daß die
im vorigen umschriebene Position hinausgeht über den Gedanken, der immer schon vor die Alternative eines unbedingten Ja oder Nein zur ewigen
Wiederkunft gestellt hatte – nämlich daß alles mit allem verkettet ist, und
daß daher das Größte als ewig wiederkehrendes nicht bejaht werden kann,
ohne daß auch das Kleinste als ewig wiederkehrendes bejaht wird. Jetzt gilt
es zu denken: Mag in einem 'Augenblick' des Werdens Größtes und Klein-
stes zusammen da sein (oder auch nicht), der Augenblick *erfüllt* den Sinn
des Werdens. Anders formuliert: „das Werden ist werthgleich in jedem Augenblick: die Summe seines Werthes bleibt sich gleich" (NF VIII 2, 277)[45].
Und damit ist jedenfalls gesagt: „das Werden hat *keinen Zielzustand*"
(ebd.). In derselben (früher genannten) Aufzeichnung notierte Nietzsche
schon: „Ich suche eine Weltconception, welche *dieser* Thatsache gerecht
wird: das Werden soll erklärt werden, ohne zu solchen finalen Absichten Zu-
flucht zu nehmen: das Werden muß gerechtfertigt erscheinen in jedem

Augenblick (oder *unabwerthbar:* was auf Eins hinausläuft); es darf absolut nicht das Gegenwärtige um eines Zukünftigen wegen oder das Vergangene um des Gegenwärtigen willen gerechtfertigt werden" (NF VIII 2, 276). – Ferner: Wird „Etwas innerhalb jenes Prozesses in jedem Momente desselben *erreicht* [...] – und immer das Gleiche", so fragt sich, *was* da jederzeit erreicht sein mag bzw. was 'Erreichen' hier meint. Und da ist aus Nietzsches entfalteter Seinsthese zweierlei einzubringen: einerseits das Kampfspiel in seinem Vollzug (und gerade nicht sein Ende), das Auslassen und Steigern von Kraft, das Machtgefühl, das Lustgefühl *im Unbefriedigtsein;* andererseits die Ordnungen, die 'das Stärkerwerden mit sich bringt' (vgl. S. 127) und die zur Vorstellung von der Welt als sich selbst gebärendem Kunstwerk zu legitimieren schienen. *Beides* kann Nietzsche übrigens mit einem Gott zusammenbringen (was für das Pantheismus-Problem nicht ohne Belang ist): das letztere in der Frage, ob vielleicht um Gott herum alles zur Welt wird[46], das erstere ebenfalls fragend: „ist vielleicht das Ganze aus lauter unzufriedenen Theilen zusammengesetzt, die allesammt Wünschbarkeiten im Kopf haben? ist der 'Gang der Dinge' vielleicht eben das 'Weg von hier! Weg von der Wirklichkeit!', die ewige Unbefriedigung selbst? ist die Wünschbarkeit vielleicht die treibende Kraft selbst? ist sie – deus?" (NF VIII 1, 325)[47]. – Schließlich muß deutlich sein, in welchem Sinn Nietzsche bezüglich der Welt durchaus *nicht* von Gott spricht. Der Fortgang der zuletzt beigezogenen Stelle, früher schon einmal zitiert (vgl. S. 126), setzt ein zersplittertes All an die Stelle seiner *Einheit,* die „als höchste Instanz zu nehmen und Gott zu taufen" man gezwungen wäre. Auch an eine weitere Negation von Göttlichkeit braucht nur erinnert zu werden: die Negation einer *unendlichen Kraft,* durch die Nietzsche der Welt (berechtigt oder nicht) zugleich das „Vermögen zur ewigen Neuheit" abspricht – als Gegenmittel gegen „die alte religiöse Denk- und Wunschweise [...], daß *irgendworin* doch die Welt dem alten geliebten, unendlichen, unbegrenzt-schöpferischen Gotte gleich sei – daß irgendworin doch 'der alte Gott noch lebe', – jene Sehnsucht Spinoza's, die sich in dem Worte 'deus sive natura' [...] ausdrückt" (NF VII 3, 280 f.). Solchen Pantheismus meint Nietzsche also durchaus nicht[48]. Und noch etwas wird von Nietzsche ausgeschlossen: eine „summirende Macht [...] ein leidender und überschauender Gott, ein 'Gesammtsensorium' und 'Allgeist'" (NF VIII 2, 277)[49]. –

Die Frage war und ist: Bedarf die Welt, um vollendet zu sein, wirklich des Übermenschen? Die vorigen Ausführungen legen als Antwort ein Nein nahe. Nietzsche hat sich beflissen gezeigt, die 'Zweckvorstellung aus dem Prozeß wegzubringen', einen Zielzustand des Werdens zu verneinen. Er hat postuliert, daß das Werden in jedem Augenblick seine Sinnerfüllung und Vollendung erreicht, weshalb es als göttlich erscheint. Zwar rückblickend auf die ›Geburt der Tragödie‹, aber gerade ohne Relativierung auf seine

Position in dieser Frühschrift, spricht Nietzsche 1888 im Blick auf den „Gesammt-Charakter des Lebens" vom Leben „als dem in allem Wechsel Gleichen, Gleich-Mächtigen, *Gleich-Seligen*" (NF VIII 3, 16 – Hervorhebung
von mir) – man wird an 'Dionysos' denken dürfen. Bezüglich der Summe
des Wertes, so hatte sich gezeigt, setzt Nietzsche Wertgleichheit in jedem
Augenblick an. Das ist konsequent. Ich habe unlängst daran erinnert, daß
Nietzsche den Willen zur Macht so strikt vom Werden ausnimmt, daß dieser
sich nicht vermehren oder vermindern kann (Gleichheit der Gesamtmenge
der Kraft in jeder Phase des Weltprozesses). Das könnte bereits die Gleichheit des Gesamtwertes des Werdens in jeder Phase des Weltprozesses bedeuten. Jedenfalls aber wäre ein Zu- oder Abnehmen des Gesamtwertes des
Werdens ein Werden des Willens zur Macht selbst, und das eben schließt
Nietzsche aus. Gibt es also für den Übermenschen als Endzweck der Welt
und Gegen-Auslegung zu Gott, als Vollendung des Seins und 'Ort' der Göttlichkeit, überhaupt noch eine Chance?

Nietzsche versucht, sie zu eröffnen. Er notiert: „Die einzige Möglichkeit,
einen Sinn für den Begriff 'Gott' aufrecht zu erhalten, wäre: Gott, *nicht* als
treibende Kraft, sondern Gott als *Maximalzustand*, als eine *Epoche* … Ein
Punkt in der Entwicklung des *Willens zur Macht*, aus dem sich ebenso sehr
die Weiterentwicklung als das Vorher, das Bis-zu-ihm erklärte …" (NF VIII
2, 201). Der Anfang der Stelle läßt einen Gewaltakt erkennen, denn um die
'einzige Möglichkeit …' handelt es sich, wie gezeigt, für Nietzsche ja keineswegs. Es kann allenfalls gefragt werden, ob er neben der dargestellten
eine weitere Möglichkeit hat, den Begriff Gott mit Sinn zu füllen. Zunächst
ist dazu zu erwägen: Ist überhaupt ein Maximalzustand als Epoche in der
Entwicklung des Willens zur Macht vereinbar mit Nietzsches zuvor dargestellten Thesen? Darauf läßt sich antworten: Mag jeder Augenblick des
Weltprozesses mit allen anderen Augenblicken, was die *Summe* von Kraft
(Macht) angeht, gleich sein, die Verteilung kann doch sehr verschieden
sein. Der Wille zur Macht als ein Wille zur Steigerung von Macht muß
(wenn die Summe der Gesamtkraft gleich bleiben soll) innerhalb jeder Weltphase Steigerungen hier auf Kosten von Verminderungen dort herbeiführen[50]. Und das birgt die Möglichkeit sehr verschiedener Weltphasen in sich.
Die Weltphase, die Nietzsche erhofft, das „Zarathustra-Reich von tausend
Jahren" (vgl. S. 110 f.), hätte im Übermenschen ein Maximum, das alle
speziellen Steigerungen des Willens zur Macht in anderen Weltphasen übertrifft, wofür Nietzsche der Preis einer Machtverminderung im Umfeld des
Übermenschen (bei den 'Herdenmenschen') oder etwa überhaupt im mit
ihm gleichzeitigen Gesamtgeschehen nicht zu hoch erscheinen kann. Inso-
weit ist ein Maximalzustand vereinbar mit der gleichen Gesamtmenge der
Kraft in jeder Phase des Weltprozesses. Freilich, die Vorstellung eines
Zwecks, von Nietzsche in anderen Zusammenhängen unter die fälschenden

Schemata gerechnet und überdies zugunsten der Gegen-Auslegung vom Weltprozeß 'weggebracht', ist wieder virulent; ein Zielzustand ist anvisiert, wenn auch der Maximalzustand je nur eine Epoche im großen Weltenjahr ist, die nach dem Gesetz der ewigen Wiederkunft des Gleichen 'ewig' wiederkommt, 'ewig' aber auch wieder verschwindet: „'Gott' als Culminations-Moment: das Dasein eine ewige Vergottung und Entgottung" (NF VIII 2, 7).

Wäre denn also der Übermensch – als Kulminationsmoment – die Vergottung des Daseins, und wäre er gegen das im 4. Teil des ›Zarathustra‹ erhobene Bedenken in seinem Rang als 'Sinn der Erde' bestätigt? Das könnte, wenn überhaupt, nur mit Einschränkung der Fall sein. Denn bereits die Verdoppelung von Sinnerfüllung, von Vollendung, Göttlichkeit, die bei Nietzsche nunmehr stattgefunden hat, mindert durchaus die frühere Auszeichnung des Übermenschen. Die Frage, ob die Welt denn wirklich des Übermenschen zu ihrer Vollendung bedarf, findet in dem 'einerseits nein, andererseits ja' eine zwiespältige Antwort, die einen Rangverlust des Übermenschen bedeutet. Aber das ist keineswegs die ganze Problemlage. Schärferem Augenmerk wird sich das Bedenken zeigen, ob Nietzsche dem Kulminationsmoment und Maximalzustand die Bezeichnung Gott zusprechen kann, ohne sich selbst zu widersprechen. An der Gleichheit des Gesamtwertes des Werdens in jedem Augenblick muß Nietzsche festhalten. Es kann einen Maximalzustand *im* Werden geben (der *im* Werden durch einen gleichzeitigen Rückgang an Macht anderwärts ausgeglichen wird)[51], aber es kann keinen Maximalzustand *des* Werdens geben. D. h., es kann keinen *Werthöhepunkt des* Werdens (*des* Willens zur Macht, *des* Seins) geben. Der Wert des Werdens bleibt von einem Maximalzustand im Werden völlig unberührt. Dann macht es aber keinen Sinn, auf den Maximalzustand den Begriff Gott anzuwenden. Der Übermensch verhilft dem Werden zu keinem Mehr an Sinnerfüllung, an Vollendung. Als Gegen-Auslegung zu Gott und dem Endzweck der Welt kann er nicht gerettet werden. Die Prosa des Willens zur Macht hat ihn entgöttlicht. Nietzsche wird in den ›Dionysos-Dithyramben‹ das Fragezeichen des ersten Lieds des Zauberers aufgreifen (vgl. Kap. 15). Es gibt Anzeichen dafür, daß ihm auch vorher das bezeichnete Dilemma nicht ganz entgangen ist. Nietzsche fährt nach der Äußerung „'Gott' als Culminations-Moment: das Dasein eine ewige Vergottung und Entgottung" fort: „*Aber darin kein Werth-Höhepunkt* sondern nur Macht-Höhepunkte" (ebd. – „darin" fettgedruckt). Hier schießt er sogar über das Ziel hinaus, denn im Denkbereich des Willens zur Macht sind Machthöhepunkte eo ipso Werthöhepunkte. Was er aber seinem Ansatz nach zu Recht verneint, ist ein Werthöhepunkt des Werdens selbst. – In der Aufzeichnung, der die zitierte Stelle über Gott als Maximalzustand entnommen ist, scheint Nietzsche zu versuchen, den Maximalzustand als *Steigerung der Gesamtkraft* zu begreifen und mit seiner These von der

Gleichheit der Gesamtmenge der Kraft in jeder Weltphase vereinbar zu machen, was im Falle des Gelingens die Problemlage verändern würde: „ – mechanistisch betrachtet, bleibt die Energie des Gesammt-werdens constant; ökonomisch betrachtet, steigt sie bis zu einem Höhepunkt und sinkt von ihm wieder herab in einem ewigen Kreislauf" (NF VIII 2, 201). Das „ökonomisch" erläutert er im Fortgang u. a. mit den Worten: „ – das, was das Wachsthum im Leben ausmacht, ist die immer sparsamer und weiter rechnende Ökonomie, welche mit immer weniger Kraft immer mehr erreicht ... Als Ideal das Princip des kleinsten Aufwandes ..." (ebd.). Es dürfte aber klar sein, daß jene Weltkonzeption Nietzsches, die mit Thesen wie der von der Sinnerfülltheit, Vollendung und Wertgleichheit des Werdens in jedem Augenblick umrissen ist, sich nicht auf mechanistisch aufgefaßte „Energie des Gesammt-werdens" reduzieren läßt, sondern 'ökonomisch' (und wie auch immer sonst noch) betrachtete 'Energie' mitumfassen muß. 'Mit immer weniger Kraft immer mehr erreichen' bedeutet, mächtiger sein. Aufs Ganze gesehen, für den 'Gesamtcharakter des Lebens', soll aber gerade, wie ausgeführt, Gleich-Mächtigkeit in allem Wechsel gelten. Die Unterscheidung mechanistisch – ökonomisch führt durchaus nicht zu einem Maximalzustand *des* Werdens[52].

Daß Nietzsche das Dilemma der Entgöttlichung des Übermenschen schon relativ früh bewußt geworden sein könnte, ist vielleicht dem Umstand zu entnehmen, daß er eine für den hier erörterten Gedankenkomplex einschlägige Notiz später noch einmal niedergeschrieben und dabei eine anscheinend kleine, tatsächlich aber höchst beachtliche Veränderung vorgenommen hat. In dem Konvolut mit Nachlaßaufzeichnungen Herbst 1885– Herbst 1886 findet sich ziemlich zu Beginn folgender kleiner Bericht eines Zwiegesprächs zwischen Nietzsche und Dionysos: „'Du scheinst mir Schlimmes im Schilde zu führen, sagte ich einmal zu dem Gotte Dionysos: nämlich die Menschen zu Grunde zu richten?' – 'Vielleicht, antwortete der Gott, aber so, daß dabei etwas für mich heraus kommt.' – Was denn? fragte ich neugierig. – '*Wer* denn? solltest du fragen.' Also sprach Dionysos und schwieg darauf, in der Art, welche ihm zu eigen ist, nämlich versucherisch. – Ihr hättet ihn dabei sehen sollen! Es war Frühling, und alles Holz stand in jungem Safte" (NF VIII 1, 74). Die Aufzeichnung, die die dithyrambische Stimmungslage des ›Zarathustra‹ aufgreift, führt, versehen mit dem Vorzeichen eines göttlich-versucherischen 'Vielleicht', aus: Dionysos hat mit dem Menschen etwas vor in der Absicht, daß *für ihn selbst*, Dionysos, etwas dabei herauskommt, *indem* ein neuer Wer entsteht, indem nämlich der Mensch untergeht und in den Übermenschen übergeht. Der Übermensch bringt Dionysos selbst einen Zuwachs, steigert ihn, der doch schon ein Gott ist. Mit wenigen bedeutungslosen stilistischen Abweichungen, aber eben mit einer doch wohl sehr wichtigen Änderung findet sich die Aufzeichnung wieder fast am Anfang des Nachlaß-Konvolutes Anfang 1886–Frühjahr 1886. Die Abweichung: statt „daß dabei etwas für mich heraus kommt" heißt es jetzt: „daß dabei Etwas für ihn heraus kommt" (NF VIII 1, 180). Nicht mehr für ihn selbst, den Gott, kommt bei Dionysos' Vorhaben etwas heraus, sondern für den Menschen, der untergeht und in den Übermenschen übergeht. Das ist, prosaisch gesprochen, der Übermensch nicht mehr als Vollendung der Welt bzw. des Werdens, sondern allenfalls als ein Maximalzustand im Werden, vielleicht auch nur als höher als der bisherige Mensch. Manche Fragen sind damit aufgegeben. Sie werden im weiteren Verlauf dieser Untersuchung behandelt[53].

Hier geht es weiterhin noch darum, abzuschätzen, ob für Nietzsche selbst der Sieg seiner Gegen-Auslegung beschattet sein könnte von dem mehr oder weniger deutlichen Bewußtsein, daß die vom 4. Teil des ›Zarathustra‹ hinterlassenen Aufgaben keine restlos befriedigende Lösung gefunden haben. Für das vom Lied des Wanderers aufgeworfene Problem des Schaffens, das den Wiederkunftsgedanken in nihilistischem Anblick begegnen ließ, ist gar nichts Heilsames geschehen. Es besteht unverändert. Sub specie aeternitatis betrachtet, bleibt es dabei, daß die ewige Wiederkunft des schlechthin Gleichen die Möglichkeit eines Schaffens im vollen Wortsinn untergräbt. Der im Gedanken der ewigen Wiederkunft des Gleichen implizierte durchgängige Determinismus (mag dieser 'physikalisch', als Fatum oder wie immer auftreten) stützt nicht nur Nietzsches Leugnung der Willensfreiheit, sondern nach wie vor auch den Verdacht, jegliche Aufforderung zum Schaffen (und zumal die zum Schaffen des Übermenschen) könnte altes Moralgebrüll mit neuem Inhalt sein, ja die Vorstellung von schöpferischem Leben sei der Welt insgesamt unangemessen. Der Enthusiasmus des Schaffens tritt, dieser Problemlage entsprechend, in Nietzsches Spätphilosophie merklich zurück.

Schließlich hat das zweite Lied des Zauberers hinter die Wahrheit von Nietzsches Gegen-Auslegung ein Fragezeichen gesetzt. Hier ist Nietzsche, wie in diesem Kapitel gezeigt, mit der Entfaltung seiner Seinsthese und ihrer Absicherung durch Beweise der ewigen Wiederkunft tätig geworden, um das Recht des bisher unterliegenden Willens zur Macht gegen den bisher siegenden (der Metaphysik) durchzusetzen. Ist damit die Fraglichkeit, die jenes Lied aufgeworfen hat, beseitigt? Sie rührte daher, daß das philosophische Erkennen selbst als Wille zur Macht aufgefaßt wurde. Inzwischen hat Nietzsche sich ausdrücklich zu diesem Gepräge seines Denkens bekannt[54], darin konsequent zur Absolutheit seiner Seinsthese stehend. Die Seinsprägung des Werdens durch den Gedanken der ewigen Wiederkunft (und seinen Beweis) erschien gar als der höchste Wille zur Macht. Hier scheint sich für Nietzsche die Sachlage zum Guten gewendet zu haben. Was als möglicher vernichtender Einwand auftrat, wird selbst stark und siegreich gemacht. Und doch: Nietzsche ist später zu dem Fragezeichen des zweiten Liedes des Zauberers zurückgekehrt. Davon wird Kapitel 15 handeln. In Kapitel 14 werde ich meine schon in ›Wahrheit und Wahrheitsgrund‹ vertretene Behauptung aufgreifen, daß Nietzsches Seinsthese *als absolute* bezüglich ihrer Wahrheit aporetisch ist und daß das Nietzsche klargeworden ist. Die ›Dionysos-Dithyramben‹ geben davon Zeugnis. Ob schon früher und wenn ja, wann Nietzsche sich dieses Eingeständnis entschieden gemacht hat, wird wohl nicht festzustellen sein[55]. Letztendlich jedenfalls hat sich ihm der Sieg der absoluten und durch Beweis abgesicherten Seinsthese als Pyrrhus-Sieg gezeigt, und er ist von ihrer (die Aporie nach sich ziehenden) Absolutheit zurückgetreten. Doch davon später. –

Nachdem Bedenklichkeiten zur Sprache gebracht worden sind, die auch für Nietzsche bestanden haben, möchte ich zum Abschluß dieses Kapitels Kritisches vorbringen, das vermutlich im Bezirk von Nietzsches Selbstkritik keinen Ort hat. Nietzsches absolute Seinsthese, daß nichts anderes und niemals anderes ist als Wille zur Macht, wurde von ihm durch die ewige Wiederkunft des Gleichen abgesichert. Daß alles, was überhaupt 'ist', *wird,* daß also die Welt des Werdenden die einzige, schlechterdings alles umfassende ist, scheint recht eigentlich gegründet durch ihre Selbstgenügsamkeit, ihre unbedingte Unbedürftigkeit. Die aber verdankt sie der ewigen Wiederkunft des Gleichen. Die Beweise der ewigen Wiederkunft haben entschieden den Charakter von Anti-Gottesbeweisen[56]. Ein transzendenter Gott (wie auch ein immanenter Schöpfergott – vgl. S. 139) soll ausgeschaltet werden[57].

Im Kontext einer Stelle über die Bejahung der ewigen Wiederkunft evoziert Nietzsche auf seine Weise die Vorstellung eines Gottes als causa sui[58]. Die Rede ist zunächst von dem „weltbejahendsten Menschen, der sich nicht nur mit dem, was war und ist, abgefunden und vertragen gelernt hat, sondern es, *so wie es war und ist,* wieder haben will, in alle Ewigkeit hinaus, unersättlich da capo rufend, nicht nur zu sich, sondern zum ganzen Stücke und Schauspiele, und" – hier nun ist die Äußerung an dem Punkt angekommen, der jetzt besonders interessiert – „nicht nur zu einem Schauspiele, sondern im Grunde zu dem, der gerade dies Schauspiel nöthig hat – und nöthig macht: weil er immer wieder sich nöthig hat – und nöthig macht – – Wie? Und dies wäre nicht – circulus vitiosus deus?" (JGB 56 / VI 2, 73). Nietzsche hält zuwenig von der Logik, als daß ein circulus vitiosus deus etwas Anstößiges für ihn haben könnte. Gerade zuhöchst zu bejahen ist ein 'Gott', der *selber macht,* wessen er *zu seinem Sein bedarf:* ein schlechthin Nötiges und Notwendiges – den Kreis der Wiederkunft des Gleichen, *seiner* Wiederkunft. Der circulus vitiosus deus wird gegen einen Schöpfergott aufgeboten, sei er nun transzendent oder immanent verstanden. 1881 schon machte Nietzsche die bereits erwähnte Notiz: „Wer nicht an einen *Kreisprozeß des Alls* glaubt, *muß* an den *willkürlichen* Gott glauben – so bedingt sich meine

Betrachtung im Gegensatz zu allen bisherigen theistischen!" (NF V 2, 459)
Ist der transzendente Schöpfergott negiert, weil alles Werden ist, so bedarf
es noch der Vorsicht: „nicht in den alten Schöpferbegriff zurückfallen" –
durch Annahme von „Vermehrung aus dem Nichts, Verminderung aus dem
Nichts, absolute Willkür und Freiheit im Wachsen und in den Eigenschaften" (NF V 2, 452). In derselben, zuvor schon genannten Aufzeichnung
heißt es von der Welt: „Wäre sie *ewig neu werdend,* so wäre sie damit gesetzt
<als> etwas an sich *Wunderbares* und Frei- und Selbstschöpferisch-Gött-
liches" (NF V 2, 451).

Mein Einwand gegen Nietzsche bezüglich dieses eminent wichtigen Punk-
tes ist nun, daß er sich an zwei Stellen der petitio principii schuldig macht.
Um die Denkmöglichkeit eines immanenten Schöpfergottes auszuschalten,
spricht er der Welt „das Vermögen zur ewigen Neuheit" ab, dekretiert er die
Unverträglichkeit von Kraft und Unendlichkeit (vgl. S. 134). *Und:* Die
These, daß der Wille zur Macht, das in allem Werdenden wirkende Prinzip,
selbst nicht geworden sein kann (wodurch die Anfangslosigkeit von Welt
und Zeit begründet schien), setzt ihrer vordergründigen Plausibilität zum
Trotz die Negation eines transzendenten Gottes, der 'diese' Welt des (vom
Willen zur Macht bestimmten) Werdenden geschaffen haben könnte, schon
voraus. – Von hier aus gesehen erscheinen auch die Zersplitterung des Alls
(das Loswerden der Einheit, die man „als höchste Instanz zu nehmen und
Gott zu taufen" hätte – vgl. S. 126) und die Ablehnung eines Gesamtbewußt-
seins, einen göttlichen Geistes und Allgeistes (vgl. S. 139) als interessierte
Setzungen[59]. – Es bleibt freilich anzumerken, daß meine Kritik ansetzt am
Wiederkunftsgedanken *als bewiesenem* oder überhaupt als theoretisch wahr
auftretendem. Unter *dieser* Perspektive reduziert er sich auf den *Vorschlag*
einer Weltauslegung, die ohne Schöpfergott auskommt. Als Interpretations-
vorschlag oder -versuch ist er leichter mit einer *Vorentscheidung* Nietzsches
für die Welt des Werdens zu vereinbaren. Nietzsches elementares Ja zur
Werde-Welt ist und bleibt das A und O seiner philosophischen Existenz.

10. DER ENTZAUBERTE ÜBERMENSCH

Die prosaische Entfaltung der Seinsthese nach dem ›Zarathustra‹ bringt eine Entzauberung des Übermenschen mit sich. Das war im vorigen Kapitel schon hervorgetreten und soll nun aufgegriffen und weiter dokumentiert werden.

Vom entzauberten Übermenschen kann nur gesprochen werden mit Rücksicht auf einen 'verzauberten' oder bezaubernden Übermenschen. Die 'Prosa des Willens zur Macht' entzaubert den Übermenschen der ersten drei Teile des ›Zarathustra‹. Dort, so hatte sich gezeigt, galt der Übermensch als Sinn und Vollendung der Erde, als das Wesen, durch das die Welt als ganze samt ihrer Geschichte erst ihren Wert empfängt. Im Rückblick auf den ›Zarathustra‹ in ›Ecce homo‹ erscheint Zarathustras Typus bzw. der Übermensch als göttlich im Sinne des Dionysos. Im ›Zarathustra‹ selbst wird Zarathustra zur Symbolfigur dionysischer Bejahung – einer Bejahung, die im Durchgang durch tiefen, unvergeßlichen Schmerz zu Leichtigkeit und begeistertem Gesang gelangt. Von Enthusiasmus und heraussetzendem Entzücken war in diesem Zusammenhang zu sprechen und davon, daß das Dionysische das Individuum über sich hinausträgt hin zur Einheit mit der Welt. Zarathustras sehnsuchtsvoll hoffender Entwurf blickt voraus auf Übermenschen als tanzende Götter, deren Tanz ein Losgelassensein und Ausgelassensein der Welt selbst sein würde. Zarathustra, der Dichter des Übermenschen, bezaubert dithyrambisch singend sich selbst – und soll die Leser des ›Zarathustra‹ bezaubern zur dionysischen Weltsicht und zur Bereitschaft, sich auf den Weg zum Übermenschen zu begeben. Ich hatte bezüglich Teilen des ›Zarathustra‹ von einer dithyrambisch-bezaubernden, leidbewußten *Verklärung* gesprochen und hatte außerdem darin, daß sich der ›Zarathustra‹ als philosophische Dichtung präsentiert, eine bedeutsame Aussage Nietzsches erblickt. Allerdings bestand Veranlassung, vor einer Verharmlosung des Willens zur Macht in diesem Werk zu warnen, aus dem ja auch einige Radikalismen vorgeführt worden sind (etwa, daß die Grausamkeit der bisherigen Menschen Zarathustra als zu klein und zu wenig schöpferisch erscheint und daß Machtsteigerung ein 'Opfern' bis hin zur Vernichtung mit sich bringt, bzw. daß Leben wohl immer auch Rauben und Totschlagen bedeutet). Aber im Gesamtrahmen der philosophischen Dichtung und im Umkreis dionysischer Verklärung nimmt sich Radikales vielleicht etwas milder aus als in philosophischer Prosa.

Im 4. Teil des ›Zarathustra‹ versieht Nietzsche, wie dargestellt, auch sein Konzept des Übermenschen mit einem Fragezeichen. Fraglich erscheinen die dem Übermenschen zugesprochene Funktion, Sinn und Vollendung der Welt zu sein, und sein damit gesetzter göttlicher Rang – fraglich erscheint so, was den Übermenschen in besonderem Maße anziehend und erstrebenswert macht. Und die vermeintlich durch Nietzsches Gegen-Auslegen schon abgetane Tradition menschlichen Selbstverständnisses erstarkt wieder etwas als möglicher Gegner. Ich hatte die Auffassung geäußert, daß Nietzsche (auch) in diesem Fragezeichen eine Aufgabenstellung sieht, für deren Bewältigung allerdings dionysischer Enthusiasmus, bezaubernde Überredung und Rätselraten nicht mehr ausreichen, die vielmehr 'prosaisch' anzugehen ist. Die 'Prosa des Willens zur Macht' soll der Gegen-Auslegung Nietzsches den fraglich gewordenen Vorrang vor der Tradition durch schlagende Argumentation sichern. Diese aber gerade entzaubert den Übermenschen. Das ist in Kapitel 9 schon faßbar geworden einerseits bei Darstellung der 'Entgöttlichung' des Übermenschen, andererseits in den nicht mehr durch Verklärung gemilderten oder aufgewogenen radikalen Konsequenzen der Seinsthese für Mensch und Übermensch.

In Parenthese bemerkt: Vor diesem Hintergrund verwundert es nicht, daß Nietzsche in der Spätphilosophie auf den Ausdruck Übermensch weitgehend verzichtet und statt dessen eine Vielfalt anderer, nicht so ambitiöser Bezeichnungen verwendet. Vor allem spricht er vom höheren Typus, auch vom höherwertigen Typus, vom vornehmen Typus, vom wohlgeratenen Typus, von einer 'höheren Art als der Mensch ist', sogar vom großen oder höchsten *Menschen,* von der höheren Art Mensch, von der Erhöhung des Typus Mensch, von einer höheren (zahlenmäßig kleinen) Menschheit, von einer stärkeren Spezies Mensch[1]. In einer nachgelassenen Aufzeichnung von 1887 wird 'Übermensch' zum 'Gleichnis' für den höheren Typus[2]; in einer anderen Notiz aus demselben Jahr verknüpft Nietzsche 'Übermensch' in verwandelter Bedeutung mit dem höheren Menschen[3]. In ›Der Antichrist‹ ist der – hier an keine Epoche gebundene – höhere Typus so etwas wie ein Übermensch: „[...] giebt es ein fortwährendes Gelingen einzelner Fälle an den verschiedensten Stellen der Erde und aus den verschiedensten Culturen heraus, mit denen in der That sich ein *höherer Typus* darstellt: Etwas, das im Verhältniss zur Gesammt-Menschheit eine Art Übermensch ist" (Aph. 4 / VI 3, 169)[4]. (Ich selbst werde im Fortgang überwiegend den Ausdruck 'höherer Typus' statt 'Übermensch' verwenden und damit der neuen Konstellation Rechnung tragen.)

Im Kontext der absoluten Seinsthese gedacht, unterscheidet sich der höhere Typus vom niederen (in dessen mannigfaltigen Ausgestaltungen) dadurch, daß er den Willen zur Macht sehr stark und ungehemmt durch Restriktionen vollzieht[5]. Hier sind zunächst die radikalen Konsequenzen aufzugreifen, die das vorige Kapitel schon nahelegte oder heraustreten ließ.

Die Prosa des Willens zur Macht, auf den höheren Typus angewandt, muß ihm besonders machtvolle und uneingeschränkte 'Akkumulation der Kraft' im Vollzug des Kraftauslassens zuschreiben, und zwar als immer weiter fortschreitende Machtsteigerung. Immoralismus ist damit zugelassen. Veröffentlichten Texten Nietzsches war zu entnehmen: Natur meint „tyrannischrücksichtenlose und unerbittliche Durchsetzung von Machtansprüchen", eine „Ausnahmslosigkeit und Unbedingtheit" des Willens zur Macht, für die der Ausdruck Tyrannei eine „schwächende und mildernde Metapher" wäre; das hatte ich schon auf den Menschen bezogen (vgl. S. 120f.). Dasselbe ist geschehen mit zwei weiteren Äußerungen: „Von der Stärke verlangen, dass sie sich nicht als Stärke äussere, dass sie *nicht* ein Überwältigen-Wollen, ein Niederwerfen-Wollen, ein Herrwerden-Wollen, ein Durst nach Feinden und Widerständen und Triumphen sei, ist gerade so widersinnig als von der Schwäche verlangen, dass sie sich als Stärke äussere" (vgl. S. 122). Und: „Leben selbst ist *wesentlich* Aneignung, Verletzung, Überwältigung des Fremden und Schwächeren, Unterdrückung, Härte, Aufzwängung eigner Formen, Einverleibung und mindestens, mildestens, Ausbeutung [...]" (vgl. S. 128f.). Zwar war schon zu verzeichnen, daß Nietzsche das Auslöschen des Gegners als etwas Akzidentelles ansieht, das sich bei bestimmten Kraftkonstellationen einstellt; wesentlicher erscheint ihm der Fortbestand des Unterlegenen, das als Gehorchendes gebraucht wird (vgl. S. 118[6]). Auch schließt er ein totales bellum omnium contra omnes insofern aus, als es für gleich starke 'Gegner' opportun ist, ihre Kräfte nicht aneinander aufzureiben, sich also 'gegenseitig der Verletzung zu enthalten', ja sich gegen gemeinsame Gegner zu verbünden (vgl. S. 128[7]). Dergestalt ergeben sich gewisse Ordnungen. Gleichwohl dürfte die Dimension schon klar sein, die mit dem höheren Typus betreten wird, wenn der Mensch 'in die Natur zurückübersetzt' ist, wenn der von Nietzsche als 'schrecklich' apostrophierte 'ewige Grundtext homo natura' mit 'unerschrockenen Oedipus-Augen' entziffert wird (vgl. S. 49). „Im *großen Menschen* sind die spezifischen Eigenschaften des Lebens, Unrecht, Lüge, Ausbeutung am größten" (NF VIII 1, 206).

Solange nur und strikt von der absoluten Seinsthese aus gedacht wird und an der 'Ausnahmslosigkeit und Unbedingtheit' des Willens zur Macht keine Abstriche vorgenommen werden, sind 'Schonung' der Unterworfenen und Verzicht auf Verletzung, sind Ordnungen genau in dem Ausmaß 'gewollt', in dem sie dem Kraftauslassen und der Machtsteigerung förderlich sind. Damit soll gesagt sein: Aus dieser Perspektive gesehen, sind die radikalen Äußerungen Nietzsches, die im folgenden aufgeführt werden, keine mehr oder weniger empörenden 'Ausrutscher', die mit Nietzsches Philosophie im Grunde nichts zu tun haben, sondern Artikulation einer in der absoluten Seinsthese angelegten Gedankenlinie. Dazu ist allerdings zu vermerken, daß es sich zu einem beträchtlichen Teil um Aufzeichnungen handelt, die Nietzsche für sich behalten hat; auch sollte die Hemmungslosigkeit der letzten Schriften (›Der Antichrist‹, ›Ecce homo‹) und der spätesten zitierten Nachlaßaufzeichnungen fairerweise mit dem Heraufziehen von Nietzsches geistiger Erkrankung in Verbindung gebracht werden. Schließlich ist Nietzsches Notiz von 1885/86 zu beachten: „Jenseits von Gut und Böse: dergleichen macht Mühe. Ich übersetze wie *in* eine fremde Sprache, ich bin nicht immer sicher, den Sinn gefunden zu haben. Alles etwas zu grob, um mir zu gefallen" (NF VIII 1, 54). Irgendwann wird Nietzsche auch nicht mehr sicher sein, mit der Seinsthese *als absoluter* „den Sinn gefunden zu haben", und dann allerdings lassen sich die Radikalismen sachlich zurücknehmen.

Hier nun folgt eine Auswahl radikaler Aussprüche und Notizen, die in den Umkreis des höheren Typus und seiner Entstehung gehören und die, wie gesagt, als Konsequenzen in der absoluten Seinsthese angelegt sind. (Daß Nietzsche ihnen 'inkonsequent' doch auch widerspricht, wird später zu zeigen sein.) Ich zitiere (vorerst kommentarlos) zunächst aus den veröffentlichten Schriften, dann aus dem Nachlaß – jeweils in chronologischer Folge. ›Jenseits von Gut und Böse‹: „Gesetzt aber, Jemand nimmt gar die Affekte Hass, Neid, Habsucht, Herrschsucht als lebenbedingende Affekte, als Etwas, das im Gesammt-Haushalte des Lebens grundsätzlich und grundwesentlich vorhanden sein muss, folglich noch gesteigert werden muss, falls das Leben noch gesteigert werden soll, – der leidet an einer solchen Richtung seines Urtheils wie an einer Seekrankheit. [...] Andrerseits: ist man einmal mit seinem Schiffe hierhin verschlagen, nun! wohlan! jetzt tüchtig die Zähne zusammengebissen! die Augen aufgemacht! die Hand fest am Steuer! – wir fahren geradewegs über die Moral *weg,* wir erdrücken, wir zermalmen vielleicht dabei unsren eignen Rest Moralität" (Aph. 23 / VI 2, 32). ›Die fröhliche Wissenschaft‹, 5. Buch (1887): „Der Reichste an Lebensfülle, der dionysische Gott und Mensch, kann sich nicht nur den Anblick des Fürchterlichen und Fragwürdigen gönnen, sondern selbst die fürchterliche That und jeden Luxus von Zerstörung, Zersetzung, Verneinung; bei ihm erscheint das Böse, Unsinnige und Hässliche gleichsam erlaubt, in Folge eines Ueberschusses von zeugenden, befruchtenden Kräften, welcher aus jeder Wüste noch ein üppiges Fruchtland zu schaffen im Stande ist" (Aph. 370 / V 2, 302) – und: „wir denken über die Nothwendigkeit neuer Ordnungen nach, auch einer neuen Sklaverei – denn zu jeder Verstärkung und Erhöhung des Typus 'Mensch' gehört auch eine neue Art Versklavung hinzu" (Aph. 377 / V 2, 311). ›Zur Genealogie der Moral‹ (II 12 / VI 2, 331): „Die Grösse eines 'Fortschritts' *bemisst* sich sogar nach der Masse dessen, was ihm Alles geopfert werden musste; die Menschheit als Masse dem Gedeihen einer einzelnen *stärkeren* Species Mensch geopfert – das *wäre* ein Fortschritt ... –". ›Der Antichrist‹ (Aph. 2 / VI 3, 168): „Die Schwachen und

Missrathnen sollen zu Grunde gehn: erster Satz *unsrer* Menschenliebe. Und man soll ihnen noch dazu helfen." ›Ecce homo‹ (Die Geburt der Tragödie, 4 / VI 3, 311): „Werfen wir einen Blick ein Jahrhundert voraus [...]. Jene neue Partei des Lebens, welche die grösste aller Aufgaben, die Höherzüchtung der Menschheit in die Hände nimmt, eingerechnet die schonungslose Vernichtung alles Entartenden und Parasitischen, wird jenes *Zuviel von Leben* auf Erden wieder möglich machen, aus dem auch der dionysische Zustand wieder erwachsen muss. Ich verspreche ein *tragisches* Zeitalter: die höchste Kunst im Jasagen zum Leben, die Tragödie, wird wiedergeboren werden, wenn die Menschheit das Bewusstsein der härtesten, aber nothwendigsten Kriege hinter sich hat, *ohne daran zu leiden* ...". –

Im Frühjahr 1884, also in zeitlicher Nähe zum Erscheinen des 3. Teils des ›Zarathustra‹, machte Nietzsche sich die beiden Notizen: „– jene ungeheure *Energie der Größe* zu gewinnen, um, durch Züchtung und anderseits durch Vernichtung von Millionen Mißrathener, den zukünftigen Menschen zu gestalten und *nicht zu Grunde* zu gehen an dem Leid, das man *schafft,* und dessen Gleichen noch nie da war! –" (NF VII 2, 94); und: „Man muß von den Kriegen her lernen: 1) den Tod in die Nähe der Interessen zu bringen, für die man kämpft – das macht *uns* ehrwürdig 2) man muß lernen, *Viele* zum Opfer bringen und seine Sache wichtig genug nehmen, um die Menschen nicht zu schonen. 3) die starre Disciplin, und im Krieg Gewalt und List sich zugestehn" (NF VII 2, 34). In den folgenden Jahren schreibt Nietzsche auf: „[...] Man kann bei Naturen wie Cäsar und Napoleon etwas ahnen von einem 'interesselosen' Arbeiten an seinem Marmor, mag dabei von Menschen geopfert werden, was nur möglich. Auf dieser Bahn liegt die Zukunft der höchsten Menschen: die größte Verantwortlichkeit tragen und *nicht daran zerbrechen"* (NF VIII 1, 20). Es „kann unsere Macht, welche uns zwingt, Menschen und Institutionen zu zerstören, dies einmal thun, ohne daß wir selbst darüber in Affekte der Entrüstung und des Ekels gerathen: mit göttlichem Auge und ungestört vernichten! Die Vernichtung der Menschen *welche sich gut fühlen,* voran! experimentum crucis" (NF VIII 1, 27). „ – ein großer Mensch, der ein Recht dazu fühlt, Menschen zu opfern wie ein Feldherr Menschen opfert; nicht im Dienste einer 'Idee', sondern weil er herrschen will" (NF VIII 1, 37). „Meine Gedanken drehen sich nicht um den Grad von Freiheit der dem Einen oder dem Anderen oder Allen zu gönnen ist, sondern um den Grad von *Macht,* den Einer oder der Andere über Andere oder Alle ausüben soll, resp. in wiefern eine Opferung von Freiheit, eine Versklavung selbst, zur Hervorbringung eines *höheren Typus* die Basis giebt. In größter Form gedacht: *wie könnte man die Entwicklung der Menschheit opfern,* um einer höheren Art als der Mensch ist, zum Dasein zu helfen? –" (NF VIII 1, 288f.) „Kurz, daß wir ein *Ziel* haben, um dessentwillen man nicht zögert, *Menschenopfer* zu bringen, jede Gefahr zu laufen, jedes Schlimme und Schlimmste auf sich zu nehmen: die *große Leiden-schaft"* (NF VIII 2, 62). „Die Revolution ermöglichte Napoleon: das ist ihre Rechtfertigung. Um einen ähnlichen Preis würde man den anarchistischen Einsturz unserer ganzen Civilisation wünschen müssen [. . .] Und warum könnte nicht gerade der Mensch, von dem die verderblichsten Wirkungen ausgiengen, die Spitze der ganzen Species Mensch sein: so hoch, so überle-gen, daß an ihm Alles vor Neid zu Grunde gienge" (NF VIII 2, 137). „Das höchste Gesetz des Lebens, von Zarathustra formulirt, verlangt, daß man *ohne Mitleid* sei mit allem Ausschuß und Abfall des Lebens, – daß man *ver-nichte,* was für das aufsteigende Leben bloß Hemmung, Gift, Verschwö-rung, unterirdische Gegnerschaft sein würde, – *Christenthum* mit einem Wort . . . es ist *unmoralisch* im tiefsten Verstand zu sagen: du sollst nicht töd-ten . . ." (NF VIII 3, 46).

Das 8. Kapitel machte mit Zarathustras Schatten bekannt, der im 4. Teil des ›Zarathustra‹ durch sein Wüstenlied das dionysische 'Evangelium' die-ses Werkes nihilistisch in Frage stellt. Er, der Nihilist, bekennt sich zu dem Spruch: „'Nichts ist wahr, Alles ist erlaubt' " (vgl. S. 105). Aber: sosehr der Schatten und Wanderer zu Zarathustra gehört, darf er in diesem Werk doch nicht mit ihm identifiziert werden, und was er ist und sagt und sinnt, das ist als Fragezeichen und Aufgabenstellung aufzufassen. In ›Zur Genealogie der Moral‹ dann jedoch kehrt der Spruch wieder ohne derartige Einschrän-kung, wozu allerdings angemerkt werden muß, daß das Schwergewicht des Aphorismus auf der Wahrheitsproblematik liegt: „Als die christlichen Kreuzfahrer im Orient auf jenen unbesiegbaren Assassinen-Orden stiessen, jenen Freigeister-Orden par excellence, dessen unterste Grade in einem Ge-horsame lebten, wie einen gleichen kein Mönchsorden erreicht hat, da be-kamen sie auf irgend welchem Wege auch einen Wink über jenes Symbol und Kerbholz-Wort, das nur den obersten Graden, als deren Secretum, vor-behalten war: 'Nichts ist wahr, Alles ist erlaubt' . . . Wohlan, *das* war *Freiheit* des Geistes, *damit* war der Wahrheit selbst der Glaube *gekündigt* . . . Hat wohl je schon ein europäischer, ein christlicher Freigeist sich in diesen Satz und seine labyrinthischen *Folgerungen* verirrt? kennt er den Minotauros dieser Höhle *aus Erfahrung?* . . ." (III 24 / VI 2, 417). Freilich, auch jetzt ist die Rede von einem Symbol, das Eingeweihten vorbehalten war, und von labyrinthischen Folgerungen des Satzes. Was den Teilsatz „Alles ist erlaubt" betrifft, auf den ich mich an dieser Stelle beschränke und der sich im vorlie-genden Kontext für Nietzsche in Praktiken der Assassinen-Sekte, insbeson-dere auch Mord veranschaulicht haben dürfte (französisch assassin geht auf den arabischen Namen der Sekte zurück), so gibt Nietzsche anderwärts freien Geistern einen Hinweis zu besserem Verständnis: Nicht allen ist alles erlaubt, wohl aber dem höheren Typus, dem reichsten, dionysischen, schöp-ferischen Menschen – er vermag aus der „Wüste", die er selbst bewirkt, ein

„üppiges Fruchtland zu schaffen", wie es in der unlängst zitierten Stelle aus
›Die fröhliche Wissenschaft‹ hieß. Im Nachlaß liest man: „eine Handlung an
sich ist vollkommen leer an Werth: es kommt Alles darauf an, wer sie thut.
Ein und dasselbe 'Verbrechen' kann im einen Fall das höchste Vorrecht, im
andern das Brandmal sein" (NF VIII 2, 143). Der Übermensch jedenfalls
hat das Vorrecht zu Verbrechen[8].

Im Lichte der dokumentierten Gedanken dürfte sich der 'Zauber' des
Übermenschen als des Sinns der Erde, sollte die ›Zarathustra‹-Verklärung
ihn erzeugt haben, für zivilisierte oder (im traditionellen Verständnis) humane Leser in nichts auflösen. Für diesen Personenkreis führt Nietzsche die
Frage nach dem Vorrang seiner Gegen-Auslegung mit jener Gedankenlinie
keiner positiven Antwort zu, versetzt ihr vielmehr einen unüberbietbar harten Schlag. Er engagiert sich für den höheren Typus, weil er in ihm die Überwindung des Nihilismus erblickt. Andere sollen sich mit ihm dafür engagie-
ren[9]. Aber was macht den höheren Typus attraktiv? Nietzsche notiert 1887
(mit Blick auf zu schaffende stärkere Menschen bzw. auf zu schaffende
Zustände, unter denen sie 'nötig sind'): *„die Größe der Seele hat nichts Ro-
mantisches an sich.* Und leider *gar nichts Liebenswürdiges!"* (NF VIII 2,
161 f.) Wenn denn demnach der höhere Typus nichts Liebenswürdiges hätte,
was macht ihn in Nietzsches Sicht *'höher'* und empfiehlt ihn als 'höher'? Damit ist die Maßstabfrage gestellt, die im folgenden mehrfach zu erörtern
sein wird. Im Augenblick sei noch einmal vorausblickend angedeutet, daß
die harte Linie, die dieses Kapitel ausgezogen und als in der absoluten
Seinsthese angelegt behauptet hat, durch Inkonsequenzen Nietzsches und
durch seine eigenen letzten Fragezeichen (vgl. Kap. 15) starke Brechungen
erfährt. Und Nietzsche sollte an dieser Stelle wohl noch mit einer Differen-
zierung zu Wort kommen, wenn diese vielleicht auch nicht allzuviel bessert:
„Das Verlangen nach *Zerstörung,* Wechsel, Werden kann der Ausdruck der
übervollen, zukunftsschwangeren Kraft sein (mein terminus ist dafür, wie
man weiss, das Wort 'dionysisch'), aber es kann auch der Hass des Missra-
thenen, Entbehrenden, Schlechtweggekommenen sein, der zerstört, zerstören *muss,* weil ihn das Bestehende, ja alles Bestehn, alles Sein selbst empört
und aufreizt – man sehe sich, um diesen Affekt zu verstehn, unsre Anarchi-
sten aus der Nähe an" (FW 370 / V 2, 303 f.)[10].

11. DAS MASS-STABPROBLEM

Einen höheren Typus des Menschen zur Verwirklichung empfehlen und für die Zukunft erhoffen (oder etwa auch in einzelnen Exemplaren als in der Geschichte gegeben feststellen – darauf komme ich zurück), heißt werten. Gibt es für dieses Werten einen Maßstab, der denkend mitgeteilt und zugeeignet werden kann? Die Frage wird in diesem Kapitel in enger Rückbindung an die 'Prosa des Willens zur Macht' (Kapitel 9) und die *absolute* Seinsthese gestellt – das kann nicht genug betont werden. Ich werde zu dem Ergebnis kommen, daß die Seinsthese als absolute die Maßstabfrage aporetisch macht[1].

Zunächst mag allerdings noch unkritisch von Bedingungen gehandelt werden, die aus Nietzsches Sicht zu allererst erfüllt sein müssen, wenn das Prädikat 'höherer Typus' überhaupt soll zuerkannt werden können. Es sind drei (oder auch nur zwei, da die zweite und dritte engstens zusammengehören): Bejahung, und zwar als Selbstbejahung und als Bejahung der irdischen Welt (einschließlich des Leidens); Egoismus; ein Standort jenseits von Gut und Böse. Hier ist bei allen Punkten, wenngleich im Zeichen der Entzauberung des Übermenschen, Kontinuität der späteren Philosophie Nietzsches mit dem ›Zarathustra‹ gegeben.

Was die Bejahung betrifft, so treten das Entzücken und die Leichtigkeit im Kontext der Prosa des Willens zur Macht zurück. In dem schon einmal beigezogenen Aphorismus 56 aus ›Jenseits von Gut und Böse‹ allerdings nähert Nietzsche sich noch der Tonlage des ›Zarathustra‹, wenn er spricht von dem „Ideal des übermüthigsten lebendigsten und weltbejahendsten Menschen, der sich nicht nur mit dem, was war und ist, abgefunden und vertragen gelernt hat, sondern es, *so wie es war und ist,* wieder haben will, in alle Ewigkeit hinaus, unersättlich da capo rufend, nicht nur zu sich, sondern zum ganzen Stücke und Schauspiele" (VI 2, 73). In ›Der Antichrist‹ lobt Nietzsche „das Gesetzbuch des *Manu*" als vorbildlich für Vornehmheit: „vornehme Werthe überall, ein Vollkommenheits-Gefühl, ein Jasagen zum Leben, ein triumphirendes Wohlgefühl an sich und am Leben" (Aph. 56 / VI 3, 238). Das vorige Kapitel (S. 150) ließ Bejahung in einer ›Ecce homo‹-Stelle (im Zusammenhang mit der die „schonungslose Vernichtung alles Entartenden und Parasitischen" umfassenden „Höherzüchtung der Menschheit") begegnen als „höchste Kunst im Jasagen zum Leben" in einem neuen tragischen Zeitalter. Wer fähig ist, dem Leiden einen 'tragischen Sinn' zu geben, dem „gilt *das Sein als selig genug,* um ein Ungeheures an

Leid noch zu rechtfertigen / Der tragische Mensch bejaht noch das herbste
Leiden: er ist stark, voll, vergöttlichend genug dazu" (NF VIII 3, 58)[2]. Vorbildlich an „allen reichen und mächtigen Menschen und Zeiten" ist „die
Lust am Neinsagen und Neinthun aus einer ungeheuren Kraft und Spannung des Jasagens – [. . .] eine Sympathie für das Schreckliche und Fragwürdige, weil man, unter Anderem, schrecklich und fragwürdig ist: das *Dionysische* in Wille, Geist, Geschmack" (NF VIII 2, 332). Schließlich: Nietzsche
umreißt die „Form eines dionysischen *Jasagens* zur Welt, wie sie ist: bis zum
Wunsche ihrer absoluten Wiederkunft und Ewigkeit: [. . .] Die bisher *ver-
neinten* Seiten des Daseins nicht nur als nothwendig zu begreifen, sondern
als wünschenswerth; und nicht nur wünschenswerth in Hinsicht auf die bisher bejahten Seiten (etwa als deren Complement und Vorbedingungen),
sondern um ihrer selber willen, als die mächtigeren, fruchtbareren, wahreren
Seiten des Daseins, in denen sich sein Wille deutlicher ausspricht [. . .] Conception einer *höheren* Art Wesen als eine 'unmoralische' nach den bisherigen Begriffen: die Ansätze dazu in der Geschichte (die heidnischen Götter,
die Ideale der Renaissance)" (NF VIII 2, 121)[3].

'Unmoralisch nach den bisherigen Begriffen', aber unverzichtbar für eine
'höhere Art Wesen' ist der Egoismus. Das darf nicht mißverstanden werden.
Schon im 2. Kapitel war herauszustellen, daß es nach Nietzsche unegoistisches Handeln im strikten Sinn und damit den Wesensgegensatz egoistisch –
unegoistisch überhaupt nicht gibt, daß vielmehr nur Gradunterschiede von
Egoismus bestehen bis hin zu einer Sublimation (in Altruismus und Gerechtigkeit), die den Grundzug des Egoismus nur für scharfe Beobachter
wahrnehmbar sein läßt[4]. Die absolute Seinsthese fundiert für Nietzsche die
These vom allgemeinen Egoismus ontologisch. Das ist ebenfalls aus schon
Ausgeführtem klar und wird durch eine Aufzeichnung bestätigt, der Nietzsche die Überschrift ›*Begriff 'Egoismus'*‹ gegeben hat; darin heißt es: „Es
gehört zum Begriff des Lebendigen, daß es wachsen muß, – daß es seine
Macht erweitert und folglich fremde Kräfte in sich hineinnehmen muß.
Man redet, unter der Benebelung durch die Moral-Narkose, von einem
Recht des Individuums, sich zu vertheidigen: im gleichen Sinne dürfte man
auch von seinem Rechte anzugreifen reden: denn *Beides* – und das Zweite
noch mehr als das Erste, sind Necessitäten für jedes Lebendige – der aggressive und der defensive Egoismus sind nicht Sache der Wahl oder gar des
'freien Willens', sondern die *Fatalität* des Lebens selbst" (NF VIII 3, 170 f.)[5].
Der höhere Typus unterscheidet sich vom niederen nicht wie der Egoist vom
Nichtegoisten. Vielmehr: sein Egoismus ist kraftvoller in seinem Vollzug
(im Vollzug des selbstbezüglichen Akkumulierens und Auslassens von Kraft
– vgl. S. 147 f.) und schon deshalb 'wertvoller'. Ausdrücklich setzt Nietzsche
Wertunterschiede des Egoismus an. Unter der Überschrift ›*Naturwerth des
Egoismus*‹ führt er aus: „Die Selbstsucht ist so viel werth, als Der physiolo-

gisch werth ist, der sie hat: sie kann sehr viel werth sein, sie kann nichtswürdig und verächtlich sein. Jeder Einzelne darf darauf hin angesehen werden,
ob er die aufsteigende oder die absteigende Linie des Lebens darstellt. Mit
einer Entscheidung darüber hat man auch einen Kanon dafür, was seine
Selbstsucht werth ist. Stellt er das Aufsteigen der Linie dar, so ist in der That
sein Werth ausserordentlich, – und um des Gesammt-Lebens willen, das mit
ihm einen Schritt *weiter* thut, darf die Sorge um Erhaltung, um Schaffung
seines optimum von Bedingungen selbst extrem sein. [...] Stellt er die absteigende Entwicklung, den Verfall, die chronische Entartung, Erkrankung
dar [...], so kommt ihm wenig Werth zu, und die erste Billigkeit will, dass
er den Wohlgerathenen so wenig als möglich *wegnimmt*. Er ist bloss noch
deren Parasit ..." (GD, Streifzüge eines Unzeitgemässen, 33 / VI 3, 125 f.).
Die Äußerung, auf die zurückzukommen ist, bindet den Wert des Egoismus
an den Wert dessen, dem der Egoismus eignet[6], genauer an seinen 'physiologischen' Wert. Das ist der Wert, der ihm als einem Ego im neuen, Nietzscheschen Verständnis zukommt. Der Ichbegriff der Tradition gilt Nietzsche
ja als destruiert[7]. Statt dessen hat er das 'Selbst' etabliert, den Leib als die
'große Vernunft' – als Vielheit einander bekämpfender Triebe in der Einheit
und Ganzheit eines sich organisierenden Leibwesens (vgl. S. 53 f.). Am Aufsteigen oder Absteigen des so aufgefaßten Selbst bemißt sich der Wert seiner Selbstsucht. Dem schwachen (dekadenten) Selbst steht wenig Egoismus
zu. Nietzsche bleibt dabei, „daß es gar nichts Anderes geben *könne* als Egoismus", aber er konstatiert, „daß den Menschen, bei denen das ego schwach
und dünn wird, auch die Kraft der großen Liebe schwach wird, – daß die
Liebendsten vor allem es aus Stärke ihres ego sind, – daß Liebe ein Ausdruck von Egoismus ist" (NF VIII 1, 327). Liebe als Selbstliebe, kraftvoll
und ungehemmt, zeichnet den höheren Typus aus. Schon Sommer-Herbst
1884 notiert Nietzsche: „*Mißverständniß des Egoismus:* von Seiten der *gemeinen* Naturen, welche gar nichts von der Eroberungslust und Unersättlichkeit der großen Liebe wissen, ebenso von den ausströmenden Kraft-Gefühlen, welche überwältigen, zu sich zwingen, sich an's Herz legen wollen
[...]. – Im gewöhnlichen 'Egoismus' will gerade das 'nicht-ego', das *tiefe
Durchschnittswesen*, der Gattungsmensch seine Erhaltung – *das* empört,
falls es von den Selteneren, Feineren und weniger Durchschnittlichen wahrgenommen wird. Denn diese urtheilen: 'wir *sind* die *Edleren!* es liegt *mehr*
an *unserer* Erhaltung als an der jenes Viehs!'" (NF VII 2, 217 – „Edleren"
fettgedruckt) In ›Jenseits von Gut und Böse‹ heißt es dann: „Auf die Gefahr hin, unschuldige Ohren missvergnügt zu machen, stelle ich hin: der
Egoismus gehört zum Wesen der vornehmen Seele, ich meine jenen unverrückbaren Glauben, dass einem Wesen, wie 'wir sind', andre Wesen von
Natur unterthan sein müssen und sich ihm zu opfern haben. Die vornehme
Seele nimmt diesen Thatbestand ihres Egoismus ohne jedes Fragezeichen

hin, auch ohne ein Gefühl von Härte Zwang, Willkür darin, vielmehr wie Etwas, das im Urgesetz der Dinge begründet sein mag: – suchte sie nach einem Namen dafür, so würde sie sagen 'es ist die Gerechtigkeit selbst'" (Aph. 265 / VI 2, 229f.; über das andersgeartete Verhältnis zu Gleichen, Gleichberechtigten, vgl. den Fortgang des Aphorismus).

Zum höheren Typus taugt nur, wer jenseits von Gut und Böse festen Stand gewonnen hat, d. h. wer, aus der Perspektive tradierter Moral gesehen, als Immoralist erscheinen muß[8]. Das hat sich soeben bei Darstellung des Egoismus, aber auch unmittelbar zuvor schon bei Behandlung der Bejahung deutlich gezeigt, ganz zu schweigen von Kapitel 10, das die Fähigkeit zu Brutalität als ein Gütezeichen herauszustellen hatte. Mehrfach wurde schon erwähnt, daß der Spätphilosophie Nietzsches auf diesem Sektor auch hellere Seiten abzugewinnen sein werden, wie ja übrigens auch manche Gedanken seiner Moralkritik, die positiv befreiend gewirkt haben, aus Sicht der traditionellen Moral dem Vorwurf des Immoralismus anheimfallen könnten. In diesem Kapitel allerdings gilt es, daran festzuhalten, daß die Härte von Nietzsches (und des höheren Typus') Immoralismus ein integrierender Bestandteil von Nietzsches Grundkonzept ist, solange an der absoluten Seinsthese festgehalten wird.

Für die Frage, was, folgt man Nietzsche, den höheren Typus höher macht und als höher empfiehlt, wenn er denn schon nichts Liebenswürdiges hat (vgl. S. 152), sind Bejahung, Egoismus und Immoralismus zwar wichtig. Sie beantworten die Maßstabfrage aber keineswegs zureichend und erschöpfend. Der ›Zarathustra‹ hatte einen unüberbietbaren Anspruch aufgestellt: der Übermensch als 'Sinn der Erde', als Vergöttlichung des Werdens, als 'Ort der Göttlichkeit'. Inzwischen war die (mindestens weitgehende) 'Entgöttlichung' des Übermenschen zu verzeichnen. Dionysos, der mit dem Menschen eine Verwandlung vorhat, sieht offensichtlich für sich selbst darin keinen Zuwachs mehr, sehr wohl aber für den Menschen, der sich nach Dionysos' Vorstellung verwandelt. Ich erinnere an die zweite Version der behandelten Nachlaßaufzeichnung: „'Du scheinst mir Schlimmes im Schilde zu führen, man möchte glauben, du wolltest den Menschen zu Grunde richten?' – sagte ich einmal zu dem Gotte Dionysos. 'Vielleicht, antwortete der Gott, aber so, daß dabei Etwas für ihn heraus kommt.' – 'Was denn? fragte ich neugierig – Wer denn? solltest du fragen.' Also sprach Dionysos und schwieg darauf in der Art, die ihm eigen ist, nämlich versucherisch. [...]" (NF VIII 1, 180). Die beiden Versionen dieser Stelle, die, wie ausgeführt, Anzeichen für Nietzsches Bewußtsein eines Dilemmas sein könnten, sind Nachlaß geblieben. Dagegen durfte Dionysos im veröffentlichten Werk, nämlich in Aphorismus 295 von ›Jenseits von Gut und Böse‹, folgendermaßen zu Wort kommen: „So sagte er einmal: 'unter Umständen liebe ich den Menschen – und dabei spielte er auf Ariadne an, die zugegen war – : der

Mensch ist mir ein angenehmes tapferes erfinderisches Thier, das auf Erden nicht seines Gleichen hat, es findet sich in allen Labyrinthen noch zurecht. Ich bin ihm gut: ich denke oft darüber nach, wie ich ihn noch vorwärts bringe und ihn stärker, böser und tiefer mache, als er ist.' – 'Stärker, böser und tiefer?' fragte ich erschreckt. 'Ja, sagte er noch Ein Mal, stärker, böser und tiefer; auch schöner' – und dazu lächelte der Versucher-Gott mit seinem halkyonischen Lächeln, wie als ob er eben eine bezaubernde Artigkeit gesagt habe" (VI 2, 249). Hier scheint eine Antwort gegeben zu sein auf die Frage, *'wer'* denn dabei 'herauskommt', wenn der Mensch nach der Intention des Gottes Dionysos eine Verwandlung durchmacht, bei der für ihn, den verwandelten Menschen, 'etwas herauskommt'. Er wird stärker, böser, tiefer und – schöner. Böser wird er (gemäß früherem) dank eines kraftvolleren Vollzugs seines Egoismus, in der ungehemmten Selbstliebe seines 'aufsteigenden' Selbst, als Immoralist nach den Maßstäben tradierter Moral. Tiefer wird er dank seiner Fähigkeit und Bereitschaft zu tragischer, dionysischer Bejahung im eben noch ausgeführten Sinn. Stärker wird er durch seine besonders machtvolle 'Akkumulation von Kraft', durch seine ständig fortschreitende, durch Restriktionen nicht gehemmte Machtsteigerung. Man mag freilich, ein wenig Abstand nehmend von Dionysos und seinem Jünger Nietzsche, die Frage stellen: Was hat letztendlich der höhere Typus davon, böser, tiefer und stärker zu sein? Was kommt denn nun wirklich für ihn dabei heraus? Aber da ist ja noch die Verheißung, daß er auch schöner sein wird. An ihr hängt viel, wenn nicht gar alles. Denn eindeutig ist hier Qualität ins Spiel gebracht (während die Stärke rein quantitativ aufgefaßt werden könnte). Was wäre die Schönheit des höheren Typus, als eine Qualität, die ihn auszeichnet, erstrebenswert macht und für ihn selbst 'etwas herauskommen' läßt? Hierüber schweigt der lächelnde Versucher-Gott sich aus. Und doch spitzt sich die Maßstabfrage darauf zu. Natürlich wäre es möglich, nun nach Bestimmungen von Schönheit im Spätwerk Nietzsches Ausschau zu halten und zu versuchen, auf diesem Weg weiterzukommen. Indessen hatte ich in der einleitenden Bemerkung zu diesem Kapitel erklärt, daß ich in ihm die Maßstabfrage von der 'Prosa des Willens zur Macht' (gemäß Kapitel 9) und von der absoluten Seinsthese aus aufrollen will. Das ist jetzt anzugehen[9].

Die absolute Seinsthese impliziert, was ich unbedingte Relativität nennen möchte. Diese Bezeichnung mag paradox erscheinen, trifft aber das Gemeinte. In Kapitel 9 hatte sich gezeigt: Wenn alles Wille zur Macht ist 'und nichts außerdem', dann ist *alles* relativ und *schlechthin* relativ. Perspektivität ist total gesetzt. Ich erinnere insbesondere an jene Nachlaßaufzeichnung (NF VIII 3, 165), der die Notwendigkeit und Ausnahmslosigkeit des Perspektivismus als im Sein gegründet zu entnehmen war, wie auch die nach Maßgabe der je eigenen Kraft eines Seienden schlechthin selbstbezüglich (perspektivisch, relativ) vollzogene Konstruktion von 'Welt'. Werten und

'Erkennen' unterliegen der totalen Relativität[10]; die Gegensätze von gut –
böse und wahr – falsch sind als 'objektive' aufgehoben (vgl. S. 127). Nicht zu
relativieren ist einzig die Seinsthese selbst, und eben deshalb kann und muß
von unbedingter Relativität und totaler Perspektivität aller Seinsvollzüge
gesprochen werden. Das sieht nach dem Verlust eines jeden Maßes aus, das
anderes sein könnte als die je eigene Kraft eines Werdenden. Und damit
wäre fraglich, wie eine philosophisch verbindliche, für andere als überzeugend nachzuvollziehende Rede von einem höheren Typus möglich sein soll.
Indessen: Solange die Seinsthese als absolute aufrechterhalten wird, erscheint sie selbst nicht nur als der Relativität von wahr und falsch enthoben,
sondern sie könnte vielleicht auch ein Maß hergeben, an dem gemessen der
'höhere Typus' sich für philosophisch Mitdenkende als höher ausweisen
ließe. Inhaltliche Maßstäbe sind freilich angesichts der unbedingten Relativität nicht zu erwarten. Aber: Die Seinsthese, daß alles Wille zur Macht ist
und nichts außerdem, läßt einen formalen Maßstab der Wertung entspringen: Wille zur Macht ist ja Wille zur Akkumulation von Kraft, Streben nach
mehr Macht und einem Maximalgefühl von Macht, nach Überwältigen,
Herrwerden, Befehlen. *Höher* wäre demnach jede Steigerung dieser Art,
geringer entsprechend jede Minderung dieser Art. Falls es ein Maximum der
Steigerung (einen Maximalzustand im Werden) gäbe, wäre es das Höchste.
Bewährt sich dieser formale, vom Sein als Wille zur Macht bereitgestellte,
auf dem Boden der *absoluten* Seinsthese *einzige* 'objektive' Maßstab bei der
Bewertung eines gewissen, von 'Dionysos' intendierten Menschentypus als
höher? Ermöglicht er etwa gar, diesen Typus als Maximum im Werden zu
werten? Nichts scheint selbstverständlicher, als daß mindestens das 'stärker'
und das 'böser' in Dionysos' Zielvorstellung aufgrund des formalen Maßstabes als 'höher' gesichert sind. Aber vielleicht scheint das nur so. Und jedenfalls sollte der formale Maßstab erlauben, eine auszeichnende Qualität des
höheren Typus aufzufinden. Ich prüfe nun in einer Reihe von Schritten, ob
sich das Auszeichnende des 'höherwertigen Typus' mit Hilfe des besagten
Maßstabes einer zureichenden Bestimmung zuführen ließe.

„Es giebt nichts am Leben, was Werth hat, außer dem Grade der Macht
– gesetzt eben, daß Leben selbst der Wille zur Macht ist" (NF VIII 1, 219).
Ich hatte schon bemerkt, daß im Denkbereich des Willens zur Macht Macht-
höhepunkte eo ipso Werthöhepunkte sind. Aber ich hatte auch zu erkennen
gegeben, daß Nietzsche viel daran gelegen sein müßte, die Macht- und Werthöhepunkte, die dem höheren Typus seinen Rang verleihen sollen, nicht
nur als quantitativ, sondern auch und vor allem als Qualitäten zu verstehen
zu geben. Nietzsche ist nicht verborgen, daß ein Mehr an Macht einen qualitativen Verlust bedeuten kann. Mit Bezug auf politische Macht und im
Rahmen einer zeitkritischen Äußerung über die Deutschen sagt er: „Es
zahlt sich theuer, zur Macht zu kommen: die Macht *verdummt* ... Die Deut-

schen – man hiess sie einst das Volk der Denker: denken sie heute überhaupt noch?" (GD, Was den Deutschen abgeht, 1 / VI 3, 97) Nietzsche
macht den Deutschen hier einen „Einwand" (ebd.). Seine (im ganzen sehr
differenzierte, auch Wandlungen unterworfene) Einstellung zu den Deutschen interessiert an dieser Stelle nicht. Wichtig ist, aus der Stelle abzulei-
ten: Es wäre ein Einwand gegen das Höhersein des 'höheren Typus', falls
bei ihm Machtsteigerung Qualitätsminderung mit sich brächte – und: ein
Mehr an Herrschaft garantiert eben keineswegs auch eine Steigerung von
Qualität oder auch nur ihre Bewahrung.

Die absolute Seinsthese schließt die Möglichkeit nicht aus, daß es einen
Maximalzustand im Werden gibt. Er könnte eine dem höheren Typus eig-
nende *maximale Macht* sein. Wie wäre die zu verstehen? Man erinnert sich,
daß Nietzsche im ›Zarathustra‹ den Übermenschen die Qualifikation zur
Erdherrschaft zugesprochen hat (vgl. S. 79). Zu jener Zeit notiert er auch:
„Gründung einer Oligarchie *über* den Völkern und ihren Interessen: Erziehung zu einer allmenschlichen Politik" (NF VII 1, 687). Im späteren Nachlaß heißt es dann in Hinsicht auf eine künftige „*stärkere* Gattung": „Staat
und Gesellschaft als Unterbau: weltwirtschaftlicher Gesichtspunkt" (NF
VIII 2, 3). Erdherrschaft als Weltpolitik und Weltwirtschaft, von wenigen
ausgeübt (oder präziser aus dem Willen zur Macht gedacht: im Überwinden
von Hindernissen allererst tätig und erfolgreich erstrebt) – das bietet sich als
Möglichkeit eines Maximums im Werden an. Hinzunehmen mag man noch
eine von diesen wenigen in Dienst genommene maximale Naturbeherr-
schung. Damit ließe sich der höhere Typus quantitativ als Macht- und Werthöhepunkt begreifen. Aber die Frage bliebe doch: Was kommt für ihn und
sein Leben wirklich dabei heraus – qualitativ gesehen? Sicher wird er für
seine Wirksamkeit besondere Fähigkeiten ausbilden müssen, z. B. der Un-
terjochung und der Organisation. Aber diese Fähigkeiten sind, hält man
strikt am formalen Maßstab als einzigem fest, nur als Mittel, als Werkzeuge,
von Wert; sie konstituieren selbst nicht die Qualität des Maximums. (Vielleicht geht sogar Verdummung mit ihnen einher – vgl. o.)

Auch die bereits erwähnte Vorstellung vom „*Höhepunkt im Werden*" als
„der höchsten Vergeistigung der Macht auf dem sklavenhaftesten Grunde"
(NF VIII 2, 7), die sich als weiterer Problemlösungsversuch anzubieten
scheint, verbessert nicht die Lage. Ganz abgesehen von der Fatalität, daß
Nietzsche nicht nur seiner eigenen, sondern auch der Philosophie der Tradition (die der höhere Typus weit hinter sich zu lassen hat) zuspricht, „der geistigste Wille zur Macht zu sein" (vgl. Anm. 54 zu Kap. 9), höchste Vergeistigung der Macht demnach also gar nichts dem höheren Typus allein Vorbe-
haltenes, ihn als höher Auszeichnendes ist, kehrt das Qualität-Quantität-
Dilemma hier wieder. Wie immer man mit Bezug auf den höheren Typus
Vergeistigung der Macht verstehen mag, sie ist so lange ohne eigenen quali-

tativen Wert, als keine inhaltlichen Maßstäbe eingeführt werden und von der unbedingten Relativität nicht abgerückt wird[11]. Und im vorliegenden Zusammenhang bleibt Vergeistigung der Macht Mittel. Nietzsche versucht, hier konsequent zu sein. Er hält fest: „ – daß *nicht* Vermehrung des Bewußtseins das Ziel ist, sondern Steigerung der Macht, in welche Steigerung die Nützlichkeit des Bewußtseins eingerechnet ist" (NF VIII 2, 279), und „daß die Entwicklung der 'Geistigkeit' ein Mittel zur relativen Dauer der Organisation ist …" (ebd.). Ähnlich auch: „ersichtlich ist das Bewußtwerden nur ein Mittel mehr in der Entfaltung und Machterweiterung des Lebens. Deshalb ist es eine Naivetät, Lust oder *Geistigkeit* oder Sittlichkeit oder irgend eine Einzelheit der Sphäre des Bewußtseins als höchsten Werth anzusetzen" (NF VIII 2, 199 – Hervorhebung von mir)[12].

Zwei Anläufe, im Blick auf den formalen Maßstab, den die absolute Seinsthese hergibt, den Wert des höheren Typus zu ermitteln, haben nicht zu einer auszeichnenden Qualität desselben geführt. Ein dritter Anlauf könnte sich vielleicht in Erinnerung an den ›Zarathustra‹ und unter der Suggestionskraft des in zwei Versionen herangezogenen Gesprächs zwischen Nietzsche und Dionysos über den Übermenschen nahelegen. Nietzsche fügte dem kleinen Gespräch jeweils hinzu: „Ihr hättet ihn [sc. Dionysos] dabei sehen sollen! Es war Frühling, und alles Holz stand in jungem Safte" (NF VIII 1, 74). Hier stehen die Zeichen auf Fruchtbarkeit, Schaffen. Wäre denn also das den höheren Typus qualitativ als höher Auszeichnende, in besonderem Grade schöpferisch zu sein? In Kapitel 5 hatte ich gesagt, von Zarathustra werde ein formaler allgemeiner Maßstab gelehrt, nämlich: die 'höchste Güte' sei „die schöpferische" (vgl. S. 66). Indessen mußte in Kapitel 9 festgestellt werden, daß das im 4. Teil des ›Zarathustra‹ aufgeworfene Problem des Schaffens durch die 'Prosa des Willens zur Macht' nicht von der Stelle bewegt worden ist und daß dementsprechend der Enthusiasmus des Schaffens in Nietzsches Spätzeit zurücktritt. So kann denn das Schöpferische wohl kaum die Qualität des höheren Typus ausmachen.

In einigen Äußerungen hat Nietzsche, vielleicht im Bewußtsein der im vorigen erörterten Schwierigkeiten, den Quantitätsgesichtspunkt bei der Maßstabfrage in den Vordergrund gerückt: „Über den Rang entscheidet das Quantum Macht, das du bist; der Rest ist Feigheit" (NF VIII 2, 262). „Eine Periode, wo die alte Maskerade und Moral-Aufputzung der Affekte Widerwillen macht: *die nackte Natur,* wo die *Macht-Quantitäten* als *entscheidend* einfach zugestanden werden (als *rangbestimmend*)" (NF VIII 2, 39). Unter der Überschrift ›Werth ..‹ notiert Nietzsche: „Das höchste Quantum Macht, das der Mensch sich einzuleiben vermag / der Mensch: *nicht* die Menschheit… / die Menschheit ist viel eher noch ein Mittel, als ein Ziel. Es handelt sich um den Typus: die Menschheit ist bloß das Versuchsmaterial […]" (NF VIII 3, 13). An der folgenden Stelle ist auch bemerkenswert, daß

Nietzsche selbst von *objektivem* Messen spricht: „Woran mißt sich objektiv der *Werth?* Allein an dem Quantum *gesteigerter* und *organisirter Macht*" (NF VIII 2, 282). Vom Wert (Quantum gesteigerter Macht) als objektiv Meßbarem ist es nur ein kleiner Schritt zu folgender, im Frühjahr 1888 angestellter Überlegung: „Unsere Erkenntniß ist in dem Maaße wissenschaftlich geworden, als sie Zahl und Maaß anwenden kann ... / Der Versuch wäre zu machen, ob nicht eine wissenschaftliche Ordnung der Werthe einfach auf eine *Zahl- und Maßscala der Kraft* aufzubauen wäre ... / – alle sonstigen *'Werthe'* sind Vorurtheile, Naivetäten, Mißverständnisse ... / – sie sind überall *reduzirbar* auf jene Zahl- und Maß-Scala der Kraft / – das *Aufwärts* in dieser Scala bedeutet jedes *Wachsen an Werth;* / das *Abwärts* in dieser Skala bedeutet *Verminderung des Werths*" (NF VIII 3, 74f.). Man fragt sich natürlich, wie ein Messen des höheren Typus an einer 'Zahl- und Maßskala der Kraft' funktionieren sollte. Auch ist es mehr als zweifelhaft, ob Nietzsche eine solche Skala für *alle* Werte, die er nicht geliefert hat, überhaupt hätte erarbeiten können. In ›Der Antichrist‹ entzieht er sich sogar dafür (und nicht nur dafür) den Boden: „Es giebt Fragen, wo über Wahrheit und Unwahrheit dem Menschen die Entscheidung *nicht* zusteht; alle obersten Fragen, alle obersten Werth-Probleme sind jenseits der menschlichen Vernunft ... Die Grenzen der Vernunft begreifen – *das* erst ist wahrhaft Philosophie ..." (Aph. 55 / VI 3, 236f.). Auf diese Äußerung ist sogleich noch einmal zurückzukommen. Vorher aber soll dokumentiert werden, daß es Nietzsche bei seiner Betonung quantitativer Maßstäblichkeit auf Kosten von qualitativer kaum sehr wohl gewesen sein kann. Er hat ihr nämlich selbst ausdrücklich widersprochen: „Sollten nicht alle *Quantitäten* Anzeichen für *Qualitäten* sein? Die größere Macht entspricht einem anderen Bewußtsein, Gefühl, Begehren, einem anderen perspektivischen Blick; Wachsthum selbst ein Verlangen, *mehr zu sein;* aus einem *quale* heraus erwächst das Verlangen nach einem Mehr von Quantum; in einer rein quantitativen Welt wäre alles todt, starr, unbewegt. – Die Reduktion aller Qualitäten auf Quantitäten ist Unsinn: was sich ergiebt, ist daß eins und das andere beisammen steht, eine Analogie –" (NF VIII 1, 140f.). Zeitlich geht diese Notiz von 1885/86 den im vorigen aufgeführten Äußerungen vorher, so daß Nietzsche sich von ihr wegbewegt zu haben scheint. Alles in allem aber ist deutlich, daß Nietzsche sich bezüglich des Auszeichnenden des höheren Typus in einem Qualität-Quantität-Dilemma befindet.

Nimmt man die eben zitierte ›Antichrist‹-Stelle beim Wort, ergibt sich sogar, daß nach Nietzsche das oberste Wertproblem 'höherer Typus' schließlich jenseits der menschlichen Vernunft liegt und daß die Vernunft hier über Wahres und Unwahres nichts zu entscheiden vermag. Innerhalb von Nietzsches Denken hat damit allerdings nicht schon die Philosophie überhaupt gegenüber diesem Problem abzudanken. Sie hätte hier noch etwas zu bestellen, wenn sie sich auf etwas anderes als Vernunft berufen könnte (wobei, von außen gesehen mindestens, prekär bliebe, daß selbst dann Philosophie ja wohl auch Vernunftvollzug bleiben müßte). Nietzsche macht etwas Nicht-Vernünftiges aus, das zum Maßstab für den höheren Typus scheint dienen zu können: das Machtgefühl.

Zu den Formulierungen, in denen sich der Wille zur Macht (das Seins-prinzip) fassen läßt, gehört: Streben nach einem Maximalgefühl von Macht. Beim Machtgefühl handelt es sich um eine unmittelbar aus dem Seinsprin-zip zu gewinnende Qualität und Intensität. (Ein 'quantitatives' Mehr oder Weniger, wollte man es ansetzen, wäre hier mit einem qualitativen iden-tisch. Eine Neuauflage des Qualität-Quantität-Dilemmas ist an dieser Stelle nicht zu befürchten.) Könnte das Machtgefühl, besonders gesteigert, den Wert des höheren Typus ausmachen und zugleich die Frage beantworten, was der höhere Typus von seinem Höhersein denn nun wirklich hat, was für ihn eigentlich dabei 'herauskommt'? Freilich ist an Nietzsches unlängst zi-tierte Äußerung zurückzudenken: „[...] Deshalb ist es eine Naivetät, *Lust* oder Geistigkeit oder Sittlichkeit oder *irgend eine Einzelheit der Sphäre des Bewußtseins* als höchsten Werth anzusetzen" (NF VIII 2, 199 – Hervorhe-bungen von mir). Aber das muß den Versuch, im Machtgefühl einen Maß-stab für den höheren Typus zu finden, nicht unbedingt zum Scheitern verur-teilen. Zwar ist das Machtgefühl mit Lust zusammenzubringen; aber, stark ausgeprägt und dem höheren Typus eigen, wäre es vielleicht nicht eine Ein-zelheit der Sphäre des Bewußtseins, sondern ein Gesamtgefühl und als das der 'höchste Wert'.

Wie ist Machtgefühl bei Nietzsche bestimmt? Zur Beantwortung dieser Frage kann zunächst zusammengefaßt werden, was sich im Laufe dieser Un-tersuchung dazu schon gezeigt hat. Wichtig ist, sich daran zu erinnern, daß Nietzsche Triebe und Affekte kaum (nämlich allenfalls als zwei Aspekte des-selben) unterscheidet. 'Wille' ist (jederzeit auch) Affekt; erfolgreicher Wille zur Macht ist (jedenfalls auch) Machtgefühl. 'Alles Gelingen bringt Macht-gefühl mit sich', und damit einen 'Lustzustand', in dem der „Triumph über Widerstände" genossen wird (vgl. S. 55). Lust erscheint Nietzsche als „ein Symptom vom Gefühl der erreichten Macht, eine Differenz-Bewußtheit" (vgl. S. 123). 'Erreichte' Macht darf nicht als statisch mißverstanden wer-den. *Prozessen* von Kraftanhäufung bzw. Machtsteigerung inhäriert Macht-gefühl. Als selbst auch Gewolltes sorgt es mit dafür, daß Machtsteigerung im Kraftauslassen, daß Überwältigen und Befehlen endlos intendiert wer-den. Zitiert wurde auch schon: „die Reichen und Lebendigen wollen Sieg, überwundene Gegner, Überströmen des Machtgefühls über weitere Bereiche als bisher" (NF VIII 3, 154).

Die Bestimmung des Machtgefühls mag mit Hilfe einiger noch nicht her-angezogener Äußerungen Nietzsches abgerundet werden. In „allen großen

Affekten" „überzieht" das Gefühl der Macht den Menschen „plötzlich und überwältigend" (NF VIII 3, 98). Wichtig ist der Vollkommenheitsaspekt, den Nietzsche in der folgenden Stelle (die auch einen Bezug zum Rauschgefühl enthält – vgl. u.) akzentuiert: „*Vollkommenheit': in jenen Zuständen (bei der Geschlechtsliebe in Sonderheit usw.) verräth sich naiv, was der tiefste Instinkt als das Höhere, Wünschbarere, Werthvollere überhaupt anerkennt, die Aufwärtsbewegung seines Typus; insgleichen *nach welchem* Status er eigentlich *strebt*. Die Vollkommenheit: das ist die außerordentliche Erweiterung seines Machtgefühls, der Reichthum, das nothwendige Überschäumen über alle Ränder . . ." (NF VIII 2, 57 f.). Machtgefühl ist Glück, wenn unter Glück verstanden wird, das „Gefühl davon, dass die Macht *wächst,* dass ein Widerstand überwunden wird" (AC 2 / VI 3, 168). Machtgefühl steht auch im Blick, wenn Nietzsche sagt: „denn der Wille ist, als Affekt des Befehls, das entscheidende Abzeichen der Selbstherrlichkeit und Kraft" (FW 347 / V 2, 264) – und wenn er „eine Lust und Kraft der Selbstbestimmung, eine *Freiheit* des Willens" apostrophiert (ebd. / V 2, 265). Zur 'Freiheit des Willens' in der hier vorliegenden Bedeutung und damit auch zum Machtgefühl heißt es: „Wonach misst sich die Freiheit, bei Einzelnen wie bei Völkern? Nach dem Widerstand, der überwunden werden muss, nach der Mühe, die es kostet, *oben* zu bleiben. Den höchsten Typus freier Menschen hätte man dort zu suchen, wo beständig der höchste Widerstand überwunden wird" (GD, Streifzüge eines Unzeitgemässen, 38 / VI 3, 134 – auf den Aphorismus wird zurückzukommen sein). Die Widerstände können übrigens sehr wohl auch innere sein. Machtgefühl liegt im Befehlen wie auch im Sichselbstbefehlen, und sein Grad entspricht eben der Stärke des zu überwindenden Widerstandes (der Mächtigkeit der Gegenmacht oder der Gegenmächte)[13].

Die Frage, um die es jetzt gehen soll, ist: Kann das Machtgefühl (ohne daß anderwärts hergeholte Qualitäten zu Hilfe kommen, also im Ausgang einzig von der absoluten Seinsthese) den Maßstab abgeben für eine philosophische Bewertung des höheren Typus als Maximalzustand im Werden oder auch nur als höher, nämlich andere Menschen übertreffend? Soviel kann schon gesagt werden: Ohne Machtgefühl kein höherer Typus. Und: Intensives Machtgefühl ist auf seine Weise beglückend, es 'kommt' also bei gelingender Machtsteigerung für den, dem sie gelingt, 'etwas heraus'. Aber: Zeichnet das den höheren Typus vor anderen aus? Ist es auf ihn beschränkt? Ich behaupte, daß das nicht der Fall ist und daß hier Relativität den Weg zur Problemlösung blockiert. Die Intensität des Machtgefühls steht ja in Relation zu dem zu überwindenden Widerstand; dessen Mächtigkeit aber ist relativ auf die Kraft, die sich an seiner Überwindung versucht. Jemand mit ganz durchschnittlicher Kraft wird ein triumphierendes Machtgefühl haben, wenn er ein Hindernis überwindet, das für *seine* Kraft eine sehr starke Her-

ausforderung ist. Ja, man kann noch eine Stufe weiter hinabsteigen und dasselbe sagen von jemandem, der ziemlich schwach ist. Soweit ein Wesen über
einen *vergleichsweisen* mächtigen Gegner Herr wird, kommt es in gleichem
Ausmaß zum 'Genuß' seiner Macht wie alles übrige in der nämlichen Lage.
Kein schlagender Einwand wäre es, darauf zu verweisen, daß zumeist ein
Wesen von durchschnittlicher oder noch geringerer Stärke *auch* zu gehorchen hat, daß es also, indem es im Überwinden von Gegenmacht ein Machtgefühl hat, darin zugleich doch auch *beeinträchtigt* ist, weil es sich anderwärts beugen muß. Solche Beeinträchtigung mag vorkommen, aber sie ist
durchaus nicht die Regel. Hier läßt sich ein Diktum Zarathustras aufbieten,
das übrigens von der Erfahrung durchaus bestätigt wird: „Dass dem Stärkeren diene das Schwächere, dazu überredet es sein Wille, der über noch
Schwächeres Herr sein will: dieser Lust allein mag es nicht entrathen. / Und
wie das Kleinere sich dem Grösseren hingiebt, dass es Lust und Macht am
Kleinsten habe: also giebt sich auch das Grösste noch hin [...]" (VI 1, 144).
Das Schwächere ist klug und läßt sich von seinem Willen überreden zur Hingabe an das Stärkere, zu willigem Dienen – um ungestört sein Machtgefühl
im Herrschen über zu bewältigende Gegenmächte zu genießen (von Ordnungen war schon die Rede). Jedenfalls wird man sagen dürfen: Allen, die
irgendwie 'die aufsteigende Linie des Lebens darstellen' (vgl. S. 155 u. 169),
die sich also im Prozeß ihrer Machtsteigerung zu halten vermögen, fließt ein
starkes, vielleicht sogar 'triumphierendes' Machtgefühl zu, wenn es ihnen
gelingt, eine relativ auf ihre eigene Kraft starke Gegenmacht zu überwinden. Einen Maßstab für das Höhere des höheren Typus faßt man daher im
puren Machtgefühl, so wie es hier ins Auge zu fassen ist, nicht. Das bewahrt
übrigens vor der Frage, die sich andernfalls stellen würde, nämlich ob Nietzsche, mit diesem formalen Maßstab ausgerüstet, etwa den Bergsteiger, der
immer schwierigere Gipfel bezwingt, den Dompteur oder Akrobaten, der
immer gewagtere Zirkusnummern probiert, den Stuntman, der immer ge-
fährlichere Stunts ausführt, zum höheren Typus rechnen würde (zumal in
allen genannten Fällen das Machtgefühl nicht zuletzt auch der Selbstüberwindung verdankt wird[14]). Schwierigkeiten würden Nietzsche auch von eigenen früheren Äußerungen (in der ›Morgenröthe‹) bereitet. Da heißt es:
„In der That, das Glück, als das lebendigste Gefühl der Macht gedacht, ist
vielleicht auf der Erde nirgendwo grösser gewesen, als in den Seelen abergläubischer Asketen" – im Fortgang des Aphorismus wird u. a. der Nietzsche verhaßte Paulus erwähnt (Aph. 113 / V 1, 101). Auch die Massen erscheinen als des intensivsten Machtgefühls fähig; bezüglich einzelner Menschen wie auch Völker sagt Nietzsche damals: „das gewaltigste Wasser, das
sie vorwärts treibt, ist das *Bedürfniss des Machtgefühls* [...]. Es kommt immer wieder die Stunde, wo die Masse ihr Leben, ihr Vermögen, ihr Gewissen, ihre Tugend daranzusetzen *bereit ist,* um jenen ihren höchsten Genuss

sich zu schaffen und als siegreiche, tyrannisch willkürliche Nation über andere Nationen zu schalten (oder sich schaltend zu denken). Da quellen die verschwenderischen, aufopfernden, hoffenden, vertrauenden, überverwegenen, phantastischen Gefühle so reichlich herauf [...]" (M 189 / V 1, 161). Vielleicht gehört ferner folgende Äußerung hierher: „der Grausame geniesst den höchsten Kitzel des Machtgefühls" (M 18 / V 1, 26).

Das Machtgefühl sollte als möglicher Maßstab für den höheren Typus aber noch nicht ganz aufgegeben werden. Zu prüfen bleibt nämlich, ob sich die Sachlage verändert, wenn das Machtgefühl als Distanzgefühl aufgefaßt wird. Diese Auffassung bedeutet allerdings eine erhebliche Bedeutungsverschiebung. Während bisher Machtgefühl im Blick stand als dem Vollzug des Herrwerdens inhärierend und unmittelbar empfunden, als auf den neuen und vormaligen Grad eigener Macht bezogenes „Differenz-Bewußtsein" (vgl. o.), wird nun ein Sichvergleichen mit anderen Menschen, ein Sichmessen an ihnen wichtig. Indem der Stärkere sich mit Schwächeren vergleicht, fühlt er die Distanz zu ihnen, fühlt er sich mächtig. Im Bewußtsein seines Abstandes zu Schwächeren ist er seiner Auszeichnung inne. *Dieses* Machtgefühl eignet sich durchaus zum Habitus. Ist es der Maßstab, an dem der höhere Typus sich für philosophisches Denken als höher ausweist? Die Frage, *so* gestellt, führt natürlich sofort zu der zuvor aufgewiesenen Relativität des Machtgefühls zurück, so daß für die Maßstabfrage nichts gewonnen wäre. Sie läßt sich jedoch angemessener formulieren: Ist der höhere Typus der, der sich zu Recht in Distanz empfindet zu allen anderen Typen, das heißt als an Mächtigkeit nicht nur einigen überlegen, anderen unterlegen, sondern eben als allen überlegen? Auf das „zu Recht" käme freilich viel an. Denn Distanzgefühl ohne echte Distanz ist möglich; es stolziert in der Gesellschaft, zumal der sogenannten besseren, häufig genug einher. Aber das „zu Recht" ist die crux. Damit wird ja ein weiteres Maß gefordert, und das fehlt gerade. So zeigt sich: Auch als Distanzgefühl löst das Machtgefühl nicht das Maßstabproblem, wie es auf Grund der absoluten Seinsthese und auf dem Boden der unbedingten Wertrelativität aller Inhalte entstanden ist. Man könnte allerdings vielleicht noch versuchen, auf die zu Beginn dieses Kapitels als eine Bedingung des höheren Typus verzeichnete Bejahung zu rekurrieren und zu fragen: Ist der höhere Typus als solcher ausgezeichnet durch ein Gefühl der Distanz zu allen übrigen Typen, das zu Recht besteht, weil er allein das umfassende dionysische Ja zur Welt aufbringt? Diese Frage ist auch tangiert, wenn ich nunmehr weitergehe und das Machtgefühl *als Rausch* daraufhin untersuche, ob es sich als Maßstab für das Höhersein des höheren Typus eignet (denn im Rausch durchdringen Mächtigkeit und Bejahung einander). Von größtem Gewicht wird für sie dann später die Entscheidung der anderen Frage sein, ob die dionysisch-tragische Bejahung der Welt als hoher Wert zweifelsfrei aus der absoluten Seinsthese zu gewinnen ist.

Wie versteht Nietzsche in seiner Spätphilosophie den Rausch? Die Frage kann an dieser Stelle um eine bei Nietzsche wichtige Dimension verkürzt werden, nämlich um das Verhältnis von Rausch und Kunst, das vorerst nur kurz berührt werden wird[15].

Zwei zusammenhängenden Aphorismen der ›Götzen-Dämmerung‹ (Streifzüge eines Unzeitgemässen, 8 und 9 / VI 3, 110 f.) ist zu entnehmen: „Das Wesentliche am Rausch ist das Gefühl der Kraftsteigerung und Fülle". Rausch steigert „die Erregbarkeit der ganzen Maschine[16]. Alle noch so verschieden bedingten Arten des Rausches haben dazu die Kraft: vor Allem der Rausch der Geschlechtserregung, diese älteste und ursprünglichste Form des Rausches. Insgleichen der Rausch, der im Gefolge aller grossen Begierden, aller starken Affekte kommt; der Rausch des Festes, des Wettkampfs, des Bravourstücks, des Siegs, aller extremen Bewegung; der Rausch der Grausamkeit; der Rausch unter gewissen meteorologischen Einflüssen, zum Beispiel der Frühlingsrausch; oder unter dem Einfluss der Narcotica; endlich der Rausch des Willens, der Rausch eines überhäuften und geschwellten Willens." „Man bereichert in diesem Zustande Alles aus seiner eignen Fülle: was man sieht, was man will, man sieht es geschwellt, gedrängt, stark, überladen mit Kraft. Der Mensch dieses Zustandes verwandelt die Dinge, bis sie seine Macht wiederspiegeln, – bis sie Reflexe seiner Vollkommenheit sind. Dies Verwandeln*müssen* in's Vollkommene ist – Kunst." Schon nach diesen Auskünften der ›Götzen-Dämmerung‹ (in denen die bejahende Komponente des Rausches deutlich heraustritt) dürfte klar sein, daß der Rausch nicht ein den höheren Typus als solchen auszeichnendes und unterscheidendes Machtgefühl ist. Das gälte selbst dann, wenn man den höheren Typus und den Künstler im engeren Sinne gleichsetzen wollte, denn der letzte Satz des Zitates verengt entweder das vorangegangene oder erweitert den Bedeutungsumfang von Kunst über das gewöhnliche Verständnis hinaus. Ich sehe eine Bestätigung meiner Auffassung in folgender Äußerung: „der Lustzustand, den man *Rausch* nennt, ist exakt ein hohes *Macht*gefühl ... / die Raum- und Zeit-Empfindungen sind verändert: ungeheure Fernen werden überschaut und gleichsam erst *wahrnehmbar* / die *Ausdehnung* des Blicks über größere Mengen und Weiten / die *Verfeinerung des Organs* für Wahrnehmung vieles Kleinsten und Flüchtigsten / die *Divination,* die Kraft des Verstehens auf die leiseste Hülfe hin, auf jede Suggestion hin, die 'intelligente' *Sinnlichkeit* ... / die *Stärke* als Herrschaftsgefühl in den Muskeln, als Geschmeidigkeit und Lust an der Bewegung, als Tanz, als Leichtigkeit und Presto / die Stärke als Lust am Beweis der Stärke, als Bravourstück, Abenteuer, Furchtlosigkeit, gleichgültiges Wesen ... / [...] das religiöse Rauschgefühl und die Geschlechtserregung (zwei tiefe Gefühle, nachgerade fast verwunderlich coordinirt" (NF VIII 3, 86 f.). In derselben Nachlaßaufzeichnung heißt es zuvor schon: „Das Rauschgefühl, thatsächlich einem *Mehr von Kraft* entsprechend: / am stärksten in der Paarungszeit der Geschlechter: / neue Organe, neue Fertigkeiten, Farben, Formen … […] Verschönerung als nothwendige Folge der Kraft-Erhöhung / Verschönerung als Ausdruck eines *siegreichen* Willens, einer gesteigerten Coordination, einer Harmonisirung aller starken Begehrungen, eines unfehlbar perpendikulären Schwergewichts" (NF VIII 3, 85 f.). Verschönerung meint hier Verschönerung des Wesens *selbst,* dessen Rauschgefühl 'einem Mehr von Kraft entspricht'; sie *ist* das Mehr von Kraft als Koordination und Harmonisierung starker Begehrungen. Sicher steht hier auch der höhere Typus (in seiner 'Schönheit') im Blick, aber eben nicht nur. (Ich komme auf die Stelle zurück.)

Der höhere Typus teilt das Machtgefühl als Rausch mit allen Wesen, die in der beschriebenen Weise Rausch erleben. Es eignet sich deshalb, wie gesagt, nicht als Maßstab für seinen exzeptionellen Wert. Und die dem Rausch immanente Bejahung taugt aus demselben Grund nicht dazu, ein Distanzgefühl des höheren Typus als dessen besondere Qualifikation zu rechtfertigen.

Nunmehr ist zu erwägen, ob Individualität – auf dem Boden der absoluten Seinsthese und gemessen an dem durch sie gegebenen Maßstab – eine Qualität ist, die den höheren Typus als höher oder etwa gar als Maximum im Werden auszeichnen könnte.

In Kapitel 5 kam schon zur Sprache, daß von Nietzsche durch die Destruktion der absoluten Moral und durch die Auffassung des Wertsetzens als schlechthin perspektivisch mehr denn je das Individuum freigesetzt und (als derart freigesetztes) hochgeschätzt wird. Die kraftvoll sich selbst Befehlenden, die auf ihre je eigene 'Tugend' ausgehen, machen im ›Zarathustra‹ den Stand der Edlen aus, denen es sogar gebührt, sich gegeneinander zu richten – als Feinde und Freunde zugleich. In Kapitel 10 (Anm. 7) wurde Nietzsches spätere Äußerung präsentiert: „die Starken streben ebenso naturnothwendig *aus*einander, als die Schwachen *zu*einander; wenn erstere sich verbinden, so geschieht es […] mit vielem Widerstande des Einzel-Gewissens". Individualität *ist* bei Nietzsche eine Qualität, die Rang verleiht. Das bestätigt eine Nachlaßaufzeichnung: „Der 'Zweck'. Auszugehn von der 'Sagacität' der Pflanzen. / Begriff der 'Vervollkommnung': *nicht* nur größere Complicirtheit, sondern größere *Macht* (– braucht nicht nur größere Masse zu sein –). / Schluß auf die Entwicklung der Menschheit: die Vervollkommnung besteht in der Hervorbringung der mächtigsten Individuen, zu deren Werkzeug die größte Menge gemacht wird" (NF VIII 1, 94 f.). Läßt sich der Rang, den Individualität bei Nietzsche hat, aus dem Seinsprinzip herleiten bzw. von dem mit ihm gegebenen formalen Maßstab aus begreifen? Unter dem Stichwort „Princip des Lebens" und als einen der „*Grundirrthümer* der bisherigen Biologen" notiert Nietzsche: „es handelt sich *nicht* um die Gat-

tung, sondern um *stärker auszuwirkende Individuen* (die Vielen sind nur
Mittel)" (NF VIII 1, 302). Aber warum ist das so nach Nietzsche? In ›Jenseits von Gut und Böse‹ fragt er (und er meint hier, was er fragt): „Ist Leben
nicht Abschätzen, Vorziehn, Ungerechtsein, Begrenzt-sein, *Different-sein-
wollen?*" (Aph. 9 / VI 2, 16 – Hervorhebung von mir). Herrseinwollen ist:
Durchsetzenwollen der eigenen Perspektive, des Andersseins; und je erfolgreicher ein Wesen darin ist, um so mächtiger und wertvoller ist es. Kraftvollster Wille zur Macht ist herrschend sich vollziehende Einzigartigkeit.
Die derart als Rang, als auszeichnende Qualität zu verstehende Individualität eignet keinem Mitglied der Herde. Herde, das ist die Gemeinschaft oder
das Zusammenvorkommen von Angepaßten und Gehorchenden. Individualität vollzieht sich im Befehlen und besonders im Sichselbstbefehlen.
Allem zuvor befiehlt ein Individuum sich seine nur ihm eigenen Ziele und
damit seine 'Eigenart'[17]. (Daß hier wieder einmal das Freiheitsproblem berührt ist, sei an dieser Stelle nur am Rande vermerkt.) Man wird hinzunehmen müssen, daß das Different-sein-wollen in einem starken Wesen um so
größere (auf Vielfältigeres und in diesem Sinne auf mehr gerichtete) Macht-
chancen hat, je differenzierter und komplizierter dieses Wesen innerlich ist.
Eine der eben noch zitierten Nachlaßstellen zählte zur 'Vervollkommnung'
nicht nur, aber eben doch auch die größere Kompliziertheit[18]. Insofern läßt
sich wohl sagen: Je komplexer, innerlich vielfältiger ein Individuum ist,
desto wertvoller ist es – vorausgesetzt, es wird sich selbst befehlend dieser
inneren Vielfalt Herr, vermag sie zu koordinieren, unterliegt nicht einer
Disgregation[19].

Ist die im vorigen umrissene Individualität, die in Nietzsches Konzept
sehr wohl als auszeichnende Qualität zu denken ist, rangbestimmend für
den höheren Typus? Die Beantwortung der Frage hängt davon ab, ob Nietzsche die Individualität etwa auch solchen Personen zugestehen müßte, die
er unter keinen Umständen zum höheren Typus zu zählen bereit wäre. In
diesem Fall wäre die Frage zu verneinen. Ich werde den Fall bald eintreten
sehen. –

Mehrfach habe ich bereits darauf hingewiesen, daß, vom Willen zur
Macht her gedacht, Machthöhepunkte jederzeit Werthöhepunkte sind. Ich
habe aber auch die Auffassung vertreten, daß es Nietzsche darauf ankommen müßte, die den höheren Typus als solchen auszeichnenden Machthöhepunkte nicht nur quantitativ, sondern viel mehr noch qualitativ zu denken.
Auf dem Boden der absoluten Seinsthese hat sich diesbezüglich zunächst
ein Qualität-Quantität-Dilemma und dann ein Versagen des Machtgefühls
gezeigt (um hier von *totalem* Versagen des Machtgefühls sprechen zu können, fehlt nur noch wenig); daß auch die Individualität nicht weiterhilft,
wurde vorgreifend angedeutet.

Auch deshalb, weil Nietzsche selbst, wie gezeigt, den Gesichtspunkt der

Quantität zeitweilig überbetont hat und sich insoweit auf einen qualitativen Maßstab für Wert und Rang nicht festlegen läßt, ist nun zu erörtern, ob die Maßstabfrage einer (freilich nicht allzu befriedigenden) Lösung zugeführt werden könnte, wenn man von Qualität absieht und das 'stärker', das den höheren Typus auszeichnen soll, nur quantitativ interpretiert. Ich erinnere an die Äußerung: „Woran mißt sich objektiv der *Werth?* Allein an dem Quantum *gesteigerter* und organisirter Macht" (NF VIII 2, 282). Mit Machtsteigerung und sich zunehmend organisierender Macht verbindet Nietzsche entschieden die Vorstellung der *'aufsteigenden* Linie des Lebens', bzw. diese läßt sich durch jene definieren. Ihr steht gegenüber „die absteigende Linie des Lebens" (vgl. S. 155); sie kennzeichnet die Décadence, der Nietzsche nicht von ungefähr so viel Aufmerksamkeit schenkt. Er hat in ihr einen nicht zu unterschätzenden Gegner. Ich werde im Fortgang zu zeigen versuchen, daß die Décadence die Maßstabfrage, wie sie von diesem Kapitel gestellt wird, endgültig zum Scheitern bringt. Dazu wird man sich zunächst auf Nietzsches Verständnis von Décadence einlassen müssen.

Als „Voraussetzungen des *aufsteigenden* Lebens" nennt Nietzsche „alles Starke, Tapfere, Herrische, Stolze" (AC 17 / VI 3, 182). Entsprechend wäre absteigendes Leben bestimmt von Schwäche, Mutlosigkeit oder Feigheit, Unterwerfung bis hin zum Sklaventum, Demut und Hingabe. In demselben Aphorismus vermerkt Nietzsche: „Wo in irgend welcher Form der Wille zur Macht niedergeht, giebt es jedes Mal auch einen physiologischen Rückgang, eine décadence" (VI 3, 181). Unlängst wurde zitiert, daß Nietzsche das Rauschgefühl einem tatsächlichen Mehr an Kraft entsprechen sieht und in dessen Gefolge „Verschönerung" konstatiert. Dieselbe Aufzeichnung führt Décadence als Gegensatz dazu vor: „Die Häßlichkeit bedeutet *décadence eines Typus*, Widerspruch und mangelnde Coordination der inneren Begehrungen / bedeutet einen Niedergang an *organisirender* Kraft, an 'Willen' physiologisch geredet..." (NF VIII 3, 86). 'Physiologisch' ist wieder in weitem Sinn zu nehmen und auf den Leib als die 'große Vernunft' zu beziehen. Im Rahmen seiner Kritik an der 'altruistischen' Décadence-Moral sagt Nietzsche: „Instinktiv das *Sich*-Schädliche wählen, *Gelockt*-werden durch 'uninteressirte' Motive giebt beinahe die Formel ab für décadence. 'Nicht *seinen* Nutzen suchen' – das ist bloss das moralische Feigenblatt für eine ganz andere, nämlich physiologische Thatsächlichkeit; 'ich weiss meinen Nutzen nicht mehr zu *finden*' ... Disgregation der Instinkte! – [...] Statt naiv zu sagen, 'ich bin nichts werth', sagt die Moral-Lüge im Munde des décadent: 'Nichts ist etwas werth, – das *Leben* ist nichts werth' ..." (GD, Streifzüge eines Unzeitgemässen, 35 / VI 3, 127 f.). Der Décadent macht aus seiner Not eine Tugend. Er ist unfähig, instinktiv und im natürlichen Zusammenspiel seiner Instinkte das ihm Gedeihliche zu wählen[20]; deshalb soll auch kein anderer auf den je eigenen Nutzen ausgehen dürfen. Der Déca-

dent ist nach Nietzsche nichts wert, gesteht sich das aber nicht ein und verurteilt statt dessen nihilistisch das Leben. Man befindet sich im Zentrum von
Nietzsches Kritik der absoluten Moral, des Christentums, der Metaphysik.
Das mag eine Äußerung aus › Der Antichrist‹ zusätzlich verdeutlichen: „Ich
nenne ein Thier, eine Gattung, ein Individuum verdorben, wenn es seine Instinkte verliert, wenn es wählt, wenn es *vorzieht,* was ihm nachtheilig ist.
Eine Geschichte der 'höheren Gefühle', der 'Ideale der Menschheit' [...]
wäre beinahe auch die Erklärung dafür, *weshalb* der Mensch so verdorben
ist. / Das Leben selbst gilt mir als Instinkt für Wachsthum, für Dauer, für
Häufung von Kräften, für *Macht:* wo der Wille zur Macht fehlt, giebt es Niedergang. Meine Behauptung ist, dass allen obersten Werthen der Menschheit dieser Wille *fehlt,* – dass Niedergangs-Werthe, *nihilistische* Werthe unter
den heiligsten Namen die Herrschaft führen" (Aph. 6 / VI 3, 170). In diesem Zusammenhang darf daran erinnert werden, daß Nietzsche als eine Art
der Unlust die Erschöpfung herausstellt, diese verstanden als „tiefe Verminderung und Herabstimmung des Willens zur Macht", und daß er andererseits den Erschöpften doch auch eine Art von Lust zugesteht – die des Einschlafens; „die Erschöpften wollen Ruhe, Gliederausstrecken, Frieden,
Stille – / es ist das *Glück* der nihilistischen Religionen und Philosophien"
(vgl. S. 125). Christentum und Metaphysik gehören aus Nietzsches Sicht
hierher.

  Absolute Moral, Metaphysik, Christentum sind bei Nietzsche Erschei-
nungsformen der Décadence[21]. Den Durchbruch und die geschichtliche
Ausprägung des Christentums sieht Nietzsche entscheidend durch Paulus
bestimmt. Paulus ist ihm verantwortlich u. a. für die negative Einstellung
zur Sinnlichkeit, die Maßstäblichkeit der Tugenden der kleinen Leute, den
Platonismus des Christentums. „Paulus, der Fleisch-, der Genie-gewordne
Tschandala-Hass gegen Rom, gegen 'die Welt'" (AC 58 / VI 3, 244), hat es
fertiggebracht, Décadence zum Auserwähltsein durch Gott umzuwerten:
„Nochmals erinnre ich an das unschätzbare Wort des Paulus[22]. 'Was
schwach ist vor der Welt, was *thöricht* ist vor der Welt, das *Unedle* und *Ver-
achtete* vor der Welt hat Gott erwählt': *das* war die Formel, in *hoc* signo
siegte die décadence" (AC 51 / VI 3, 230). Man beachte an dieser Stelle
schon einmal, daß Paulus, als *Fleisch gewordener* Tschandala-Haß gegen
Rom und die 'Welt', der Décadence zugehört, für die er wirkt, daß ihm von
Nietzsche aber auch Genie zugesprochen wird, ja daß in seinem Zeichen,
mit seiner Formel, die Décadence *siegt.* – Wie Paulus das Christentum, so
hat Platon die Metaphysik geprägt (die christliche nicht ohne Mitwirkung
des Paulus). Auch er hat Teil an der Décadence, die er vertritt und etabliert.
Nietzsche schreibt: „Mir selbst ist diese Unehrerbietigkeit, dass die grossen
Weisen *Niedergangs-Typen* sind, zuerst gerade in einem Falle aufgegangen,
wo ihr am stärksten das gelehrte und ungelehrte Vorurtheil entgegensteht: ich

erkannte Sokrates und Plato als Verfalls-Symptome, als Werkzeuge der griechischen Auflösung, als pseudogriechisch, als antigriechisch ('Geburt der Tragödie' 1872)", und Nietzsche fügt hinzu, „dass sie selbst, diese Weisesten, irgend worin *physiologisch* übereinstimmten, um auf gleiche Weise negativ zum Leben zu stehn, – stehn zu *müssen*" (GD, Das Problem des Sokrates, 2 / VI 3, 61 f.). Das ist eindeutig. Wenig schmeichelhaft für Platon läßt Nietzsche sich in der ›Götzen-Dämmerung‹ ein weiteres Mal vernehmen: „Die griechische Philosophie als die *décadence* des griechischen Instinkts: Thukydides als die grosse Summe, die letzte Offenbarung jener starken, strengen, harten Thatsächlichkeit, die dem älteren Hellenen im Instinkte lag. Der *Muth* vor der Realität unterscheidet zuletzt solche Naturen wie Thukydides und Plato: Plato ist ein Feigling vor der Realität, – *folglich* flüchtet er in's Ideal" (Was ich den Alten verdanke, 2 / VI 3, 150).

Ich kehre zu meinem Punkt zurück: Ist die Frage nach dem Maßstab für den höheren Typus zu lösen, wenn seine 'Stärke' rein quantitativ ausgelegt wird, eben nur als herausragendes 'Quantum gesteigerter und organisierter Macht'? Und ich erkläre jetzt: Die unbestreitbare Macht der 'Décadence' in einigen ihrer wesentlichen Ausprägungen macht es unausweichlich, hier mit nein zu antworten. Nietzsche hat Décadence als Niedergang an organisierender Kraft, an 'physiologisch' verstandenem 'Willen', bestimmt und ihr siegreichen Willen und gesteigerte Organisation der Strebungen entgegengesetzt. Er hat dem Leben Instinkte für Dauer und Macht zugeschrieben und die 'obersten Werte der Menschheit' (also jedenfalls die der absoluten Moral, des Christentums, der Metaphysik) als Décadence-Werte auf die Gegenseite gestellt; er hat Platon als 'Niedergangs-Typ' eingestuft. Und doch weiß keiner besser als er die Macht, die organisierende Kraft, auch den Machtinstinkt und den Instinkt für Dauer auf seiten seiner Gegner einzuschätzen, nämlich als enorm und die abendländische Geistesgeschichte über zwei Jahrtausende lang beherrschend. Die dauerhaft geschichtliche Mächtigkeit des Christentums hat Nietzsche früh schon herausgestellt (und sein erbitterter Kampf gegen das Christentum in ›Der Antichrist‹ beweist, daß er an dieser Beurteilung festgehalten hat): „der historische Erfolg des Christenthums, seine historische Macht, Zähigkeit und Zeitdauer, alles das beweist glücklicherweise nichts in Betreff der Grösse seines Gründers[23], da es im Grunde gegen ihn beweisen würde; aber zwischen ihm und jenem historischen Erfolge liegt eine sehr irdische und dunkle Schicht von Leidenschaft, Irrthum, Gier nach Macht und Ehre, von fortwirkenden Kräften des imperium romanum, eine Schicht, aus der das Christenthum jenen Erdgeschmack und Erdenrest bekommen hat, der ihm die Fortdauer in dieser Welt ermöglichte und gleichsam seine Haltbarkeit gab" (HL 9 / III 1, 316 f.). In einem wichtigen Punkt hat Nietzsche allerdings später umgedacht: Er trennt das Christentum ab von den positiven Kräften des imperium romanum, d. h. er sieht die Kräfte des Christentums nicht mehr von dort her gespeist[24] – und damit gerade werden diese Kräfte eindeutig zu Kräften der Décadence selbst. Von Paulus heißt es: „*Sein* Bedürfniss war die *Macht;* mit Paulus wollte nochmals der Priester zur Macht, – er konnte nur Begriffe, Lehren, Symbole brauchen, mit denen man Massen tyrannisirt, Heerden bildet" (AC 42 / VI 3, 214)[25]. Zu Platons Größe und Macht läßt sich mit einer Aufzeichnung von 1884 überleiten: „[. . .] – einmal darzustellen, *wie sehr* alles Nachahmung und Einspielen der *angegebenen Werthschätzungen* ist, die von großen Einzelnen ausgehen. Z. B. Plato und das Christenthum. Paulus wußte schwerlich, *wie sehr* alles in ihm nach Plato riecht" (NF VII 2, 160). Macht der Décadence durch Platon (die nun allerdings überwunden sei und der sogar zu danken ist, daß im Kampf gegen sie große positive Kräfte gewachsen sind) wird auch in der Vorrede zu ›Jenseits von Gut und Böse‹ bezeugt, wo es u. a. heißt, „dass der schlimmste, langwierigste und gefährlichste aller Irrthümer bisher ein Dogmatiker-Irrthum gewesen ist, nämlich Plato's Erfindung vom reinen Geiste und vom Guten an sich. [...] Es hiess allerdings die Wahrheit auf den Kopf stellen und das *Perspektivische,* die Grundbedingung alles Lebens, selber verleugnen, so vom Geiste und vom Guten zu reden, wie Plato gethan hat; ja man darf, als Arzt, fragen: 'woher eine solche Krankheit am schönsten Gewächse des Alterthums, an Plato? hat ihn doch der böse Sokrates verdorben? wäre Sokrates doch der Verderber der Jugend gewesen? und hätte seinen Schierling verdient?'" (VI 2, 4 – teilweise schon zitiert) Von der „Welt-Überwältigung nach der Manier des Plato" war schon die Rede (vgl. S. 137), auch davon, daß 1887 Overbeck brieflich von Nietzsche über Platon erfährt: „er *bleibt* das größte Malheur Europas!" (KGB, III 5, 9) Überhaupt sind Metaphysik und absolute Moral ja der Wille zur Macht, „der bisher siegte" (vgl. nochmals S. 116) und der jetzt erst, wie Nietzsche meint, seiner Gegen-Auslegung zu weichen hat[26].

   Quantität der Macht kann nicht das Auszeichnende sein, das den höheren Typus von allen übrigen unterscheidet. Einspruch käme hier von der Macht der Décadence, die in der Vergangenheit sogar fähig war, Menschen vom Schlage des höheren Typus niederzuhalten (übrigens auch einen für Europa hoffnungsvollen Aufbruch – die Renaissance – wieder zu ersticken, wie es nach Nietzsche durch Luther und die Reformation geschehen ist). Noch weitere herbe Konsequenzen sind zu verzeichnen. Die Macht der Décadence relativiert den Wert der 'aufsteigenden Linie des Lebens', ja verwischt die Trennung zwischen aufsteigender und absteigender Linie des Lebens, wie Nietzsche sie sehen möchte. Und die Macht der nach Nietzsche verneinenden Kräfte zieht auch den hohen Wert von Bejahung in den Sog – das Seinsprinzip stützt ihn nicht. In ›Der Antichrist‹ fragt und antwortet Nietzsche: „Was ist gut? – Alles, was das Gefühl der Macht, den Willen zur Macht, die Macht selbst im Menschen erhöht" (Aph. 2 / VI 3, 168). Gut ist demnach auch die Décadence, Nietzsches Erzfeind, wo sie siegt und herrscht und 'die Welt überwältigt'. „Was ist schlecht? – Alles, was aus der Schwäche stammt" (ebd.) – dieser mit dem Anspruch auf Allgemeinheit auftretende Maßstab des Schlechten wird durch die per definitionem aus der Schwäche stammende Décadence zunichte gemacht, wenn diese denn, dem vorigen zufolge, gerade gut sein kann. Mit der Décadence kommt die unbedingte Relativität über Nietzsche selbst her, und das an einem Punkt, an dem er es dem höheren Typus zuliebe am wenigsten brauchen kann.

Man darf vermuten, daß Nietzsche das nicht gänzlich verborgen war, denn er macht offensichtlich Versuche, das Problem loszuwerden. Da ist einerseits der Versuch, Nein und Ja, Décadence und höheren Typus bis zu einem gewissen Grade miteinander zu versöhnen. So setzt Nietzsche Décadence im Menschen überhaupt an, und das sehr wohl mit einem positiven Akzent: „Denn der Mensch ist kränker, unsicherer, wechselnder, unfestgestellter als irgend ein Thier sonst, daran ist kein Zweifel, – er ist *das* kranke Thier: woher kommt das? Sicherlich hat er auch mehr gewagt, geneuert, getrotzt, das Schicksal herausgefordert als alle übrigen Thiere zusammen genommen: er, der grosse Experimentator mit sich, der Unbefriedigte, Ungesättigte, der um die letzte Herrschaft mit Thier, Natur und Göttern ringt – er, der immer noch Unbezwungne, der ewig-Zukünftige, der vor seiner eignen drängenden Kraft keine Ruhe mehr findet, so dass ihm seine Zukunft unerbittlich wie ein Sporn im Fleische jeder Gegenwart wühlt: – wie sollte ein solches muthiges und reiches Thier nicht auch das am meisten gefährdete, das am Längsten und Tiefsten kranke unter allen kranken Thieren sein? ... [...] Sein Nein, das er zum Leben spricht, bringt wie durch einen Zauber eine Fülle zarterer Ja's an's Licht; ja wenn er sich *verwundet*, dieser Meister der Zerstörung, Selbstzerstörung, – hinterdrein ist es die Wunde selbst, die ihn zwingt, *zu leben* ..." (GM III 13 / VI 2, 385). Damit ist der Weg frei, Décadence auch im höheren Typus zuzulassen. Nietzsche geht ihn allerdings auf eine Weise, daß der von ihm selbst gegebenen Bestimmung widerspricht, Leben sei Instinkt (auch) für Dauer (vgl. S. 170). 1888 notiert er: „Die reichsten und complexesten Formen – denn mehr besagt das Wort 'höherer Typus' nicht – gehen leichter zu Grunde: nur die niedrigsten halten eine scheinbare Unvergänglichkeit fest. Erstere werden selten erreicht und halten sich mit Noth oben: letztere haben eine comprimittirende [sic] Fruchtbarkeit für sich. – Auch in der Menschheit gehen unter wechselnder Gunst und Ungunst die höheren Typen, die Glücksfälle der Entwicklung, am leichtesten zu Grunde. / Sie sind jeder Art von décadence ausgesetzt: sie sind extrem, und damit selbst beinahe schon décadents ... [...] der höhere Typus stellt eine unvergleichlich größere Complexität, – eine größere Summe coordinirter Elemente dar: damit wird auch die Disgregation unvergleichlich wahrscheinlicher. / Das 'Genie' ist die sublimste Maschine, die es

giebt, – folglich die zerbrechlichste" (NF VIII 3, 109). Man sieht, die Décadence ist kein Einwand gegen den höheren Typus mehr, gehört vielmehr zu
ihm. Aber, und das ist hier entscheidend: für das Maßstabproblem ist dadurch gar nichts gebessert. Denn entweder können nun auch die mächtigen
Gegner Nietzsches, also etwa Platon und Paulus, zum höheren Typus gerechnet werden; oder aber sie stehen als Nur-Décadents den Auch-Déca-
dents (höherer Typus) gegenüber und stellen durch ihre Mächtigkeit das
'Höher' des höheren Typus weiterhin infrage. Es würde auch gar nichts helfen, in Nietzsches Auffassung der Décadence eine Differenz festzustellen
(vgl. die folgende Anm.), denn die Mächtigkeit der von ihm *bekämpften*
Décadence ist der Einwand[27].

Einen anderen Versuch, des Problems der machtvollen, siegreichen Décadence Herr zu werden, darf man in folgender Interpretation sehen, die
Nietzsche dem Judentum, dem Christentum und Paulus hat angedeihen lassen und deren Gewaltsamkeit für sich spricht[28]: „Ich habe in meiner 'Genealogie der Moral' zum ersten Male den Gegensatz-Begriff einer *vornehmen* Moral und einer ressentiment-Moral psychologisch vorgeführt, letztere
aus dem Nein gegen die erstere entsprungen: aber dies ist die jüdisch-christ-
liche Moral ganz und gar. Um Nein sagen zu können zu Allem, was die *aufsteigende* Bewegung des Lebens, die Wohlgerathenheit, die Macht, die
Schönheit, die Selbstbejahung auf Erden darstellt, musste hier sich der Genie gewordne Instinkt des ressentiment eine *andre* Welt erfinden, von wo
aus jene *Lebens-Bejahung* als das Böse, als das Verwerfliche an sich erschien. Psychologisch nachgerechnet, ist das jüdische Volk ein Volk der
zähesten Lebenskraft, welches, unter unmögliche Bedingungen versetzt,
freiwillig, aus der tiefsten Klugheit der Selbst-Erhaltung, die Partei aller
décadence-Instinkte nimmt, – *nicht* als von ihnen beherrscht, sondern weil
es in ihnen eine Macht errieth, mit der man sich *gegen* 'die Welt' durchsetzen kann. Sie sind das Gegenstück aller décadents: sie haben sie *darstellen*
müssen bis zur Illusion, sie haben sich, mit einem non-plus-ultra des schauspielerischen Genies, an die Spitze aller décadence-Bewegungen zu stellen
gewusst (– als Christenthum des *Paulus* –), um aus ihnen Etwas zu schaffen,
das stärker ist als jede *Ja-sagende* Partei des Lebens. Die décadence ist, für
die im Juden- und Christenthum zur Macht verlangende Art von Mensch,
eine *priesterliche* Art, nur *Mittel:* diese Art von Mensch hat ein Lebens-In-
teresse daran, die Menschheit *krank* zu machen und die Begriffe 'gut' und
'böse', 'wahr' und 'falsch' in einen lebensgefährlichen und weltverleumderi-
schen Sinn umzudrehn" (AC 24 / VI 3, 190 f.). Hier wird die Macht einer
wichtigen Erscheinungsform dessen, was Nietzsche als Décadence gegolten
hatte, zugestanden, aber die Décadence soll ebendeshalb nicht mehr Décadence sein, sondern statt dessen 'Genie gewordener Instinkt des Ressentiment', 'zäheste Lebenskraft', 'Partei-ergreifen für alle Décadence-Instinkte

aus tiefster Klugheit der Selbsterhaltung', von schauspielerischen Genies vollzogene 'Darstellung'. Ein ganzes Volk, das jüdische, spielt nur Décadence, während es in Wahrheit, „als Gegenstück aller décadents", aufs klügste seine Selbsterhaltung betreibt; es bestimmt derart auch das von Paulus geprägte Christentum. Damit geht Nietzsche noch über eine Feststellung in ›Zur Genealogie der Moral‹ hinaus, wo er den asketischen *Priester* zum *anscheinenden* Feind des Lebens erklärt[29]. Was nun das Maßstabproblem angeht, so ändert sich nichts, ob die Macht der Décadence zugesprochen wird oder dem Genie gewordenen Instinkt des Ressentiments – in jedem Fall handelt es sich um Mächtigkeit und Sieg auf der Gegenseite zum höheren Typus, um kraftvollsten Willen zur Macht, dem Nietzsche den Ehrentitel 'höherer Typus' durchaus nicht zusprechen kann. So zeigt der Versuch, einen Ausweg aus der Schwierigkeit zu bahnen, tatsächlich nur um so deutlicher die Ausweglosigkeit. Dabei ist noch nicht einmal berücksichtigt, daß Nietzsche mit Platon ähnlich wie mit Paulus, mit absoluter Moral und Metaphysik ähnlich wie mit Judentum und Christentum verfahren müßte, um der Sachlage Herr zu werden. Die gesamte europäische Tradition durch treffliche Darsteller gespielte Décadence? Nietzsche wendet übrigens – genausowenig überzeugend – seine Taktik in einer Gegensituation an: Raffael, dem in Nietzsches Schätzung wohl eine Anwartschaft auf das Wertprädikat 'höherer Typus' zukommt, darf eben deshalb kein Christ gewesen sein[30]. –

Ich ziehe Bilanz. Die absolute Seinsthese (die These eben, daß 'diese Welt der Wille zur Macht ist und nichts außerdem', und daß 'auch wir selber dieser Wille zur Macht sind und nichts außerdem') hat unbedingte Relativität zur Folge, von der einzig sie selbst und ein *mit ihr* gegebener formaler Wertmaßstab ausgenommen sind. Wenn Wille zur Macht zu denken ist als Wille zur Akkumulation von Kraft, als Streben nach mehr Macht und einem maximalen Machtgefühl, nach Überwältigen, Herrwerden, Befehlen, dann hat jede Steigerung dieser Art als höher zu gelten, jede Minderung als geringer; das Höchste wäre ein Maximalzustand im Werden, sollte es ihn geben (vgl. S. 158). Die Frage war: Läßt sich mit diesem Maßstab (und mit ihm allein, ohne von anderwärts Qualitäten einzuschmuggeln und die unbedingte Relativität aller Inhalte zu unterlaufen) das Höhersein des höheren Typus ausmachen? Läßt sich mit seiner Hilfe philosophisch verbindlich sagen, daß der höhere Typus sich vor anderen auszeichnet als stärker, böser, tiefer und schöner, und das so, daß für ihn selbst dabei etwas herauskommt, ja daß seine Lebensform als zuhöchst begehrenswertes Ziel erscheinen kann für diejenigen anderen, die fähig sind, in diesen Typus überzugehen? Die Antwort ist ein uneingeschränktes Nein.

Deutlich dürften noch die Ergebnisse in Erinnerung sein, die sich soeben angesichts der Macht der Décadence eingestellt haben. Die Auszeichnung des höheren Typus kann nicht in einer rein quantitativ interpretierten herausragenden Stärke liegen, in einem besonderen 'Quantum gesteigerter und organisierter Macht'. Die Auszeichnung so zu denken, das war aber schon der Versuch, der Aporie der Maßstabfrage doch noch auszuweichen. Sein Scheitern hat die Lage auch insofern verschärft, als die mächtige Décadence die prinzipielle Unterscheidung zwischen aufsteigender und absteigender Linie des Lebens haltlos macht und sogar einem Junktim zwischen Machtfülle bzw. Wirkmächtigkeit und Weltbejahung widerstreitet.

Zuvor waren schon Möglichkeiten ausgeschaltet worden, auf dem Boden der absoluten Seinsthese eine den höheren Typus als solchen auszeichnende Qualität anzusetzen. Offen blieben damals noch zwei Wege, die inzwischen, was noch deutlicher zu artikulieren ist, ebenfalls versperrt sind.

Der eine dieser Wege beansprucht die Individualität als den höheren Typus auszeichnende Qualität. Dazu ist nun zu sagen: Hier stellt sich ein weiteres Mal die Décadence quer – in Gestalt ihrer (durchaus nach Nietzsches Kriterien) herausragenden Individuen, z. B. in der Gestalt Platons, eines „großen Einzelnen" (vgl. S. 172). Wie auch der zweite Weg von der Décadence blockiert ist, wird bald stärker herauszuheben sein.

Ich hatte das Machtgefühl als eine Qualität bezeichnet, die unmittelbar aus dem Seinsprinzip zu gewinnen ist. Dennoch taugt es nicht als Gradmesser für den höheren Typus. Denn sein Grad kann bei ganz verschieden Starken (bis hin zu eher Schwachen) gleich groß sein, hängt er doch davon ab, ob ein Wesen sich um die Überwindung eines *mit ihm selbst verglichen* starken Gegners erfolgreich bemüht. Jedem Wesen, das sich im Prozeß seiner Kraftsteigerung befindet, wird bei jedem Gelingen einer bedeutenden Überwältigung ein starkes Machtgefühl zuteil.

Dies Dilemma motivierte den Versuch, das Machtgefühl in seiner Verwandlung zum Distanzgefühl ins Spiel zu bringen. Beim Distanzgefühl liegt der Akzent auf dem Sichvergleichen mit anderen. Dieses muß zum Ergebnis haben, daß die eigene Überlegenheit gefühlt wird. Damit im Distanzgefühl objektiv und von anderen nachvollziehbar die den höheren Typus auszeichnende Qualität erblickt werden könnte, müßte allerdings dem Gefühl, sich in Distanz zu allen übrigen Wesen zu befinden, eine echte Distanz dieses Ausmaßes einsehbar zugrunde liegen, d. h. das Gefühl müßte als zu Recht bestehend begreiflich sein. Für dieses „zu Recht" aber gibt es kein Maß, jedenfalls nicht angesichts des hier einzig zugelassenen formalen Maßstabs. Unentschieden blieb, ob das dionysische Ja zur Welt das Distanzgefühl des höheren Typus als auszeichnend zu rechtfertigen vermöchte. Dies nun ist der zweite der zunächst noch offenen Wege, den ebenfalls die machtvolle Décadence verschließt. Sie unterminiert ja gerade den hohen Wert von Bejahung für die Wirkmächtigkeit des Willens zur Macht. Dionysische Bejahung der diesseitigen Welt als der einzigen wird nicht gebraucht zum machtvollen Vollzug des Willens zur Macht, macht daher (in der Problem-

situation, die in diesem Kapitel herausgearbeitet wird) keine Auszeichnung
aus, die einem Distanzgefühl des höheren Typus – einem Gefühl der Überlegenheit ja eben gegenüber allen anderen Typen – zum Recht verhelfen
könnte.

Bejahung ist dem Rausch immanent. Da sie hier als Wertmesser suspekt
ist, kann *sie* nicht dafür gutstehen, daß im Machtgefühl als Rausch die den
höheren Typus als solchen auszeichnende Qualität zu finden ist. Aber schon
der Umstand, daß der Rausch (samt der in ihm sich vollziehenden Bejahung) nach Nietzsches Analysen durchaus nicht auf den höheren Typus beschränkt ist, macht ihn ungeeignet dazu, das 'Höher' des höheren Typus zu
begründen.

Starkes Machtgefühl muß (konsequent von Nietzsche her gesehen) inzwischen sogar den mächtigen Décadents zugesprochen werden. Dadurch wird
es als auszeichnende Qualität des höheren Typus zusätzlich in Frage gestellt.
(Dasselbe gälte bei einer bloß quantitativen Bewertung des Machtgefühls,
sollte das Phänomen sie überhaupt zulassen.)

Die dem höheren Typus eigene Qualität konnte auch nicht als das Schöpferische aufgefaßt werden. Und schließlich ist nun noch zurückzublicken
auf das Qualität-Quantität-Dilemma. Eine dem höheren Typus zuzuspre-
chende maximale Macht war ins Auge zu fassen als Erdherrschaft in Gestalt
von Weltpolitik und Weltwirtschaft, verbunden mit maximaler Naturbeherr-
schung – oder auch als 'höchste Vergeistigung der Macht'. Bei näherem
Zusehen hielt der Qualitätsgesichtspunkt hier nicht stand; Qualität wich
Quantität. 'Höchste Vergeistigung der Macht' war überdies nicht nur dem
höheren Typus, sondern auch einer Gestalt von Décadence zuzuordnen.
Was nun die bezeichnete, auf ein Macht*quantum* reduzierte Erdherrschaft
betrifft, so kann sie nicht (und schon gar nicht im voraus) gegründet als ein
Mehr gegenüber der mehr als 2000 Jahre lang von der Décadence vollzoge-
nen 'Welt-Überwältigung' ausgegeben werden. –

Der mit der absoluten Seinsthese gegebene formale Wertmaßstab läßt die
Frage nach dem höheren oder gar maximalen Wert des höheren Typus scheitern. Er erlaubt nicht, eine besondere Schönheit (Qualität) dieses Typus
auszumachen. Dessen nurmehr als Quantität anzusetzende Stärke kann die
Konkurrenz der machtvollen Décadence-Erscheinungen nicht aus dem Feld
schlagen. Die größere Tiefe des höheren Typus – seine Fähigkeit und Bereitschaft zur umfassenden Bejahung dieser Welt in dionysischer Lust-Leid-Ge-
stimmtheit – wird für kraftvollen Vollzug des Willens zur Macht nicht gebraucht. So bliebe also die 'Auszeichnung', daß der höhere Typus böser ist
als alle anderen. Und nur sein Böses und was er sich etwa dadurch verschafft, das hätte er selbst als etwas Besonderes davon, höher als andere zu
sein (– man ist an dieser Stelle an Typen wie Polos und Kallikles in Platons
›Gorgias‹ erinnert[31]). Vielleicht könnte das seine Lebensform für diesen

oder jenen derart erstrebenswert machen, daß er sich den Übergang in diesen Typus befiehlt.

Aber man muß sehen, daß gesteigerter Immoralismus (und das durch ihn verursachte Leiden) inzwischen um seine Rechtfertigung gebracht worden ist. Nietzsche hat eine solche Rechtfertigung formuliert (obwohl er ebensosehr beanspruchen könnte, ihrer überhoben zu sein)[32]. Wie sieht die Rechtfertigung aus? Sie wurde schon einmal mitgeteilt: Entscheidend ist, ob jemand „die aufsteigende oder die absteigende Linie des Lebens darstellt. [...] Stellt er das Aufsteigen der Linie dar, so ist in der That sein Werth ausserordentlich, – und um des Gesammt-Lebens willen, das mit ihm einen Schritt *weiter* thut, darf die Sorge um Erhaltung, um Schaffung seines optimum von Bedingungen selbst extrem sein" (GD, Streifzüge eines Unzeitgemässen, 33 / VI 3, 125 f.). Also: Wer die aufsteigende Linie des Lebens vertritt, der verhilft dem Gesamtleben zu einer Steigerung, und deshalb ist seine Immoralität gerechtfertigt. Es mag an dieser Stelle auf sich beruhen, ob meine frühere Erörterung, die zur Ablehnung eines Maximums des Werdens führte (während ein Maximum im Werden denkbar blieb), auch hier griffe und eine 'Steigerung des Gesamtlebens' schon ausschaltete, auf die sich eine Rechtfertigung von Immoralität dann also nicht berufen könnte. Es genügt aufzugreifen, daß die Trennung zwischen aufsteigender und absteigender Linie des Lebens durch die Macht der Décadence entscheidend an Bedeutung verloren hat. Wenn überhaupt das 'Gesamtleben einen Schritt weiter tun' kann, dann bedarf es dazu jedenfalls nicht einer aufsteigenden Linie des Lebens, die so verstanden wäre, daß die machtvolle Décadence ihr nicht zugerechnet werden könnte. Und damit bedarf es auch nicht des Immoralismus und der Ausschaltung der absoluten Moral; jenseits *und* diesseits von Gut und Böse ist Steigerung des 'Lebens', kraftvoller Vollzug des Willens zur Macht, möglich. Eine Formulierung Nietzsches aus anderem Zusammenhang abwandelnd, könnte man (auf Nietzsches eigenem Gelände!) fragen: Gesetzt wir wollen Immoralität – warum nicht lieber Moralität?

Die absolute Seinsthese hat die Aporie der Maßstabfrage (der Frage nach dem Wertmaßstab für den höheren Typus und damit nach dessen Wert) zur Folge. Einzig den in ihr implizierten formalen Maßstab zulassend, führt sie dazu, daß die unbedingte Relativität sich auch des Höherseins des höheren Typus bemächtigt. Dieses kann auf dem Boden der absoluten Seinsthese philosophisch verbindlich nicht bestimmt werden. Allenfalls läßt sich sagen: Wer auch immer sich – in welcher Machtkonstellation auch immer und in gänzlich subjektiver Schätzung – für höher (wertvoller) hält, der ist es auch; Sein und Scheinen bleiben da ganz ununterscheidbar; perspektivischer Schein ist auch hier alles; d. h., der formale Maßstab besiegelt den Verlust jedes objektiven Maßes, statt ihn einzugrenzen (vgl. S. 158). Jedes Individuum ist, in subjektivem Selbstgefühl, für sich selbst und nur für sich selbst der Maßstab. Relativität beweist ihre Unbedingtheit. Damit hat die absolute Seinsthese das zunichte gemacht, was sie mit ihrer Absolutheit gerade hätte erwirken sollen: den unbestrittenen Sieg von Nietzsches Gegen-Auslegung. Nietzsches siegbewußte Aufzeichnung, die im 9. Kapitel eine Rolle gespielt hat und in diesem Kapitel gestreift wurde, stammt aus dem Frühjahr 1888. Ich setze sie noch einmal hierher: „Wir haben zwei ‚Willen zur Macht' im Kampfe gesehen; *im Specialfall: wir haben ein Princip,* dem Einen Recht zu geben, der bisher unterlag, und dem, der bisher siegte, Unrecht zu geben [...]. Wir sagen *nicht:* ‚der Stärkere hat Unrecht' ..." (NF VIII 3, 114). Ob dieses Selbstverständnis Nietzsches zur Zeit der Aufzeichnung, nach dem 4. Teil des ›Zarathustra‹ und vor den ›Dionysos-Dithyramben‹, von gar keinem Zweifel berührt war, ist, wie ich früher schon andeutete, schwer zu sagen. Nietzsches in diesem Kapitel dargestellter Versuch, der machtvollen Décadence Herr zu werden, weist mindestens auf ein Problembewußtsein in diesem Punkt.

Ich nehme die in diesem Kapitel vorgetragenen Bedenken sehr ernst. Deutlich möchte ich aber erklären, daß die Thematik ‚höherer Typus' in Nietzsches Spätphilosophie verkürzt wäre, bliebe man hier stehen. Ich setze daher das Thema von einem Neueinsatz her fort[33].

12. DER HÖHERE TYPUS

Das Thema 'höherer Typus' nach den vorausgegangenen Kapiteln von einem Neueinsatz aus weiterführen, bedeutet: die Seinsthese in ihrer Absolutheit beiseite setzen, d. h. so verfahren, *als ob* nicht alles Wille zur Macht wäre und nichts außerdem, *als ob* es eine *absolute* Seinsthese und die daraus resultierenden Probleme nicht gäbe. Das macht im Rahmen einer Nietzsche-Interpretation nur Sinn, wenn Nietzsche selbst teilweise so verfährt. In den Jahren vor den äußersten Schritten der ›Dionysos-Dithyramben‹ (vgl. Kap. 15) findet sich bei ihm verstärkt ein zeitgleiches Nebeneinanderherdenken von Unvereinbarem, nun u. a. von absoluter Seinsthese und Entwurf eines höheren Typus. Könnte man ihn darauf ansprechen, so würde er das Nebeneinander vielleicht interpretieren als Perspektivenvielfalt und philosophisches Experimentieren auch im Grundsätzlichen. Weniger günstig für ihn wäre die Interpretation, daß er Probleme ungelöst mitführt, statt sie zur Entscheidung zu bringen. Meine Untersuchung entspricht Nietzsches Nebeneinanderherdenken, indem sie jetzt die Problemsituation von Kapitel 11, die in enger Verbindung zu Kapitel 9 stand, beiseite setzt. Damit wird auch die unbedingte Relativität zurückgestellt. Inhaltliche Wertsetzungen werden möglich. Das 'Höhersein' des höheren Typus wird nicht mehr von der absoluten Seinsthese und dem mit ihr gegebenen Maßstab her zu begründen versucht, sondern wird ohne ontologische Anbindung in einem 'freien' Wertsetzen gesetzt. Übrigens wird mit dem Zurückstellen der absoluten Seinsthese zwar die Gedankenlinie, die das 10. Kapitel herausgestellt hat, nicht beseitigt, aber die Möglichkeit wird eröffnet, daß auch andere, humanere Wertsetzungen daneben Platz greifen.

Dem Neueinsatz des Themas 'höherer Typus' kann ein Ort zugewiesen werden in der geschichtlichen Situation, in die Nietzsche sich gestellt sieht. Es ist die Situation des europäischen Nihilismus (vgl. Kap. 3), die nach Nietzsche entscheidend vom Niedergang der langehin mächtigen Décadence bestimmt ist[1]. In dieser Situation stellt Nietzsche die Frage: Was nun? Er will, daß es beim Nihilismus nicht bleibt, sondern daß er überwunden wird durch neu zu setzende Werte, die ein höherer Menschentypus verkörpern soll. Der Übermensch des ›Zarathustra‹ erlitt eine Entzauberung. Einen (auch nach Nietzsches Verständnis jedenfalls entgöttlichten) höheren Typus konzipiert Nietzsche weiterhin.

Am Ende von Kapitel 9 hatte ich formuliert, Nietzsches elementares Ja zur Werde-Welt sei und bleibe das A und O seiner philosophischen Existenz.

Im vorigen Kapitel war dann die Maßstabfrage dahin zuzuspitzen, daß, auf dem Boden der absoluten Seinsthese, nicht einmal die Bejahung der Werde-Welt standhält als begründeter und den höheren Typus als solchen auszeichnender Wert. Jetzt, in der veränderten Ausgangslage dieses Kapitels, läßt sich sagen: Ohne die Möglichkeit einer ontologischen Fundierung in 'absolutem' Kontext, aber als Freiheitsakt[2] läßt dionysische Bejahung der Welt und des eigenen Selbst sich an den Anfang setzen und zu einem Wert erheben, der – *allen anderen Werten zuvor* – den zur Überwindung des Nihilismus aufgerufenen Menschentyp auszeichnet und als 'höher' qualifiziert[3]. Geschieht das, dann ist dionysische Welt- und Selbstbejahung die conditio sine qua non des höheren Typus (und die gesamte 'Décadence', wie Nietzsche sie versteht, gehört dann eindeutig nicht zu ihm und kann die Bestimmung seines Rangs nicht gefährden).

Wird derart – durch eine ontologisch unbegründete Wertsetzung – das dionysische Ja als Grundwert an den Anfang gesetzt und zur Bedingung des höheren Typus gemacht, dann wird etwas Erstaunliches möglich: Formale Wertbestimmungen, die im vorigen Kapitel nicht dazu taugten, das Maßstabproblem zu lösen, weil sie auch anderen Typen zukommen können, sind nun geeignet, einen ersten Umriß des höheren Typus zu liefern. In Verbindung mit dem Grundwert, mit der dionysischen Bejahung eben, und dank dieser Verbindung gehören sie mit zum Höhersein des höheren Typus, werden sie ebenfalls als diesen auszeichnende Werte gesetzt. Da ist nun als erstes aufzugreifen das Machtgefühl im Befehlen und Sichselbstbefehlen, als eine Qualität und Intensität, als ein beglückendes Gesamtgefühl. Es durchdringt sich im höheren Typus mit der dionysischen Gestimmtheit der Bejahung, und in dieser Einheit hat man die 'Grundbefindlichkeit' des höheren Typus zu erblicken[4]. Im Zusammenhang mit dem Machtgefühl waren Distanzgefühl und Rausch zu erörtern gewesen. Als Modi des Machtgefühls sind sie nun einzubringen in die erste, umrißhafte Bestimmung des höheren Typus. Das Distanzgefühl wird allerdings im Zusammenhang mit der Vornehmheit noch ausführlicher zur Darstellung kommen müssen. Was den Rausch betrifft, so können zur weiteren Charakterisierung des höheren Typus aus dem früheren Zusammenhang hierher herübergenommen werden: die eigene Verschönerung, die einem Wesen widerfährt, wenn es ein seiner Kraftsteigerung entsprechendes Rauschgefühl empfindet, sowie das Bereichern und Vervollkommnen aller Dinge, das in diesem Zustand vollzogen wird. Ferner ist wieder aufzunehmen die Individualität als eine Rang verleihende Qualität. Ich sprach schon davon, daß kraftvollster Wille zur Macht bei Nietzsche als herrschend sich vollziehende Einzigartigkeit verstanden werden kann. Mit der Individualität gehört ebenfalls hierher innere Differenziertheit und Komplexität, die dem Different-sein-wollen Chancen eröffnet, sich auf Vielfältiges machtvoll zu richten. Wichtige formale Bestimmungen des höheren Typus sind damit gegeben.

Von den soeben genannten Wertsetzungen werden das Distanzgefühl und
die Individualität an späterer Stelle weiter zu bestimmen sein (letztere unter
dem Aspekt des Sichselbstbefehlens); die übrigen sollen hier noch deut-
lichere Züge gewinnen. Zunächst mag es noch einmal um die Bejahung gehen. Unter dem Stichwort „die *Jasagenden* Affecte" zählt Nietzsche auf:
„Der Stolz / die Freude / die Gesundheit / die Liebe der Geschlechter / die
Feindschaft und der Krieg / die Ehrfurcht / die schönen Gebärden, Manieren, Gegenstände / der starke Wille / die Zucht der hohen Geistigkeit / der
Wille zur Macht / die Dankbarkeit gegen Erde und Leben", und er fährt
pointierend fort: „ : alles, was reich ist und abgeben will und das Leben beschenkt und vergoldet und verewigt und vergöttlicht – die ganze Gewalt
verklärender Tugenden… alles Gutheißende, Jasagende, Jathuende – "
(NF VIII 3, 14f.). Die Bedeutung der Aufzeichnung kann nicht überschätzt
werden. Sie bündelt, was in besonderem Maß – in der langen Geschichte
der Nietzsche-Rezeption – Nietzsche für viele anziehend gemacht hat. Jeder
der genannten Affekte ist wichtig[5]. Die Leidkomponente im Dionysischen
bleibt eher im Hintergrund, wenngleich sie mindestens bei Feindschaft und
Krieg mitgesetzt ist. Mit dem Stolz ist das Distanzgefühl angesprochen. Erstaunlich mögen erscheinen die Ehrfurcht und die „Zucht der hohen Geistigkeit" (auf beide komme ich zurück), vielleicht auch die „schönen Gebärden, Manieren". Bei allen genannten Affekten handelt es sich um Auszeichnungen des höheren Typus, um seine Tugenden. Und es sind 'verklärende'
Tugenden, die, inneren Reichtum voraussetzend, das 'Leben', die Welt
durch Jasagen und Jatun 'vergolden'. Hieran wird gleich anzuknüpfen sein,
wenn es gilt, das Bereichern und Vervollkommnen aller Dinge noch näher
zu bestimmen. Daß man sich mit den bejahenden Affekten weiterhin auf
dem Boden des Willens zur Macht befindet, wird stärker als in der soeben
thematisierten Aufzeichnung (in der der Wille zur Macht als ein Affekt unter anderen aufzutreten schien) durch folgende Notiz gegenwärtig gehalten:
„Es ist der *Reichthum an Person,* die Fülle in sich, das Überströmen und
Abgeben, das instinktive Wohlsein und Jasagen zu sich, was die großen
Opfer und die große Liebe macht: es ist die starke und göttliche Selbstigkeit, aus der diese Affekte wachsen, so gewiß wie auch das Herr-werden-
wollen, Übergreifen, die innere Sicherheit, ein Recht auf Alles zu haben"
(NF VIII 2, 196). Hier ist nun auch von großen Opfern die Rede. Ein 'göttlicher' Egoismus steht als Nährboden für die bejahenden Affekte vor
Augen. Und Gewißheit der in sich reichen Person, 'ein Recht auf alles zu
haben', weist auf den Standort jenseits von Gut und Böse.
    Vom Machtgefühl als Rausch war gesprochen worden und von der Be-
reicherung und Vervollkommnung, die es allen Dingen zuteil werden läßt.
Ihrer Wichtigkeit wegen zitiere ich eine einschlägige Stelle hier noch einmal: „Man bereichert in diesem Zustande Alles aus seiner eignen Fülle: was

man sieht, was man will, man sieht es geschwellt, gedrängt, stark, überladen mit Kraft. Der Mensch dieses Zustandes verwandelt die Dinge, bis sie seine Macht wiederspiegeln, – bis sie Reflexe seiner Vollkommenheit sind. Dies Verwandeln*müssen* in's Vollkommne ist – Kunst" (GD, Streifzüge eines Unzeitgemässen, 9 / VI 3, 110f.). Ich hatte dazu schon bemerkt, daß hier von Kunst möglicherweise in einem über das gewöhnliche Verständnis hinaus erweiterten Sinn die Rede ist[6]. Jetzt geht es darum, zu zeigen, daß Kunst im üblichen Wortsinn jedenfalls eine Weise ist, wie der höhere Typus seine 'verklärende Tugend' realisiert[7]. Nietzsche spricht vom Rausch als kunstschaffendem Zustand und sagt dann: „ – das Wesentliche an der Kunst bleibt ihre Daseins-*Vollendung,* ihr Hervorbringen der Vollkommenheit und Fülle / Kunst ist wesentlich *Bejahung, Segnung, Vergöttlichung des Daseins* . . ." (NF VIII 3, 33). „Die Kunst erinnert uns an Zustände des animalischen vigor; sie ist [. . .] ein Überschuß und Ausströmen von blühender Leiblichkeit in die Welt der Bilder und Wünsche" (NF VIII 2, 58)[8]. Solches Ausströmen von lebensvoller Leiblichkeit, solches Vergöttlichen des Daseins aus eigener Fülle macht sich an der Realität in Richtung auf Schein zu tun, was für Nietzsche natürlich nichts Negatives hat. Vom Künstler sagt er, daß er „den Schein höher schätzt als die Realität", wobei Schein bedeuten soll: „die Realität *noch einmal,* nur in einer Auswahl, Verstärkung, Correctur" (GD, Die „Vernunft" in der Philosophie, 6 / VI 3, 73). Das Vervollkommnen, das im Schein die Realität neu gibt in Auswahl, Verstärkung und Korrektur, ist ein Idealisieren[9]. – Das Vervollkommnen, zusammen mit dem sinnlich rauschhaften Machtgefühl dem höheren Typus als Qualität zukommend, darf nicht aufgrund des vorigen verengt erscheinen. Nietzsche bringt in die Thematik ein Moment ein, das auf ein anderes als nur künstlerisches 'Jatun' weist, nämlich das Moment eines Bereicherns auf Zukunft hin: Er sagt von „dem, der, aus der Fülle, welche er darstellt und fühlt, unfreiwillig *abgiebt* an die Dinge", daß er sie „voller, mächtiger, zukunftsreicher sieht" (NF VIII 3, 44).

Vom inneren Reichtum war nun schon viel die Rede. Ich erinnere noch einmal daran, daß Nietzsche bezüglich des höheren Typus von den „reichsten und complexesten Formen" spricht und ihm „eine unvergleichlich größere Complexität – eine größere Summe coordinirter Elemente" zuschreibt (womit er in jener späten Aufzeichnung allerdings die Gefahr des Dekadenten verbindet – vgl. S. 173f.). Die wachsende Koordination der inneren Vielfalt ist es, die, im Gefolge von Krafterhöhung, die Verschönerung eines Wesens ausmacht. Ich wiederhole auch hier noch einmal eine schon zitierte einschlägige Äußerung Nietzsches: „Das Rauschgefühl, thatsächlich einem *Mehr von Kraft* entsprechend: [. . .] Verschönerung als nothwendige Folge der Kraft-Erhöhung / Verschönerung als Ausdruck eines *siegreichen* Willens, einer gesteigerten Coordination, einer Harmonisirung aller starken

Begehrungen, eines unfehlbar perpendikulären Schwergewichts" (NF VIII
3, 85 f.). Was im Ausdruck 'Verschönerung' als Prozeß benannt ist, weist auf
Schönheit als den höheren Typus auszeichnende Qualität. Die Koordination der inneren Vielfalt durch einen 'siegreichen Willen' und damit die
Schönheit des höheren Typus betrifft besonders auch das Verhältnis von
Sinnlichkeit und Geist[10]. 1885 notiert Nietzsche: „Zu den höchsten und
erlauchtesten Menschen-Freuden, in denen das Dasein seine eigene Verklärung feiert, kommen, wie billig, nur die Allerseltensten und Best-Gerathe-
nen [...]. Dann wohnt ein überströmender Reichthum vielfältigster Kräfte
und zugleich die behendeste Macht eines 'freien Wollens' und herrschaft-
lichen Verfügens in Einem Menschen liebreich bei einander, der Geist ist
dann eben so in den Sinnen heimisch und zu Hause, wie die Sinne in dem
Geiste zu Hause und heimisch sind; und Alles, was nur in diesem sich abspielt, muß auch in jenen ein feines außerordentliches Glück und Spiel auslösen. Und ebenfalls umgekehrt! [...] selbst Goethe, wie sehr auch schon
im abgeschwächten Bilde, giebt von diesem Vorgange eine Ahnung. Es ist
wahrscheinlich, daß bei solchen vollkommenen und wohlgerathenen Menschen zuletzt die allersinnlichsten Verrichtungen von einem Gleichniß-Rau-
sche der höchsten Geistigkeit verklärt werden; sie empfinden an sich eine
Art *Vergöttlichung des Leibes* [...]. Von jener Höhe der Freude, wo der
Mensch sich selber und sich ganz und gar als eine vergöttlichte Form und
Selbst-Rechtfertigung der Natur fühlt, bis hinab zu der Freude gesunder
Bauern und gesunder Halbmensch-Thiere: diese ganze lange ungeheure
Licht- und Farbenleiter des *Glücks* nannte der Grieche [...] mit dem Göt-
ternamen: Dionysos" (NF VII 3, 414 f.). Wenn hier, wie von mir durch die
Inanspruchnahme dieser Stelle im vorliegenden Kontext behauptet, jedenfalls auch vom höheren Typus die Rede sein soll, stellt sich die Frage, wie
neu und zukünftig dieser tatsächlich ist – diese Frage werde ich im Fortgang
des Kapitels erörtern. Auch auf Goethe komme ich zurück. Hier geht es
jetzt darum, die Schönheit des höheren Typus zu verbinden mit dem Heimischsein des Geistes in den Sinnen und der Sinne im Geist. Es handelt sich
um die *grundlegende* und *beglückende* Synthese der vielfältigen Kräfte eines innerlich reichen Individuums. Wenn Nietzsche vom verklärenden
'Gleichnis-Rausch der höchsten Geistigkeit' spricht, so deutet das darauf
hin, daß das Erleben, Denken und Sichäußern eines Individuums, in dem
Geist und Sinne wechselweise beieinander zu Hause sind, sich (jedenfalls
auch) in Gleichnissen und Bildern vollzieht. Eine Nähe zur Kunst ist wieder
gegeben. (Vermutlich soll man auch den Verfasser des ›Zarathustra‹ hier
einordnen.) – Zur Schönheit als auszeichnender Qualität des höheren Typus
ist abschließend noch zu bemerken, daß sie wohl auch nach außen tritt,
d. h. das Erscheinungsbild und die Ausstrahlung eines solchen Individuums
bestimmt. Nietzsche notiert: „*Schönheit* als *Anzeichen* der *Gewöhnung* und

Verwöhnung des *Siegreichen:* das Häßliche der Ausdruck vieler Niederlagen (im Organismus selbst)" (NF VIII 2, 7).

Der höhere Typus kann nunmehr dadurch plastischer heraustreten, daß Typen und Individuen (und dann zur Ergänzung auch die italienische Renaissance) ins Blickfeld gerückt werden, in denen er sich verwirklicht bzw. schon verwirklicht hat. (Die später zu behandelnde Frage, wie neu und zukünftig der höhere Typus ist, ist hier natürlich wieder berührt.) Wichtig ist, daß es sich um eine *Vielfalt* von Ausprägungen handelt, die überdies unzählige andere Möglichkeiten neben sich zuläßt. Wenn zwar jeder Vertreter dieses Typus einige wesentliche Bestimmungen mit anderen Vertretern des Typus teilt, so versteht man Nietzsche doch richtig, wenn die Konkretisierung gerade mannigfaltig ist, was ja übrigens auch schon in der Individualität als auszeichnender Qualität dieses Typus liegt. In diesem Sinne bemerkt Nietzsche in der ›Götzen-Dämmerung‹: „Erwägen wir endlich noch, welche Naivetät es überhaupt ist, zu sagen: 'so und so *sollte* der Mensch sein!' Die Wirklichkeit zeigt uns einen entzückenden Reichthum der Typen, die Üppigkeit eines verschwenderischen Formenspiels und -Wechsels" (Moral als Widernatur, 6 / VI 3, 80)[11].

Von zwei höheren Typen soll hier die Rede sein, vom Künstler und sodann vom Philosophen der Zukunft[12]. In die Bestimmung des Künstlers ist einzubringen, was über Kunst als Vollzug der verklärenden Tugend eben noch ausgeführt wurde und nicht nochmals gesagt werden muß. Es soll aber vertieft und ergänzt werden; auch ist der höhere Typus als Künstler abzugrenzen gegen andersartige Künstler.

Nietzsche notiert: „die Künstler sollen nichts so sehen, wie es ist, sondern voller, sondern einfacher, sondern stärker: dazu muß ihnen eine Art ewiger Jugend und Frühling, eine Art habitueller Rausch im Leibe sein" (NF VIII 3, 87). Und: „die Künstler, wenn sie etwas taugen, sind stark (auch leiblich) angelegt, überschüssig, Kraftthiere, sensuell; ohne eine gewisse Überheizung des geschlechtlichen Systems ist kein Raffael zu denken ..." (ebd.)[13]. – Künstler sind „Bildner, Werthzuleger, Besitzergreifer"; in welchem Sinn hier von Besitzergreifen gesprochen wird, deutet der Fortgang der Notiz an: „Unsere Sprachen als Nachklänge der *ältesten Besitzergreifungen der Dinge,* von Herrschenden und Denkern zugleich – –: jedem gemünzten Wort lief der Befehl neben her 'so *soll* das Ding nunmehr genannt werden!'" (NF VIII 1, 140) Bildend und Wert steigernd nehmen Künstler von den Dingen Besitz und prägen ihnen auf, wie sie genannt, gesehen, gehört werden sollen. Dabei wirken die Künstler frei und gehorchen doch (unaussprechlichen) Gesetzen: „Jeder Künstler weiss, wie fern vom Gefühl des Sich-gehen-lassens sein 'natürlichster' Zustand ist, das freie Ordnen, Setzen, Verfügen, Gestalten in den Augenblicken der 'Inspiration', – und wie streng und fein er gerade da tausendfältigen Gesetzen gehorcht, die aller

Formulirung durch Begriffe gerade auf Grund ihrer Härte und Bestimmtheit spotten (auch der festeste Begriff hat, dagegen gehalten, etwas Schwimmendes, Vielfaches, Vieldeutiges –)" (JGB 188 / VI 2, 110)[14]. Derart ordnend, setzend, verfügend, gestaltend vollzieht der Künstler seinen Machtwillen, und dieser vollendet sich in einem 'Bändigen' von Gegensätzen, das die Gegensätze in der Schönheit spannungsfrei aufzuheben vermag: „'Schönheit' ist deshalb für den Künstler etwas außer aller Rangordnung, weil in der Schönheit Gegensätze gebändigt sind, das höchste Zeichen von Macht, nämlich über Entgegengesetztes; außerdem ohne Spannung: – daß keine Gewalt mehr noth thut, daß alles so leicht *folgt, gehorcht,* und zum Gehorsam die liebenswürdigste Miene macht – das ergötzt den Machtwillen des Künstlers" (NF VIII 1, 266).

Allzu harmlos und 'liebenswürdig' darf man die großen Künstler insgesamt allerdings doch wohl nicht auffassen[15]. Aus derselben Zeit wie die vorige Notiz datiert eine Aufzeichnung, die im großen Stil das Auszeichnende eines Künstlers erblickt und den Künstler als ungeliebten Gewaltmenschen begegnen läßt; sie macht übrigens auch klar – und das ist im Zusammenhang meines gegenwärtigen Themas von besonderem Gewicht –, daß die Tätigkeit des Künstlers ein Herrwerden über das eigene Chaos (den inneren Reichtum im Rohzustand) ist, ein Bilden, das gerade auch dem Künstler selbst Form und Gesetz gibt: „Die Größe eines Künstlers bemißt sich nicht nach den 'schönen Gefühlen' die er erregt: das mögen die Weiblein glauben. Sondern nach dem Grade, in dem er sich dem großen Stile nähert, in dem er fähig ist des großen Stils. Dieser Stil hat das mit der großen Leidenschaft gemein, daß er es verschmäht zu gefallen; daß er es vergißt zu überreden; daß er befiehlt; daß er *will* ... über das Chaos Herr werden das man ist; sein Chaos zwingen, Form zu werden; Nothwendigkeit werden in Form: logisch, einfach, unzweideutig, Mathematik werden; *Gesetz* werden –: das ist hier die große Ambition. Mit ihr stößt man zurück, nichts reizt mehr die Liebe zu solchen Gewaltmenschen – eine Einöde legt sich um sie, ein Schweigen, eine Furcht wie vor einem großen Frevel..." (NF VIII 3, 38 f.)[16].

Der Künstler als eine Gestalt des höheren Typus wäre nicht vollständig bestimmt, käme die Rede nicht auch noch auf den Künstler der Tragödie. Mit ihm wird eine Komponente dionysischer Bejahung akzentuiert, deren Gewicht für den höheren Typus insgesamt nicht unterschätzt werden darf. In der ›Götzen-Dämmerung‹ heißt es: „*Was theilt der tragische Künstler von sich mit? Ist es nicht gerade der Zustand ohne Furcht vor dem Furchtbaren und Fragwürdigen, das er zeigt? –* Dieser Zustand selbst ist eine hohe Wünschbarkeit; wer ihn kennt, ehrt ihn mit den höchsten Ehren. Er theilt ihn mit, er *muss* ihn mittheilen, vorausgesetzt, dass er ein Künstler ist, ein Genie der Mittheilung. Die Tapferkeit und Freiheit des Gefühls vor einem mächtigen Feinde, einem erhabenen Ungemach, vor einem Problem, das Grauen erweckt – dieser *siegreiche* Zustand ist es, den der tragische Künstler auswählt, den er verherrlicht" (Streifzüge eines Unzeitgemässen, 23 / VI 3, 121 f.). Auch der tragische Künstler verherrlicht also, wie alle übrigen guten Künstler, und er verherrlicht nicht etwa das 'erhabene Ungemach' oder ein 'Grauen erweckendes Problem', sondern die Haltung, in der das Individuum solchen Phänomenen gefaßt und in solchem Sinne siegreich begegnet.

Nicht alle Künstler sind dem höheren Typus zuzurechnen oder verwandt. Die romantischen Künstler, namentlich auch Wagner, sind ihm fern. 1885 notiert Nietzsche im Zuge seiner Kritik an Wagner: „Das Wesen der Romantik gieng mir auf: der *Mangel* einer fruchtbaren Art von Menschen ist da zeugend geworden. Zugleich die Schauspielerei der Mittel, die Unächtheit und Entlehntheit aller einzelnen Elemente, der Mangel an Probität der künstlerischen Bildung, die abgründliche *Falschheit* dieser modernsten Kunst: welche wesentlich Theaterkunst sein möchte. Die psychologische Unmöglichkeit dieser angeblichen Helden- und Götterseelen, welche zugleich nervös, brutal und raffinirt sind gleich den Modernsten unter den Pariser Malern und Lyrikern" (NF VIII 1, 116)[17]. Die Abhebung romantischer Kunst und romantischer Künstler gegen die zu bejahende Kunst und den höheren Typus als Künstler vollzieht Nietzsche in der auf die vorige folgenden Aufzeichnung so: „Ist die Kunst eine Folge des *Ungenügens am Wirklichen?* Oder ein Ausdruck der *Dankbarkeit über genossenes Glück?* Im ersten Falle *Romantik*, im zweiten Glorien-schein und Dithyrambus (kurz *Apotheosen-Kunst)*" (NF VIII 1, 117)[18]. Mit der romantischen Kunst befindet man sich auf dem Gebiet der rein negativ bewerteten Décadence. Auch andere Künstler, die sich dort angesiedelt haben, also nicht nur die 'Romantiker', sind Kontrastfiguren zum höheren Typus[19].

Der zweite höhere Typ, von dem gesprochen werden soll, ist der Philosoph der Zukunft. Wie man den Verfasser des ›Zarathustra‹ zum Künstler, so wird man den prosaisch zergliedernden, kritischen, Werte setzenden Nietzsche bis zu einem gewissen Grade wenigstens zum Philosophen der Zukunft rechnen sollen (womit er also zweifach an der Existenzform des höheren Typus teilhätte)[20]. Die Philosophen der Zukunft beschäftigen Nietzsche vor allem in den Aphorismen 42, 43, 210 und 211 von ›Jenseits von Gut und Böse‹ (VI 2, 55 f. und 146 ff.). Daraus ergibt sich folgendes Bild: Mit den Philosophen der Zukunft erscheint ein neuer Typus des Philosophen, der teils noch rätselhaft ist. Versuchsweise sollen die neuen Philosophen Versucher heißen (wobei Nietzsche den Doppelsinn dieses Wortes umspielt, der durch 'Experiment' und 'Versuchung' angezeigt werden kann). Auch die neuen dürften, wie alle Philo-sophen, Freunde der 'Wahrheit' sein, aber natürlich sind sie – ebenfalls wie alle Philosophen nach Nietzsches Verständ-

nis – Freunde ihrer je eigenen Wahrheit. Die Perspektivität schlägt hier na-
turgemäß durch. Nietzsches Wahrheitsproblem ist virulent. Von den Vielen
(Platons οἱ πολλοί lassen grüßen) heben sie sich ab als die Großen, Tiefen,
Feinen, Seltenen – Distanz und Vornehmheit sind gegeben. Akzidentell
sind sie Skeptiker. Kritiker dagegen sind sie von Grund auf, über sichere (!)
Wertmaße verfügend und als leidenschaftlich Erkennende (!), die destruierend Schmerz zufügen und ihr analytisches Geschäft mit 'besonnener
Grausamkeit' lustvoll betreiben. Nietzsche schreibt ihnen schon als Kriti-
kern ein hohes Ethos zu: Daß ihre Grausamkeit immerhin besonnen ist,
wurde gerade gesagt. Methodenbewußtsein (und konsequente Anwendung
einer einheitlichen Methode) gehört zum Ethos dieser Erkennenden. Ferner Mut sowie die Bereitschaft und Fähigkeit, auf sich allein zu stehen und
sich zu verantworten! „Kritische Zucht und jede Gewöhnung, welche zur
Reinlichkeit und Strenge in Dingen des Geistes führt, [...] dürften sie wie
ihre Art Schmuck selbst zur Schau tragen" (VI 2, 147). Als Kritiker mit diesem Ethos wären sie aber bei weitem unterbestimmt. Sie sind Experimentierer und haben ihre Hauptaufgabe darin, Werte zu schaffen. Sie sind
„Befehlende und Gesetzgeber: sie sagen 'so *soll* es sein!', sie bestimmen erst
das Wohin? und Wozu? des Menschen und verfügen dabei über die Vorarbeit
aller philosophischen Arbeiter, aller Überwältiger der Vergangenheit[21], – sie
greifen mit schöpferischer Hand nach der Zukunft [...]. Ihr 'Erkennen' ist
Schaffen, ihr Schaffen ist eine Gesetzgebung, ihr Wille zur Wahrheit ist –
Wille zur Macht" (VI 2, 149). (Hier, in diesem dem ›Zarathustra‹ zeitlich
noch nahestehenden Werk, klingt an dieser Stelle etwas vom Enthusiasmus
des Schaffens nach, der, wie schon gesagt, in Nietzsches späterer Philosophie deutlich zurücktritt.) In der Anmerkung zum Schluß der 1. Abhandlung von ›Zur Genealogie der Moral‹ schreibt Nietzsche: „*Alle* Wissenschaften haben nunmehr der Zukunfts-Aufgabe des Philosophen vorzuarbeiten:
diese Aufgabe dahin verstanden, dass der Philosoph das *Problem vom
Werthe* zu lösen hat, dass er die *Rangordnung der Werthe* zu bestimmen hat"
(VI 2, 303). Keine kleine Aufgabe, die hier dem neuen Philosophen als
einer Existenzform des höheren Typus zugemutet und zugetraut wird. Daß
er dabei der Unterstützung, nämlich Vorarbeit, von Wissenschaften bedarf,
ist ein bedeutsamer Gedanke, den Nietzsche in der besagten Anmerkung
deutlich und interessant umreißt (man könnte darüber fast vergessen, wie
sehr er seine Philosophie samt einer Philosophie der Zukunft sowie alle Wissenschaft mit dem Wahrheitsproblem belastet hat). Der höhere Typus als
Werte und deren Rangordnung setzender Philosoph ist demnach ein Experimentator, der von Ergebnissen bestimmter Forschungen, die andere Wissenschaften anstellen sollen, auszugehen hat. –
  Als Beispiele für den höheren Typus dürfen einige Individuen angesehen
werden, denen Nietzsches besondere Hochschätzung gilt, allen zuvor

Goethe[22]. In Goethe hat sich vieles von dem erfüllt, wovon hier im vorigen abstrakt schon gesprochen wurde. Nietzsche widmet ihm einen größeren Aphorismus der ›Götzen-Dämmerung‹ (Streifzüge eines Unzeitgemässen, 49 / VI 3, 145f.). Ich hebe einiges daraus heraus: Goethe öffnete sich für Historie und Naturwissenschaft, für die Antike und Spinoza, so aber, daß er sich dabei mit „lauter geschlossenen Horizonten" umgab, und das heißt zugleich: „er löste sich nicht vom Leben ab, er stellte sich hinein"[23]. Goethe ging es um Totalität, um Versöhnung von „Vernunft, Sinnlichkeit, Gefühl, Wille"; „er disciplinirte sich zur Ganzheit, er *schuf* sich". Stark, wie er war, durfte er den ganzen „Reichthum der Natürlichkeit" für sich zulassen. Inmitten eines ganz andersartigen Jahrhunderts kehrte er zur Natur zurück – zur Natur allerdings im Sinne der „Natürlichkeit der Renaissance" (auf die Renaissance komme ich bald zu sprechen). Er „concipirte einen starken, hochgebildeten, in allen Leiblichkeiten geschickten, sich selbst im Zaume haltenden, vor sich selber ehrfürchtigen Menschen", freilich auch „den Menschen, für den es nichts Verbotenes mehr giebt, es sei denn die *Schwäche,* heisse sie nun Laster oder Tugend". Man darf in Nietzsches Sinne hinzufügen: Goethe *war,* was er so konzipierte. Nietzsche entdeckt an Goethe ferner einen „freudigen und vertrauenden Fatalismus mitten im All". Und Goethes Bejahung hatte den Charakter dionysischer 'Theodizee', hatte er doch den „*Glauben,* dass nur das Einzelne verwerflich ist, dass im Ganzen sich Alles erlöst und bejaht – *er verneint nicht mehr* ... Aber ein solcher Glaube ist der höchste aller möglichen Glauben: ich habe ihn auf den Namen *Dionysos* getauft. –" Wie weit Nietzsches Goethe-Bild zutreffend ist, ist im vorliegenden Zusammenhang nicht von Bedeutung. Wichtig ist, Goethe (mit gewissen Einschränkungen – vgl. Anm. 22 zu diesem Kap.) als Beispiel des höheren Typus zu erfassen und dabei Nietzsches inhaltliche Wertsetzungen und den vielfach gegebenen Ethos-Bezug zu bemerken. In diesem Sinne runde ich Nietzsches Goethe-Bild noch etwas ab (ohne es erschöpfend darzustellen). In dem Aphorismus, der auf den soeben beigezogenen folgt, schreibt Nietzsche Goethe zu, er habe erstrebt „eine Universalität im Verstehn, im Gutheissen, ein An-sich-heran-kommen-lassen von Jedwedem, einen verwegnen Realismus, eine Ehrfurcht vor allem Thatsächlichen" (VI 3, 146). Auch gilt: „es ist ein Merkmal der Wohlgerathenheit, wenn Einer gleich Goethen mit immer größerer Lust und Herzlichkeit an den 'Dingen der Welt' hängt" (NF VII 3, 313f.). Goethe ist ein Repräsentant des höheren Typus als Künstler. In ihm „wurde der Überfluss schöpferisch", der „*Überfluss* an Leben" (NW, Wir Antipoden / VI 3, 424). Seine fundamentale Bejahung bestimmt seine Kunst. In ›Die fröhliche Wissenschaft‹ (5. Buch) liest man: „Der Wille zum *Verewigen* [...] kann [...] aus Dankbarkeit und Liebe kommen: – eine Kunst dieses Ursprungs wird immer eine Apotheosenkunst sein, dithyrambisch vielleicht mit Rubens, selig-spöttisch

mit Hafis, hell und gütig mit Goethe, und einen homerischen Licht- und Glo-
rienschein über alle Dinge breitend" (Aph. 370 / V 2, 304)[24]. Nietzsche
schätzt an Goethe sein „Heidenthum mit gutem Gewissen" (FW 357 / V 2,
279)[25]. Es trifft sich gut für Nietzsche, feststellen zu können: Goethe „hatte
kein grösseres Erlebniss als jenes ens realissimum, genannt Napoleon" (so im
ausführlich beigezogenen Goethe-Aphorismus der ›Götzen-Dämmerung‹ –
VI 3, 145[26]). Dadurch stellt sich für ihn eine Verbindung her zwischen zwei
beispielhaften, den höheren Typus konkretisierenden Individuen.

Napoleon[27] ein ens realissimum: auch wenn man offenläßt, ob Nietzsche erwartet, daß man in diesem Ausdruck einen Gottesbegriff der Tradition erkennt und auf Napoleon anwendet – auszeichnender kann Nietzsche
von seiner Grundposition her über Napoleon kaum sprechen. Er schreibt
Goethe, wie zitiert, „einen verwegnen Realismus, eine Ehrfurcht vor allem
Thatsächlichen" zu. Napoleon, das allerrealste Wesen, dürfte Goethes Realismus noch übertreffen. Nicht im eigentlichen Sinne Künstler (vgl. u.), sondern Eroberer, gibt er der Position jenseits von Gut und Böse gegenüber
Goethe eine neue Realitätsdimension. In der ersten Abhandlung von ›Zur
Genealogie der Moral‹, die den Titel trägt › „Gut und Böse", „Gut und
Schlecht" ‹, stellt Nietzsche Napoleon in die Geschichte des Kampfes dieser
beiden Wertungsweisen. „Die beiden *entgegengesetzten* Werthe 'gut und
schlecht', 'gut und böse' haben einen furchtbaren, Jahrtausende langen
Kampf auf Erden gekämpft; und so gewiss auch der zweite Werth seit lan-
gem im Übergewichte ist, so fehlt es doch auch jetzt noch nicht an Stellen,
wo der Kampf unentschieden fortgekämpft wird. [...] Das Symbol dieses
Kampfes [...] heisst 'Rom gegen Judäa, Judäa gegen Rom'" (Aph. 16 / VI
2, 299f.). Aufs ganze gesehen gilt: „Rom ist ohne allen Zweifel unterlegen.
Allerdings gab es in der Renaissance ein glanzvoll-unheimliches Wiederauf-
wachen des klassischen Ideals, der vornehmen Werthungsweise aller
Dinge" (ebd., S. 301), aber die Reformation brachte schon den Rückschlag.
Zwar war „die letzte politische Vornehmheit, die es in Europa gab, die des
siebzehnten und achtzehnten *französischen* Jahrhunderts", ein Residuum
des 'klassischen Ideals', aber sie unterlag Judäa in der französischen Revolution und brach in ihr „unter den volksthümlichen Ressentiments-Instink-
ten zusammen" (ebd.). Jedoch – und damit ist man bei Napoleon angekommen – es „geschah mitten darin das Ungeheuerste, das Unerwartetste: das
antike Ideal selbst trat *leibhaft* und mit unerhörter Pracht vor Auge und Gewissen der Menschheit, – und noch einmal, stärker, einfacher, eindringli-
cher als je, erscholl, gegenüber der alten Lügen-Losung des Ressentiment
vom *Vorrecht der Meisten*, gegenüber dem Willen zur Niederung, zur Erniedrigung, zur Ausgleichung, zum Abwärts und Abendwärts des Menschen
die furchtbare und entzückende Gegenlosung vom *Vorrecht der Wenigsten!*
Wie ein letzter Fingerzeig zum *andren* Wege erschien Napoleon, jener ein-

zelnste und spätestgeborene Mensch, den es jemals gab, und in ihm das
fleischgewordene Problem des *vornehmen Ideals an sich* – man überlege
wohl, *was* es für ein Problem ist: Napoleon, diese Synthesis von *Unmensch*
und *Übermensch* ..." (ebd., S. 301 f.). Was den Unmenschen Napoleon betrifft, so ist an eine Nachlaß-Stelle zu erinnern, die in Kapitel 10 schon einmal zu zitieren war, als es darum ging, Radikalität, ja Brutalität Nietzsches
bei der Entzauberung des Übermenschen am Werk zu zeigen[28]. Als Synthesis von Unmensch und 'Übermensch' ist Napoleon ein Problem, das nach
Auskunft der zitierten Stelle aus ›Zur Genealogie der Moral‹ zugleich das
'Problem des vornehmen Ideals an sich' ist – es dürfte das Problem der
Rechtfertigung der Immoralität sein, das, wie ich im vorigen Kapitel ausgeführt habe, der Philosophie Nietzsches immanent ist, wenn auf die Macht
der Décadence im Zusammenhang mit der Seinsthese reflektiert wird, und
das später in diesem Kapitel unter neuem Aspekt aufzugreifen ist.

Im jetzigen Zusammenhang ist die Frage wichtiger: Wer ist, näher besehen, der *'Übermensch'* Napoleon, der mit dem Unmenschen Napoleon eine
Synthesis eingegangen ist? Sie zielt auf weitere Qualitäten des höheren Typus. Napoleon wurde von Nietzsche gelobt als der „einzelnste [...] Mensch,
den es jemals gab". Er konkretisiert damit die Individualität und bringt sie
auf die Spitze. Ferner: Die Notiz „Napoleon, die Leidenschaft neuer Möglichkeiten der Seele ... Die Raumerweiterung der Seele ..." (NF VIII 3, 290)
gibt zu erkennen: Der höhere Typus ist reicher als andere nicht zuletzt deshalb, weil er *neue* seelische Möglichkeiten leidenschaftlich erprobt. Im
Goethe-Aphorismus der ›Götzen-Dämmerung‹ wird, wie dargestellt, Goethe
zugesprochen, daß er den „Reichthum der Natürlichkeit" realisieren
konnte, weil er stark genug dazu war, daß er 'zur Natur zurückkehrte' im
Sinne von Nietzsches Renaissance-Verständnis. In dem diesem voraufgehenden Aphorismus schreibt Nietzsche: „Auch ich rede von 'Rückkehr zur
Natur', obwohl es eigentlich nicht ein Zurückgehn, sondern ein *Hinaufkom-
men* ist – hinauf in die hohe, freie, selbst furchtbare Natur und Natürlichkeit, eine solche, die mit grossen Aufgaben spielt, spielen *darf* ... Um es im
Gleichniss zu sagen: Napoleon war ein Stück 'Rückkehr zur Natur', so wie
ich sie verstehe (zum Beispiel in rebus tacticis, noch mehr, wie die Militärs
wissen, im Strategischen)" (GD, Streifzüge eines Unzeitgemässen, 48 / VI
3, 144[29]). Eine (man darf ergänzen: von Moral) freie und starke, deshalb
auch furchtbare Natürlichkeit ist eine Steigerung, die nach Nietzsche zum
höheren Typus qualifiziert und zugleich erlaubt, mit großen Aufgaben (die
möglicherweise hohe Kosten verursachen) zu spielen. Sie erlaubt es wohl
als *Selbstwert,* der sich im Spiel mit großen Aufgaben *verwirklicht* – beim
ens realissimum Napoleon nicht zuletzt mit solchen des Feldherrn. Das Spielen mit großen Aufgaben hat bei Napoleon etwas Künstlerisches (deshalb
habe ich oben mit Bedacht formuliert, er sei nicht Künstler im eigentlichen

Sinne); er spielt auf der Macht wie ein Musiker auf seinem Instrument und ist Künstlern wie Dante und Michelangelo verwandt[30]. Und da kehrt auch der große Stil wieder, freilich im Handeln: „*Napoleon:* die nothwendige Zusammengehörigkeit des höheren und des furchbaren Menschen begriffen. [...] Die 'Totalität' als Gesundheit und höchste Aktivität; die gerade Linie, der große Stil im Handeln wiederentdeckt; der mächtigste Instinkt, der des Lebens selbst, die Herrschsucht, bejaht" (NF VIII 2, 122f.). Mit dieser 'Totalität' aus höherem und furchtbarem Menschen wäre man wieder bei der Synthesis von 'Übermensch' und Unmensch angekommen. Und weiterhin begibt man sich ins Jenseits von Gut und Böse mit den auszeichnenden Qualitäten Verstellung, List, Verschlagenheit[31] und mit der „Freiheit des Willens" als Freiheit von einem Glauben, als Skepsis und Unbedenklichkeit, als „Unmoralität" in diesem Sinn, die Nietzsche einigen Großen, darunter Napoleon, Caesar und Goethe, zuspricht[32]. An diesen Punkt kehre ich gleich noch einmal zurück. Vorher soll noch pointiert werden: Napoleons Erscheinen auf der europäischen Bühne ist das „eines unbedingt Befehlenden" (JGB 199 / VI 2, 122). Er war „eine force majeure von Genie und Wille [...], stark genug, aus Europa eine politische *und wirtschaftliche* Einheit, zum Zweck der Erdregierung zu schaffen", und es sind die Deutschen, die „mit ihren 'Freiheits-Kriegen' Europa um den Sinn, um das Wunder von Sinn und Existenz Napoleon's gebracht" haben (EH, Der Fall Wagner, 2 / VI 2, 378) – wie sie ja auch durch die Reformation den Untergang der Renaissance verschuldet haben[33]. Wichtig ist hier, was Nietzsche als die Chance ansieht, die mit dem 'Genie' Napoleon gegeben war und die vertan wurde: die Erfüllung der Aufgabe, die Erdherrschaft (des höheren Typus) zu etablieren – dies hier interessanterweise auf dem Weg über ein politisch und wirtschaftlich geeintes Europa.

Wie am Anfang dieses Kapitels dargelegt, werden in ihm die Probleme beiseite gesetzt, die aus der *absoluten* Seinsthese folgten. Der höhere Typus kann Umriß gewinnen in einem 'freien' Wertsetzen Nietzsches. Ich deutete damals schon an, daß dadurch das Bedenkliche, das den Inhalt des 10. Kapitels ausmacht, nicht beseitigt wird, daß aber daneben möglicherweise Humaneres Raum gewinnt. Nun hat das Beispiel Napoleon soeben den Immoralismus wieder stark hervortreten lassen. Auch Goethe hat bei Nietzsche jenseits von Gut und Böse Fuß gefaßt, insofern es ja für ihn 'nichts Verbotenes mehr gibt, es sei denn die Schwäche'. Und wenn bald von Cesare Borgia zu sprechen sein wird, scheint für Humanität wieder alles verloren. Um so wichtiger für die Problemlage ist es, die folgende Nachlaß-Notiz zur Kenntnis zu nehmen: „Die *beiden großen Tentativen*, die gemacht worden sind das 18te Jahrhundert zu überwinden: / Napoleon, indem er den Mann, den Soldaten und den großen Kampf um Macht wieder aufweckte – Europa als politische Einheit concipirend / Goethe, indem er eine europäische Cultur imaginirte, die die volle Erbschaft der schon *erreichten* Humanität macht" (NF VIII 3, 245). *Dieser* Goethe neben Napoleon, und *beide* trotz einer gewissen Verwandtschaft eben doch *verschiedene* Ausprägungen des höheren Typus – das läßt hier neue (wo nicht gar eher alte) Möglichkeiten der Sicht zu. Sie werden an späterer Stelle dieser Untersuchung zur Geltung kommen[34].

Auch Caesar ist ein Individuum, das beispielhaft den höheren Typus verwirklicht. Eine Nähe zu Napoleon ist naturgemäß gegeben. An drei Stellen in den Ausführungen über Napoleon traten sie denn auch nebeneinander auf; das muß hier nicht aufgegriffen werden. Wohl aber sei kurz aufgeführt, welche zum höheren Typus qualifizierenden Eigenschaften Caesar darüber hinaus erblicken läßt. Da ist vor allem ein Maximum an Selbstbeherrschung und Selbstzucht bei einer von mächtigen und einander widerstreitenden Trieben gekennzeichneten Natur. In ›Jenseits von Gut und Böse‹ schreibt Nietzsche: „Wirkt aber der Gegensatz und Krieg in einer solchen Natur wie ein Lebensreiz und -Kitzel *mehr* –, und ist andererseits zu ihren mächtigen und unversöhnlichen Trieben auch die eigentliche Meisterschaft und Feinheit im Kriegführen mit sich, also Selbst-Beherrschung, Selbst-Überlistung hinzuvererbt und angezüchtet: so entstehen jene zauberhaften Unfassbaren und Unausdenklichen, jene zum Siege und zur Verführung vorherbestimmten Räthselmenschen, deren schönster Ausdruck Alcibiades und Caesar [...] ist" (Aph. 200 / VI 2, 123). Dieser Zug tritt auch in einer (in anderem Zusammenhang teilweise schon einmal zitierten) Äußerung der ›Götzen-Dämmerung‹ zutage, in der das „Maximum von Autorität und Zucht gegen sich" das Prädikat Freiheit erhält: „Wonach misst sich die Freiheit, bei Einzelnen, wie bei Völkern? Nach dem Widerstand, der überwunden werden muss, nach der Mühe, die es kostet, *oben* zu bleiben. Den höchsten Typus freier Menschen hätte man dort zu suchen, wo beständig der höchste Widerstand überwunden wird: fünf Schritt weit von der Tyrannei, dicht an der Schwelle der Gefahr der Knechtschaft. Dies ist psychologisch wahr, wenn man hier unter den 'Tyrannen' unerbittliche und furchtbare Instinkte begreift, die das Maximum an Autorität und Zucht gegen sich herausfordern – schönster Typus Julius Caesar" (Streifzüge eines Unzeitgemässen, 38 / VI 3, 134)[35].

Man kommt wohl nicht umhin, auch Cesare Borgia als ein Individuum anzusehen, in dem sich für Nietzsche der höhere Typus verwirklicht hat. Da mag es hilfreich sein, sich vorweg daran zu erinnern, daß zum höheren Typus eine Vielfalt von Typen und Individuen gehört, und daß jedenfalls Goethe, wie zitiert, „eine europäische Cultur imaginirte, die die volle Erbschaft der schon *erreichten* Humanität macht". Auf Cesare Borgia selbst geblickt, ist etwas anderes nochmals aufzugreifen, Nietzsches Notiz nämlich: „*Wiederherstellung der 'Natur':* eine Handlung an sich ist vollkommen leer an Werth: es kommt Alles darauf an, wer sie thut. Ein und dasselbe 'Verbrechen' kann im einen Fall das höchste Vorrecht, im andern das Brandmal sein" (NF VIII 2, 143). Für Nietzsche gehört Cesare Borgia dank seiner Natur, als 'tropisches Untier' von elementarster Gesundheit, zu den für Verbrechen Bevorrechteten; eine moralische Beurteilung und Interpretation ist diesem „Raubmenschen" völlig unangemessen[36]. Mit ihm wird dem Umriß des höheren Typus als mögliche Qualität eine extreme Immoralität eingefügt[37]. Cesare Borgia ist für Nietzsche ein Exponent der Renaissance, und der folgende Aphorismus stellt ihn in diesen Rahmen, bzw. er handelt von der Renaissance und dabei auch von ihm. Der Aphorismus gehört in Nietzsches Kampf gegen das Christentum im Stadium von ›Der Antichrist‹. Nietzsche erblickt hier das Wesentliche der Renaissance in der „Umwerthung der christlichen Werthe", erklärt die Frage der Renaissance und seine eigene Frage für identisch und schätzt zuhöchst die Stoßrichtung ihres Angriffs, nämlich: „An der entscheidenden Stelle, im Sitz des Christenthums selbst angreifen, hier die vornehmen Werthe auf den Thron bringen, will sagen in die Instinkte, in die untersten Bedürfnisse und Begierden der daselbst Sitzenden hineinbringen ..." – und da sieht Nietzsche im Geiste Ergötzliches, dem die Realität versagt geblieben ist: „ich sehe ein Schauspiel, so sinnreich, so wunderbar paradox zugleich, dass alle Gottheiten des Olymps einen Anlass zu einem unsterblichen Gelächter gehabt hätten – Cesare Borgia als Papst ... Versteht man mich? ... Wohlan, das wäre der Sieg gewesen, nach dem ich heute allein verlange –: damit war das Christenthum abgeschafft!" (AC 61 / VI 3, 248f.) Cesare Borgia und seinesgleichen im Vatikan herrschend, der höhere Typus dieser Prägung den endgültigen Sieg Roms über Judäa herbeiführend, die Renaissance ohne Ende – dazu sagt der Nietzsche dieser Spätschrift ja; aber leider kam da Luther ... (vgl. den Fortgang des Aphorismus)[38].

Vier Individuen wurden als Beispiele für den höheren Typus vorgestellt. Mit dem letzten kam schon die italienische Renaissance in Sicht und damit eine beispielhafte Minderheit in einer beispielhaften Epoche. So mag denn das Beibringen von Beispielen für den höheren Typus mit einem Blick auf die italienischen Renaissance-Menschen abgeschlossen werden. Nietzsches hohe Einschätzung der Renaissance datiert bis in seine frühe Zeit zurück, und sie ist konstant geblieben. In seiner zweiten ›Unzeitgemäßen Betrachtung‹ sagt er im Zusammenhang seiner Ausführungen über die monumentalische Historie: „Nehme man an, dass Jemand glaube, es gehörten nicht mehr als hundert productive, in einem neuen Geiste erzogene und wirkende Menschen dazu, um der in Deutschland gerade jetzt modisch gewordenen Gebildetheit den Garaus zu machen, wie müsste es ihn bestärken wahrzunehmen, dass die Cultur der Renaissance sich auf den Schultern einer solchen Hundert-Männer-Schaar heraushob" (HL 2 / III 1, 256f.). Unter dem Titel ›Renaissance und Reformation‹ führt er in ›Menschliches,

Allzumenschliches‹ aus: „Die italiänische Renaissance barg in sich alle die positiven Gewalten, welchen man die moderne Cultur verdankt: also Befreiung des Gedankens, Missachtung der Autoritäten, Sieg der Bildung über den Dünkel der Abkunft, Begeisterung für die Wissenschaft und die wissenschaftliche Vergangenheit der Menschen, Entfesselung des Individuums, eine Gluth der Wahrhaftigkeit und Abneigung gegen Schein und blosen Effect (welche Gluth in einer ganzen Fülle künstlerischer Charaktere hervorloderte, die Vollkommenheit in ihren Werken und Nichts als Vollkommenheit mit höchster sittlicher Reinheit von sich forderten); ja, die Renaissance hatte positive Kräfte, welche in unserer *bisherigen* modernen Cultur noch nicht wieder so mächtig geworden sind. Es war das goldene Zeitalter dieses Jahrtausends, trotz aller Flecken und Laster. Dagegen hebt sich nun die deutsche Reformation ab als ein energischer Protest zurückgebliebener Geister [...]" (I 237 / IV 2, 203). Man sieht, Nietzsche steht hier noch nicht so entschieden jenseits von Gut und Böse, daß er die „Flecken und Laster" der Renaissance zu deren Tugenden rechnen wollte und an den künstlerischen Charakteren nicht ihr Verlangen nach sittlicher Reinheit lobend hervorhöbe. An diese Stelle tritt später, wie sich gleich zeigen wird, die virtù. Im übrigen aber darf man das Dargelegte wohl in den Umriß des höheren Typus herüberholen. Insbesondere auch die „Entfesselung des Individuums" macht jene Epoche beispielhaft. Aus Nietzsches späterer Zeit begegneten in dieser Untersuchung u. a. schon diese beiden Hinweise: Im Kontext dionysischer Bejahung spricht Nietzsche von einer höheren Art Wesen, die nach bisherigen Begriffen unmoralisch sei, und nennt als Ansätze dieser Art neben den heidnischen Göttern die Ideale der Renaissance (vgl. S. 154). Und: Im Kampf zwischen „Rom" und „Judäa" ist die Renaissance eine Periode des 'glanzvoll-unheimlichen Wiederaufwachens des klassischen (antiken) Ideals', nämlich „der vornehmen Werthungsweise aller Dinge", die das „Vorrecht der Wenigsten" einschließt (vgl. S. 190) und die christlichen Werte umwertet. Nietzsche rechnet die Menschen der Renaissance zu einer Art Mensch, die „noch die großen Affekte ungebrochen hatte, Wille zur Macht, Wille zum Genuß, Willen und Vermögen zu commandiren" (NF VIII 2, 85) – lauter Qualitäten des höheren Typus, unter denen der Wille zum Genuß als Ergänzung zum schon Bekannten besondere Beachtung verdient. Die Tüchtigkeit der Renaissance-Menschen erscheint Nietzsche als vorbildlich: „Es giebt gar nichts Besseres als das Gute! und das ist: irgend eine Tüchtigkeit haben und aus ihr schaffen, virtù, im italiänischen Sinne der Renaissance" (NF VII 3, 195), virtù freilich zu verstehen als „moralinfreie Tugend"[39]. Diese Art der Tugend, man weiß es schon dank Cesare Borgia, umfaßt nun allerdings auch das Verbrechen[40], womit man zufolge der Vorbildlichkeit der Renaissance für den höheren Typus wieder an dem Punkt stünde, daß diesem Verbrechen erlaubt sind[41]. –

An vielen Stellen dieses Kapitels ist schon sichtbar geworden, daß Nietzsche ein Ethos des höheren Typus ansetzt. Vom Ethos des höheren Typus soll jetzt ausdrücklich und eingehender gehandelt werden. Festzuhalten ist dafür natürlich, daß gut – böse einerseits, gut – schlecht andererseits für Nietzsche einander entgegengesetzte Wertungsweisen sind (vgl. hierzu und zum folgenden S. 190f.). Die Wertungsweise gut – böse (die die absolute Moral der europäischen Tradition beherrscht) ist nach Auskunft von Nietzsches Spätphilosophie aus Ressentiment geboren. Sie ablehnen, heißt nicht, auf einen Sinn des Wertprädikats gut überhaupt verzichten. Es gibt für Nietzsche ein (ethisch) Gutes jenseits von Gut und Böse, und dessen Gegensatz ist ein (ethisch) Schlechtes. Damit ist die Möglichkeit eines Ethos jenseits von Gut und Böse etabliert. Dies Ethos ist selbst ein „Vorrecht der Wenigsten" und damit ein Ethos der Wenigsten; es ist elitär. Es zeichnet die Vornehmen aus gegenüber den Vielen, der Masse, der 'Herde', den Schlechten. Für Frauen ist im Kreis der Vornehmen kein Platz[42].

Es scheint mir angezeigt, für das folgende den Standort dieses Kapitels in Erinnerung zu bringen: Die absolute Seinsthese ist zurückgestellt; es wird – mit Nietzsche – 'neben ihr her gedacht', so als gäbe es sie nicht. Dadurch ist das Maßstabproblem ausgeklammert, wie es sich im Blick auf die Décadence bezüglich gut – schlecht eingestellt hatte (vgl. S. 172f.). Und die Radikalität, die das 10. Kapitel dokumentiert hatte, macht Platz für Gegengewichte. Wäre dies nicht so, dann müßte die Erörterung das Ethos jenseits von Gut und Böse uneingeschränkt mit radikaler Immoralität verknüpfen[43]. So aber bedeutet ein Ethos jenseits von Gut und Böse nicht, daß alles, was auf dem Feld dieses Ethos geschieht, als unmoralisch erscheinen müßte, wollte man es als unverbesserlicher 'Moralist' aus der Perspektive tradierter Moral ansehen. Wohl aber ist eine prinzipielle Offenheit des Ethos für Immoralität gegeben. Es läßt eben auch für einen Cesare Borgia und 'moralinfreie Tugend' seiner couleur Raum. Anders gesagt: Von 'übersittlichen' Individuen wird zu handeln sein, die als solche in ihren Taten nicht alle und schlechterdings unsittlich (im Sinne tradierter Moral, also böse) sein müssen, gegen die aber nach Nietzsches Meinung Unsittlichkeit kein Einwand wäre. Allerdings muß schon eingeräumt werden, daß die Problemlage insofern komplizierter ist, als ein unverbesserlicher 'Moralist' das Elitäre dieses Ethos, das im Fortgang deutlich hervortreten wird, für unsittlich halten dürfte.

Das Ethos des höheren Typus kennt Gutes, das kein Böses (wohl aber Schlechtes) zum Gegensatz hat. Wenn nunmehr dies Gute – auch im Rückgriff auf schon Bekanntes oder durch dessen weitere Entfaltung – deutlicher heraustreten soll, ist freilich gegenwärtig zu halten, daß der höhere Typus von Nietzsche nicht voll durchbestimmt wird und gemäß seiner Überzeugung auch gar nicht voll durchbestimmt werden kann. In diesem Sinn bleibt es dabei: Es ist eine „Naivetät [...], zu sagen: 'so und so *sollte* der Mensch sein!' Die Wirklichkeit zeigt uns einen entzückenden Reichthum der Typen, die Üppigkeit eines verschwenderischen Formenspiels und -Wechsels" (vgl. S. 185).

Ich stelle zunächst zusammen, was sich an ethisch Relevantem (im Sinne des Ethos des höheren Typus) in diesem Kapitel schon eingestellt hat. Es ist klar, daß der Grundwert, die dionysische Bejahung der Welt und des eigenen Selbst, als auszeichnende Haltung (Hexis im Sinne aristotelischer Ethik) von ethischer Qualität ist. Auch sind die von Nietzsche aufgezählten 'jasagenden Affekte' bereits als 'verklärende Tugenden' zu verstehen gegeben worden. Ich hebe aus ihnen noch einmal heraus: den Stolz (als erhobenes Selbstgefühl), die Freude, die „Dankbarkeit gegen Erde und Leben", die Ehrfurcht, die „Zucht der hohen Geistigkeit". Auf letztere ist gleich noch einmal zurückzukommen. Die Ehrfurcht begegnete inzwischen (mit Goethe) deutlicher als Ehrfurcht vor sich selbst und 'vor allem Tatsächlichen'. Ehrfurcht vor sich selbst dürfte in Nietzsches Sinne aufzufassen sein als ein Selbstgefühl, in dem Selbstachtung mit einem Schuß Selbstbewunderung versetzt ist. Am tragischen Künstler und in seiner verherrlichenden Mitteilung ist die Haltung der Furchtlosigkeit, ja siegreichen Tapferkeit angesichts von 'erhabenem Ungemach' und 'Grauen erweckenden Problemen' als Ethosmoment hervorgetreten. Die Philosophen der Zukunft stehen für kritische Zucht, Reinlichkeit, Strenge des Denkens, für sich bewährendes Methodenbewußtsein, sowie für Mut, Bereitschaft zur Eigenständigkeit und Selbstverantwortlichkeit der Erkennenden. Goethe (wie übrigens auch Caesar) hat eine noch weiter gefaßte Tugend der Selbstbeherrschung repräsentiert, von der ausführlicher zu handeln sein wird, ferner das Geschicktsein „in allen Leiblichkeiten". Mit Napoleon und Caesar ist eine weiter gefaßte, ebenfalls noch ausführlicher zu erörternde Verantwortlichkeit ins Blickfeld gerückt (eine, die auch 'Menschenopfer' verantwortet) sowie eine Freiheit im Sinne von Skepsis gegenüber einem Glauben, von Unbedenklichkeit; und schließlich auch Verschlagenheit. Napoleon hat zum Bild des Ethos die wichtigen Züge der größten Aktivität, des Befehlens, ja unbedingten Befehlens, der Bejahung der Herrschsucht beigesteuert. Ähnlich haben die Renaissance-Menschen 'den Willen und das Vermögen zu kommandieren' und zusätzlich noch den Willen zum Genuß als 'große, ungebrochene Affekte' eingebracht. Der Künstler überhaupt hat sehen lassen: Zum Ethos gehört, den inneren Reichtum der Person aus seinem chaotischen Rohzustand herausbringen, ihn bilden, ihm Form und Gesetz geben. Diese bildnerische Tugend soll man sich sicher nicht als auf den Künstler beschränkt vorstellen, zumal sie zu dem unter dem höheren Typus verbreiteten Sichselbstbefehlen gehört (vgl. u.). Hier ist nun die Schönheit als Tugend angesiedelt, verstanden als eine Koordination der inneren Vielfalt durch einen 'siegreichen Willen', die allem zuvor eine Synthese des Geistes und der Sinne ist, und zwar als wechselweises Beieinander-zu-Hause-sein. Vollkommenheit und Wohlgeratenheit eines Menschen sind hier: sinnliche höchste Geistigkeit und vom Geist bewohnte Sinnlichkeit bzw. Leiblichkeit, miteinander verbunden. Ich erinnere daran, daß Nietzsche sich stark macht für „eine immer größere Vergeistigung und Vervielfältigung der Sinne" (vgl. Anm. 10 zu diesem Kap.), und ich greife wieder auf, daß er die „Zucht der hohen Geistigkeit" zu den jasagenden Affekten zählt. Diese beiden ethischen Wertsetzungen Nietzsches sind, wie durch das vorige deutlich ist, nicht zu trennen[44]. Dank ihrer Einheit ist Geist im Ethos des höheren Typus von ausgezeichnetem Rang. Sie läßt, wie dargestellt, Nietzsche an Goethe den 'hochgebildeten Menschen' und „eine Oktober-Sonne bis ins Geistigste hinauf" loben.

Dies Ethos bedeutet Glück. Die „Wohlgerathenen, die Mächtigen an Leib und Seele" sind die „Glücklichen" (vgl. GM III 14 / VI 2, 389). Dabei ist nach Nietzsche zu beachten, daß Glück hier nicht Folge der Tugend, sondern Tugend Folge des Glücks ist[45] – vielleicht wäre es aber in Nietzsches Sinne noch angemessener, auf die Vorstellung der 'Folge' hier ganz zu verzichten, d. h. Glück und Tugend noch mehr in eins zu setzen.

Individualität gehört in das Ethos des höheren Typus unter dem Aspekt des Sichselbstbefehlens (und Sichselbstüberwindens), das als Tugend anzusprechen ist. Diese Thematik wurde schon mehrfach berührt (so S. 167f., auch S. 63). Das Sichselbstbefehlen ist Vollzug des Different-sein-wollens. Zur Tugend ausgebildet, erwirkt es Einzigartigkeit. Das Individuum befiehlt sich dann seine nur ihm eigenen Ziele, auch (wenngleich vielleicht nicht in allen Fällen) die Ausdifferenzierung, Gestaltung und Koordination seines eigentümlichen inneren Reichtums samt der wechselseitigen Durchdringung der Sinne und des Geistes. Wie sich im Blick auf Napoleon schon zeigte (vgl. S. 191), verbindet Nietzsche mit dem höheren Typus ein „Verlangen nach immer neuer Distanz-Erweiterung innerhalb der Seele selbst, die Herausbildung immer höherer, seltnerer, fernerer, weitgespannterer, umfänglicherer Zustände, kurz eben die Erhöhung des Typus 'Mensch', die fortgesetzte 'Selbst-Überwindung des Menschen', um eine moralische Formel in einem übermoralischen Sinne zu nehmen" (JGB 257 / VI 2, 215; auf den Schluß des Zitats komme ich zurück). Eine „starke und göttliche Selbstigkeit" steht Nietzsche hier allenthalben vor Augen (NF VIII 2, 196 – schon einmal zitiert). Das Sichselbstbefehlen ist eins mit einem Machtgefühl als beglückendem Gesamtgefühl (vgl. S. 181), gehört also ins Glück dieses Ethos hinein.

In nächster Nachbarschaft zum Sichselbstbefehlen ist die Tugend Selbstbeherrschung angesiedelt. 1881 notiert Nietzsche: „Sich selber *haben* wollen: Selbstbeherrschung usw." (NF V 2, 347). Selbstbeherrschung (und Selbstzucht) wurde – als in ausgezeichneter Weise von Caesar repräsentiert –

schon eingehender bestimmt (vgl. S. 193). Den dortigen Zitaten ist zu entnehmen, daß in Nietzsches Sinne von Selbstbeherrschung als Tugend dann zu sprechen ist, wenn es im 'Selbst' wirklich etwas zu beherrschen gibt, nämlich 'mächtige und unversöhnliche Triebe', also innere Vielfalt als kraftvolle Differenz. Auch Goethe hat ein Exemplum für Selbstbeherrschung und Selbstzucht abgegeben, hieß es doch, daß er sich 'zur Ganzheit disziplinierte', daß er, der den 'Reichtum der Natürlichkeit' in sich zulassen durfte, einen 'sich selbst im Zaume habenden Menschen konzipierte' und verwirklichte. Selbstzucht begegnete in engerer Bedeutung auch bei den neuen Philosophen, als 'kritische Zucht', „Reinlichkeit und Strenge" des Denkens. Der somit für diese Tugend schon gegebene Rahmen ist nun, nicht zuletzt auch einer späteren Frage dieses Kapitels wegen, weiter auszufüllen.

In ›Jenseits von Gut und Böse‹ liest man: „Der vornehme Mensch ehrt in sich den Mächtigen, auch Den, der Macht über sich selbst hat, der zu reden und zu schweigen versteht, der mit Lust Strenge und Härte gegen sich übt und Ehrerbietung vor allem Strengen und Harten hat" (Aph. 260 / VI 2, 220). Natürlich geht es dabei nicht um eine Ausschaltung der Affekte. In der ›Götzen-Dämmerung‹ sagt Nietzsche, „Ausrottung" werde „instinktiv im Kampfe mit einer Begierde von Denen gewählt, welche zu willensschwach, zu degenerirt sind, um sich ein Maass in ihr auflegen zu können" (Moral als Widernatur, 2 / VI 3, 77). Selbstbeherrschung und Maß gehen bei Nietzsche eine Einheit ein. Sich in einer Begierde ein Maß auferlegen, das heißt, ihr den Intensitätsgrad zugestehen, der es erlaubt, sie in Dienst zu nehmen. „*Überwindung der Affekte?* – Nein, wenn es Schwächung und Vernichtung derselben bedeuten soll. *Sondern in Dienst nehmen:* wozu gehören mag, sie lange zu tyrannisiren (nicht erst als Einzelne, sondern als Gemeinde, Rasse usw.) Endlich giebt man ihnen eine vertrauensvolle Freiheit wieder: sie lieben uns wie gute Diener und gehen freiwillig dorthin, wo unser Bestes hin will" (NF VIII 1, 35). Diese Äußerung bildet einen gewissen Kontrast zur Betonung der (zu beherrschenden) 'mächtigen und unversöhnlichen Triebe'. Sie erweist übrigens der Geschichte der Moral eine gewisse Reverenz, was ja freilich auch anderwärts bei Nietzsche gelegentlich geschieht. Nietzschescher indessen muten zwei andere Äußerungen an. Die eine findet sich im Nachlaß und lautet: „Die Herrschaft über die Leidenschaften, *nicht* deren Schwächung oder Ausrottung! Je größer die Herren-Kraft unseres Willens ist, so viel mehr Freiheit darf den Leidenschaften gegeben werden. Der große Mensch ist groß durch den Freiheits-Spielraum seiner Begierden: er aber ist stark genug, daß er aus diesen Unthieren seine Hausthiere macht . . ." (NF VIII 3, 281). Die andere enthält der Aphorismus 284 von ›Jenseits von Gut und Böse‹: „Mit einer ungeheuren und stolzen Gelassenheit leben; immer jenseits –. Seine Affekte, sein Für und Wider willkürlich haben und nicht haben, sich auf sie herablassen, für Stunden;

sich auf sie *setzen,* wie auf Pferde, oft wie auf Esel: – man muss nämlich ihre Dummheit so gut wie ihr Feuer zu nützen wissen. [...] Und Herr seiner vier Tugenden bleiben, des Muthes, der Einsicht, des Mitgefühls, der Einsamkeit" (VI 2, 241 f.). Hier artikuliert Nietzsche ein gelassenes und höchst souveränes In-Dienst-nehmen der Affekte, zu denen sich einige in Dienst zu nehmende 'Tugenden' gesellen[46]. Unter den 'Tugenden', als tugendhafter Affekt sozusagen, findet sich, was zu merken ist, das Mitgefühl. Nicht als ein Individuum beherrschend, aber als vom selbstbeherrschten Individuum in Dienst genommen, kommt es hier im Ethos zu Ehren.

Hier scheint mir eine Zwischenbemerkung angezeigt, die ein kleines Schlaglicht auf die Gesamtproblematik des höheren Typus werfen dürfte: In der aporetischen Situation, die das vorige Kapitel herausgearbeitet hat, kam Nietzsche an einer bestimmten Stelle (vgl. S. 177 mit Anm. 31) dem Kallikles aus Platons ›Gorgias‹ sehr nah, der Zügellosigkeit auf seine Fahne geschrieben hat. Jetzt findet man ihn eher auf der Seite von Sokrates, dem Gegner des Kallikles in diesem platonischen Dialog und Verfechter der Selbstbeherrschung[47].

Zur Selbstbeherrschung ist abschließend noch dieser Aspekt einer 'starken Natur' zu vermerken: „Die Stärke einer Natur zeigt sich im Abwarten und Aufschieben der Reaktion: eine gewisse ἀδιαφορία ist ihr so zu eigen, wie der Schwäche die Unfreiheit der Gegenbewegung, die Plötzlichkeit, Unhemmbarkeit der 'Handlung' ..." (NF VIII 3, 71).

Vom Sichselbstbefehlen und von der Selbstbeherrschung ist es bei Nietzsche nur ein kleiner Schritt zur Verantwortlichkeit. (Wie sehr hier allenthalben das – im nächsten Kapitel ausführlicher zu thematisierende – Freiheitsproblem hereinspielt, muß wohl nicht bis zum Überdruß betont werden[48].) Eben noch wurde daran erinnert, daß Nietzsche Napoleon und Caesar eine Verantwortlichkeit zuschreibt, die Menschenopfer nicht scheut. Leicht wird er im Zusammenhang mit diesem Thema pathetisch (vgl. etwa Anm. 28 zu diesem Kap.), wohl auch, weil er sich selbst als destruierender und Zukunft entwerfender Denker mit dieser Tugend in Verbindung bringt[49]. Verantwortlichkeit ist eine Tugend des 'souveränen übersittlichen Individuums'. Ich erwähnte unlängst, daß übersittlich nicht mit unsittlich gleichzusetzen ist in dem Sinne, daß von übersittlichen Individuen keine anderen als (am Maßstab tradierter Moral gemessen) unsittliche Aktivitäten zu erwarten sind, daß aber freilich, und eben im Sinne der Offenheit des von Nietzsche entworfenen Ethos für Immoralität, derart Unsittliches nicht zu abschätziger Beurteilung 'souveräner' Individuen berechtigt.

Ein in diesem Zusammenhang wichtiger Aphorismus aus ›Zur Genealogie der Moral‹ wurde in Kapitel 2 schon einmal beigezogen und zum Teil zitiert (II 2 / VI 2, 309f.; vgl. S. 27 mit Anm. 23). Das übersittliche Individuum ist über die Epoche europäischer Moraltradition hinausgelangt und hat eine Souveränität erreicht, die es zu höchst individueller, autonomer Verantwortung befähigt (während die Individuen unter Geboten der Sitte und der Moral nach Nietzsche der Autonomie und damit auch autonomer Verantwortung ermangeln). Die „lange Geschichte von der Herkunft der *Verantwortlichkeit*" führt schließlich auf „das *souveraine Individuum,* das nur sich selbst gleiche, [...] den Menschen des eignen unabhängigen langen Willens, der *versprechen darf*". Das Versprechen-dürfen wird in diesem Zusammenhang mehrfach von Nietzsche betont. Die Versprechen, um die es dabei geht, dürften einer vom souveränen Individuum zu gestaltenden, und zwar auch für andere zu gestaltenden, Zukunft gelten. Langzeitversprechen dürfen gegeben werden und können verantwortet werden von Individuen, die einen langen Willen haben, die stark sind im Sichselbstbefehlen und in der Selbstbeherrschung und die an klaren Zielen auch gegen innere oder äußere Widerstände entschlossen festhalten. Diejenigen, die versprechen dürfen, das sind die „Gleichen, die Starken und Zuverlässigen"; sie geben ihr Wort „als Etwas, auf das Verlass ist"⁵⁰. Ein derart sich selbst gleiches, starkes Individuum 'erweckt Vertrauen, Furcht, Ehrfurcht'. Über es selbst liest man bei Nietzsche: „Das stolze Wissen um das ausserordentliche Privilegium der *Verantwortlichkeit,* das Bewusstsein dieser seltenen Freiheit, dieser Macht über sich und das Geschick hat sich bei ihm bis in seine unterste Tiefe hinabgesenkt und ist zum Instinkt geworden, zum dominirenden Instinkt", den der souveräne Mensch „sein *Gewissen*" heißt. Übrigens genießt dieser Mensch „ein Vollendungs-Gefühl des Menschen überhaupt".

Das Spektrum des Ethos soll hier durch drei Nachlaßzitate, die weitgehend für sich selbst sprechen können, noch etwas ergänzt werden. „Eine volle und mächtige Seele wird nicht nur mit schmerzhaften, selbst furchtbaren Verlusten, Entbehrungen, Beraubungen, Verachtungen fertig: sie kommt aus solchen Höllen mit größerer Fülle und Mächtigkeit heraus [...]" (NF VIII 1, 316). Ferner – und hier zeigt sich u. a. ein Verhalten des übersittlichen Individuums zu dem, was 'sittlichen' Individuen als gut gilt: „Lauter Fragen der *Kraft:* wie weit sich durchsetzen gegen die Erhaltungsbedingungen der *Gesellschaft* und deren Vorurtheile? – wie weit *seine furchtbaren Eigenschaften* entfesseln, an denen die Meisten zu Grunde gehn? – wie weit der *Wahrheit* entgegengehn und sich die fragwürdigsten Seiten derselben zu Gemüthe führen? – wie weit dem *Leiden,* der Selbstverachtung, dem Mitleiden, der Krankheit, dem Laster entgegengehn, mit dem Fragezeichen, ob man darüber Herr werden wird? ... (was uns nicht umbringt, macht uns *stärker* ...) – endlich: wie weit der Regel, dem Gemeinen, dem Kleinlichen, Guten, Rechtschaffenen der Durchschnitts-Natur Recht geben bei sich, ohne sich damit vulgarisiren zu lassen? .. stärkste Probe des Charakters: sich nicht durch die Verführung des Guten ruiniren zu lassen. Das *Gute* als Luxus, als Raffinement, als *Laster* ..." (NF VIII 2, 172f.). Die folgende

Aufzeichnung schließlich geht von der Situation aus, daß ein Zivilisationsstand gegeben ist, bei dem Sittlichkeit im traditionellen Verständnis bei vielen, und gerade auch bei den übersittlichen Individuen, zur zweiten Natur geworden ist (eine Situation übrigens, die Nietzsche bei seinen immoralistischen Tendenzen wohl häufig genug mit ins Kalkül ziehen dürfte[51]): „Nichts fällt uns leichter als weise, geduldig, überlegen, voll Nachsicht, Geduld und Mitgefühl zu sein; wir sind auf eine absurde Weise in Allem und Jedem unmenschlich-gerecht, wir verzeihen Alles. Verzeihen, das gerade ist *unser* Element. Ebendarum sollten wir uns etwas strenger halten und an uns wenigstens von Zeit zu Zeit einen kleinen Affekt, ein kleines Laster von Affekt, heraufzüchten. [...] wir haben keine andere Art mehr von Selbstüberwindung ..." (NF VIII 2, 202 f.).

Nachdrücklich ist darauf hinzuweisen, daß das Ethos des höheren Typus in meiner Darstellung – aus Gründen, die zur gegebenen Zeit von selbst einleuchten werden – noch um den Aspekt der Vornehmheit beschnitten ist.

Dieses 'Ausstandes' ungeachtet und überwiegend in Rückbindung an schon Ausgeführtes soll nun die Frage erörtert werden: Wie neu und zukünftig ist der höhere Typus[52]? Im Ethos des höheren Typus war allerlei Altbekanntes begegnet, wenn auch gelegentlich mit einer ungewohnten Nuance. Dazu muß gesehen werden: Für die Tugenden, die *dieses* Ethos wesentlich ausmachen, gilt *nicht*: „die Größten haben vielleicht auch große Tugenden, aber gerade dann noch deren Gegensätze. Ich glaube, daß aus dem Vorhandensein der Gegensätze, und aus deren Gefühle, gerade der große Mensch, *der Bogen mit der großen Spannung,* entsteht" (NF VII 3, 237). Diese Stelle spricht aus der Perspektive auf die tradierte Moral und setzt in den Großen eine fruchtbare Spannung an zwischen tradierten Tugenden und ihrem Gegenteil. Es ist aber klar, daß das nicht anzuwenden ist auf die im Ethos des höheren Typus anzutreffenden Tugenden wie die „Zucht der hohen Geistigkeit", die Tapferkeit, das Sichselbstbefehlen, die Selbstbeherrschung, die Verantwortlichkeit[53].

Die Frage ist: Wie neu und zukünftig sind der höhere Typus und sein Ethos? Sie meint: Hat es den höheren Typus schon gegeben? Konnte und kann es ihn immer geben? Wenn ja, soll sich künftig etwas ändern? Ferner: Ist der höhere Typus schon von anderen vor Nietzsche philosophisch konzipiert worden?

Daß es Vertreter des höheren Typus schon gegeben hat, ist aus in diesem Kapitel Ausgeführtem längst ersichtlich. Künstlertypen, 'große' Individuen, 'Renaissancemenschen', auch Römer und Griechen der Antike stehen dafür ein. Aber: Höhere Typen waren bisher „die Glücksfälle der Entwicklung" (vgl. S. 173). In ›Der Antichrist‹ schreibt Nietzsche: es „giebt ein fortwährendes Gelingen einzelner Fälle an den verschiedensten Stellen der Erde und aus den verschiedensten Culturen heraus, mit denen in der Tat sich ein *höherer Typus* darstellt: Etwas, das im Verhältnis zur Gesammt-Menschheit eine Art Übermensch ist. Solche Glücksfälle des grossen Gelingens waren immer möglich und werden vielleicht immer möglich sein. Und selbst ganze Geschlechter, Stämme, Völker können unter Umständen einen solchen *Treffer* darstellen" (Aph. 4 / VI 3, 169 – teilweise schon zitiert). Und: „Dieser höherwerthigere Typus ist oft genug schon dagewesen: aber als ein Glücksfall, als eine Ausnahme, niemals als *gewollt*" (AC 3 / VI 3, 168). Das soll anders werden, und *das* ist neu, zukünftig. Künftig soll der höhere Typus gezüchtet werden. „Nicht, was die Menschheit ablösen soll in der Reihenfolge der Wesen, ist das Problem [...] (– der Mensch ist ein *Ende* –): sondern welchen Typus Mensch man *züchten* soll, *wollen* soll, als den höherwerthigeren, lebenswürdigeren, zukunftsgewisseren" (ebd.)[54].

Der höhere Typus als gezüchteter wird sich in wenigen, nämlich den Vornehmen, verwirklichen. Es geht um die Züchtung eines Standes von Individuen vom Rang eines Goethe, eines Napoleon, eines Renaissance-Individuums[55]. (Die Mitglieder dieses Standes bewahren im Verhältnis zueinander ihre Freiheit, ihre Autonomie im nietzscheschen Verständnis als individuelles Sichselbstbefehlen, und zwar dank ihres Willens zur Herrschaft[56].) Neu soll künftig, falls die Züchtung des höheren Typus gelingt, auch sein, daß ihm die Erdherrschaft zukommt (das berührt das philosophische Konzept des höheren Typus und wird im Fortgang ausgeführt werden). Schließlich, und das wird im Rahmen der Frage nach Neuem im philosophischen Ethos-Konzept zu akzentuieren sein, wird künftig die den höheren Typus charakterisierende Welt- und Selbstbejahung die Bejahung der ewigen Wiederkunft des Gleichen umfassen.

Soll der höhere Typus gezüchtet werden, so bedarf es allem Wie der Züchtung zuvor eines möglichst deutlichen Konzepts des Typus und seines Ethos, d. h. dessen, *was* da gezüchtet werden soll. Daß der Typus und sein Ethos nicht ganz durchbestimmt werden können, bleibt festzuhalten (vgl. S. 196f.). Beim Ethos handelt es sich allenfalls – mit Zarathustra zu sprechen – um „neue halb beschriebene Tafeln" (VI 1, 242). Aber wie neu sind diese 'Tafeln'? Wie neu ist das *philosophische Konzept* des höheren Typus[57]? Stellt man das Ethos noch zurück, so ergeben sich als neu gedachte Grundzüge eines gesteigerten, überhöhten Menschseins[58]: das Herr-werden-wollen im Sinne des Willens zur Macht und das unbedingte Befehlen; ein beglückendes Machtgefühl, das sich mit dionysischer Bejahung der Welt und des eigenen Selbst durchdringt zur Grundbefindlichkeit des höheren Typus; der Rausch als ein Modus des Machtgefühls, die Vervollkommnung der Dinge herbeiführend; eine auf die Spitze getriebene Individualität. Bei den neuen Philosophen kommt hinzu, daß ihre Wahrheitsliebe der je eigenen Wahrheit gilt, daß sie Werte schaffen bzw. die Rangordnung der Werte bestimmen. (Manches im *Ethos* steht in engstem Bezug zu diesen Grundzügen.)

Ein weiterer neu gedachter Grundzug in Nietzsches Vollendungsentwurf ist die vom höheren Typus auszuübende Erdherrschaft. Bereits im ›Zarathustra‹ hatte Nietzsche eine Erdherrschaft des Übermenschen ins Auge gefaßt (vgl. den Rückverweis auf S. 159 und das anschließende Nachlaßzitat), und schon 1884 hatte er sich auch notiert: „Die Aufgabe ist, eine *herrschende Kaste* zu bilden, mit den umfänglichsten Seelen, fähig für die verschiedensten Aufgaben der Erdregierung. [...]" (NF VII 2, 68). Von Erdherrschaft durch Weltpolitik und Weltwirtschaft als Vorstellung in Nietzsches späterer Zeit hatte ich schon gesprochen (vgl. S. 159). Und aus Anmerkung 54 zu diesem Kapitel greife ich auf: Nietzsche sieht Herrschaftsgebilde von bisher nicht gekanntem Umfang voraus; internationale 'Geschlechtsverbände' züchten eine Herrenrasse, „eine höhere Art Menschen, welche sich, Dank ihrem Übergewicht von Wollen, Wissen, Reichthum und Einfluß, des demokratischen Europas bedienten als ihres gefügigsten und beweglichsten Werkzeugs, um die Schicksale der Erde in die Hand zu bekommen [...]. Genug, die Zeit kommt, wo man über Politik umlernen wird." In ›Jenseits von Gut und Böse‹ liest man: „schon das nächste Jahrhundert bringt den Kampf um die Erd-Herrschaft, – den *Zwang* zur grossen Politik" (Aph. 208 / VI 2, 144). Dennoch: Für die Erdregierung durch den höheren Typus fehlt es (1885 jedenfalls) offensichtlich allenthalben noch an einem Konzept; in einem Entwurf hat Nietzsche damals folgenden Paragraphen vorgesehen: „§ Der neue Philosoph kann nur in Verbindung mit einer herrschenden Kaste entstehen, als deren höchste Vergeistigung. Die große Politik, Erdregierung in der Nähe; vollständiger *Mangel* an *Principien* dafür – (Ironie auf den *leeren* deutschen Geist.)" (NF VII 3, 255f.)

Als neu im philosophischen *Ethos*-Konzept ist als erstes die auszeichnende Haltung der dionysischen Bejahung von Welt und eigenem Selbst zu nennen. Sie ist samt ihrer tragischen Dimension philosophisch gedacht als die unverzichtbare Bedingung dafür, daß jemand im Sinne des Ethos zum höheren Typus taugt. In Nietzsches Konzept schließt sie, wenn der Gedanke der ewigen Wiederkunft gedacht und mitgeteilt worden ist, dessen Bejahung ein; darin hat sie nun das Kriterium ihrer Aufrichtigkeit und erreicht sie ihre Unbedingtheit. In einem Entwurf aus dem Jahre 1888 notiert Nietzsche als zu behandelnden Punkt: „Der *Nihilismus* und sein *Gegenstück:* die Jünger der 'Wiederkunft'" (NF VIII 3, 299). Unter den 'Jüngern der Wiederkunft' hat man die künftigen Vertreter des höheren Typus zu verstehen[59].

Neu im Ethos-Konzept sind ferner das 'Geschicktsein in allen Leiblichkeiten' (als 'Tugend', nicht als Mittel der Erziehung) und die 'Tugenden' Stolz, Bejahung der Herrschsucht, Verschlagenheit. Neu ist die prinzipielle Offenheit des Ethos für Immoralität.

Dem Neuen steht in Nietzsches Ethos-Konzept vieles gegenüber, das sich mehr oder weniger stark mit Positionen und Grundgedanken in der Tradition europäischer Moralphilosophie berührt. An früherer Stelle wurde schon einmal Nietzsches Wendung mitgeteilt, die er in bestimmtem Kontext seinem Gebrauch des Ausdrucks Selbstüberwindung anfügt: „um eine moralische Formel in einem übermoralischen Sinne zu nehmen" (JGB 257 / VI 2, 215). Ich möchte betonen, daß ich in diesem Zusatz keine salvatorische Klausel sehe, mit deren Hilfe wesentliche Traditionsmomente in Nietzsches Ethos-Konzept vom Moralischen ins Übermoralische umgedeutet werden könnten. Ich stelle im folgenden Traditionsbezüge heraus, und zwar zunächst ziemlich allgemein, dann in besonderer Zuordnung, die aber nur Schlaglichter werfen soll und alles andere als erschöpfend ist.

„Asketik" als „Gymnastik des Willens" hat eine beachtliche Tradition, die in unserem Denkbereich bis in die Antike zurückverfolgt werden kann. Ähnlich steht es mit der Geduld. Tapferkeit ist immer wieder hochgeschätzt worden und hat es zeitweise zum Rang einer Kardinaltugend gebracht. So auch das Weise-sein. Die Hochschätzung des Geistes, seine Ausbildung und Zucht, ist nahezu Gemeingut der Tradition; freilich ist hier zu beachten, daß Nietzsche sie an die Einheit des Geistes und der Sinne knüpft, aber auch darin ist Tradition ihm voraufgegangen (ich komme darauf zurück). Verantwortlichkeit ist eine alte Säule der Moralphilosophie. An diesem Punkt allerdings gilt es, den Unterschied nicht zu verwischen, durch den Nietzsche sich von der Tradition absetzt: Er spricht von Verantwortlichkeit und Verantwortung als Privileg und mit Bezug auf das übersittliche Individuum; und Unsittliches im traditionellen Sinn wäre kein Einwand gegen sie. Jedenfalls aber resultiert hier auch bei Nietzsche lange schon Geschätztes: Zuverlässigkeit (die zu Versprechen legitimiert und Vertrauen erweckt). Das Gewissen gehört zu den alten Bekannten. Nietzsche interpretiert es als Wissen um die Verantwortlichkeit und in diesem Sinn als Bewußtsein von Freiheit, von Macht über sich und die Umstände. Im höheren Typus ist es Instinkt, ja 'dominierender Instinkt' geworden. Das scheint neu zu sein. Und doch wird im folgenden Verwandtes bei Schiller zu nennen sein. Wenn Nietzsche den Willen zum Genuß ins Ethos aufnimmt, berührt er sich mit hedonistischer Tradition[60].

Ich stelle Nietzsche mit einzelnen Punkten nun in die Nähe von vier Denkern der Tradition, mit denen er, blickt man auf das Ganze seiner Philosophie, aus naheliegenden Gründen nicht viel gemein haben möchte.

Da wäre Platon. Beim Thema Selbstbeherrschung und Selbstzucht wurde Nietzsche schon einmal auf der Seite des Sokrates in Platons Dialog ›Gorgias‹ und damit auf seiten Platons angetroffen. Auch an Platons ›Politeia‹ läßt sich denken, wenn Nietzsche meint (wie unlängst zitiert), es gehe bei den Affekten (Begierden) darum, sie 'in Dienst zu nehmen', „wozu gehören mag, sie lange zu tyrannisieren [...] Endlich giebt man ihnen eine vertrauensvolle Freiheit wieder: sie lieben uns wie gute Diener und gehen freiwillig dorthin, wo unser Bestes hin will." Platon, der drei Seelenteile erblickt, die Vernunft, den zornigen Drang und die Begierde, plädiert dafür, daß die beiden ersten durch musische und gymnastische Bildung in ein harmonisches Verhältnis zueinander gebracht werden und daß sie sodann „den begehrenden Teil unter ihre Leitung nehmen, der sich bei jedem in der Seele am breitesten macht und seiner Natur nach nie genug haben kann. Sie werden über ihn wachen, daß er nicht, durch Befriedigung der vermeintlichen Lüste des Leibes groß und stark geworden, aufhöre, das Seinige zu tun und sich herausnehme, die andern sich untertänig zu machen und zu beherrschen, über die ihm seinem Stand gemäß die Herrschaft nicht zukommt" (Der Staat, 442a–b). Ist das erfolgreich durchgeführt, dann ist ein Mensch besonnen zu nennen – „wegen der Freundschaft und des Einklangs dieser Teile, wenn das Herrschende und die beiden Beherrschten sich darüber einig sind, daß dem vernünftig denkenden Teil die Herrschaft gebühre, und wenn jede Auflehnung gegen sie unterbleibt" (ebd., 442c–d; vgl. dazu dort ferner 443d–e, auch 430e–431a).

An früherer Stelle wurde vermerkt, daß Nietzsche den Willensstarken zuschreibt, sich in den Begierden ein Maß aufzuerlegen. Platon könnte das unterschreiben, aber auch Aristoteles. Und wenn Nietzsche das Mitgefühl als Tugend ansetzt, deren man Herr bleiben soll, wird man daran erinnert, daß es nach Aristoteles gilt, beim Mitleid (ἔλεος) die Mitte zu treffen zwischen dem Zuviel und Zuwenig[61]. Auch die allerengste Verknüpfung von Ethos und Glück findet sich bei Nietzsche und bei Aristoteles.

Selbst zu Kant, der wie Platon zu Nietzsches Antipoden par excellence gehört, bestehen gewisse, wenn auch eingeschränkte nachbarliche Beziehungen. Autonomie (Selbstgesetzgebung, Sichselbstbefehlen) steht im Zentrum von Kants praktischer Philosophie. Die wesentliche Differenz zwischen ihm und Nietzsche besteht freilich darin, daß es sich bei Kant um Selbstgesetzgebung der einen, allen Menschen gleichermaßen zukommenden und in diesem Sinne gemeinsamen Vernunft handelt, während bei Nietzsche das Sichselbstbefehlen Vollzug des Differentseinwollens ist, Individualität (Einzigartigkeit) erwirkt und die höheren Typen als souveräne Individuen auszeichnet. Wenn Nietzsche ‘kritische Zucht' des Denkens hochhält, spricht er Kant aus dem Herzen. Freilich ergreift er die Gelegenheit, sein Konzept der „Philosophen der Zukunft" (deren wichtigste Aufgabe ja eben im Schaffen von Werten und Bestimmen der Rangordnung der Werte besteht) doch auch als Kant übertreffend vorzustellen. An jener früher zitierten Stelle über die den Philosophen der Zukunft zukommende ‘kritische Zucht in Dingen des Geistes' fährt Nietzsche mit Blick auf diese Philosophen fort: „[...] trotzdem wollen sie deshalb noch nicht Kritiker heissen. Es scheint ihnen keine kleine Schmach, die der Philosophie angethan wird, wenn man dekretirt, wie es heute so gern geschieht: ‘Philosophie selbst ist Kritik und kritische Wissenschaft – und gar nichts ausserdem!' Mag diese

Werthschätzung der Philosophie sich des Beifalls aller Positivisten Frankreichs und Deutschlands erfreuen (– und es wäre möglich, dass sie sogar dem Herzen und Geschmacke *Kant's* geschmeichelt hätte: man erinnere sich der Titel seiner Hauptwerke –): unsre neuen Philosophen werden trotzdem sagen: Kritiker sind Werkzeuge des Philosophen und eben darum, als Werkzeuge, noch lange nicht selbst Philosophen! Auch der grosse Chinese von Königsberg war nur ein grosser Kritiker" (JGB 210 / VI 2, 147 f.). – Nietzsche schreibt dem 'vornehmen Menschen' zu, daß er „mit Lust Strenge und Härte gegen sich übt und Ehrerbietung vor allem Strengen und Harten hat" (vgl. S. 199). Was die 'Lust' dabei betrifft, muß man sie – auf Kants Konzept geblickt – vielleicht mit einem kleinen Fragezeichen versehen. Im übrigen aber kann Nietzsches Beschreibung umstandslos auf den sittlichen Menschen, wie Kant ihn versteht, angewendet werden.

Allerdings steht Nietzsche Schiller, der Kants Rigorismus zu überwinden versuchte, erheblich näher. Ich beziehe das auf Schillers Schrift ›Ueber die ästhetische Erziehung des Menschen in einer Reihe von Briefen‹, die Nietzsche schon früh zur Kenntnis genommen hat[62]. Bei Nietzsche war bezüglich des höheren Typus herauszustellen: Es kommt darauf an, daß er seinen inneren Reichtum ausdifferenziert und dessen chaotischen Rohzustand überwindet, indem er ihn bildet, mit 'siegreichem Willen' koordiniert, ihm Form und Gesetz gibt. Gelingt das, ist von Schönheit zu sprechen. Sie ist allem zuvor eine beglückende Synthese von Geist und Sinnen, in der die Geistigkeit sinnlich geworden ist und die Sinnlichkeit vom Geist bewohnt wird. Soweit Nietzsche. Und nun Schiller: Im 3. Brief konzipiert er (an dieser Stelle wohl noch als etwas Übergängiges) den berühmten dritten Charakter des Menschen, für dessen Erzeugung „von dem physischen Charakter die Willkühr und dem moralischen die Freyheit abzusondern" sind, so daß der physische „mit Gesetzen übereinstimmend", der moralische „von Eindrücken abhängig" wird (Werke, Bd. 20, S. 315). Im wichtigen 15. Brief kann Schiller dann sagen: „die Pflicht nöthigt nicht mehr, sobald die Neigung zieht" (ebd., S. 357), womit eine Nähe Nietzsches nicht nur zu Platon, sondern auch zu Schiller belegt wäre, wenn Nietzsche, wie eben zitiert, von den Affekten (Begierden) sagt: „sie lieben uns wie gute Diener und gehen freiwillig dorthin, wo unser Bestes hin will." Aber zurück zu innerem Reichtum und seiner Formung. Im 4. Brief begegnet bei Schiller die „*Totalität* des Charakters", und in diesem Zusammenhang sagt er: „gleich weit von Einförmigkeit und Verwirrung ruht die siegende Form" (ebd., S. 318). Am Schluß des 11. Briefes formuliert er „die zwey Fundamentalgesetze der sinnlich-vernünftigen Natur", d. h. des Menschen: „Das erste dringt auf absolute *Realität*: er soll alles zur Welt machen, was bloß Form ist, und alle seine Anlagen zur Erscheinung bringen: das zweite dringt auf absolute *Formalität*: er soll alles in sich vertilgen, was bloß Welt ist, und Uebereinstimmung in alle seine

Veränderungen bringen; mit andern Worten: er soll alles innre veräußern und alles äussere formen" (ebd., S. 344)[63]. Folgerichtig heißt es im 13. Brief: „Seine Kultur wird also darinn bestehen: *erstlich:* dem empfangenden Vermögen die vielfältigsten Berührungen mit der Welt zu verschaffen, und auf Seiten des Gefühls die Passivität aufs höchste zu treiben; *zweytens* dem bestimmenden Vermögen die höchste Unabhängigkeit von dem empfangenden zu erwerben und auf Seiten der Vernunft die Aktivität aufs höchste zu treiben. Wo beyde Eigenschaften sich vereinigen, da wird der Mensch mit der höchsten Fülle von Daseyn die höchste Selbstständigkeit und Freyheit verbinden und, anstatt sich an die Welt zu verlieren, diese vielmehr mit der ganzen Unendlichkeit ihrer Erscheinungen in sich ziehen und der Einheit seiner Vernunft unterwerfen" (ebd., S. 349). Schließlich mag noch belegt werden, daß sich bei Schiller auch eine Entsprechung findet zu Nietzsches These, beim souveränen Individuum sei das Bewußtsein der Verantwortlichkeit und Freiheit Instinkt geworden. Im 4. Brief spricht Schiller für den Fall, daß „der innere Mensch mit sich einig" ist, mit Bezug auf die 'innere Gesetzgebung' von 'schönem Instinkt' (ebd., S. 318)[64].

Die Frage war zu stellen: Wie neu und zukünftig sind der höhere Typus und sein Ethos? Als Antworten haben sich ergeben und ergeben sich über das schon Pointierte hinaus: Öfters schon hat es Vertreter des höheren Typus gegeben. Immer auch konnte und kann es den höheren Typus geben – als glücklichen Zufall. Neu gegenüber seiner Verwirklichung bisher ist am höheren Typus künftig, geht es nach Nietzsche, daß er gezüchtet wird, die Erdherrschaft übernimmt und seine dionysische Gesamtbejahung alles Seienden zur Bejahung der ewigen Wiederkunft des Gleichen zuspitzt. Die Frage nach der Neuheit war auch auf Nietzsches philosophisches Konzept dieses Typus auszudehnen – als die Frage eben: Ist Nietzsche der erste, der den höheren Typus philosophisch gedacht hat? Als neu im philosophischen Entwerfen menschlicher Vollendungsmöglichkeiten haben sich bei Nietzsche, auf den höheren Typus und sein Ethos geblickt, eine ganze Reihe von Bestimmungen gezeigt (vgl. S. 203 f.). Neben diesem Neuen stehen, wie soeben dargestellt, zahlreiche Berührungen mit der Tradition allgemein und speziell mit einigen herausragenden Vertretern derselben. Zwei idealistische Denker, Platon und besonders Schiller, scheinen mir dabei im Vordergrund zu stehen. Was Nietzsche über Zarathustra (und damit über sich als Autor des Werks ›Zarathustra‹) sagt, nämlich „*wie sehr* Zarathustra πλατονίζει" (vgl. S. 97), darf auch für den späteren Nietzsche bezüglich eines Grundzugs des höheren Typus, die Selbstbeherrschung, gelten. Und mehr noch wird man sagen dürfen, daß Nietzsche 'schillert' (womit ich über einen Einfluß Schillers auf Nietzsche keine Aussage gemacht haben möchte). Wichtig ist nun allerdings: Neu ist das philosophische *Gesamt*konzept des höheren Typus, in dem Neues und der Tradition Verwandtes zu einem Ensemble zusammentreten.

Noch wichtiger ist mir freilich, daß klar heraustritt: Wesentliches aus Nietzsches Ethos-Konzept war in der Tradition *in ganz anderen Kontexten* möglich. Das gibt der früher gestellten (und durch die absolute Seinsthese gerade nicht gelösten) Frage nach dem Vorrang von Nietzsches Konzept erneut Gewicht. Die bei Nietzsche so wichtige Individualität kann den Vorrang seines Konzepts nicht begründen. Denn Nietzsche müßte einräumen, daß auch die Décadence herausragende Individuen vorzuweisen hat (vgl. S. 176), und eine auch in der Gegen-Welt des höheren Typus mögliche Qualität taugt nicht als Ausweis für dessen Vorrang. Das weitere Neue im Konzept des höheren Typus läßt sich zu zwei, bei Nietzsche allerdings verbundenen bzw. partiell sich überschneidenden Grundsetzungen zusammenfassen. Die eine ist die fundierende Setzung der unbedingten, dionysischen, Leiden und Immoralität mit umfassenden Welt- und Selbstbejahung als des Grundwertes schlechthin. Die andere betrifft die Offenheit des Ethos für Immoralität. Sie dokumentiert sich ebensosehr in der Umwertung von Verschlagenheit, Stolz, sich selbst bejahender Herrschsucht zu Tugenden, wie in der Bejahung von Verletzungen, die vom höheren Typus in seinem unbedingten Befehlen und (uneingeschränkten) Herr-werden-wollen anderen zugefügt werden[65].

Es wäre denkbar, daß jemand die zweite dieser beiden Grundsetzungen, anders als Nietzsche, ablehnt, die erste hingegen, als vom Immoralismus abgetrennte und dadurch zugleich selbst modifizierte, bejaht. Damit wäre dem 'Nihilismus' ein Ja entgegengesetzt, aber Nietzsches Gesamtkonzept des höheren Typus in Frage gestellt, ja verlassen. Das soll vorerst nicht mehr sagen als: Nietzsches philosophisches Konzept des höheren Typus ist nicht immun gegen Fragen analog denjenigen, die sich am Ende des 7. und des 8. Kapitels mit Bezug auf den ›Zarathustra‹ und für den Übermenschen ergeben hatten. Auch jetzt stellt sich die Frage nach dem Vorrang, und zwar nunmehr des *höheren Typus,* vor anders entworfenen Formen gesteigerten Menschseins. Woran bemißt sich dieser Vorrang für Nietzsche selbst? Und kann er ihn anderen plausibel machen? Damit wäre die Maßstabfrage wieder da. Das 11. Kapitel hatte sie in strikter Hinsichtnahme auf die absolute Seinsthese erörtert und war dabei zu einer Aporie Nietzsches gelangt. Beim Bilanzziehen blieb dort von den 'Auszeichnungen' des höheren Typus gegenüber anderen nur übrig, daß er böser ist als alle. Und diesbezüglich war im damaligen Zusammenhang zu vermerken, daß gesteigerter Immoralismus von Nietzsche, obwohl er es versucht, nicht zu rechtfertigen ist. Sollte Entsprechendes im Rahmen der veränderten Fragestellung dieses Kapitels gelten bezüglich der Offenheit des Ethos für Immoralität?

Diese Frage wird dadurch, daß Humanes im Ethos des höheren Typus anzutreffen ist, nicht entschärft, sondern verschärft. Auf die Traditionsbezüge geblickt, die hier bestehen, und des Problems des Vorrangs des höheren Typus vor anderen Vollendungsentwürfen des Menschseins eingedenk, läßt

sich fragen: Wenn schon Humanes im Ethos, warum dann nicht nur? Natürlich hat man festzuhalten, daß *für Nietzsche* im Jenseits von Gut und Böse
beides ein Wohnrecht haben soll, im traditionellen Sinn Humanes und Inhu-
manes. Aber in der Auseinandersetzung mit Nietzsche geht es hier gerade
um den Punkt, ob der Vorrang dieser Position vor anderen begründet mitgeteilt werden kann (und zwar anders begründet als durch die absolute Seinsthese, die die Begründung ja gerade nicht zu leisten vermag). Ehe ich diesen Problemen weiter nachgehe, stelle ich (zugleich als Kontrapunkt zu Kapitel 10) humane Streiflichter im Umkreis des höheren Typus zusammen[66].
Dem folgenden sollte vielleicht vorausgeschickt werden, daß Nietzsche sich
verständlicherweise schwertut mit traditionsreichen humanen Perspektiven
und deshalb auf diesem Feld auch manchen Haken schlägt.

   In ›Jenseits von Gut und Böse‹ sagt Nietzsche: „auch der vornehme
Mensch hilft dem Unglücklichen, aber nicht oder fast nicht aus Mitleid, sondern mehr aus einem Drang, den der Überfluss von Macht erzeugt" (Aph.
260 / VI 2, 219f.) – immerhin: der vornehme Mensch hilft, und ein wenig
auch aus Mitleid. Nietzsche notiert auch: „Die wohlwollenden hülfreichen
gütigen Gesinnungen sind schlechterdings *nicht* um des Nutzens willen, der
von ihnen ausgeht, zu Ehren gekommen: sondern weil sie Zustände *reicher
Seelen* sind, welche abgeben können und ihren Werth als Füllegefühl des Lebens tragen" (NF VIII 2, 195). Ich erinnere an eine den vorigen verwandte,
etwas anders nuancierte Aufzeichnung Nietzsches: „Nichts fällt uns leichter
als weise, geduldig, überlegen, voll Nachsicht, Geduld und Mitgefühl zu
sein; wir sind auf eine absurde Weise in Allem und Jedem unmenschlich-gerecht, wir verzeihen Alles. Verzeihen, das gerade ist *unser* Element" –
Nietzsche fühlt sich freilich gedrängt, hinzuzufügen: „Ebendarum sollten
wir uns etwas strenger halten [...]" (NF VIII 2, 202f.), wie denn in diesem
Kontext schon zu zitieren war: „stärkste Probe des Charakters: sich nicht
durch die Verführung des Guten ruiniren zu lassen [...]" (vgl. S. 201). An
Goethe, hier allerdings als Gegenfigur zu Napoleon, hebt Nietzsche, wie
mehrfach zitiert, positiv hervor, daß er „eine europäische Cultur imaginirte,
die die volle Erbschaft der schon *erreichten* Humanität macht" (vgl. S. 192f.).
Und er hält fest: „Im Großen gerechnet, ist in unsrer jetzigen Menschheit
ein ungeheures Quantum von *Humanität* erreicht. Daß dies im allgemeinen
nicht empfunden wird, ist selbst ein Beweis dafür: wir sind für die *kleinen
Nothstände* so empfindlich geworden, daß wir das, was erreicht ist, unbillig
übersehen. [...] Die Thatsache des Credits, des ganzen Welthandels, der
Verkehrsmittel, – ein ungeheures mildes *Vertrauen* auf den Menschen
drückt sich darin aus ..." (NF VIII 3, 243). Da zu dieser 'erreichten Humanität' nach Nietzsches Auffassung ganz offensichtlich das von ihm heftig be-
kämpfte Christentum beigetragen hat, befindet er sich in einem Dilemma,
das sich in der zitierten Nachlaßnotiz verrät: „*Nie* zugestehen, daß die

humanitären Wirkungen für das Christenthum sprechen ..." (vgl. Anm. 21 zu Kap. 11). Nietzsche fragt sich: „möchten wir eigentlich eine Welt, wo die Nachwirkung der Schwachen, ihre Feinheit, Rücksicht, Geistigkeit, *Biegsamkeit* fehlte? ..." (NF VIII 3, 116). Auch von Rücksicht ist hier die Rede, was, hat man radikale Äußerungen Nietzsches im Ohr, erstaunen muß. Ich hatte unlängst schon einmal bemerkt, daß Nietzsche Humanes im traditionellen Verständnis wohl häufig einkalkuliert, wenn er als Umwerter von Moral am Werk ist. Das bestätigt eine Notiz, die hier zugleich dazu dienen mag, den Blick auf die Offenheit des Ethos für Immoralität zurückzulenken: „jetzt, wo eine Menge Gegenkräfte groß gezüchtet sind durch zeitweilige Unterdrückung jener Leidenschaften (von Herrschsucht, Lust an der Verwandlung und Täuschung) ist deren Entfesselung wieder möglich: sie werden nicht mehr die alte Wildheit haben. Wir erlauben uns die zahme Barbarei" (NF VIII 1, 6 f.). Warum aber erlauben wir sie uns, warum sollten wir sie uns erlauben? Warum darf es nicht möglich sein, den 'Nihilismus', eine Krise der Werte, durch den Entwurf eines gänzlich nicht-barbarischen Ethos und Menschentypus zu überwinden? Daß alles Wille zur Macht ist und nichts außerdem, kann in diesem Kapitel nicht zum Einwand gegen die Legitimität der Frage gemacht werden. Wie ja denn die absolute Seinsthese auch von Nietzsche selbst zurückgelassen ist, wo er aus der Tradition herübergekommenes Humanes nicht nur als Faktisches einkalkuliert, sondern zu Ethosqualitäten erhebt.

Um Nietzsche zu dieser Frage zu Wort kommen zu lassen, ist es angezeigt, nunmehr den höheren Typus gezielt als den vornehmen Typus (als der er hier schon häufig apostrophiert wurde) zu thematisieren und sein Ethos von einer Seite her zu beleuchten, die bisher, wie früher ausdrücklich vermerkt, vernachlässigt wurde. Die Vornehmheit[67] kann zur potentiellen Lösung des Maßstabproblems aber nur in Erwägung gezogen werden, wenn mit ihr etwas anderes vorgestellt wird als bloß das Ensemble der Qualitäten, das als Ethos des höheren Typus schon gedacht wurde. Der Vorrang des so gedachten Ethos steht ja gerade in Frage. So klar es auch ist, daß zum Vornehmen jene Ethosqualitäten wesentlich gehören, muß jetzt doch danach gesucht werden, ob Vornehmheit so etwas hergibt wie ein Maß für Rang und Vorrang des höheren Typus und sein Ethos.

Nietzsche überschreibt das 9. Hauptstück von ›Jenseits von Gut und Böse‹ mit der Frage „was ist vornehm?" Der Aphorismus 260 (in diesem Hauptstück) zeigt ihn als Moralhistoriker am Werk, dem sich aus den bisherigen Moralen zwei Grundtypen ergeben haben: Herren-Moral und Sklaven-Moral. In der Realität haben sie sich auch miteinander vermittelt, häufiger noch ungeordnet durchdrungen oder hart aneinander gerieben, dies sogar in ein und demselben Individuum. Der lange Aphorismus (VI 2, 218 ff.) braucht hier nicht ganz referiert zu werden. Ich hebe nur das für meinen Zusammenhang Wichtige heraus[68]. Für die Herren-Moral, von deren Art natürlich das Ethos des höheren Typus ist, ist der Gegensatz gut – schlecht konstitutiv. Herren-Moral entsteht dort, wo eine herrschende Art Mensch „sich ihres Unterschieds gegen die beherrschte mit Wohlgefühl bewusst" wird. Man darf hinzufügen: Sie bedarf also der Beherrschten und damit Andersartigen; mit ihnen sich vergleichend, kommt sie zu dem Bewußtsein, mehr zu sein, und sie genießt sich darin. Der Begriff des Guten füllt sich für diesen Menschentypus durch „die erhobenen stolzen Zustände der Seele, welche als das Auszeichnende und die Rangordnung Bestimmende empfunden werden"; er erhält den Sinn 'vornehm'. Schlecht als Gegensatz dazu bedeutet diesen Menschen: „verächtlich", so daß der grundlegende Gegensatz dieser Moral ebensogut als vornehm – verächtlich formuliert werden kann. Verächtlich sind demnach die Beherrschten; der Vornehme „verachtet sie", und das deshalb, weil ihm mit ihnen das Gegenteil seiner 'erhobenen Seelenzustände' entgegentritt. Der vornehme Mensch macht sich zum Wertmaß aller Dinge. Und dabei tritt neben gut – schlecht im Sinne von vornehm – verächtlich der Gegensatz nützlich – schädlich. „Die vornehme Art Mensch fühlt *sich* als werthbestimmend, [...] sie urteilt 'was mir schädlich ist, das ist an sich schädlich', sie weiss sich als Das, was überhaupt erst Ehre den Dingen verleiht, sie ist *wertheschaffend*. Alles, was sie an sich kennt, ehrt sie: eine solche Moral ist Selbstverherrlichung." Hier wird nun das Machtgefühl genannt: „Im Vordergrunde steht das Gefühl der Fülle, der Macht, die überströmen will, das Glück der hohen Spannung, das Bewusstsein eines Reichthums, der schenken und abgeben möchte"[69].

Die Darstellung dieser Hauptgedanken des wichtigen Aphorismus zur Frage „was ist vornehm?" kann als Aufriß des folgenden angesehen werden bzw. gibt einen Umriß vor, der mit Hilfe anderer Textpassagen zu einem deutlicheren Bild ausgestaltet werden kann.

Zum Ethos des höheren Typus gehört, wie sich gezeigt hat, der Stolz – als ein 'jasagender Affekt', eine 'verklärende Tugend'; er ist ein Jasagen zu sich und eine Selbstverklärung. Er verbindet sich als Affekt mit einem Bewußtsein des Privilegiertseins. (So war früher die Rede vom 'stolzen Wissen um das Privileg der Verantwortlichkeit'.) Hier bietet sich ein Übergang an von einer einzelnen Ethosqualität neben anderen zur Grundhaltung der Vornehmheit, deren Bestimmung auf das Pathos der Distanz zuläuft. Aus dem eben erörterten Aphorismus war zu zitieren, daß „die erhobenen stolzen Zustände der Seele" empfunden werden als „das Auszeichnende und die Rangordnung Bestimmende". So begegneten in anderem Zusammenhang als 'vornehme Werte' schon „ein Vollkommenheits-Gefühl", ein „triumphirendes Wohlgefühl an sich und am Leben" (vgl. S. 153). Aber auch die Kehrseite der Medaille zeigte sich bereits im vorigen Kapitel. Ich zitiere noch einmal: „der Egoismus gehört zum Wesen der vornehmen Seele, ich meine jenen unverrückbaren Glauben, dass einem Wesen, wie 'wir sind', andre Wesen von Natur unterthan sein müssen und sich ihm zu opfern haben. Die vornehme Seele nimmt diesen Thatbestand ihres Egoismus ohne jedes Fragezeichen hin, auch ohne ein Gefühl von Härte Zwang, Willkür darin [...]" (JGB 265 / IV 2, 229 f.)[70]. Die Vornehmen als Egoisten „urtheilen: 'wir *sind* die *Edleren!* es liegt *mehr* an *unserer* Erhaltung als an der jenes Viehs!" (NF VII 2, 217 – „Edleren" fettgedruckt) Diese (schon einmal zitierte) Nachlaßnotiz läßt über den menschenverachtenden Zug der Vornehmheit nicht im Unklaren[71]. Der Vornehme, wie Nietzsche ihn konzipiert, hält von Gerechtigkeit nichts: „NB. gegen die *Gerechtigkeit* ... Gegen J. Stuart Mill: Ich perhorreszire seine Gemeinheit, welche sagt 'was dem Einen recht ist, ist dem Andern billig [...]'; welche den ganzen menschlichen Verkehr auf *Gegenseitigkeit der Leistung* begründen will, so daß jede Handlung als eine Art Abzahlung erscheint für etwas, das uns erwiesen ist. Hier ist die *Voraussetzung unvornehm* im untersten Sinn: hier wird die *Äquivalenz der Werthe von Handlungen* vorausgesetzt bei mir und bei dir [...]; gerade daß Etwas, was *ich* thue, nicht von Einem Andern gethan werden *dürfte* und *könnte*, daß es *keinen Ausgleich* geben darf – außer in der *ausgewähltesten Sphäre* der 'meines Gleichen', inter pares –; daß man in einem tieferen Sinne nie zurückgiebt, weil man etwas *Einmaliges ist* und nur *Einmaliges thut* – diese Grundüberzeugung enthält die Ursache der *aristokratischen Absonderung von der Menge,* weil die Menge an 'Gleichheit' und *folglich* Ausgleichbarkeit und 'Gegenseitigkeit' glaubt" (NF VIII 2, 302 f. – „unvornehm" und „aristokratischen Absonderung von der Menge" fettgedruckt). Der Vornehme ist 'Aristokrat'. Er weiß sich als Individuum im strengsten Sinn und als ausgezeichnet gegenüber der Menge (den Nicht-Individuen); er sieht in seinem zuhöchst individuellen und selbstbezüglichen Tun und Lassen sein Recht und Vorrecht; er erkennt als Gleiche an die wenigen, auf die dies alles ebenfalls zutrifft. Allerdings bedarf er der Menge, um sich von ihr absondern zu können. „Er braucht ebensosehr die *Gegnerschaft* der Menge, der 'Nivellirten', das Distanz-Gefühl im Vergleich zu ihnen; er steht auf ihnen, er lebt von ihnen. Diese höhere Form des *Aristokratism* ist die der Zukunft" (NF VIII 2, 129)[72]. Es wäre daher falsch, Mediokrität beseitigen zu wollen. Nietzsche notiert: „Absurde und verächtliche Art des Idealismus, welche die Mediokrität *nicht mediok er* haben will und, statt an einem Ausnahme-Sein einen Trumpf zu fühlen, *entrüstet* ist über Feigheit, Falschheit, Kleinheit und Miserabilität. *Man soll das nicht anders wollen!* Und die Kluft *größer* aufreißen!" (NF VIII 2, 160 – „das" fettgedruckt)[73]. – Beiläufig sei vermerkt, daß auch die Philosophen der Zukunft als Vornehme (vgl. S. 188) dem Aristokratismus der Zukunft zuzuordnen sind.

'Vornehm', so hatte sich gezeigt, hat 'verächtlich' zum Gegensatz. Und der Vornehme braucht diesen Gegensatz, er braucht sein Verachten und die

'Verächtlichen', um im Distanzgefühl seine Auszeichnung zu empfinden und zu genießen. Dies um so mehr, als es für ihn durchaus *nicht* darauf ankommt, seines Ranges *von anderen* versichert zu werden[74]. Indem das Distanzgefühl (das ich an früherer Stelle schon einmal als einen Modus des Machtgefühls bezeichnet habe) die Auszeichnung gegenüber den Niedrigen und Beherrschten genießen läßt, leistet es die Selbstverherrlichung. Sich selbst verherrlichend, macht sich der Vornehme zum Wertmaß schlechthin. In ›Zur Genealogie der Moral‹ schreibt Nietzsche: „das Urtheil 'gut' rührt *nicht* von Denen her, welchen 'Güte' erwiesen wird! Vielmehr sind es 'die Guten' selber gewesen, das heisst die Vornehmen, Mächtigen, Höhergestellten und Hochgesinnten, welche sich selbst und ihr Thun als gut, nämlich als ersten Ranges empfanden und ansetzten, im Gegensatz zu allem Niedrigen, Niedrig-Gesinnten, Gemeinen und Pöbelhaften. Aus diesem *Pathos der Distanz* heraus haben sie sich das Recht, Werthe zu schaffen, Namen der Werthe auszuprägen, erst genommen: [...] Das Pathos der Vornehmheit und Distanz, wie gesagt, das dauernde und dominirende Gesammt- und Grundgefühl einer höheren herrschenden Art im Verhältniss zu einer niederen Art, zu einem 'Unten' – *das* ist der Ursprung des Gegensatzes 'gut' und 'schlecht'" (I 2 / VI 2, 293). Was hier historisch und genetisch ausgeführt ist, gilt entsprechend für die Vornehmen der Zukunft und ihr Werten.

Die Ausbreitung einschlägiger Textstellen zum Thema Vornehmheit kann abgeschlossen werden mit zwei Zitaten, die das Distanzgefühl als Ursprung für die Erhöhung der Kultur und des Typus Mensch namhaft machen. In ›Der Antichrist‹ spricht Nietzsche vom „Distanz-Gefühl zwischen Mensch und Mensch" als „der *Voraussetzung* zu jeder Erhöhung, zu jedem Wachsthum der Cultur" (Aph. 43 / VI 3, 216)[75]. Das die Vornehmheit thematisierende Hauptstück von ›Jenseits von Gut und Böse‹ leitet Nietzsche ein mit der Feststellung: „Jede Erhöhung des Typus 'Mensch' war bisher das Werk einer aristokratischen Gesellschaft – und so wird es immer wieder sein: als einer Gesellschaft, welche an eine lange Leiter der Rangordnung und Werthverschiedenheit von Mensch und Mensch glaubt und Sklaverei in irgend einem Sinne nöthig hat. Ohne das *Pathos der Distanz,* wie es aus dem eingefleischten Unterschied der Stände, aus dem beständigen Ausblick und Herabblick der herrschenden Kaste auf Unterthänige und Werkzeuge und aus ihrer ebenso beständigen Übung im Gehorchen und Befehlen, Nieder- und Fernhalten erwächst, könnte auch jenes andre geheimnissvollere Pathos gar nicht erwachsen, jenes Verlangen nach immer neuer Distanz-Erweiterung innerhalb der Seele selbst, die Herausbildung immer höherer, seltnerer, fernerer, weitgespannterer, umfänglicherer Zustände, kurz eben die Erhöhung des Typus 'Mensch'" (Aph. 257 / VI 2, 215 – teilweise schon einmal zitiert). Mit der Formulierung 'und so wird es immer wieder sein' ist gesichert, daß Nietzsche hier auch von der Zukunft spricht. Auch in Zukunft werden die Vornehmen (diejenigen, in denen sich der höhere Typus – wie Nietzsche hofft – durch Züchtung oder wie immer verwirklichen wird) einen Stand oder eine Kaste bilden[76]; und auch in Zukunft wird Sklaverei nötig sein, eine Sklaverei nunmehr übrigens, die nach Nietzsche durch demokratische Bestrebungen ('Gleichmacherei') möglich gemacht worden ist[77] und als „Solidarität aller Räder" in einer „Gesammt-Maschinerie", den Menschen ausbeutend, funktioniert (vgl. Anm. 72 zu diesem Kap.).

Die Frage war und ist, ob Vornehmheit ein Maß bereitstellt, mit dessen Hilfe der Rang und Vorrang des höheren Typus samt seines Ethos verbindlich sichergestellt werden kann. Soviel ist längst klar: daß Vornehmheit *für* den Vornehmen selbst, *für* ein den höheren Typus realisierendes Individuum, ein Maß abgibt, an dem der eigene Vorrang festgestellt und zugleich die Niedrigen, ja alle Dinge gemessen werden. *Für* den Vornehmen ist dieses Maß *gegründet* in bzw. identisch mit seinem Wohlgefühl, seinem Gefühl der Fülle und Macht, seinem Stolz, seinem Auszeichnung genießenden Distanzgefühl, seiner Selbstverherrlichung. Er hat das Maß in diesen seinen Affekten (die auch als ein einziger – zur Haltung ausgebildeter – Grundaffekt angesprochen werden können). Er hat es als ein subjektives und relatives, das er freilich für sich zum Ansich erhebt. Dies affektive, selbstbezügliche Maß beantwortet übrigens auch (wenngleich verkürzt) die alte Frage, was für ein solches Individuum dabei herauskommt, so zu sein, wie es ist. Es hat davon jedenfalls das Wohlgefühl in der Selbstverherrlichung[78].

Daß der Vornehme am hochgestimmten Bewußtsein seiner Vornehmheit ein subjektives und relatives Maß für seinen Vorrang vor allen anderen hat, beantwortet nicht die Frage, ob der Vorrang des höheren Typus samt seines Ethos auch für andere verbindlich vor Augen gestellt werden kann; eher noch ergibt sich daraus die Vermutung, daß hier eine unüberwindliche Schwierigkeit liegt[79].

Wie kann vom exzeptionellen Rang der Vornehmheit jemand überzeugt werden, der nicht oder noch nicht zu den Vornehmen gehört und nicht oder noch nicht vom Pathos der Distanz getragen wird? Ich stelle diese Frage jetzt zunächst für etwaige Anwärter auf den Rang des höheren Typus, d. h. für Individuen, die die für einen Übergang in die Existenzform des höheren Typus vorauszusetzenden Anlagen haben. Als Motiv für den Übergang könnte vielleicht ins Spiel gebracht werden der hohe, beglückende Selbstgenuß des Vornehmen. Indessen besteht im Vornehm-werden doch ein Problem. Außerhalb eines philosophischen Konzepts gibt es Vornehm-werden wohl gar nicht, mindestens sicher nicht nach Überzeugung der 'Vornehmen': Vornehm wird man nicht, man ist es – von 'Natur', von Geburt, schon in Kindheit und Jugend aufgrund eines sich von selbst vollziehenden Hineinwachsens in Wertungsweise und Wohlgefühl der 'gehobenen' Gesellschaftsschicht, der man angehört. Nun aber soll das Vornehm-werden eines Anwärters auf den Rang des höheren Typus gedacht werden, oder genauer: seine Bereitschaft und Entschlossenheit, sich diesen Übergang zu 'befehlen'. Von diesem Anwärter hat zu gelten: Er hat noch nicht das Selbstwertgefühl des Vornehmen und folglich auch nicht *dieses* Maß für Vornehmheit. Und das bedeutet: Er bedarf der *Gründe,* die ihm das (eigene künftige) Selbstwertgefühl eines Vornehmen zu fundieren und zu rechtfertigen vermöchten, der Gründe für den Vorrang der Vornehmen und für das Verachten der nicht-vornehmen Menschen, Lebensformen und Grundeinstellungen. Darf er hoffen, daß sie ihm vorgegeben werden von einem Philosophen und Ethos-Kundigen? Dieser müßte wohl das Selbstgefühl haben, ein Vornehmer zu sein. Nietzsche hat es, wie aus einer längeren Nachlaß-Notiz von 1885 zum Thema „Was ist *vornehm?"* hervorgeht, in der Nietzsche mehrfach die Form „wir" verwendet (vgl. NF VII 3, 265; ferner auch NF VIII 1, 329f.).

Es ergibt sich die Frage: Kann Nietzsche philosophisch Mitdenkende vom exzeptionellen Rang der Vornehmheit überzeugen? Kann er sie (soweit sie nicht schon Vornehme sind und des Überzeugtwerdens nicht bedürfen) argumentativ dazu bestimmen, ihm in seiner Einstufung des höheren Typus und dessen Ethos zu folgen und den von ihm postulierten Vorrang anzuerkennen? Man möge nicht einwenden, hier werde an Nietzsche vorbeigefragt, Nietzsche gehe es gar nicht um ein argumentatives Überzeugen Nicht-Vornehmer oder Noch-nicht-Vornehmer, er spreche vielmehr von sich und seinesgleichen zu seinesgleichen, beschreibend und durchleuchtend, was man ist im Unterschied zu anderen, die man unter sich weiß. Denn: Mag auch inzwischen der Enthusiasmus des ›Zarathustra‹ im Einsatz für die Heraufkunft des Übermenschen abgeschwächt, mag die Zuversicht des Schaffens sehr zurückgetreten sein – Nietzsches Engagement für die Züchtung des höheren Typus steht dafür ein, daß seine philosophische Mitteilung mehr sein will als eine Beschreibung und Durchklärung faktischen Ausnahmeseins. Aber selbst wenn das nicht so wäre, bliebe die Frage legitim: Welche Antworten wird jemand aus Nietzsches Darlegungen schöpfen können, der sich – gewissermaßen als 'freier Geist' Nietzsche gegenüber – herausnimmt, für den von Nietzsche behaupteten und etwa von Vornehmen empfundenen Vorrang des höheren Typus und seines Ethos die Rechtsfrage zu stellen, und das heißt nach dem Grund des Vorrangs zu fragen? Ein Hinweis auf das Vollkommenheitsgefühl des höheren Typus wäre vergeblich. Wer es schon hat, bedarf keiner Gründe mehr, und wer es nicht oder noch nicht hat, bedarf ihrer gerade, um zu diesem Selbstgefühl gelangen zu können. Auch Nietzsches Operieren mit dem Modell von Ständen oder Kasten bringt keine Lösung. Er selbst weiß, daß der Trend seiner Zeit gegen ständische Ordnung und auf mehr Demokratie gerichtet ist, und die von ihm

gewünschte Aristokratie des höheren Typus wäre keineswegs gesellschaft-
lich-naturwüchsig. Sie taugt nicht zum Argument, sondern bedarf selbst der
Begründung ihres Vorrangs. Individualität war für die Begründung des Vorrangs schon ausgeschieden. So bliebe meines Erachtens einzig noch zu fragen, ob der Vorrang des höheren Typus durch die Offenheit von dessen
Ethos für den Immoralismus verbindlich zu begründen ist[80]. Genauer besehen ist das aber gar keine Frage. Denn nun steht man vor einem Zirkel. Das
vermeintlich Begründende wäre (im Zuge des Gedankengangs dieses Kapitels) gerade das Zu-begründende. Just die Offenheit des Ethos zum Immoralismus hin gilt es ja gegenüber Konzepten höheren Menschseins, in denen
sie fehlt, zu rechtfertigen. Warum, so wurde hier unlängst noch gefragt, erlauben wir uns und sollten wir uns erlauben die „zahme Barbarei"? Warum
sollten wir nicht auf eine Krise der Werte mit dem Entwurf eines gänzlich
nicht-barbarischen Ethos und Menschentypus antworten?

Sollte die Offenheit des Ethos für Immoralität den Vorrang des Ethos und
des höheren Typus begründen, so träte das, was (aus meiner Sicht) der
Rechtfertigung gerade bedarf, als konstitutiv für den Vorrang und ihn rech-
fertigend auf. Der so bezeichnete Zirkel ist ein Wirbel, der das Pathos der
Distanz infolge seines menschenverachtenden Zugs und als extrem elitär in
seinen Sog zieht. Nietzsche kann argumentativ nichts vorbringen, das bei
anderen die Überzeugung hervorrufen müßte, daß für den höheren Typus
Nietzschescher Prägung bezahlt werden sollte mit dem Egoismus, der „zum
Wesen der vornehmen Seele" gehört, mit dem „unverrückbaren Glauben,
dass einem Wesen, wie 'wir sind', andre Wesen von Natur unterthan sein
müssen und sich ihm zu opfern haben" (vgl. S. 212f.).

Ich hatte das Neue in Nietzsches Entwurf des höheren Typus, soweit es
über die forcierte Individualität hinausgeht, in die beiden (bei Nietzsche zusammenhängenden) Grundsetzungen der unbedingten dionysischen Welt-
und Selbstbejahung einerseits, der Offenheit des Ethos für Immoralität andererseits zusammengefaßt. Und ich hatte als möglich angesehen, daß man
die zweite dieser beiden Grundsetzungen Nietzsches ablehnt, die erste aber
(als vom Immoralismus abgelöste und dadurch veränderte) positiv vollzieht –
im Sinne jenes grundlegenden Freiheitsaktes, von dem ich zu Beginn dieses
Kapitels gesprochen habe (vgl. S. 181). Die Frage nach dem Vorrang von
Nietzsches Konzept vor diesem anderen (und etwa auch weiteren möglichen)
brachte erneut das Maßstabproblem auf. Und es war zu bedenken, wie die
Offenheit des Ethos für Immoralität von Nietzsche gerechtfertigt werden
könnte. Nunmehr hat sich gezeigt: Für alle, die nicht als Vornehme (im Sinne
des höheren Typus) den Maßstab ihres Wertes in sich selbst haben, bleibt der
Vorrang von Nietzsches *Gesamt*konzept des höheren Typus eine unbegründete Setzung. Es wird für sie nicht begreiflich, warum man gerade durch Rea-
lisierung *dieses* Typus Grund zu einem maximalen Vollkommenheitsgefühl

haben sollte. So hat sich das Maßstabproblem auch im neuen Kontext dieses (von der Problematik, die sich im Zusammenhang mit der absoluten Seinsthese ergab, absehenden) Kapitels als unlösbar erwiesen. –

Hat sich kritischer Analyse im vorigen das *Gesamt*konzept des höheren Typus hinsichtlich seines Vorrangs als unbegründet und damit in seiner Offenheit für Immoralität als nicht gerechtfertigt dargestellt, so gilt es nun zu akzentuieren: Als grundlos, ja widersprüchlich gesetzt erscheinen in Nietzsches Ethoskonzept viele auszeichnende Qualitäten, die in der europäischen Tradition als Tugenden galten (vgl. S. 204 ff.) und die in Nietzsches Entwurf des höheren Typus als Gegengewichte zum Immoralismus aufgefaßt werden könnten. Entsprechendes ist zu sagen von zugehörigen ethischen und anthropologischen Phänomenen.

Klar muß freilich sein, daß 'alte' Tugenden im Ethos des höheren Typus nicht als an sich Gutes der absoluten Moral wiederkehren. Sie sind als 'frei' vollzogene moralische Setzungen anzusehen. Aber gerade für solche Setzungen, sollen sie nicht gänzlich unverbindlich bleiben, darf nach Gründen gefragt werden. Nun spricht in diesen Problemzusammenhang durchaus Nietzsches Notiz hinein: „An sich hat ja Wissen und Weisheit keinen Werth; ebenso wenig als Güte: man muß immer erst noch das Ziel haben, von wo aus diese Eigenschaften Werth oder Unwerth erhalten" (NF VIII 2, 301). Was wäre aber das Ziel? Im Kontext dieses Kapitels lautet die Antwort: Das Ziel müßte der höhere Typus sein, als machtvoll sich verwirklichend in vornehmen Individuen. Auf ihn hin hätte Nietzsche Weisheit, Güte und die anderen 'alten' Tugenden zu begründen. Aber selbst wenn das geschehen wäre, wäre gemäß der hier im vorigen durchgeführten Überlegung zu sagen: Erweist sich der Vorrang des höheren Typus als unbegründet, dann damit auch das „Ziel [...], von wo aus diese Eigenschaften Werth oder Unwerth erhalten", und damit die 'alten' Tugenden (mit und ohne neue Nuancen) *als Tugenden des höheren Typus*[81].

Damit aber nicht genug, hat Nietzsche dem 'freien' Setzen 'alter' Tugenden durch Destruktionen, anthropologische Thesen und Umwertungen den Boden entzogen, so daß es sich nicht nur um grundlose, sondern um widersprechende Setzungen handelt. Das führe ich – vorwiegend im Rückgriff auf früher Dargelegtes – mit einigen Strichen aus, die die Thematik keineswegs erschöpfen sollen. Dabei stütze ich mich auf Äußerungen aus Nietzsches späterer Zeit, d. h. der Zeit, in der er auch den höheren Typus (im Sinne dieses Kapitels) konzipiert hat. (Das für die Thematik wichtige Freiheitsproblem soll dem nächsten Kapitel vorbehalten bleiben.)

Ich erinnere zunächst an Kapitel 1, in dem sich zeigte, daß nach Nietzsches Auffassung wir Menschen den für uns lebensnotwendigen Grundbegriffen fälschlich Realität unterlegen. Als fälschende Schemata, die im jetzigen Zusammenhang von Bedeutung sind, kamen vor: Geist, Seele, Individuum, Form, Zweck, Gesetz, Einheit, Identität, Dauer (vgl. S. 8). Sind sie fälschend, so unterminieren sie das Setzen 'alter' Tugenden, ja teilweise treffen sie den höheren Typus im Zentrum (das geschieht vor allem durch das Schema 'Individuum'). Ohne sie lassen sich Geduld, Treue, Zuverlässigkeit, 'langer Wille', Sichselbstbefehlen, 'Ziele-sich-setzen-können', Person nicht denken, und auch nicht jene auszeichnende „Ambition" des höheren Typus (und sicherlich nicht nur des höheren Typus als Künstler): „über das Chaos Herr werden das man ist; sein Chaos zwingen, Form zu werden; Nothwendigkeit werden in Form; logisch, einfach, unzweideutig, Mathematik werden; *Gesetz* werden" (vgl. S. 186). Man sieht, wie Nietzsches Problem der Wahrheit ihm (auch) hier im Wege ist.

In Kapitel 4 wurde vorgeführt, daß Nietzsche das reflexive Bewußtsein des Menschen abwertet und zurückdrängt, wenn auch nicht für gänzlich entbehrlich erklärt; und es wurde vermerkt, daß damit Vernunft und Geist im Sinne der Tradition attackiert werden, wie sich auch zeigte, daß nach Nietzsche Individualität nicht zu Bewußtsein gebracht werden kann (vgl. S. 56f.). In diesem Zusammenhang wurde Aphorismus 14 aus ›Der Antichrist‹ (VI 3, 178f.) zitiert, wo Nietzsche seine Umwertung des menschlichen Bewußtseins, des Geistes, mitteilt, und den Geist, der bei ihm in Anführungszeichen erscheint, versteht als „Symptom einer relativen Unvollkommenheit des Organismus, [...] als eine Mühsal, bei der unnöthig viel Nervenkraft verbraucht wird". Im 11. Kapitel wurde dann vorgeführt, daß Nietzsche „Vermehrung des Bewußtseins" nicht als Ziel ansieht, sondern in der „Entwicklung der 'Geistigkeit' ein Mittel zur relativen Dauer der Organisation" erblickt (vgl. S. 160). Im Nachlaß liest man: „Wir müssen in der That das *vollkommene Leben* dort suchen, wo es am wenigsten mehr bewußt wird (d. h. seine Logik, seine Gründe, seine Mittel und Absichten, seine *Nützlichkeit* sich vorführt)" (NF VIII 3, 105). Das alles ist schwer vereinbar mit der von Nietzsche hoch veranschlagten „Zucht der hohen Geistigkeit", wie sehr diese Geistigkeit auch eine sinnliche sein mag (vgl. S. 198).

Wie in Kapitel 4 dargestellt, hat seine Aufwertung des 'Instinktes' im Menschen Nietzsche dazu geführt, das in der Tradition vorherrschende Rangverhältnis zwischen Vernunft und Leidenschaften zu negieren[82]. Demgegenüber wurde Nietzsche in diesem Kapitel in der Nähe von Platon und Schiller angetroffen, wenn er eine Verfassung des Menschen für erstrebenswert hält, bei der die Affekte uns 'wie gute Diener lieben' und 'freiwillig dorthin gehen, wo unser Bestes hin will' (nachdem wir sie, damit dieses Ziel erreicht werde, möglicherweise sogar haben 'tyrannisieren' müssen).

Nochmals ist auf Kapitel 4 zurückzugreifen, nun für den Willen, das Ich und die Seele. Bezüglich des Willens wurde dort dokumentiert: Wollen ist für Nietzsche etwas derart Kompliziertes, daß sich Einheit hier auf die bloße Einheit des Wortes 'Wollen' beschränkt. Es gibt nicht *den* Willen, *den*

Wollenden, das wollende Ich. Willens*akt* und vorgestellter Zweck sind kaum von Bedeutung. Im jetzigen Kapitel hingegen kam – unter den 'jasagenden Affekten' und unmittelbar neben der „Zucht der hohen Geistigkeit" – der „starke Wille" vor (vgl. S. 182), und es begegnete „das *souveraine Individuum, das nur sich selbst gleiche,"* als der Mensch „des eignen unabhängigen langen Willens" (vgl. S. 201); ja, sogar Nietzsches Vorstellung vom Willen, der der Begierde als ihr Herr Weg und Maß vorzeichnet, konnte bezeugt werden (vgl. Anm. 60 zu diesem Kap.). – In Kapitel 4 erschien nicht nur das wollende Ich, sondern überhaupt das Ich als eine bloß „scheinbare Einheit", als „begriffliche Synthesis", als Symptom physiologischer Einheit (vgl. S. 59). Auch das stößt sich hart mit Selbstverantwortlichkeit und Person. Entsprechendes gilt, wenn man Nietzsches (Tradition destruierende) Auffassung von der Seele als Vielheit von Subjekten, als „Gesellschaftsbau" von Trieben (vgl. S. 55f.) zusammenbringt mit so etwas wie „Größe der Seele".

Wahrhaftigkeit, von Nietzsche 'als *unser* vornehmer Luxus' zu den Tugenden gerechnet, wird ausgehöhlt, wenn er etwa notiert: „In einer Welt, die wesentlich falsch ist, wäre Wahrhaftigkeit eine *widernatürliche Tendenz:* eine solche könnte nur Sinn haben als Mittel zu einer besonderen *höheren Potenz von Falschheit:* damit eine Welt des Wahren, Seienden fingirt werden konnte, mußte zuerst der Wahrhaftige geschaffen sein (eingerechnet, daß ein solcher sich 'wahrhaftig' glaubt)" (NF VIII 2, 296f.; vgl. ferner Anm. 43 zu diesem Kapitel).

Nietzsche weiß, wie dargestellt, von Pflichten des höheren Typus. Und doch destruiert er den Pflichtbegriff. Ich erinnere an die schon zitierte Aufzeichnung: „der Begriff 'Pflicht' – eine *Unterwerfung,* Folge der *Schwäche* um nicht mehr fragen und wählen zu müssen" (NF VIII 3, 415). Gewissen zeichnet den höheren Typus aus – als Instinkt gewordenes stolzes Bewußtsein von Verantwortlichkeit, Freiheit, Selbstmächtigkeit und Schicksalsüberlegenheit; und wenn ein Starker sich mit anderen Starken zwecks machtvoller gemeinsamer Aktion verbindet, muß er den Widerstand seines Einzelgewissens überwinden. Diese Phänomene werden freilich nicht betroffen von Nietzsches kritisch-analytischen Ausführungen zum Gewissen im Denkbereich absoluter Moral, wohl aber von den Schwierigkeiten, die Nietzsche mit der Freiheit hat. Und diese Schwierigkeiten, die das nächste Kapitel zusammenfassend erörtern wird, schlagen insbesondere auch durch auf die Verantwortlichkeit, von der Nietzsche als einem Privileg so sehr viel hält. Auf Nietzsches ambivalenten Umgang mit den 'alten' Tugenden mag abschließend die folgende Notiz ein Licht werfen: „Diese ganze alte Moral geht uns nichts mehr an: es ist kein Begriff darin, der noch Achtung verdiente" (NF VIII 3, 248).

13. DIE FREIHEITSPROBLEME

Eine kritische Darstellung des Gesamtkomplexes von Mensch, Übermensch und höherem Typus in Nietzsches Philosophie kann die Freiheitsproblematik nicht auslassen, auch wenn diese in der Nietzsche-Literatur (wie freilich so vieles andere auch) schon intensiv erörtert worden ist. Von Nietzsches Leugnung der Willensfreiheit habe ich in Kapitel 2 (S. 38 f.) schon zusammenhängend gehandelt. Im übrigen war des öfteren Freiheit im Spiel oder als Problem präsent. Jetzt geht es zunächst darum, bisher zerstreute Aspekte zu sammeln und eine deutliche Konfrontation zwischen Nietzsches Verneinung und Inanspruchnahme von Freiheit herbeizuführen[1]. Dann sollen Problemlösungsversuche ins Auge gefaßt werden. Vermerkt sei, daß es nun nicht mehr, wie in den beiden vorigen Kapiteln, nur um den höheren Typus aus der Zeit nach dem ›Zarathustra‹ gehen wird.

Vieles von dem, was im Schlußteil von Kapitel 12 als dem Setzen 'alter' Tugenden widerstreitend zusammengetragen wurde, gehört auch zu Nietzsches Leugnung von menschlicher Freiheit als Möglichkeit bewußt vollzogener Selbstbestimmung: Leben ist um so vollkommener, je weniger es bewußt wird; Bewußtsein 'zu vermehren' ist daher nicht erstrebenswert; reflexives Bewußtsein, Vernunft, Geist werden gegenüber der Tradition umgewertet; Vernunft hält nicht länger ihren Vorrang vor den Leidenschaften; Instinkt kommt zu besonderen Ehren. Die Einheit des Willens bzw. des Wollenden, des Ichs, der Seele erscheint als Irrtum. Einheit, Identität, Geist, Seele, wie auch Individuum, Zweck, Gesetz begegnen als fälschende Schemata.

Nietzsches Leugnung der Willensfreiheit zeigte in Kapitel 2 folgende Grundzüge: Freiheit ist ein Grundirrtum des Menschen, für den sich Erklärungsgründe finden lassen (sie wurden vorgeführt und in Kapitel 4 ergänzt). Mit der Freiheit wird zugleich Verantwortlichkeit zurückgewiesen. Auch sie ist ein genetisch erklärbarer Irrtum des Menschen über sich. Es gibt keine Verantwortlichkeit eines Menschen für sein Wesen, für seine Motive, seine Handlungen und deren Wirkungen. Sein 'Wesen' als Grundlage seiner Motive und Handlungen ist eine notwendige Folge vergangener und gegenwärtiger Einflüsse, die Eltern, Erzieher, die ganze Umgebung ausüben. Nietzsche bekennt sich zur 'unbedingten Notwendigkeit aller Handlungen und ihrer völligen Unverantwortlichkeit' bzw. zur 'unbedingten Willens-Unfreiheit und -Unverantwortlichkeit'. Die Position hält sich durch von ›Menschliches, Allzumenschliches‹ bis in die Spätzeit.

Aus anthropologischem Zusammenhang (Kap. 4) ist noch in Erinnerung zu bringen: Der Charakter eines Menschen ist determiniert u. a. durch Erziehung und Vererbung; Zufall kann sich hier auswirken[2]. Weder ist es ein Verdienst, edel zu sein, noch ist der Gemeine schuldig. Der Mensch tut nicht, er wird getan – von seinen Trieben und den Zufällen, denen sie ausgesetzt sind. Einen Widerstreit von Trieben entscheidet nicht das Ich oder der Intellekt, sondern der mächtigste der rivalisierenden Triebe. Beim Schwanken zwischen verschiedenen Motiven bestimmen nicht wir den Ausgang, sondern das stärkste Motiv gibt den Ausschlag und bestimmt uns. Der Intellekt dient hier nur als Werkzeug. Frei und verantwortlich sein würde voraussetzen, wissen zu können, was man tut. Handeln entscheidet sich aber in einer dem Wissen des Handelnden entzogenen Schicht des inneren Lebens; Selbstkenntnis bleibt an der Oberfläche[3]. Und: Wollen ist derart komplex, daß von einem wollenden Ich als Ursache von Handlungen keine Rede sein kann. Angemessener ist es nach Nietzsche hier, auf der Suche nach so etwas wie Einheit in der Vielheit den Leib (als 'große Vernunft') ins Blickfeld zu rücken.

Zwei längere Äußerungen aus Nietzsches späterer Zeit sollen hier mitgeteilt werden, weil sie eine soeben durch Rückgriffe auf früher Dargestelltes noch einmal umrissene negative Einstellung zur Freiheitsfrage zusammenfassen und pointieren. In der ›Götzen-Dämmerung‹ liest man unter dem Titel ›Irrthum einer falschen Ursächlichkeit‹: „Man hat zu allen Zeiten geglaubt, zu wissen, was eine Ursache ist: aber woher nahmen wir unser Wissen, genauer, unsern Glauben, hier zu wissen? Aus dem Bereich der berühmten 'inneren Thatsachen', von denen bisher keine sich als thatsächlich erwiesen hat. Wir glaubten uns selbst im Akt des Willens ursächlich; wir meinten da wenigstens die Ursächlichkeit *auf der That zu ertappen*. Man zweifelte insgleichen nicht daran, dass alle antecedentia einer Handlung, ihre Ursachen, im Bewusstsein zu suchen seien und darin sich wiederfänden, wenn man sie suche – als 'Motive': man wäre ja sonst *zu* ihr nicht frei, *für* sie nicht verantwortlich gewesen. Endlich, wer hätte bestritten, dass ein Gedanke verursacht wird? dass das Ich den Gedanken verursacht? ... Von diesen drei 'inneren Thatsachen', mit denen sich die Ursächlichkeit zu verbürgen schien, ist die erste und überzeugendste die vom *Willen als Ursache;* die Conception eines Bewusstseins ('Geistes') als Ursache und später noch die des Ich (des 'Subjekts') als Ursache sind bloss nachgeboren, nachdem vom Willen die Ursächlichkeit als gegeben feststand, als *Empirie* ... Inzwischen haben wir uns besser besonnen. Wir glauben heute kein Wort mehr von dem Allen. Die 'innere Welt' ist voller Trugbilder und Irrlichter: der Wille ist eins von ihnen. Der Wille bewegt nichts mehr, erklärt folglich auch nichts mehr – er begleitet bloss Vorgänge, er kann auch fehlen. Das sogenannte 'Motiv': ein andrer Irrthum. Bloss ein Oberflächenphänomen des Bewusstseins, ein Nebenher der That, das eher noch die antecendentia einer That verdeckt, als dass es sie darstellt. Und gar das Ich! Das ist zur Fabel geworden, zur Fiktion, zum Wortspiel: das hat ganz und gar aufgehört, zu denken, zu fühlen und zu wollen! . . . Was folgt daraus? Es giebt gar keine geistigen Ursachen! Die ganze angebliche Empirie dafür gieng zum Teufel! *Das* folgt daraus!" (Die vier grossen Irrthümer, 3 / VI 3, 84 f.). Und eine Nachlaß-Notiz lautet: „Von jedem unserer Grundtriebe aus giebt es eine verschiedne perspektivische Abschätzung alles Geschehens und Erlebens. Jeder dieser Triebe fühlt sich in Hinsicht auf jeden anderen gehemmt, oder gefördert, geschmeichelt, jeder hat sein eigenes Entwicklungsgesetz (sein Auf und Nieder, sein Tempo, usw.) – und dieser ist absterbend, wenn jener steigt. / *Der Mensch als eine Vielheit von 'Willen zur Macht': jeder mit einer Vielheit von Ausdrucksmitteln und Formen.* Die einzelnen *angeblichen* 'Leidenschaften' (z. B. der Mensch ist grausam) sind nur *fiktive Einheiten,* insofern das, was von den verschiedenen Grundtrieben her als *gleichartig* ins Bewußtsein tritt, synthetisch zu einem 'Wesen' oder 'Vermögen', zu einer Leidenschaft zusammengedichtet wird. Ebenso also, wie die 'Seele' selber ein *Ausdruck* für alle Phänomene des Bewußtseins ist: den wir aber als *Ursache aller dieser Phänomene auslegen* (das 'Selbstbewußtsein' ist fiktiv!)" (NF VIII 1, 21).

In Kapitel 9 wurde gezeigt, daß es nach Nietzsche ein Widersinn wäre zu verlangen, Stärke solle sich nicht als Stärke äußern, solle nicht das Überwältigen, Niederwerfen, Herrwerden wollen – Kraft ist Wirken, Trieb ist Treiben, Wille ist Wollen, und durchaus nicht ist hier ein Wirkendes, ein Subjekt am Werk; so fehlt denn eine Instanz, die aus Verantwortung ein Wirken hemmen oder verhindern könnte (vgl. S. 121 f.). Demgemäß war in Kapitel 11 zu belegen, daß Egoismus 'Fatalität des Lebens selbst' ist und freier Wahl keinen Spielraum läßt.

Freier Wille ist 'Aberglaube', sagt Nietzsche. Jedermann ist notwendig. „*Niemand* ist dafür verantwortlich, dass er überhaupt da ist, dass er so und so beschaffen ist, dass er unter diesen Umständen, in dieser Umgebung ist. Die Fatalität seines Wesens ist nicht herauszulösen aus der Fatalität alles dessen, was war und was sein wird. Er ist *nicht* die Folge einer eignen Absicht [. . .] Man ist nothwendig, man ist ein Stück Verhängniss, man gehört zum Ganzen, man *ist* im Ganzen" (GD, Die vier grossen Irrthümer, 8 / VI 3, 90; der Aphorismus wurde in anderem Zusammenhang schon mehrmals beigezogen). Das Ganze, die Welt in Gegenwart, Vergangenheit und Zukunft, ist *ein* großes Verhängnis. Jede Einzelheit ist mit *allen* übrigen unlöslich verkettet, determiniert-determinierend. So auch der einzelne Mensch. „Der Einzelne ist ein Stück fatum, von Vorne und von Hinten, ein Gesetz mehr, eine Nothwendigkeit mehr für Alles, was kommt und sein wird. Zu ihm sagen 'ändere dich' heisst verlangen, dass Alles sich ändert, sogar rückwärts noch . . ." (GD, Moral als Widernatur, 6 / VI 3, 81).

Fatum ist bei Nietzsche die gänzliche Durchbestimmtheit, der nichts in der Welt entrinnt. Diese Vorstellung kommt im Gedanken der ewigen Wiederkunft des Gleichen auf die Spitze. Und dessen 'Beweise' sichern für Nietzsche den Determinismus und damit die Leugnung der Willensfreiheit ab.

Der Gedanke der gänzlich gleichen, in endloser Vergangenheit und endloser Zukunft ewig wiederholten Weltläufe und die darin implizierte Vorstellung einer Zukunft, die stets schon Vergangenheit gewesen ist, unterminieren Freiheit auch in einem anderen Sinn (und das um so einschneidender, wenn die ewige Wiederkunft des Gleichen als bewiesen gelten soll) – im Sinne schöpferischen Hervorbringens von Neuem, schöpferischen Verwandelns, Über-sich-hinaus-schaffens.

Ich hatte meine Auffassung dargelegt, daß Nietzsche die absolute Seinsthese abzusichern sucht, indem er den Willen zur Macht mit Beweisen der ewigen Wiederkunft des Gleichen verbindet. Jede Möglichkeit des Ausweichens vor der unbedingten Unausweichlichkeit des Geschehens, Tuns und Lassens im Größten wie im Kleinsten ist damit abgeschnitten. Natürlich gehört dazu, daß Geschichte durch freies (nicht-determiniertes) Handeln und Denken nicht beeinflußt werden kann. Geschichtlich wirksames Handeln oder Denken (etwa das Denken Nietzsches) ist ein Rad im völlig durchbestimmten Räderwerk der Geschichte.

Und nun die Gegenseite: Vielfältig suggeriert Nietzsche Freiheit, nimmt er sie allem Anschein nach wie selbstverständlich in Anspruch, ja er behauptet sie gar. Was zunächst die Geschichte betrifft, so ist daran zu erinnern, daß er den heraufgezogenen Nihilismus als echte Krise ansieht, als das noch unentschiedene Nebeneinander der Chance neuer Wertsetzungen und der Gefahr gänzlichen Niedergangs. Er engagiert sich für die Chance – mit seiner Durchleuchtung des Nihilismus, seinen Destruktionen, die bejahende Umwertungen freisetzen sollen, mit der Zuspitzung der Krise durch den Gedanken der ewigen Wiederkunft des Gleichen, mit seinem Entwurf des Übermenschen und der Warnung, keine Zeit zu vertun, da es für eine positive Entwicklung zu spät sein wird, wenn erst der 'letzte Mensch' das Feld beherrscht. Hier sind ins Gedächtnis zu rufen Zarathustras 'schaffender Wille', seine Definition des Schaffenden („Das aber ist Der, welcher des Menschen Ziel schafft und der Erde ihren Sinn giebt und ihre Zukunft" – VI 1, 243) sowie seine Aufforderung: „Euer Wille sage: der Übermensch *sei* der Sinn der Erde!" (VI 1,8). Von Paränese, Protreptik, als schöpferisch sich begreifender Dithyrambik im ›Zarathustra‹ war zu sprechen. Die Bestimmung des Schaffenden umfaßt natürlich das Werte-schaffen („Dieser erst *schafft* es, *dass* Etwas gut und böse ist" – VI 1, 243). Alles das macht, so wie es sich bei Nietzsche darbietet, keinen Sinn, soll durchgängiger Determinismus angenommen werden. Dieser für ihn selbst herben Konsequenz hat Nietzsche sich im 4. Teil des ›Zarathustra‹ (Lied des Wanderers bzw. Schattens) schon fragend genähert. Und es war zu vermerken, daß vom Enthusiasmus des Schaffens in Nietzsches 'prosaischem' Denken nach dem ›Zarathustra‹ nicht viel übriggeblieben ist. Dennoch darf Nietzsches Engagement für die Züchtung des höheren Typus als Indiz dafür gelten, daß ihm Gestaltung von Zukunft als Aufgabe erschienen sein muß. Auch spricht er noch in ›Zur Genealogie der Moral‹ vom Recht (und damit der Möglichkeit) der Vornehmen, „Werthe zu schaffen, Namen der Werthe auszuprägen" (vgl. S. 214), und das heißt, Werte für sich in Kraft zu setzen.

Es spricht etwas dafür, daß Willensfreiheit stillschweigend vorausgesetzt ist, wo Nietzsche die Vornehmheit des höheren Typus preist. Diese stellt sich ihm dar als das von Wohlgefühl begleitete Bewußtsein der Herrschenden, mehr zu sein als die Beherrschten, als Pathos der Distanz, Vollkommenheitsgefühl, Selbstverherrlichung. Der Vornehme hat nach Nietzsche recht, sich so zu fühlen. Hätte er aber recht, wenn (in Konsequenz der Leugnung von Freiheit) gelten müßte, daß es kein Verdienst ist, edel zu sein (vgl. oben in diesem Kap.), und daß der 'Verächtliche' für seine Verächtlichkeit keinerlei Verantwortung trägt? Mag man nun allerdings hier noch im Zweifel sein, ob Nietzsche anstelle von Freiheit vielleicht doch Fatalität als angemessene Basis des Vollkommenheitsgefühls gelten lassen könnte, so ist im Ethos Freiheit eindeutig gesetzt. Aus der ›Götzen-Dämmerung‹ konnte belegt werden, daß Nietzsche mit Bezug auf einzelne Menschen wie auf Völker von Freiheit spricht in der Bedeutung von Selbstzucht und Herrschaft über Instinkte. Vorgeführt wurden als Tugenden Selbstbeherrschung, die Leitung der Leidenschaften durch Vernunft, die Koordination inneren Reichtums durch 'freies Wollen' und herrschaftliches Verfügen, das Sichselbstbefehlen, auch als die Fähigkeit, sich selbst Ziele zu setzen, ja die Eigenart (Individualität) zu bestimmen. Als von Rang erwies sich die Souveränität des Individuums. Das souveräne Individuum wird „Herr des *freien* Willens" genannt (GM II 2 / VI 2, 309)! Ich habe gezeigt, daß Nietzsche Verantwortlichkeit stark macht, daß er sich bekennt zum Gewissen als Instinkt gewordenem Bewußtsein von Freiheit, Verantwortlichkeit und Selbstmächtigkeit, und daß er positiv von Pflicht spricht. Die (mehr oder weniger starken) Übereinstimmungen mit Philosophen der Tradition, denen menschliche Freiheit fraglos war, liegen zutage.

Die Feststellung, daß Freiheit *im* Ethos des höheren Typus von Nietzsche gesetzt worden ist (und zwar, wie hier schon einmal vermerkt werden mag, in unauflöslichem Widerspruch zu seiner Leugnung der Willensfreiheit), läßt Raum für die Frage, ob Nietzsche Freiheit in Anspruch genommen hat dadurch, daß er überhaupt ein Ethos gedacht hat. Wenn man das nicht nur als eine wertende Beschreibung von Dagewesenem (Goethe, Napoleon, Renaissance usw.) und Faktischem, sondern, was ich für angemessener

halte, als einen Entwurf Nietzsches auffaßt, der Aufforderungscharakter
hat und Ziele artikuliert, erscheint Freiheit als vorausgesetzt. Mindestens
ist berührt, was über Nietzsches Engagement für die Züchtung des höheren
Typus zu sagen war.

Ich werde zeigen, daß Nietzsche die dionysische Bejahung der Welt und
des eigenen Selbst, die von fundamentaler Bedeutung für den Übermenschen der ›Zarathustra‹-Zeit wie für den höheren Typus und sein Ethos ist,
als Freiheitsakt aufgefaßt hat, als einen Akt, den ein (starkes) Individuum
leisten, aber auch unterlassen kann.

Angesichts des Tatbestandes, daß ernst zu nehmende Denker der Tradition Freiheit durchaus nicht als Gesetzlosigkeit aufgefaßt haben, und auch
vor dem Hintergrund, daß Kant das eher anarchische Genieverständnis der
Stürmer und Dränger durch einen Freiheit und Regel versöhnenden Genie-
begriff nachhaltig vom Platz gewiesen hat, legt es sich nahe, Nietzsches Bestimmung des großen Künstlers (und des großen Denkers) als Setzung von
Freiheit zu verbuchen und auch in diesem Punkt (wie schon bei den erwähnten Tugenden) eine Nachbarschaft zu konstatieren zu Philosophen der Tradition, die einer Bestreitung von Freiheit unverdächtig sind. Die Künstler
sind nach Nietzsche, wie gezeigt, in ihrem Wirken frei und zugleich unaussprechlichen Gesetzen gehorsam. Künstlerisches Genie ist „höchste Freiheit unter dem Gesetz, [...] göttliche Leichtigkeit, Leichtfertigkeit im
Schwersten" (vgl. Anm. 14 zu Kap. 12)[4].

Als besonders gravierender Umstand ist aufzugreifen, daß Nietzsche, obwohl durch die unbedingte Fatalität allen Geschehens 'entlastet', extreme
Immoralität zu rechtfertigen versucht (vgl. S. 178). Solche Rechtfertigung
ist ohne Voraussetzung von Freiheit widersinnig.

Dem soeben Rekapitulierten füge ich zwei neue Belege für Nietzsches Inanspruchnahme von Freiheit hinzu. Nietzsche fragt sich und seine Leser:
„Ist heute schon genug Stolz, Wagniss, Tapferkeit, Selbstgewissheit, Wille
des Geistes, Wille zur Verantwortlichkeit, *Freiheit des Willens* vorhanden,
dass wirklich nunmehr auf Erden 'der Philosoph' – *möglich* ist? ..." (GM III
10 / VI 2, 379). – Im ›Zarathustra‹-Kapitel › Vom freien Tode‹, das schon einmal kurz gestreift wurde, sagt Zarathustra: „Meinen Tod lobe ich euch, den
freien Tod, der mir kommt, weil *ich* will" – und er unterscheidet sodann den
Mann vom Kind und vom Jüngling mit den Worten: „Frei zum Tode und frei
im Tode, ein heiliger Nein-sager, wenn es nicht Zeit mehr ist zum Ja: also
versteht er sich auf Tod und Leben" (VI 1, 90 und 91). –

Ins Spektrum die Freiheit setzender oder voraussetzender Gedanken
Nietzsches gehören einige, in denen so etwas wie ein negativer Begriff von
Freiheit faßbar wird und die bei näherem Zusehen seiner Leugnung von
Freiheit nicht widersprechen müssen. Sie begegneten in früheren Kapiteln:
Nietzsche rühmt dem Assassinen-Orden mit seiner Devise, nichts sei wahr

und alles sei erlaubt, Freiheit des Geistes nach. Freiheit von Gut und Böse wie von Wahr und Falsch geht allgemein mit großer Macht einher. Skepsis und Unabhängigkeit von einem Glauben eignet als „Freiheit des Willens" beispielsweise Caesar. Und freie Geister sind Menschen, die (nicht zuletzt dank Nietzsches Destruktionen) von den Irrungen der 'Logik', Metaphysik und absoluten Moral befreit und unabhängig sind. Das alles ist dann mit Determinismus vereinbar, wenn hier nirgends persönliches Verdienst und freie geistige Entscheidung ins Spiel gebracht, sondern allenthalben nur Resultate persönlichen Fatums und geschichtlicher Notwendigkeit angesetzt werden. (Es fragt sich freilich, ob das Nietzsche nicht doch zuwenig wäre, zumal es sein Selbstverständnis berühren muß.) – Nietzsche hat keine Schwierigkeit, die Freiheit, die Mitglieder einer aristokratischen Gesellschaft einander lassen (als Unabhängigkeit voneinander) mit dem Willen zur Herrschaft und seinen Gesetzen in Einklang zu bringen. Ähnlich problemlos ist es für Nietzsche, wenn – zugunsten des höheren Typus – der Gegenseite Freiheit genommen werden soll, bis hin zur Versklavung; Freiheit ist hier verstanden als Unabhängigkeit von einer überwältigenden Gegenmacht; sie eignet als solche den besonders Mächtigen. –

Überwiegend habe ich bisher in diesem Kapitel Nietzsches Leugnung und Inanspruchnahme von Freiheit hart gegeneinander gesetzt. Zu fragen bleibt, ob Nietzsche Versuche gemacht hat, den Widerspruch zwischen totalem Ausschluß der Freiheit und Zulassen von Freiheit (im Sinne eines 'positiven' Begriffs von Freiheit) zu beheben. Zwei Gedankenkomplexe scheinen mir dafür prüfenswert. Da die Prüfung aber zu negativen Ergebnissen führen wird, stelle ich die Frage voran: Läßt sich im Rahmen seiner Grundgedanken eine von Nietzsche selbst nicht herausgearbeitete Perspektive finden, in der 'Inanspruchnahmen von Freiheit' mit dem Gesamtfatum zusammengedacht werden können (wodurch sie freilich ein neues, sie verkehrendes Vorzeichen erhielten), und wieviel Konsistenz wäre mit ihr zu gewinnen?

Ich erinnere nochmals an das Lied des Wanderers bzw. Schattens im 4. Teil des ›Zarathustra‹. Wie in Kapitel 8 ausgeführt, erscheint in diesem Lied Zarathustras Engagement für die künftige Verwirklichung des Übermenschen angesichts der ewigen Wiederkunft des Gleichen als sinnlos; es gibt da gar nichts zu schaffen, denn wenn der Übermensch wirklich werden sollte, dann als unendlich oft schon dagewesener, der gar nicht ausbleiben kann. 'Wüste' wird hier vermehrt, sonst nichts. Ich hatte damals die Möglichkeit erwogen, daß, von Zarathustra aus gesehen, für dieses Lied eher als für die beiden vorangegangenen ein Ausweg denkbar ist, der nämlich, daß die im Lied eingenommene Perspektive sub specie aeternitatis dem Menschen (und Übermenschen) unangemessen ist, der nicht einmal ein einziges, 'ungeheuer großes Jahr des Werdens' zu überschauen vermag. Hier soll jetzt der Versuch gemacht werden mit einer Perspektive, die innerhalb eines Weltlaufs verbleibt. Entscheidend ist dabei, daß es keine Erinnerung an frühere Weltläufe gibt und dementsprechend die Zukunft unbekannt ist. Unbekannt ist jedem auch die eigene Funktion im Räderwerk des Geschehens. Der Ausgang bedeutsamer Unternehmungen ist ungewiß. Langfristige Folgen von Handlungen und Ereignissen sind oft genug nicht abzuschätzen. Gedanken, die in einem Weltlauf neu sind, werden neu und ursprünglich gedacht (wie oft sie auch schon mit anderen Weltläufen dagewesen sein mögen). 'Geschichtsträchtige' Taten (etwa die der französischen Revolution) werden neu getan; falls ihnen Ideen zugrunde liegen, werden diese neu durchgesetzt. Entscheidungen werden gefällt. Neues (im gegenwärtigen Weltlauf noch nicht Dagewesenes) wird erfunden und geschaffen. Engagement (wie auch sein Fehlen) gehört ins Geschehen. Die schon einmal zitierte Notiz von 1884 erscheint unter dieser Perspektive nicht als widersinnig: „Ich glaube, ich habe Einiges aus der Seele des höchsten Menschen *errathen* – [...] wer ihn gesehen hat, muß helfen, ihn zu *ermöglichen*" (NF VII 2, 214). Entsprechendes gilt für die Notiz aus demselben Jahr: „Höchster Fatalismus doch identisch mit dem *Zufalle* und dem *Schöpferischen*. (Keine Werthordnung *in* den Dingen! sondern erst zu schaffen.)" (NF VII 2, 292)

Alles soeben Genannte ist – in der eingenommenen Perspektive – mit dem durchgängigen Fatum eins. Es kann den Schein von Freiheit entstehen lassen. Tatsächlich jedoch ist jegliches Denken, Tun und Schaffen (wie übrigens auch Freiheitsverlangen und Illusion der Freiheit) notwendiges Glied in der Verkettung aller 'Dinge', Teil des Verhängnisses des großen Weltenjahrs. Jedes bestimmte Denken ist So-denken-müssen, Tun ist Dies-tun-müssen, Schaffen ist Dies-schaffen-müssen, und zwar dann, wenn es an der Zeit ist. Die Determination findet gewissermaßen hinter dem Rücken der Denkenden, Handelnden, Schaffenden statt, so freilich, daß das jeweils Gemußte sich eben nicht von selbst einstellt.

Die Anwendung auf zuvor dargelegte Inanspruchnahmen von Freiheit ergibt: Die eingeführte Perspektive macht miteinander vereinbar Nietzsches Behauptung des 'höchsten Fatalismus' einerseits, andererseits seine Auffassung des Nihilismus als Krise, sein Engagement für die im Nihilismus gelegene Chance und für die Züchtung des höheren Typus, ferner den Ethos-Entwurf *als solchen* und die Rede vom Recht der Vornehmen, Werte zu schaffen. Wieweit die Perspektive erlaubt, zu Nietzsches Gunsten beim genialen Künstler von der behaupteten 'höchsten Freiheit unter dem Gesetz' die Freiheit des Gestaltens doch abzuziehen und allenfalls die „göttliche Leichtigkeit" des Schaffens übrigzulassen, mag offenbleiben. Deutlich muß aber nochmals erklärt werden, daß der Widerspruch zwischen Nietzsches Leugnung der Freiheit und der *im* Ethos von ihm angesetzten Freiheit in aller Schärfe besteht. Dasselbe gilt für die dionysische Bejahung von Welt und eigenem Selbst, wenn sie für Nietzsche ein Freiheitsakt ist. Ferner bleibt es dabei, daß seine Rechtfertigung extremer Immoralität nur unter der Voraussetzung von Freiheit Sinn macht. Gesetzt bleibt Freiheit auch als Möglichkeit, den Freitod zu wählen.

Hat die von mir ins Spiel gebrachte, innerhalb eines Weltlaufs verbleibende Perspektive in der Freiheitsfrage an einigen Stellen etwas mehr Konsistenz ermöglicht, so soll doch hier schon erwähnt werden, daß *Nietzsche* mit den ›Dionysos-Dithyramben‹ die im Lied des Wanderers gegebene Perspektive sub specie aeternitatis aufgegriffen und nach einer Lösung gesucht hat für die nihilistische Konsequenz der Wiederkunftslehre, daß alles, weil ewig schon und in alle Ewigkeit hinaus entschieden, ein ewiges Einerlei ist, dessen Stigma die totale Negation von Leben und Schaffen ist.

Ich gehe nun dazu über, wie angekündigt, zwei Gedankenkomplexe Nietzsches daraufhin zu befragen, ob sie taugliche Lösungen im Sinne der Versöhnung von 'höchster Fatalität' und Freiheit darbieten[5]. Beim ersten Gedankenkomplex ist auf die Welt zu blicken. Im Kapitel ›Von alten und neuen Tafeln‹ (Ziffer 2) berichtet Zarathustra von Gesichten seiner 'weisen Sehnsucht' und sagt u. a.: „Wo alles Werden mich Götter-Tanz und Götter-Muthwillen dünkte, und die Welt los- und ausgelassen und zu sich selber zurückfliehend" (VI 1, 243). Hier ist die ewige Wiederkunft des Gleichen im Blick und also Notwendigkeit; zugleich erscheint die Welt nicht nur als ausgelassen (also durchaus nicht unter der Notwendigkeit leidend), sondern auch als losgelassen und also irgendwie frei. Im Zuge seines Berichts sagt Zarathustra denn auch kurz darauf: „wo die Nothwendigkeit die Freiheit selber war, die selig mit dem Stachel der Freiheit spielte" (VI 1, 244). Eine Notwendigkeit, die die Freiheit selber ist, das klingt verheißungsvoll und suggeriert, es gebe gar kein Freiheitsproblem. Aber man wird zugeben müssen, daß die Äußerung eher enigmatisch ist, und wird anderwärts nach Lösungen des Rätsels Ausschau halten. Eine findet sich schon vorher im ›Zarathustra‹: „ 'Von Ohngefähr' – das ist der älteste Adel der Welt, den gab ich allen Dingen zurück, ich erlöste sie von der Knechtschaft unter dem Zwecke. / Diese Freiheit und Himmels-Heiterkeit stellte ich gleich azurner Glocke über alle Dinge, als ich lehrte, dass über ihnen und durch sie kein 'ewiger Wille' – will" (VI 1, 205 – schon zitiert). Klar wird hier die vorliegende Bedeutung von Freiheit: Befreit ist die Welt von einer teleologischen Interpretation, beseitigt ist die Vorstellung ihres Bestimmtseins durch eine göttliche Vernunft; das All der Dinge ist frei, nämlich zufällig, d. h. nicht vernünftig, nicht vom Zweck 'geknechtet'. Unschuld des Werdens heißt diese Freiheit anderwärts: „*Aber es giebt Nichts ausser dem Ganzen!* Dass Niemand mehr verantwortlich gemacht wird, dass die Art des Seins nicht auf eine causa prima zurückgeführt werden darf [...], *dies erst ist die grosse Befreiung,* – damit erst ist die *Unschuld* des Werdens wieder hergestellt ..." (GD, Die vier grossen Irrthümer, 8 / VI 3, 90 f. – teils schon zitiert). Daß *solche* Freiheit mit der Notwendigkeit allen Geschehens problemlos zusammenbestehen kann, liegt auf der Hand, ebensosehr aber auch, daß die Freiheitsprobleme Nietzsches hier nicht einmal berührt, geschweige denn gelöst sind. So gilt denn auch: Es gibt 'keine Nezessität *über* dem Geschehen', und mag man das Freiheit nennen, so ist doch die 'absolute Nezessität des gleichen Geschehens in einem Weltlauf wie in allen übrigen in Ewigkeit' (vgl. Anm. 37 zu Kap. 9) davon in keiner Weise betroffen und läßt – als absolute – *im* Geschehen gerade keine Freiheit zu. Dazu kann man sich verschieden einstellen: „Welt-Rad, das rollende, / Streift Ziel auf Ziel: / Noth – nennt's der Grollende, / Der Narr nennt's – Spiel ..." (FW, Anhang / V 2, 323). Der Narr ist hier (jedenfalls auch) der jasagende Weise, der dem unabänderlich rollenden Weltrad und der Determination aller Ziele den positiven Aspekt der Zweckfreiheit und Unschuld des Werdens abzugewinnen vermag. – Daran, daß Nietzsche aus einem anderen Blickwinkel bezüglich der Welt Freiheit ausdrücklich verneint hat, soll hier abschließend zu diesem Punkt erinnert werden: Hat man den transzendenten Schöpfergott preisgegeben, so gilt es noch, sich vor einer Gefahr zu hüten, vor einem Rückfall nämlich in den tradierten Schöpferbegriff dadurch, daß man dem Werden 'Vermehrung und Verminderung aus dem Nichts', „Willkür und Freiheit im Wachsen und in den Eigenschaften" zuspricht; mit einer solchen Auffassung über das Werden hätte man eine 'ewig neu werdende Welt' als etwas „Frei- und Selbstschöpferisch-Göttliches" gesetzt, und das gerade soll nach Nietzsche nicht geschehen (vgl. S. 145).

Der zweite Gedankenkomplex, der daraufhin betrachtet werden soll, ob Nietzsche mit ihm eine Vermittlung von Notwendigkeit und Freiheit gelungen ist, lautet auf die Formel amor fati. *Fatum* muß in ihr genommen werden im Sinne der 'höchsten Fatalität' im Leben eines Individuums und im Zusammenhang aller Dinge in der Welt, und das im Zeichen der ewigen Wiederkunft des Gleichen. Es kann, wie bei Zarathustra, eine große, Entsagung und Überwindung von Leiden verlangende Aufgabe umschließen. Jedenfalls gehört zum 'persönlichen' Fatum des einzelnen, daß, wie ausgeführt, sein 'Wesen' bzw. Charakter determiniert ist durch Vererbung, Erziehung und andere vergangene und gegenwärtige Einflüsse und daß er, statt zu tun, getan wird von Trieben und Motiven. Überdies ist er 'ein Stück Fatum' im Ganzen der Welt. Zu fragen ist nun: Ist *Liebe* zum Fatum nach Nietzsches Auffassung Vollzug von Freiheit? Und wenn ja: Kann dieser Freiheitsvollzug mit der 'höchsten Fatalität' widerspruchslos zusammengedacht werden, so daß jedenfalls im amor fati Freiheit und Fatum versöhnt wären?

Im Kapitel ›Auf den glückseligen Inseln‹ berichtet Zarathustra von vielen Geburtswehen und leidvollen Abschieden, die er als Schaffender durchgemacht hat, und erklärt dazu: „Aber so will's mein schaffender Wille, mein

Schicksal. Oder, dass ich's euch redlicher sage: solches Schicksal gerade –
will mein Wille"; kurz darauf fügt er hinzu: „Wollen befreit: das ist die
wahre Lehre von Wille und Freiheit" (VI 1, 107). Die Auskunft ist eindeutig. Schicksal wollen, das beseitigt nichts Schicksalhaftes und schränkt
Schicksal nicht ein; und doch befreit es. Bejahung des Schicksals unterläuft
seinen Zwang. Und sie läßt das Individuum das unabänderlich über es
Verhängte in etwas Eigenes verwandeln. In diesem Sinne ruft Zarathustra
aus: „Oh du mein Wille! Du Wende aller Noth du *meine* Nothwendigkeit!"
(VI 1, 264). Bejahung gewährt eine Stellung zum Schicksal, die aufgefaßt
werden kann als Sieg, und das heißt als ein Herrgewordensein im Sinne des
Willens der Macht. (Von Zarathustra, der mit den „Räthseln und Bitternis-
sen im Herzen", die er im Kapitel ›Vom Gesicht und Räthsel‹ mitgeteilt hat,
'über das Meer fuhr', wird gesagt: „siegreich und mit festen Füssen stand
er wieder auf seinem Schicksal" – VI 1, 199). Das siebenfache „Siegel" im
„Ja- und Amen-Lied" (Schluß des 3. Teils des ›Zarathustra‹ – VI 1, 283 ff.)
bekundet, daß Zarathustra eine solche Stellung gegenüber dem äußersten
Fatum gewonnen hat: *„Denn ich liebe dich, oh Ewigkeit!"* – das ist ein Maximum an amor fati und darf im Kontext von ›Zarathustra‹ I–III als *befreien-
des* Wollen der ewigen Wiederkunft des Gleichen interpretiert werden.

Für Nietzsches spätere Zeit läßt sich Entsprechendes belegen. 1888 notiert er: „Eine solche Experimental-Philosophie, wie ich sie lebe," will hindurch „bis zu einem *dionysischen Jasagen* zur Welt, wie sie ist [...] – sie will
den ewigen Kreislauf, – dieselben Dinge, dieselbe Logik und Unlogik der
Knoten. Höchster Zustand, den ein Philosoph erreichen kann: dionysisch
zum Dasein stehn –: meine Formel dafür ist amor fati ..." (NF VIII 3,
288). Diese ziemlich bekannte Aufzeichnung sollte mit einer weniger
bekannten aus demselben Jahr zusammengenommen werden: „so ist's
jetzt mein Wille: / und seit das mein Wille ist, / geht Alles mir auch nach
Wunsche – / Dies war meine letzte Klugheit: / ich wollte das, was ich muß: /
damit zwang ich mir jedes 'Muß' ... / seitdem giebt es für mich kein 'Muß' ..."
(NF VIII 3, 357). Beide Aufzeichnungen zusammen berechtigen zu der Feststellung: Noch spät hat Nietzsche den amor fati verstanden als Herrwerden
über Notwendigkeit, als Befreiung angesichts eines Fatums, das im Großen
und Kleinen unausweichlich bleibt. Ein Fragment aus dem gleichen Jahr
1888 setzt einen bedeutsamen Akzent: „dies allein erlöst von allem Leiden – /
wähle nun: / der schnelle Tod oder die lange Liebe" (NF VIII 3, 368). Nur
zwei Möglichkeiten gibt es demnach, sich „von allem Leiden" zu erlösen –
der Freitod ist die eine, der dauerhaft aufgebrachte amor fati die andere.
(Bei der zweiten Möglichkeit der 'Erlösung vom Leiden' ist freilich die volle
Dimension des Dionysischen bei Nietzsche gegenwärtig zu halten.) Zwischen
den beiden Möglichkeiten kann *gewählt* werden. Es ist also Freiheit als
Wahlfreiheit gesetzt. Bezüglich des Freitodes war das schon im ›Zarathustra‹

geschehen (wenn auch der 'Sinn' des Freitodes dort ein anderer war als beim 'schnellen Tod' in der zitierten Nachlaß-Stelle). Wichtiger ist jetzt: Die dionysische Bejahung von allem in seiner Verkettung und ewig gleichen Wiederkunft ist ein Akt der Wahl – bzw. amor fati als dauerhafte Haltung entspringt einem Akt der Wahl. Hier ist ein fundamentaler Freiheitsakt gegeben, der sich für Nietzsche mit der 'höchsten Fatalität' anscheinend problemlos vereinigen läßt.

Demgegenüber ist nun zu fragen, ob Freiheit des amor und strikt genommenes Fatum wirklich widerspruchsfrei verbunden werden können, ob wirklich wenigstens in diesem Gedankenkomplex eine Versöhnung von Notwendigkeit und Freiheit vorliegt. Ich behaupte, daß das nicht der Fall ist. Entweder sprengt die in Rede stehende Freiheit die Durchgängigkeit des Fatums, oder das Fatum determiniert auch die Bejahung, verschlingt also gleichsam, was sich als Freiheit präsentieren möchte. Da Nietzsche von der Durchgängigkeit des Fatums nicht abläßt (außer wohl in einem Gedicht der ›Dionysos-Dithyramben‹ – vgl. Kap. 15), ist die andere Seite der Alternative gegeben. Es kann im Sinne Nietzsches kein Zweifel sein, daß ein Individuum, dem der amor fati zukommt, entscheidend davon geprägt ist. Sein wesentliches Denken, Tun und Lassen ist vom amor fati bestimmt, wäre ohne ihn nicht so, sondern anders (z. B. nicht 'schöpferisch', sondern 'dekadent'). Von 'höchster Fatalität' zu sprechen hätte also gar keinen Sinn, wenn nicht auch der amor fati ein 'Stück Fatum' wäre. Amor fati gehört *ins* Fatum des *einzelnen,* ja der amor fati eines Individuums gehört ins Fatum des *Ganzen*[6]. An Zarathustra wird das besonders deutlich, es gilt aber allgemein. Daß Zarathustra das Leben, die Welt, die ewige Wiederkunft des Gleichen dionysisch bejaht, gehört eminent zu ihm; ohne die Bejahung wäre er nicht der, der er ist und 'sein muß'[7]. Ferner: Sein Ja 'schafft' den Übermenschen oder setzt mindestens das 'Schaffen' des Übermenschen in Gang; es gehört als determiniert-determinierend in einen Weltlauf, ist Station auf dem Weg der Welt in die Vollendungsphase eines großen Weltenjahres. Außerdem gilt auch von Zarathustras amor fati, „dass wir selber in jedem grossen Jahre uns selber gleich sind" (vgl. S. 74). Analog wäre für den höheren Typus und sein verwandeltes Umfeld in der Spätphilosophie zu argumentieren.

Auch der amor fati ist determiniert. (Und, beiläufig bemerkt, auch auf ihn läßt sich anwenden, was ich weiter oben in diesem Kapitel ausgeführt habe: Die Determination erfolgt gleichsam hinter dem Rücken des Individuums und bedeutet keineswegs, daß das, was das Individuum muß, sich von selbst einstellt[8].) So haben sich denn beide Lösungen, die Nietzsches Philosophie für den Widerspruch von 'höchster Fatalität' und Freiheit anzubieten scheint, als brüchig erwiesen.

14. DAS SPANNUNGSFELD DER GRUNDPROBLEME UND DIE APORIE DER ABSOLUTEN SEINSTHESE

Dieses Kapitel versammelt aus früheren Kapiteln Aporetisches und Problematisches, soweit es in den Umkreis der Fraglichkeiten gehört, die Thema des folgenden Kapitels sein werden. Es berührt in diesem Zusammenhang den Problemkomplex „Auslegung". Und es wiederholt, auch damit das folgende vorbereitend, den anderwärts von mir schon entfalteten Gedanken, daß Nietzsches Seinsthese *als absolute* nicht wahr sein kann, daß sie als absolute aporetisch ist. Da die absolute Seinsthese[1] Aporetisches und Problematisches zur Folge gehabt und verschärft hat, sorgt *ihre* Aporie für einige Spannung. –

Die Freiheitsprobleme, die das vorige Kapitel soeben herausgestellt hat, brauchen nicht noch einmal aufgeführt zu werden. Nietzsches Position bezüglich der Freiheit ist aporetisch, da er Freiheit vehement negiert, dennoch nicht durchgängig auf sie verzichtet und keine problemlösenden Vermittlungen zwischen Notwendigkeit bzw. Fatum und Freiheit findet. An dieser Stelle sind nun zwei Fragen von Bedeutung: Wieweit ist Nietzsche sich der Schwierigkeiten bewußt, die hier vorliegen? Und: Ist die absolute Seinsthese für diese Schwierigkeiten verantwortlich? Was die erste Frage betrifft: Es ist schwer vorstellbar aber immerhin möglich, daß Nietzsche sich die Diskrepanz verborgen hat, die zwischen seiner Leugnung der Willensfreiheit und dem Setzen von Freiheit im Ethos des höheren Typus besteht. Andere Diskrepanzen könnten ihm eher entgangen sein. Für diejenige Freiheit, die in der Vorstellung von 'Schaffen' gemeinhin mitgedacht ist, hatte ich selbst einen im Rahmen Nietzschescher Grundgedanken möglichen Lösungsversuch erarbeitet, jedoch schon angemerkt, daß Nietzsche das Problem, das sich hier sub specie aeternitatis weiterhin einstellt, in den ›Dionysos-Dithyramben‹ erneut thematisiert hat. Zur zweiten Frage: Nietzsche hat Freiheit strikt geleugnet, schon ehe er den Willen zur Macht und die ewige Wiederkunft des Gleichen dachte und verknüpfte. Seine Argumente gegen die Freiheit werden aber durch die absolute Seinsthese verschärft und – in seinem Sinne – noch besser fundiert. –

Bedenkt man, wie in Kapitel 8 geschehen, die Fragezeichen, die Nietzsche in seinen ›Zarathustra‹ eingebaut hat, dann ergibt sich nach meiner Auffassung, daß Nietzsche hier künftige Aufgaben formuliert hat und daß er zu jener Zeit insbesondere für die Frage nach dem Vorrang seiner ›Zarathustra‹-Philosophie vor der Philosophie der Tradition die Chance einer positiven Beantwortung angenommen hat. Mit der 'Prosa des Willens zur Macht' (Kap. 9) versucht er die Lösung der Probleme, und 1888 notiert er sich so etwas wie eine Siegesmeldung (vgl. nochmals S. 116). Ein Prinzip – die absolute Seinsthese – scheint die eindeutige positive Entscheidung der Frage nach Recht und Vorrang von Nietzsches Gegen-Auslegung zu leisten. Und dennoch: Der Ertrag von Nietzsches Bemühungen bezüglich des Übermenschen als Vollendung der Welt erwies sich als mager (vgl. nochmals S. 137 ff.). Nietzsche sieht sich veranlaßt, das Quantum der wirkenden Macht in jeder Phase des Weltprozesses als gleich anzusetzen. Damit eignet der Welt eine Göttlichkeit, die vom Übermenschen nicht abhängt. Das Werden hat unter diesem Aspekt in jedem Augenblick Sinn und braucht nicht auf den Übermenschen als Sinn der Erde zu warten. Durch eine Verdoppelung der Sinnerfüllung versucht Nietzsche der Konsequenz zu entgehen, daß der Übermensch für die Sinnerfülltheit des Werdens überflüssig ist: Der Gesamtwert des Werdens ist zwar keiner Steigerung fähig, wenn die Summe der Macht in jedem Augenblick gleich ist. Aber die Weltphasen können sich erheblich unterscheiden dadurch, wie in ihnen die Macht verteilt ist. Und so kann es den Übermenschen als ein Maximum im Werden und einen Sinn des Werdens geben – bei gleichzeitiger Verminderung von Macht in anderen Bereichen des Gesamtgeschehens. Ich hatte dazu angemerkt, daß die Verdoppelung von Sinnerfüllung den Übermenschen viel von seiner früheren Auszeichnung kostet, ja daß er entgöttlicht worden ist, da Nietzsche sich widersprechen müßte, wollte er den Maximalzustand im Werden als Gott denken. Und ich hatte Indizien dafür beigebracht, daß Nietzsche diese Problemlage nicht völlig verborgen war. Insbesondere schien mir aufschlußreich, daß der Nachlaß gebliebene Bericht über ein kurzes Zwiegespräch zwischen Nietzsche und Dionysos in zwei Versionen vorliegt, in deren erster der Gott Dionysos für sich selbst etwas herauskommen sieht aus der von ihm geplanten Verwandlung des Menschen, während er in der zweiten Version einen positiven Ertrag solcher Verwandlung nur noch für den in den Übermenschen (den höheren Typus) hinübergegangenen Menschen ansetzt.

In Kapitel 11 wurde darüber hinaus gezeigt, daß Nietzsche bei der Begründung des Vorrangs des höheren Typus vor anderen 'Typen' des Menschseins von der absoluten Seinsthese in eine aporetische Lage versetzt wird. Die Frage nach dem höheren, wenn nicht gar maximalen Wert des höheren Typus kann, soll die absolute Seinsthese in Kraft sein, nicht positiv beantwortet werden. Denn mit dem einzigen, formalen Wertmaßstab, den die absolute Seinsthese (jenseits von Gut und Böse) bereitstellt, läßt sich die Konkurrenz wirkmächtiger Décadence-Erscheinungen nicht besiegen. Die einzige 'Auszeichnung' des höheren Typus, die noch übrigzubleiben scheint, seine Immoralität, kann von Nietzsche nicht gerechtfertigt werden, obwohl er es versucht. Die unbedingte Relativität bemächtigt sich auch des Wertes des höheren Typus und des 'Unwertes' der Décadence. Erneut hat sich damit gezeigt: Was die absolute Seinsthese erbringen sollte, unterminiert sie gerade: den Sieg von Nietzsches Gegen-Auslegung über tradierte Auslegungen des Menschen und seiner Vollendungsmöglichkeiten. Ich hatte von der Möglichkeit gesprochen, daß Nietzsche die Lage auch in *diesem* Zusammenhang bewußt geworden ist, und mich dabei gestützt auf seinen Versuch, das Problem machtvoller Décadence zu bewältigen. –

Die absolute Seinsthese, selbst in ihrer Wahrheit von Nietzsche durch Beweise der ewigen Wiederkunft abgesichert, setzt Perspektivität und Relativität total, und zwar für das Werten und das 'Erkennen'. Sie beseitigt die Gegensätze gut – böse und wahr – falsch als 'objektive' Wert- und Wesensgegensätze. Konsequent festgehalten, läßt sie alles erlaubt sein (das 10. Kapitel hat einen Geschmack davon vermittelt) und besagt sie, daß nichts wahr ist. Ein Dilemma Nietzsches darf man darin erblicken, daß im 4. Teil des ›Zarathustra‹ das „Nichts ist wahr, Alles ist erlaubt" im Sinne eines Fragezeichens und als bedenklicher Wahlspruch des *Schattens* Zarathustras auftaucht, der Nihilist ist (vgl. S. 105), daß aber der Spruch dann später als von *Nietzsche* uneingeschränkt bejahtes Diktum wiederkehrt (vgl. S. 151).

'Nichts ist wahr' außer der Seinsthese selbst – das ergibt sich, wenn die Seinsthese konsequent als absolut (unbedingt, schlechthin uneingeschränkt) genommen wird. Ich kann die vorliegende Untersuchung von der Ausdifferenzierung der Wahrheitsproblematik Nietzsches entlasten, da ich sie ja in Kapitel 6 von ›Wahrheit und Wahrheitsgrund‹ vorgelegt habe. Ich greife von dort (S. 166) neu auf, daß Nietzsche die Realität ontologisch bestimmt als bestehend aus 'Wesen', deren 'Sein' *wesentlich* das Produzieren von Schein ist; *alles,* was ist, also auch der Mensch, existiert im Vollzug dieses Produzierens[2]. Und ich erinnere an Übernahmen aus jener früheren Untersuchung, die hier in vorangegangenen Kapiteln anzutreffen waren: Der Mensch selbst schafft die sein Leben und Gedeihen ermöglichenden Erkenntnisbedingungen. Diese sind Irrtümer, weil dem Werden inadäquat. Sie sind unentbehrlich, inzwischen auch unwiderlegbar. Aber wahre, mit der Wirklichkeit übereinstimmende Erkenntnis schließen sie aus. Diese Destruktion der 'Logik' wird durch die absolute Seinsthese vollends abgesichert. – Übrigens kann man nach Nietzsche an „jedem Fall, wo ein Mensch sich bedeutend über das Maaß des Menschlichen erhoben hat", ablesen, „daß jeder hohe Grad von Macht Freiheit [...] von 'Wahr' und 'Falsch' in sich schließt" (vgl. Anm. 43 zu Kap. 12). Der höhere Typus ist demnach jenseits von 'Wahr' und 'Falsch', während Schwächere leicht in dem vermeintlichen Gegensatz befangen bleiben.

Nietzsche versteht seine absolute Seinsthese als Auslegung. Einer der von ihm notierten Titel für sein geplantes, aber „Nachlaß" gebliebenes Werk lautet: ›*Der Wille zur Macht.* Versuch einer neuen Auslegung alles Gesche-

hens‹ (NF VIII 1, 15). Nietzsches „Versuch" umfaßt die Absicherung dieser
Auslegung durch Beweise. Das Verhältnis von Auslegung und Beweisen³
wird methodisch von Nietzsche nicht geklärt. Überhaupt ist sein 'Begriff'
von Auslegung defizitär. Seine Vollzüge von Auslegung und seine Verlautbarungen über das Auslegen (Interpretieren) spiegeln die komplexe Wahrheitsproblematik, die bei ihm vorliegt, ja sind von ihr unabtrennbar. Da das
Thema Wahrheit hier nicht erneut ausgebreitet werden soll, beschränke ich
mich darauf, die Auslegungsthematik mit wenigen Strichen recht unzuläng-
lich zu umreißen, indem ich in früheren Kapiteln dieser Untersuchung verstreut schon Erwähntes lediglich zusammenführe.

Es begegneten bei Nietzsche vielfältige Vollzüge des Auslegens. Außerhalb des ›Zarathustra‹ fand sich: Nietzsches Destruktion der Metaphysik
enthält psychologische Interpretation im Sinne eines Aufdeckens verborge-
ner Motive für die Entstehung von Metaphysik (vgl. S. 14f.). Entsprechendes
gilt für Nietzsches Destruktion der Moral. Auch das Entstehen von Moral
wird 'erklärt' durch Aufdecken von Motiven in psychologisch-genetischer
Auslegung, zu der „Phantasie" als entdeckerisches Moment gehört (vgl.
S. 19). – Auslegung im Sinne eines (Prosa-) Entwurfs ist gegeben bezüglich
des höheren Typus, wie er in Kapitel 12 vorgeführt wurde. Es handelt sich
um einen Werte setzenden Entwurf im Denkbereich des Willens zur Macht
(der auf problematische Weise Tradiertes in sich aufnimmt). Er ist umrißhaft und birgt nach Nietzsche sehr mannigfaltige Verwirklichungsmöglich-
keiten in sich. Durch Beispiele (Typen, historische Individuen, eine vergangene Epoche), die ihn gerade nicht ausschöpfen, kann er konkreter vor Augen geführt werden. Er ist auf Praxis bezogen durch die Absicht der Züchtung, und das entworfene Ethos dürfte Aufforderungscharakter haben. Sowohl jenes Auslegen im Zuge der Destruktionen als auch dieses Entwerfen
des höheren Typus beanspruchen Wahrheit. Ein Dilemma Nietzsches zeigte
sich hier schon darin, daß er in seinem Auslegen positiven Gebrauch von
Schemata macht, deren fälschenden Charakter er behauptet⁴.

Ich ergänze das vorige, indem ich einige Verlautbarungen Nietzsches zum
Auslegen (Interpretieren, Deuten) in Erinnerung rufe. „Das vernünftige
Denken ist ein Interpretiren nach einem Schema, welches wir nicht abwerfen können" (vgl. S. 8); Interpretieren ist hier verstanden als ein fälschendes Umdeuten der Wirklichkeit; das Werdende in Seiendes umdeutend, legt
es in die Dinge hinein, was es dann in ihnen im Zuge eines vermeintlich
ganz an den Dingen selbst orientierten Herausdeutens zu finden meint.
Dies 'logisierende' Interpretieren bewegt sich in der Metaphysik fort zur
„*Fiktion einer Welt*, welche unseren Wünschen entspricht"; hier handelt es
sich um „psychologische Kunstgriffe und Interpretationen, um alles was wir
ehren und als angenehm empfinden, mit dieser *wahren Welt* zu verknüpfen"
(vgl. Anm. 28 zu Kap. 1). Die Annahme einer 'anderen Welt' bis in die Ur-

zeiten zurückverfolgend, findet Nietzsche einen „*Irrthum* in der Auslegung bestimmter Naturvorgänge" als für sie bestimmend heraus (vgl. Anm. 21 zu Kap. 1); demnach muß es auch wahre Auslegung bestimmter Naturvorgänge geben – ich hatte das perspektivische Interpretieren von Begebenheiten erwähnt, das Nietzsche unseren Trieben zuschreibt (vgl. nochmals S. 51); dieselbe Begebenheit kann sehr verschieden gedeutet und damit sehr verschieden erlebt werden. In Aphorismus 119 der ›Morgenröthe‹, den ich hierfür heranzog, verfließen wachendes und träumendes Interpretieren ineinander und wird erwogen, ob Erleben nicht ein Interpretieren als bloßes Erdichten ist[5]. – Geschehen als Prozeß fortgesetzten Neu-Interpretierens mit dem Gepräge des Willens zur Macht zeigt sich bei Nietzsche am Lebendigen, das aber paradigmatisch für alles Seiende steht[6]. Schließlich sei daran erinnert, daß Interpretation von Nietzsche mit Sinn des Daseins zusammengebracht wird; nur weil die nunmehr zugrunde gegangene Daseinsinterpretation als *die* Interpretation schlechthin galt, erscheint es dem Nihilisten, „als ob es gar keinen Sinn im Dasein gebe" (vgl. nochmals NF VIII 1, 216); für eine andere Interpretation kann es einen Sinn im Dasein geben.

Nietzsches ›Zarathustra‹ ist als Wahrheit beanspruchende philosophische Dichtung oder gedichtete Philosophie aufzufassen. Insoweit ist dieses Werk selbst Auslegung in einem positiven Sinn und wendet es sich an ein auslegendes Verstehen. Ich habe dieser Thematik das 6. Kapitel gewidmet, das selbst eine Zusammenfassung des in ihm Erörterten enthält (S. 92f.). Es genügt daher jetzt dieser Rückverweis. Der ›Zarathustra‹ gehört für an hermeneutischen Fragestellungen Interessierte zum Interessantesten in Nietzsches Werk. Und doch hat Nietzsche selbst schon im ›Zarathustra‹ Fragezeichen hinter den Wahrheitsanspruch seiner Auslegung gesetzt. Er hat sodann mit der Prosa der absoluten Seinsthese und ihren Beweisversuchen auf dem Feld philosophischer Wissenschaft ein Gegenmittel finden wollen gegen die Bedenklichkeiten, die er in seiner philosophischen Dichtung gegen diese artikuliert hatte. Mit den ›Dionysos-Dithyramben‹ ist er schließlich zu ihnen zurückgekehrt. Das steht im Zusammenhang damit, daß die Seinsthese *als absolute* nicht wahr sein kann[7].

Die Seinsthese ist als absolute aporetisch. Sie leistet infolgedessen nicht, was Nietzsche von ihr erhofft hatte. Ihre Aporie verwandelt aber Aporetisches und Problematisches, das aus der absoluten Seinsthese sich ergab oder von ihr verschärft wurde; sie verwandelt hier in dem Sinne, daß sich ein für Diskussion und etwa auch Lösungen offenes Problemfeld herstellt. Darauf komme ich im Fortgang dieser Untersuchung zurück[8].

Inwiefern ist die absolute Seinsthese aporetisch, erhebt sie ihren Wahrheitsanspruch zu Unrecht[9]? Ich möchte betonen, daß diese Erörterung eine Metaebene betritt und daß es sich keineswegs nur darum handelt, Nietzsches Seinsthese von der totalen Relativität bzw. Perspektivität (oder auch die Aufhebung des Wesensgegensatzes von wahr – falsch) schlicht auf ihn selbst anzuwenden. Es kommt vielmehr darauf an, sich auf die Frage zu konzentrieren, ob die Wahrheit der absoluten Seinsthese standhält, wenn durchdacht wird, daß sowohl das *philosophische* Denken als auch *sein* Gedachtes (das Sein) Wille zur Macht ist und 'nichts außerdem'. *Diesen* Gedanken vollziehen, heißt das 'Verhältnis' von Denken und Sein als Wille zur Macht, als Kampf von Wille und Gegenwille, ansetzen. Da sind zwei Möglichkeiten durchzuspielen. 1. Das Denken (Wille) übermächtigt mit seinem Gedanken, daß alles Wille zur Macht ist, das Sein (Gegenwille). Das würde bedeuten: Das Sein setzt dem Denken, das mit der Seinsthese auf es übergreift, Widerstand entgegen, 'will' sich also nicht denken lassen als das, was es doch ist, eben Wille zur Macht (es 'will' entweder gar nicht oder anders gedacht sein); aber es unterliegt dem Denken (dem stärkeren Willen), und so ergibt sich denn ein wahrer Gedanke. Auf das Sein gesehen, liegt hier ein Konstrukt vor, für dessen Plausibilität durchaus nichts spricht. Auch wird das Sein auf nicht zu rechtfertigende Weise anthropomorphisiert. 2. Das Sein (Wille) übermächtigt mit dem Gedanken, daß es Wille zur Macht ist und sonst nichts, das Denken (Gegenwille). Das hieße: Das Denken, selbst Wille zur Macht, setzt dem Sein Widerstand entgegen; es ist nicht bereit, das Sein zu denken als das, was es ist, bekämpft es vielmehr mit anderen, fiktiven Auslegungen. Es unterliegt jedoch dem stärkeren Willen zur Macht (des Seins), und so resultiert die wahre Seinsthese. Hier liegt nun ein Widersinn auf seiten des Denkens. Denn *Nietzsches* philosophisches Denken ist so gerade nicht zu charakterisieren. Nietzsche denkt die Seinsthese willig und durchaus nicht widerstrebend bzw. durchaus nicht erst nach verlorenem Kampf, ja er will die Seinsthese kraftvoll als absolute. Und er versteht sich selbst auch so.

Als absolute ist Nietzsches Seinsthese nicht wahr. Ihre Absolutheit führt in die Aporie. Wie erwähnt (und wie in › Wahrheit und Wahrheitsgrund ‹ ausgeführt) bin ich der Überzeugung, daß Nietzsche sich dessen bewußt geworden ist. Er hat die Aporie in den › Dionysos-Dithyramben ‹ gestaltet (vgl. Anm. 55 zu Kap. 9). Von dieser Gedichtsammlung ist nunmehr zu handeln.

15. LETZTE FRAGEZEICHEN NIETZSCHES

Als ›Dionysos-Dithyramben‹ (vgl. VI 3, 373 ff.) hat Nietzsche 1888/1889, unmittelbar vor seinem geistigen Zusammenbruch, neun Gedichte für den Druck zusammengestellt. Darunter sind die drei Lieder aus dem 4. Teil des ›Zarathustra‹, die im 8. Kapitel thematisiert wurden, ferner das für die Wahrheitsproblematik so bedeutsame Gedicht ›Zwischen Raubvögeln‹, entstanden 1888. Ich habe in Kapitel 8 einige ›Dionysos-Dithyramben‹ (wie auch die Lieder im 4. Teil des ›Zarathustra‹) als Dokumente der Redlichkeit bezeichnet, und ich möchte hier hinzufügen, daß die ›Dionysos-Dithyramben‹ von Nietzsche als eine Art Vermächtnis gemeint sein könnten. Mit ihnen hat Nietzsche nicht nur fundamentale Schwierigkeiten erstmals öffentlich zu erkennen gegeben[1], sondern ist positiv an Grenzen seiner Philosophie vorgedrungen, die er selbst, wie ich anderwärts (›Wahrheit und Wahrheitsgrund‹, 184 f.) schon einmal gesagt habe, nur durch einschneidendste Veränderungen bezüglich der Grundzüge seines Denkens hätte überschreiten können. Nietzsche äußert sich nun noch einmal durch Dichtung, und zwar durch 'reinere' (philosophischen Argumentationen fernere) Dichtung, als es der ›Zarathustra‹, aufs Ganze gesehen, ist.

Die ›Dionysos-Dithyramben‹ gehen über die Problemlage der Lieder im 4. Teil des ›Zarathustra‹ hinaus. Was zunächst die Wiederaufnahme der beiden Lieder des Zauberers und des Liedes des Wanderers betrifft, so tritt eine Verschärfung schon dadurch ein, daß die meisten derjenigen Zurücknahmen, die Nietzsche im ›Zarathustra‹ außerhalb der Lieder einbaute (z. B. mit der Reaktionsweise Zarathustras), nun entfallen[2] und daß der Schwebezustand aufgehoben wird, der den Liedern als Teilen im Ganzen der ›Zarathustra‹-Dichtung zugesprochen werden konnte; das Herausnehmen der Lieder aus dem Kontext der ›Zarathustra‹-Dichtung ist ein Akt Nietzsches und schon als solches eine Aussage. Sodann sorgt das hinzugekommene Gedicht ›Zwischen Raubvögeln‹ für ein noch größeres Gewicht der Wahrheitsproblematik. Ferner setzt der neue Schluß des Wüsten-Liedes einen scharfen Akzent. Vor allem aber gibt der hinzugedichtete Schluß des ersten Liedes des Zauberers (das jetzt zur ›Klage der Ariadne‹ verwandelt ist), nimmt man ihn ernst, ein Äußerstes zu bedenken. – Die drei Gedichte der ›Dionysos-Dithyramben‹, die sich auf die Wahrheitsthematik beziehen (›Nur Narr! Nur Dichter!‹, ›Zwischen Raubvögeln‹ und ›Klage der Ariadne‹), habe ich in ›Wahrheit und Wahrheitsgrund‹ (178 ff.) interpretiert und dort auch Literatur zu ihnen erörtert. Soweit diese Problematik im jetzigen Zusammenhang von Bedeutung ist, kann ich mich daher auf eine Wiederholung der dortigen Resultate beschränken.

Nietzsche hat in den ›Dionysos-Dithyramben‹ die Reihenfolge der aus dem ›Zarathustra‹ übernommenen Lieder geändert. Überhaupt ist zur Anordnung der Gedichte, soweit sie hier thematisiert werden, zu sagen: Das Gedicht ›Nur Narr! Nur Dichter!‹ eröffnet mit dem Wahrheitsproblem die Sammlung. Unmittelbar anschließend bringt das Gedicht ›Unter Töchtern der Wüste‹ sein Doppelproblem hervor: Nihilismus als Konsequenz des Gedankens der ewigen Wiederkunft des Gleichen; Aufforderung zum Schaffen des Übermenschen und unbedingte Weltbejahung als moralisches Gebrüll nach alter Europäermanier. Davon getrennt durch ein älteres Gedicht, folgt das neue ›Zwischen Raubvögeln‹ mit seiner einschneidenden Akzentsetzung für die Wahrheitsfrage. Nach zwei weiteren Gedichten (darunter das von Heiterkeit der Todesnähe nach getanem Lebenswerk singende ›Die Sonne sinkt‹ hat die ›Klage der Ariadne‹ ihren Platz, deren Textbestand gegenüber dem ersten Lied des Zauberers vor allem durch den hinzugekommenen Schluß verändert ist. Sie führt mit der nun im Vordergrund stehenden Bedeutungsschicht die Wahrheitsthematik zu Ende, bleibt aber auch für *jenen* Übermächtigungsversuch gültig, den das Lied im ›Zarathustra‹ mit dem Fragezeichen extremster menschlicher Selbstliebe versah. Als vorletztes Gedicht der Sammlung schließt sich ›Ruhm und Ewigkeit‹ an, das in seinem 3. und 4. Teil das bejahende Gegengewicht zu ›Unter Töchtern der Wüste‹ herstellt und (wahrscheinlich) den Ansatz enthält, die Ewigkeit der Welt umzudenken. Da in dieser Anordnung ein Konzept Nietzsches erkennbar ist, soll sie im folgenden leitend sein.

›Nur Narr! Nur Dichter!‹, wie gesagt, ist nun der Auftakt[3]. Das Gedicht enthält, wie früher schon als zweites Lied des Zauberers, in sich eine Relativierung, insofern sich hier jemand daran erinnert, wie er „einst", im Zustand der Ermüdung, gehöhnt wurde und nach Tröstung verlangte, während nun abendlicher Tau als „Tröstung zur Erde niederquillt" (VI 3, 375). Aber es bleibt auch dabei: Der Freier der Wahrheit muß sich mit dem „*Nur* Narr! *Nur* Dichter!" in Frage stellen lassen, und das bedeutet eben, „*dass ich verbannt sei / von aller Wahrheit!*" (VI 3, 378) Sein Fundament hat der Gedanke der Verbannung nach wie vor darin, daß Erkennen als Wille zur Macht aufgefaßt wird. Die Verbannung aber von *aller* Wahrheit umfaßt nicht nur alles, was schon im ›Zarathustra‹ von ihr gemeint war, sondern sie betrifft nun auch Nietzsches absolute Seinsthese mit allem, was zu ihrer Absolutheit gehört. Und der Hohn ist jetzt auch so zu verstehen, daß die Verbannung von *aller* Wahrheit nicht zuletzt die *Folge* ist der *absoluten* Seinsthese, die Wahrheit sichern sollte. Hier wird das Gedicht ›Zwischen Raubvögeln‹ nachstoßen. –

Nietzsche hat bei ›Unter Töchtern der Wüste‹[4] das im ›Zarathustra‹ vorangehende Prosastück (Ziffer 1) mit in die ›Dionysos-Dithyramben‹ übernommen, was formal gesehen nicht unbedenklich ist. Offenbar hielt er darin gegebene Informationen für wichtig zum Verständnis des Liedes, so wohl die Mitteilung, daß Zarathustras Schatten der Dichter und Sänger des Liedes ist, ferner die Charakterisierung der Morgenland-Mädchen, vielleicht auch die Anwesenheit der höheren Menschen (über die das Textstück selbst einigen Aufschluß gibt). Es blieb der Hinweis erhalten, daß der Wanderer und Schatten Zarathustras sein Lied (mindestens teilweise) mit Gebrüll vorträgt, worin hier an früherer Stelle u. a. eine Relativierung erblickt wurde.

Während nun aber im ›Zarathustra‹ nach dem zum Schluß des Vortrags wiederholten Weheruf sich unter den höheren Menschen turbulente Heiterkeit ausbreitet und Nietzsche Zarathustra selbst Gelassenheit zeigen läßt, wird in den ›Dionysos-Dithyramben‹ der wiederholte Weheruf zur ersten Zeile einer neuen Strophe, der dann noch eine weherufartige Mahnung anschlossen wird.

Meine in Kapitel 8 gegebene Interpretation kam, bei voller Berücksichtigung einer gewissen Nachbarschaft des Liedes zu einem Satyrspiel, zu dem Ergebnis: Das Lied stellt die dionysische Frohbotschaft des ›Zarathustra‹ in Frage, setzt hinter die vermeintliche Überwindung des Nihilismus das denkbar nihilistischste Fragezeichen. Die ewige Wiederkunft des Gleichen, Prüfstein unbedingter Weltbejahung, wirft den Schatten des extremsten Nihilismus, indem sie jegliches Schaffen, jegliches schöpferische Entwerfen von Zielen zur Illusion herabsetzt und Mensch wie Übermensch zur Ziellosigkeit verurteilt. Ein höchstes Ziel (die Verwirklichung des Übermenschen als des 'Sinns der Erde') zu haben und zu ihm aufzufordern, ja auch jede Artikulation unbedingter Bejahung der irdischen Welt erscheinen als Abwandlung alten europäischen Moralgebrülls. Die Welt selbst zeigt sich, statt als lebendiges Ganzes von Lebendigem, als mit jedem Weltumlauf sich vergrößernde Wüste – und Werden tritt in den Anschein einer im Fortgang der Zeit sich ins Unabsehbare vervielfältigenden Ansammlung des Nichts-an-Leben. Hier nun setzt der in den ›Dionysos-Dithyramben‹ hinzugefügte Schluß den alles andere als erheiternden Akzent: „Die Wüste wächst: weh dem, der Wüsten birgt! / Stein knirscht an Stein, die Wüste schlingt und würgt. / Der ungeheure Tod blickt glühend braun / und *kaut*, – sein Leben ist sein Kaun... / *Vergiss nicht, Mensch, den Wollust ausgeloht: / du – bist der Stein, die Wüste, bist der Tod...*" (VI 3, 385). Dieser Text ist nicht nur äußerlich (durch Absetzung im Druck), sondern auch dadurch von dem vorangegangenen Lied abgehoben, daß er im Gegensatz zu diesem nicht in freien Rhythmen verfaßt, sondern gereimt ist. Die Verse sprechen sicher weitgehend für sich. Anzumerken wäre allenfalls: Wenn der „ungeheure Tod", verbildlicht als glühend braun sich unabsehbar hinziehende Wüste, kaut und darin allein 'lebt', so ist wohl an so etwas wie ein 'Wiederkäuen' zu denken. Leben, wenn es denn, sub specie aeternitatis betrachtet, immer nur Wiederkehr des schlechthin Gleichen zuläßt, ist 'Leben des Todes' und Fortbestand durch 'Wiederkäuen'. Und ferner: Von der Seinsart des Toten, unlebendig wie ein Stein, wie die Wüste, ist gerade auch der Mensch. Bleibt noch zu fragen nach der Wollust, die den Adressaten ausgeloht haben könnte. Da hier (gemäß der beibehaltenen Prosaeinführung) immer noch auch zu (und von) Zarathustra gesprochen wird, ist bei der Wollust an das dionysische Ja zu denken, wie es in den Dithyramben des ›Zarathustra‹ gestaltet worden war, und an des Schaffenden „Wollust des Zukünftigen" (vgl. S. 109).

Die Fragezeichen dieses Wüstenliedes, jetzt noch radikaler formuliert, haben freilich die Voraussetzung, daß der Gedanke der ewigen Wiederkunft des Gleichen wahr ist. Nun schließt aber das Wüstenlied in den ›Dionysos-Dithyramben‹ unmittelbar an ›Nur Narr! Nur Dichter!‹ an, und dort ging es um den Verdacht, 'daß ich verbannt sei von aller Wahrheit'. Vielleicht also ist der Gedanke der ewigen Wiederkunft des Gleichen gar nicht wahr? –

Wahrheit ist das Thema wieder in ›Zwischen Raubvögeln‹[5]. Daß Nietzsche dies Gedicht 1888 verfaßt und dann in die ›Dionysos-Dithyramben‹ aufgenommen hat, bezeugt, wie wichtig ihm das Thema war und daß er mit ›Nur Narr! Nur Dichter!‹ noch nicht genug dazu gesagt zu haben glaubte.

Verbannung von aller Wahrheit, auch der der absoluten Seinsthese, war schon vom Eröffnungsgedicht der ›Dionysos-Dithyramben‹ zu bedenken gegeben worden. Jetzt schleudert ein Raubvogel Zarathustra „schadenfroh" und „mit irrem Gelächter" ein „*Selbstkenner! Selbsthenker!*" entgegen; und damit kein Zweifel bestehe, warum hier Grund zur Schadenfreude ist, redet der Raubvogel Zarathustra mit den Worten an: „Oh Zarathustra, / grausamster Nimrod! / Jüngst Jäger noch Gottes, / das Fangnetz aller Tugend, der Pfeil des Bösen!" (VI 3, 388) Selbstkenntnis macht – nach Auffassung des Raubvogels – Zarathustra zum Selbsthenker; die eigene Weisheit vernichtet Zarathustra, indem er sie auf sich anwendet[6]. Der Raubvogel gibt Zarathustra, dem Selbstkenner und Selbsthenker, seine mißliche Lage u. a. mit den Worten zu verstehen: „zwischen hundert Spiegeln / vor dir selber falsch, / zwischen hundert Erinnerungen / ungewiss, / an jeder Wunde müd, / [...] in eignen Stricken gewürgt" (VI 3, 388). Die totale Perspektivität und Relativität scheint demnach Zarathustra-Nietzsche eingeholt zu haben. Und die würgenden eigenen Stricke dürfen wohl auf alle fundamentalen Schwierigkeiten hin ausgelegt werden, soweit sie Nietzsche bewußt geworden sind, was zu vermuten gewesen war etwa für die Leugnung der Willensfreiheit bei im Ethos des höheren Typus dennoch gesetzter Freiheit, ferner bezüglich der fragwürdigen Göttlichkeit des Übermenschen angesichts der Wertgleichheit des Werdens in jeder Phase des Weltprozesses, sowie hinsichtlich der Verwischung des Wertunterschiedes zwischen höherem Typus und machtvoller Décadence. Zarathustras Weisheit zeigt ihn nach Auskunft des Raubvogels als „zwischen zwei Nichtse / eingekrümmt, / ein Fragezeichen, / ein müdes Räthsel" (VI 3, 390). Dem 'Nichts' der übersinnlichen Welt wie des mit ihr verbundenen Menschen- und Gottesbildes hatte Zarathustra einen neuen Entwurf entgegengesetzt, der nun für Erkenntnis und Wertschätzen seinerseits zum Nichts geworden zu sein scheint. Immerhin bleibt Zarathustra zwischen den beiden Nichtsen wenigstens ein Fragezeichen und ein Rätsel. Aus der Sicht des Raubvogels ist er „ein Räthsel für *Raubvögel*" (ebd.), worunter der Raubvogel Kritiker Zarathustras (Nietzsches) versteht, die es kaum erwarten können, das Rätsel durch Liquidierung zu lösen. Da der Raubvogel ja aber hier von seinesgleichen, eben als Raubvogel von Raubvögeln, spricht, schillert nun auch dieses Gedicht, könnte es doch aus den Anwürfen eines Kritikers der bezeichneten Art bestehen. Es läßt jedenfalls die Möglichkeit offen, positiver das Fragezeichen Zarathustra zu bedenken zu geben.

Diese Möglichkeit ergreift die ›Klage der Ariadne‹, in der nun Ariadne, aus dem griechischen Mythos bekannt (auch) als Geliebte des Dionysos, die Stelle einnimmt, die im ersten Lied des Zauberers Zarathustra innehatte. Der Wechsel von Zarathustra zu Ariadne steht im Zusammenhang mit dem neuen Schluß des Liedes (Dionysos erscheint der Gegenspielerin), ja soll darüber hinaus vielleicht schon andeuten, daß der alte Bestand des Liedes mit der Bedeutung, die das erste Lied des Zauberers im ›Zarathustra‹ hatte, interpretatorisch nicht mehr voll ausgeschöpft wäre. Das *Geschehen* bis zum früheren Ende des Liedes bleibt freilich gänzlich dasselbe (vgl. S. 101 f.): Im Denken eines verlassenen Zarathustra bzw. einer verlassenen Ariadne findet ein szenisches Spiel zwischen zweien statt. Die Aktivität liegt ganz auf seiten eines unbekannten Gottes, der eins ist mit einem entscheidenden Gedanken seines Gegners oder seiner Gegnerin. Der Gott martert sein Gegenüber; eifersüchtig und sich nicht geliebt wähnend, versucht er, sich Liebe zu erzwingen. Er fordert Hingabe im Ausmaß von Selbstaufgabe. Die stolze Antwort ist: Verweigerung und die Gegenforderung gleichen Inhalts an den Gott. Das veranlaßt diesen, sich gänzlich zu entfernen. Die daraufhin dann doch geleistete Hingabe seines Opfers bleibt im ›Zarathustra‹ ohne Wirkung, in der ›Klage der Ariadne‹ aber – und hier endet die Gemeinsamkeit im 'Inhalt' des szenischen Spiels – kehrt der Gott zurück.

Soweit die inhaltliche Übereinstimmung reicht, bleibt es auch dabei, daß ein Denkender (eine Denkende) von der Konsequenz eines Gedachten ereilt wird und dabei einen unbekannten, also so noch nicht 'erfahrenen' Gott zum Gegenspieler erhält. Gemäß meiner im 8. Kapitel gegebenen Deutung geht es in dem Lied des Zauberers auf seiten des Gemarterten um Stolz und Hingabe eines Wesens, das sich als Übermensch an die Stelle überlieferter Götter zu setzen meint. Anders gesprochen: Das erste Lied des

Zauberers setzt ein Fragezeichen hinter Zarathustra-Nietzsches Entwurf des Übermenschen als des 'Sinns der Erde', als Vollendung und Vergöttlichung der Welt, als 'Ort' neuer Göttlichkeit. Es gibt das Problem auf, ob mit diesem Entwurf die Göttlichkeit des Werdens nicht eher negiert wird und ob der Übermensch, wenn er sich als „Sinn der Erde" versteht, nicht lediglich einen Akt extremster Selbstliebe und Selbstüberschätzung vollzieht. Die ›Klage der Ariadne‹ bewahrt durchaus diese Bedeutung des Liedes in sich auf, und es muß mit aller Deutlichkeit gesehen werden, daß Ariadnes Hingabe das Abrücken auch von *jener* Konzeption des Übermenschen als Vollendung der Welt und 'Ort' der Göttlichkeit ist, die Nietzsche ihm im „Nachlaß" zu bewahren versuchte, als er 'Gott' als Kulminationsmoment ins Spiel brachte (vgl. S. 139ff.), und die auch für Nietzsche selbst nicht mehr allzu attraktiv gewesen sein dürfte. In dieser Beziehung erfolgt also nun eine Freigabe des Gottes. Im Vordergrund steht aber jetzt die Wahrheitsproblematik, und zwar mit der Zuspitzung, die sich durch die von Nietzsche inzwischen ausgearbeitete absolute Seinsthese ergeben hat. Daß ein und dasselbe Gedicht diese anscheinend weit voneinander entfernten Bedeutungen ausdrücken kann, das ist möglich, weil die Übermächtigung des Seins durch die absolute Seinsthese von gleicher Struktur ist wie der Akt der Selbstliebe, in dem sich der Übermensch zur Vollendung der Welt aufwirft – *und* weil jene Übermächtigung des Seins durch das Denken als ein Akt anzusehen ist, der gerade auch vom Übermenschen zu leisten ist bzw. für ihn, soweit er 'weise' zu sein hat, konstitutiv ist. Auch war bei der Interpretation des Liedes des Zauberers herauszustellen, daß die von ihm bezüglich des Übermenschen und der Göttlichkeit des Werdens gestellten Fragen in eine Wahrheitsfrage münden, nämlich in die Frage nach der Wahrheit von Zarathustras Lehren (vgl. S. 103). Darin liegt gleichsam eine Bereitschaft des Liedes, das Wahrheitsproblem auf neuer Stufe, der der ›Klage der Ariadne‹, aufzunehmen[7].

Ariadne, eines Wesens mit dem Freier der Wahrheit aus dem Gedicht ›Nur Narr! Nur Dichter!‹, glaubt sich allem fern, das sie liebte und von dem sie geliebt sein möchte. Sie leidet aufs äußerste, zumal ein Gedanke sie 'jagt' und quält – ein derart übermächtiger Gedanke, daß er als (unbekannter) Gott angesprochen wird. Es dürfte sich um den höchsten und wichtigsten Gedanken handeln, den das gequälte Wesen je gedacht hat. Das ist der Gedanke, daß das Sein Wille zur Macht ist und sonst nichts. Es ist die absolute Seinsthese, die aufgeboten wurde, um den Kampf der Gegen-Auslegung Nietzsches gegen überlieferte Auslegungen von Mensch, Welt und Gott endgültig zugunsten der Gegen-Auslegung zu entscheiden. Der Gedanke agiert nun gegen das Wesen, das ihn gedacht hat, und zeigt eine neue Seite, die schmerzlich erlitten wird. Dem anscheinend mächtigsten, durch keinen Willen zur Macht überbietbaren Denken ist mit seinem Gedachten ein noch mächtigerer, 'über-übermenschlicher', göttlicher Gegner erstanden. Er verlangt von jenem Denken Hingabe vom Grad der Selbstaufgabe; er fordert, die *Absolutheit* der Seinsthese preiszugeben, die gerade den Stolz und die vermeintliche Macht des Denkens ausmacht. Da das Gedicht das göttliche Fordern selbst als Vollzug des Willens zur Macht gestaltet, kann es sich für das herausgeforderte, gemarterte Denken (und für Nietzsche) nicht darum handeln, *überhaupt* den Gedanken des Willens zur Macht fallenzulassen. Nicht ist dieser Gedanke als solcher unwahr; aber er wird es als 'absoluter'. Die *Aporie* der *absoluten* Seinsthese zwingt das 'absolute' Denken vor die Alternative: Hingabe (Ariadnes) *oder* 'Rückzug' des Seins (des Gottes) aus dem Denken; Ablassen vom Denkstolz *oder* Seins- und Wahrheitsferne des Denkens. Ariadne, zunächst auf ihrem Stolz bestehend und im Gegenzug die totale Hingabe des Gottes fordernd, wird daraufhin (in dem in ihrem Denken vor sich gehenden Spiel) vom unbekannten Gott verlassen: Der Gott entschwindet, läßt sie in der Aporie der absoluten Seinsthese und 'verbannt von *aller* Wahrheit' zurück. Da aber ruft sie, nun doch zur Hingabe entschlossen, den Gott mit seinen Martern zurück, als ihren „*Schmerz*" und ihr „letztes Glück" – in dionysischer Bereitschaft also. Das Denken vollzieht die liebende Freigabe des Werdens, entläßt das Werden aus dem ihm angetanen Zwang.

Während die Hingabe beim ersten Lied des Zauberers (und für die dort wesentliche Bedeutungsschicht) durch Zarathustras Reaktion auf das Lied zurückgenommen wurde, ist das nun nicht mehr der Fall. Es bleibt bei Ariadnes Hingabe. Das heißt für die jetzt im Vordergrund stehende Bedeutungsschicht: Es bleibt bei der Bereitschaft, den Schmerz des Verlustes der so stolzen absoluten Seinsthese zu tragen – in Erwartung eines möglichen, wenngleich unbestimmten Denk-Glücks.

Hier geschieht im 'Drama' der ›Klage der Ariadne‹ eine Peripetie als Umschwung zum Guten. Das Geschehen tritt nun aus Ariadnes Denken heraus, der Gegenspieler wird zum Anderen außerhalb des Denkens – *und erscheint*. Eine Art Regieanweisung eröffnet den neuen Schluß des Liedes: „Ein Blitz. Dionysos wird in smaragdener Schönheit sichtbar" (VI 3, 399)[8]. Die Epiphanie des Gottes als solche scheint mir wichtiger noch, als was er dann zu Ariadne sagt. Daß er 'in Schönheit sichtbar wird', verbirgt ihn zugleich – wenn es erlaubt ist, hier an die Äußerung Zarathustras zu denken: „Den Gott verhüllt seine Schönheit" (VI 1, 203)[9]. Auch darf wohl der Blitz als zugleich verhüllend aufgefaßt werden (jedenfalls war der Gott zuvor im Lied, freilich ehe er erschien, schon einmal als „Blitz-Verhüllter" angesprochen worden – VI 3, 398). Dionysos' Rede (und damit die neue Schlußstrophe und das ganze Lied) mündet in die Worte: „Muss man sich nicht erst hassen, wenn man sich lieben soll? ... / *Ich bin dein Labyrinth* ..." (VI 3, 399)[10]. Im Durchgang durch den vom Lied dargestellten Kampf, in dem der Denkenden (Ariadne) die Preisgabe der absoluten Seinsthese abgerungen wurde, ist ein neues Verhältnis zwischen Denken und Sein erwachsen, das (wieder) als Liebe verstanden werden kann, das aber die Weisheit weit zurückwirft und einem Labyrinth aussetzt[11]. Damit ist zugleich gesagt, daß es aus Nietzsches Sicht nicht darum gehen kann, lediglich hinter die absolute Seinsthese zurückzugehen und den ›Zarathustra‹, sei es auch mit den Fragezeichen, die er enthält, ohne weitere Umstände in Kraft zu setzen. Wer der gegebenen Interpretation zu folgen bereit ist, wird vielmehr sehen, daß Nietzsche, wenn er hier hätte weiterdenken können und wollen, vor der Aufgabe eines philosophischen Umdenkens von großem Ausmaß gestanden hätte.

Die Gedankenlinie der ›Dionysos-Dithyramben‹ muß nun um ein letztes Stück weiter ausgezogen werden. Die beiden ersten Gedichte dieser Sammlung hatten die Grundthemen angeschlagen. Eines dieser Themen, das Wahrheitsthema, ist durch die ›Klage der Ariadne‹ auf überraschende Weise einer Wende zugeführt worden. Aber noch steht das Doppelproblem des Gedichtes ›Unter Töchtern der Wüste‹ (vgl. S. 240) in aller Schärfe da. Dem hilft der 3. und 4. Teil des vorletzten Gedichtes ›Ruhm und Ewigkeit‹ ab. Hier findet Nietzsche bezüglich der Ewigkeit zum Dithyrambus zurück, und das Gedicht endet wie der siebenmal wiederholte Refrain im Schlußkapitel des 3. Teils des ›Zarathustra‹: *„denn ich liebe dich, oh Ewigkeit! – –"* (VI 3, 403). Deutlicher könnte nicht angeknüpft werden an ›Die sieben Siegel‹ bzw. „das Ja- und Amen-Lied", in dem Zarathustra sich der Ewigkeit vermählt. Sollte also bezüglich der ewigen Wiederkunft des Gleichen und des dionysischen Ja zu ihr inzwischen doch nichts Wesentliches geschehen sein – nicht durch die Fassung des Wüsten-Liedes in den ›Dionysos-Dithyramben‹, nicht durch die Begebenheiten der ›Klage der Ariadne‹? Denkbar wäre das, und doch nicht sehr wahrscheinlich. Es war die ewige Wiederkunft des Gleichen, die im neuen Schluß des Wüsten-Liedes Leben (Werden) als wiederkäuenden Tod erscheinen ließ und an die Stelle von Schaffen die wachsende Ansammlung des schlechthin Unlebendigen und Unschöpferischen setzte. Ferner war es, in der Prosa philosophischer Gedankenarbeit, die ewige Wiederkunft des Gleichen, die die Absicherung der absoluten Seinsthese zu leisten hatte. Aber auf *diese* Übermächtigung des Seins durch das Denken hat die ›Klage der Ariadne‹ Verzicht geleistet. In diesem Gedicht, so hatte ich an früherer Stelle formuliert, gibt das Denken liebend das Werden frei und entläßt es aus dem ihm zugefügten Zwang. Dafür wird ihm, das von aller Wahrheit verlassen schien, die Epiphanie eines gleichwohl verhüllten Gottes gewährt; ein neues Verhältnis von Sein und Denken eröffnet sich, das der 'Weisheit' erheblichstes Umdenken abverlangt und sie in diesem Sinne einem Labyrinth aussetzt. Sollte wirklich der Gedanke der ewigen Wiederkunft des Gleichen, dieser höchste Vollzug des Willens zur Macht als Denken, die Seinsprägung des Werdens, davon unberührt bleiben? Wäre es nicht plausibler, anzunehmen, daß die liebende Freigabe des Werdens sich gerade auch an diesem Gedanken bewähren muß und daß die Göttlichkeit des Werdens (Dionysos leiht ihr noch seinen Namen) nur dank der Befreiung des Werdens *auch* vom Zwang *dieses* Gedankens 'in smaragdener Schönheit sichtbar' werden kann? Und doch beschließt sich das neue Gedicht über die Ewigkeit in der altbekannten Zeile *„denn ich liebe dich, oh Ewigkeit! – –"*. So wäre zu fragen: Könnte das Gedicht von einer Ewigkeit sprechen, die *nicht* die ewige Wiederkunft des Gleichen ist? Ich wage die These, daß das Gedicht die Möglichkeit, auch hier umzudenken, signalisiert, dies aber unter Beibehaltung von Notwendigkeit, amor fati und unbedingtem dionysischen Ja.

Die zu thematisierenden Teile des Gedichts reden von „grossen Dingen", von denen man entweder „schweigen oder gross reden" soll, und so spricht der hier Redende sich zu: „rede gross, meine entzückte Weisheit!" (VI 3, 402) Die Dimension des Dionysischen ist dithyrambisch betreten. Der Blick wird nun in weiteste Weltweiten gerichtet: „Ich sehe hinauf – / dort rollen Lichtmeere" (ebd.). Das Rollen deutet auf Bewegung, der Plural „Lichtmeere" weist die Vorstellung eines einzig Einen ab. Obwohl von *Licht*meeren gesprochen wird, folgt der Anruf „oh Nacht", der sich fortsetzt als „oh Schweigen, oh todtenstiller Lärm!..." (ebd.). Licht und Nacht, Schweigen und Lärm, totenstiller Lärm – auch jetzt wieder ist die dionysische Dimension eine Dimension verschränkter Gegensätze. Dem Aufblicken in rollende Lichtmeere wird ein „Zeichen" zuteil: „aus fernsten Fernen / sinkt langsam funkelnd ein Sternbild gegen mich ..." (ebd.). Was für ein Bild das Sternbild zeigt, wird noch nicht sofort gesagt. Daß ein *Sternbild* als Zeichen aus weitester Weltferne der entzückten Weisheit entgegenkommt, ist zunächst das Wichtige. Es deutet auf Fatum. Auf wessen Fatum aber? Der Beginn von Teil 4 antwortet auf diese Frage mit dem Anruf: „Höchstes Gestirn des Seins! Ewiger Bildwerke Tafel!" (ebd.) Es ist das Fatum des Seins selbst, der Welt. Es ist, als solches, Gesetzestafel für Bildwerke ebendieser Welt. Diese Bildwerke, vom Weltfatum (Weltgesetz) bestimmt, werden ewig genannt. Nichts zwingt aber dazu, deshalb in ihnen das schlechthin und bis in die allerkleinste Einzelheit Gleiche der ewigen Wiederkunft des Gleichen zu erblicken; ja nicht einmal muß überhaupt Einzelnes mit ihnen gemeint sein, sondern es könnte sich um gleichbleibende 'Muster', Paradeigmata, handeln (jedoch nicht um solche, die im Denkbereich überlieferter Metaphysik – so von Platon, Thomas von Aquin, ja Schopenhauer – als Ideen gedacht wurden). Besser spräche man hier sicher von Grundgesetzen des Werdens, die, unabdingbar zwar, doch Spielraum für schöpferisches Werden, für Neues, lassen, und zwar für die 'Welt' und den Menschen.

Der Beginn der folgenden Strophe gibt zu erkennen, welches Bild im Sternbild ansichtig wird: der „Schild der Nothwendigkeit!" (VI 3, 403) Es kommt alles darauf an, wie man die Tatsache einschätzt, daß in diesem Lied für die Ewigkeit und das höchste Seinsgesetz *nicht die* Bilder eingesetzt werden, die im ›Zarathustra‹ für die ewige Wiederkunft des Gleichen verwendet wurden: vor allem der Ring, auch das Rad (VI 1, 268). Angesichts der wörtlichen Anknüpfung an das Schlußkapitel des 3. Teils des ›Zarathustra‹ kann die Einführung des neuen Bildes meines Erachtens für jeden, der vertraut ist mit Nietzsches Art, sich selbst zu zitieren und überhaupt Verbindungen zu von ihm schon Gesagtem herzustellen, nur bedeuten: Hier wird kein neues Bild für eine alte Sache eingeführt, sondern hier wird mit einem neuen Bild ein Umdenken der Sache eingeleitet. Freilich wird man einräumen müssen, daß Nietzsche möglicherweise einen *runden* Schild zum Bild des Weltfatums erhoben hat, aber das verhilft nicht zu einem ernsthaften Einwand gegen das soeben Behauptete.

Das höchste Gestirn des Seins ist ein Schild der Notwendigkeit. Der Schild schützt das Sein vor Verderbnis und Untergang. Er bewahrt ihm Ewigkeit. Notwendigkeit als höchstes Seinsgesetz besagt: Es ist immer Sein, es ist immer Werde-Welt. Welt kann nicht nicht sein (und hält damit bei Nietzsche weiterhin den Rang des ens necessarium der Tradition). Und: Das höchste Fatum bestimmt freilich ihren 'Gang', ja ist, in dem erläuterten Sinn, ewiger Bildwerke Tafel. Aber die wahre Göttlichkeit der Welt (von Nietzsche her gedacht) könnte nunmehr darin liegen, daß Fatum und Ewigkeit Schaffen von Neuem nicht mehr ausschließen, weil eben nicht bis ins Kleine und Kleinste jegliches ewig als Gleiches wiederkehrt. In alle Ewigkeit hinaus könnte – im Schutz des Schildes der Notwendigkeit, d. h. einbehalten in den Rahmen, der vom höchsten Fatum und den von ihm bestimmten Grundgesetzen des Werdens gesetzt ist – Neues möglich sein. Damit wäre ein Bestandstück aus den 'Beweisen' der ewigen Wiederkunft preisgegeben: die endliche Menge der Dinge. Auch dies bedeutet eine *Freigabe* der von Nietzsche in die Welt hereingenommenen Göttlichkeit.

Der dionysische Preisgesang der Seele und dithyrambisch sich äußernde amor fati gilt nun jedenfalls dem Schild der Notwendigkeit (der mit dem Dionysos der ›Klage der Ariadne‹ zusammenzuhalten ist – als *sein* Schild gleichsam): „Meine Liebe entzündet / sich ewig nur an der Nothwendigkeit. // Schild der Nothwendigkeit! / Höchstes Gestirn des Seins! / – das kein Wunsch erreicht, / das kein Nein befleckt, / ewiges Ja des Sein's, / ewig bin ich dein Ja: / denn ich liebe dich, oh Ewigkeit! – –“ (VI 3, 403)

Von den in diesem Kapitel behandelten Gedichten ist es dieses sowie die ›Klage der Ariadne‹, die den Titel der Sammlung begreiflich machen. Dionysos ist durch die ›Klage der Ariadne‹ präsent und symbolisiert hier wie früher (vgl. S. 77f. u. 95) einen jetzt noch namenlosen Gott. Mehr noch als der Schluß dieses Gedichtes bringt ›Ruhm und Ewigkeit‹ mit seinem dithyrambischen Teil das Dionysische zurück. Auch hier freilich, wie schon im

›Zarathustra‹ und wie von Nietzsches Konzept des Dionysischen her nicht anders zu erwarten, hat der Weg zum Ja durch Leid geführt. Jetzt ist es das Leid eines großen, redlichen, befreienden Verzichts Nietzsches und vielleicht auch die leidvolle Anerkennung seines 'Fatums', für die Philosophie ein Durchgang und in diesem Sinn ein übergängiger Philosoph zu sein[12]. Eines möchte ich zu ›Ruhm und Ewigkeit‹ noch anmerken. Wenn es richtig ist, daß Nietzsche, zur Überwindung der vom Wüsten-Lied vorgebrachten Probleme und im Zusammenhang mit der Freigabe der ›Klage der Ariadne‹, von der ewigen Wiederkunft des Gleichen als ontologischer These abgerückt ist, ist damit doch nicht alle Bedeutung dieses Gedankens getilgt. Er könnte vielmehr, mit dem Vorzeichen eines Als-ob versehen, durchaus praktische Bedeutung erhalten. Darauf komme ich zurück[13].

SCHLUSSKAPITEL

Zum Abschluß meiner Untersuchung umreiße ich zunächst die Lage, die durch die Aporie der absoluten Seinsthese und ihre dichterische Gestaltung sowie überhaupt durch die in den ›Dionysos-Dithyramben‹ artikulierten letzten Fragezeichen entstanden ist.

Ich erinnere an meine Einschätzung der ›Dionysos-Dithyramben‹ zu Beginn von Kapitel 15. Mit einigen dieser von ihm für die Öffentlichkeit bestimmten Gedichte hat Nietzsche sich am Ende seines geistigen Lebens vor jedermann zu Grundproblemen und Aporien seiner Philosophie bekannt; er ist bis an Grenzen vorgedrungen, deren Überschreitung, hätte er sie weiterdenkend vollziehen können und wollen, die erheblichsten Veränderungen seines Denkansatzes erfordert hätte. (Für ähnlich einschneidende 'Wendungen' gibt es Beispiele unter bedeutenden Philosophen des 20. Jahrhunderts und der Tradition.) Die von Nietzsche beschlossene Publikation der ›Dionysos-Dithyramben‹ und sein in ihnen vollzogenes Vordringen an die eigenen Grenzen verdienen große Beachtung bei einer Würdigung seiner Philosophen-Persönlichkeit. Vielleicht werfen sie auch ein Licht darauf, warum Nietzsche ein geplantes Werk ›Der Wille zur Macht‹ nicht veröffentlicht hat. Und es scheint, daß Nietzsche sich in ihnen noch einmal und mit radikalerer Bedeutung als einen Denker des Übergangs zu erkennen gegeben hat.

Für Nietzsche hatte sich schon mit dem ›Zarathustra‹ das Problem des Vorrangs seiner Gegen-Auslegung vor der Tradition gestellt. Ihn galt es in der Folgezeit durchzusetzen. Im Frühjahr 1888 notiert er jene siegesbewußte Äußerung, die ich schon mehrfach beigezogen habe (NF VIII 3, 114). Im Sommer 1888 aber läßt er von dem geplanten Werk ›Der Wille zur Macht‹ ab und beginnt er, auf die ›Dionysos-Dithyramben‹ zuzugehen[1]. In ihnen dichtet er u. a. die Aporie der absoluten Seinsthese. Damit entfallen die den Sieg der Gegen-Auslegung verheißenden 'Leistungen' der absoluten Seinsthese, die ich in Kapitel 9 (S. 135 ff.) verzeichnet habe. Die Seinsthese vom Willen zur Macht umfaßt nicht mehr *schlechthin alles*, was ist. Relativität und Perspektivität sind nicht länger *total* gesetzt. Gegensätze im strikten Sinn sind auf *ontologischem* Weg nicht mehr zwingend eliminiert – und das gilt auch für die so wichtigen Gegensätze wahr – falsch und gut – böse. Die *zusätzliche Absicherung*, die Nietzsche seinen Destruktionen von 'Logik', Metaphysik und absoluter Moral durch ihre Fundierung in dem absoluten Seinsprinzip zu geben versuchte, entfällt. Das heißt: Nicht länger *stützt* eine absolute Seinsthese die Vorstellung, daß Denken als

Weltorientierung darin aufgeht, fälschendes Schematisieren und Überwältigung als Vollzug des Willens zur Macht zu sein; Entsprechendes gilt für die
Auffassungen, daß es Bleibendes und An-sich-seiendes schlechterdings
nicht geben kann und daß ein Gott unmöglich ist, der anderes wäre als bloßes Werden und Wille zur Macht. 'Absolute' Moralvorstellungen sind nicht
mehr *ontologisch zwingend* und damit *generell* als interessierte Setzungen
von lügnerischem und verleumderischem Charakter aufgewiesen. Das Seinsprinzip (der Wille zur Macht) ist möglicherweise nicht die *einzige 'Erklärung'* für 'Logik', Metaphysik und absolute Moral. Ich habe durch meine
Hervorhebungen schon deutlich zu machen versucht, daß das hier zu be-
denkende Ergebnis nicht den Willen zur Macht überhaupt ausschaltet, auch
nicht Perspektivität überhaupt zurücknimmt[2], und daß es keineswegs die
Aushebelung von Nietzsches Destruktionen bedeutet. Diese bilden vielmehr, einer äußersten Radikalisierung und letzten Fundierung beraubt, ein
offenes Problemfeld. Und daß die Tradition nicht von einer absoluten Seinsthese besiegt, von einer als unbedingt sich gebärdenden Gegen-Auslegung
niedergerungen ist, bedeutet nicht ihre fröhliche und umstandslose Wieder-
einsetzung für ein neuerlich unbekümmertes Denken.

Allerdings haben die ›Dionysos-Dithyramben‹ der Gegen-Auslegung
nicht nur die Durchsetzungsfähigkeit genommen, die die destruktive Stoßkraft der absoluten Seinsthese ihr hätte geben können, sondern sie haben
Wesentliches vom positiven Inhalt der Gegen-Auslegung abgezogen. Indem die Stelle, die der Übermensch als 'Ort' der Göttlichkeit innehatte,
nunmehr von Ariadne *und* Dionysos eingenommen worden ist, indem also
Mensch und Gott als zwei Wesen auseinandergetreten und – ohne daß ein
Zweifel über das wahre Machtverhältnis bestehen könnte, hat sich doch
Ariadne gegen und ohne den Gott als ohnmächtig erwiesen – einander ge-
genübergetreten sind, ist nicht nur der dionysisch verzauberte, die Welt voll-
endende Übermensch des ›Zarathustra‹ verabschiedet, sondern auch die
abgeschwächte Version des Übermenschen, nämlich als eine Vollendung
der Welt und ein 'Ort' der Göttlichkeit *neben* einem in jedem Augenblick
sinnerfüllten und vollendeten, weil wertgleichen Werden, anders gesagt: als
ein Maximum *im* Werden zwar, aber nicht ein Maximum und Zielzustand
des Werdens. Mit *diesen* Entwürfen von Vollendung ist die Tradition, gegen
die Nietzsche angetreten ist, nicht aus dem Feld zu schlagen. Aber auch hier
gilt es wieder, nicht zu weit zu gehen: Der Vorrang eines Übermenschen
oder höheren Typus, für den jene überzogenen Ansprüche nicht erhoben
werden, ist nicht betroffen. (Zu neuen Zügen, die die ›Dionysos-Dithyramben‹ für den höheren Typus nahelegen, wird bald etwas zu sagen sein.)
Übrigens beseitigt die Aporie der absoluten Seinsthese diejenige Aporie,
die von der absoluten Seinsthese bei der Begründung des 'Höherseins' des
höheren Typus herbeigeführt wurde (vgl. Kap. 11).

Ich sagte eben schon: Mit dem Abrücken von der absoluten Seinsthese rückt Nietzsche auch von der *totalen* Relativität und Perspektivität ab. Die Unbedingtheit des Relativen hatte, wie vorher schon erwähnt (vgl. S. 235), für Nietzsche selbst ein Dilemma bedeutet, indem er die These „Nichts ist wahr, Alles ist erlaubt" zunächst zwar dem Schatten Zarathustras und damit einem Nihilisten in den Mund legte, sie dann aber selbst vorbehaltlos bejahte. Jetzt, in der mit den ›Dionysos-Dithyramben‹ herbeigeführten Lage, muß nicht mehr alles erlaubt sein. Die Radikalismen und brutalen Züge, die insbesondere in meinem 10. Kapitel heraustraten, können verabschiedet werden; sie sind jedenfalls nicht mehr zwangsläufig. Der Entwurf eines Ethos, der auch Humanes enthält, gewinnt an Boden. Gegen die Offenheit des Ethos für Immoralität und über den Wert der von Nietzsche propagierten Vornehmheit ist damit jedoch nichts gesagt.

Ferner: Der Satz „Nichts ist wahr" ist durch die ›Klage der Ariadne‹ um seinen Sinn gebracht. Damit ist mehr gemeint, als daß mit der Preisgabe der absoluten Seinsthese die dieser zugemutete letzte und äußerste Fundierung der Destruktion von Wahrheit entfällt. Indem Ariadne von ihrem Denkstolz läßt, ermöglicht sie, daß ihr der Gott erscheint – 'in smaragdener Schönheit' und in einem Blitz, der ihn offensichtlich zugleich sichtbar macht und verhüllt. Ich hatte diese Begebenheit gedeutet als Nietzsches Ausblick auf ein neues Verhältnis von Denken und Sein, mit dem die Weisheit einen Anfang zu machen hätte, wobei sie gleichsam ein Labyrinth vor sich hat. Es wäre für Nietzsche die Aufgabe gewesen, ein Verständnis von Auslegung zu gewinnen, dem die Fixierung auf den Willen zur Macht im Wege gestanden hatte[3].

Ich sagte schon, daß das Eingeständnis der Aporie der *absoluten* Seinsthese nicht überhaupt den Verzicht auf den Willen zur Macht als 'Auslegung des Geschehens' bedeutet. Und ich füge hinzu: Auch anthropologisch und für den Entwurf des höheren Typus bleibt der Wille zur Macht in der neu entstandenen Lage bedeutsam. Aber zugleich ist zu sehen: Ariadne hat sich einer liebenden *Freigabe* (als Gegensatz zum Übermächtigungswillen) fähig erwiesen; und, das Werden (Sein) freigebend, hat sie sich die Wahrheitsfähigkeit ihres Denkens erworben. Das ist auf den höheren Typus zu projizieren, ist aufzunehmen in seinen Entwurf.

Es kann nicht nachdrücklich genug aufgegriffen werden, daß in ›Ruhm und Ewigkeit‹ die dionysische Dimension voll und mit der aus dem ›Zarathustra‹ bekannten dithyrambischen Kraft zugegen ist. Im Durchgang durch das Leid, das Nietzsche in den von mir herausgegriffenen vorangegangenen ›Dionysos-Dithyramben‹ gestaltet hat[4], und die Anflüge von Pessimismus zurücklassend, die die Prosa des Willens zur Macht Nietzsche nicht erspart hatte (vgl. Anm. 3 zu Kap. 11), hat sich die enthusiastische Seinsbejahung wiederhergestellt. Ebenso wichtig ist aber, daß festgehalten wird: Es spricht (jedenfalls nach meiner Interpretation) etwas dafür, daß

Nietzsche in ›Ruhm und Ewigkeit‹ die Möglichkeit ins Auge gefaßt hat, die ewige Wiederkunft des Gleichen zu ersetzen durch ein Fatum des Seins (Weltfatum, Weltgesetz), das für schöpferisches Werden und Tun Spielraum läßt, so daß im Rahmen von Notwendigkeit (und von Grundgesetzen des Werdens) Neues entstehen und von Menschen geschaffen werden könnte. Auch das wäre in den Entwurf des höheren Typus einzuzeichnen, zusammen mit dem auf das umgedachte Fatum bezogenen amor fati, mit der dithyrambischen Bejahung der aus dem Zwang der ewigen Wiederkunft des Gleichen entlassenen, für Schöpferisches freigegebenen weltimmanenten Göttlichkeit.

Ebenso wichtig ist aber, daß festgehalten wird: Ob die eben bezeichnete 'Lockerung des Determinismus' und die Aporie der absoluten Seinsthese Nietzsche irgendwann bewogen haben könnten, von der strikten Leugnung der Willensfreiheit abzugehen, läßt sich nicht abschätzen, zumal diese Leugnung ja auch älter ist als das Grundgefüge seiner Ontologie, durch das sie freilich in Nietzsches Sinne noch besser begründet wurde. –

Ich hoffe, im vorigen schon nachhaltig genug verdeutlicht zu haben: Nietzsche bis in die ›Dionysos-Dithyramben‹ hinein folgen, also seine letzten Fragezeichen zur Kenntnis nehmen und mit ihm an Grenzen seiner Philosophie vorstoßen, die er selbst nicht mehr überschreiten konnte, besagt nicht, mit Nietzsches Werk 'fertig' zu sein und sein voraufgegangenes Denken zu durchstreichen. Die entstandene Problemlage enthebt nicht rückwirkend einer Stellungnahme zu seinen Grundgedanken. Im Gegenteil motiviert sie zusätzlich zu ihr und gibt ihr weithin zugleich einen neuen Rahmen. In diesem Sinne teile ich nun auf der Basis der früheren Kapitel einige abschließende Für und Wider mit.

Wie sich zeigte, hat das (nun schon mehrfach zitierte) Diktum keinen Bestand: *„Diese Welt ist der Wille zur Macht – und nichts außerdem! Und auch ihr selber seid dieser Wille zur Macht – und nichts außerdem!"* (NF VII 3, 339). Die *Absolutheit* dieser Seinsthese ist nicht zu halten und wurde von Nietzsche selbst in den ›Dionysos-Dithyramben‹ preisgegeben. Es war aber schon zu vermerken, das bedeute – von Nietzsche her gesehen – keineswegs, daß der Wille zur Macht als Auslegung der Welt und des Menschen ausgedient haben müßte. Als ein Aspekt des Geschehens bleibt er zu diskutieren.

Es dürfte außer Zweifel stehen, daß Nietzsches Gedanke des Willens zur Macht aufschließende Kraft für das Verständnis vieler Bereiche hat – so für Geschichte, Politik, Wirtschaft, industrielle Produktion unter den 'Gesetzen des Marktes', Erzeugung und Durchsetzung von Ideologien, neuzeitliche und gegenwärtige Wissenschaften, moderne Technik. Überall wird man hier *menschlichen* Willen zur Macht am Werk finden. Und nicht nur hier. Sondern auch in zwischenmenschlichen Beziehungen, die mit den erwähnten Bereichen nicht ausdrücklich genug oder noch gar nicht benannt sind,

z. B. in 'Autoritäts'verhältnissen als Machtverhältnissen oder in vom Über-
mächtigenwollen geprägten 'Partnerschaften'. Wir müssen uns sagen lassen:
'auch ihr selber seid Wille zur Macht'. Aber wir sollten besonnen mit dieser
Einsicht umgehen; und indem wir das „und nichts außerdem!" (mit Nietzsches spätem Einverständnis sogar) aufgeben, gewinnen wir einen Freiheitsspielraum, der es uns ermöglicht, menschlichem Willen zur Macht
Schranken aufzuerlegen. Es gilt kein strikter Determinismus Nietzschescher
Prägung (und das kann ebenfalls mit Nietzsches später Billigung gesagt werden). Wenn nämlich die Absolutheit der Seinsthese entfällt, dann ist gegründet nicht daran festzuhalten, daß „jede Macht in jedem Augenblicke ihre
letzte Consequenz zieht" (vgl. nochmals S. 121). Sollte Nietzsche ferner in
›Ruhm und Ewigkeit‹ an die Stelle der ewigen Wiederkunft des Gleichen
ein Fatum des Seins gesetzt haben, das Schaffen von Neuem zuläßt, hätte er
selbst auch von dieser Seite her den Determinismus gelockert. 'Von außen'
betrachtet erledigt sich freilich ohnehin der im Gedanken der ewigen Wiederkunft des Gleichen gesetzte Determinismus für jeden, der (wie ich) diesen Gedanken als theoretische Aussage für unbegründet hält (womit über
den Gedanken als Auslegung der Tat weiterhin nichts entschieden ist). –
Noch bleibt für die Natur zu fragen, ob sie 'Wille zur Macht ist und nichts
außerdem'. Hier hatte ich schon in Kapitel 9 bezüglich des Lebendigen, das
bei Nietzsche, wie gezeigt, ein wichtiger Ausgangspunkt für seine Seinsthese ist, Bedenken geltend gemacht. Ich hatte bemerkt, daß Nietzsche
Aspekte des Lebendigen verabsolutiert (vgl. S. 118f., dazu auch 121f.) oder
überbetont (vgl. S. 123), und ich möchte Zweifel anmelden, ob der Wille
zur Macht auch nur unter die *wichtigsten* Aspekte der Tierwelt zu zählen ist.
Ebenso bedenklich ist Nietzsches Ansatz, im Ausgang vom menschlichen
Triebleben auf dem Weg der Übertragung die anorganische Natur (die 'mechanistische Welt') als Vorform des Lebens und als willenhaft zu verstehen
zu geben (vgl. nochmals S. 119f.). Schließlich: Die Aufsplitterung auch
kleinster natürlicher Einheiten in „Willens-Punktationen, die beständig
ihre Macht mehren und verlieren", erschien mir ebenfalls schon als schlecht
begründet (vgl. S. 126), und damit die mit dieser Setzung intendierte Radikalisierung von Perspektivität.
    Wird die Absolutheit der Seinsthese zurückgelassen und wird entspre-
chend Perspektivität bzw. Relativität nicht länger total gesetzt, dann zer-
bricht das fundamentum inconcussum der Destruktionen, das ontologisch
gebaute 'unerschütterliche Fundament' für Nietzsches Negation von Wahrheit (im Sinne der Angleichung von Verstand und Sache) und für seine Auffassung, 'Logik', Metaphysik und absolute Moral seien (mehr oder weniger
nützliche und schädliche) Scheingebilde und interessierte Irrtümer. Zur
Wahrheitsfrage (und damit auch zur 'Logik') habe ich in diesem Kapitel
schon einen abschließenden Hinweis gegeben. So bliebe noch aufzugreifen,

daß Nietzsches Metaphysikkritik und Moralkritik durchaus nicht erledigt sind dadurch, daß ihnen die ontologische Absicherung durch eine absolute Seinsthese fehlt. Wer (wie ich es schon in ›Wahrheit und Wahrheitsgrund‹ getan habe) Nietzsches Denken als einen geschichtlichen Durchgang und eine Phase in einer irreversiblen Entwicklung auffaßt, kann in die philosophische Tradition nicht naiv eintauchen, und das betrifft nicht nur 'Logik' und Fragen der Wahrheit, sondern (und teilweise damit in Zusammenhang) auch Metaphysik und absolute Moral. Jedenfalls hat mancher Verdacht, den Nietzsche in Hinblick auf die Ausbildung von Metaphysik und absoluter Moral artikuliert hat, beachtliche Stoßkraft, nicht zuletzt auch der, daß hier Wille zur Macht 'schöpferisch' sein könnte.

Für eine von Nietzsche sich abstoßende, eine Nietzsche-Interpretation hinter sich lassende Stellungnahme zur *Metaphysik* ist hier nicht der Ort, weil sie nur im Zusammenhang mit der über Nietzsche hinausschreitenden Frage nach 'Wahrheit und Wahrheitsgrund' abgegeben werden könnte, die in der vorliegenden Untersuchung nicht wiederaufgenommen werden soll. Wohl aber können die Fragezeichen benannt werden, die durch die dargestellten Destruktionsversuche Nietzsches nachhaltig hinter die Metaphysik als unsere Denktradition gesetzt worden sind. Die übersinnliche Welt, wie die Metaphysik sie vorstellt, könnte entstanden sein, indem den Schemata, in denen wir erfolgreich denken (und die vielleicht doch nicht, wie Nietzsche meint, fälschend sein müssen), 'transzendente' Realitäten unterlegt worden sind. Durch Hypostasierung bzw. Projektion könnte die 'wahre' Welt erdichtet worden sein – aus menschlichem Interesse am Sein einer solchen Welt. Ausgehend von den eigenen Erhaltungsbedingungen und demgemäß Bleibendes höher wertend als Veränderliches, leidend an Wechsel und Vergänglichkeit, an den Bedingtheiten und Widersprüchen der Wirklichkeit, und etwa auch zu schwach, in ihr sich Ziele zu setzen, könnte der europäische Mensch eine zweite, eine Wunschwelt fingiert haben, die ihm verläßlich erscheint, Unsterblichkeit verheißt und Freiheit garantiert. In ihr kann An-sich-seiendes angesiedelt werden, auch an sich Gutes, so daß sie tauglich ist, das Bedürfnis nach vernünftiger Grundlegung absoluter Moral und das Bedürfnis des Verehrens zu befriedigen. Der Preis dafür: ein 'ideologisch' verfestigtes Herabsetzen der wirklichen Welt, in dem sich nach Nietzsche auch Ressentiment auswirkt. Auf der Gegenseite, d. h. Nietzsche gegenüber, ist freilich zu vermerken: Daß alles Werden ist und nichts außerdem, steht nach dem Wegfall der absoluten Seinsthese durchaus nicht unumstößlich fest. Und schon im 9. Kapitel war zu sagen: Die Beweise der ewigen Wiederkunft des Gleichen sollen, die schlechthinnige Selbstgenügsamkeit und Unbedürftigkeit der Werdewelt sichernd, einen transzendenten wie auch einen immanenten Schöpfergott ausschalten, begehen hier aber den Fehler der petitio principii (vgl. S. 144f.). Außerdem zeigte das 7. Kapitel, daß Nietzsche im ›Zarathustra‹ in einer Gegen-Auslegung zur Metaphysik (einschließlich ihrer moralischen Dimension) die durch seine Destruktionen herbeigeführten Verluste Stück für Stück ersetzt, was zu der Feststellung des merkwürdigen Sachverhaltes führte, daß die Metaphysik immerhin fähig gewesen ist, die vom Nietzsche der ›Zarathustra‹-Zeit für wesentlich erachteten Fragen aufzuwerfen. Mindestens ihre Fragen also weisen hinaus über ihr von Nietzsche angenommenes und verkündetes Ende (und vielleicht sogar über seine ganze Philosophie). Bedenkenlos hat Nietzsche die Metaphysik übrigens beerbt an der Basis seines Denkens. Es gilt ihm als ausgemacht, daß Werden und Bleiben die 'Seinsmöglichkeiten' erschöpfen. Indem er diesen Gegensatz als kontradiktorischen auffaßt, stellt er zwei einander ausschließende, unvermittelte Welten vor (wie verkürztes Platon-Verständnis, auf einem Chorismos zwischen Ideenwelt und Sinnenwelt bestehend, sie beim Vater der Metaphysik anzutreffen meint). Demgemäß läßt das 'Abschaffen' der 'wahren' Welt eine *pure Werde-Welt* übrig (der dann durch den Gedanken der ewigen Wiederkunft des Gleichen der Charakter des Seins aufgeprägt werden soll – aus den erörterten 'antimetaphysischen' Gründen).

Wird die Seinsthese als absolute preisgegeben, und mit ihr die totale Relativität, dann fehlt Nietzsches Destruktion *absoluter Moral* die ontologische Fundierung. Ontologisch gesehen, ist eine Eliminierung des Gegensatzes gut – böse nicht mehr gestützt, kann es diesen Gegensatz vielmehr geben und hängt das immoralistische 'Alles ist erlaubt' in der Luft. Das bedeutet aber nicht schon, daß der Verdacht ausgeräumt wäre, in der absoluten Moral könnten interessierte Irrtümer konstitutiv sein und zu einer nicht durchgängig gedeihlichen geschichtlichen Wirkung gekommen sein. Übrigens ist hier auch daran zu erinnern, daß Nietzsche als Moralkritiker hervorgetreten ist, schon ehe er für sich im Willen zur Macht den Schlüssel zum Verständnis der Wirklichkeit gefunden hatte. Und unter den Diagnostikern des Menschlichen, Allzumenschlichen hält er einen hohen Rang (was in angemessenem Umfang und detailliert zu dokumentieren nicht Aufgabe meiner Untersuchung war).

Absolute Moral nimmt an sich Gutes an. Wäre diese Annahme ein Irrtum, dann jedenfalls ein zuhöchst interessierter, denn der europäische Mensch hat sein Selbstwertgefühl mit dem an sich Guten verknüpft. An sich Gutes, soviel sei zunächst erinnert, bedarf keiner Setzung durch den Menschen; zeitlos und ungeschichtlich bestimmt es immer schon und ein für allemal und für alle, was als gut zu gelten hat und was nicht. Aus *philosophischer* Sicht sind zwei Möglichkeiten zu erwägen, an sich Gutes begründet anzusetzen: entweder in Einheit mit einer fraglos gültigen Metaphysik, oder als selbständig sich bezeugendes Unbedingtes. Die erste Möglichkeit wird mit betroffen von Bedenken gegen die Metaphysik. Die zweite wurde von Kant zur Geltung gebracht, indem er dem unbedingt gebietenden Sit-

tengesetz den Status eines unleugbaren Faktums und des (einzigen) Datums
der reinen (praktischen) Vernunft zusprach⁵. Zweifel an diesem Status
könnte auch ohne Nietzsches Hilfe formuliert werden, doch das kann hier
nicht Thema sein. Nietzsche hat vorgebracht, daß die vermeintlich absolute
Moral aus der Sittlichkeit der Sitte hervorgegangen ist, also geworden ist
und in Relativem ihren Ursprung hat, was ihrer Absolutheit entgegensteht.
In einem Prozeß der Verfeinerung, Idealisierung, Verallgemeinerung, Ver-
flüchtigung hat sie sich nach Nietzsches Auffassung schließlich bei Kant
zum formalen Gesetz entleert. Es konnte gezeigt werden, daß Strukturen,
die Nietzsche für die Sittlichkeit der Sitte herausgearbeitet hat, in Kants Bestimmung der Sittlichkeit anzutreffen sind (vgl. S. 27f.). Die Vorstellung
von an sich Gutem mit Kants Hilfe an einem schlechthin fraglosen, unbedingt gebietenden Sittengesetz festzumachen, dürfte kaum möglich sein.
(Damit ist nicht ausgeschlossen, daß Kants praktische Philosophie für eine
umdenkende Ethik Richtungweisendes enthält.)

Klar ist angesichts der Analyse Nietzsches zur Moral, daß zur Rettung
des an sich Guten Moralhistorie nicht in die Bresche springen kann. Ohnehin wäre es nicht sehr befriedigend (weil eher unangemessen), die Vorstellung von an sich Gutem *empirisch* stützen zu wollen durch den Aufweis,
Moral sei in Vergangenheit und Gegenwart überall die eine und selbe und
absolut. Nietzsche hat als Moralhistoriker das Gegenteil gezeigt (und das
nicht als einziger und erster). Er hat Vielfalt und Gegensätzlichkeit von Moral herausgearbeitet, demgemäß von Moralen im Plural gesprochen, deren
Relation auf Völker und Zeiten hervorgehoben, sowie akzentuiert, daß solche Relativität eine Moral weder wertlos noch unverbindlich macht. Moral
kann nach Nietzsche sehr wohl von Wert sein, nur ist ihr Wert bedingt; und
verbindlich ist sie, soweit Menschen sie in Kraft setzen und in Kraft halten.
(Ein Hinausdenken über Nietzsche sollte hier freilich nicht stehenbleiben.
Es hätte sich nach meiner Überzeugung die Frage vorzulegen, ob der kontradiktorisch aufgefaßte Gegensatz von An-sich-seiendem und Relativem
nicht als sachunangemessen zurückgelassen werden muß – wie analog der
von Werden und Bleiben.)

Zur Vorstellung des an sich Guten gehört ein Zug, der soeben noch nicht
ausdrücklich aufgegriffen worden ist: daß das Gute um seiner selbst willen
zu wählen ist bzw. gewählt wird. Hier hat Nietzsches Moralkritik den Hebel
angesetzt, indem sie (im Sinne absoluter Moral gesprochen) 'nicht-morali-
sche' Motive für das Entstehen und die bleibende Anerkennung von Moral-
systemen aufgedeckt hat, so den Nutzen, die Furcht bzw. den Antrieb, be-
fürchtete Gefahr abzuwenden, ferner die Lust, die sich beim Tun des leicht
gewordenen Gewohnten einstellt. Um des Nutzens, der Abwendung von
Gefahr, der Lust willen wird demnach moralisch Gutes gewählt, und insoweit eben durchaus nicht um seiner selbst willen. Ja es zeigt sich 'Egoisti-

sches' (des einzelnen und ganzer Gemeinschaften) an den Wurzeln von Moral, die als Moral des an sich Guten doch von derlei Selbstbezüglichkeit frei sein müßte.

Kritik an der absoluten Moral ist Kritik zugleich an einer dieser eigentümlichen Auffassung des Gewissens. Gewissen zeigt sich nicht länger als Instanz, die – zeitlos und ungeschichtlich – über an sich Gutes und Böses die immer gleichen erbetenen oder unerbetenen Auskünfte gibt. Ohne die geschichtliche Dimension einzubeziehen, dürfte sich Gewissen nicht mehr angemessen denken lassen. Gegen das Gewissen als eine unbedingte Instanz hat Nietzsche auch zu bedenken gegeben, daß durchaus Menschen vorkommen, in denen die eigenen 'unrechten' Taten nicht die geringsten Schuldgefühle hervorrufen.

Von 'Egoistischem' an den Wurzeln der Moral war soeben noch einmal die Rede, von Selbstbezüglichkeit also auf dem Grunde moralischer Verbindlichkeit. Nietzsche geht in seiner Moralkritik, wie früher ausgeführt, noch einen Schritt weiter mit der These, daß es schlechterdings keine einzige unegoistische Handlung gibt. Dem braucht man, wenn nicht 'alles Wille zur Macht ist und nichts außerdem', nicht zu folgen. Und doch hinterläßt Nietzsche die Frage, ob je der Fall möglich ist, daß bei einer als altruistisch erscheinenden Handlung jegliches egoistische Motiv ausgeschlossen werden kann. Schon Kant hatte – zumindest für eine empirische Vergewisserung – in diesem Punkt nicht nur Zweifel.

Hier greifen natürlich auch Nietzsches *anthropologische Thesen,* die ebensosehr tradiertes menschliches Selbstverständnis unterminieren sollen, wie sie andererseits von Bedeutung sind für Nietzsches Entwürfe des Übermenschen und des höheren Typus. Was über den Willen zur Macht mit Bezug auf den Menschen hier unlängst gesagt worden ist, braucht nicht noch einmal wiederholt zu werden. Wenn sich auch für Nietzsche Anthropologisches von einer bestimmten Zeit ab an eng mit dem Willen zur Macht verbunden hat[6], bleiben seine anthropologischen Thesen doch auch unabhängig von dieser Dimension zu diskutieren. Ich erwähnte schon einmal, daß manche von ihnen in den modernen Wissenschaften vom Menschen Geltung haben und auch in der Literatur des 20. Jahrhunderts präsent sind.

Nietzsche hat sich scharfsinnig über das menschliche Triebleben geäußert, über die Komplexität des Wollens und den Kampf der Triebe. (Wie weit Beobachtungen dieser Art schon von anderen vor ihm mitgeteilt worden sein mögen, kann hier unerörtert bleiben.) Kritisch ist gegen Nietzsche zu sagen: Zwar finden innere Vorgänge durchaus, und etwa gar häufig, so statt, wie Nietzsche sie beschrieben hat. (Und überall da, wo das Ergebnis im Bereich des moralisch Indifferenten bleibt, ist aus ethischer Perspektive gar nichts dagegen einzuwenden.) Aber Nietzsche schießt durch seine Verallgemeinerung über das Ziel hinaus. Er setzt das Triebgeschehen absolut und eliminiert Vernunft als mögliche Entscheidungsinstanz. Die Komplexität des Wollens, die sehr wohl zum Phänomenbestand gehört, dient ihm dazu, einen Willen zu bestreiten, eine entschlußfähige Einheit, die in der Lage wäre, aufgrund von Einsicht und anders als triebhaft in das innere Geschehen ausschlaggebend einzugreifen. Analog verhält es sich bezüglich der vorbewußten Sphäre. Nietzsche hat Pionierarbeit geleistet, indem er ihre Bedeutung herausgearbeitet hat. Aber auch hier ging er zu weit. Er hat die präreflexive Ebene gegen das reflexive Bewußtsein ausgespielt und für die Umwertung der Werte in Anspruch genommen. Wenn denn schon das bewußt werdende 'Denken' (im weiten Sinn) nicht geleugnet werden kann, ja (als Bedingung von Mitteilung) für die Vergesellschaftung auch nach Nietzsche von positiver Bedeutung ist, so wird es von ihm doch als kleiner, oberflächlicher und schlechter Teil im Menschen gewertet (vgl. S. 58). Und er fragt: „*Wozu* überhaupt Bewusstsein, wenn es in der Hauptsache *überflüssig* ist?" (vgl. S. 56).

Differenziert sollte man auch Nietzsches Einstellung zum *Leib* beurteilen. Seine Neubewertung des Leibes halte ich für positiv. Aber Nietzsche verbindet mit ihr eine Herabsetzung der Vernunft zum bloßen Werkzeug des Leibes. Es gibt Gründe (in Nietzsches Werk und außerhalb), der Devise vom Leib als Maßstab aller Dinge sowie der totalen Instrumentalisierung von Vernunft nicht zuzustimmen. Und was das Rangverhältnis von Leidenschaften und Vernunft betrifft, wird man wohl feststellen dürfen, daß Nietzsche die Frage danach eher unterlaufen als gelöst hat, wo er die Vernunft bestimmte als ein Verhältnis der Leidenschaften zueinander.

Übrigens hat Kapitel 12 gezeigt, daß Nietzsche selbst seinen fundamentalen Thesen über den Menschen nicht durchgängig treu geblieben ist. Ähnlich steht es mit der Leugnung der *Freiheit*. Davon hat Kapitel 13 gehandelt.

Freilich genügt es nicht, Nietzsches Leugnung der Freiheit dadurch entgegenzutreten, daß man gegen sie Nietzsches eigene Inkonsequenz ins Feld führt. Fruchtbarer ist da wohl der (hier schon einmal gegebene) Hinweis auf einen Freiheitsspielraum, der durch die Einschränkung von Nietzsches Seinsthese zurückgewonnen wird. Aber Nietzsches Leugnung der Willensfreiheit ist älter als seine Seinsthese und steht in engem Zusammenhang mit anthropologischen Thesen, die auch unabhängig von einer Beziehung zum Willen zur Macht Gültigkeit für sich beanspruchen. Freilich: Schränkt man ihre Gültigkeit ein (wie soeben geschehen), dann schlägt das auf die Freiheitsfrage durch, und man wird Nietzsches Leugnung der Willensfreiheit mehr als skeptisch gegenübertreten dürfen. Allerdings bin ich der Auffassung, daß eine unbedingte Gewißheit dieser Freiheit weder als theoretische noch als praktische erreichbar ist (als praktische nicht, wenn man Zweifel am Sittengesetz als einem unleugbaren Faktum der reinen Vernunft hat), und ferner daß die Freiheit selbst nicht absolut (uneingeschränkt) ist. Was bleibt, ist ihr Vollzug in den Grenzen des Möglichen, der allem zuvor der Grundakt ihrer Bejahung ist.

Ein anderer Freiheitsakt konnte bei Nietzsche angetroffen werden (wenngleich letztlich doch im Widerspruch zum Fatum, solange dies keinen Freiheitsspielraum läßt): die *dionysische Bejahung* der Welt und des eigenen Selbst, das umfassende Ja zum Ganzen, das sich auch mit schmerzlichen Bedingtheiten versöhnt und kraftvoll genug ist, um Lust und Leid nicht nur zum Ausgleich zu bringen, sondern der Lust am Dasein das Übergewicht zu geben. Solche Bejahung hat den Nihilismus hinter sich gelassen und übt sich in der 'Treue zur Erde'. Mit dieser Konzeption hat Nietzsche viele angesprochen, und sie erscheint mir als aktuell. Nur hat sie bei Nietzsche eine Komponente, die in meinen vorigen Formulierungen nicht durchscheint (wie übrigens auch bei Nietzsche durchaus nicht in allen diesbezüglichen Äußerungen). Sie beinhaltet nämlich bei ihm das prinzipielle Ja auch zu solchem, das nach Maßstäben der Moral als böse erscheint. Anders gesagt: Sie verbindet sich mit der Position 'jenseits von Gut und Böse'. Demgemäß war vom Ethos des höheren Typus zu sagen, daß für es die dionysische Bejahung konstitutiv ist *und* daß es offen ist für den Immoralismus. Meinen Einspruch gegen das Zulassen von Immoralität hatte ich in Kapitel 12 schon angedeutet (wie ja auch in immanenter Kritik zu vermerken war, daß es Nietzsche nicht gelungen ist, den Immoralismus zu begründen bzw. zu rechtfertigen).

Die dionysische Bejahung war für Nietzsche essentiell Bejahung der *ewigen Wiederkunft des Gleichen*. Erst ganz zuletzt hat hier möglicherweise das Gedicht ›Ruhm und Ewigkeit‹ einen Wandel signalisiert. Das mag nunmehr auf sich beruhen, d. h. die Auseinandersetzung mit Nietzsche an diesem Punkt soll jetzt unabhängig von einer denkbaren späten Wende geführt werden. Nietzsches Ontologie des Willens zur Macht hatte die Verkettung von allem angenommen. Demnach bedeutet die Bejahung von einem die Bejahung von allem – ja von allem als ewig gleich wiederkehrend, wenn die ewige Wiederkunft des Gleichen gesetzt wird. Die Bejahung der ewigen Wiederkunft des Gleichen ist nach Nietzsche bei wahrhaftigen und des Leidens fähigen Menschen[7] das Kriterium für die Aufrichtigkeit und Tiefe der Seinsbejahung. *Dafür* muß der Gedanke der ewigen Wiederkunft nicht einmal wahr sein (und also auch nicht bewiesen sein). Es genügt, daß die Welt samt dem eigenen Selbst ernst und entschlossen bejaht wird so, als ob alles ewig als Gleiches wiederkehrte[8]. Unter diesem Aspekt wäre der Gedanke der ewigen Wiederkunft des Gleichen eine „*Ausdeutung der That*", worunter Nietzsche versteht: „ein *Zielsetzen* und darauf hin das Thatsächliche einformen" (NF VIII 2, 23). Das erreichte Ziel einer unbedingten dionysischen Bejahung würde Mensch und Welt verwandeln (anders „einformen").

Die Frage für ein kritisches Weiterdenken ist nun: Sollte die dionysische

Bejahung der Welt und des eigenen Selbst – gesetzt, man hält sie für wichtig – mit dem Gedanken der ewigen Wiederkunft des Gleichen unter dem Zeichen eines Als-ob verbunden bleiben? Auch um den Preis, jenes Kriteriums der Aufrichtigkeit verlustig zu gehen, möchte ich die Frage verneinen. Denn, wenn (zufolge der Aporie von Nietzsches absoluter Seinsthese) doch nicht die unauflösliche Verkettung von *allem* mit *allem* anzusetzen ist, dann ist gar nicht mehr einzusehen, warum vermeidbares, von Menschen in Vergangenheit und Gegenwart erzeugtes Leiden und schuldhaftes menschliches Versagen bejaht werden sollten so, als ob sie in alle Zukunft hinaus gleich wiederkehren müßten[9].

Meine vorangegangenen Ausführungen enthalten bereits Stellungnahmen zum höheren Typus (bzw. zum Übermenschen – hier braucht inzwischen nicht mehr unterschieden zu werden) und zu seinem Ethos. Ich ergänze sie, indem ich die Vornehmheit des höheren Typus aufgreife. In Kapitel 12 (S. 215ff.) hat sich schon gezeigt: Die Prüfung, ob Vornehmheit ein für jeden Mitdenkenden verbindliches Maß für den Rang und Vorrang des höheren Typus abgibt, führt zu einem negativen Ergebnis. Wer nicht schon als Vornehmer im Sinne Nietzsches an seinem Selbstgefühl und Distanzgefühl den Maßstab seines Wertes zu haben meint, kann auf dem Weg über die Vornehmheit nicht von Rang und Vorrang des höheren Typus überzeugt werden. Ferner: Wer sich, wie ich es schon getan habe, gegen Immoralität ausspricht, hat sich damit gegen den Grundzug der in Nietzsches Sinne verstandenen Vornehmheit gewendet. Als Herren-Moral setzt die Vornehmheit den Gegensatz gut – schlecht, und das heißt vornehm – verächtlich voraus. Dem Vornehmen, dem Herren, sind die Beherrschten die Verächtlichen, ja das 'Vieh'; von Natur den Herren untertan, dürfen sie seinem Egoismus geopfert werden. Ich hatte solche Vornehmheit schon als menschenverachtend und extrem elitär abgewertet. Man würde aber Nietzsche nicht gerecht, wollte man sein gesamtes Denken so abstempeln und es etwa gar von hier aus als undiskutabel beiseite schieben. Wie ja auch an den Kontrapunkt zu erinnern ist, an Nietzsches (allerdings bodenloses) Setzen 'alter' Tugenden in seinem Ethos-Konzept (vgl. vor allem S. 204ff. mit Anm. 59, ferner S. 218ff.). Es war herauszustellen, daß das von Nietzsche konzipierte 'Ethos jenseits von Gut und Böse' neben der Immoralität Humanes zuläßt – ein Tatbestand, der durch die immoralistischen Zuspitzungen im Kontext der Vornehmheit (und das heißt zugleich des Maßstab- und Vorrangproblems) leicht verdeckt, jedoch nicht beseitigt wird.

In Nietzsches Konzept des höheren Typus sind grundlegend: machtvollster menschlicher Wille zur Macht; die aufs Äußerste gesteigerte Individualität; die dionysische Bejahung der Welt und des eigenen Selbst; das Zulassen von Immoralität und – hiermit in Verbindung – die 'Vornehmheit'. Wer auch nur eine dieser Bestimmungen preisgibt, hat damit das *Gesamt*konzept des höheren Typus als solches preisgegeben. Das schließt aber ein positives Umdenken des Konzepts nicht aus. In diesem Sinne läßt sich sagen: Weist man Immoralität und 'Vornehmheit' als nicht gerechtfertigt und nicht zu rechtfertigen zurück, dann ist es (Freiheit vorausgesetzt) möglich, menschlichen Willen zur Macht und das Verwirklichen von Individualität in die Grenzen des Humanen einzuschließen und im dionysischen Ja die vermeidbare Verletzung anderer (ja der 'Welt') durch menschliches Wirken gerade nicht mitzubejahen. Innerhalb dieser Grenzen mag dann auch ein beglückendes Machtgefühl zugelassen sein (etwa als Glück des Gelingens auf den verschiedenen Feldern menschlichen Tuns, jedoch eben nicht des Gelingens von Unterwerfung anderer), vielleicht sogar der Rausch als derjenige Modus des Machtgefühls, dem eine Vervollkommnung der Dinge oder auch die 'Verschönerung' eines kraftvollen, in sich reichen Individuums (vgl. S. 166f.) zu danken sind. Überhaupt kann angeknüpft werden an Nietzsches Plädoyer für die innere Differenziertheit und Vielfalt eines Individuums und deren zunehmende Koordination, für die Harmonisierung starker Begehrungen, für ein beglückendes Verhältnis von Sinnlichkeit und Geist, bei dem Geist und Sinne wechselseitig ineinander heimisch sind – freilich, hier befindet man sich mit Nietzsche dann auch in der Nähe von Tradition (ich hatte Schiller namhaft gemacht).

Zeichnet sich so die Möglichkeit ab, einiges aus Nietzsches Konzept des höheren Typus anzueignen (und das meiste davon im Zuge des Umdenkens), so ist nun allerdings die Frage zu akzentuieren: Brauchen und wollen wir einen *höheren* Typus? Meine erste Antwort auf diese Frage ist dadurch schon vorbereitet, daß ich das Elitäre von Nietzsches Konzept zurückgewiesen habe. Ich ziehe diese Linie aus und sage: Es spricht alles gegen einen 'Stand' von höheren Individuen, der einen anderen, niedrigeren Stand (oder mehrere solcher Stände) außer sich und unter sich hat. Läßt man das Kastenwesen beiseite, bleibt freilich zu fragen: Sollten wir einen 'Typus' entwerfen, der die von der Tradition gedachten Vollendungsmöglichkeiten des Menschen *übertrifft?* Die Erfahrungen, die Nietzsches diesbezügliche Versuche vermittelt haben, motivieren kaum dazu.

Anders steht es mit der Frage: Brauchen wir – im ausgehenden 20. Jahrhundert und darüber hinaus – einen *neuen* 'Typus', besser gesagt: eine allgemeine Verwandlung des Menschen und ein sie leitendes Ethos? Manche bejahen inzwischen zu Recht diese Frage. Allerdings ist zu präzisieren: Verwandeln sollte sich der Mensch der fortgeschrittenen Industrie- und Konsumgesellschaft; und bewirkt werden sollte, daß er, so wie er jetzt ist (mit dem Ganzen seiner Grundhaltungen und Lebensformen), in denjenigen Regionen der Erde, in denen die Menschen (oder eine Mehrheit von Menschen) an den Segnungen der Industrialisierung und freien Marktwirtschaft derzeit nicht teilhaben, nicht als erstrebenswert erscheint. Insofern brauchen wir für alle ein neues Ethos, oder jedenfalls ein Ethos, in das neue Verpflichtungen aufgenommen sind. Es müßte dem Tatbestand entsprechen, daß für verantwortliche Daseins- und Weltbejahung in den letzten Jahrzehnten bis dahin nicht gekannte Dimensionen entstanden sind. „Treue zur Erde", sollten wir sie denn leisten wollen, umfaßt heute mehr, als was Nietzsche konkret vor Augen haben konnte.

Von Nietzsche her gesehen läßt sich – in Fortführung und Akzentuierung des schon Ausgeführten – sagen: Einschränkung des Willens zur Macht ist möglich (und nötig); Gegensätze im strikten Sinn (auch den von Gut und Böse) kann es geben; Entwerfen und Schaffen von Neuem ist möglich; von der Tradition sind wir nicht radikal abgeschnitten, wir können sie daraufhin befragen, ob und wie weit sie uns kritische Aneignung erlaubt mit Bezug auf ein zu verwandelndes Ethos (und auf anderen Gebieten).

Es stellt sich uns – und gerade auch aufgrund der Erfahrungen, die mit letztendlich unbegründeten Setzungen bei Nietzsche zu machen sind – das Problem der Ethos*begründung*. Einsichtige, verbindliche Begründung erscheint als nötig, soll das Feld nicht den Ideologien überlassen werden. Engagierte und höchst bedenkswerte Versuche gibt es (z. B. den metaphysischen von Jonas und den transzendentalphilosophischen von Apel[10]), aber sie dokumentieren meines Erachtens eher das äußerst schwierige Problem der Ethosbegründung als seine Lösung. Freilich, ihnen gegenüber nehmen sich die wenigen Hinweise, die ich hier noch anfüge, in ihrer außerordentlichen Vorläufigkeit sehr mager aus. Ich habe Zweifel, ob es möglich ist, philosophisch – metaphysisch oder transzendental oder wie immer – Verpflichtungen aufzudecken, die je schon für uns Menschen bestehen. (Meine Skepsis gegenüber dem als kontradiktorisch gedachten Gegensatz von An-sich-seiendem und Relativem – und damit auch von an sich Gutem und bloß relativ Gutem – habe ich an früherer Stelle dieses Kapitels schon zum Ausdruck gebracht.) Mir scheint: Wir *haben kein* Ethos, wenn *wir selbst* es nicht in Kraft setzen (und in Kraft halten), dessen *Grund* (in diesem Sinne) wir nicht selbst sind. Und: Wir setzen kein *Ethos* in Kraft (sondern machen nur beliebige Entwürfe, erzeugen Ideologien), wenn wir nicht das, *was* wir als gut setzen, *als gut* zu *begründen* vermögen.

Was das erstere betrifft, läßt sich von gewolltem Sollen, von einer durch Freiheitsakte gestifteten Moral, von einer Wahl der Sittlichkeit sprechen. Am Anfang stehen hier die (selbst nicht zu begründenden) Grundakte der Bejahung von Freiheit, der Bejahung von Vernunft bzw. vernünftigem Willen (als Einsicht und Entscheidungsinstanz für Gutes und Böses, nicht nur für Mittel und Wege)[11], sowie der (dionysischen) Selbst- und Weltbejahung; in ihrem Ensemble schließen sie die Bejahung (Anerkennung) des Anderen schon ein. Eingestanden werden muß beim Inkraftsetzen des Ethos eine Zirkularität (und damit eine Schwierigkeit besonderer Art): Wahl der Sittlichkeit, Stiften von Moral durch Freiheitsakte, setzt (zumindest bis zu einem gewissen Grad) Sittlichkeit schon voraus. (Anders kann es sich beim Recht verhalten.)

Zum zweiten: Was im Ethos im einzelnen als Tugend oder Norm gesetzt wird, ist als gut zu begründen. Soweit es sich um die Aufnahme 'alter' Tugenden ins Ethos handeln mag, ist – nach Nietzsche – zu sagen: Sie sind weder deshalb schon in Kraft, weil sie 'alt', ehrwürdig und gewohnt sind, noch gegebenenfalls deshalb, weil Nietzsche auf sie nicht verzichtet hat. Sie sind – begründet – neu in Kraft zu setzen.

Woraus aber wären Tugenden oder Normen zu begründen? Anders formuliert: *Worauf* ließen sie sich gründen? Einerseits auf ein philosophisches Wissen vom Menschen, seinen positiven Möglichkeiten und seinem (wahren) Glück – d. h. auf eine (für philosophische Tradition und moderne Wissenschaft vom Menschen offene) nachmetaphysische Anthropologie. Andererseits auf Erkenntnis der Welt (im Sinne des globalen Lebensraums der Menschheit), genauer gesagt: unserer gegenwärtigen Welt und ihrer Zukunftsperspektiven, sowie ferner der gegenwärtigen Lebensverhältnisse *aller* Menschen auf der Erde und der diesbezüglichen Zukunftsperspektiven. Damit ist die geschichtliche Dimension, ja sind bestimmte Hinsichten auf Nutzen und Gefahrenabwendung für die Begründung von Tugenden und Normen relevant. So ließe sich beispielsweise denken, daß für das, was Kant als zweite Formel eines kategorischen Imperativs eingeführt hat, eine im obigen Sinne anthropologische Begründung des Gutseins gefunden werden kann, so daß es möglich wäre – auf dem Boden der bezeichneten Grundakte – begründet in Kraft zu setzen: „Handle so, daß du die Menschheit, sowohl in deiner Person, als in der Person eines jeden anderen, jederzeit zugleich als Zweck, niemals bloß als Mittel brauchest."[12] Andererseits würden Zukunftsperspektiven zeigen, daß, so wichtig es ist, andere nicht bloß *als Mittel* zu brauchen, *diese* Einschränkung menschlicher Willkür ergänzt werden muß. Die Menschen der Zukunft benutzen wir nicht als Mittel. Wohl aber achten wir sie nicht, wenn wir Zerstörungen des globalen Lebensraumes bewirken und in Kauf nehmen.

Verwandlung des Ethos setzt Prozesse des Umdenkens voraus. Diese gehen naturgemäß von wenigen aus. Aber nur wenn sie eine Mehrheit erfassen, werden sie wirksam. So bedarf es vielleicht 'neuer Philosophen', die Werte schaffen bzw. die Rangordnung der Werte neu bestimmen (wobei sie hier und da aneignend-umdenkend an Nietzsche anknüpfen könnten – vgl. S. 261 f.). Und es bedarf des Inkraftsetzens solch neuer Rangordnung durch eine Mehrheit, als Ethos – und etwa auch als Recht in den von Nietzsche so wenig geliebten Demokratien. In diesem Kontext ist Nietzsches Vorausschau auf Weltpolitik und Weltwirtschaft aktuell. Und „Treue zur Erde", für die er sich so stark gemacht hat, dürfte wirklich das Gebot der Stunde sein.

ANMERKUNGEN

1. Die Destruktion von 'Logik' und Metaphysik

¹ Dazu greife ich im folgenden knapp einige hier unerläßliche Punkte auf, deren eingehendere Behandlung und Kritik ich in ›Wahrheit und Wahrheitsgrund‹ (Kap. 6) vorgelegt habe.

² Die erste Erwähnung in *veröffentlichten* Schriften findet sich im ›Zarathustra‹, im Nachlaß gemäß Figl (Interpretation als philosophisches Prinzip, 45) in VII 1, 191 (November 1882–Februar 1883). Einen auf das spätere Konzept vordeutenden Gebrauch des Ausdrucks hat Kaufmann (Nietzsche, 209) für 1876/1877 nachgewiesen (IV 2, 521).

³ Für einige dieser Schemata läßt sich erklären, wie der Mensch auf sie verfiel. Ein Beispiel für derartige Überlegungen Nietzsches findet sich in der ›Götzen-Dämmerung‹ (Die vier grossen Irrthümer, 3 / VI 3, 85) – zu beachten ist, daß die genannten inneren Tatsachen, wie sich in Kapitel 4 zeigen wird, nach Nietzsche keine Tatsachen sind: „Der Mensch hat seine drei 'inneren Thatsachen', Das, woran er am festesten glaubte, den Willen, den Geist, das Ich, aus sich herausprojicirt, – er nahm erst den Begriff Sein aus dem Begriff Ich heraus, er hat die 'Dinge' als seiend gesetzt nach seinem Bilde, nach seinem Begriff des Ichs als Ursache. [...] Und selbst noch Ihr Atom, meine Herren Mechanisten und Physiker, wie viel Irrthum, wie viel rudimentäre Psychologie ist noch in Ihrem Atom rückständig!"

⁴ So „musste, damit der Begriff der Substanz entstehe, der unentbehrlich für die Logik ist, ob ihm gleich im strengsten Sinne nichts Wirkliches entspricht, – lange Zeit das Wechselnde an den Dingen nicht gesehen, nicht empfunden worden sein" (FW 111 / V 2, 150).

⁵ Die Stelle enthält eine Kritik an Kants theoretischer Philosophie, vielleicht auch an Schopenhauer und Nietzsches eigener früher Metaphysik (in: ›Die Geburt der Tragödie‹). Daß Nietzsche mit der im vorigen umrissenen Position überhaupt Kants Kritik der theoretischen Vernunft überbietet, ja mit destruiert, braucht kaum vermerkt zu werden.

⁶ Nietzsches Destruktionsversuch zielt auf Wahrheit als Angleichung von Verstand und Sache; Nietzsche glaubt aber fälschlich, damit alles Wahrheitsverständnis der Tradition getroffen zu haben.

⁷ NF VIII 2, 48 f.: „Moralisch ausgedrückt: *ist die Welt falsch.* [...] / Der Wille zur Wahrheit ist ein Fest-*machen,* ein Wahr-Dauerhaft-*Machen,* ein Aus-dem-Auge-schaffen jenes *falschen* Charakters, eine Umdeutung desselben ins *Seiende.* / Wahrheit ist somit nicht etwas, was da wäre und was aufzufinden, zu entdecken wäre, sondern etwas, *das zu schaffen ist* und das den Namen für einen *Prozeß* abgiebt, mehr noch für einen Willen der Überwältigung, der an sich kein Ende hat: Wahrheit hineinlegen, als ein processus in infinitum, ein *aktives Bestimmen, nicht* ein Bewußtwer-

den von etwas, <das> 'an sich' fest und bestimmt wäre. Es ist ein Wort für den 'Willen zur Macht'". NF VIII 1, 151: „Man findet in den Dingen nichts wieder als was man nicht selbst hineingesteckt hat". NF VIII 2, 82: „Unsre subjektive Nöthigung, an die Logik zu glauben, drückt nur aus, daß wir, längst bevor uns die Logik selber zum Bewußtsein kam, nichts gethan haben *als ihre Postulate in das Geschehen hineinlegen:* jetzt finden wir sie in dem Geschehen vor – wir können nicht mehr anders" („hineinlegen" fettgedruckt).

⁸ Vgl. dazu schon MA I 18 / IV 2, 34 ff.

⁹ Vgl. NF VIII 1, 243 f.

¹⁰ Vgl. JGB 21 / VI 2, 29 f.; GM I 13 / VI 2, 293; GD, Die „Vernunft" in der Philosophie, 5 / VI 3, 71; NF: VIII 1, 12 f.; 134; 257 f.; VIII 2, 48; 81 f.

¹¹ Vgl. zu dem Gedankenkomplex noch NF VIII 2, 49: „Der Mensch projicirt seinen Trieb zur Wahrheit, sein 'Ziel' in einem gewissen Sinn außer sich als *seiende* Welt, als metaphysische Welt, als 'Ding an sich', als bereits vorhandene Welt."

¹² Vgl. NF VIII 3, 72: „die scheinbare Welt gilt uns nicht als eine 'werthvolle' Welt; der Schein soll eine Instanz gegen die oberste Werthheit sein. Werthvoll an sich kann nur eine 'wahre' Welt sein ... // Erstens: man behauptet, sie existirt / zweitens: man hat eine ganz bestimmte Werthvorstellung von ihr". (Den Ausdruck „scheinbare Welt" dürfte Nietzsche von Gustav Teichmüller übernommen haben, dessen 1882 erschienenes Werk ›Die wirkliche und die scheinbare Welt. Neue Grundlegung der Metaphysik‹ für ihn ab 1883 wichtig war. Zum Verhältnis Nietzsches zu Teichmüller vgl. Dickopp, Zum Wandel von Nietzsches Seinsverständnis – African Spir und Gustav Teichmüller.)

¹³ Vgl. VI 1, 32. In demselben ›Zarathustra‹-Kapitel (›Von den Hinterweltlern‹) hat Nietzsche zuvor, als Selbstkritik Zarathustras, eine Kritik seiner eigenen frühen Metaphysik gegeben. Vgl. zu dieser meinen Aufsatz ›Dionysos als Ding an sich‹.

¹⁴ Vgl. NF VIII 2, 38.

¹⁵ Zur Nihilismusproblematik vgl. S. 43 ff.

¹⁶ Vgl. die differenziertere Darstellung S. 29 f.

¹⁷ Zu diesen Ausführungen Nietzsches stellt sich die Philosophie des Aristoteles quer. Ethik und Metaphysik berühren sich bei ihm zwar bei einigen dianoetischen Tugenden (vor allem der Weisheit, die ihren hohen Rang ihrem Bezug zum Immerseienden verdankt), aber seine Ethik ist im übrigen dezidiert unmetaphysisch. Vgl. S. 30 f.

¹⁸ In dem Aphorismus ›Die Feindschaft der Deutschen gegen die Aufklärung‹ erwähnt Nietzsche Kant, „der so seine eigene Aufgabe bestimmte – 'dem Glauben wieder Bahn zu machen, indem man dem Wissen seine Gränzen wies.'" (M 197 / V 1, 172 – vgl. Kant, Kritik der reinen Vernunft, B XXIX f.).

¹⁹ Nietzsche an Franz Overbeck am 9. 1. 1887 (KGB III 5, 9).

²⁰ Im ›Nachlaß‹ heißt es unter dem Titel ›Die Metaphysiker‹: „Ich spreche vom *größten Unglück* der neueren Philosophie – von *Kant* ... [...] Kant: Weg zum 'alten Spiel': *das haben Alle verstanden*" (NF VIII 3, 336; „Alle" fettgedruckt). Hegel wird dagegen nur „etwas vom schwäbischen Gottvertrauen, vom kuhmäßigen Optimismus" bescheinigt (ebd.).

²¹ Ergänzend sei darauf verwiesen, daß Nietzsche in ferner Vergangenheit noch weitere Wurzeln der 'anderen', 'eingebildeten' Welt ausgräbt. Früh artikuliert er die

Hypothesen: „Im Traume glaubte der Mensch in den Zeitaltern roher uranfänglicher Cultur eine *zweite reale Welt* kennen zu lernen; hier ist der Ursprung aller Metaphysik. Ohne den Traum hätte man keinen Anlass zu einer Scheidung der Welt gefunden. Auch die Zerlegung in Seele und Leib hängt mit der ältesten Auffassung des Traumes zusammen, ebenso die Annahme eines Seelenscheinleibes, also die Herkunft alles Geisterglaubens, und wahrscheinlich auch des Götterglaubens. 'Der Todte lebt fort; *denn* er erscheint dem Lebenden im Traume': so schloss man ehedem, durch viele Jahrtausende hindurch" (MA I 5 / IV 2, 23). – FW 151 / V 2, 172 f. heißt es dann: „Das metaphysische Bedürfniss ist nicht der Ursprung der Religionen, [...] sondern nur ein *Nachschössling* derselben [...] Das aber, was in Urzeiten zur Annahme einer 'anderen Welt' überhaupt führte, war *nicht* ein Trieb und Bedürfniss, sondern ein *Irrthum* in der Auslegung bestimmter Naturvorgänge". Ähnlich argumentiert Nietzsche in Aphorismus 33 der ›Morgenröthe‹ (V 1, 38 f.) im Rahmen seiner Untersuchungen zur Sittlichkeit der *Sitte*. (Zu dieser vgl. S. 23 ff.)

²² Sein früher kritischer Standpunkt läßt sich den Aphorismen 9, 10 und 16 von ›Menschliches, Allzumenschliches‹ I entnehmen (IV 2, 25 f. und 32 ff.), die zugleich einschlägig für die Metaphysikkritik überhaupt in diesem Werk sind. Sie enthalten die Pointe, daß, gesetzt selbst das Ding an sich und eine metaphysische Welt ließen sich als daseiend beweisen, es doch für den Menschen nunmehr nichts Bedeutungsloseres und Uninteressanteres geben könnte als dieses unbekannte schlechthin Andere.

²³ Vgl. NF VIII 1, 189 f.

²⁴ Vgl. NF VIII 1, 246 f.

²⁵ Auch hier hat wieder die „Psychologie der Metaphysik" etwas aufzudecken: „Insgleichen ist die *Unvernunft,* das Willkürliche, Zufällige von ihnen [den Metaphysikern] gehaßt worden (als Ursache zahlloser phys‹ischer› Leiden) *Folglich* negirten sie dies Element im An-sich-Seienden, faßten es als absolute 'Vernünftigkeit' und 'Zweckmäßigkeit'" (NF VIII 3, 336 f. – „Unvernunft" fettgedruckt).

²⁶ Zu Nietzsches *früher* Kritik an der Teleologie sind Aphorismus 122 und 123 der ›Morgenröthe‹ zu vergleichen, letzterer, weil er das Dasein menschlicher Vernunft in der Welt von einem Zweck ablöst, womit wiederum (u. a.) Kant besonders getroffen wird (V 1, 113 f.). – Zum Thema „Die Vernunft in der Welt" spricht übrigens schon MA II (2) 2 / IV 3, 178; hier macht Nietzsche einen Schluß „a parte ad totum", nämlich von unserer *so wenig vernünftigen* Vernunft auf die Welt, deren Teil sie ist.

²⁷ In ›Menschliches, Allzumenschliches‹, wo Nietzsches Kritik der Metaphysik durchaus schon ihre Schärfe hat, äußert er sich zugleich sehr positiv über sie (MA I 20 / IV 2, 37 f.). Noch im ›Zarathustra‹ heißt es: „Und wahrlich, ihr berühmten Weisen, ihr Diener des Volkes! Ihr selber wuchset mit des Volkes Geist und Tugend – und das Volk durch euch! Zu euren Ehren sage ich das!" (VI 1, 129)

²⁸ Vgl. NF VIII 2, 30: „*Fiktion einer Welt,* welche unseren Wünschen entspricht, psychologische Kunstgriffe und Interpretationen, um alles, was wir ehren und als angenehm empfinden, mit dieser *wahren Welt* zu verknüpfen. / 'Wille zur Wahrheit' auf dieser Stufe ist wesentlich *Kunst der Interpretation;* wozu immer noch Kraft der Interpretation gehört. / Dieselbe Species Mensch, noch eine Stufe *ärmer* geworden, *nicht mehr im Besitz der Kraft* zu interpretiren, des Schaffens von Fiktionen, macht den

Nihilisten." Vgl. ferner den Gebrauch von „Interpretation" in der auf S. 44 zitierten Stelle NF VIII 1, 216.

²⁹ Vgl. NF VIII 3, 111: „– Schaffen wir die wahre Welt ab: und, um dies zu können, haben wir die bisherigen obersten Werthe abzuschaffen, die Moral . . ."

2. Die Destruktion der absoluten Moral

¹ Das heißt nicht, daß sich in ›Menschliches, Allzumenschliches‹ nicht manches Diktum fände, das Nietzsche später nicht mehr getan hätte – man vergleiche etwa II (1) 230 und 233 / IV 3, 120 und 121.

² Vgl. JGB 228 / VI 2, 170 f.: „Man sehe sich zum Beispiel die unermüdlichen unvermeidlichen englischen Utilitarier an, wie sie plump und ehrenwerth in den Fusstapfen Bentham's, daher wandeln [...]. Kein neuer Gedanke, Nichts von feinerer Wendung und Faltung eines alten Gedankens, nicht einmal eine wirkliche Historie des früher Gedachten [...]. Zuletzt wollen sie Alle, dass die *englische* Moralität Recht bekomme: insofern gerade damit der Menschheit, oder dem 'allgemeinen Nutzen' oder dem 'Glück der Meisten', nein! dem Glücke *Englands* am besten gedient wird; sie möchten mit allen Kräften sich beweisen, dass das Streben nach *englischem* Glück, ich meine nach comfort und fashion (und, an höchster Stelle, einem Sitz im Parlament) zugleich auch der rechte Pfad der Tugend sei [...]. Keins von allen diesen schwerfälligen, im Gewissen beunruhigten Heerdenthieren (die die Sache des Egoismus als Sache der allgemeinen Wohlfahrt zu führen unternehmen –) will etwas davon wissen und riechen, dass die 'allgemeine Wohlfahrt' kein Ideal, kein Ziel, kein irgendwie fassbarer Begriff, sondern nur ein Brechmittel ist".

³ Vgl. JGB 252 / VI 2, 203: „Das ist keine philosophische Rasse – diese Engländer: Bacon bedeutet einen *Angriff* auf den philosophischen Geist überhaupt, Hobbes, Hume und Locke eine Erniedrigung und Werth-Minderung des Begriffs 'Philosoph' für mehr als ein Jahrhundert. *Gegen* Hume erhob sich Kant [...]. – Woran es in England fehlt und immer gefehlt hat [...] – an eigentlicher *Macht* der Geistigkeit, an eigentlicher *Tiefe* des geistigen Blicks, kurz, an Philosophie." Daß Nietzsche die Akzente auch etwas anders setzen kann, soll allerdings nicht verschwiegen werden. 1887 notiert er, Kant mache „den erkenntnißtheoretischen Scepticismus der Engländer *möglich* für Deutsche", und führt dafür u. a. an: „indem er ihn scholastisch verschnörkelte und verkräuselte und dadurch dem wissenschaftlichen Form-Geschmack der Deutschen annehmbar machte (denn Locke und Hume an sich waren zu hell, zu klar d. h. nach deutschen Werthinstinkten geurtheilt 'zu oberflächlich' –)" (NF VIII 2, 4).

⁴ Vgl. zu dieser Beziehung Donnellan, Nietzsche and the French moralists.

⁵ Nietzsche fand Anknüpfungspunkte bei der griechischen Sophistik. – Vgl. NF VIII 3, 84 f.; siehe ferner hier S. 29. Da Nietzsche ›Menschliches, Allzumenschliches‹ ein Zitat aus Descartes' ›Discours de la méthode‹ vorangestellt hat (›An Stelle einer Vorrede‹; IV 2, 3), dürfte er in dieser Schrift Descartes' Teil 1, Ziffer 15 gelesen haben, wo es heißt: „Freilich, solange ich nur die Lebensweise anderer Menschen betrachtete, fand ich kaum etwas, das mir Sicherheit geben konnte, und ich bemerkte hier fast ebenso große Unterschiede wie vorher unter den Lehren der Philosophen.

So bestand der größte Nutzen, den ich daraus zog, in der Beobachtung, daß manches, obgleich es uns ganz überspannt und lächerlich erscheint, doch immerhin bei anderen großen Völkern allgemein verbreitet ist und gebilligt wird [...]."

⁶ Vgl. MA I 1 / IV 2, 19: „Die historische Philosophie [...], welche gar nicht mehr getrennt von der Naturwissenschaft zu denken ist, die allerjüngste aller philosophischen Methoden [...]".

⁷ Vgl. JGB 186 / VI 2, 108: „Gerade dadurch, dass die Moral-Philosophen die moralischen facta nur gröblich, in einem willkürlichen Auszuge oder als zufällige Abkürzung kannten, etwa als Moralität ihrer Umgebung, ihres Standes, ihrer Kirche, ihres Zeitgeistes, ihres Klima's und Erdstriches, – gerade dadurch, dass sie in Hinsicht auf Völker, Zeiten, Vergangenheiten schlecht unterrichtet und selbst wenig wissbegierig waren, bekamen sie die eigentlichen Probleme der Moral gar nicht zu Gesichte: – als welche alle erst bei einer Vergleichung *vieler* Moralen auftauchen. In aller bisherigen 'Wissenschaft der Moral' *fehlte,* so wunderlich es klingen mag, noch das Problem der Moral selbst: es fehlte der Argwohn dafür, dass es hier etwas Problematisches gebe. Was die Philosophen 'Begründung der Moral' nannten und von sich forderten, war, im rechten Lichte gesehn, nur eine gelehrte Form des guten *Glaubens* an die herrschende Moral, ein neues Mittel ihres *Ausdrucks,* also ein Thatbestand selbst innerhalb einer bestimmten Moralität, ja sogar, im letzten Grunde, eine Art Leugnung, dass diese Moral als Problem gefasst werden *dürfe:* – und jedenfalls das Gegenstück einer Prüfung, Zerlegung, Anzweiflung, Vivisektion eben dieses Glaubens."

⁸ „Ihr gewöhnlicher Fehler in der Voraussetzung ist, dass sie irgend einen consensus der Völker, mindestens der zahmen Völker über gewisse Sätze der Moral behaupten und daraus deren unbedingte Verbindlichkeit, auch für dich und mich, schliessen" (V 2, 260f.).

⁹ Vgl. den schon einmal beigezogenen Aphorismus 139 der ›Morgenröthe‹ (V 1, 129).

¹⁰ In diesem Zusammenhang verdienen zwei frühe Aphorismen Beachtung: „*Das Ueber-Thier.* – Die Bestie in uns will belogen werden; Moral ist Nothlüge, damit wir von ihr nicht zerrissen werden. Ohne die Irrthümer, welche in den Annahmen der Moral liegen, wäre der Mensch Thier geblieben. So aber hat er sich als etwas Höheres genommen und sich strengere Gesetze auferlegt" (MA I 40 / IV 2, 62). Man wird das Übertier sicher als *das Tier* verstehen sollen, das sich, indem es sich für höher als die Tiere hielt, von der Bestie zu einem zahmen Tier gewandelt hat. – „*Grausame Menschen als zurückgeblieben.* – Die Menschen, welche jetzt grausam sind, müssen uns als Stufen *früherer Culturen* gelten, welche übrig geblieben sind: das Gebirge der Menschheit zeigt hier einmal die tieferen Formationen, welche sonst versteckt liegen, offen [...]" (MA I 43 / IV 2, 64).

¹¹ Vgl. den Kontext des folgenden Zitats.

¹² Zum bloßen Gradunterschied von Gutem und Bösem in ›Menschliches, Allzumenschliches‹ vgl. S. 35f.

¹³ Vgl. MA I 107 / IV 2, 102: „fortwährend ist jeder Gesellschaft, jedem Einzelnen eine Rangordnung der Güter gegenwärtig, wonach er seine Handlungen bestimmt und die der Anderen beurtheilt. Aber dieser Maassstab wandelt sich fortwährend, viele Handlungen werden böse genannt und sind nur dumm, weil der Grad der Intelligenz, welcher sich für sie entschied, sehr niedrig war"; so kommt „uns jetzt das

Handeln und Urtheilen zurückgebliebener wilder Völkerschaften beschränkt und übereilt" vor.

¹⁴ Vgl. FW 43 / V 2, 83 f.: „Man vergreift sich sehr, wenn man die Strafgesetze eines Volkes studirt, als ob sie ein Ausdruck seines Charakters wären; die Gesetze verrathen nicht Das, was ein Volk ist, sondern Das, was ihm fremd, seltsam, ungeheuerlich, ausländisch erscheint. [...] und die härtesten Strafen treffen Das, was der Sitte des Nachbarvolkes gemäss ist." (Siehe auch den Fortgang des Aphorismus.) Ferner Za VI 1, 70: „Leben könnte kein Volk, das nicht erst schätzte; will es sich aber erhalten, so darf es nicht schätzen, wie der Nachbar schätzt." (Siehe auch hier den Fortgang, in dem vom Willen zur Macht her noch ein besonderer Akzent gesetzt wird.) – Nietzsches Aktualität in diesem Punkt läßt sich aus psychoanalytischen und sozialpsychologischen Untersuchungen von Vertretern der Friedensbewegung belegen; vgl. aus Tugendhats Resümee: „1. Es besteht im allgemeinen eine innergesellschaftliche Tendenz, sich gegen einen äußeren Feind zu definieren; 2. es gibt eine Tendenz, die eigene positive Wertigkeit und die negative Wertigkeit des Feindes zu überschätzen" (Nachdenken über die Atomkriegsgefahr, 101).

¹⁵ Vgl. NF VIII 1, 268: „Was ist das *Kriterium* der moralischen Handlung? 1) ihre Uneigennützigkeit 2) ihre Allgemeingültigkeit usw. Aber das ist Stuben-Moralistik. Man muß die Völker studiren und zusehn, was jedes Mal das Kriterium ist [...]. Unmoralisch heißt 'untergang-bringend'. Nun sind alle diese Gemeinschaften, in denen diese Sätze gefunden wurden, zu Grunde gegangen: einzelne dieser Sätze sind immer von Neuem unterstrichen worden, weil jede neu sich bildende Gemeinschaft sie wieder nöthig hatte z. B. 'du sollst nicht stehlen'."

¹⁶ Für diesen Gedankenkomplex ist der ganze Aphorismus 201 in ›Jenseits von Gut und Böse‹ einschlägig (VI 2, 123 ff.), aus dem hier nur Schlaglichter mitgeteilt werden sollen: „So lange die Nützlichkeit, die in den moralischen Werthurteilen herrscht, allein die Heerden-Nützlichkeit ist, so lange der Blick einzig der Erhaltung der Gemeinde zugewendet ist, und das Unmoralische genau und ausschliesslich in dem gesucht wird, was dem Gemeinde-Bestand gefährlich scheint: so lange kann es noch keine 'Moral der Nächstenliebe' geben. [...] Zuletzt ist die 'Liebe zum Nächsten' immer etwas Nebensächliches [...] im Verhältniss zur *Furcht vor dem Nächsten*. Nachdem das Gefüge der Gesellschaft im Ganzen festgestellt und gegen äussere Gefahren gesichert erscheint, ist es diese Furcht vor dem Nächsten, welche wieder neue Perspektiven der moralischen Werthschätzung schafft. Gewisse starke und gefährliche Triebe, wie Unternehmungslust, Tollkühnheit, Rachsucht, Verschlagenheit, Raubgier, Herrschsucht, die bisher in einem gemeinnützigen Sinne nicht nur geehrt – unter anderen Namen, wie billig, als den eben gewählten –, sondern gross-gezogen und -gezüchtet werden mussten (weil man ihrer in der Gefahr des Ganzen gegen die Feinde des Ganzen beständig bedurfte), werden nunmehr in ihrer Gefährlichkeit doppelt stark empfunden – jetzt, wo die Abzugskanäle für sie fehlen – und schrittweise, als unmoralisch, gebrandmarkt und der Verleumdung preisgegeben. Jetzt kommen die gegensätzlichen Triebe zu moralischen Ehren [...]. Wie viel oder wie wenig Gemein-Gefährliches, der Gleichheit Gefährliches in einer Meinung, in einem Zustand und Affekte, in einem Willen, in einer Begabung liegt, das ist jetzt die moralische Perspektive: die Furcht ist auch hier wieder die Mutter der Moral. [...]." – Übrigens weiß Nietzsche sich in ›Menschliches, Allzumenschliches‹ einer Schrift

seines damaligen Freundes Paul Rée verpflichtet in der Frage, weshalb „Handlungen der Liebe höher *geschätzt* werden, als andere, nämlich nicht ihres Wesens, sondern ihrer Nützlichkeit halber" (MA I 133 / IV 2, 127).

[17] Bezüglich des Gegensatzes des Egoistischen und Unegoistischen ist hier nur behauptet, daß er, historisch betrachtet, im Bewußtsein der Menschen nicht der Ausgangspunkt für die Unterscheidung des Sittlichen und Unsittlichen gewesen ist. Die Stelle widerspricht nicht den Ausführungen von S. 35 ff.

[18] Vgl. MA I 96 / IV 2, 91: „das Schädigen des Nächsten ist aber in allen den Sittengesetzen der verschiedenen Zeiten vornehmlich als schädlich empfunden worden, so dass wir jetzt namentlich bei dem Wort 'böse' an die freiwillige Schädigung des Nächsten denken." (Hier kommt Nietzsche zur Feststellung einer weitgehenden Gemeinsamkeit, ohne im mindesten seinerseits in den Fehler zu verfallen, einen „consensus der Völker" anzunehmen und von da aus zu unbedingter Verbindlichkeit fortzuschreiten – vgl. Anm. 8 zu diesem Kap.)

[19] Vgl. zur Ergänzung zwei Stellen, die bis in den Bereich der von der absoluten Moralauffassung geprägten Sittlichkeit hineinweisen: „Wesshalb zieht also der Mensch das *Wahre* dem Unwahren vor [...]? Aus dem gleichen Grunde, aus dem er die *Gerechtigkeit* im Verkehre mit wirklichen Personen übt: *jetzt* aus Gewohnheit, Vererbung und Anerziehung, *ursprünglich,* weil das Wahre – wie auch Billige und Gerechte – *nützlicher* und *ehrebringender* ist als das Unwahre" (MA II (1) 26 / IV 3, 26). „Der Moralität geht der *Zwang* voraus, ja sie selber ist noch eine Zeit lang Zwang, dem man sich, zur Vermeidung der Unlust, fügt. Später wird sie Sitte, noch später freier Gehorsam, endlich beinahe Instinct: dann ist sie wie alles lang Gewöhnte und Natürliche mit Lust verknüpft – und heisst nun *Tugend*" (MA I 99 / IV 2, 94).

[20] Vgl. den Aphorismus ›Die Sitte und ihr Opfer‹ (MA II (1) 89 / IV 3, 48), dem an früherer Stelle Nietzsches Bestimmung der Sittlichkeit entnommen wurde.

[21] Vgl. M 9 / V 1, 18: „Ursprünglich gehörte die ganze Erziehung und Pflege der Gesundheit, die Ehe, die Heilkunst, der Feldbau, der Krieg, das Reden und Schweigen, der Verkehr unter einander und mit den Göttern in den Bereich der Sittlichkeit."

[22] Vgl. hierzu auch M 98 / V 1, 87. Nietzsches Weiterdenken in dieser Richtung bezeugt FW 4 / V 2, 50.

[23] Vgl. GM II 2 / VI 2, 309: „Eben das ist die lange Geschichte von der Herkunft der *Verantwortlichkeit.* Jene Aufgabe, ein Thier heranzuzüchten, das versprechen darf, schliesst [...] als Bedingung und Vorbereitung die nähere Aufgabe in sich, den Menschen zuerst bis zu einem gewissen Grade nothwendig, einförmig, gleich unter gleichen, regelmässig und folglich berechenbar zu *machen.* [...] die eigentliche Arbeit des Menschen an sich selber in der längsten Zeitdauer des Menschengeschlechts, seine ganze *vorhistorische* Arbeit hat hierin ihren Sinn, ihre grosse Rechtfertigung, wie viel ihr auch von Härte, Tyrannei, Stumpfsinn und Idiotismus innewohnt: der Mensch wurde mit Hülfe der Sittlichkeit der Sitte und der socialen Zwangsjacke wirklich berechenbar *gemacht.* Stellen wir uns dagegen an's Ende des ungeheuren Prozesses, dorthin, wo der Baum endlich seine Früchte zeitigt, wo die Societät und ihre Sittlichkeit der Sitte endlich zu Tage bringt, *wozu* sie nur das Mittel war: so finden wir als reifste Frucht an ihrem Baum das *souveraine Individuum,* das

nur sich selbst gleiche, das von der Sittlichkeit der Sitte wieder losgekommene, das autonome übersittliche Individuum (denn 'autonom' und 'sittlich' schliesst sich aus)".

²⁴ Vgl. auch FW 335 / V 2, 242 f.: „Wie? Du bewunderst den kategorischen Imperativ in dir? Diese 'Festigkeit' deines sogenannten moralischen Urtheils? Diese 'Unbedingtheit' des Gefühls 'so wie ich, müssen hierin Alle urtheilen'? Bewundere vielmehr deine *Selbstsucht* darin! Und die Blindheit, Kleinlichkeit und Anspruchslosigkeit deiner Selbstsucht! Selbstsucht nämlich ist es, *sein* Urtheil als Allgemeingesetz zu empfinden; und eine blinde, kleinliche und anspruchslose Selbstsucht hinwiederum, weil sie verräth, dass du dich selber noch nicht entdeckt, dir selber noch kein eigenes, eigenstes Ideal geschaffen hast: – diess nämlich könnte niemals das eines Anderen sein, geschweige denn Aller, Aller!" Vgl. ferner AC 11 / VI 3, 175.

²⁵ Die Beziehung zwischen Kant und der Sittlichkeit der Sitte wird ausdrücklich hergestellt NF VIII 1, 342 f.

²⁶ Nietzsche äußert sich zu ihnen wenig schmeichelhaft: „Alle feinere Servilität hält am kategorischen Imperativ fest" (FW 5 / V 2, 51).

²⁷ Vgl. Kant, Kritik der praktischen Vernunft, A 288 f. (Werke IV, 300): „Zwei Dinge erfüllen das Gemüt mit immer neuer und zunehmenden Bewunderung und Ehrfurcht [...]: Der *bestirnte Himmel über mir, und das moralische Gesetz in mir.* [...] Das erste fängt von dem Platze an, den ich in der äußern Sinnenwelt einnehme [...]. Das zweite fängt von meinem unsichtbaren Selbst, meiner Persönlichkeit, an, und stellt mich in einer Welt dar, die wahre Unendlichkeit hat [...]."

²⁸ Vgl. Kant, Grundlegung zur Metaphysik der Sitten, A 10 f. (Werke IV, 24 f.).

²⁹ In Aphorismus 207 der ›Morgenröthe‹ handelt Nietzsche von den Deutschen und sagt dann: „Wenn nun ein Volk dieser Art sich mit Moral abgiebt: welche Moral wird es sein, die gerade ihm genugthut? Sicherlich wird es zuerst wollen, dass sein herzlicher Hang zum Gehorsam in ihr idealisirt erscheine. 'Der Mensch muss Etwas haben, dem er *unbedingt gehorchen* kann' – das ist eine deutsche Empfindung, eine deutsche Folgerichtigkeit: man begegnet ihr auf dem Grunde aller deutschen Morallehren. Wie anders ist der Eindruck, wenn man sich vor die gesammte antike Moral stellt! Alle diese griechischen Denker, so vielartig ihr Bild uns entgegenkommt, scheinen als Moralisten dem Turnmeister zu gleichen, der einem Jünglinge zuspricht 'Komm! Folge mir! Ergieb dich meiner Zucht! So wirst du es vielleicht so hoch bringen, vor allen Hellenen einen Preis davonzutragen.' Persönliche Auszeichnung, – das ist die antike Tugend. Sich unterwerfen, folgen, öffentlich oder in der Verborgenheit, – das ist deutsche Tugend" (V 1, 187 f.).

³⁰ Vgl. VIII 2, 410: „Noch ganz hellenisch ist der 'Sophist' – eingerechnet Anaxagoras, Demokrit, die großen Jonier –
Aber als Übergangsform: die Polis verliert ihren Glauben an ihre E<inzi>gkeit der Cultur, an ihr Herren-Recht über jede andere Polis ...
man tauscht die Cultur d. h. 'die Götter' aus – man verliert dabei den Glauben an das Allein-Vorrecht des deus autochthonus ...
das Gut und Böse verschiedener Abkunft mischt sich: die Grenze zwischen Gut und Böse *verwischt* sich ...
Das ist der 'Sophist' –
Der 'Philosoph' dagegen ist die *Reaktion:* er will die *alte* Tugend ...

– er sieht die Gründe <des Verfalls> im Verfall der Institutionen, er will alte Institutionen –

– er sieht den Verfall im Verfall der Autorität: er sucht nach neuen Autoritäten (Reisen ins Ausland, in fremde Literaturen, in exotische Religionen ...) [...]

– allmählich wird alles *Ächthellenische* verantwortlich gemacht für den *Verfall* (und Plato ist genau so undankbar gegen Homer, Tragödie, Rhetorik, Pericles, wie die Propheten gegen David und Saul)".

[31] Damit wird gegen die Sitte (vgl. M 38 / V 1, 41f. bzw. S. 34f.) und auch gegen die Sophisten Eindeutigkeit hergestellt bezüglich der Tugenden und ihres Gegenteils. Und je weiter der Herrschaftsbereich der absoluten Moral sich ausdehnt, um so weiter auch diese Eindeutigkeit (mindestens in der jeweiligen geschichtlichen Gegenwart).

[32] Vgl. NF VIII 3, 61 und 62. Es ist eindrucksvoll, im Anschluß an diese Äußerungen Nietzsches aus der Seelenlehre in Platons ›Der Staat‹ etwa 588b–589a zu lesen (wie auch, sich an diese Platon-Stelle später, bei Nietzsches Zurückweisung der Behaglichkeit von Glück und Tugend, zu erinnern – vgl. S. 64). – Übrigens dürfte Nietzsche Aristoteles' 'Moral der Furchtsamkeit', von der zu sprechen sein wird, als ganz entsprechend „pathologisch bedingt" auffassen.

[33] Vgl. zu dieser Thematik wie auch zu der im folgenden erwähnten Mitte die einschlägigen Kapitel im Aristoteles-Teil meiner ›Hermeneutischen Anthropologie‹.

[34] Vgl. M 456 / V 1, 279: „Solche Behauptungen und Verheissungen, wie die der antiken Philosophen von der Einheit der Tugend und der Glückseligkeit, oder wie die des Christenthums 'Trachtet am ersten nach dem Reiche Gottes, so wird euch solches Alles zufallen!' – sind nie mit voller Redlichkeit, und doch immer ohne schlechtes Gewissen, gemacht worden: man stellte solche Sätze, deren Wahrheit man sehr wünschte, keck als die Wahrheit gegen den Augenschein auf, und empfand dabei nicht einen religiösen oder moralischen Gewissensbiss – denn man war in honorem majorem der Tugend oder Gottes über die Wirklichkeit hinausgegangen und ohne alle eigennützigen Absichten! Auf dieser *Stufe der Wahrhaftigkeit* stehen noch viele brave Menschen [...]." Nietzsche hätte – aus seiner Sicht – auch Kant hier einreihen können, bei dem Vernunftglaube eine der Glückswürdigkeit angemessene Glückseligkeit in einem künftigen Dasein erwarten läßt – angesichts des 'Augenscheins' eben, daß die innermenschliche und außermenschliche Natur die Glückseligkeit auch des Glückswürdigen gegenwärtig auf mannigfache Weise durchkreuzt.

[35] Vgl. S. 25.

[36] Vgl. S. 27 sowie aus Aphorismus 9 der ›Morgenröthe‹: „Jene Moralisten dagegen, welche wie die Nachfolger der *sokratischen* Fusstapfen die Moral der Selbstbeherrschung und Enthaltsamkeit dem *Individuum* als seinen eigensten *Vortheil,* als seinen persönlichsten Schlüssel zum Glück an's Herz legen, [...] gehen eine neue Strasse unter höchlichster Missbilligung aller Vertreter der Sittlichkeit der Sitte [...]. Jede individuelle Handlung, jede individuelle Denkweise erregt Schauder; es ist gar nicht auszudenken, was gerade die seltneren, ausgesuchteren, ursprünglicheren Geister im Verlauf der Geschichte dadurch gelitten haben müssen, dass sie immer als die bösen und gefährlichen empfunden wurden" (V 1, 19).

[37] Vgl. ergänzend über den Anteil des antiken Judentums und des nach Nietzsches Auffassung aus ihm entsprungenen Christentums am Abstraktwerden der Moral die Bemerkung in Anm. 17 zu Kap. 3. Hier schon sei auf eine Notiz von 1880/1881 ver-

wiesen: „Alle meinen, die gegenwärtigen moralischen Gefühle seien die moralischen Gefühle überhaupt. Aber es sind die jüdischen" (NF V 1, 715).

38 Vgl. VI 2, 339: „Der Mensch, der sich, aus Mangel an äusseren Feinden und Widerständen, eingezwängt in eine drückende Enge und Regelmässigkeit der Sitte, ungeduldig selbst zerriss, verfolgte [...] – dieser Narr [...] wurde der Erfinder des 'schlechten Gewissens'. Mit ihm aber war die grösste und unheimlichste Erkrankung eingeleitet, von welcher die Menschheit bis heute nicht genesen ist [...]. Fügen wir sofort hinzu, dass andrerseits mit der Thatsache einer gegen sich selbst gekehrten, gegen sich selbst Partei nehmenden Thierseele auf Erden etwas so Neues, Tiefes, Unerhörtes, Räthselhaftes, Widerspruchsvolles *und Zukunftsvolles* gegeben war, dass der Aspekt der Erde sich damit wesentlich veränderte." – Die hier wiedergegebenen Ausführungen Nietzsches werden durch früheres (vgl. Anm. 16 zu diesem Kap.) relativiert. Wenn kein Widerspruch vorliegen soll, muß man für die Entstehung des schlechten Gewissens als genügend ansehen, daß im *Innern* eines Gemeinwesens 'starke Triebe' sich nicht mehr ausleben durften, während nach außen „Abzugskanäle" noch bestanden; auch ist zu beachten, daß Nietzsche in dem Aphorismus aus ›Zur Genealogie der Moral‹ von den 'alten Instinkten' sagt: „*in der Hauptsache* mussten sie sich neue und gleichsam unterirdische Befriedigungen suchen" (VI 2, 338 – Hervorhebung von mir).

39 Zu erinnern ist an den auf S. 21 herangezogenen Aphorismus aus ›Menschliches, Allzumenschliches‹, von dem aus das intellektuelle Gewissen sich zeigt als der Entwicklung der moralischen Phänomene zu verdanken. (Zu seinem Ursprung ist aber auch MA II (1) 26 / IV 3, 27 zu vergleichen.) – Das intellektuelle Gewissen mit einer „Pflicht zur Wahrheit" zusammenzudenken, würde ein Problem aufwerfen, das Nietzsche vorerst in der Schwebe läßt: MA II (2) 43 / IV 3, 210 f. In der späten Vorrede zur ›Morgenröthe‹ dagegen bekennt er sich mit Bezug auf dies Gewissen zu einem „'du sollst'" und „einem strengen Gesetze über uns" (V 1, 8).

40 Vgl. hierzu auch MA II (2) 52 / IV 3, 214: „*Inhalt des Gewissens.* – Der Inhalt unseres Gewissens ist Alles, was in den Jahren der Kindheit von uns ohne Grund regelmässig *gefordert* wurde, durch Personen, die wir verehrten oder fürchteten. Vom Gewissen aus wird also jenes Gefühl des Müssens erregt ('dieses muss ich thun, dieses lassen'), welches nicht fragt: *warum* muß ich? [...] es ist also nicht die Stimme Gottes in der Brust des Menschen, sondern die Stimme einiger Menschen im Menschen."

41 Vgl. NF VIII 3, 415: „der Begriff 'Pflicht' – eine *Unterwerfung,* Folge der *Schwäche* um nicht mehr fragen und wählen zu müssen".

42 Vgl. GM II 14 / VI 2, 334 f.: „Die Strafe soll den Werth haben, das *Gefühl der Schuld* im Schuldigen aufzuwecken, man sucht in ihr das eigentliche instrumentum jener seelischen Reaktion, welche 'schlechtes Gewissen', 'Gewissensbiss' genannt wird. Aber damit vergreift man sich selbst für heute noch an der Wirklichkeit und der Psychologie: und wie viel mehr für die längste Geschichte des Menschen, seine Vorgeschichte! Der ächte Gewissensbiss ist gerade unter Verbrechern und Sträflingen etwas äusserst Seltenes [...]." Einschlägig ist hier ferner M 366 / V 1, 245 sowie NF VIII 1, 151: „Der *Gewissensbiß* wie alle ressentiments bei einer grossen Fülle von Kraft fehlend [...]."

43 Wichtig ist hier MA II (2) 67 / IV 3, 220 sowie MA I 107 / IV 2, 102: „Zwischen

guten und bösen Handlungen giebt es keinen Unterschied der Gattung, sondern höchstens des Grades. Gute Handlungen sind sublimirte böse; böse Handlungen sind vergröberte, verdummte gute. Das einzige Verlangen des Individuums nach Selbstgenuss (sammt der Furcht, desselben verlustig zu gehen) befriedigt sich unter allen Umständen". In diesem Zusammenhang ist auch MA II (1) 91 / IV 3, 49 interessant; was die hohe Wertung einzelner Tugenden und der Tugend insgesamt betrifft, hat Nietzsche sich später freilich weit von diesem Aphorismus entfernt.

⁴⁴ Zum Egoismus vgl. S. 154 ff.

⁴⁵ Von solcher Vergeßlichkeit war schon S. 24 und S. 25 zu sprechen. Sie stellt sich um so leichter ein, wo Wertungen und Verhaltensweisen sich über Generationen hinweg fortpflanzen, obwohl die Lebensverhältnisse sich verändert haben. – Nietzsche kann auch natürliche Tugend oder Veranlagung zu ihr aus einem über Generationen zurückliegenden Egoismus herleiten, so bezüglich der Gutmütigkeit M 310 / V 1, 227 f. Wichtig ist hier ferner der Aphorismus ›Die Bedeutung des Vergessens in der Moral‹, MA II (2) 40 / IV 3, 208 f.

⁴⁶ Vgl. dazu mein Buch: Wahrheit und Wahrheitsgrund, 140 f. und 151 ff. – Die Parallelisierung von Moral- und Wahrheitsproblematik findet sich schon in ›Menschliches, Allzumenschliches‹ (vgl. Anm. 19 zu diesem Kap., außerdem MA I 1 / IV 2, 19).

⁴⁷ Vgl. MA I 99 / IV 2, 93: „Alle ‘bösen’ Handlungen sind motivirt durch den Trieb der Erhaltung oder, noch genauer, durch die Absicht auf Lust und Vermeidung der Unlust des Individuums; als solchermaassen motivirt, aber nicht böse." Ferner MA I 102 / IV 2, 97, wo es unter dem Titel ›Der Mensch handelt immer gut‹ u. a. heißt: „Sokrates und Plato haben Recht: was auch der Mensch thue, er thut immer das Gute, das heisst: Das, was ihm gut (nützlich) scheint, je nach dem Grade seines Intellectes, dem jedesmaligen Maasse seiner Vernünftigkeit."

⁴⁸ Vgl. für die Moral S. 20 sowie M 103 / V 1, 89 – für die Wahrheit außer dem eben zitierten Aphorismus schon S. 6 f.

⁴⁹ Vgl. aus einer schon genannten Nachlaß-Notiz nochmals: „sie [die Sophisten] stellen die erste Wahrheit hin, daß ‘eine Moral an sich’, ein ‘Gutes an sich’ nicht existirt, daß es Schwindel ist, von ‘Wahrheit’ auf diesem Gebiete zu reden" (VIII 3, 84). Zu dem ganzen vorigen Komplex sollte noch zur Kenntnis genommen werden JGB 23 / VI 2, 32: „Eine eigentliche Physio-Psychologie hat mit unbewussten Widerständen im Herzen des Forschers zu kämpfen, sie hat ‘das Herz’ gegen sich: schon eine Lehre von der gegenseitigen Bedingtheit der ‘guten’ und der ‘schlimmen’ Triebe, macht, als feinere Immoralität, einem noch kräftigen und herzhaften Gewissen Noth und Überdruss, – noch mehr eine Lehre von der Ableitbarkeit aller guten Triebe aus den schlimmen." (Der Fortgang der Stelle wird später beizuziehen sein.) Ferner M 97 / V 1, 87; M 133 / V 1, 123 f.; M 248 / V 1, 206; M 334 / V 1, 236 f.; NF VIII 1, 282 ff., besonders 284; NF VIII 2, 70 (Zeile 15 ff.); NF VIII 2, 43.

⁵⁰ Schon auf S. 19 f. wurde eine diesbezügliche Stelle aus ›Die fröhliche Wissenschaft‹ (V 2, 261) mitgeteilt. Aus demselben Werk wurde im 1. Kapitel (S. 6), bei Behandlung der ‘lebensdienlichen Irrtümer’ des Menschen, der Aphorismus 110 beigezogen; dort (V 2, 147) zählt Nietzsche – neben Dingen, Stoffen, Körpern – als Inhalte ‘irrtümlicher Glaubenssätze’ auch auf, „dass unser Wollen frei sei" (sowie „dass was für mich gut ist, auch an und für sich gut sei"). Vgl. ferner JGB 21 / VI 2, 30.

⁵¹ Vgl. MA I 18 / IV 2, 35 f.

⁵² Vgl. MA I 70 / IV 2, 79 – wo es mit Bezug auf die Bestrafung eines Mörders heißt: „die Schuld wird nicht bestraft, selbst wenn es eine gäbe: diese liegt in Erziehern, Eltern, Umgebungen, in uns, nicht im Mörder, – ich meine die veranlassenden Umstände." – Zum Sinn von Lohn und Strafe (Motivation und Abschreckung; Nutzen, nicht Gerechtigkeit) vgl. MA I 105 / IV 2, 100. (Übrigens widersprechen Motivation und Abschreckung nicht Nietzsches Vorstellung determinierten Handelns, in dem Motive ʻUrsachenʼ sind.)

⁵³ Zur Kritik an Schopenhauer und zu seiner Würdigung bezüglich der Freiheitsproblematik ist auch MA II (1) 33 / IV 3, 31 zu vergleichen. Hier spricht Nietzsche übrigens in unmißverständlicher Formulierung von „der *unbedingten* Willens-Unfreiheit und -Unverantwortlichkeit" (Hervorhebung von mir). Ähnlich war schon in MA I 133 / IV 2, 128 von der „unbedingten Nothwendigkeit aller Handlungen und ihrer völligen Unverantwortlichkeit" die Rede.

⁵⁴ VI 2, 29: „[...] Das Verlangen nach ʻFreiheit des Willensʼ, in jenem metaphysischen Superlativ-Verstande, wie er leider noch immer in den Köpfen der Halb-Unterrichteten herrscht, das Verlangen, die ganze und letzte Verantwortlichkeit für seine Handlungen selbst zu tragen und Gott, Welt, Vorfahren, Zufall, Gesellschaft davon zu entlasten, ist nämlich nichts Geringeres, als eben jene causa sui zu sein [...]. Gesetzt, Jemand kommt dergestalt hinter die bäurische Einfalt dieses berühmten Begriffs ʻfreier Willeʼ und streicht ihn aus seinem Kopfe [...]". – Vgl. außerdem NF VIII 1, 121 und 301; VIII 2, 151 f. sowie den Aphorismus ›Irrthum vom freien Willen‹ – GD, Die vier grossen Irrthümer, 7 / VI 3, 89 f.; hier wird ein weiterer Aspekt (einseitig, wie so oft im Spätwerk) vorgetragen. Nietzsches strikte Ablehnung des *Schuld*begriffs findet sich ferner FW 250 / V 2, 193.

⁵⁵ Vgl. schon den Aphorismus ›Ausblick in die Ferne‹, M 148 / V 1, 137.

3. *Beraubung und Befreiung. Der Nihilismus*

¹ Nietzsche sagt von sich, er sei „der erste vollkommene Nihilist Europas, der aber den Nihilismus selbst schon in sich zu Ende gelebt hat, – der ihn hinter sich, unter sich, außer sich hat ..." (NF VIII 2, 432).

² Vgl. aus ›Ecce homo‹ im Rückblick auf die ›Morgenröthe‹: „Meine Aufgabe, einen Augenblick höchster Selbstbesinnung der Menschheit vorzubereiten, einen *grossen Mittag,* wo sie zurückschaut und hinausschaut, wo sie aus der Herrschaft des Zufalls und der Priester heraustritt und die Frage des warum?, des wozu? zum ersten Male *als Ganzes* stellt –, diese Aufgabe folgt mit Nothwendigkeit aus der Einsicht, dass die Menschheit *nicht* von selber auf dem rechten Wege ist, dass sie durchaus *nicht* göttlich regiert wird, dass vielmehr gerade unter ihren heiligsten Werthbegriffen der Instinkt der Verneinung, der Verderbniss, der décadence-Instinkt verführerisch gewaltet hat [...]" (VI 3, 328).

³ Vgl. dazu die Ausführungen zum Willen zur Macht in Kap. 9.

⁴ Für ein ausführlicheres Durchdenken der Nihilismusproblematik, als es im Rahmen dieser Untersuchung nötig und im Fortgang enthalten ist, bieten sich folgende Aufzeichnungen im ›Nachlaß‹ besonders an: aus NF VIII 1: 123 ff., 127 ff., 215 ff. und 299 ff.; aus NF VIII 2: 14 ff., 288 ff. und 431 f.

⁵ Vgl. NF VIII 1, 321: „Der ganze *Idealismus* der bisherigen Menschheit ist im Begriff, in *Nihilismus* umzuschlagen – in den Glauben an die absolute *Werth*losigkeit das heißt *Sinn*losigkeit . . ."

⁶ Vgl. NF VIII 3, 57: „*die sociale Frage* ist eine Folge der décadence" („sociale" fettgedruckt). Zum Sozialismus als einer Form von Décadence und Neinsagen vgl. S. 129. Man könnte allerdings die dem Sozialismus von Nietzsche zugestandene 'Sinngebung' (verstanden als Gegenzug gegen den 'Schluß auf gar keinen Sinn') auch mit einem anderen Vorzeichen versehen, als Nietzsche es tut, und dann paßt der Sozialismus als damalige Zeiterscheinung weniger gut zur Diagnose des europäischen Nihilismus als eines umfassenden Phänomens.

⁷ Dabei trage ich Platon, Aristoteles und Kant besonders Rechnung, weil sie in denjenigen anderen Untersuchungen von mir eine Rolle spielen (und, was Kant betrifft, auch noch spielen werden), in deren Umkreis die hier vorgelegte Nietzsche-Interpretation gehört.

⁸ Vgl. M 550 / V 1, 324 f.: „zwei so grundverschiedene Menschen, wie Plato und Aristoteles, kamen in dem überein, was *das höchste Glück* ausmache, nicht nur für sie oder für Menschen, sondern an sich, selbst für Götter der letzten Seligkeiten: sie fanden es im *Erkennen* [. . .]. Ähnlich urtheilten Descartes und Spinoza: wie müssen sie Alle die Erkenntniss *genossen* haben!"

⁹ Vgl. NF VIII 2, 206: „'Gott gleich zu werden', 'in Gott aufzugehn' – dies waren Jahrtausende lang die naivsten und überzeugendsten Wünschbarkeiten". Eine hat in der Neuzeit Schiller, unter dem Eindruck Fichtescher Philosophie, in seinen Briefen ›Ueber die ästhetische Erziehung des Menschen‹ (11. Brief) gedacht.

¹⁰ Vgl. den ganzen Aphorismus ›Das neue Grundgefühl: unsere endgültige Vergänglichkeit‹, M 49 / V 1, 49 f., ferner im folgenden S. 54 und 56.

¹¹ Im Zuge seiner Nihilismuskritik schreibt Nietzsche: „Es ist immer noch die *hyperbolische Naivetät* des Menschen, sich selbst als Sinn und Werthmaß der Dinge ‹anzusetzen› . . ." (NF VIII 2, 291). Schon MA II (1) 14 / IV 3, 186 hieß es: „Es müsste geistigere Geschöpfe geben, als die Menschen sind, blos um den Humor ganz auszukosten, der darin liegt, dass der Mensch sich für den Zweck des ganzen Weltendaseins ansieht, und die Menschheit sich ernstlich nur mit Aussicht auf eine Welt-Mission zufrieden giebt. Hat ein Gott die Welt geschaffen, so schuf er den Menschen zum *Affen Gottes,* als fortwährenden Anlass zur Erheiterung in seinen allzulangen Ewigkeiten." Vgl. auch den Fortgang des Aphorismus (der aus der Perspektive des Astronomen das Leben in der Welt als, aufs Ganze gesehen, bedeutungslos ansieht), so wie ferner hier S. 39.

¹² Vgl. NF VIII 2, 206: „(Kant schien die Hypothese der 'intelligiblen Freiheit' nöthig, um das ens perfectum von der Verantwortlichkeit für das So-und-So-sein *dieser* Welt zu entlasten, kurz um das Böse und das Übel zu erklären: eine skandalöse Logik bei einem Philosophen . . .)"

¹³ Vgl. NF VIII 2, 19: „Die Frage des Nihilism '*wozu?*' geht von der bisherigen Gewöhnung aus, vermöge deren das Ziel von außen her gestellt, gegeben, gefordert schien – nämlich durch irgend eine *übermenschliche Autorität.* Nachdem man verlernt hat an diese zu glauben, sucht man doch noch nach alter Gewöhnung eine andere *Autorität,* welche *unbedingt zu reden wüßte,* Ziele und Aufgaben *befehlen könnte.* Die Autorität des *Gewissens* tritt jetzt in erste Linie (je mehr emancipirt von

der Theologie, um so imperativischer wird die *Moral*); als Schadenersatz für eine *persönliche* Autorität. Oder die Autorität der *Vernunft*. [...]" („Gewissens" und „Vernunft" fettgedruckt).

14 Vgl. Anm. 17 zu diesem Kap.

15 Vgl. im selben ›Zarathustra‹-Kapitel (VI 1, 106): „Und was ihr Welt nanntet, das soll erst von euch geschaffen werden: eure Vernunft, euer Bild, euer Wille, eure Liebe soll es selber werden!"

16 Ergänzend wären zu den im vorigen aufgeführten Aspekten der Befreiung zu vergleichen: GD, Die vier grossen Irrthümer, 8 / VI 3, 90 f. und M 164 / V 1, 147.

17 Nachdem, wie es denn der Sache nach gar nicht anders sein kann, in der Darstellung der Destruktion von Metaphysik und absoluter Moral und bei einigen der in diesem Kapitel herausgehobenen Beraubungen christliches Denken eminent berührt war, mag ein Wort zu Nietzsches Kritik des Christentums angezeigt sein. Ich glaube, auf eine ausführlichere Behandlung dieser Kritik wie der Religionskritik Nietzsches überhaupt in dieser Untersuchung verzichten zu können, weil deren Gedankenführung dadurch keine zusätzlichen Impulse gewönne. (Vgl. allerdings die Ausführungen zur Décadence in Kap. 11). Ich verweise auch auf die knappe Darlegung der Destruktion der Religion und des Christentums in Punkt 2. 5. 4 meines Artikels ›Nietzsche‹ in der Theologischen Realenzyklopädie und auf die zugehörigen Literaturangaben.

Für Nietzsche selbst gehört Kritik des Christentums unverzichtbar zu der Aufgabe, durch Destruktion neue Wertsetzungen möglich zu machen. Diese setzen ja den 'vollkommenen Nihilismus logisch und psychologisch voraus' – als das Bewußtsein absoluter Sinnlosigkeit mit dem tiefgreifenden Affekt des Umsonst. Nietzsches (spezielle und allgemeine) Religionskritik durchzieht sein Werk seit ›Menschliches, Allzumenschliches‹. Die Kritik am Christentum gipfelt sich spät, mit ›Der Antichrist‹, nochmals auf. (Den mitunter hemmungslosen Ton dieser Schrift sollte man vielleicht als Zeichen der heraufziehenden Geisteskrankheit ihres Verfassers auffassen.) Kritik am Christentum und Kritik der Metaphysik wie auch der absoluten Moral verflechten sich bei Nietzsche in vielen Punkten: Christentum wie Metaphysik hängen einer transzendenten Welt als der 'wahren' an, vollziehen ein Nein zur 'Erde', entspringen dem Leiden an der Wirklichkeit, setzen einen göttlichen Welturheber an, den sie – im Sinne des an sich Guten der absoluten Moral – als moralischen Gott verstehen; der Sublimierungsprozeß der Moral, der schon im Bereich der Sitte einsetzt, führt in der absoluten Moral zur Décadence, und daran hat das Christentum entscheidenden Anteil, wie schon das Judentum, aus dem es nach Nietzsche konsequent hervorgegangen ist und in dessen Geschichte sich die 'Entnatürlichung' der Moral – die Nietzsche, wie gezeigt, auch bei Sokrates und Platon feststellt – dingfest machen läßt (vgl. etwa AC 25 / VI 3, 191 f.). In der Vorrede zu ›Jenseits von Gut und Böse‹ stellt Nietzsche formelhaft solche innere Verbindung her und begrüßt zugleich das Resultat der Kritik für die freien Geister Europas: „der Kampf gegen Plato, oder, um es verständlicher und für's 'Volk' zu sagen, der Kampf gegen den christlich-kirchlichen Druck von Jahrtausenden – denn Christenthum ist Platonismus für's 'Volk' – hat in Europa eine prachtvolle Spannung des Geistes geschaffen, wie sie auf Erden noch nicht da war: mit einem so gespannten Bogen kann man nunmehr nach den fernsten Zielen schiessen" (VI 2, 4 f.).

Aber der Kampf ist eben durchaus noch weiter zu führen und findet in der späten Vorrede zu ›Die Geburt der Tragödie‹ prägnantesten Ausdruck, wenn Nietzsche das Christentum bezeichnet als „die ausschweifendste Durchfigurirung des moralischen Thema's, welche die Menschheit bisher anzuhören bekommen hat", und an ihm diagnostiziert: „das *Lebensfeindliche,* den ingrimmigen rachsüchtigen Widerwillen gegen das Leben selbst [...]. Christenthum war von Anfang an, wesentlich und gründlich, Ekel und Ueberdruss des Lebens am Leben, welcher sich unter dem Glauben an ein 'anderes' oder 'besseres' Leben nur verkleidete, nur versteckte, nur aufputzte. Der Hass auf die 'Welt', der Fluch auf die Affekte, die Furcht vor der Schönheit und Sinnlichkeit, ein Jenseits, erfunden, um das Diesseits besser zu verleumden, im Grunde ein Verlangen in's Nichts, an's Ende, in's Ausruhen, hin zum 'Sabbat der Sabbate' – dies Alles dünkte mich, ebenso wie der unbedingte Wille des Christenthums, *nur* moralische Werthe gelten zu lassen, immer wie die gefährlichste und unheimlichste Form aller möglichen Formen eines 'Willens zum Untergang', zum Mindesten ein Zeichen tiefster Erkrankung, Müdigkeit, Missmuthigkeit, Erschöpfung, Verarmung an Leben, – denn vor der Moral (in Sonderheit christlichen, das heisst unbedingten Moral) *muss* das Leben beständig und unvermeidlich Unrecht bekommen, weil Leben etwas essentiell Unmoralisches *ist,* – *muss* endlich das Leben, erdrückt unter dem Gewichte der Verachtung und des ewigen Nein's, als begehrens-unwürdig, als unwerth an sich empfunden werden" (III 1, 12 f.).

Noch ehe Nietzsche die Nihilismusproblematik entfaltete, fand er für das Geschehen des Nihilismus die Formel vom Tod Gottes. Sie zielt, der im vorigen akzentuierten Verflechtung gemäß, auf den Gott des Christentums, der Metaphysik und der absoluten Moral. Das 'Ereignis' des Todes Gottes ist 'Tat' des Menschen im Sinne des Resultats einer geschichtlichen Entwicklung, die durch das Erstarken von Wahrhaftigkeit und intellektuellem Gewissen die modernen Wissenschaften erzeugte und durch diese die langehin zuhöchst wirksame Gottesvorstellung zur durchschauten Fiktion herabsetzte. 'Ereignis' und 'Tat' sind aber ein Geschehen, das noch in den Anfängen steckt, weil sie von den Zeitgenossen kaum erst in ihrer Bedeutung verstanden und angenommen werden. Auch nicht von indifferenten Atheisten, mit denen Nietzsche übrigens durchaus nichts im Sinn hat. Der 'Tod Gottes' bedeutet eine unübertreffbare Beraubung *und* Befreiung, denen Trauer einerseits, aber auch Heiterkeit andererseits gemäß sind; vor allem aber bedeutet er Verpflichtung zur 'Sühne' für tragische Schuld, die einzig im Schaffen eines Sinns geleistet werden kann (vgl. S. 94 f.). Hierzu sind beizuziehen vor allem die von Philosophen (besonders Heidegger) und Theologen (u. a. Biser; Köster, ›Der sterbliche Gott‹ und ›Nietzsches Beschwörung des Chaos‹) eingehend erörterte Parabel ›Der tolle Mensch‹ (FW 125 / V 2, 158 ff.), sowie FW 343 / V 2, 255 f.; ferner aus FW 357: „der Niedergang des Glaubens an den christlichen Gott, der Sieg des wissenschaftlichen Atheismus, ist ein gesammt-europäisches Ereigniss" (V 2, 281) – dazu der Anfang von FW 358 (V 2, 284), aber auch der Anfang von FW 347 (V 2, 263) und M 92 (V 1, 81 f.). (Anklänge der Gottestod-Thematik an die Tradition, u. a. an Jean Paul und vor allem Heinrich Heine, finden sich vermerkt bei Biser, „Gott ist tot", 32 ff. Den Heine-Bezug haben auch andere vermerkt, so Kaufmann in: Nietzsche, 116.)

Soweit Nietzsches Kritik am Christentum verflochten ist mit seiner Destruktion von Metaphysik und absoluter Moral, teilt sie deren Voraussetzungen und wird sie von einer Auseinandersetzung mit seinen Grundgedanken tangiert (vgl. den Fortgang dieser Untersuchung). Nietzsches spezielle und detaillierte Kritik des Christentums könnte auf diesem Wege aber noch nicht erschöpfend beurteilt werden. Es wäre allerdings leicht, Nietzsche Irrtümer nachzuweisen (z. B. was sein spätes Jesus-Bild betrifft). Auch Widersprüche ließen sich ausmachen, die sich aber relativieren, wenn man Nietzsches Anschauungen eine Entwicklung konzediert und wenn man einräumt, daß er es mit einer sehr komplexen Realität zu tun hat, die im Kampf gegen sie nicht stets in ihrer Komplexität präsent sein kann, sollen die Waffen des Kampfes nicht abgestumpft werden. Doch ist eine Überbetonung bestimmter Züge des Christentums und damit eine bis zu einem gewissen Grade einseitige Sicht gegeben. Dennoch hat Nietzsche, gestützt auf christliche Geschichte, Lehre und Praktik, Probleme auf eine Weise beim Namen genannt, daß er von Theologen des 20. Jahrhunderts (z. B. Karl Barth), wenn auch naturgemäß als Gegner, ernst genommen werden konnte (vgl. Köster, Nietzsche-Kritik und Nietzsche-Rezeption in der Theologie des 20. Jahrhunderts). –

Nietzsches *allgemeine* Religionskritik, wenn auch mitunter zugleich implizite Kritik des Christentums, dient durchaus nicht nur dem Kampf gegen diesen seinen Hauptgegner auf dem Feld der Religion. Es kommt Nietzsche vielmehr durchaus darauf an, Religion – in Entsprechung zu den übrigen Destruktionen und um deren zusätzlicher Absicherung willen – prinzipiell als bedingt, durch Nutzen, Furcht, Lust, Bedürfnis nach Verehren, günstigstenfalls Selbstidealisierung (Götter der alten Griechen) motiviert und in ihren Inhalten fiktiv zu erweisen. Dabei wendet er seine historisch-genetische und psychologisch-genetische Betrachtungsweise an. Psychologisch nähert er sich auch den Religionsstiftern. Er versucht sicherzustellen, daß die Beraubungen, die er auf anderem Feld herbeiführt, nicht den Sinn von Befreiung zu wie immer gearteter (verwandelter oder neuer) Religion annehmen.

4. Die freie Sicht auf den Menschen – anthropologische Thesen

¹ Auf das für diese Thematik einschlägige Kapitel 6 meines Buches ›Wahrheit und Wahrheitsgrund‹ hatte ich schon einmal verwiesen. Unter anthropologischem Aspekt wären besonders die Seiten 142 ff. beizuziehen, wo u. a. Nietzsches Auffassung vom Verhältnis des Denkens zu Affekten und Trieben (zur Sinnlichkeit in dieser Bedeutung) dargelegt wird, mit der er dem traditionellen Selbstverständnis der erkennenden Vernunft entgegentrat.

² In ›Menschliches, Allzumenschliches‹ hatte Nietzsche ähnlich mit Bezug auf Motive argumentiert (was sich durchaus mit dem hier Dargestellten verträgt, da einem Motiv seine Macht über uns zuwächst aus unseren 'Trieben'): „der chemische Process und der Streit der Elemente [...] sind ebensowenig Verdienste, als jene Seelenkämpfe und Nothzustände, bei denen man durch verschiedene Motive hin- und hergerissen wird, bis man sich endlich für das mächtigste entscheidet – wie man sagt (in Wahrheit aber, bis das mächtigste Motiv über uns entscheidet)“ (I 107 / IV 2, 102).

³ So seltsam es klingen mag, im Resultat begegnet Nietzsche sich hier mit Kant, dem Exponenten absoluter Moralauffassung, für den ein gegründetes moralisches Urteil über Handlungen anderer, wo nicht gar auch über die eigenen, ausgeschlossen

sein muß, da Erfahrung niemals das ausschlaggebende Moment der Willensbestim-
mung zu fassen gibt. – Nietzsche hat in Aphorismus 102 der ›Morgenröthe‹ dem moralischen Urteil über den Nächsten eine genetische Analyse gewidmet.

⁴ Vgl. als wichtige Ergänzungen M 358 / V 1, 243 und M 129 / V 1, 116 ff.

⁵ Im Fortgang des Aphorismus findet sich Nietzsches vorausweisende These über
die kompensierende Funktion der Träume.

⁶ Vgl. hierzu auch den auf S. 56 zitierten Aphorismus 117 aus ›Jenseits von Gut
und Böse‹.

⁷ Zur Behandlung dieses Themas in ›Menschliches, Allzumenschliches‹ vgl. S. 38 f.

⁸ Vgl. auch VI 1, 9 – teilweise zitiert in Anm. 17 zu Kap. 5.

⁹ Vgl. VI 1, 119: „[...] Müde würdet zu sagen: 'dass eine Handlung gut ist, das
macht, sie ist selbstlos.' / Ach, meine Freunde! Dass *euer* Selbst in der Handlung sei,
wie die Mutter im Kinde ist: das sei mir *euer* Wort von Tugend!"

¹⁰ „Seele" und „Leib" in traditioneller Bedeutung genommen, heißt das: „Deine
Seele wird noch schneller todt sein als dein Leib" (VI 1, 16).

¹¹ Ergänzend verweise ich auf FW 357 / V 2, 280: „[...] *Leibnitzens* unvergleichliche Einsicht, mit der er nicht nur gegen Descartes, sondern gegen Alles, was bis zu
ihm philosophirt hatte, Recht bekam, – dass die Bewusstheit nur ein Accidens der
Vorstellung ist, *nicht* deren nothwendiges und wesentliches Attribut, dass also das,
was wir Bewusstsein nennen, nur einen Zustand unsrer geistigen und seelischen Welt
ausmacht (vielleicht einen krankhaften Zustand) und *bei weitem nicht sie selbst*". –
Bei Leibniz sind zu vergleichen ›Monadologie‹, Ziffern 13–29.

¹² Vgl. aus dem in anderem Zusammenhang (Anm. 24 zu Kap. 2) schon einmal
beigezogenen Aphorismus FW 335: „dass jede Handlung, die gethan worden ist, auf
eine ganz einzige und unwiederbringliche Art gethan wurde, und dass es ebenso mit
jeder künftigen Handlung stehen wird" (V 2, 243).

¹³ Vgl. NF VIII 1, 255 und 256: „man muß einsehen, daß eine Handlung *niemals verursacht wird durch einen Zweck*" – „warum könnte nicht 'ein Zweck' eine
Begleiterscheinung sein, [...] ein in das Bewußtsein vorausgeworfenes blasses Zei-
chenbild, das uns zur Orientierung dient dessen, was geschieht, als ein Symptom
selbst vom Geschehen, *nicht* als dessen Ursache? – Aber damit haben wir den *Willen
selbst* kritisirt: ist es nicht eine Illusion, das, was im Bewußtsein als Willens-Akt auftaucht, als Ursache zu nehmen? Sind nicht alle Bewußtseins-Erscheinungen nur
End-Erscheinungen, letzte Glieder einer Kette [...]?"

¹⁴ Vgl. etwa NF VIII 2, 55: „Die logisch-metaphysischen Postulate, der Glaube an
Substanz, Accidens, Attribut usw. hat seine Überzeugungskraft in der Gewohnheit,
all unser Thun als Folge unseres Willens zu betrachten: – so daß das Ich, als Substanz,
nicht eingeht in die Vielheit der Veränderung. – *Aber es giebt keinen Willen.*"

¹⁵ Vgl. NF VIII 3, 186: „Schwäche des Willens: das ist ein Gleichniß, das irrefüh-
ren kann. Denn es giebt keinen Willen, und folglich weder einen starken, noch
schwachen Willen. Die Vielheit und Disgregation der Antriebe, der Mangel an System unter ihnen resultirt als 'schwacher Wille'; die Coordination derselben unter der
Vorherrschaft eines einzelnen resultirt als 'starker Wille'; – im ersteren Falle ist es das
Oscilliren und der Mangel an Schwergewicht; im letzteren die Präcision und Klarheit
der Richtung." – 'Schwacher Wille' interpretirt sich gern als unfreier Wille – vgl.
JGB 21 / VI 2, 30.

16 Vgl. NF VIII 1, 25: „Daß die Katze Mensch immer wieder auf ihre vier Beine, ich wollte sagen auf ihr Eines Bein 'Ich' zurückfällt, ist nur ein Symptom seiner *physiologischen* 'Einheit', richtiger 'Vereinigung': kein Grund, an eine 'seelische Einheit' zu glauben."

17 Vgl. NF VIII 1, 28: „Das 'Ich' (welches mit der einheitlichen Verwaltung unseres Wesens *nicht* eins ist!) ist ja nur eine begriffliche Synthesis".

18 Über Horizont bzw. Horizontlinie hatte Nietzsche schon im Rahmen seiner frühen Analyse menschlicher Zeitlichkeit Wesentliches (und m. E. später von ihm eher Zurückgelassenes) zutage gebracht (vgl. HL, Kap. 1 / III 1, 247 f. sowie meinen Aufsatz: Die Zeitlichkeit des Menschen, 71 f.).

19 Vgl. auch das Ende des Zitats aus JGB 12 – S. 56.

5. Der Übermensch als „Sinn der Erde"

1 Erstlinge in einem weiteren Sinne sind auch seine Jünger, seine Gefährten (vgl. VI 1, 246); sie bleiben im Laufe des Werkes aber zurück, und im 4. Teil halten sich statt ihrer die höheren Menschen zu Zarathustra. Vgl. Anm. 24 zu diesem Kap.

2 Ein Krüppel zu sein, das teilt er mit dem Menschen in Gegenwart und Vergangenheit; vgl. die Klage über die Bruchstückhaftigkeit des Menschen im Kontext der zitierten Stelle (VI 1, 174 f.), die wie ein Echo auf Schillers Kritik seines Zeitalters in der Schrift › Ueber die ästhetische Erziehung des Menschen in einer Reihe von Briefen‹ (besonders 5. und 6. Brief) klingt.

3 Vgl. VI 1, 72: „Tausend Ziele gab es bisher, denn tausend Völker gab es. Nur die Fessel der tausend Nacken fehlt noch, es fehlt das Eine Ziel. Noch hat die Menschheit kein Ziel."

4 Vgl. VI 1, 247: „Alles, was den Guten böse heisst, muss zusammen kommen, dass Eine Wahrheit geboren werde".

5 VI 1, 8: „*Ich lehre euch den Übermenschen.*" – Vgl. zum vorigen ergänzend VI 1, 293.

6 Eine Ausweitung dieses Themas hätte manches weitere zu nennen, u. a. daß Erstlinge „immer geopfert" werden (VI 1, 246; siehe den Kontext) sowie Zarathustras Feststellung: „was ich redete, erreichte die Menschen nicht. Ich gieng wohl zu den Menschen, aber noch langte ich nicht bei ihnen an", worauf seine 'stillste Stunde' allerdings erwidert: „'Was weisst du *davon!* Der Thau fällt auf das Gras, wenn die Nacht am verschwiegensten ist'" (VI 1, 184).

7 Vgl. VI 1, 107: „Auch im Erkennen fühle ich nur meines Willens Zeuge- und Werde-Lust". Diese Stelle kann allerdings auch in einer anderen Bedeutung genommen werden (vgl. Anm. 15 zu Kap. 6).

8 Vgl. VI 1, 31 ff., dazu hier S. 10 mit Anm. 13; ferner VI 1, 128 ff.

9 Vgl. S. 47 sowie das ganze Kapitel › Auf den glückseligen Inseln‹ (VI 1, 105 ff.), ferner VI 1, 98 (von Nietzsche hervorgehoben): „'Todt sind alle Götter: nun wollen wir, dass der Übermensch lebe.' […]."

10 Vgl. S. 47.

11 Vgl. Anm. 10 zu Kap. 4.

12 Vgl. u. a. VI 1, 28 ff., 70 ff., 207 ff., 242 ff. Besondere Beachtung verdient die

Rückgründung von Moralkritik in das Leben (den Willen zur Macht) VI 1, 249. Vgl. hier S. 63, ferner S. 47.

¹³ Vgl. VI 1, 168 ff.

¹⁴ Vgl. die Ausführungen zum Gehorchen VI 1, 143.

¹⁵ Vgl. Anm. 3 zu diesem Kap., ferner VI 1, 10 f.: „Was gross ist am Menschen, das ist, dass er eine Brücke und kein Zweck ist [...]" – sowie VI 1, 17: „Ich will die Menschen den Sinn ihres Seins lehren: welcher ist der Übermensch".

¹⁶ Mit deutlichem Anklang an Darwin, aber Nietzscheschem Akzent auf dem Schaffen, heißt es VI 1, 8: „Alle Wesen bisher schufen Etwas über sich hinaus: [...] Was ist der Affe für den Menschen? Ein Gelächter oder eine schmerzliche Scham. Und ebendas soll der Mensch für den Übermenschen sein".

¹⁷ Vgl. VI 1, 9: „Ich beschwöre euch, meine Brüder, *bleibt der Erde treu* und glaubt Denen nicht, welche euch von überirdischen Hoffnungen reden! [...] Verächter des Lebens sind es [...]! Einst war der Frevel an Gott der grösste Frevel, aber Gott starb [...]. An der Erde zu freveln ist jetzt das Furchtbarste [...]! Einst blickte die Seele verächtlich auf den Leib [...]."

¹⁸ Hierher gehört Zarathustras Äußerung: „– dass er einst mein Gefährte werde und ein Mitschaffender und Mitfeiernder Zarathustra's –: ein Solcher, der mir meinen Willen auf meine Tafeln schreibt: zu aller Dinge vollerer Vollendung" (VI 1, 200). Vgl. dazu auch schon S. 66.

¹⁹ Dort, wo Nietzsche die Freundschaft bestimmt, heißt es entsprechend: „Man soll in seinem Freunde noch den Feind ehren. Kannst du an deinen Freund nicht herantreten, ohne zu ihm überzutreten? / In seinem Freunde soll man seinen besten Feind haben. Du sollst ihm am nächsten mit dem Herzen sein, wenn du ihm widerstrebst" (VI 1, 67 f.). Mit etwas anderer Akzentsetzung hat Jaspers die Freundschaft (existentielle Kommunikation) als liebenden Kampf verstanden (Philosophie II, Abschnitt 3).

²⁰ Vgl. VI 1, 239: „Der aber hat sich selber entdeckt, welcher spricht: Das ist *mein* Gutes und Böses: damit hat er den Maulwurf und Zwerg stumm gemacht, welcher spricht 'Allen gut, Allen bös.'"

²¹ Vgl. VI 1, 39: „Und nichts Böses wächst mehr fürderhin aus dir, es sei denn das Böse, das aus dem Kampfe deiner Tugenden wächst. / Mein Bruder, wenn du Glück hast, so hast du Eine Tugend und nicht mehr: so gehst du leichter über die Brücke. / Auszeichnend ist es, viele Tugenden zu haben, aber ein schweres Loos; und Mancher gieng in die Wüste und tödtete sich, weil er müde war, Schlacht und Schlachtfeld von Tugenden zu sein. [...] Siehe, wie jede deiner Tugenden begehrlich ist nach dem Höchsten: sie will deinen ganzen Geist [...], sie will deine ganze Kraft in Zorn, Hass und Liebe."

²² Nietzsches eigene Lehre in späterer Zeit stellt sich etwas anders dar – vgl. in Kap. 12 vor allem S. 196 ff. und S. 218 ff.

²³ Vgl. VI 1, 105 und 96 f.

²⁴ Zum letzten Menschen vgl. ferner VI 1, 263 bzw. 261 ff. – Ein weiteres Gegenbild zum Übermenschen wird nicht von Zarathustra selbst gelehrt. Nietzsche gestaltet es in den höheren Menschen des 4. Teils des Werkes. Sie treten in der von Nietzsche nun noch entschiedener als langwierig apostrophierten Entwicklung zum Übermenschen als neue Zwischenstufe auf. Zarathustra bezeichnet sie mehrfach als seine

Brüder und ermuntert sie, mit ihm den Übermenschen zu wollen; an ihnen „ist Vie-les", das ihn „lieben und hoffen macht" (VI 1, 353), was indessen durchaus bedeutet: „Immer Mehr, immer Bessere eurer Art sollen zu Grunde gehn" (VI 1, 355). Sie re-präsentieren differenziert die ersten positiven und doch noch sehr unzulänglichen Wirkungen von Zarathustras Lehren, und zwar in einer Phase, zu der Zarathustra noch in der Einsamkeit auf ein Zeichen wartet, daß die Zeit reif geworden sei für ihn, erstmals den Gedanken der ewigen Wiederkunft öffentlich auszusprechen. Sie sind allerdings nicht die Adressaten für diese Verkündigung und würden sie nicht er-tragen (vgl. VI 1, 401 und 403). Ihnen überläßt Nietzsche es aber, Fragezeichen hin-ter Zarathustras Grundlehren zu setzen, wovon noch zu handeln sein wird (Kap. 8).

²⁵ Vgl.: Die Philosophie im tragischen Zeitalter der Griechen, 6 – daraus vor al-lem: „er glaubt [...] an einen periodisch sich wiederholenden Weltuntergang und an ein immer erneutes Hervorsteigen einer *anderen* Welt aus dem alles vernichtenden Weltbrande" (III 2, 323; Hervorhebung von mir).

²⁶ Vgl. Löwith, Nietzsches Philosophie der ewigen Wiederkehr des Gleichen, 120 f. und 236. Ferner: Djurić, Die antiken Quellen der Wiederkunftslehre.

²⁷ Vgl. aus Schopenhauer, Die Welt als Wille und Vorstellung, vor allem: Werke I, 386 und 378; II, 624 f. (Zum Verhältnis Nietzsches zu Schopenhauer ist zu verweisen auf die eingehende Untersuchung von Decher, Wille zum Leben – Wille zur Macht, ferner auf Dechers Aufsatz: Nietzsches Metaphysik in der ›Geburt der Tragödie‹ im Verhältnis zur Philosophie Schopenhauers, sowie auf das Buch ›Nietzsche, der Über-winder Schopenhauers und des Mitleids‹ von Goedert, der erstaunlicherweise die Arbeiten Dechers nicht zur Kenntnis genommen hat.) – Nicht ohne Interesse ist im Hinblick auf Nietzsches spätere Argumentation zur ewigen Wiederkunft des Glei-chen (ab 1881) die Behandlung, die er E. von Hartmann in ›Unzeitgemässe Betrach-tungen‹ II angedeihen läßt: „Dagegen sagt freilich unsere lustige Person mit jener be-wunderungswürdigen Dialektik, welche gerade so ächt ist als ihre Bewunderer be-wunderungswürdig sind: 'So wenig es sich mit dem Begriffe der Entwickelung vertra-gen würde, dem Weltprozess eine unendliche Dauer in der Vergangenheit zuzuschrei-ben, weil dann jede irgend denkbare Entwickelung bereits durchlaufen sein müsste, was doch nicht der Fall ist', (oh Schelm!) 'eben so wenig können wir dem Prozesse eine unendliche Dauer für die Zukunft zugestehen; Beides höbe den Begriff der Ent-wickelung zu einem Ziele auf' (oh nochmals Schelm!) 'und stellte den Weltprozess dem Wasserschöpfen der Danaiden gleich. Der vollendete Sieg des Logischen über das Unlogische' (oh Schelm der Schelme!) 'muss aber mit dem zeitlichen Ende des Weltprozesses, dem jüngsten Tage, zusammenfallen'" (HL, Kap. 9 / III 1, 313 f.). – Ein schöner Fund findet sich nun auch bei Spiekermann (Nietzsches Beweise für die ewige Wiederkehr, 501, Anm. 16): „Eine Stelle bei Heinrich Heine dürfte N. direkt bei der Formulierung der Wiederkunftslehre angeregt haben, aus ‚Letzte Gedichte und Gedanken von H. Heine‘, hg. v. Strodtmann, Hamburg 1869, ein Buch, das N. besaß: 'Denn ... die Zeit ist unendlich, aber die Dinge in dieser Zeit, die faßlichen Körper, sind endlich; sie können zwar in die kleinsten Teilchen zerstieben, doch diese Teilchen, die Atome, haben ihre bestimmte Zahl, und bestimmt ist auch die Zahl der Gestaltungen, die sich gottselbst aus ihnen hervor bilden; und wenn auch noch so lange Zeit darüber hingeht, so müssen doch, nach den ewigen Kombina-tionsgesetzen dieses ewigen Wiederholungsspiels, alle Gestaltungen, die auf der

Erde schon gewesen sind, sich wieder begegnen, abziehen, abstoßen, küssen, verder-
ben ...' (Heine glaubt dann – in einem besseren Land und mit 'etwas weniger Torheit
im Kopf'!)." Spiekermann hätte allerdings auf Kaufmann verweisen können, der
schon vor ihm diese Heine-Stelle zitiert und als Nietzsche bekannt herausgestellt hat
(Nietzsche, 371 f. mit Anm. 10). Kaufmann gibt einen weiteren Hinweis: „Nietzsche
hat auch E. Dührings ›Kursus der Philosophie‹ (1875) besessen, worin die Wiederkunftslehre erwähnt wird [...]. Dühring verwirft die Möglichkeit einer ewigen Wiederkunft, woraus R. Steiner gefolgert hat, Nietzsches Lehre sei eine bloße Gegen-
idee zu der Dührings gewesen [...]" (ebd.).

²⁸ Zum vorigen bleibt anzumerken: Die Lehre der ewigen Wiederkunft des Gleichen, als Schwergewicht auf menschlichem Handeln eingeführt, rekurriert auf Freiheit. Wird sie aber durchdacht und für wahr gehalten, dann entzieht sie zugleich die
Freiheit, krankt also an einem Widerspruch. Klar ist doch, daß die Zeit mit der Gegenwart nicht beginnt, ja, nichts spricht in Nietzsches Denkhorizont dagegen, daß
sie nach rückwärts ebenso endlos ist wie nach vorwärts. Es dürfte sich beim jetzigen
Weltlauf also keineswegs um den ersten, sondern um einen als gleich wiederkehrenden und also determinierten handeln. Aber auch ohne Einbeziehung der Vergangenheit entstünde, wenngleich abgeschwächt, das Problem. Denn gesetzt den Fall, im
jetzigen Weltlauf wäre jemand frei, in die endlose Zukunft hinaus über sich zu bestimmen, so wäre er es in keinem künftigen Weltlauf mehr. Das gerade soll ja die
Pointe des 'größten Schwergewichts' sein: Determination in alle Ewigkeit hinaus.
Mindestens also künftige Freiheit und künftiges Schwergewicht scheinen der Lehre
geopfert werden zu müssen. Ein Ausweg wäre es, für die Lehre nicht Wahrheit zu beanspruchen, sondern ihrem Sachgehalt das Vorzeichen eines 'Als ob' zu geben und
sie mit diesem Vorzeichen zum Regulativ oder zur Maxime zu machen. Unter diesem
Aspekt wird bedeutsam, daß der beigezogene Aphorismus mit einem „Wie, wenn"
beginnt und bis zum Ende den Konjunktiv durchhält. Freilich, mit ihrem thetischen
Charakter ginge der Lehre durchaus auch ihre niederschmetternde Wirkung verloren, die von dem Aphorismus so nachdrücklich herausgestellt wird. Das wäre ein her-
ber Verlust, wenn denn die Außerordentlichkeit des Ja zur Welt nicht zuletzt von der
Spannung zu jener Wirkung abhängt. Am besten wäre es dann, die Lehre (fälschlich)
als wahr zu glauben (vgl. Anm. 36 zu diesem Kap.), ohne weiter über sie nachzuden-
ken.

²⁹ Zarathustra identifiziert sich mit dem Hirten des Gesichts im Kapitel ›Der Genesende‹ (vgl. VI 1, 269 und 270).

³⁰ Vgl. VI 1, 21. Zur Tiefendimension dieser Symbolik vgl. das Janz-Zitat in
Anm. 19 zu Kap. 6, vor allem aber Thatcher, Eagle and serpent in Zarathustra. Mit
Bezug auf Nietzsche und seine Quellen (darunter Joseph Arthur Gobineau, Georg
Friedrich Creuzer und Schopenhauer) äußert Thatcher sich zur langen Geschichte
von Adler und Schlange in Mythologie, Religion und Kunst, wo sie häufig zusammen
und als einander feindlich auftreten.

³¹ Vgl. VI 1, 231: „[...] meine lachende wache Tags-Weisheit, welche über alle
'unendliche Welten' spottet? Denn sie spricht: 'wo Kraft ist, wird auch die Zahl Mei-
sterin". Man beachte, daß dieser Gedanke der 'wachen Tags-Weisheit' zugeschrieben
wird, einer anderen Denkweise also als der von Gesicht, Rätsel, Gleichnis.

³² Zur Zeitproblematik in der im vorigen nachgezeichneten Darlegung des Wie-

derkunftsgedankens ist ergänzend anzumerken: Das Bild vom Torweg und den zwei
langen Gassen, auf denen alle Dinge 'laufen', legt zunächst die Vorstellung nahe von
der Zeit als Form, die von den Dingen erfüllt wird. Der Augenblick, im Torweg verbildlicht, erscheint dann als feste Form, als beharrendes Jetzt in dem Sinne, daß
eben immer Jetzt ist. Dem Bild zuwider versetzt Nietzsche aber auch den Torweg in
Bewegung („Muss auch dieser Thorweg nicht schon – dagewesen sein?" – VI 1, 196).
Das führt darauf, daß Zeit und Dinge nicht wie Form und Inhalt zu unterscheiden
sind. Und das wiederum bedeutet angesichts der ewigen Wiederkunft des Gleichen,
daß die Zeit nicht nur ein Kreis, sondern ein sich drehender Kreis, eine Kreisbewegung, ist. – Eine ausgearbeitete Theorie der Zeit fehlt bei Nietzsche; vgl. von der Ver-
fasserin: Wahrheit und Wahrheitsgrund, 261. Allerdings sind Nietzsche in seiner 2.
›Unzeitgemässen Betrachtung‹ wesentliche, auf die *anthropologische* Zeitproblematik des 20. Jahrhunderts vorausdeutende Einsichten gelungen; vgl. von der Verfasse-
rin ›Die Zeitlichkeit des Menschen‹.

   [33] Vgl. NF VII 2, 281: „ 'Nicht nur der Mensch *auch der Übermensch kehrt ewig
wieder!'* "

   [34] Zu Zarathustras Hoffnung vgl. S. 78 und 80.

   [35] Dem widerspricht nicht, daß Zarathustra von sich sagt, er sei „kein Unbedingter" (VI 1, 362), denn der Kontext zeigt, daß damit etwas anderes gemeint ist, nämlich: Zarathustra kann warten, er kann geduldig Umwege der Entwicklung hinneh-
men, z. B. die höheren Menschen.

   [36] Vgl. aus dem schon einmal beigezogenen Brief an Overbeck: „*Ist er* [der Gedanke der ewigen Wiederkunft] *wahr* oder vielmehr: wird er als wahr geglaubt – so
ändert und dreht sich *Alles,* und *alle* bisherigen Werthe sind entwerthet. – "
(8. 3. 1884; KGB III 1, 485).

   [37] Nietzsche knüpft damit an ›Die Geburt der Tragödie‹ an, nachdem und obwohl
er seine Philosophie radikal umgebildet hat. Vgl. nochmals meinen Aufsatz ›Dionysos als Ding an sich‹ (Abschnitte I und III); ferner hier Anm. 49 zu diesem Kap.

   [38] Das widerspricht, genau gelesen, nicht der früheren Vorstellung, daß Zarathustra als Erstling einer erst noch entstehenden Über-Art anzusehen ist; es ist allenfalls
eine Akzentverschiebung.

   [39] Natürlich weiß Nietzsche sehr genau, daß der Dithyrambus im griechischen
Dionysoskult primär ein *Chor*lied ist. Zarathustra allerdings hat noch niemanden,
mit dem er ein Chorlied anstimmen könnte. Und keinesfalls ist die Sprache des
Dithyrambus die Sprache, in der der Gedanke der ewigen Wiederkunft verkündet, gelehrt wird (vgl. dazu den Schluß von ›Zarathustra‹ IV). Gleichwohl wird man Zarathustra, den Erstling und das Beispiel, auch als 'Vorsänger' begreifen dürfen, in dessen Lieder in ferner Zukunft, erfüllt sich Zarathustras Hoffnung, andere einstimmen
werden. Das Schlußlied des 3. Teils des ›Zarathustra‹ ist mit seinem Refrain geradezu dafür gemacht. (Vielleicht wußte Nietzsche, dem Archilochos ja kein Unbekannter war, daß dieser sich Vorsänger beim Dithyrambus genannt hat, woraus man
auf eine vorliterarische Form des Dithyrambus geschlossen hat, in der der Chor den
Refrain sang; vgl. im ›Lexikon der Alten Welt‹ den Artikel ›Dithyrambos‹ von Voigt.)

   [40] Vgl. die diesbezüglichen Kapitel im Platon-Teil meiner ›Hermeneutischen
Anthropologie‹.

   [41] Bei Nietzsche im Kapitel ›Vor Sonnen-Aufgang‹ (VI 1, 203) mit Bezug auf die

Göttlichkeit der Welt; ferner VI 1, 108 mit Bezug auf den Übermenschen. – Ausdrücklich ist *Eros* zugegen im ›Tanzlied‹ (VI 1, 135 f.); Nietzsche spielt dort mit der Vorstellung vom „kleinen Gott" Cupido und kritisiert sie zugleich als Verniedlichung.

⁴² Für Nietzsche vgl. VI 1, 102: „Mit diesen Worten sprang Zarathustra auf, aber nicht wie ein Geängstigter, der nach Luft sucht, sondern eher wie ein Seher und Sänger, welchen der Geist anfällt. [...] gleich dem Morgenrothe lag ein kommendes Glück auf seinem Antlitze. [...] Meine ungeduldige Liebe fliesst über in Strömen [...]. Mund bin ich geworden ganz und gar, und Brausen eines Bachs aus hohen Felsen: hinab will ich meine Rede stürzen in die Thäler."

⁴³ Nietzsche hat sich in Briefen des Jahres 1884 mehrfach dahingehend geäußert, so an Schmeitzner am 18. 1. und an Overbeck am 25. 1. (KGB III 1, 466).

⁴⁴ Colli und Montinari verweisen auf „die ähnliche Anrufung in den Psalmen (z. B. 103, 1)" – KSA 14, 324.

⁴⁵ Vgl. ebd.: „ich verstehe das Lächeln deiner Schwermuth: dein Über-Reichtum selber streckt nun sehnende Hände aus!"

⁴⁶ Er wirft sich damit, wie auch das folgende zeigt, nicht zum Religionsstifter auf. Vgl. S. 89.

⁴⁷ Darauf, daß mit dem „Löser" auf einen Namen des Dionysos, Lyaios, gedeutet ist, hat Gadamer (Das Drama Zarathustras, 10) hingewiesen. – Nietzsche kannte das Dionysos-Kapitel in: Griechische Mythologie, Bd. 1, von Preller; vgl. 5. Auflage, 709 f., wo es im Zusammenhang mit der „Epiphanie des Gottes bei der Erneuerung des Jahres" heißt: „Dann ist er Λυαῖος und Λύσιος d. h. der alle Fesseln Lösende, Alles mit seiner Lust Durchdringende und Beseelende [...]. Alles Wilde und Ungeheure muß sich vor ihm demüthigen [...]. Wo er eintritt, da ist Jubel und Freude und die todten Herzen werden lebendig, die kranken Glieder gesund."

⁴⁸ Die Tanzenden sind als die Leichten Gegner des Geistes der Schwere (VI 1, 135). Vgl. ferner VI 1, 45: „Ich würde nur an einen Gott glauben, der zu tanzen verstünde. / Und als ich meinen Teufel sah, da fand ich ihn ernst, gründlich, tief, feierlich: es war der Geist der Schwere, – durch ihn fallen alle Dinge."

⁴⁹ Umgekehrt verhielt es sich beim Ur-Einen in ›Die Geburt der Tragödie‹, weshalb in dieser Frühschrift Bejahung an Erlösung als ihre Bedingung gebunden wurde.

⁵⁰ VI 1, 283 u. ö.: „oh wie sollte ich nicht nach der Ewigkeit brünstig sein und nach dem hochzeitlichen Ring der Ringe, – dem Ring der Wiederkunft! / Nie noch fand ich das Weib, von dem ich Kinder mochte, es sei denn dieses Weib, das ich liebe: denn ich liebe dich, oh Ewigkeit! / *Denn ich liebe dich, oh Ewigkeit!*"

⁵¹ Vgl. VI 1, 285: „Wenn ich je vollen Zuges trank aus jenem schäumenden Würzund Mischkruge, in dem alle Dinge gut gemischt sind: / Wenn meine Hand je Fernstes zum Nächsten goss und Feuer zu Geist und Lust zu Leid und Schlimmstes zum Gütigsten: / Wenn ich selber ein Korn bin von jenem erlösenden Salze, welches macht, dass alle Dinge im Mischkruge gut sich mischen [...]". VI 1, 286: „Wenn meine Tugend eines Tänzers Tugend ist, und ich oft mit beiden Füssen in gold-smaragdenes Entzücken sprang: [...] Und wenn Das mein A und O ist, dass alles Schwere leicht, aller Leib Tänzer, aller Geist Vogel werde:" (Zu ‚smaragden' vgl. Anm. 8 zu Kap. 15).

⁵² Vgl. zum vorigen noch aus ›Von alten und neuen Tafeln‹, Ziffer 2: VI 1, 243 f.
Dort sieht Zarathustras Sehnsucht in ferner Zukunft Übermenschen als „Götter",
die „tanzend sich aller Kleider schämen", und eben dies erscheint ihm als „Götter-
Tanz" des Werdens selbst, als Losgelassensein und Ausgelassensein der Welt. Es ist
ein Tanz, der, vom bisherigen Guten und Bösen her gesehen, geographisch „in heis-
sere Süden, als je sich Bildner träumten", verweist. Nicht sich der Triebe schämend
und sie unter Kleidern der Moral verbergend und niederhaltend, sondern der Kleider sich schämend und die Triebe zu tropischen Gewächsen aufblühen lassend, werden gemäß Zarathustras Sehnsucht die Übermenschen göttlich frei und leicht leben.
Vgl. hierzu S. 66.
⁵³ Vgl. VI 1, 396: „Die Reinsten sollen der Erde Herrn sein, die Unerkanntesten,
Stärksten, die Mitternachts-Seelen, die heller und tiefer sind als jeder Tag."
⁵⁴ Vgl. VI 1, 195: „Muth ist der beste Todtschläger: der Muth schlägt auch das Mitleiden todt. Mitleiden aber ist der tiefste Abgrund: so tief der Mensch in das Leben
sieht, so tief sieht er auch in das Leiden."
⁵⁵ Vgl. VI 1, 71: „Schätzen ist Schaffen [...]! Wandel der Werthe, – das ist Wandel der Schaffenden. Immer vernichtet, wer ein Schöpfer sein muss." Ferner VI 1,
265: „zum Vernichten bereit im Siegen". – Die zu bejahende Zusammengehörigkeit von Leben und Sterben in den Schaffenden selbst wird akzentuiert auch VI 1,
107.
⁵⁶ Vgl. Ecce homo, Die Geburt der Tragödie, 2/VI 2, 327 – sowie hier S. 74.
⁵⁷ Eine Ergänzung zu diesen Ausführungen über die dionysische Dimension findet sich S. 106f.
⁵⁸ Vgl. VI 1, 199 mit 202 sowie 339f., ferner Anm. 17 zu Kap. 8. – Daß die *Griechen* mit ihrem Gott Dionysos auch Stille zu verbinden wußten, bekundet das unvergleichliche Innenbild der Schale des Exekias (München; vgl. Simon, Die Götter der
Griechen, 282ff.). Ähnlichkeit in der Stimmungslage, wenn auch nicht in allen
Details, ist in der hier S. 77 zitierten Stelle gegeben. Allerdings muß angenommen
werden, daß Nietzsche die Schale zur Zeit der Abfassung der ersten drei Teile des
›Zarathustra‹ nicht gekannt haben kann (es sei denn in einer Abbildung). König Lud-
wig I. von Bayern hatte sie 1841 für München erworben.
⁵⁹ Vgl. aus ihrer Wiederaufnahme VI 1, 396: „mein Unglück, mein Glück ist tief".
⁶⁰ Vgl. VI 1, 199f.: „Was gab ich nicht hin, dass ich Eins hätte: diese lebendige
Pflanzung meiner Gedanken und diess Morgenlicht meiner höchsten Hoffnung! /
Gefährten suchte einst der Schaffende und Kinder *seiner* Hoffnung: und siehe, es
fand sich, dass er sie nicht finden könne, es sei denn, er schaffe sie selber erst. / Also
bin ich mitten in meinem Werke [...]. Denn von Grund aus liebt man nur sein Kind
und Werk".
⁶¹ Vgl. aus dem schon beigezogenen Kapitel ›Von der grossen Sehnsucht‹: „Oh
meine Seele, ich lehrte dich [...] das liebende Verachten, welches am meisten liebt,
wo es am meisten verachtet" (VI 1, 274).
⁶² Vgl. aus demselben Kapitel: „es giebt nun nirgends eine Seele, die liebender
wäre und umfangender und umfänglicher!" (VI 1, 275)
⁶³ Mit Bezug auf die, die als Hinübergehende die Wirklichkeit des Übermenschen
vorbereiten, gibt es für solche Vernünftigkeit einen Beleg: „Ich liebe Den, welcher
lebt, damit er erkenne, und welcher erkennen will, damit einst der Übermensch

lebe. [...] Ich liebe Den, welcher arbeitet und erfindet, dass er dem Übermenschen das Haus baue und zu ihm Erde, Thier und Pflanze vorbereite" (VI 1, 11).

6. Erkennen als denkendes Dichten

[1] Vgl. ebd.: „Weder in's Unbegreifliche dürftet ihr eingeboren sein, noch in's Unvernünftige."

[2] Vgl. auch VI 1, 240: „mit hurtigen Beinen klomm ich auf hohe Masten: auf hohen Masten der Erkenntniss sitzen dünkte mich keine geringe Seligkeit".

[3] Vgl. ebd., wo Zarathustra zunächst das Leben zitiert: „'Aber veränderlich bin ich nur und wild und in Allem ein Weib, und kein tugendhaftes: / 'Ob ich schon euch Männern 'die Tiefe' heisse oder 'die Treue', 'die Ewige', die 'Geheimnisvolle.' [...] Also lachte sie, die Unglaubliche, aber ich glaube ihr niemals und ihrem Lachen, wenn sie bös von sich selber spricht."

[4] Eher handelt es sich nach Zarathustra freilich um einen „Tanz über Stock und Stein" – vgl. den Kontext dieser schon einmal zitierten Stelle, die Ziffer 1 des 'anderen Tanzliedes' (VI 1, 278 ff.).

[5] Vgl. VI 1, 136 – teils schon zitiert: „Von Grund aus liebe ich nur das Leben – und, wahrlich, am meisten dann, wenn ich es hasse!"

[6] Vgl. VI 1, 278 f.: „Ich fürchte dich Nahe, ich liebe dich Ferne; deine Flucht lockt mich, dein Suchen stockt mich: – ich leide, aber was litt ich um dich nicht gerne! / Deren Kälte zündet, deren Hass verführt, deren Flucht bindet, deren Spott – rührt: / – wer hasste dich nicht [...]! Wer liebte dich nicht".

[7] Die bezaubernde Überredung tritt als weitere Möglichkeit der 'Beeinflussung' neben Paränese bzw. Protreptik (vgl. S. 64).

[8] Vgl. VI 1, 144: „Und diess Geheimniss redete das Leben selber zu mir: 'Siehe, sprach es, ich bin das, *was sich immer selber überwinden muss.* / 'Freilich, ihr heisst es Wille zur Zeugung oder Trieb zum Zwecke, zum Höheren, Ferneren, Vielfacheren: aber all diess ist Eins und Ein Geheimniss."

[9] Vgl. ebd.: „wer meinen Willen erräth [...]".

[10] Vgl. VI 1, 145: „Also lehrte mich einst das Leben".

[11] Vgl. VI 1, 243 – teilweise schon zitiert: „– hinaus in ferne Zukünfte, die kein Traum noch sah [...]: dorthin, wo Götter tanzend sich aller Kleider schämen: – / – dass ich nämlich in Gleichnissen rede und gleich Dichtern hinke und stammle: und wahrlich, ich schäme mich, dass ich noch Dichter sein muss! – "

[12] Zarathustra läßt seine Einsamkeit zu ihm, dem zu ihr Heimgekehrten, sagen: „'Hier kommen alle Dinge liebkosend zu deiner Rede und schmeicheln dir: denn sie wollen auf deinem Rücken reiten. Auf jedem Gleichniss reitest du hier zu jeder Wahrheit'" (VI 1, 227). (Nietzsche zitiert diese Stelle in ›Ecce homo‹ innerhalb der Darlegung seines Erlebnisses von Inspiration – Also sprach Zarathustra, 3 / VI 3, 337 f.)

[13] Vgl. VI 1, 193: „euch allein erzähle ich das Räthsel, das ich *sah,* – das Gesicht des Einsamsten. – "

[14] Vgl. ebd.: „– denn nicht wollt ihr mit feiger Hand einem Faden nachtasten; und, wo ihr *errathen* könnt, da hasst ihr es, zu *erschliessen* – ".

¹⁵ Vgl. VI 1, 283: „Wenn ich ein Wahrsager bin und voll jenes wahrsagerischen Geistes, der auf hohem Joche zwischen zwei Meeren wandelt, – / zwischen Vergangenem und Zukünftigem als schwere Wolke wandelt, [...] zum Blitze bereit im dunklen Busen und zum erlösenden Lichtstrahle, schwanger von Blitzen, die Ja! sagen, Ja! lachen, zu wahrsagerischen Blitzstrahlen: –". – Auch in diesen Kontext hinein spricht die früher (Anm. 7 zu Kap. 5) beigezogene Stelle: „Auch im Erkennen fühle ich nur meines Willens Zeuge- und Werde-Lust".

¹⁶ Vgl. auch VI 1, 97: „Wahrlich, eine Stätte der Genesung soll noch die Erde werden! Und schon liegt ein neuer Geruch um sie, ein Heil bringender, – und eine neue Hoffnung!"

¹⁷ Vgl. aus › Ecce homo‹ (Die Geburt der Tragödie, 4 / VI 3, 312): „Das ganze Bild des *dithyrambischen* Künstlers ist das Bild des *präexistenten* Dichters des Zarathustra".

¹⁸ Auch eine Aufzeichnung von 1886/1887 weiß vom „Zarathustra-Evangelium" (NF VIII 1, 240). Mit Bezug auf sein geplantes Werk › Der Wille zur Macht‹ hat Nietzsche ebenfalls von Evangelium („Zukunfts-Evangelium") gesprochen; vgl. S. 45. – Mit dem › Zarathustra‹ als fünftem Evangelium verbindet Löwith seine These, das Werk sei „eine umgekehrte Bergpredigt" (Nietzsches antichristliche Bergpredigt, 47) und eine „Verkündigung, die – wie die Bergpredigt des Neuen Testaments – einen höchsten, aber antichristlichen Anspruch stellt, indem sie den Menschen, statt vor Gott, in die 'dionysische Welt' der ewigen Wiederkehr des Gleichen hineinstellt" (ebd., 43; vgl. auch ders., Nietzsches Philosophie der ewigen Wiederkehr des Gleichen, 189f.).

¹⁹ Man mag fragen, warum die Wahl auf den Namen des Persers Zarathustra fiel. Es ist anzunehmen, daß nach Maßgabe dessen, was Nietzsche von dem historischen Zarathustra wußte, dieser noch am ehesten eine Affinität zu Gedanken Nietzsches aufwies. Bezug nehmend auf Creuzers › Symbolik und Mythologie der alten Völker, besonders der Griechen‹ (Nietzsche besaß das Werk in der vierbändigen 3. Auflage von 1836/1843) schreibt Janz: „Zoroaster ist (Creuzer 1) Prophet Gottes, Ordner der Liturgie, mit dem Ziel, 'Mittler' zu sein zwischen Ormuzd, dem Prinzip des Guten, erlebt im Licht der Sonne, dessen Symboltier der königliche Adler ist, und Ahriman, dem Prinzip des Bösen, erlebt in der Finsternis, dessen Symboltier die Schlange ist. Nietzsche-Zarathustra ist die von der persischen Religion als Aufgabe gestellte Aussöhnung der widerstreitenden Prinzipien gelungen: *er* steht jenseits von Gut und Böse. Die beiden noch bei Shelley sich bekämpfenden und zerfleischenden Symboltiere umgeben Nietzsche-Zarathustra als friedliche, einmal nachdenkliche, einmal neugierige Begleittiere, sie liegen ihm ausgesöhnt zu Füßen" (Friedrich Nietzsche 2, 232; zu Zarathustras Tieren vgl. Anm. 30 zu Kap. 5). Nietzsche dürfte dem historischen Zarathustra u. a. bei Diogenes Laertius schon begegnet sein, mit dessen Werk er sich als klassischer Philologe ab 1866 intensiv befaßt hatte. Bei Diogenes Laertius liest man im Rahmen seiner Erörterung der Frage, ob der Ursprung der Philosophie bei den Barbaren und etwa bei den Magiern zu suchen sei: „Dieser [Deinon] meint auch, aus der Deutung seines Namens ergäbe sich, daß Zoroaster ein Sternpriester sei. Die nämliche Behauptung findet sich auch bei Hermodor. Aristoteles aber erklärt im 1. Buch seines Werkes über Philosophie, die Magier seien sogar älter als die Ägypter; es gebe nach ihnen zwei Urgründe, eine gute Gottheit und eine böse, die eine heiße Zeus und Oromastes (Ormuzd), die andere Hades und Areimanios (Ari-

man). [...] Dieser [Theopomp] behauptet sogar, nach dem Glauben der Magier würden die Menschen zu neuem Leben erwachen und unsterblich sein, und das All der Dinge würde infolge der Kreisbewegungen immer dasselbe bleiben" (Leben und Meinungen berühmter Philosophen, 6f.). – Zum Vergleich von Nietzsches Zarathustra mit dem historischen Zarathustra im ›Awesta‹ vgl. Mehregan, Zarathustra im Awesta und bei Nietzsche – eine vergleichende Gegenüberstellung. Der Verfasser konstatiert: „Hinsichtlich ihrer beider Lehren zeigen sich [...] fundamentale Unterschiede" (307); er schreibt aber auch, der historische Zarathustra sei „der erste Verkünder einer Lehre von der Einheit zweier Gegensätze", und äußert die Vermutung, es sei „gerade diese Seite des Zoroastrismus, von der Nietzsche sich angezogen fühlte" (300). Diesbezüglich sind die Schlußverse des ›Nachgesangs‹ zu ›Jenseits von Gut und Böse‹ bemerkenswert: „Freund *Zarathustra* kam, der Gast der Gäste! Nun lacht die Welt, der grause Vorhang riss, / Die Hochzeit kam für Licht und Finsterniss ....." (VI 2, 255). Daß Nietzsche selbst auch einen 'fundamentalen Unterschied' zwischen seinem und dem historischen Zarathustra gesehen hat, läßt sich aus einem Textentwurf zu ›Ecce homo‹ belegen: „Warum heißt es 'Also sprach *Zarathustra*?' Was bedeutet hier gerade der Name jenes vorzeitlichen Persers? – Aber man weiß ja, worin Zarathustra der Erste war, womit er den Anfang machte: er sah im Kampf des Guten und Bösen das eigentliche Rad im Getriebe der Dinge, er übersetzte die Moral ins Metaphysische, als Kraft, als Ursache, als Zweck an sich. Zarathustra *schuf* diesen größten Irrthum: folglich muß er auch der Erste sein, der ihn *erkennt*. [...]" (KSA 14, 471 – ähnlich nochmals 495). Die Hochzeit von „Licht und Finsterniss" ist bei Nietzsche eben nicht eine Hochzeit des moralisch Guten und Bösen.

[20] Vgl. EH, Vorwort, 4 / VI 3, 257 mit Bezug auf Zarathustra: „Hier redet kein 'Prophet', keiner jener schauerlichen Zwitter von Krankheit und Willen zur Macht, die man Religionsstifter nennt."

[21] Vgl. den Kommentar KSA 14, 279 ff.

[22] Einige Beispiele (die z. T. häufig vorkommen): Gebrauch von „also" in Wendungen wie „und sprach zu ihr also" (VI 1, 5) – so schon im Titel des Werks und seinen Wiederholungen an Kapitelenden; „Siehe!" (ebd.); „Wahrlich" (VI 1, 9), auch „Wahrlich, ich sage euch" (VI 1, 145); „daselbst" (VI 1, 8); „Und alsbald" (VI 1, 19); „Desselbigen Tages aber" (VI 1, 208); „Wahrlich, so sagte er zu seinen Jüngern, es ist um ein Kleines [...]" (VI 1, 169); „sahe" statt: sah (VI 1, 10).

[23] Um das festzustellen, bedürfte man nicht Zarathustras Äußerung: „Das mochte gut sein für jenen Prediger der kleinen Leute, dass er litt und trug an des Menschen Sünde. Ich aber erfreue mich der grossen Sünde als meines grossen *Trostes*" (VI 1, 355).

[24] Das Kapitel ›Die stillste Stunde‹ ist seiner Berufung nachgestaltet – vgl. 2. Mose 3 und 4, besonders 2. Mose 3, 11; 2. Mose 4, 1 und 10 sowie 13. Die Kapitelüberschrift ›Von alten und neuen Tafeln‹ und der Anfang dieses Kapitels verweisen auf ihn.

[25] Vgl. Anmerkungen 37 und 49 zu Kap. 5.

[26] Nietzsche hat im ›Zarathustra‹ mehrere Möglichkeiten für Zarathustras Untergang anvisiert bzw. verschiedene Bedeutungen von Untergang umspielt. Vergleichsweise harmlos beginnt das in der 1. Ziffer von Zarathustras Vorrede, also zu Beginn des Werkes: Zarathustra, der sich in der Einsamkeit mit Weisheit angefüllt hat und

so über die Menschen hinausgewachsen ist, geht nun zu ihnen hinab, um ihnen seine Weisheit mitzuteilen; er „will wieder Mensch werden", untergehen in diesem Sinne (VI 1, 6). Nachdem seine Hinwendung zum Volk sich als Mißerfolg erwiesen hat und er eingesehen hat, daß er unter wenigen seine Gefährten suchen muß, wird die Formel „Also begann Zarathustra's Untergang" aus Ziffer 1 wiederholt (VI 1, 22). Dieselbe Bedeutung wie in der Vorrede ist im 3. Teil (Kapitel ›Von alten und neuen Tafeln‹) anzutreffen: Zarathustra, in die Einsamkeit zurückgekehrt, wartet auf seine Stunde – „die Stunde meines Niederganges, Unterganges: denn noch Ein Mal will ich zu den Menschen gehn" (VI 1, 242). Zur Tragödie tauglicher wird dieses Untergehen, wenn es mit Zarathustras Tod verbunden wird, wie es an folgender Stelle in der Vorstellung geschieht: „[…] *unter* ihnen will ich untergehen, sterbend will ich ihnen meine reichste Gabe geben!" (VI 1, 245), und auch dort, wo Zarathustras Tiere den 'Genesenden' über seine Selbstbejahung zur Bejahung der ewigen Wiederkunft zu geleiten suchen („'Nun sterbe und schwinde ich, würdest du sprechen […]. Ich sprach mein Wort, ich zerbreche an meinem Wort: […] als Verkündiger gehe ich zu Grunde! / Die Stunde kam nun, dass der Untergehende sich selber segnet. Also – *endet* Zarathustra's Untergang'" – VI 1, 272 f.). Diese Bedeutung wird man sicher mithören sollen im 4. Teil, wenn es heißt: „noch gehe ich selber nicht unter, wie ich muss, unter Menschen" (VI 1, 293). Das Ende des Werkes ist davon aber nicht affiziert – zur Verkündigung seiner Lehre bricht Zarathustra auf „glühend und stark, wie eine Morgensonne" (VI 1, 404). Obwohl es für Zarathustra natürlich auch, sofern er Gegenfigur zu Jesus sein soll, angemessen wäre, im Dienst an seinem weltgeschichtlichen Werk zu sterben, gewinnt diese Vorstellung von seinem Tod im ›Zarathustra‹ nichts Zwingendes. Colli und Montinari verweisen in ihrem Kommentar (KSA 14, 292 f.) auf eine Stelle des ›Zarathustra‹-Nachlasses (VII 1, 144): „Da sagte alles Volk: wir sollen den Vernichter der Moral vernichten –"; sie fügen aber hinzu: „dieser Ansatz wird in keinem der vorhandenen Manuskripte Ns aus dieser Zeit ausgeführt." – Nietzsche bringt die Möglichkeit ins Spiel, daß Zarathustra, wenn sein Werk getan ist, den Freitod wählt (vgl. VI 1, 281 im Zusammenhang mit VI 1, 89 f.). – Ferner läßt Nietzsche an Untergang denken in dem Sinne, daß 'Erstlinge immer geopfert', nämlich von Gegnern entschieden bekämpft werden, und das auch vom Gegner in ihnen selbst (vgl. die schon einmal erwähnte Stelle VI 1, 246 f.). – Schließlich sind Untergehende die Hinübergehenden, die, wie Zarathustra selbst, den Übermenschen als Über-Art vorbereiten und dabei ihr Menschsein hinter sich zurücklassen (vgl. die schon beigezogene Stelle VI 1, 11 sowie VI 1, 98).

[27] Für diesen Bezug spricht auch aus dem Rückblick ›Ecce homo‹, Also sprach Zarathustra, 1 / VI 3, 333 f.

[28] Einer Berufung auf diese frühe Äußerung Nietzsches könnte widersprochen werden mit Hilfe der wenig später (1873) entstandenen, nachgelassenen Schrift ›Ueber Wahrheit und Lüge im aussermoralischen Sinne‹, in der Nietzsche zum ersten Mal die Wahrheitsproblematik destruktiv anpackt, wobei die Metapher für seinen Zugriff von Bedeutung ist und mit täuschender Illusion und Lüge gekoppelt auftritt. So an der einschlägigen Stelle: „Was ist also Wahrheit? Ein bewegliches Heer von Metaphern, Metonymien, Anthropomorphismen kurz eine Summe von menschlichen Relationen, die, poetisch und rhetorisch gesteigert, übertragen, geschmückt wurden, und die nach langem Gebrauche einem Volke fest, canonisch und verbind-

lich dünken: die Wahrheiten sind Illusionen, von denen man vergessen hat, dass sie welche sind, Metaphern, die abgenutzt und sinnlich kraftlos geworden sind"; die Gesellschaft hat, um existieren zu können, jedermann verpflichtet, „wahrhaft zu sein, d. h. die usuellen Metaphern zu gebrauchen, also [...] schaarenweise in einem für alle verbindlichen Stile zu lügen" (III 2, 374 f.). Es kann aber nicht genug betont werden, daß es sich bei dieser Schrift um einen Ansatz handelt, über den Nietzsche schon bald hinwegschreitet. In der Wahrheitsproblematik spielt die Metapher keine Rolle mehr, so daß sie wieder frei ist, im Kontext einer philosophischen Dichtung für Wahres zu stehen.

7. Der „Sinn der Erde": ersetzte Verluste – Gegen-Auslegung

[1] Vorbereitet wird das durch die in Anm. 9 zu Kap. 5 zitierte Stelle.

[2] Die Entsprechung zu Platon in diesem Punkt spiegelt sich vielfältig im positiven Umgang mit Denkvollzügen und Denkformen, die zumeist von Philosophen gemieden werden. Ich verweise auf das vorige Kapitel sowie andererseits auf die einschlägigen Kapitel des Platon-Teils meiner ›Hermeneutischen Anthropologie‹. Hier nenne ich nur ein paar Stichworte: Philosophie als richtige Meinung, als Mittleres zwischen Unverstand und unbedingt gesicherter Erkenntnis; dichterisch vor Augen gestellte Gestalten als Lehrende (bei Platon die Priesterin und Mystagogin Diotima); bezaubernd überredende philosophische Dichtung (bei Platon als Mythos); Gleichnisse; hoffender Entwurf.

[3] Es sagt zu Zarathustra, „eifersüchtig" auf seine Weisheit: „Wenn dir deine Weisheit einmal davonliefe, ach! da liefe dir schnell auch meine Liebe noch davon" (VI 1, 280).

[4] Vgl. Anm. 17 zu Kapitel 8.

[5] Vgl. Janz, Friedrich Nietzsches akademische Lehrtätigkeit in Basel 1869–1879, 202: Nietzsche hat demnach u. a. den ›Phaidon‹ sechsmal, das ›Symposion‹ zweimal, ›Gorgias‹, ›Phaidros‹ und ‹Politeia‹ je einmal zum Gegenstand von Lehrveranstaltungen gemacht. Daß es sich dabei um Veranstaltungen in klassischer Philologie gehandelt hat, wird wohl niemand zum Einwand erheben wollen, hieße es doch, Nietzsche einen Umgang mit Platon-Texten zuzutrauen, von dem der Philosoph in ihm unberührt geblieben wäre. Übrigens „gestattete" Nietzsche den Studenten „für die Präparationen gute deutsche Übersetzungen" (Janz, ebd., 203), um ihnen ein tieferes und breiteres Eindringen in den Sinngehalt zu ermöglichen.

8. Erste Fragezeichen Nietzsches

[1] Meinen hier folgenden und den in Kapitel 15 vorgetragenen Interpretationen (sowie entsprechenden Darlegungen in meiner Schrift ›Wahrheit und Wahrheitsgrund‹) ist im Grundansatz diametral entgegengesetzt die „Lektüre", die Groddeck den ›Dionysos-Dithyramben‹ hat zuteil werden lassen – vgl. Anm. 12 zu Kap. 15.

[2] Nietzsche selbst hat vom 4. Teil des ›Zarathustra‹ allerdings lediglich einen Privatdruck entstehen lassen, von dem er nur wenige Exemplare an Freunde verteilte,

dabei um Verschwiegenheit bittend. Später soll er dann vorübergehend erwogen haben, die 35 übrigen Exemplare einem Verleger zum Vertrieb zu übergeben. Vgl.Colli und Montinari, KSA 14, 282 und 15: 145, 146, 148 und 150; Janz, Friedrich Nietzsche 3, 136 f.

³ Die im folgenden herausgearbeitete Bedeutungsebene habe ich bei meiner Interpretation des Liedes in ›Wahrheit und Wahrheitsgrund‹ ausgespart.

⁴ Hier ist als Nebengedanke auch meine Bemerkung in ›Wahrheit und Wahrheitsgrund‹ (257, Anm. 77) über ein möglicherweise idealistisches, von Nietzsche dann aber sicher als solches durchschautes Erbteil anzusiedeln. Beiläufig sei erwähnt, daß Nietzsche nachweislich 1873 Hegels ›Vorlesungen über die Philosophie der Weltgeschichte. Einleitung‹ gelesen hat (vgl. III 4, 268 ff.).

⁵ Vgl. JGB 260 / VI 2, 219: „Verachtet wird [...] die Hunde-Art von Mensch, welche sich misshandeln lässt".

⁶ Erinnert sei daran, daß Zarathustra Adler und Schlange, das „stolzeste Thier unter der Sonne und das klügste Thier unter der Sonne", beigegeben sind (VI 1, 21). Sie erblickend, sagt er: „[...] so bitte ich denn meinen Stolz, dass er immer mit meiner Klugheit gehe! / Und wenn mich einst meine Klugheit verlässt: [...] möge mein Stolz dann noch mit meiner Thorheit fliegen!" (VI 1, 21 f.)

⁷ Vgl. VI 1, 32 f.: „Einen neuen Stolz lehrte mich mein Ich, den lehre ich die Menschen: nicht mehr den Kopf in den Sand der himmlischen Dinge zu stecken, sondern frei ihn zu tragen, einen Erden-Kopf, der der Erde Sinn schafft!"

⁸ Auf den so verstandenen Übermenschen mit seiner Liebe und Selbstliebe ist der Gott eifersüchtig. Vgl. NF VIII 2, 66: „'man ist nicht eifersüchtig, wenn man Gott ist, sagte Dionysos: es sei denn auf Götter.'"

⁹ Freilich kommt er sowenig wie irgendwer sonst umhin, fälschende Schemata auch auf sich anzuwenden und insofern „Sich selbst zur Beute" zu werden (VI 1, 368).

¹⁰ Zu Zarathustra als Wanderer vgl. auch das 1. Kapitel von ›Zarathustra‹ III (VI 1, 189 ff.), ferner VI 1, 204.

¹¹ Zum Beispiel, wenn er tönt: „Mit dir strebte ich in jedes Verbotene, Schlimmste, Fernste: und wenn irgend Etwas an mir Tugend ist, so ist es, dass ich vor keinem Verbote Furcht hatte" (VI 1, 335 f., vgl. auch die beiden folgenden Absätze dort).

¹² Vgl. beispielsweise VI 1, 378: „Da sitze ich nun, [...] Einer Dattel gleich, / Braun, durchsüsst, goldschwürig, lüstern / Nach einem runden Mädchenmunde, / Mehr noch aber nach mädchenhaften / Eiskalten schneeweissen schneidigen / Beisszähnen: nach denen nämlich / Lechzt das Herz allen heissen Datteln." Überhaupt könnte Nietzsche mit dem Lied bewußt eine Nachbarschaft zum Satyrspiel gesucht haben; vgl. dazu aber S. 111.

¹³ Vgl. VI 1, 376: „Darauf hob er mit einer Art Gebrüll zu singen an."

¹⁴ Vgl. aus Fauths Artikel ›Dionysos‹ in ›Der kleine Pauly‹ (Bd. 2, Spalte 81): „die ungestüme Lautäußerung ([...] ἐρίβρομος [...]) bleibt an die ekstat[isch]-bestial[ische] Offenbarung der Naturkraft geknüpft" (ἐρίβρομος bedeutet: laut lärmend, laut brüllend). In dieser Umgebung heißt Dionysos auch Bromios (Lärmer).

¹⁵ Hier wie auch (in anderem Kontext) im Kapitel ›Die stillste Stunde‹ (VI 1, 183 ff.) wird eine Weise faßbar, wie Nietzsche positiven Gebrauch von seiner kritischen Einschränkung des Selbstbewußtseins macht.

¹⁶ Die Dimension ist als dionysische zu erkennen gegeben.

¹⁷ Die Frage ist berechtigt, ob in Nietzsches Philosophie ein Nu der Ewigkeit überhaupt einen Platz haben kann. Das scheint unmöglich, wenn es denn nur diese eine Welt, die 'Erde', gibt, d. h. wenn Werden und nichts als Werden ist, und wenn dieses in den Kreis der ewigen Wiederkunft (und damit in die anfangs- und endlose Kreisbewegung der *Zeit*) fest gefügt ist. Und doch: Nietzsche *hat* die Möglichkeit, ein solches Nu anzusetzen, und zwar nicht nur mit Bezug auf eine menschliche Bewußtseinslage (eine dionysische Entrückung, die die Zeit hinter sich zurückläßt; eine Gemütslage 'unterhalb' des Selbstbewußtseins), sondern auch mit Bezug auf die Welt, nämlich 'mittags'. Dann, wenn die Welt 'vollkommen', 'rund und reif' geworden ist, weil der Übermensch Wirklichkeit geworden ist, dann 'schläft der Mittag auf den Fluren' und 'trinkt' dabei einen 'alten (unzählige Male schon genossenen) braunen Tropfen Glücks'. Das bedeutet: Es gibt eine Phase im Weltenjahr, in der Zeit ein zeitloses Nu mit sich bringt. Das ist, wie gesagt, die Phase der Vollendung der Welt, die Phase, in der das Werden einen Maximal-Zustand erreicht hat, über den es nicht hinaus kann, in der daher der Wille zur Macht als Schaffen von Höherem zur Ruhe gelangt. Zur Prosa dieser Problematik, die ebensosehr eine Doppelgesichtigkeit des Maximums ans Licht bringt, wie sie den Fortgang des Werdens 'nach' dem Mittag bzw. über ihn hinaus begreiflich macht, ist weiter unten S. 137 ff. zu vergleichen. Hier genügt es, das Nu der Ewigkeit als widerspruchsfrei möglich anzusehen, es 'zeitlich' zu 'lokalisieren' und mit dem Übermenschen zusammenzudenken. Dieser *ist* nicht nur die Vollendungsphase der Welt, er ist auch der, der in der Stille dionysischen Glücks der Zeit entrückt sein kann und in solcher Entrückung die Vollkommenheit der Welt fühlt. Dann, wenn die Welt 'schläft', ist der Menschentypus da, der in dionysischer Bejahung der Welt der Entrückung fähig ist; und dann, wenn er da ist, ist Mittagsruhe für die Welt eingetreten. – Dem Mittag korrespondiert bei Nietzsche (als Zeit-Wende) die Mitternacht. Etwaige Differenzen im Gebrauch beider Bilder können hier vernachlässigt werden. Jedenfalls heißt es auch im ›Nachtwandler-Lied‹ des 4. Teils des ›Zarathustra‹ (das Ziffer 3 des 'anderen Tanzliedes' aufgreift und ein Lied der 'tiefen Mitternacht' ist): „Wehe mir! Wo ist die Zeit hin? Sank ich nicht in tiefe Brunnen? Die Welt schläft – " (VI 1, 394). Zweierlei ist hier noch zu bemerken: Zum einen: Wenn im vorigen Nietzsches Annahme eines nunc stans Widerspruchslosigkeit zugesprochen wird, so ist damit für die problematische Frage zu Sterben und Unsterblichkeit („wann, Brunnen der Ewigkeit! [. . .] wann trinkst du meine Seele in dich zurück?") allerdings nichts gewonnen. Sollte Nietzsche die Vorstellung einer zeitlosen Ewigkeit suggerieren wollen, die anderes wäre als das hier umrissene nunc stans, so wäre das meines Erachtens nicht mehr konsistent mit seiner nachmetaphysischen Position (für seine Position in ›Die Geburt der Tragödie‹ stünde es anders). Man könnte sie freilich zusammenbringen mit Nietzsches ambivalenter Einstellung zur Zeit, wodurch aber nichts gebessert wäre. Zeit ist einerseits unverzichtbar für Nietzsches Ontologie – „ 'Veränderung' gehört ins Wesen hinein, also auch Zeitlichkeit" (NF VII 3, 259). Andererseits soll Zeit als unumkehrbare Jetztfolge eine spezifisch menschliche Perspektive, ein Schema sein (vgl. FW 5. Buch, Aph. 374 / V 2, 308 f., ferner nochmals Anm. 32 zu Kap. 5). – Zum andern: Die in dieser Anmerkung vertiefte Thematik des nunc stans ist nicht die des Liedes des Wanderers. Genauer gesagt: Die kleinste Oasis, als Nu der Ewigkeit interpretiert, hat für die Pro-

bleme dieses Gedichtes eine *heuristische* Funktion. Sie ist, wie sich zeigen wird, der Standort, von dem aus sub specie aeternitatis auf die Welt und ihren ewig gleichen Kreisgang geblickt wird.

[18] An dieses Lied knüpft Nietzsche im Lied des Schattens an, indem er hier genau siebenmal Amen oder Sela verwendet; damit die Zahl 7 zustande kommt, bleibt eine einzige Strophe (die vorletzte) ohne solchen Schluß. Man wird nicht einwenden wollen, diese Strophe habe Amen oder Sela nicht zugelassen, weil sie mit einer Frage endet, denn das hätte Nietzsche leicht anders einrichten können.

[19] Vgl. VI 1, 272: „Du lehrst, dass es ein grosses Jahr des Werdens giebt, ein Ungeheuer von grossem Jahre: das muss sich, einer Sanduhr gleich, immer wieder von Neuem umdrehn".

[20] Ich teile nicht die Auffassung von Miller: "And the 'tumult and laughter' (Lärmen und Lachen) with which the song is acquitted by the Higher Men [...] suggests they have, in fact, received it as it was intended. Assuming the reaction of these Higher Men reflects Nietzsche's own understanding of the poem, it seems reasonable to conclude that the Shadow's song is neither irrational self-indulgence nor versified metaphysics, but deliberate comedy" (Nietzsche's 'Daughters of the Desert', 166). Damit habe ich zugleich meine Einschätzung seiner von hier aus geführten Kritik (ebd., 164ff.) an der Interpretation des Liedes durch Volkmann-Schluck ausgesprochen. Volkmann-Schluck (Nietzsches Gedicht „Die Wüste wächst, weh dem, der Wüsten birgt ...") hat mit Recht Wichtigkeit und Bedeutungsdimension des Liedes herausgestellt und die Bezüge desselben zu Nihilismus, ewiger Wiederkunft und Übermensch benannt. Daran knüpft die von mir vorgetragene Interpretation an, wenn sie im übrigen auch von derjenigen Volkmann-Schlucks stark abweicht.

[21] Von hier aus ließe sich die in anderem Zusammenhang schon einmal zitierte spätere Aufzeichnung (vgl. Anm. 11 zu Kap. 3) über die 'hyperbolische Naivität' des Menschen, „sich selbst als Sinn und Werthmaß der Dinge" zu nehmen (NF VIII 2, 291), auf ein Herzstück des ›Zarathustra‹ beziehen, wie auch der in derselben Anmerkung herangezogene Aph. 14 aus MA II (1).

[22] Diese Frage ist nicht beiseite zu schieben durch Berufung auf das von Nietzsche diagnostizierte Zeitgeschehen des europäischen Nihilismus, in dem die Tradition ihren Untergang finde. Die Krise des Nihilismus könnte nun gerade auch eine 'Renaissance' der Tradition (und sei es als Gestalt der Décadence) aus sich entlassen. Sollte diese Gedankenlinie weiter verfolgt werden, so wäre den Kapiteln ›Die Erweckung‹ und ›Das Eselsfest‹ Beachtung zu schenken, die nicht zufällig auf das Lied des Wanderers bzw. Schattens folgen und dessen Diktum enthalten: „Der alte Gott lebt wieder [...]. Der hässlichste Mensch [...] hat ihn wieder auferweckt. Und wenn er sagt, dass er ihn einst getödtet habe: *Tod* ist bei Göttern immer nur ein Vorurtheil" (VI 1, 387).

[23] Mit diesem Kapitel habe ich mich in Gegensatz begeben zu der Position, die Rauh in seinem höchst lesenswerten, den 4. Teil des ›Zarathustra‹ analysierenden Aufsatz ›Die Einsamkeit Zarathustras‹ eingenommen hat, in dem er die Lieder des Zauberers und des Wanderers freilich nicht eingehend interpretiert. Für Rauh „kann der Zweck des 4. Teiles nur in einer Stellungnahme des Autors zum Problem der öffentlichen Verkündigung der Wiederkunft liegen" (60). Er sieht eine Verkündigung des Gedankens gegenüber den höheren Menschen gegeben, und er negiert, daß Zarathustra am Ende des Werks zur Verkündigung des Gedankens aufbricht. Beides

erscheint mir als verfehlt. Was das erstere betrifft, sagt Rauh richtig: „das trunkene Lied, das Zarathustra [...] anstimmt, ist nur für den voll verständlich, der bereits um die ewige Wiederkehr weiß, und die hat Zarathustra allenfalls angedeutet, jedoch den unkundigen höheren Menschen nicht explizit dargelegt" (64). Trotzdem schreibt er dann, daß „Zarathustra die Lehre von der Wiederkunft vor den höheren Menschen [...] verkündet hat" (68). Rauh meint, daß die höheren Menschen „die einzigen sind, die der Anruf Zarathustras überhaupt erreichen kann" (ebd.). Da Zarathustras Anruf sie tatsächlich aber nicht erreicht, kommt Rauh zu der „Folgerung, daß Zarathustra der einzige Übermensch wird und den großen Mittag allein feiert" (ebd.); und Rauh spricht von der „totalen Vereinsamung und Isolierung" Zarathustras als von einem notwendigen Prozeß (69). Entsprechend interpretiert er das Schlußkapitel des Werks. Zarathustras Ausspruch „Ich trachte nach meinem *Werke!*" (VI 1, 404) versteht er so: „jetzt will er nurmehr sich selbst [...] Sein Werk aber ist die bewußte und willentliche Vereinigung mit dem ewigen Werden" (72). Und Rauh fügt hinzu: „Zarathustra ist die Wiederkehr, der Übermensch, der große Mittag" (ebd.). Rauh verkennt, daß Zarathustra von den höheren Menschen seine Kinder unterscheidet und daß er zu diesen schließlich aufbricht, als ihm das Zeichen dafür zuteil geworden ist (vgl. VI 1: 347, 402 und 404). Ich sagte bereits, daß Nietzsche das 'Geschehen' der Dichtung über die ungelösten Probleme der Lieder hinweggehen läßt und hinweggehen lassen kann. Auch läßt er Zarathustra (im Aufbruch zu dessen 'Kindern') über sich, den Autor des 4. Teils des ›Zarathustra‹, hinausgehen. Nicht nur sind Nietzsches 'Kinder' noch weit. Er selbst dürfte für seine 'Kinder' beim Stande der Fraglichkeiten noch nicht bereit genug sein.

9. Die Prosa des Willens zur Macht

[1] Hierzu und zum folgenden sei auf die Bemerkung über den ›Nachgesang‹ zu ›Jenseits von Gut und Böse‹, hier S. 116, verwiesen. (Die ›Lieder des Prinzen Vogelfrei‹, 1887 als ›Anhang‹ angefügt an ›Die fröhliche Wissenschaft‹, sind mit Ausnahme des ersten, das aber nichts Neues bringt, philosophisch nicht ergiebig.)

[2] Brief an Carl Fuchs vom 29. Juli <1888>, KGB III 5, 374.

[3] Übrigens war ja der 4. Teil des ›Zarathustra‹ noch weitgehend Nietzsches Geheimnis; andernfalls wäre die Behauptung von der im ›Zarathustra‹ gelösten Aufgabe dem Publikum kaum so zu präsentieren gewesen.

[4] Zu älteren Schichten von ›Jenseits von Gut und Böse‹ vgl. KSA 14, 345 f.

[5] Bei diesem ›Nachgesang‹ mit dem Obertitel ›Aus hohen Bergen‹ handelt es sich um ein im Herbst 1884, also vor Fertigstellung des 4. Teils des ›Zarathustra‹, verfaßtes Gedicht, dem Nietzsche im Frühjahr 1886 zwei Strophen angefügt hat. In den Vorstufen dieser beiden Strophen nennt er Zarathustra „mein höheres Gewissen" (KSA 14, 376).

[6] Die Aufzeichnung wurde Juni–Juli 1885 gemacht; im April desselben Jahres war der Privatdruck von ›Zarathustra‹ IV fertiggestellt worden.

[7] Vgl. NF VIII 1, 212.

[8] Vgl. hier den Fortgang sowie NF VIII 3, 52: „Wenn das innerste Wesen des Seins Wille zur Macht ist [...]".

⁹ Im Fortgang lassen sich Überschneidungen mit S. 163 ff. meines Buches ›Wahrheit und Wahrheitsgrund‹ von der Sache her nicht vermeiden; andererseits finden sich dort auch Ergänzungen.

¹⁰ Bis zu dieser Äußerung über das Leben hat Nietzsche durchaus einen Weg zurückgelegt (auf dem er sich im ›Zarathustra‹ schon befindet). Noch in Aph. 109 von ›Die fröhliche Wissenschaft‹ (V 2, 145) sieht es keineswegs so aus, als könnte vom Leben aus eine 'Hypothese auf den Gesamtcharakter des Daseins' möglich werden. Nietzsche geht es dort darum, gegen Weltdeutungen der Tradition die Vorstellung aufzubieten, die Welt sei Chaos. Die „Bildung des Organischen" erscheint ihm als „die Ausnahme der Ausnahmen"; der „Gesammt-Charakter der Welt ist dagegen in alle Ewigkeit Chaos"; und vorher hieß es: „Wir wissen ja ungefähr, was das Organische ist: und wir sollten das unsäglich Abgeleitete, Späte, Seltene, Zufällige, das wir nur auf der Kruste der Erde wahrnehmen, zum Wesentlichen, Allgemeinen, Ewigen umdeuten, wie es Jene thun, die das All einen Organismus nennen?" Schließlich: „Das Lebende ist nur eine Art des Todten, und eine sehr seltene Art."

¹¹ Daß das jedoch nicht immer der Fall ist, wird an späterer Stelle zu vermerken sein, vgl. S. 125.

¹² Immerhin hat Nietzsche 1883/1884 notiert: „Eine Vielheit von Kräften, verbunden durch einen gemeinsamen Ernährungs-Vorgang, heißen wir ‚Leben'" (NF VII 1, 692 – vgl. auch den Fortgang).

¹³ Hier muß kein Widerspruch gesehen werden zu Nietzsches Behauptungen, daß unsere inneren Vorgänge für uns undurchdringlich und unsere Handlungen uns „wesentlich unbekannt" sind (vgl. S. 50 ff.); gerade *daß* sie uns *als* undurchdringliche und weitgehend unbekannte (als durchaus nicht klare, deutliche, 'vernünftige') bekannt sind, macht sie tauglich für den analogischen Schritt zum 'Gesamtcharakter des Daseins'.

¹⁴ Genauso war Schopenhauer verfahren (für dessen System freilich der Unterschied von Ding an sich und Erscheinung konstitutiv ist). Auf ihn verweist Nietzsche in diesem Aphorismus; er ist ihm also präsent.

¹⁵ Hier wie weiterhin ist festzuhalten, daß Nietzsche Trieb und Affekt in eins zusammennimmt (vgl. S. 52).

¹⁶ Hier wird man wohl in Gedanken die vernunftgemäße Welteinrichtung durch einen göttlichen, der Natur die Gesetze gebenden Urheber ergänzen sollen.

¹⁷ In diesen Zusammenhang gehört Aph. 349 aus ›Die fröhliche Wissenschaft‹ (5. Buch), wo es zunächst heißt: „Sich selbst erhalten wollen ist der Ausdruck einer Nothlage, einer Einschränkung des eigentlichen Lebens-Grundtriebes, der auf *Machterweiterung* hinausgeht und in diesem Willen oft genug die Selbsterhaltung in Frage stellt und opfert. Man nehme es als symptomatisch, wenn einzelne Philosophen, wie zum Beispiel der schwindsüchtige Spinoza, gerade im sogenannten Selbsterhaltungs-Trieb das Entscheidende sahen, sehen mussten: – es waren eben Menschen in Nothlagen." Nietzsche geht von hier aus unmittelbar zur Kritik an Darwin bzw. am Darwinismus über, erklärt dessen Entstehung genetisch aus dem gesellschaftlichen Herkunftsbereich seiner Vertreter und sagt dann: „in der Natur *herrscht* nicht die Nothlage, sondern der Ueberfluss, die Verschwendung, sogar bis in's Unsinnige. Der Kampf um's Dasein ist nur eine *Ausnahme*, eine zeitweilige Restriktion des Lebenswillens; der grosse und kleine Kampf dreht sich allenthalben um's Uebergе-

wicht, um Wachsthum und Ausbreitung, um Macht, gemäss dem Willen zur Macht, der eben der Wille des Lebens ist" (V 2, 267 f.).

[18] Vgl. FW 127 / V 2, 161: „damit Wille entstehe, ist eine Vorstellung von Lust und Unlust nöthig."

[19] Vgl. aus ›Die Welt als Wille und Vorstellung‹ (§ 56): „Denn alles Streben entspringt aus Mangel, aus Unzufriedenheit mit seinem Zustande, ist also Leiden, solange es nicht befriedigt ist; keine Befriedigung aber ist dauernd, vielmehr ist sie stets nur der Anfangspunkt eines neuen Strebens. [...] kein letztes Ziel des Strebens, also kein Maß und Ziel des Leidens" (WW, hrsg. v. Löhneysen, I, 425).

[20] Vgl. VIII 2, 296: „ ‚wollen‘ ist *nicht* ‚begehren‘, streben, verlangen: davon hebt es sich ab durch den *Affekt des Commando's*".

[21] Dieser Ansatz dürfte sich Nietzsche auch für die Übertragung des Seinsprinzips auf den Bereich des Anorganischen (der bei ihm wie schon bei Leibniz und Schopenhauer Probleme bereiten muß) als erfolgversprechend empfohlen haben (vgl. S. 126).

[22] Zum vorigen wäre auch zu beachten NF VII 3, 236: „denken, fühlen, wollen in allem Lebendigen – / was ist eine Lust anders als: eine Reizung des Machtgefühls durch ein Hemmniß (noch stärker durch rhythmische Hemmungen und Widerstände) – so daß es dadurch anschwillt. Also in aller Lust ist Schmerz einbegriffen. – Wenn die Lust sehr groß werden soll, müssen die Schmerzen sehr lange, und die Spannung des Bogens ungeheuer werden."

[23] Nietzsche selbst hatte sich drei Jahre früher (1885) notiert: „der Wille zur Macht sich spezialisirend als Wille zur Nahrung" (NF VII 3, 236); diese These würde die Problemlage aber durchaus nicht verbessern.

[24] Auch wenn es das 'unter' einem anderen Trieb, „im Dienst eines darüber waltenden höheren Triebes" (NF VIII 2, 300), tut, ändert sich das Problem nicht entscheidend. (Die ganze Aufzeichnung ist für den hier verhandelten Sachkomplex relevant.)

[25] Das wird in derselben Aufzeichnung noch verstärkt: „die Ausdrucksmittel der Sprache sind unbrauchbar, um das Werden auszudrücken: es gehört zu unserem *unablöslichen Bedürfniß der Erhaltung,* beständig die eine gröbere Welt von Bleibend‹em›, von ‚Dingen‘ usw. zu setzen. Relativ dürfen wir von Atomen und Monaden reden: und gewiß ist, daß die *kleinste Welt an Dauer die dauerhafteste ist* ..." (NF VIII 2, 278).

[26] Vgl. NF VIII 3, 163: „Als ob eine Welt noch übrig bliebe, wenn man das Perspektivische abrechnete! Damit hätte man ja die *Relativität* abgerechnet".

[27] Primär: Bejahen – Verneinen.

[28] In der Spätphilosophie klingt hier etwas nach von Nietzsches früher Äußerung (1873): „weil aber der Mensch zugleich aus Noth und Langeweile gesellschaftlich und heerdenweise existiren will, braucht er einen Friedensschluß und trachtet darnach dass wenigstens das allergröbste bellum omnium contra omnes aus seiner Welt verschwinde" (WL 1 / III 2, 371). Zum folgenden ist anzumerken, daß auch 1873, in der Polemik gegen David Friedrich Strauss, hier speziell gegen dessen Ethik, zu lesen ist: „hier hätte er [...] kühnlich aus dem bellum omnium contra omnes und dem Vorrechte des Stärkeren Moralvorschriften für das Leben ableiten können, die freilich nur in einem innerlich unerschrockenen Sinne, wie in dem des Hobbes, und in

einer ganz anderen grossartigen Wahrheitsliebe ihren Ursprung haben müssten [...]"
(DS 7 / III 1, 190f.).

²⁹ Nicht erst mit dem folgenden, aber besonders auch mit ihm befindet sich diese
Untersuchung in *thematischer* Nachbarschaft zu den Nietzsche-Interpretationen Heideggers. So mag an dieser Stelle die Schwierigkeit artikuliert werden, in der ich mich
(wie andere neue Nietzsche-Interpreten in vergleichbarer Lage) Heideggers Nietz-
sche-Auslegungen gegenüber befinde. Daß insbesondere seine beiden Bände ›Nietzsche‹ (erschienen 1961; zusammengestellt aus Vorlesungen, die während des Zeit-
raums 1936/1937 bis 1941/1942 in Freiburg gehalten wurden) von großer Bedeutung
gewesen sind für eine sachgemäße Rezeption Nietzsches auf philosophischem Feld,
dürfte unbestritten sein. Inzwischen aber hat sich ein ganzer Forschungszweig etabliert, der einerseits die erhebliche Entwicklung von Heideggers Nietzsche-Verständ-
nis, andererseits das Grundproblem seiner 'seinsgeschichtlich' gefärbten Deutung
sowie manche verfehlten Einzeldeutungen herausgestellt hat. In dieser Forschungssi-
tuation macht es wenig Sinn, daß man im Rahmen einer eigenen Auseinandersetzung mit Nietzsche Differenzpunkte zu Heidegger immer wieder beim Namen
nennt. Ich verweise statt dessen auf die eingehenden, auch ältere Arbeiten über Heideggers Nietzsche-Deutungen zugänglich machenden Schriften von Müller-Lauter:
›Das Willenswesen und der Übermensch. Ein Beitrag zu Heideggers Nietzsche-Interpretationen‹ – sowie: ›Der Geist der Rache und die ewige Wiederkehr. Zu Heideggers später Nietzsche-Interpretation‹. Ich selbst habe Heideggers Nietzsche-Rezeption kurz skizziert in: Das Spektrum der Nietzsche-Rezeption im geistigen Leben
seit der Jahrhundertwende, 10ff. (mit Literaturangaben). In der vorliegenden Untersuchung schien mir der in Anm. 12 zu Kap. 15 gegebene Hinweis auf Heidegger allerdings wichtig zu sein; er belegt zugleich hier soeben Gesagtes.

³⁰ Ich verweise auf die schon erwähnte eingehende, informative und kritische
„Diskussion" des älteren Aufsatzes von Becker und zahlreicher neuer Interpretationen (u. a. Magnus, Abel), die Spiekermann 1988 unter dem Titel ›Nietzsches Beweise für die ewige Wiederkehr‹ vorgelegt hat. Spiekermann geht auch mit Nietzsche
selbst kritisch um. – Der erwähnte Aufsatz von Becker (Nietzsches Beweise für seine
Lehre von der ewigen Wiederkunft, 1936) wurde bereits 1971 von Müller-Lauter
(Nietzsche, 164ff.) kritisch durchleuchtet; vgl. auch dazu Spiekermann, a. a. O.,
500ff. und 531. Müller-Lauters eigene Position zu den Beweisen der ewigen Wiederkunft des Gleichen wird in seinen folgenden Äußerungen deutlich: „Nach der Wahrheit der Wiederkunftslehre in einer ‚objektiven‘, von den Entwürfen der perspizie-
renden Machtwillen ablösbaren Weise zu fragen, müßte sich [...] verbieten. Würde
solche ‚Objektivität‘ doch einen Rückfall in den alten, überwundenen Wahrheitsbe-
griff darstellen" (Nietzsche, 164). Und: „Wir dürfen Nietzsches Rückgriffen auf die
‚alte Wahrheit‘ letztlich nur prohibitiven Charakter zugestehen" – doch fügt Müller-
Lauter hinzu: „wobei freilich bezweifelt werden muß, ob er sie selbst so aufgefaßt
hat. [...] Er kann die ‚alte Wahrheit‘, deren Ausdruck er in der Naturwissenschaft
seiner Zeit auf mannigfache Weise vorfand, nicht als *Wahrheit* gelten lassen. Um jene
zu bekämpfen, begibt er sich auf deren eigenes Gebiet. Dabei verfällt er selbst der
‚alten Wahrheit‘ (ebd., 186). Anderwärts schreibt Müller-Lauter: „Ohne den Irrtum
vom *Gleichen* kann es keinen Wiederkunftsgedanken geben" (Nietzsches Auf-lösung
des Problems der Willensfreiheit, 73).

³¹ Der betreffende Aphorismus 341 (›Das grösste Schwergewicht‹) wurde in Kap. 5 behandelt. Der Aphorismus 109 desselben Werkes (V 2, 145 f.) streift den Gedanken nur.

³² Es handelt sich vor allem um die Aufzeichnungen 11 [148], [152], [157], [202], [245], [292], [305] und [312] (NFV 2: 396, 398, 400, 421, 432 f., 451 f., 456 f. und 459).

³³ Daß Nietzsche gleichwohl wiederum mit ihnen nicht an die Öffentlichkeit getreten ist, sie vielmehr mit großen Teilen des geplanten Werkes ›Der Wille zur Macht‹ für sich behalten hat, sollte nicht vergessen werden. – Vielleicht gehen Nietzsche-Interpreten (und ich schließe mich hier durchaus ein) mit zu wenig Scheu mit Texten um, die von ihrem Verfasser selbst der Öffentlichkeit nicht überantwortet wurden und insofern nicht autorisiert sind. Das Dilemma ist freilich, daß ohne Zugriff auf den späten Nachlaß sich Nietzsches Sache in den Kernfragen schwerlich angemessen 'zu Ende denken' läßt. Daß dies aber versucht wird, dazu provozieren seine veröffentlichten Werke und darauf könnte Nietzsche sogar Anspruch haben.

³⁴ Die wichtigsten sind: VII 3, 280 f.; VII 3, 258 f.; VIII 2, 276 f.; VIII 3, 166 ff. – Ergänzend sei verwiesen auf VII 1, 11 (Aufzeichnung 1 [27] von 1882).

³⁵ Eine Vorform des Gedankens findet sich in einer schon einmal genannten Aufzeichnung von 1881: „Anfang des Thätigseins zu denken ist *absurd*" (NF V 2, 456).

³⁶ Sein und Seiendes (bzw. Werden und Werdendes) fallen bei Nietzsche zusammen; vgl. meine Ausführung in: Wahrheit und Wahrheitsgrund, 175 f.

³⁷ Hier wird man nun die Gedanken ansiedeln, daß „jede Macht in jedem Augenblicke ihre letzte Consequenz zieht" (vgl. S. 121) und daß nichts isoliert existieren kann, weil Wille zur Macht den Gegenwillen, den Widerstand, braucht. – Nietzsche selbst hat übrigens den Ausdruck Determinismus negativ besetzt. Er negiert Determinismus im Sinne einer *„über* dem Geschehen waltenden Necessität"* (NF VIII 2, 47 – Hervorhebung von mir); „die absolute Necessität des gleichen Geschehens in einem Weltlauf wie in allen übrigen in Ewigkeit, *nicht* ein Determinismus über dem Geschehen, sondern bloß der Ausdruck dessen, daß das Unmögliche nicht möglich ist [...] daß eine bestimmte Kraft eben nichts anderes sein kann als eben diese bestimmte Kraft; daß sie sich an einem Quantum Kraft-Widerstand nicht anders ausläßt, als ihrer Stärke gemäß ist – Geschehen und Nothwendig-Geschehen ist eine *Tautologie*" (NF VIII 2, 201 f.). Also: „Die ‚Nothwendigkeit' nicht in Gestalt einer übergreifenden, beherrschenden Gesammtgewalt, oder eines ersten Motors" (NF VIII 2, 276). Deshalb kann Nietzsche mit Bezug auf „den ewigen Kreislauf" von Logik sowohl als von Unlogik sprechen: „ – dieselben Dinge, dieselbe Logik und Unlogik der Knoten" (NF VIII 3, 288).

³⁸ Für Nietzsche sind naturwissenschaftliche Theorien nur als Bestätigungen interessant, denn im Falle eines Widerstreits zwischen Philosophie und Naturwissenschaft obsiegt bei ihm fraglos der philosophische Gedanke – vgl. NF VIII 3, 167: „Kann z. B. der Mechanismus der Consequenz eines Finalzustandes nicht entgehen, welche Thompson ihm gezogen hat, so ist damit der Mechanismus *widerlegt.* " (Bei dieser – offensichtlich von William Thomson sprechenden – 'Widerlegung' dürfte Nietzsche wohl den zweiten Satz der Thermodynamik und das, was man mittlerweile „Wärmetod" nennt, im Visier gehabt haben.) – Eine Bestätigung vermerkt Mittasch: „die Vorstellung von der ‚ewigen Wiederkunft' als Gipfelung seines Evangeliums von dem ‚Willen zur Macht' hat durch R. Mayers Erhaltungsbegriff [Erhaltung der Kraft

(bzw. der Energie) – Zusatz von mir] die vermeintliche wissenschaftliche Grundlage erhalten" (Friedrich Nietzsches Verhältnis zu Robert Mayer, 160). Vgl. hierzu NF VIII 1, 209; Aufzeichnung 5 [54].

[39] Vgl. S. 143 f.

[40] Vgl. JGB 37 (VI 2, 52) im Zusammenhang mit dem Fazit des dort voraufgegangenen Aphorismus 36.

[41] Vgl. NF VIII 1, 125: „Die moral<ischen> Werthschätzungen als eine Geschichte der Lüge und Verleumdungskunst im Dienste eines Willens zur Macht (des *Heerden*-Willens) welcher sich gegen die stärkeren Menschen auflehnt". Ferner NF VIII 1, 311: „Alle die Triebe und Mächte, welche von der Moral *gelobt* werden, ergeben sich mir als essentiell *gleich* mit den von ihr verleumdeten und abgelehnten z. B. Gerechtigkeit als Wille zur Macht, Wille zur Wahrheit als Mittel des Willens zur Macht". Einschlägig ist hier auch NF VIII 1, 343 (Zeile 18 ff.).

[42] Vgl. ferner den Anfang der auf S. 131 f. zitierten Aufzeichnung aus derselben Zeit (NF VII 3, 338).

[43] In diesen Kontext gehören folgende Nachlaß-Notizen: „NB. Aus der uns bekannten Welt ist der humanitäre Gott nicht *nachzuweisen:* so weit kann man euch heute zwingen und treiben: – aber welchen Schluß zieht ihr heraus? Er ist *uns* nicht nachweisbar: Skepsis der Erkenntniß. Aber ihr Alle *fürchtet* den Schluß: 'aus der uns bekannten Welt würde ein ganz anderer Gott *nachweisbar* sein, ein solcher, der zum Mindesten *nicht* humanitär ist' [...]" (NF VIII 1, 139). Und: „Entfernen wir die höchste Güte aus dem Begriff Gottes: sie ist eines Gottes unwürdig. Entfernen wir insgleichen die höchste Weisheit: [...] Nein! Gott *die höchste Macht* – das genügt! Aus ihr folgt Alles, aus ihr folgt – 'die Welt'! [...]" (NF VIII 2, 173 f.).

[44] In einer Notiz von 1885/1886, die auch das Interesse Camus' gefunden hat (vgl.: Der Mensch in der Revolte, 66), lobt Nietzsche Hegels 'Pantheismus': „Die Bedeutung der deutschen Philosophie (Hegel): einen *Pantheismus* auszudenken, bei dem das Böse, der Irrthum und das Leid *nicht* als Argumente gegen Göttlichkeit empfunden werden. *Diese grandiose Initiative* ist mißbraucht worden [...]" (NF VIII 1, 111). Hegel hat freilich gerade nicht 'die Zweckvorstellung aus dem Prozeß weggebracht'; zu Nietzsches Gegenstellung zu Hegel in puncto 'Pantheismus' vgl. auch hier den Fortgang, insbesondere Anm. 49. Nietzsche könnte bei der zitierten Anerkennung Hegels dessen Äußerung zur Theodizee in den ›Vorlesungen über die Philosophie der Weltgeschichte‹ (1. Hälfte, Bd. I: Die Vernunft in der Geschichte, 48 f.) im Sinn gehabt haben.

[45] Die Äußerung findet sich im Kontext von Metaphysik-Kritik und gibt im Fortgang zu bedenken, ob mit Bezug auf das Ganze des Werdens von Wert gesprochen werden kann, weil es (anders als die Metaphysik annahm) gar keinen Maßstab für solche Wertung gibt. Gleichwohl: in Hinsicht auf 'Sinnerfüllung' spricht Nietzsche selbst gerade von 'Wertgleichheit in jedem Augenblick'.

[46] JGB 150 / VI 2, 99: „Um den Helden herum wird Alles zur Tragödie, um den Halbgott herum Alles zum Satyrspiel; und um Gott herum wird Alles – wie? vielleicht zur 'Welt'? –" Das ist eine Reminiszenz an ›Die Geburt der Tragödie‹, nur daß man nun den Gott nicht mehr als Ding an sich und das, was um ihn herum zur Welt wird, nicht mehr als Erscheinung denken darf; Ding an sich und Erscheinung sind vielmehr in eins 'zusammengefallen', Nietzsche ist nicht mehr Metaphysiker wie da-

mals. (Entsprechend sind in eins 'zusammengefallen': Einheit und Vielheit – im Willen zur Macht; Ewigkeit und Zeit – in der ewigen Wiederkunft des Gleichen; schließlich, blickt man auf Schopenhauer zurück, auch Wille und Vorstellung bzw. Sein und Schein – vgl. meine Schrift: Wahrheit und Wahrheitsgrund, 165 f.) – Hier schon ist der im Fortgang dieses Kapitels heranzuziehende Schluß des Aphorismus 56 von ›Jenseits von Gut und Böse‹ interessant. Auch darf an die in Anm. 43 zu diesem Kapitel mitgeteilte Äußerung NF VIII 2, 173 f. erinnert werden.

⁴⁷ Vgl. dagegen allerdings die hier im Fortgang zitierte Stelle NF VIII 2, 201.

⁴⁸ Für Nietzsches Verhältnis zu Spinoza vgl. seinen Brief an Overbeck, <30. Juli 1881>, KGB III 1, 111.

⁴⁹ Vgl. NF VIII 2, 200 f.: „[...] Weshalb instinktiv alle Philos‹ophen› darauf aus sind, ein Gesammtbewußtsein, ein bewußtes Mitleben und Mitwollen alles dessen, was geschieht, einen 'Geist' 'Gott' zu imaginieren. Man muß ihnen aber sagen, daß *eben damit* das *Dasein* zum *Monstrum* wird; daß ein 'Gott' und Gesammtsensorium schlechterdings etwas wäre, dessentwegen das Dasein *verurtheilt* werden müßte ... Gerade daß wir das zweck- und mittelsetzende Gesammt-Bewußtsein *eliminirt* haben: das ist unsere *große Erleichterung,* – damit hören wir auf, Pessimisten sein zu müssen ... Unser größter *Vorwurf* gegen das Dasein war die *Existenz Gottes* ...". – Ein 'bewußt mitwollender', 'zwecksetzender', für die Welt verantwortlicher, eben moralischer Gott würde nach Nietzsche ein unlösbares Theodizeeproblem aufwerfen, dessen Unlösbarkeit voll auf die Welt zurückschlüge, so daß angesichts des nicht zu rechtfertigenden Übels nur der radikale Pessimismus bliebe, die Auffassung, daß die Welt schlecht (wenn nicht gar, mit Schopenhauer gesprochen, die schlechteste aller möglichen) sei. Schon ›Die Geburt der Tragödie‹ suchte dagegen ein Heilmittel. – Eine Ergänzung findet sich GD, Die vier grossen Irrthümer, 8 / VI 3, 90 f.: „Dass Niemand mehr verantwortlich gemacht wird, dass die Art des Seins nicht auf eine causa prima zurückgeführt werden darf, dass die Welt weder als Sensorium, noch als 'Geist' eine Einheit ist, *dies erst ist die grosse Befreiung,* – damit erst ist die *Unschuld* des Werdens wieder hergestellt ... Der Begriff 'Gott' war bisher der grösste Einwand gegen das Dasein ... Wir leugnen Gott, wir leugnen die Verantwortlichkeit in Gott: *damit* erst erlösen wir die Welt. – "

⁵⁰ Hier ist auf das zum „Spiel von Kräften" Gesagte in der auf S. 131 f. zitierten Aufzeichnung zurückzuverweisen.

⁵¹ Nietzsche spricht in der zuletzt zitierten Aufzeichnung vom „Höhepunkt im *Werden* (der höchsten Vergeistigung der Macht auf dem sklavenhaftesten Grunde" (ebd.).

⁵² Übrigens erklärt Nietzsche im Kontext von „'Gott' als Culminations-Moment": „Absoluter *Ausschluß* des *Mechanismus* und des *Stoffs:* beides nur Ausdrucksform niedriger Stufen, die entgeistig<t>ste Form des Affektes (‚des Willens zur Macht')" (NF VIII 2, 7). Vgl. auch von NF VIII 2, 201 noch: „Verwandlung der Energie in Leben und Leben in höchster Potenz erscheint demnach als Ziel. Dasselbe Quantum Energie bedeutet auf den verschiedenen Stufen der Entwicklung Verschiedenes:"

⁵³ Das vorige (ab S. 137) ist zugleich eine Stellungnahme zu der Grundthese Löwiths in seinem Buch ›Nietzsches Philosophie der ewigen Wiederkehr des Gleichen‹, von der ich mich durch die Herausarbeitung einer doppelten Sinnerfüllung entferne;

auch dürfte durch meine Darstellung klar sein, daß Löwith, indem er in Nietzsches *Ontologie* ausschließlich den kosmologischen Aspekt zur Geltung bringt, Nietzsches Weltauslegung bezüglich des Willens zur Macht und der ewigen Wiederkunft des Gleichen erheblich verkürzt.

Löwith sagt, daß der „Wille zur ewigen Wiederkehr ineins dichtet, was auseinander fällt. Denn der Gedanke der ewigen Wiederkehr lehrt einmal ein neues Wozu des menschlichen Daseins über sich selbst hinaus, einen Willen zur Selbstverewigung; er lehrt aber auch das genaue Gegenteil: ein ebenso selbstloses wie zielloses Kreisen der natürlichen Welt in sich selber, mitumfassend das menschliche Leben. Der kosmische Sinn widerstreitet dem anthropologischen, so daß der eine zum Widersinn des andern wird" (64). Und: „Sobald ihn [sc. Nietzsche] die dichtende Kraft zum Gleichnis verläßt, zerfällt das Ganze in zwei sich widersprechende Teile, die nur der Zwiespalt zusammenhält. [...] Einem Zweifachen ist darum das Gleichnis von der ewigen Wiederkehr gleichzusetzen: einerseits einem 'ethischen Schwergewicht', durch das ein ziellos gewordenes Dasein des Menschen über sich selber hinaus wieder ein Ziel erhält, und andererseits einer naturwissenschaftlichen 'Tatsache' im ziellosen Beisichsein der Kräfte-Welt. [...]" (87). Löwith spricht davon, daß der kosmische Kreislauf der ewigen Wiederkehr „gegen alles menschliche Wollen gleichgültig ist" (88), und er fragt: „wie könnte es ein und dasselbe Leben sein, das sich im Menschen als einem wollenden 'selbst' überwinden muß, und das in der natürlichen Welt mit der einfachen Notwendigkeit der Natur von selbst immer wiederkommt?" (96) – Zu Recht allerdings stellt er die Frage: „wenn [...] das Menschendasein, mitsamt seinen Gedanken, nur *ein* Ring im großen Ring der ewigen Wiederkehr alles Seienden ist – welchen Sinn hätte es dann noch, über sich selbst hinauszuwollen, eine europäische Zukunft zu wollen, überhaupt irgend etwas zu 'wollen'?" (92) Zu diesem Punkt vgl. meine Ausführungen S. 227 ff.

⁵⁴ Es verbindet ihn nach seinem Selbstverständnis sogar mit der Philosophie der Tradition (dem, wie er – Nachlaß-Zeugnissen zufolge – glaubt, unterlegenen Willen zur Macht): „Aber dies ist eine alte ewige Geschichte: was sich damals mit den Stoikern begab, begiebt sich heute noch, sobald nur eine Philosophie anfängt, an sich selbst zu glauben. Sie schafft immer die Welt nach ihrem Bilde, sie kann nicht anders; Philosophie ist dieser tyrannische Trieb selbst, der geistigste Wille zur Macht, zur 'Schaffung der Welt', zur causa prima" (JGB 9 / VI 2, 16).

⁵⁵ Ich muß einräumen, daß sich mir gegenüber meiner diesbezüglichen Darlegung in › Wahrheit und Wahrheitsgrund‹ eine Verschiebung ergeben hat. Ich hatte dort die Auffassung geäußert, daß schon die Lieder des Zauberers im ›Zarathustra‹ die Wahrheitsproblematik der *absoluten* Seinsthese, d. h. *deren* Aporie, anvisieren und daß das Bewußtsein dieser Aporie Nietzsche hinfort begleitet hat. Inzwischen sehe ich, wie dargestellt, eine Denkbewegung bei Nietzsche gegeben, dergestalt, daß die absolute Seinsthese der Versuch ist, vom ›Zarathustra‹ hinterlassene Aufgaben zu lösen, darunter das Problem der Wahrheit und Durchsetzungsfähigkeit von Nietzsches eigener Philosophie, daß er dann das Aporetische dieses Lösungsversuchs durchschaut und in den ›Dionysos-Dithyramben‹ das Wahrheitsproblem wieder aufgegriffen hat. Zwei Daten (die allerdings nichts beweisen, am wenigsten bei Nietzsche, der Gegensätzlichstes gleichzeitig in sich beherbergen konnte) möchte ich hier nebeneinander stellen: Aus dem Frühjahr 1888 stammt die siegesbewußte, hier vielfach

erwähnte Aufzeichnung, in der Nietzsche *seinem* Willen zur Macht Recht gibt (vgl. S. 116); Ende August desselben Jahres „verzichtete" er endgültig „auf die Veröffentlichung eines Werkes unter dem Titel ›Der Wille zur Macht. Versuch einer Umwerthung aller Werthe‹" (Montinari – KSA 12, 8).

⁵⁶ Auf diesen Zusammenhang deutet vor, daß Zarathustra *als der Gottlose‹* den Gedanken der ewigen Wiederkunft ans Licht des wachen Bewußtseins ruft (vgl. VI 1, 267: „reden sollst du mir! Zarathustra ruft dich, der Gottlose!").

⁵⁷ Ich setze hiermit einen anderen Akzent als Löwith, der zwar auch sagt: „Die Lehre des Zarathustra von der ewigen Wiederkehr des Gleichen ist antipodisch zur Schöpfungslehre", aber fortfährt: „und weil der alte biblische Schöpfer- und Erlösergott nicht mehr lebt, sondern tot ist, mußte NIETZSCHE die alte kosmologische Frage nach der Ewigkeit der Welt neu stellen" (Nietzsches antichristliche Bergpredigt, 45).

⁵⁸ In die Nachbarschaft zu dieser Gottesvorstellung einiger Denker der Tradition hatte Nietzsche sich schon einmal als Metaphysiker begeben (vgl. meinen Aufsatz: Dionysos als Ding an sich, 81). Auch jetzt dürfte Dionysos der Name für den deus sein.

⁵⁹ Selbst die am Menschen vorgenommene Umwertung von Leib und Vernunft bekommt einen solchen Anschein, zumal wenn man in einer mehrfach schon beigezogenen Aufzeichnung zur ewigen Wiederkunft liest: „Die Thatsache des 'Geistes' *als eines Werdens* beweist, daß die Welt kein Ziel, keinen Endzustand hat und des Seins unfähig ist" (NF VII 3, 280).

10. Der entzauberte Übermensch

¹ Auf die Stellennachweise kann hier verzichtet werden. Die meisten dieser Ausdrücke werden im folgenden in Zitaten erscheinen.

² NF VIII 2, 128: „[...] soll eine *stärkere* Art, ein höherer Typus ans Licht treten, der andre Entstehungs- und andre Erhaltungsbedingungen hat als der Durchschnitts-Mensch. Mein Begriff, mein *Gleichniß* für diesen Typus ist, wie man weiß, das Wort 'Übermensch'."

³ NF VIII 2, 90: „Der Mensch ist das *Unthier* und *Überthier;* der höhere Mensch ist der Unmensch und Übermensch [...]. Mit jedem Wachsthum des Menschen in die Größe und Höhe wächst er auch in das Tiefe und Furchtbare".

⁴ Dieser Aphorismus sowie der, auf den er folgt, gehen auf eine Notiz für ein Kapitel oder gar Werk mit der Überschrift ›Der Übermensch‹ zurück (vgl. NF VIII 2, 433 – dazu auch die Überschriften NF VIII 2, 434 und 436).

⁵ So zu unterscheiden, ist allerdings nicht unproblematisch, was sich im folgenden Kapitel zeigen wird.

⁶ Vgl. ferner NF VIII 2, 103: „die Erhaltung der Schwachen, weil eine ungeheure Masse *kleiner* Arbeit gethan werden muß".

⁷ Vgl. ferner GM III 18 / VI 2, 402: „die Starken streben ebenso naturnothwendig *aus*einander, als die Schwachen *zu*einander; wenn erstere sich verbinden, so geschieht es nur in der Aussicht auf eine aggressive Gesammt-Aktion und Gesammt-Befriedigung ihres Willens zur Macht, mit vielem Widerstande des Einzel-Gewissens".

⁸ Das Thema Immoralismus wird zwar in den nächsten Kapiteln wieder berührt

werden. Aber mit der Auflistung von Belegstellen soll es ein Ende haben, nachdem ich hier noch einige ergänzende Stellen lediglich genannt haben werde (von denen allerdings eine später als Zitat wiederkehren wird): JGB 186 / VI 2, 108 f. (gegen Schopenhauers Neminem-laede-Prinzip); GT, Vorrede von 1886, 5 / III 1, 13; AC 16 / VI 3, 180 (Nötigkeit auch des bösen Gottes). NF VIII 2: 69 f.; 146; 153 (Punkt 5) und 6) der Aufzeichnung); 188 (Aufzeichnung 10 [114]); 247 (die immer größere Herrschaft des Bösen wünschenswert); 351 (Aufzeichnung 11 [283]). NF VIII 3, 146 und 176.

⁹ Vgl. die pathetische, zukunftsgerichtete Aufzeichnung vom Sommer–Herbst 1884: „Ich glaube, ich habe Einiges aus der Seele des höchsten Menschen *errathen* – vielleicht geht Jeder zu Grunde, der ihn erräth, aber wer ihn gesehen hat, muß helfen, ihn zu *ermöglichen*. / Grundgedanke: wir müssen die Zukunft als *maaßgebend* nehmen für alle unsere Werthschätzung – und nicht *hinter* uns die Gesetze unseres Handelns suchen!" (NF VII 2, 214 f. – „hinter" fettgedruckt)

¹⁰ Äußerungen wie die in diesem Kapitel zitierten und die in Anm. 5 zu Kap. 11 noch folgende legen in besonderem Maße das Thema 'Nietzsche und der Nationalsozialismus' nahe. Vgl. dazu meine Darstellung und Stellungnahme in: Das Spektrum der Nietzsche-Rezeption …, 28 f. (sowie ebd. die Hinweise auf Camus, S. 13, und Thomas und Heinrich Mann, S. 33). Daraus sei hier nur aufgegriffen, daß Nietzsche erklärter Gegner von Nationalismus, Deutschtum und vor allem auch Antisemitismus war. Unentscheidbar und daher vielleicht müßig ist die Frage, ob Nietzsche zu den mitgeteilten Äußerungen und Notizen fähig gewesen wäre angesichts des Holocaust und der Weltkriege des 20. Jahrhunderts, d. h. angesichts eines realen Grauens, das sogar als geschehenes die Vorstellungsfähigkeit der Zeitgenossen und Nachgeborenen beinahe übersteigt. Nietzsches Radikalismen begegnen seitdem allerdings unweigerlich in diesem Lichte, oder besser gesagt, in dieser Finsternis. Schneidendste Abrechnungen mit Nietzsche stellten sich von hier aus ein, etwa in Gestalt von Flakes 1944 entstandenem Buch ›Nietzsche‹ und in der ›Dialektik der Aufklärung‹ von Horkheimer und Adorno, die Nietzsche dem Marquis de Sade gleichsetzen und ihn, wie Flake, für den Faschismus verantwortlich machen.

11. Das Maßstabproblem

¹ Darauf, daß dennoch vieles aus diesem Kapitel im nächsten Kapitel konstruktiv aufgegriffen werden kann, möchte ich vorsorglich hier schon hinweisen.

² Hier formuliert Nietzsche seine 'Theodizee'. Vgl. dazu auch NF VIII 2, 223: „Die *Tiefe des tragischen Künstlers* liegt darin, […] daß er die *Ökonomie im Großen* bejaht, welche das *Furchtbare, Böse, Fragwürdige* rechtfertigt und nicht nur … rechtfertigt."

³ Zum Schluß des letzten Zitates vgl. S. 156 mit Anm. 8. Zum ganzen Komplex der Bejahung (der diese Untersuchung bis zum Schluß begleiten wird) sei an dieser Stelle noch angemerkt: Nach manchen Zeugnissen sieht es Nietzsche für sehr schwer an, die umfassende Welt- und Selbstbejahung aufzubringen. Er nähert sich in der Spätphilosophie sogar gelegentlich jenem Pessimismus, den er mit seiner frühen Abkehr von Schopenhauer ganz hinter sich zurückgelassen zu haben schien. In solchem Kontext wird der Kunst eine ähnlich bedeutsame Funktion zugeschrieben, wie sie sie

in anderem Zusammenhang (in der ästhetischen Metaphysik der Frühschrift ›Die Geburt der Tragödie‹) gehabt hatte. Zwei Gesichtspunkte stehen hier am Anfang: „Alle Kunst wirkt *tonisch*, mehrt die Kraft, entzündet die Lust (d. h. das Gefühl der Kraft), regt alle die feineren Erinnerungen des Rausches an" (NF VIII 3, 88). Und: „Die Lust an der Lüge als die Mutter der Kunst" (NF VIII 1, 347). So ist denn die Kunst „das grosse Stimulans zum Leben" (GD, Streifzüge eine Unzeitgemässen, 24 / VI 3, 121 – vgl. Anm. 8 zu Kap. 12). Und „*wir haben die Kunst*, damit wir nicht an der Wahrheit zu Grunde gehn" (NF VIII 3, 296). (Das Thema Kunst wird im 12. Kapitel mehrfach berührt werden.)

⁴ Insofern kann Nietzsche den Glauben, „dass 'unegoistisch' und 'egoistisch' Gegensätze sind", als 'naiven Fehlgriff' ansehen und in *diesem* Sinne sagen: „Es giebt *weder* egoistische, *noch* unegoistische Handlungen: beide Begriffe sind psychologischer Widersinn" (EH, Warum ich so gute Bücher schreibe, 5 / VI 3, 303). 'Psychologischer Widersinn' sind die Begriffe auch aufgrund einer nach Nietzsches Auffassung falschen Vorstellung, die die Tradition sich vom Ego gebildet hat – vgl. meine Wiederaufnahme dieses Gedankens im folgenden.

⁵ In derselben Aufzeichnung zieht Nietzsche diese Linie aus für ein Wachstumsrecht der Völker, das mit allen Mitteln verfolgt werden darf: „Wenigstens dürfte ein Volk mit ebensoviel gutem Sinn sein Eroberungsbedürfniß, sein Machtgelüst, sei es mit Waffen, sei es durch Handel, Verkehr und Colonisation als Recht bezeichnen, – Wachsthums-Recht etwa. Eine Gesellschaft, die endgültig und ihrem *Instinkt* nach den Krieg und die Eroberung abweist, ist im Niedergang: sie ist reif für Demokratie und Krämerregiment" (ebd., 171).

Scheler hat gegen Nietzsches Auffassung vom allgemeinen und fundamentalen Egoismus gestritten: „Den Irrtum, Leben sei an erster Stelle 'Daseinserhaltung', hatte ja auch Nietzsche gründlich überwunden, nicht aber den anderen, daß es ausschließlich *Selbst*erhaltung, respektive – nach seiner Auffassung – *Selbstwachstum* sei. Vielmehr nahm er gerade in *diesem* Punkte die gesamten Irrungen einer falschen und einseitigen Biologie und Psychologie auf, und zwar besonders in *der* Formulierung, die sie durch das ‚*Kampf ums Dasein*'-Prinzip durch Darwin erhalten hatten. [...] so zog Nietzsche die unter *seiner* – [...] irrigen – Grundvoraussetzung sehr *berechtigte Konsequenz,* daß alle Sympathiegefühle und die ganze Liebes- und Sympathiemoral, die sich auf sie aufbaue, sowie ihre noch geltende Wertschätzung eine Folge niedergehenden Lebens sei. Faktisch schließt die richtige Auffassung des Lebens als Tendenz zur 'Macht' gar nicht aus, daß Teilnahme und Sympathie an fremden Lebensprozessen gleichfalls zur *ursprünglichen* Tendenz des Lebens gehören. Aus dieser Verknüpfung entspringt vielmehr gerade die Idee eines *vereinigten Machtstrebens* der Lebewesen und einer gegenseitigen Unterstützung in der Machtgewinnung, und damit auch wieder als Folge die größere Wirksamkeit jeder Machttendenz. [...] Schon die einfachsten Tatsachen der Lebenserfahrung zeigen, daß der 'Egoismus' keine ursprüngliche Lebenstendenz ist, aus der erst durch die *Vermittlung* der Idee und des Gefühls der steigenden Interessensolidarität die Sympathiegefühle sich zu entwickeln hätten, so daß diese zu einem ursprünglichen Egoismus erst genetisch hinzuträten; sie zeigen vielmehr, daß umgekehrt der Egoismus auf einem *Ausfall,* auf einer *Wegnahme* der allem Leben *ursprünglich* eigenen natürlichen *Sympathiegefühle* beruht" (Der Formalismus in der Ethik, 283). Schelers hiermit umrissene

Position kann an dieser Stelle nicht gewürdigt werden. Jedenfalls gehe ich mit Scheler einig in der Tendenz, die Absolutheit von Nietzsches Seinsthese zu sprengen.

[6] Analog wertet die im vorigen Kapitel zitierte Nachlaßäußerung VIII 2, 143 für 'Verbrechen'.

[7] Auf ihn bezogen kann und muß Nietzsche deshalb sagen: „Das 'Ich' (welches mit der einheitlichen Verwaltung unseres Wesens *nicht* eins ist!) ist ja nur eine begriffliche Synthese – also giebt es gar kein Handeln aus 'Egoismus' " (NF VIII 1, 28 – teilweise schon zitiert). Vgl. auch NF VIII 2, 62: „Das 'Subjekt' ist ja nur eine Fiktion; es giebt das Ego gar nicht, von dem geredet wird, wenn man den Egoism tadelt."

[8] Vgl. NF VIII 3, 283: „Wir Wenigen oder Vielen, die wir wieder in einer *entmoralisirten* Welt zu leben wagen, wir Heiden dem Glauben nach: wir sind wahrscheinlich auch die Ersten, die es begreifen, was ein heidnischer Glaube ist: sich *höhere Wesen* als der Mensch ist, vorstellen müssen, aber diese Wesen jenseits von Gut und Böse; alles Höher-sein auch als Unmoralisch-sein abschätzen müssen. Wir glauben an den Olymp – und *nicht* an den 'Gekreuzigten' ... "

[9] Vorerst wären zur Maßstabfrage zu vergleichen: NF VIII 1, 147: „Entscheidende Wichtigkeit: hinter allen anderen Werthschätzungen stehen commandirend jene moralischen Werthschätzungen. Gesetzt, sie fallen fort, wonach messen wir dann?" Ferner NF VIII 1, 157: „ – was ist das Maaß, woran gemessen werden kann? ('Wille zur Macht')"

[10] Genauer betrachtet, dürfen Werten und 'Erkennen' gar nicht nebeneinander gestellt werden. Wille zur Macht *ist* Schätzen, Werten; 'Erkennen' als Vollzug des Willens zur Macht ist also wertend, was bei Nietzsche jedenfalls heißt, daß im Denken Affekte wirksam sind.

[11] Gemäß dem anderen Ansatz des folgenden Kapitels kann in seinem Ethos-Abschnitt Geist bzw. „Geistigkeit" als Qualität höchsten Ranges begegnen. (Allerdings wird auch diese Position zu problematisieren sein.)

[12] Nietzsche spricht auch von der „falschen Voraussetzung: daß Bewußtsein der *hohe,* der *oberste* Zustand sei, die Voraussetzung der Vollkommenheit" (NF VIII 3, 103). Vgl. ergänzend NF: VIII 1, 305; VIII 2, 281 f.; VIII 3, 122. Ich erinnere auch an Kap. 4.

[13] Es wäre zu schön, wenn sich nicht wieder einmal eine (allerdings Nachlaß gebliebene) Äußerung fände, die anderes zu sagen scheint, vielleicht aber auf den in ihr genannten „Organismus" eingeschränkt werden kann: NF VIII 1, 208 ist die Rede von „leichten Widerständen" und „kleine[n] Hemmungen", die das Machtgefühl (Wohlgefühl, Siegesgefühl als Gesamtgefühl, Lustgefühl) auslösen.

[14] Zur Selbstüberwindung als Steigerung gegenüber der Überwindung von anderem, als Steigerung im Herr-sein vgl. S. 63.

[15] In Kap. 12 werde ich den Künstler und den höheren Typus zueinander in Beziehung setzen.

[16] Von Maschine spricht Nietzsche hier in 'physiologischer' Bedeutung, vgl. auch den Kontext.

[17] Vgl. nochmals Anm. 24 zu Kap. 2.

[18] Offensichtlich die Stufe des Organischen von der des Anorganischen abhebend, notiert Nietzsche auch: „ – das Wesentliche des organischen Wesens ist eine *neue Auslegung des Geschehens,* die perspektivische innere Vielheit, welche selber

ein Geschehen ist" (NF VIII 1, 37). Wieviel mehr wird das zu gelten haben von den 'mächtigsten Individuen'.

[19] Vgl. auch die schon einmal zitierte Äußerung Zarathustras: „Auszeichnend ist es, viele Tugenden zu haben, aber ein schweres Loos; und Mancher gieng in die Wüste und tödtete sich, weil er müde war, Schlacht und Schlachtfeld von Tugenden zu sein" (VI 1, 39).

[20] Bezüglich Nietzsches Begriff des Instinktes verweise ich zurück auf S. 58.

[21] Vgl. die Kapitel 1–3 dieser Untersuchung, darin speziell zum Christentum Anm. 17 zu Kap. 3. Zum Thema Christentum als Décadence verweise ich zusätzlich auf das folgende sowie auf weitere Aphorismen in ›Der Antichrist‹ (5, 7, 15, 18, 51, 58). Interessant dürfte auch diese Aufzeichnung sein: „*Nie zugestehen, daß die humanitären Wirkungen* für das Christenthum sprechen ... / Das Christenthum ist die *Verfalls-Form* der alten Welt in tiefster Ohnmacht: so daß die kränksten und ungesündesten Schichten und Bedürfnisse obenauf kommen" (NF VIII 3, 393). – Die Gegnerschaft zwischen ihm und dem Christentum bringt Nietzsche in einem der eben genannten Aphorismen so auf den Punkt: Das Christentum „hat einen *Todkrieg* gegen diesen *höheren* Typus Mensch gemacht [...]" (AC 5 / VI 3, 169).

[22] Vgl. 1. Korinther 1, 26–28.

[23] Hier ist Jesus gemeint.

[24] Vgl. AC 51 / VI 3, 229 f.: „Die christliche Bewegung, als eine europäische Bewegung, ist von vornherein eine Gesammt-Bewegung der Ausschuss- und Abfalls-Elemente aller Art: – diese will mit dem Christenthum zur Macht. [...] In der Zeit, wo die kranken, verdorbenen Tschandala-Schichten im ganzen *imperium* sich christianisirten, war gerade der *Gegentypus*, die Vornehmheit, in ihrer schönsten und reifsten Gestalt vorhanden. Die grosse Zahl wurde Herr; der Demokratismus der christlichen Instinkte *siegte* ..."

[25] Die Auferstehung gehört nach Nietzsche hierher. Er unterstellt Paulus Unehrlichkeit, wenn dieser kundgibt, in einer „Hallucination den *Beweis* vom *Noch*-Leben des Erlösers" zu haben; in Wahrheit liege nichts anderes vor, als daß Paulus hier etwas, woran er selbst nicht glaubte, als ein Mittel zu seinem Zweck entdeckt und anwendet (ebd.).

[26] Nietzsches Problem der Décadence hat schon Heinrich Mann bemerkt: „Unerklärt, wenn nicht beiseite gelassen bleibt fortwährend, durch welches Wunder ein Sieg der Schwäche zwei Jahrtausende nicht nur vorhalten, sondern Taten zeitigen konnte, Taten des Geistes, unvergleichlich stärkere als die geschichtlichen Strecken vorher. Ferner: da sogenannte Schwache und Kranke allerdings gesiegt haben, waren sie in Wirklichkeit krank und schwach? Den sogenannten Starken, die untergingen oder sich umbildeten, muß zu ihrer Erhaltung mehreres gefehlt haben. Die Natur, mit der Nietzsche es grundsätzlich hielt, hat hierfür Beispiele aus ihrem Reich genug geliefert: Nietzsche übersah sie" (Nietzsche, 288 f.). Vermutlich allerdings hat Nietzsche, statt das Problem 'beiseite zu lassen', versucht, es beiseite zu schaffen; davon wird bald zu sprechen sein.

[27] Das Dilemma, in dem Nietzsche sich 1888 bezüglich seiner Einschätzung und 'Ortsbestimmung' der Décadence befindet, spiegelt sich auch in der Beurteilung seiner eigenen Décadence (und derjenigen des vom Freund zum Gegner gewordenen Richard Wagner). Im Vorwort zu ›Der Fall Wagner‹ schreibt er: „Ich bin so gut wie

Wagner das Kind dieser Zeit, will sagen ein *décadent:* nur dass ich das begriff, nur dass ich mich dagegen wehrte. Der Philosoph in mir wehrte sich dagegen. / Was mich am tiefsten beschäftigt hat, das ist in der That das Problem der décadence, – ich habe Gründe dazu gehabt. [...] Hat man sich für die Abzeichen des Niedergangs ein Auge gemacht, so versteht man auch die Moral, – man versteht, was sich unter ihren heiligsten Namen und Werthformeln versteckt: das *verarmte* Leben, der Wille zum Ende, die grosse Müdigkeit. Moral *verneint* das Leben ... Zu einer solchen Aufgabe war mir eine Selbstdisciplin von Nöthen: – Partei zu nehmen *gegen* alles Kranke an mir, eingerechnet Wagner, eingerechnet Schopenhauer, eingerechnet die ganze moderne 'Menschlichkeit' " (VI 3, 3f.). Hier stehen sich reine Décadence und ihr Gegenteil wieder unversöhnt gegenüber, und Nietzsche rechnet es sich zum Vorteil, wenn nicht gar zum Verdienst an, die eigene Décadence überwunden zu haben. Die in den höheren Typus hineingenommene Décadence hingegen macht es Nietzsche möglich, sich in ›Ecce homo‹, der späten autobiographischen Schrift mit einigen Vorausdeutungen auf die geistige Zerrüttung, geradezu freudig zur eigenen Décadence (und natürlich auch zu ihrem Gegensatz in ihm) zu bekennen – vgl. Warum ich so weise bin, 1 und 2 / VI 3, 262ff.

²⁸ Dies gilt um so mehr, wenn man beachtet, daß Nietzsche in *demselben* Werk (›Der Antichrist‹) Paulus als *Fleisch gewordenen* Tschandala-Haß gegen Rom und die 'Welt' bezeichnet (vgl. oben).

²⁹ Vgl. III 13 / VI 2, 384: „dieser asketische Priester, dieser anscheinende Feind des Lebens, dieser *Verneinende,* – er gerade gehört zu den ganz grossen *conservirenden* und Ja-*schaffenden* Gewalten des Lebens ..."

³⁰ Vgl. GD, Streifzüge eines Unzeitgemässen, 9 / VI 3, 111: „Es wäre erlaubt, sich einen gegensätzlichen Zustand auszudenken, ein spezifisches Antikünstlerthum des Instinkts, – eine Art zu sein, welche alle Dinge verarmte, verdünnte, schwindsüchtig machte. Und in der That, die Geschichte ist reich an solchen Anti-Artisten, an solchen Ausgehungerten des Lebens: welche mit Nothwendigkeit die Dinge noch an sich nehmen, sie auszehren, sie *magerer* machen müssen. Dies ist zum Beispiel der Fall des echten Christen, Pascal's zum Beispiel: ein Christ, der zugleich Künstler wäre, *kommt nicht vor* ... Man sei nicht kindlich und wende mir Raffael ein oder irgend welche homöopathische Christen des neunzehnten Jahrhunderts: Raffael sagte Ja, Raffael *machte* Ja, folglich war Raffael kein Christ ..."

³¹ Vgl. dort etwa 466b–c; 470c–471d; 483b–484c; 488b–d; 491d–492c.

³² Ich erinnere an die auf S. 154 zitierte Nachlaßstelle, in der Egoismus (und damit auch Immoralität) zur „*Fatalität* des Lebens selbst" erklärt wird. Vgl. auch das Zitat aus Aph. 265 von ›Jenseits von Gut und Böse‹ auf S. 155f. Man steht wieder einmal vor einem Freiheitsdilemma.

³³ Mit Kapitel 11, teilweise auch mit Kapitel 12, begebe ich mich in Gegensatz zu Granier, der in seinem Aufsatz ›Généalogie des valeurs et vérité dans la philosophie de Nietzsche‹ in der Maßstabfrage ebenfalls eine Aporie erblickt, sie aber glaubt überwinden zu können. Die Lösung soll durch die – von Granier ontologisch verstandene – Wahrheit möglich sein. Granier spricht von einer «vérité intime» des Willens zur Macht (und in gleicher Bedeutung auch von der «nature de la volonté de puissance» und dem «Etre lui-même»), wobei es sich um „Selbstüberwindung" (Granier übernimmt das deutsche Wort) handelt (154). Selbstüberwindung umschreibt er als:

«l'acte de se surmonter soimême», «l'acte d'outrepasser toute limite», «vie perpetuellement jetée en avant de soi» (151). Entscheidend für die Maßstabfrage ist ihm nun Wahrheit als «*l'accord du phénomène avec son être*», bzw. «l'accord des actualisations multiformes de la volonté de puissance avec ce qui définit sa vérité intime comme Selbstüberwindung» (154). Diese Übereinstimmung versteht er als Stil, der gleichbedeutend ist mit dem Wert der Werte (vgl. ebd.). Von hier aus stimmt er Nietzsche dann zu, daß die Werte der Décadence unwahr sind (obwohl sie «participent de l'effort de transcender qui définit la nature de la volonté de puissance, donc l'Etre lui-même» – ebd.). Denn es scheint Granier, daß jene Übereinstimmung vier Kriterien hergibt, an denen Werte hinsichtlich ihres Wertes geprüft werden können, bzw. die es erlauben, die Grade der Macht festzustellen, die den Manifestionen des Willens zur Macht ihren Platz anweisen «sur la double ligne de *la vie ascendante* et de *la décadence*, ou de la force et de la faiblesse» (155). Ich halte den Versuch Graniers im Ansatz für verfehlt, weil meines Erachtens bei Nietzsche nicht unterschieden werden kann zwischen dem Sein selbst und dem Phänomen. – Bedenken sind auch dagegen anzumelden, wie fraglos Granier die Fähigkeit zur Sublimierung in das 'vierfache Kriterium' aufgenommen hat (154, 155). Darin liegt eine Verharmlosung. Zwar schätzt Nietzsche Sublimierung als Wert. Das hindert ihn aber nicht daran, auch einen Cesare Borgia hoch zu schätzen (vgl. hier das folgende Kapitel). Graniers Position in diesem Punkt wird schon in seinem Buch ›Le problème de la Vérité dans la philosophie de Nietzsche‹ deutlich. Unter der Überschrift ›Nietzsche contre Calliclès‹ schreibt er dort: «Il est aisé de voir combien est aberrante la comparaison si souvent établie entre la doctrine nietzschéenne du *Wille zur Macht* et la doctrine de Calliclès. La vérité, c'est que ces deux doctrines sont aux antipodes l'une de l'autre» (419). Selbstüberwindung vollzieht sich «par la liquidation des instincts ou par leur *Aufhebung*» (422). Die erstere kennzeichnet die Décadence, während die hegelisch zu verstehende Aufhebung der Instinkte Sublimierung ist und Kultur erbringt (vgl. ebd. und 423). So heißt es dann weiter: «Comment affirmer plus clairement que la puissance est, non pas violence, mais générosité, non pas force, mais spiritualisation de la force?» (426) Und: «Si l'essence de la Volonté de Puissance est l'acte de se surmonter soi-même (die *Selbstüberwindung*), c'est-à-dire la sublimation (die *Sublimierung*), la Volonté de Puissance est essentiellement volonté de culture» (ebd.).

12. *Der höhere Typus*

[1] Man wird von hier aus keinen Einwand konstruieren wollen gegen meine Ausführungen zum Décadenceproblem im vorigen Kapitel, für das durchaus nicht von Bedeutung ist, wann die Décadence mächtig ist oder war und ob ihre Macht zugrunde gehen kann (auch die Macht des Übermenschen ist bei Nietzsche nur eine Epoche). Daß überhaupt Décadence wirkmächtiger Wille zur Macht sein kann, das ist für das Maßstabproblem entscheidend.

[2] Den Ausdruck verwende ich in vollem Bewußtsein des Freiheitsproblems bei Nietzsche, das so oft schon auftauchte und noch zu erörtern ist.

[3] Insoweit besteht eine Nähe zu dem Maßstab der Vollendung im ›Zarathustra‹, vgl. S. 79.

⁴ Ich übernehme hier den Ausdruck „Grundbefindlichkeit" aus Heideggers ›Sein und Zeit‹. Heidegger denkt Angst als eine Grundbefindlichkeit des Daseins, der freilich nur eigentlich existierendes Dasein sich wirklich aussetzt, während 'zunächst und zumeist' Dasein vor ihr flieht. Die Grundbefindlichkeit des höheren Typus, von ebenso auszeichnender Funktion, ist von der Angst extrem verschieden.

⁵ Zur Dankbarkeit vgl. auch JGB 49 / VI 2, 68: „Das, was an der Religiosität der alten Griechen staunen macht, ist die unbändige Fülle von Dankbarkeit, welche sie ausströmt: – es ist eine sehr vornehme Art Mensch, welche *so* vor der Natur und dem Leben steht!"

⁶ Über diesen könnte eine Äußerung bezüglich des Schönen Aufschluß geben, die Nietzsche, wenn auch mit anderer Akzentsetzung, wenig später in der ›Götzen-Dämmerung‹ folgen läßt: „Im Schönen setzt sich der Mensch als Maass der Vollkommenheit; in ausgesuchten Fällen betet er sich darin an. Eine Gattung *kann* gar nicht anders als dergestalt zu sich allein Ja sagen. [...] Der Mensch glaubt die Welt selbst mit Schönheit überhäuft, – er *vergisst* sich als deren Ursache. Er allein hat sie mit Schönheit beschenkt, ach! nur mit einer sehr menschlich-allzumenschlichen Schönheit .... Im Grunde spiegelt sich der Mensch in den Dingen, er hält Alles für schön, was ihm sein Bild zurückwirft [...]" (Streifzüge eines Unzeitgemässen, 19 / VI 3, 117).

⁷ Vom höheren Typus als Künstler werde ich an späterer Stelle dieses Kapitels etwas ausführlicher sprechen. Dabei wird sich dann auch zeigen, daß nach Nietzsche nicht alle Kunst das leistet, was er hier der Kunst zuschreibt.

⁸ Die Wirkung der Kunst auf den Aufnehmenden ist entsprechend „eine Anregung der animalischen Funktion durch Bilder und Wünsche des gesteigerten Lebens; – eine Erhöhung des Lebensgefühls, ein Stimulans desselben" (ebd.). Nietzsches bekannte Bestimmung der Kunst als Stimulans des Lebens findet sich auch an folgenden Stellen: GD, Streifzüge eines Unzeitgemässen, 24 / VI 3, 121; NF VIII 3, 203; ferner jeweils im Kontext eines Rückblicks auf ›Die Geburt der Tragödie‹ NF VIII 2, 436; NF VIII 3, 20 und 22 sowie 319. (Die Auflistung der Stellen erhebt keinen Anspruch auf Vollständigkeit.)

⁹ Dieses wird in einem für den Rausch einschlägigen, schon herangezogenen Aphorismus von einem möglichen Mißverständnis befreit und näher bestimmt: „das Idealisiren besteht *nicht,* wie gemeinhin geglaubt wird, in einem Abziehn oder Abrechnen des Kleinen, des Nebensächlichen. Ein ungeheures *Heraustreiben* der Hauptzüge ist vielmehr das Entscheidende, so dass die andern darüber verschwinden" (GD, Streifzüge eines Unzeitgemässen, 8 / VI 3, 110). Zum Idealisieren vgl. ferner NF VIII 1, 334f. und VIII 2, 63.

¹⁰ Zum folgenden sei ergänzend hingewiesen auf Nietzsches Plädoyer für „eine immer größere Vergeistigung und Vervielfältigung der Sinne" (NF VII 3, 313).

¹¹ Die Vielfalt in der Konkretisierung des höheren Typus könnte sicher auch Müller-Lauter zulassen, so daß hier kein Differenzpunkt zu seinen Ausführungen über den Übermenschen (Nietzsche, Kap. 6 und 7) gegeben sein muß; die von ihm herausgearbeiteten zwei (und nur zwei) Typen des Übermenschen hätten dann die Bedeutung von Grundtypen, die sich in der Realität je verschieden ausdifferenzieren können. Doch differieren unsere Ansätze insoweit, als ich bezüglich des Übermenschen bzw. des höheren Typus andere Unterscheidungen eingebracht habe als er. Ich unterscheide den verzauberten (oder bezaubernden) Übermenschen der ›Zarathustra‹-

Dichtung und den entzauberten Übermenschen im Kontext der Prosa des Willens zur Macht, sowie ferner den letzteren (als höheren Typus) einerseits, wie er sich im Lichte der absoluten Seinsthese zeigt, andererseits wie er begegnet, stellt man die absolute Seinsthese gänzlich zurück. Demgegenüber unterscheidet Müller-Lauter den Starken, Gewalttätigen vom Weisen, Synthetisierenden. Diese beiden (einzigen) Typen widersprechen sich nach seiner Auffassung, schließen einander aus, sind unvereinbar. Und das deshalb, weil der Starke eine einzige Perspektive absolut setzt, ein einziges Ideal durchzusetzen sucht und sich zu allem übrigen in Gegensatz setzt, während der Weise die verschiedensten Perspektiven zur Geltung bringt, die Gegensätze in sich hat, summierend alles in sich aufzunehmen trachtet und das Aufgenommene bejahend synthetisiert. Mir scheint die Unvereinbarkeit dieser Typen nicht so zwingend gegeben. Das 'Ideal', dem ein Starker, andere übermächtigend, sich verschreibt, könnte meines Erachtens durchaus das des 'umfänglichsten' Menschen sein. Oder er könnte das 'Ideal' des vornehmen Typus (vgl. S. 211 ff.) gegen und über die Nichtvornehmen (Schlechten, Verächtlichen) zur Herrschaft zu bringen suchen, welches 'Ideal' sich dann in höchst verschiedenen Individuen realisieren könnte (das Spektrum der Beispiele aus der Vergangenheit reicht, wie sich bald zeigen wird, von Cesare Borgia bis Goethe). Ich erinnere in diesem Zusammenhang an die unlängst zitierte Nachlaß-Stelle (NF VIII 2, 196), in der sich 'Reichtum an Person' und innere Fülle problemlos zusammenfügt mit 'starker Selbstigkeit', Herr-werden-wollen, Übergreifen und dem Bewußtsein, „ein Recht auf Alles zu haben". Auch hatte ich in diesem Kapitel schon meine Überzeugung geäußert, daß zum höheren Typus, wie er jetzt vor Augen steht, und zwar zu allen seinen Ausprägungen, die umfassende dionysische Bejahung von Welt und eigenem Selbst als Grundvoraussetzung gehört.

¹² Offenbleiben mag, ob auch im „Führer der Heerde", bei dem es sich um einen Staatsmann (oder Erzieher oder beides?) handeln mag und den Nietzsche neben die „Unabhängigen", die „,Raubthiere'" und ungenannte andere stellt, eine mögliche Realisierung des höheren Typus zu erblicken ist (vgl. NF VIII 1, 288).

¹³ Nietzsche fährt an derselben Stelle kurz darauf fort: „Keuschheit ist bloß die Ökonomie eines Künstlers". Solche Ökonomie sieht Nietzsche bei den Künstlern in aller Regel gegeben. Vgl. NF VIII 2, 138: „Künstler sind *nicht* die Menschen der *gro*-*ßen* Leidenschaft [...] ihr Vampyr, ihr Talent mißgönnt ihnen meist solche Verschwendung von Kraft, welche Leidenschaft heißt".

¹⁴ Vgl. NF VIII 3, 293: „Wenn man unter Genie eines Künstlers die höchste Freiheit unter dem Gesetz, die göttliche Leichtigkeit, Leichtfertigkeit im Schwersten versteht [...]".

¹⁵ Vgl. Anm. 24 zu diesem Kap.

¹⁶ Zum großen Stil vgl. auch NF VIII 3, 86: „die logische und geometrische Vereinfachung ist eine Folge der Krafterhöhung: umgekehrt erhöht wieder das *Wahrnehmen* solcher Vereinfachung das Kraftgefühl ... / Spitze der Entwicklung: der große Stil".

¹⁷ Daß Nietzsche bezüglich Wagner und der von diesem repräsentierten Kunst seit seiner Frühschrift ›Die Geburt der Tragödie‹ eine Wendung um einhundertachtzig Grad vollzogen hat, wird auch deutlich, wenn er kurz darauf fortfährt: „Damit ist über das *Dionysische* Nichts gesagt. In der Zeit der größten Fülle und Gesundheit erscheint die Tragödie, aber auch in der Zeit der Nervenerschöpfung und -Überreizung. Entgegengesetzte Deutung" (ebd.). Als junger Autor und Freund Wagners

hatte er auf Wagner gesetzt für die Wiedergeburt der hochgeschätzten Tragödie und einer dionysischen Kultur.

[18] Zur „Apotheosen-Kunst" vgl. S. 189f.

[19] Zu diesem Punkt und dem vorigen Komplex verweise ich nachdrücklich auf NF VIII 2, 223. Interessant zum Künstler-Pessimismus dürfte auch JGB, Aph. 59 sein (VI 2, 76). Kritisch zu allen Künstlern (mindestens der Vergangenheit) hat Nietzsche sich GM III 5 / VI 2, 362f. geäußert; ersichtlich schießt er mit dieser allgemein abschätzigen Beurteilung über sein eigenes Ziel hinaus.

[20] Nietzsche stuft sich in Aphorismus 44 von ›Jenseits von Gut und Böse‹ als 'Herold' und 'Vorläufer' der zukünftigen Philosophen ein. Aber auch als solcher hat er an ihrem Rang teil (wie analog Zarathustra als Erstling am Rang der Über-Art Übermensch teilhat – vgl. S. 61).

[21] Diese 'philosophischen Arbeiter' werden im genannten Aphorismus 211 eingehend charakterisiert und durchaus gewürdigt. Nietzsche zählt ihnen auch Kant und Hegel zu.

[22] Es muß Goethe betreffend aber im voraus bemerkt werden, daß Nietzsche – zu seinem Leidwesen, wie man annehmen darf – nicht alles an ihm bejahen konnte. Wenn Nietzsche, wie oben (S. 184) zitiert, im Zusammenhang mit dem wechselseitigen Heimischsein des Geistes in den Sinnen und der Sinne im Geist sagt, auch Goethe gebe, „wie sehr auch schon im abgeschwächten Bilde, [...] von diesem Vorgange eine Ahnung", dann bleibt er damit allerdings hinter seiner vorherrschenden Einschätzung Goethes in diesem Punkt zurück, es sei denn, man sollte an jener Stelle an Goethes Ausblick ins Unvergängliche denken, der Nietzsche natürlich zuwider sein muß. Das schon einmal erwähnte erste der ›Lieder des Prinzen Vogelfrei‹ (1887, Anhang zu ›Die fröhliche Wissenschaft‹) nennt sich ›An Goethe‹ und nimmt den Chorus mysticus am Schluß von Goethes ›Faust‹ II zugleich zum Vorbild und aufs Korn (nachdem, wie früher gesagt, dieser Schlußgesang bereits von Zarathustra im Kapitel ›Von den Dichtern‹ durch mutwillige Andeutungen präsent geworden war); jetzt heißt es: „Das Unvergängliche / Ist nur dein Gleichnis! / Gott der Verfängliche / ist Dichter-Erschleichniss ..." (V 2, 323). Seine Abneigung gegen Goethes ›Faust‹ läßt Nietzsche 1885/1886 sogar notieren: „Wie wird sich später einmal Goethe ausnehmen! wie unsicher, wie schwimmend!" (NF VIII 1, 22) Zur ›Faust‹-Kritik siehe den Fortgang der Notiz, ferner auch die späte Aufzeichnung NF VIII 3, 446f. (aus der hier weiter unten Positives über Goethe zu zitieren sein wird). Ein Mangel ist in Nietzsches Augen auch Goethes Mißverständnis der Griechen, das für den Autor von ›Die Geburt der Tragödie‹ mehr als nur ein historisches sein dürfte: „Ganz anders berührt es uns, wenn wir den Begriff 'griechisch' prüfen, den Winckelmann und Goethe sich gebildet haben, und ihn unverträglich mit jenem Elemente finden, aus dem die dionysische Kunst wächst, – mit dem Orgiasmus. Ich zweifle in der That nicht daran, dass Goethe etwas Derartiges grundsätzlich aus den Möglichkeiten der griechischen Seele ausgeschlossen hätte. *Folglich verstand Goethe die Griechen nicht.* Denn erst in den dionysischen Mysterien [...] spricht sich die *Grundthatsache* des hellenischen Instinkts aus – sein 'Wille zum Leben'. [...]" (GD, Was ich den Alten verdanke, 4 / VI 3, 153).

[23] Ein Nachklang von Nietzsches Frühschrift ›Vom Nutzen und Nachtheil der Historie für das Leben‹ ist hier unverkennbar; vgl. zum eben Referierten Fleischer, Die Zeitlichkeit des Menschen, 71f.

²⁴ Goethes helle, gütige Apotheosenkunst steht dafür ein, daß der höhere Typus als Künstler nicht ausschließlich unter den Künstlern des großen Stils (vgl. oben) zu suchen sein dürfte. In einer Aufzeichnung seiner letzten wachen Monate zieht Nietzsche die Linie von Goethes gütiger Kunst in folgende Richtung weiter aus. „Eine verklärt-reine Herbstlichkeit im Genießen und im Reifwerdenlassen – im Warten, eine Oktober-Sonne bis ins Geistigste hinauf; etwas Goldenes und Versüßendes, etwas Mildes, *nicht* Marmor – *das* nenne ich Goethisch" (NF VIII 3, 446).

²⁵ Vgl. auch WA, Epilog / VI 3, 46: „ich erinnere daran, wie der letzte Deutsche vornehmen Geschmacks, wie Goethe, das Kreuz empfand." (Der Kommentar der Kritischen Studienausgabe zur Stelle weist auf ein 'Venezianisches Epigramm' Goethes – KSA 14, 409.)

²⁶ Zu Goethes Verhältnis zu Napoleon in Nietzsches Sicht vgl. besonders auch JGB 244 / VI 2, 193 – ferner GD, Was den Deutschen abgeht, 4 / VI 3, 100.

²⁷ Zur Einschätzung Napoleons durch Nietzsche vgl. zum folgenden ergänzend NF VIII 2, 21 („Nihilism" fettgedruckt): *Ursachen* des *Nihilism:* / 1) *es fehlt die höhere Species d. h.* die, deren unerschöpfliche Fruchtbarkeit und Macht den Glauben an den Menschen aufrecht erhält. (Man denke, was man Napoleon verdankt: fast alle höheren Hoffnungen dieses Jahrhunderts)"

²⁸ NF VIII 1, 20: „Man kann bei Naturen wie Cäsar und Napoleon etwas ahnen von einem 'interesselosen' Arbeiten an seinem Marmor, mag dabei von Menschen geopfert werden, was nur möglich. Auf dieser Bahn liegt die Zukunft der höchsten Menschen: die größte Verantwortlichkeit tragen und *nicht daran zerbrechen.* "

²⁹ Es folgt dort ein Bekenntnis Nietzsches zu seinem Haß auf Rousseau und auf die 'Rousseausche Moralität' als Konstitutivum der französischen Revolution.

³⁰ Vgl. Nietzsches (offensichtlich zustimmende) Notizen eines Ausspruchs Napoleons und einer Äußerung Taines über Napoleon – NF VIII 1, 227 f.

³¹ Vgl. NF VIII 2, 216: „Die Zunahme der 'Verstellung' gemäß der aufwärtssteigenden *Rangordnung* der Wesen. In der anorganischen Welt scheint sie zu fehlen, in der organischen beginnt die List: die Pflanzen sind bereits Meister in ihr. Die höchsten Menschen wie Caesar, Napoleon [...], insgleichen die höheren Rassen (Italiäner), die Griechen (Odysseus); die Verschlagenheit gehört ins *Wesen* der Erhöhung des Menschen ... Problem des Schauspielers. Mein Dionysos-Ideal ..." (Vgl. auch die frühere Version dieser Aufzeichnung: NF VII 3, 362.)

³² Vgl. NF VIII 2, 92: „man will, daß der *Glaube* das Auszeichnende der Großen ist: aber die Unbedenklichkeit, die Skepsis, die Erlaubniß sich eines Glaubens entschlagen zu können, die 'Unmoralität' gehört zur Größe (Caesar, Friedrich der Große, Napoleon, aber auch Homer, Aristophanes, Lionardo, Goethe – man unterschlägt immer die Hauptsache, ihre Freiheit des Willens' –)."

³³ Vgl. AC 61 / VI 3, 248 f., ferner den auf S. 194 f. beigezogenen Aphorismus MA I 237.

³⁴ Als Nachbemerkung zum vorigen Zitat sei der Hinweis erlaubt, daß mit einer von Goethe 'imaginierten europäischen Kultur' keineswegs das Gebiet des Elitären überschritten wäre, auf dem Nietzsche mit seinem Entwurf des höheren Typus heimisch sein möchte. Hohe Kultur gilt ihm als „*Auswahl* auf Unkosten einer Menge" (NF VIII 1, 125). Vgl. auch AC 57 / VI 3, 242, wo den Mittelmäßigen immerhin ein gewisser Anspruch auf gute Behandlung zuerkannt wird.

[35] Zwei Ergänzungen, etwas abseits von der Hauptlinie dieses Kapitels anzusiedeln, sollten vielleicht nicht fehlen. Zum einen: Caesar ist ein Beispiel für Décadence im höheren Typus bzw. im Genie, auch für das Herrwerden über sie; hierzu ist beizuziehen GD, Streifzüge eines Unzeitgemässen, 31 / VI 3, 124 – auf die sachliche Verbindung zu der im vorigen Kapitel im betreffenden Zusammenhang zitierten Stelle NF VIII 3, 109 weise ich hin. Zum andern: Gelegentlich, und übrigens gern bei Theologen, findet Nietzsches Diktum „der römische Cäsar mit Christi Seele" Verwendung, wobei der Kontext leicht vernachlässigt wird. In der betreffenden Aufzeichnung vom Sommer–Herbst 1884 (27 [60] – NF VII 2, 289) – zeitlich zwischen dem Erscheinen des 3. Teils und vor dem Abschluß des 4. Teils des ›Zarathustra‹ einzuordnen – dürfte Nietzsche wohl kaum Julius Caesar die Seele Christi zusprechen oder in ihm etwas von dieser Seele sehen. Auch steht kein Ideal vor Augen, das entgegengesetzte Wesenszüge Caesars und Jesu in sich vereinigt. Sondern es sind Individuen im Blick, die zum Übermenschen taugen, aber zu „Wohlwollen und Mitleiden" neigen; sie bedürfen einer Herrscher-Tugend, die *darüber* Herr wird, denn Wohlwollen und Mitleiden sind dem Schaffen im Wege.

[36] Vgl. JGB 197 / VI 2, 119: „Man missversteht das Raubthier und den Raubmenschen (zum Beispiele Cesare Borgia) gründlich, man missversteht die 'Natur', so lange man noch nach einer 'Krankhaftigkeit' im Grunde dieser gesündesten aller tropischen Unthiere und Gewächse sucht, oder gar nach einer ihnen eingeborenen 'Hölle' –: wie es bisher fast alle Moralisten gethan haben. Es scheint, dass es bei den Moralisten einen Hass gegen den Urwald und gegen die Tropen giebt? Und dass der 'tropische Mensch' um jeden Preis diskreditirt werden muss, sei es als Krankheit und Entartung des Menschen, sei es als eigne Hölle und Selbst-Marterung? ..." – Beiläufig bemerkt: Hegel hätte von Nietzsche nicht unter solche Moralisten gerechnet werden müssen. In den ›Vorlesungen über die Philosophie der Weltgeschichte‹ (1. Hälfte; Bd. I: Die Vernunft in der Geschichte, 34) liest man: „[...] In allen diesen Begebenheiten und Zufällen sehen wir menschliches Tun und Leiden obenauf, überall Unsriges und darum überall Neigung unsres Interesses dafür und dawider. Bald zieht uns Schönheit, Freiheit und Reichtum an, bald reizt Energie, wodurch selbst das Laster sich bedeutend zu machen weiß." Und wenn auch Platon durchaus nicht wie Nietzsche zu werten bereit ist, hat er insofern doch Nietzsche vorausgedacht, als er in seinem (Nietzsche so gut bekannten) Werk ›Der Staat‹ immerhin schreibt: „Ist dann nicht auch [...] die Behauptung gerechtfertigt, daß die *am besten begabten Seelen* sich durch ganz besondere Schlechtigkeit hervortun, wenn sie eine schlechte Erziehung erhalten? Oder meinst du, die großen Verbrechen und die vollendete Ruchlosigkeit erwüchsen *aus einer geringen Natur und nicht vielmehr aus einer kraftvollen*, die aber durch Erziehung verdorben ist, während *eine schwache Natur nie etwas Großes vollbringen kann,* weder im Guten noch im Bösen?" (491 e, Hervorhebungen von mir). Verwandte Äußerungen hat Landmann (Geist und Leben, 52) u. a. bei Rousseau und Goethe aufgespürt.

[37] Hier greift die Nachlaß-Stelle, die in Kap. 10 schon einmal genannt wurde: „Daß die *Schädlichkeit* eines Menschen bereits ein *Einwand* gegen ihn sein soll! ... Als ob unter den großen Förderern des Lebens nicht auch der große Verbrecher Platz hätte! ..." (NF VIII 2, 351 – „Schädlichkeit" fettgedruckt).

[38] Wer findet, Cesare Borgia sei hier etwas blaß geblieben, möge sich über ihn

(wie auch über die Renaissance) ein genaueres Bild machen mit Hilfe des 'Klassikers', aus dem auch Nietzsche seine diesbezüglichen Kenntnisse geschöpft hat: Jacob Burckhardts ›Die Kultur der Renaissance in Italien‹. (Nietzsche besaß die 2. Auflage von 1869.) – Mit Bezug auf die eben zitierte Stelle aus ›Der Antichrist‹ wird im Kommentar der Kritischen Studienausgabe (KSA 14, 448) eine entsprechende Passage aus dem genannten Werk Burckhardts zitiert; in ihr spricht Burckhardt auch von der „geheimen Sympathie, womit Machiavell den großen Verbrecher [sc. Cesare Borgia] behandelt", und versucht, sich das Phänomen zu erklären. Die 'geheime Sympathie' Machiavellis für Cesare Borgia könnte für Nietzsche ein Grund mehr gewesen sein, diesen als Beispiel herauszustellen. Nietzsche hat Machiavelli sehr geschätzt. Sein Werk ›Il principe‹ las er schon als Schüler; noch in der ›Götzen-Dämmerung‹ rühmt er es (vgl. dort: Was ich den Alten verdanke, 2 / VI 3, 150).

³⁹ Vgl. NF VIII 2, 143: „Es ist ein Maaß der Kraft, wie weit man sich der Tugend entschlagen kann; und es wäre eine Höhe zu denken, wo der Begriff 'Tugend' so umempfunden wäre, daß er wie virtù klänge, Renaissance-Tugend, moralinfreie Tugend. Aber einstweilen – wie fern sind wir noch von diesem Ideale!"

⁴⁰ Vgl. auch die schon einmal genannte Stelle NF VIII 2, 146: „in der Zeit der Renaissance gedieh der Verbrecher und erwarb sich seine eigne Art von Tugend, – Tugend im Renaissancestile freilich, virtù, moralinfreie Tugend."

⁴¹ Als würdige Vorfahren der Renaissancemenschen gelten Nietzsche ausgezeichnete Römer und Griechen der Antike. Sie sind, über schon Erwähntes hinaus, für meinen Zusammenhang allerdings nicht allzu ergiebig. Ich verweise deshalb nur auf folgende Äußerungen Nietzsches: GM I 16 / VI 2, 300; NF VII 3, 255 und VIII 1, 227 (Aufzeichnung 5 [89]).

⁴² Obwohl das Ethos des höheren Typus geschlechtsneutral aufgefaßt werden kann, verbietet Nietzsches Bild der Frau (samt seiner Gegnerschaft gegen die Emanzipation der Frau) ihm doch, Frauen zum höheren Typus zuzulassen. Nietzsche, der sich auf die Umwertung der Werte viel zugute getan hat, könnte in seiner unkritisch aufgerafften Einstellung zur Frau als erzreaktionär bezeichnet werden, wäre die Einstellung nicht auch im 20. Jahrhundert noch lange bestimmend geblieben. Einzelnen männlichen Wesen in unserem Kulturkreis spricht er vielleicht immer noch aus dem Herzen. Frauen werden sich über Nietzsches Auslassungen nicht mehr aufregen (sollte das überhaupt je geschehen sein). Manches von Nietzsche zu diesem Thema Gesagte entbehrt inzwischen nicht einer gewissen unfreiwilligen Komik. Ich nenne eine Auswahl von Äußerungen: Besonders einschlägig sind das Kapitel ›Von alten und jungen Weiblein‹ im 1. Teil des ›Zarathustra‹ und der Aphorismus 239 aus ›Jenseits von Gut und Böse‹, der geradezu als klassisches Beispiel für die langehin vorwaltende männliche Denkweise auf diesem Feld gelten kann. Weitere Kostproben sind die Nachlaßaufzeichnungen NF VIII 1, 89 (Zeile 25 f.) und 181 (Zeile 15 ff.); VIII 2, 92 f. und 141; VIII 3, 158 (Zeile 16 ff.), wozu die wenig schmeichelhafte Gegenäußerung VIII 3, 251 zu vergleichen ist; VIII 3, 271 (Zeile 19–26).

⁴³ D. h., sie müßte sich unter die Zeichen folgender Nachlaß-Notizen stellen: „erst indem wir die Tugend als eine *Form der Immoralität* aufgezeigt haben, ist sie wieder *gerechtfertigt*, – sie ist eingeordnet und gleichgeordnet in Hinsicht auf ihre Grundbedeutung, sie nimmt Theil an der Grund-Immoralität alles Daseins, – als eine *Luxus-form* ersten Ranges, die hochnäsigste, theuerste und seltenste Form des

Lasters" (NF VIII 2, 185). „Gehen wir von der Erfahrung aus, von jedem Fall, wo ein Mensch sich bedeutend über das Maaß des Menschlichen erhoben hat, so sehen wir, daß jeder hohe Grad von Macht Freiheit von Gut und Böse ebenso wie von 'Wahr' und 'Falsch' in sich schließt und dem, was Güte will, keine Rechnung gönnen kann: wir begreifen dasselbe noch einmal für jeden hohen Grad von Weisheit – die Güte ist in ihr ebenso aufgehoben als die Wahrhaftigkeit, Gerechtigkeit, Tugend und andere Volks-Velleitäten der Werthung" (NF VIII 2, 300).

44 Über die *geistigsten* Menschen notiert Nietzsche: „Die geistigsten Menschen empfinden den Reiz und Zauber der sinnlichen Dinge wie es sich die anderen Menschen, solche mit den 'fleischernen Herzen' gar nicht vorstellen können – auch nicht vorstellen dürften: – sie sind Sensualisten im besten Glauben, weil sie den Sinnen einen grundsätzlicheren Werth zugestehen als jenem feinen Siebe, dem Verdünnungs-, Verkleinerungsapparate, oder wie das heißen mag, was man, in der Sprache des Volkes, 'Geist' nennt. Die Kraft und Macht der Sinne – dies ist das Wesentlichste an einem wohlgerathenen und ganzen Menschen" (NF VIII 1, 200).

45 Vgl. GD, Die vier grossen Irrthümer, 2 / VI 3, 83: „Die allgemeine Formel, die jeder Religion und Moral zu Grunde liegt, heisst: 'Thue das und das, lass das und das – so wirst du glücklich!' [...] – *erstes* Beispiel meiner 'Umwertung aller Werthe': ein wohlgerathener Mensch, ein 'Glücklicher', *muss* gewisse Handlungen thun und scheut sich instinktiv vor anderen Handlungen, er trägt die Ordnung, die er physiologisch darstellt, in seine Beziehungen zu Menschen und Dingen hinein. In Formel: seine Tugend ist die *Folge* seines Glücks ..." (Der Ausdruck 'physiologisch' ist hier wieder in Nietzsches weitem Sinn zu nehmen; er deckt das Feld 'vergeistigter Sinnlichkeit' und 'sinnlicher Geistigkeit' ab.)

46 Was die Einsamkeit betrifft, so blickt Nietzsche durchaus auf einen Zug von Vornehmheit, wie er sie versteht (vgl. unten). Von außen betrachtet, macht er hier eine tiefe Not seines Lebens zur Tugend. Beides läßt sich leicht dokumentieren. So fährt Nietzsche in Aphorismus 284 von ›Jenseits von Gut und Böse‹ fort: „Denn die Einsamkeit ist bei uns eine Tugend, als ein sublimer Hang und Drang der Reinlichkeit, welcher erräth, wie es bei Berührung von Mensch und Mensch – 'in Gesellschaft' – unvermeidlich-unreinlich zugehn muss. Jede Gemeinschaft macht, irgendwie, irgendwo, irgendwann – 'gemein'" (ebd., 232). Seiner Einsamkeit als Denker gibt Nietzsche in einem Brief an seinen Freund Franz Overbeck vom 2. 7. 1885 Ausdruck: „Die Zeit ist im Übrigen grenzenlos oberflächlich; und ich schäme mich oft genug, so viel publice schon gesagt zu haben, was zu *keiner* Zeit, selbst zu viel werthvollern und tiefern Zeiten, vor das 'Publicum' *gehört* hätte. [...] ich halte mir das Bild Dante's und Spinoza's entgegen, welche sich besser auf das Loos der Einsamkeit verstanden haben. Freilich, ihre Denkweise war, gegen die meine gehalten, eine solche, welche die Einsamkeit *ertragen* ließ; und zuletzt gab es für alle die, welche irgendwie einen 'Gott' zur Gesellschaft hatten, noch gar nicht das, was ich als 'Einsamkeit' kenne" (KGB III 3, 62 f.).

47 Vgl. dazu nochmals Platon, Gorgias 491 d–492 c. 1884 hatte Nietzsche notiert: „Wo, in pöbelhafter Art, Eine Begierde die Oberherrschaft führt (oder überhaupt die Begierden), da giebt es keinen höheren Menschen" (NF VII 2, 240). 1886/1887 steht er dann nicht an, Luther Züge eines Kallikles beizulegen und diesen Luther höchst abschätzig zu beurteilen – vgl. NF VIII 1, 279. Es sei nicht verschwiegen, daß

sich Nietzsche (die Offenheit des Ethos für Immoralität 'bewährend') auch zwischen den Fronten von Kallikles und Sokrates ansiedelt: „das, was *Menschen der Macht und des Willens* von sich verlangen können, giebt ein Maaß auch für das, was sie sich zugestehen dürfen. Solche Naturen sind der Gegensatz der Lasterhaften und Zügellosen: obwohl sie unter Umständen Dinge thun, derentwegen ein geringerer Mensch des Lasters und der Unmäßigkeit überführt wäre. / Hier schadet der Begriff der *,Gleichwerthigkeit* der Menschen *vor Gott'* außerordentlich: man verbot Handlungen und Gesinnungen, welche, an sich, zu den Prärogativen der Starkgerathenen gehören, – wie als ob sie an sich des Menschen unwürdig wären. Man brachte die ganze Tendenz des starken Menschen in Verruf, indem man die Schutzmittel der Schwächsten (auch gegen sich Schwächsten) als Werth-Norm aufstellte. / Die Verwechslung geht so weit, daß man geradezu die großen *Virtuosen* des Lebens (deren Selbstherrlichkeit den schärfsten Gegensatz zum Lasterhaften und 'Zügellosen' abgiebt) mit den schimpflichsten Namen brandmarkte. Noch jetzt glaubt man einen Cesare Borgia mißbilligen zu müssen" (NF VIII 2, 314).

⁴⁸ Ich verweise allerdings schon einmal auf S. 39 f. zurück.

⁴⁹ Vgl. das zum Sichverantworten der Philosophen der Zukunft auf S. 188 Gesagte, dazu über Nietzsche selbst Anm. 20 zu diesem Kap.

⁵⁰ Zu diesem Komplex sind noch zu vergleichen: NF VII 3, 171 f.: „NB. Ein großer Mensch, ein Mensch, welchen die Natur in großem Stile aufgebaut und erfunden hat, was ist das? Erstens: er hat in seinem gesamten Thun eine lange Logik, [...] eine Fähigkeit, über große Flächen seines Lebens hin seinen Willen auszuspannen und alles kleine Zeug an sich zu verachten und wegzuwerfen". Ferner NF VIII 2, 51 f.: „Ich will auch die *Asketik* wieder *vernatürlichen; an* Stelle der Absicht auf Verneinung die Absicht auf *Verstärkung:* eine Gymnastik des Willens; eine Entbehrung und eingelegte Fastenzeiten jeder Art, auch im Geistigsten [...] Man sollte *Prüfungen* erfinden auch für die Stärke im Worthalten-können." Beide Stellen zusammengenommen, ergibt sich, daß Naturgabe sich mit Übung des Willens verbinden soll. Viel hält Nietzsche auch von einer guten, harten Schule zur rechten Zeit – vgl. dazu die wichtige Aufzeichnung NF VIII 3, 138.

⁵¹ Ich erinnere an die in Kapitel 2 mitgeteilte Auffassung Nietzsches, Moral habe den Menschen erzogen und einen 'menschenwürdigen' Zivilisationsstand herbeigeführt (vgl. S. 20), sowie an die in demselben Kapitel mitgeteilte Notiz von 1886/1887, in der Nietzsche seine 'tiefste Dankbarkeit' für die bisherige Leistung der Moral bekundet, wenn auch von jetzt ab Moral zu verneinen sei (vgl. S. 42). Vgl. ferner die auf S. 210 zitierte Stelle NF VIII 3, 243 sowie die auf S. 211 zitierte Notiz NF VIII 1, 6 f.

⁵² Im Zuge dieser Fragestellung und genauer gesagt in Amm. 60 zu diesem Kapitel werden die vorigen Ausführungen zum Ethos des höheren Typus durch Darbietung von Textstellen ergänzt und erweitert werden.

⁵³ Ich möchte sogar einen Schritt weitergehen und behaupten, daß es für *alle* diejenigen 'alten' Tugenden gilt, die im Ethos des höheren Typus eindeutig zu Ehren kommen (vgl. den Fortgang hier, einschließlich Anm. 60 zu diesem Kap.).

⁵⁴ Es ist für meine Thematik nicht erforderlich, daß Nietzsches Vorstellung von Züchtung erschöpfend dargestellt wird. Ich beschränke mich in dieser exkursartigen Anmerkung auf die Dokumentation einiger Aspekte. Dabei mag die Verbindung zur nationalsozialistischen Nietzsche-Rezeption, die sich hier so gern wie von selbst ein-

stellt, auf sich beruhen. Ein Blick zurück in die Tradition könnte auf Platons ›Der Staat‹ (459 a ff.) und auch auf seinen – Nietzsche wohl weniger gut bekannten – Dialog ›Der Staatsmann‹ (310 a ff.) fallen. Jedenfalls aber ist zu vermerken, daß (besonders in einem Punkt) Lamarck Pate gestanden haben dürfte. 1885 notiert Nietzsche: „wir glauben an das Werden allein auch im Geistigen, wir sind *historisch* durch und durch. Dies ist der große Umschwung. Lamarck und Hegel – Darwin ist nur eine Nachwirkung" (NF VII 3, 162). Hier ist eine Passage aus Salaquardas Aufsatz ›Nietzsche und Lange‹ einschlägig (in der er zitiert aus Friedrich Albert Langes ‹Geschichte des Materialismus und Kritik seiner Bedeutung in der Gegenwart›, einem Werk, das für Nietzsche seit 1866 sehr wichtig gewesen ist): „Wenn Nietzsche auf die künftige Menschheit und vor allem auf die 'großen Menschen' der Zukunft zu sprechen kommt, dann entwirft er Programme und Thesen zu 'Zucht und Züchtung'. Er ist der Meinung, daß diese 'zoologischen Termini' viel besser ausdrücken, worum es schon in aller bisherigen Moral gegangen ist, nämlich um eine anhaltende Prägung und schließliche Veränderung des Menschen als eines Lebewesens. Wenn Nietzsche derartiges ausführt, dann setzt er offenbar voraus, daß solche Prägungen und Veränderungen festgemacht und an die Nachkommen weitergegeben werden können, d. h. er rechnet mit der Vererbbarkeit erworbener Eigenschaften. Diese 'Lamarckistische' These steht im Gegensatz zur (Neo-)Darwinistischen Theorie von der genetischen Veränderung allein durch spontane Mutationen; sie wird von der heutigen biologischen Forschung einmütig verworfen. Im letzten Drittel des 19. Jahrhunderts galt sie dagegen als recht wahrscheinlich, sogar Darwin selbst hatte sie keineswegs ausgeschlossen. In der ›Geschichte des Materialismus‹ hat Nietzsche gelesen: 'bedenken wir … das von *Darwin* so richtig nachgewiesene Prinzip der *Vererbung erworbener Eigenschaften';* die heute herrschende Lehre fand er dagegen ausdrücklich in Zweifel gezogen: 'Dagegen muß die Entwicklung neuer Arten aus rein zufälliger Entstehung neuer Eigenschaften allerdings in Zweifel gezogen werden, sofern wenigstens hierin gerade der Haupthebel der Veränderung liegen soll. … Man bringt doch auch heutzutage mit Recht *Lamarck* wieder zu Ehren, der aus unmittelbar wirkenden Ursachen in Verbindung mit der Vererbung alle Wandlungen der Formen ableitete, also z. B. die Vergrößerung, Verstärkung und feinere Ausbildung irgendeines Organs aus dem vermehrten Gebrauch desselben'" (Salaquarda, a. a. O., 250). Salaquarda verweist (ebd., 251, Anm. 66) darauf, daß schon Kaufmann in seinem Buch ›Nietzsche‹ von Nietzsches Lamarckismus gesprochen hat.

Vererbung begegnete oben schon einmal in Kap. 2 in einem Zitat aus ›Menschliches, Allzumenschliches‹: „‚Gut' nennt man Den, welcher wie von Natur, nach langer Vererbung, also leicht und gern das Sittliche thut, je nachdem diess ist […]" (I 96 / IV 2, 90). In ›Jenseits von Gut und Böse‹ liest man: „Es ist aus der Seele eines Menschen nicht wegzuwischen, was seine Vorfahren am liebsten und beständigsten gethan haben: […]. Es ist gar nicht möglich, dass ein Mensch *nicht* die Eigenschaften und Vorlieben seiner Eltern und Altvordern im Leibe habe: was auch der Augenschein dagegen sagen mag. Dies ist das Problem der Rasse. Gesetzt, man kennt Einiges von den Eltern, so ist ein Schluss auf das Kind erlaubt: irgend eine widrige Unenthaltsamkeit, irgend ein Winkel-Neid, eine plumpe Sich-Rechtgeberei […] dergleichen muss auf das Kind so sicher übergehn, wie verderbtes Blut; und mit Hülfe der besten Erziehung und Bildung wird man eben nur erreichen, über eine solche

Vererbung zu *täuschen*" (Aph. 264 / VI 2, 288f.). In der Vererbung dürfte für Nietzsche die Chance liegen, durch Züchtung langfristig zu einem Stand von Individuen
des höheren Typus zu gelangen, zu einer höheren 'Rasse' in diesem Sinne. Daß nach
dem eben Zitierten Erziehung gegen Vererbung nicht aufkommt, weist auf das Problem Nietzsches, wie weit auf Erziehung in einem Programm der Züchtung gesetzt
werden könnte. (Stichwortartig notiert er: „Erziehung als *Züchtung*" – NF VIII 2,
3.) Als Mittel der Züchtung ist auch die Zeugung anzusehen. (Décadents möchte
Nietzsche die Zeugung übrigens verbieten – vgl. NF VIII 3, 402.) Das *Wie* der Züchtung dürfte auch hier – wie überhaupt – Schwierigkeiten enthalten. Und jedenfalls
sieht Nietzsche (nicht ohne Pathos) große Gefahren auf dem Weg der Züchtung des
höheren Typus. Es gilt, den „Menschen die Zukunft des Menschen als seinen *Willen,*
als abhängig von einem Menschen-Willen zu lehren und grosse Wagnisse und Ge-
sammt-Versuche von Zucht und Züchtung vorzubereiten", und „dazu wird irgendwann einmal eine neue Art von Philosophen und Befehlshabern nöthig sein, an deren Bilde sich Alles, was auf Erden an verborgenen, furchtbaren und wohlwollenden
Geistern dagewesen ist, blass und verzwergt ausnehmen möchte. Das Bild solcher
Führer ist es, das vor *unsern* Augen schwebt: [...] Die Umstände, welche man zu ihrer Entstehung theils schaffen, theils ausnützen müsste; die muthmasslichen Wege
und Proben, vermöge deren eine Seele zu einer solchen Höhe und Gewalt auf-
wüchse, um den *Zwang* zu diesen Aufgaben zu empfinden; [...] die Nothwendigkeit
solcher Führer, die erschreckliche Gefahr, dass sie ausbleiben oder missrathen und
entarten könnten – das sind *unsre* eigentlichen Sorgen und Verdüsterungen [...]"
(JGB 203 / VI 2, 128f.). Nietzsche denkt auch an „Institutionen zur Züchtung höherer Menschen" (NF VII 3, 255). Und ihm stehen internationale Bemühungen zur
Züchtung einer Herrenrasse vor Augen: „Es wird von nun an günstige Vorbedingungen für umfänglichere Herrschafts-Gebilde geben, deren Gleichen es noch nicht gegeben hat. Und dies ist noch nicht das Wichtigste; es ist die Entstehung von interna-
tionalen Geschlechts-Verbänden möglich gemacht, welche sich die Aufgabe setzten,
eine Herren-Rasse heraufzuzüchten, die zukünftigen ,Herren der Erde'; – eine
neue, ungeheure, auf der härtesten Selbst-Gesetzgebung aufgebaute Aristokratie, in
der dem Willen philosophischer Gewaltmenschen und Künstler-Tyrannen Dauer
über Jahrtausende gegeben wird: – eine höhere Art Menschen, welche sich, Dank ihrem Übergewicht von Wollen, Wissen, Reichthum und Einfluß, des demokratischen
Europas bedienten als ihres gefügigsten und beweglichsten Werkzeugs, um die
Schicksale der Erde in die Hand zu bekommen, um am ,Menschen' selbst als Künstler zu gestalten. / Genug, die Zeit kommt, wo man über Politik umlernen wird" (NF
VIII 1, 85f.).
   In diesen Zusammenhang gehört auch eine Äußerung in ›Jenseits von Gut und
Böse‹, in der man vielleicht mit einigem Erstaunen auch die Religionen als Züch-
tungsmittel antrifft: „Der Philosoph, wie *wir* ihn verstehen, wir freien Geister –, als
der Mensch der umfänglichsten Verantwortlichkeit, der das Gewissen für die Ge-
sammt-Entwicklung des Menschen hat: dieser Philosoph wird sich der Religionen zu
seinem Züchtungs- und Erziehungswerke bedienen, wie er sich der jeweiligen politischen und wirthschaftlichen Zustände bedienen wird" (Aph. 61 / VI 2, 77). Was das
schon apostrophierte 'demokratische Europa' bzw. die von Nietzsche so wenig geliebte „demokratische Bewegung" betrifft, so kann sie übrigens – geschichtlich gege-

ben, wie sie nun einmal ist – ihre Rechtfertigung darin finden, daß der höhere Typus gezüchtet wird und sich ihrer bedient: „wäre es nicht an der Zeit, je mehr der Typus 'Heerdenthier' jetzt in Europa entwickelt wird, mit einer grundsätzlichen künstlichen und bewußten *Züchtung* des entgegengesetzten Typus und seiner Tugenden den Versuch zu machen? Und wäre es für die demokratische Bewegung nicht selber erst eine Art Ziel, Erlösung und Rechtfertigung, wenn Jemand käme, der sich ihrer *bediente* –, dadurch daß endlich sich zu ihrer neuen und sublimen Ausgestaltung der Sklaverei – als welche sich einmal die Vollendung der europäischen Demokratie darstellen wird, – jene höhere Art herrschaftlicher und cäsarischer Geister hinzufände, welche diese neue Sklaverei nun auch – *nöthig* hat? Zu neuen, bisher unmöglichen, zu *ihren* Fernsichten? zu *ihren* Aufgaben?" (NF VIII 1, 71 f.) Zur Ergänzung kann die lange und wichtige Aufzeichnung NF VIII 2, 88 ff. dienen, die in eine Beschreibung der Herrenrasse, d. h. des höheren Typus, mündet. Interessant für den Problemstand im Jahr 1885 ist NF VII 3, 306 ff.

⁵⁵ Schon 1875 notierte Nietzsche sich: „*Man kann durch glückliche Erfindungen das grosse Individuum noch ganz anders und höher erziehen, als es bis jetzt durch die Zufälle erzogen wurde. Da liegen meine Hoffnungen: Züchtung der bedeutenden Menschen*" (NF IV 1, 119).

⁵⁶ Hier greift, was Nietzsche sich im Rahmen einer 'Verteidigung' des Artistokratismus gegen zeitgenössische (wohl sozialistische) 'Herdentier-Ideale' notiert: „– die Voraussetzung, welche eine aristokratische Gesellschaft in sich hat, um zwischen ihren Mitgliedern den hohen Grad von Freiheit zu erhalten, ist die extreme Spannung, welche aus dem Vorhandensein des *entgegengesetzten* Triebes bei allen Mitgliedern entspringt: des Willens zur Herrschaft . ." (NF VIII 2, 307). Vgl. ferner nochmals Anm. 7 zu Kap. 10, auch die Aussage im Text, auf die sie sich bezieht.

⁵⁷ Ich stelle diese Frage mit Bezug auf die große europäische Tradition, gegen die Nietzsche zum Kampf antritt. Gegen die behauptete Neuheit einzelner Züge in Nietzsches Konzept wäre andernfalls dieser oder jener Vorgänger Nietzsches als Einwand zu präsentieren, beim radikalen Individualismus – und nicht nur bei ihm – Max Stirner (den Nietzsche, soweit ich sehe, nirgends erwähnt), auch Protagoras; bei der Verschlagenheit Homer (den Nietzsche in diesem Zusammenhang nennt), u. a. m.

⁵⁸ Ein wenig hat allerdings Hegel schon in diese Richtung gedacht (wenngleich das von ihm apostrophierte Verhältnis von Besonderheit und Allgemeinem nicht Nietzsches Sache sein kann): „[. . .] Denn das Hauptrecht dieser großen Charaktere besteht in ihrer Energie, *sich* durchzusetzen, da sie in ihrer Besonderheit zugleich das Allgemeine tragen; während umgekehrt die gewöhnliche Moralität in der Nichtachtung der eigenen Persönlichkeit und in dem Hineinlegen der ganzen Energie in diese Nichtachtung besteht. Welch ungeheures Selbstgefühl erhob nicht Alexander über seine Freunde und das Leben so vieler Tausende" (Vorlesungen über die Ästhetik, Bd. 3, Theorie Werkausgabe Bd. 15, 360).

⁵⁹ Nietzsches Zusammendenken von ewiger Wiederkunft des Gleichen und Bejahung nach dem ›Zarathustra‹ ist hier in früherem schon belegt durch ein Zitat aus ›Jenseits von Gut und Böse‹ (vgl. S. 153) und die Erwähnung der „Form eines dionysischen *Jasagens* zur Welt, wie sie ist: bis zum Wunsche ihrer absoluten Wiederkunft und Ewigkeit" (NF VIII 2, 121). Wenngleich expressis verbis von Bejahung in ihr nicht gesprochen wird, gehört ferner folgende Notiz hierher: „An Stelle von Meta-

physik und Religion *die ewige Wiederkunftslehre* (diese als Mittel der Züchtung und Auswahl)" (NF VIII 2, 6f.).

[60] In dieser Anmerkung, einer Art Exkurs, dokumentiere ich durch lediglich aneinandergereihte Zitate aus Nietzsches Spätzeit weiteres zu seiner Bejahung 'alter' Tugenden, die, sei es auch mitunter mit ungewohnter Nuance (vgl. S. 202), dem Ethos des höheren Typus zuzuschlagen sind, in ihm freilich mit Neuem zu einem Ensemble zusammentretend (vgl. S. 208). Auch andere, in diesem Kontext relevante Traditionsbezüge werden belegt werden.

Tapferkeit, Geduld: „Die Vernichtung der Ideale, die neue Öde, die neuen Künste, um es auszuhalten, wir *Amphibien.* / *Voraussetzung:* Tapferkeit, Geduld, keine 'Rückkehr', keine Hitze nach vorwärts" (NF VIII 1, 321).

Toleranz: „Goethe concipirte [...] den Menschen der Toleranz, nicht aus Schwäche, sondern aus Stärke, weil er Das, woran die durchschnittliche Natur zu Grunde gehn würde, noch zu seinem Vortheile zu brauchen weiss" (GD, Streifzüge eines Unzeitgemässen, 48 / VI 3, 145).

Treue: „Zum Capitel '*unsere Tugenden*': 3) neue Form der Moralität: *Treue-Gelübde* in Vereinen über das, was man lassen und thun will" (NF VIII 1, 88).

Redlichkeit (von Nietzsche allerdings, mindestens wenn sie verwirklicht wird, eher als eine neue Tugend angesehen): „ – diese letzte Tugend, *unsere* Tugend heißt: Redlichkeit. In allen übrigen Stücken sind wir nur die Erben und vielleicht die Verschwender von Tugenden, die nicht von uns gesammelt und gehäuft wurden" (NF VIII 1, 40) – auch der zweite Satz des Zitats darf der Beachtung empfohlen werden.

„Daß dies Verlangen nach einem 'Warum?', nach einer Kritik der Moral, eben unsere *jetzige Form der Moralität selbst* ist, als ein sublimer Sinn der Redlichkeit" (NF VIII 1, 159).

„Redlichkeit, gesetzt, dass dies unsre Tugend ist, von der wir nicht loskönnen, wir freien Geister – nun, wir wollen mit aller Bosheit und Liebe an ihr arbeiten und nicht müde werden, uns in *unsrer* Tugend, die allein uns übrig blieb, zu 'vervollkommnen'" (JGB 227 / VI 2, 168).

Wahrhaftigkeit: „Die Tugend, z. B. als Wahrhaftigkeit, als *unser* vornehmer und gefährlicher Luxus; wir müssen nicht die Nachtheile ablehnen, die er mit sich bringt" (NF VIII 1, 205).

Güte; Seele: „[...] die wahre Güte, Vornehmheit, Größe der Seele, die aus dem Reichthum, [...] welche nicht giebt, um zu nehmen, – welche nicht sich damit *erheben* will, daß sie gütig ist, – die *Verschwendung* als Typus der wahren Güte, der Reichthum an *Person* als Voraussetzung" (NF VIII 3, 415).

Person: „Der *moderne* Künstler, in seiner Physiologie dem Hysterismus nächstverwandt, ist auch als Charakter auf diese Krankhaftigkeit hin abgezeichnet. [...] er ist keine Person mehr, höchstens ein Rendezvous von Personen" (NF VIII 3, 314).

Wille; Verantwortlichkeit, Verantwortung: „Schopenhauers Grundmißverständniß des *Willens* (wie als ob Begierde, Instinkt, Trieb das *Wesentliche* am Willen sei) ist typisch: [...] Großes Symptom der *Ermüdung,* oder der *Schwäche* des *Willens:* denn dieser ist ganz eigentlich das, was die Begierde als Herr behandelt, ihr Weg und Maaß weist ..." (NF VIII 2, 99 – „Schopenhauer" fettgedruckt).

„Und wir haben Ziele deshalb nöthig, weil wir einen Willen nöthig haben – der unser Rückgrat ist" (NF VIII 1, 242).

„[...] von der grossen *Leidenschaft* des Erkennenden, der beständig in der Gewitterwolke der höchsten Probleme und der schwersten Verantwortlichkeiten lebt, leben muss (also ganz und gar nicht zuschauend, ausserhalb, gleichgültig, sicher, objektiv ...)" (FW 351 / V 2, 269).

„[...] Man möchte *herumkommen* um den Willen, um das *Wollen* eines Zieles, um das Risico, sich selbst ein Ziel zu geben; man möchte die Verantwortung abwälzen (– man würde den *Fatalism* acceptiren)" (NF VIII 2, 19 f.).

„Die zunehmende Verkleinerung des Menschen ist gerade die treibende Kraft, um an die Züchtung einer *stärkeren Rasse* zu denken: welche gerade ihren Überschuß darin hätte, worin die verkleinerte species schwach und schwächer würde (Wille, Verantwortlichkeit, Selbstgewißheit, Ziele-sich-setzen-können)" (NF VIII 2, 89).

Pflicht: „Wir Immoralisten! – [...] Wir sind in ein strenges Garn und Hemd von Pflichten eingesponnen und *können* da nicht heraus –, darin eben sind wir 'Menschen der Pflicht', auch wir!" (JGB 226 / VI 2, 168)

⁶¹ Nietzsche hat freilich gegen diesen aristotelischen Ansatz polemisiert – vgl. S. 30 f.

⁶² Vgl. NF III 3, 74 (Aufzeichnung 3 [49]) und 265 (Aufzeichnung 8 [88]). – Auf diese Schrift Schillers war im Zusammenhang mit dem ›Zarathustra‹ schon einmal zu verweisen – vgl. Anm. 2 zu Kap. 5.

⁶³ Vgl. dazu schon im 4. Brief: „Einheit fodert zwar die Vernunft, die Natur aber Mannichfaltigkeit, und von beyden Legislationen wird der Mensch in Anspruch genommen" (ebd., 316 f.). Faktisch und in der europäischen Entwicklung hat sich der Mensch nach Schiller allerdings von der beiderseitigen Inanspruchnahme entfernt, was Schillers herbe Zeitkritik begründet. Die 'ehemalige Menschheit' aber, und vor allem das Griechentum, zeigt ein anderes Bild: „Damals bey jenem schönen Erwachen der Geisteskräfte hatten die Sinne und der Geist noch kein strenge geschiedenes Eigenthum" (ebd., 321), und Schiller versagt es sich nicht, von hier aus die Linie zu den „herrlichen" griechischen Göttern auszuziehen (ebd., 322), denen ja auch Nietzsches Sympathie gilt.

⁶⁴ Vgl. dazu aus demselben Brief ergänzend: „Wenn also auf das sittliche Betragen des Menschen wie auf *natürliche* Erfolge gerechnet werden soll, so muß es Natur *seyn,* und er muß schon durch seine Triebe zu einem solchen Verfahren geführt werden, als nur immer ein sittlicher Charakter zur Folge haben kann" (ebd., 315).

⁶⁵ Im einzelnen sei daran erinnert: Dem höheren Typus ist von Nietzsche ein „Recht auf Alles" zugestanden worden (vgl. S. 82; ferner zum folgenden S. 189 ff.). An Goethe wurde hervorgehoben, daß es 'nichts Verbotenes mehr für ihn gebe'; bei Napoleon, der 'Synthesis von Unmensch und Übermensch', war diesbezüglich eine neue Realitätsdimension zu vermerken; Cesare Borgia, der 'Raubmensch', zeigte sich als von Nietzsche hoch geachtet, samt allen anderen Renaissance-Menschen (wie Nietzsche sie sieht: mit ihrer auch Verbrechen umfassenden virtù) und den ihnen verwandten heidnischen Göttern; wie denn der höhere Typus auch Menschenopfer verantworten kann, wobei Nietzsche natürlich nicht an Verteidigungskriege denkt.

⁶⁶ Die Anm. 60 zu diesem Kapitel greife ich dabei nicht auf; sie mag weiterhin für sich selbst sprechen.

⁶⁷ Ich möchte zu erkennen geben, daß meine eigene Auffassung von Vornehmheit

sich deutlich von derjenigen unterscheidet, die im folgenden zu entwickeln ist, und daß aus meiner Sicht hier nur von einer Vornehmheit in Anführungszeichen die Rede sein wird. Diese allerdings gab es und gibt es, und vieles, was Nietzsche zum Thema Vornehmheit schreibt, kann geradezu als phänomenologische Beschreibung gelesen werden.

⁶⁸ Nietzsches Ausführungen zur Sklaven-Moral, die im Unterschied zur Herren-Moral auf den Gegensatz gut – böse aufbaut, lasse ich auf sich beruhen. Sie können als Ergänzung zu Kap. 2 gelesen werden. – Zu den beiden entgegengesetzten Wertungsweisen gut – schlecht einerseits, gut – böse andererseits vgl. nochmals S. 190f., ferner S. 196.

⁶⁹ Für die gegenwärtige Fragestellung weniger wichtig, aber als Ergänzung zum Ethos des höheren Typus zu erwähnen ist aus dem Aphorismus noch das folgende: Man liest dort nun (wie schon einmal zitiert): „auch der vornehme Mensch hilft dem Unglücklichen, aber nicht oder fast nicht aus Mitleid, sondern mehr aus einem Drang, den der Überfluss von Macht erzeugt." Indessen bleibt es dabei: „eine Grundfeindschaft und Ironie gegen ‛Selbstlosigkeit' gehört eben so bestimmt zur vornehmen Moral wie eine leichte Geringschätzung und Vorsicht vor den Mitgefühlen und dem ‛warmen Herzen'." Pflichten hat der Vornehme (nach Auskunft dieses Aphorismus) nur gegenüber Vornehmen. Freilich ist beachtlich, daß Nietzsche hier den Pflichtbegriff verwendet – wenn auch jenseits von Gut und Böse, spricht er doch von der „Pflicht zu langer Dankbarkeit" nicht nur, sondern auch zu „langer Rache – beides nur innerhalb seines Gleichen". Weitere „typische Merkmale der vornehmen Moral" im Umgang mit Gleichen sind: „die Feinheit in der Wiedervergeltung, das Begriffs-Raffinement in der Freundschaft" (was immer das sein mag), „eine gewisse Nothwendigkeit, Feinde zu haben (gleichsam als Abzugsgräben für die Affekte Neid Streitsucht Übermuth, – im Grunde um gut *freund* sein zu können)". – Zum Thema ‛Pflichten des höheren Typus' ist zweierlei hinzuzufügen. Der Aphorismus 272 in ›Jenseits von Gut und Böse‹ artikuliert Pflichten des Vornehmen gegenüber sich selbst: „Zeichen der Vornehmheit: nie daran denken, unsre Pflichten zu Pflichten für Jedermann herabzusetzen; die eigne Verantwortlichkeit nicht abgeben wollen, nicht theilen wollen; seine Vorrechte und deren Ausübung unter seine *Pflichten* rechnen" (VI 2, 237). Ferner: Nietzsche widerspricht seiner These, der Vornehme habe nur Pflichten gegen seinesgleichen, wenn er in einem Aphorismus aus ›Der Antichrist‹, auf den schon einmal verwiesen wurde, sagt: „Wenn der Ausnahme-Mensch gerade die Mittelmässigen mit zarteren Fingern handhabt, als sich und seines Gleichen", so ist das „einfach seine *Pflicht*" (Aph. 58 / VI 3, 242).

⁷⁰ In diesen Kontext hat man das „*Recht auf Glück*" zu stellen, das Nietzsche für „die Glücklichen, die Wohlgerathenen, die Mächtigen an Leib und Seele" ansetzt (GM III 14 / VI 2, 389).

⁷¹ Eine Tendenz Nietzsches in diese Richtung des Wertens läßt sich schon in der 2. ›Unzeitgemäßen Betrachtung‹ feststellen, wenn er mit folgenden Worten die erhoffte Zukunft beschreibt: „Es wird die Zeit sein, [...] in welcher man überhaupt nicht mehr die Massen betrachtet, sondern wieder die Einzelnen [...]. Diese setzen nicht etwa einen Prozeß fort, sondern leben zeitlos-gleichzeitig [...]; ein Riese ruft dem anderen durch die öden Zwischenräume der Zeiten zu, und ungestört durch muthwilliges lärmendes Gezwerge, welches unter ihnen wegkriecht, setzt sich das hohe Geistergespräch fort" (Kap. 9 / III 1, 313).

[72] Nietzsche sieht in diesem Aristokratismus den „*Sinn*" und die Rechtfertigung der „*Ausbeutung des Menschen*", wie sie als „Gesammt-Maschinerie" und „Solidarität aller Räder" (im Industriezeitalter, wie man hinzufügen darf) gegeben ist (ebd.).

[73] Wie man sieht, fällt Nietzsche hier die Bejahung der 'ewigen Wiederkunft' des Kleinen und Niedrigen ausgesprochen leicht, ganz im Gegensatz zu Zarathustra, dem diese Vorstellung zunächst einmal einen ihn niederwerfenden Ekel bereitete. – Insofern der Vornehme 'von den Nivellierten lebt' (und dies gerade auch in banal materiellem Sinn), sind auf dem Feld der Mediokrität auch die Herden*tugenden* für ihn von größtem Wert. „Der Sinn der Heerde soll in der Heerde herrschen" (NF VIII 1, 288), z. B. der Altruismus, die Arbeitsamkeit, die Mäßigkeit.

[74] Das darf aus der folgenden Notiz abgeleitet werden: „Denker von bescheidener oder unehrlicher Abkunft begreifen die Herrschsucht falsch, auch schon den Trieb der Auszeichnung: sie rechnen beides unter die Eitelkeit, wie als ob es sich darum handele, in der *Meinung* anderer Menschen geachtet, gefürchtet oder angebetet dazustehn" (NF VIII 1, 18).

[75] Der sehr scharfe Aphorismus attackiert das Christentum als Erzfeind der Vornehmen und führt politische Gleichheitsbestrebungen auf es zurück. Er kann als ein Ausfluß des Pathos der Distanz gelesen werden.

[76] Vgl. die Hinweise zur Herren-Rasse in Anm. 54 zu diesem Kap.

[77] Vgl. die in Anm. 54 zu diesem Kap. zitierte Stelle NF VIII 1, 71 f.

[78] Als eine Variante ist aus einem wichtigen und schon ausführlich beigezogenen Aphorismus in ›Zur Genealogie der Moral‹ mitzuteilen: „Der 'freie' Mensch, der Inhaber eines langen unzerbrechlichen Willens, hat in diesem Besitz auch sein *Werthmaass:* von sich aus nach den Andern hinblickend, ehrt er oder verachtet er; und eben so nothwendig als er die ihm Gleichen [...] ehrt, [...] eben so nothwendig wird er seinen Fusstritt für die schmächtigen Windhunde bereit halten, welche versprechen, ohne es zu dürfen, und seine Zuchtruthe für den Lügner, der sein Wort bricht, im Augenblick schon, wo er es im Munde hat" – es folgt die schon zitierte Bemerkung über das „stolze Wissen um das ausserordentliche Privilegium der *Verantwortlichkeit*" (II 2 / VI 2, 310). Mit dem 'stolzen Wissen' ist man wieder im Affektbereich, und zwar auf dessen eben schon betretenem Gebiet. Wichtiger ist mir der vorsorgliche Hinweis, daß in der zitierten Äußerung kein objektives Wertmaß für den höheren Typus als solchen zur Verfügung gestellt wird. Denn dem höheren Typus allein eigentümlich ist nur, im 'langen Willen', in Selbstbeherrschung, Selbstzucht und Verantwortlichkeit *sein Privileg zu sehen,* während diese selbst, wie ausgeführt, in alternativen Ethos-Konzepten der Tradition längst zu Ehren gekommen sind. Die Äußerung ändert also nichts an der Problemlage, um die es geht.

[79] In *anderem* Zusammenhang war im vorigen Kapitel schon einmal die Rechtsfrage für das Distanzgefühl des höheren Typus zu stellen – vgl. S. 165 und 176 f.

[80] Im *anderen* gedanklichen Kontext des vorigen Kapitels schien schon einmal das Böser-sein als einzige Auszeichnung des höheren Typus übrigzubleiben und erwies sich Immoralismus als ungerechtfertigt (vgl. S. 177 f.).

[81] Nicht geht es an dieser Stelle um Nietzsches Überzeugung, daß mindestens einige der 'alten' Tugenden als *Herden*tugenden fortbestehen sollten, da sie höchst nützlich sind gerade auch als gesellschaftliche Bedingung für die Machtentfaltung des höheren Typus.

⁸² Vgl. nochmals NF VIII 2, 373: „Die ganze Auffassung vom Rang der *Leiden-schaften:* wie als ob das Rechte und Normale sei, von der *Vernunft* geleitet zu werden [...] Die Leidenschaft ist entwürdigt [...]."

13. Die Freiheitsprobleme

¹ Um eine Überfrachtung dieser Darstellung mit Rückverweisen auf früher Ausgeführtes zu vermeiden, verzichte ich hier weitgehend auf solche Verweise. Wer sie vermißt, wird am Sachregister eine Unterstützung beim Auffinden der Stellen haben.

² Im Rahmen dieses Kapitels ist vielleicht hier schon einmal der Hinweis angebracht, daß Zufall und Notwendigkeit sich bei Nietzsche nicht widersprechen müssen. Bei den jetzt aufgegriffenen Gedanken bedeutet Zufall etwas, das das Individuum nicht gewählt hat, das auch nicht Folge seiner Wahl ist und das nicht mit einem individuellen Wesen oder einer Wesenseigenschaft in Zusammenhang steht.

³ Vgl. hierzu auch NF VIII 2, 287: „daß der allgemeinste und unterste Instinkt in allem Thun und Wollen eben deshalb der unerkannteste und verborgenste geblieben ist, weil in praxi wir immer seinem Gebote folgen, weil wir dies Gebot *sind* ..."

⁴ Vgl. auch JGB 213 / VI 2, 151 f.: „So ist zum Beispiel jenes ächt philosophische Beieinander einer kühnen ausgelassenen Geistigkeit, welche presto läuft, und einer dialektischen Strenge und Nothwendigkeit, die keinen Fehltritt thut, den meisten Denkern und Gelehrten von ihrer Erfahrung her unbekannt [...]. Sie stellen sich jede Nothwendigkeit als Noth, als peinliches Folgen-müssen und Gezwungen-werden vor [...]. Die Künstler mögen hier schon eine feinere Witterung haben: sie, die nur zu gut wissen, dass gerade dann, wo sie Nichts mehr 'willkürlich' und Alles nothwendig machen, ihr Gefühl von Freiheit, Feinheit, Vollmacht, von schöpferischem Setzen, Verfügen, Gestalten auf seine Höhe kommt, – kurz, dass Nothwendigkeit und 'Freiheit des Willens' dann bei ihnen Eins sind."

⁵ Daß der Aphorismus ›Das grösste Schwergewicht‹ (FW, Aph. 341) als Problemlösungsversuch nicht in Betracht kommt, ist längst klar (vgl. Anm. 28 zu Kap. 5), wie ja auch schon vermerkt wurde, daß Nietzsche die Position dieses Aphorismus schon im ›Zarathustra‹ nicht mehr bezogen hat.

⁶ Von der Resignation hat Nietzsche selbst das schon sehr früh behauptet (vgl. MA II (2) 61 / IV 3, 218); analog dazu müßte er es für den amor fati einräumen. (Resignation und amor fati sind freilich nicht zu verwechseln. Vgl. EH, warum ich so klug bin, 10 / VI 3, 295: „Meine Formel für die Grösse am Menschen ist *amor fati:* dass man Nichts anders haben will, vorwärts nicht, rückwärts nicht, in alle Ewigkeit nicht. Das Nothwendige nicht bloss Ertragen, [...] sondern es *lieben* ..."

⁷ In diesem Sinne verstehe ich auch Nietzsches Ausspruch über sich selbst: „amor fati ist meine innerste Natur" (EH, Der Fall Wagner, 4 / VI 3, 361). Beim amor fati von 'innerster Natur' zu sprechen, hindert Nietzsche übrigens durchaus nicht, zugleich von 'sollen' zu sprechen – vgl. NW, Epilog, 1 / VI 3, 434: „So wie meine innerste Natur es mich lehrt, ist alles Nothwendige [...] auch das Nützliche an sich, – man soll es nicht nur tragen, man soll es *lieben* ... *Amor fati*: Das ist meine innerste Natur."

⁸ Entsprechendes gilt für die 'Wahl' des Freitodes.

14. Das Spannungsfeld der Grundprobleme
und die Aporie der absoluten Seinsthese

¹ Eingeführt habe ich diesen Ausdruck auf S. 116; vgl. auch S. 135.

² Ich teile ein a. a. O., 165 verwendetes Zitat, etwas gekürzt, an dieser Stelle zur Verdeutlichung noch einmal mit: „Die Welt ist *nicht* so und so: und die lebenden Wesen sehen sie, wie sie ihnen erscheint. Sondern: die Welt besteht aus solchen lebenden Wesen, und für jedes derselben giebt es einen kleinen Winkel, von dem aus es mißt, gewahr wird, sieht und nicht sieht" (NF VIII 1, 257).

³ Beides kann durchaus positiv zusammengehen, wie ich in meiner ›Hermeneutischen Anthropologie‹ gezeigt habe.

⁴ Vgl. mit Bezug auf den höheren Typus und sein Ethos S. 218f. Umfassender habe ich Nietzsches großzügige Inanspruchnahme 'fälschender' Schemata dargestellt in ›Wahrheit und Wahrheitsgrund‹ (259ff.).

⁵ Vgl. a. a. O. / V 1, 111 und 112: „Das wache Leben hat nicht diese *Freiheit* der Interpretation wie das träumende, es ist weniger dichterisch und zügellos, – muss ich aber ausführen, dass unsere Triebe im Wachen ebenfalls nichts Anderes thun, als die Nervenreize interpretiren und nach ihrem Bedürfnisse deren 'Ursachen' ansetzen? dass es zwischen Wachen und Träumen keinen *wesentlichen* Unterschied giebt?" Und: „Was sind denn unsere Erlebnisse? Viel *mehr* Das, was wir hineinlegen, als Das, was darin liegt! Oder muss es gar heissen: an sich liegt Nichts darin? Erleben ist ein Erdichten? –"

⁶ Vgl. die zitierte Äußerung GM II 12 / VI 2, 329f.

⁷ Es wurde im vorigen auf den Zusammenhang hingewiesen, der zwischen der Wahrheitsproblematik und dem Mangel eines durchgebildeten, tragfähigen Verständnisses von Auslegung bei Nietzsche besteht. In diesen Zusammenhang gehört ferner der Komplex des philosophischen *Experimentierens*. Auch in ihm spiegeln sich die Fraglichkeiten von 'Wahrheit' und 'Auslegen'. Das sollte nicht vergessen werden, wenn der Experimentiercharakter von Nietzsches Philosophieren betont wird. Was die *theoretische* Seite philosophischen Experimentierens betrifft, zeigen sich bei Nietzsche zwei Pole, an denen oder zwischen denen es anzusiedeln ist. Blickt man auf die total gesetzte Perspektivität und Relativität und auf Nietzsches Dilemma bezüglich des „Nichts ist wahr", dann geht das Experimentieren ins Leere. Es erfolgt kein Erproben von Wahrheit. Möglich ist nur ein pures Jonglieren mit Bedeutungen, das als solches Privatsache und unphilosophisch ist, vielleicht aber als artifiziell seine Interessenten und eifrigen 'Deuter' findet. Das ist der eine Pol. Zieht man andererseits die absolute Seinsthese in Betracht und faßt man sie als Experiment auf, so entfällt angesichts des Wahrheitsanspruchs jede Beliebigkeit des Versuchens; man steht vor *dem* Experiment Nietzsches, auf das für ihn und seine Gegen-Auslegung – in einer bestimmten Phase – alles ankommt. Das ist der andere Pol. Zwischen jenem einen Pol (an dem Nietzsche sich selbst ernsthaft nicht angesiedelt hat) und diesem anderen Pol (von dem er sich schließlich abgekehrt hat) ist mancherlei möglich, vielleicht sogar eine Entlastung im Selbstverständnis Nietzsches von der Art, daß er sein Mitführen ungelöster Probleme und sein zeitgleiches Nebeneinanderherdenken von Unvereinbarem vor sich selbst als Tugend philosophischen Experimentierens zu werten vermochte (vgl. S. 180). Aber auch Positives hat dort Platz. Ich erinnere an meine

Ausführung zu Zarathustras Mitteilung: „Auf vielerlei Weg und Weise kam ich zu
meiner Wahrheit [...]. Ein Versuchen und Fragen war all mein Gehen [...]. 'Das – ist
nun *mein* Weg, – wo ist der eure?' " – ich hatte das dahingehend interpretiert, daß der
denkende Zugang zur mitgeteilten Lehre Zarathustras selbsttätig gefunden werden
muß und daß insofern die Wege mannigfaltig sein können, der Zielort aber identisch
ist (vgl. S. 82 f.).

Philosophisches Experimentieren in Nietzsches Sinn hat aber auch und vor allem
eine *existentielle* und eine *praktische* Seite. Und das macht mehr Sinn. Wie schon mitgeteilt, spricht Nietzsche 1888 von der „Experimental-Philosophie, wie ich sie lebe",
einer Philosophie, mit der der Denkende an sich selbst das Experiment macht, ob er
fähig und bereit ist, zur Bejahung des Gedachten, zum amor fati, durchzudringen
(vgl. S. 231). Aus Nietzsches Sicht läßt sich ferner sagen: Eine zutage geförderte leidvolle Wahrheit, die von niemandem ertragen wird, verschwindet wieder, indem diejenigen, die sie vernommen haben, entweder von ihr vernichtet werden oder sie 'verdrän-
gen', sie durch Scheinwahrheiten ersetzen. (Vgl. in diesem Zusammenhang auch das in
Kapitel 6, S. 92 f., zum Zirkel von Gedanke und Bejahung des Gedankens der ewigen
Wiederkunft, zu Weisheit und Nihilismus Gesagte.) Es gibt Gedanken, die hinsichtlich
ihrer Wirkung (beim sie ursprünglich Denkenden selbst und bei anderen, denen er sie
mitteilt) ein Experiment sind. Hierher gehört 'Ausdeutung der Tat', und als solche
könnte sogar ein Gedanke fungieren, der nicht wahr ist (vgl. S. 260). Schon in der ›Morgenröthe‹ hatte Nietzsche seine Auffassung kundgetan: „Wir dürfen mit uns selber ex-
perimentiren! Ja die Menschheit darf es mit sich!" (Aph. 501 / V 1, 298 – schon einmal
zitiert) Und wo Nietzsche an Züchtung des höheren Typus denkt, wird ihm ein Experiment vorschweben, dessen Ausgang zum voraus nicht garantiert ist. Im Hinblick auf
eine zu schaffende Zukunft sind ihm die 'neuen Philosophen' Experimentierer.

   [8] An dieser Stelle möchte ich bemerken, was Kennern einer beachteten Richtung
neuerer französischer Nietzsche-Interpretation kaum gesagt werden muß: daß ich
mich mit meiner gesamten Untersuchung (also dem bisherigen und auch dem noch
folgenden) in Gegensatz begebe zu der Grundauffassung über Nietzsche, die – vorbereitet durch Bataille und Deleuze – insbesondere von Derrida und seinen Schülern
artikuliert bzw. zur Grundlage ihrer Nietzsche-Interpretationen gemacht worden ist.
Vgl. zu diesem Zweig der Nietzsche-Rezeption meine Arbeit: Das Spektrum der
Nietzsche-Rezeption ..., 13 f., sowie die Literaturangaben ebd., besonders auch
Anm. 45. Hier hebe ich heraus die Schrift von Behler: Derrida – Nietzsche, Nietz-
sche – Derrida (darin besonders 14, 118, 120, 123, 128), und den Aufsatz von Künzli:
Nietzsche und die Semiologie (darin besonders 284–286). Nach Derrida haben wir
Nietzsche die Befreiung vom Begriff der Wahrheit zu danken; demgemäß fehlen in
Nietzsches Werk Zentren und Sinn; Nietzsches Stil hält alles, was Nietzsche ausdrückt, in der Schwebe. Auf diese Weise kann man aus Nietzsches Werk alle Probleme wie auch alle Erkenntnisse, die ihm zu verdanken sein könnten, austreiben.
Alles löst sich auf in ein Spiel. Nicht, daß Nietzsche nicht selbst mit manchen Äußerungen zum Entstehen einer solchen Einstellung beigetragen hätte. Aber man muß
diese Äußerungen isolieren, um die Einstellung durchhalten zu können. Das gelingt
natürlich um so besser, wenn zum voraus entschieden worden ist, daß Nietzsche auf
(destruktive und 'positive') Erkenntnis, auf Wahrheit, Sinn und einen Zusammenhang von Gedanken durchaus nicht abzielt. Ich hoffe, durch die Tat das Gegenteil

über Nietzsche bekräftigt zu haben. Eine Äußerung, mit der Nietzsche schönstens dem leichten, ja leichtfertigen Umgang mit seinen Texten Vorschub zu leisten scheint, mag hier präsentiert werden: Im Kapitel ›Der Genesende‹ läßt Zarathustra sich vernehmen: „Wie lieblich ist es, dass Worte und Töne da sind: sind nicht Worte und Töne Regenbogen und Schein-Brücken zwischen Ewig-Geschiedenem? / [...] Zwischen dem Ähnlichsten gerade lügt der Schein am schönsten; denn die kleinste Kluft ist am schwersten zu überbrücken. / Für mich – wie gäbe es ein Ausser-mir? Es giebt kein Aussen! [...] / Sind nicht den Dingen Namen und Töne geschenkt, dass der Mensch sich an den Dingen erquicke? Es ist eine schöne Narrethei, das Sprechen: damit tanzt der Mensch über alle Dinge. / Wie lieblich ist alles Reden und alle Lüge der Töne! Mit Tönen tanzt unsre Liebe auf bunten Regenbögen" (VI 1, 268). Wie einfach und von allen anstrengenden und zeitraubenden Bemühungen um ein Verständnis von Nietzsches Gedankenwelt entlastend wäre es doch, glauben zu können, daß man hier den 'ganzen' Nietzsche, wie er leibt und lebt und 'denkend' spielt, zu fassen bekommt. Aber dazu müßte man nicht nur das Kapitel ›Der Genesende‹ aus Nietzsches Werk herauslösen; man dürfte nicht einmal dieses Kapitel, ja nicht einmal dessen zweiten Teil („2."), der die zitierte Stelle enthält, als Ganzes nehmen, müßte sich vielmehr auf gerade eben nur die zitierten Worte versteifen. Im ersten Teil des Kapitels („1.") hat Zarathustra nämlich, als Fürsprecher des Leidens und des Kreises, seinen „abgründlichsten" Gedanken in die Helle des Bewußtseins gerufen, und sicher hat sein Abgrund nichts Liebliches 'geredet' und nach Zarathustras Meinung auch nicht an der Wahrheit vorbeigelogen, wenn Ekel und todnahe Krankheit Zarathustras die Folge sind. Wichtiger noch: Zarathustra begibt sich mit jenen Worten in die Stimmung und auf die Ebene des Zuspruchs, den seine Tiere soeben an ihn gerichtet haben und auf den er zuallererst (und unmittelbar vor dem Zitierten) entgegnet: „Oh meine Thiere, [...] schwätzt also weiter und lasst mich zuhören! Es erquickt mich so, dass ihr schwätzt: wo geschwätzt wird, da liegt mir schon die Welt wie ein Garten" (ebd.). Und in der Tat 'schwätzen' die Tiere dann weiter – über das Tanzen aller Dinge, das ewige Rollen des Rads des Seins, das Kommen und Gehen und Wiederkommen von jeglichem (vgl. ebd.). Zarathustra aber antwortet darauf: „Oh ihr Schalks-Narren und Drehorgeln! [...] wie gut wisst ihr, [...] wie jenes Unthier mir in den Schlund kroch und mich würgte! Aber ich biss ihm den Kopf ab [...]. Und ihr, – ihr machtet schon ein Leier-Lied daraus? Nun aber liege ich da, müde noch von diesem Beissen [...]" (VI 1, 269).

⁹ Vgl. meine eingehendere Darstellung in: Wahrheit und Wahrheitsgrund, 171 ff.

15. Letzte Fragezeichen Nietzsches

¹ Zum 4. Teil des ›Zarathustra‹ vgl. Anm. 2 zu Kap. 8. – Die zeitliche Nähe der ›Dionysos-Dithyramben‹ zu ›Ecce homo‹, einer Selbstdarstellung mit Zügen unangenehmen Selbstlobes und krankhafter Selbstüberschätzung, läßt einen tief berührenden biographischen Rückschluß zu auf die extreme innere Spannung Nietzsches gegen Ende seiner wachen Existenz.

² Zur Übernahme eines Prosastücks aus dem Kapitel ›Unter Töchtern der Wüste‹ vgl. weiter unten.

³ Vgl. zum folgenden oben S. 103 f. und: Wahrheit und Wahrheitsgrund, 178 ff.

⁴ Vgl. zum folgenden S. 104 ff.

⁵ Vgl. zum folgenden: Wahrheit und Wahrheitsgrund, 180 ff.

⁶ Vgl. VI 3, 389: „Was bandest du dich / mit dem Strick deiner Weisheit? [...] Was schlichst du dich ein / in dich – in dich? ..."

⁷ Vgl. zum folgenden: Wahrheit und Wahrheitsgrund, 182 ff.

⁸ Smaragden, grün, wie auch golden weisen bei Nietzsche häufig auf Dionysos als Gott der Fruchtbarkeit und auf die dionysische Dimension. Vgl. GT III 1, 127 f.: „Aber wie verändert sich plötzlich jene [...] Wildniss unserer ermüdeten Cultur, wenn sie der dionysische Zauber berührt! [...] Verwirrt suchen unsere Blicke nach dem Entschwundenen: denn was sie sehen, ist wie aus einer Versenkung an's goldne Licht gestiegen, so voll und grün, so üppig lebendig"; zu erinnern ist an „gold-sma-ragdenes Entzücken" in der (in Anm. 51 zu Kap. 5) zitierten ›Zarathustra‹-Stelle VI 1, 286.

⁹ Vgl. NF VIII 3, 356: „wem ziemt die Schönheit? / dem Manne nicht: / den Mann *versteckt* die Schönheit".

¹⁰ Zu der Haß und Liebe betreffenden Frage gibt es im ›Zarathustra‹ Entspre-chendes – vgl. S. 85 mit Anm. 5 und 6.

¹¹ Vgl. meine Schrift: Wahrheit und Wahrheitsgrund, 186. – Meine Interpretatio-nen der ›Klage der Ariadne‹ implizieren, daß ich das knappe philosophische Ergeb-nis, zu dem Del Caro bezüglich dieses Gedichtes kommt, für nicht zutreffend halte. In seinem Aufsatz ›Symbolizing philosophy. Ariadne and the labyrinth‹ gibt er im 1. Teil einen Literaturbericht. Im 2. Teil trägt er Textstellen zusammen, an denen bei Nietzsche Dionysos, Ariadne und das Labyrinth vorkommen (oder seiner Meinung nach vorkommen sollen, wie z. B. Ariadne im ›Zarathustra‹-Kapitel ›Die sieben Sie-gel‹). Mit diesem Verfahren versucht er, seine Thesen zu stützen, das Labyrinth stehe für nihilistische Erfahrung (146) bzw. sei nihilistisch (146 f.), der Gedanke der ewigen Wiederkunft des Gleichen sei Nietzsches nihilistischster Gedanke (154), *dieser* Ge-danke sei der „Gedanke" in der ersten Strophe der ›Klage der Ariadne‹ (ebd.) und Dionysos sei die Personifikation der ewigen Wiederkunft (ebd.). (Beiläufig bemerkt: Schade ist, daß er keinen Hinweis auf die Bayreuther Festspiele gibt, wenn er denn schon (150) aus ›Der Fall Wagner‹ zitiert: „Ah, dieser alte Minotaurus! Was er uns schon gekostet hat! Alljährlich führt man ihm Züge der schönsten Mädchen und Jünglinge in sein Labyrinth, damit er sie verschlinge, – alljährlich intonirt ganz Eu-ropa 'auf nach Kreta! auf nach Kreta!' ..." – Nachschrift / VI 3, 39.)

¹² Schon Heidegger hat an einen Vers der ›Dionysos-Dithyramben‹ („Die Wüste wächst: weh dem, der Wüsten birgt!") die Fragen angeschlossen: „Wem gilt dieses 'weh'? Hat Nietzsche hier an sich selbst gedacht? Wie, wenn er gewußt hätte, daß ge-rade sein Denken erst eine Verwüstung bringen müsse, inmitten deren einmal und anderswoher hier und dort Oasen aufgehen und Quellen springen? Wie, wenn er ge-wußt hätte, daß er ein vorläufiger Übergang sein müsse, voraus- und zurückweisend und darum überall zweideutig, sogar noch in der Art und im Sinne des Übergangs?" (Was heißt Denken?, 21) Wie, als ob Heidegger eine moderne Tendenz der Nietz-sche-Auslegung (vgl. etwa den 2. Teil dieser Anmerkung, ferner Anm. 8 zu Kap. 14) vorausgesehen hätte, fügt er kurz darauf hinzu: „[...] Dies meint durchaus nicht, Nietzsches Denken sei nur ein jederzeit wieder zurücknehmbares Spiel mit Bildern

und Zeichen" (ebd.). – Als eine 'anderswoher aufspringende Oase und Quelle', die Nietzsches 'Verwüstung' als Durchgang voraussetzt, ist Heidegger seine eigene Spätphilosophie erschienen. 1939 hatte er allerdings formuliert: „Als Umwerter aller Werte bezeugt Nietzsche, ohne daß er die Tragweite dieses letzten Schrittes weiß, seine endgültige Zugehörigkeit zur Metaphysik und mit ihr die abgründige Trennung von *jeder Möglichkeit* eines anderen Anfangs" (Nietzsche II, 23) – und: „In der ewigen Wiederkehr des Gleichen ist das endgeschichtliche Wesen der letzten metaphysischen Auslegung der Seiendheit als Wille zur Macht so begriffen, daß dem Wesen der Wahrheit jede Möglichkeit, das Fragwürdigste zu werden, versagt bleibt [...]" (ebd., 27). –

Die jüngste und umfangreichste Publikation zu Nietzsches ›Dionysos-Dithyramben‹ ist die literaturwissenschaftliche Habilitationsschrift von Groddeck: Friedrich Nietzsche – „Dionysos-Dithyramben" (Bd. 1: Textgenetische Edition der Vorstufen und Reinschriften, Bd. 2: Die „Dionysos-Dithyramben". Bedeutung und Entstehung von Nietzsches letztem Werk). Der 2. Band enthält u. a. eine 290 Seiten umfassende Interpretation bzw. ›Lektüre‹ der ›Dionysos-Dithyramben‹, die sich minutiös auf alle Einzelheiten des Textes einläßt und keiner Schwierigkeit ausweicht. Der Autor greift immer wieder auf andere Nietzsche-Texte zurück und setzt sie zur Aufschlüsselung ein. Die Darstellung enthält zahlreiche interessante Details. Neben vielen treffenden Beobachtungen und scharfsinnigen Verknüpfungen finden sich mitunter phantasievolle Überinterpretationen, Gewaltsamkeiten und leicht Widerlegbares. Das sollte aber den Respekt vor dem Ganzen der Unternehmung nicht mindern. Allerdings erlaube ich mir die Feststellung, daß Groddecks ›Lektüre‹ philosophisch kaum ergiebig ist. Das liegt nicht nur daran, daß sein Erkenntnisinteresse naturgemäß primär das eines Literaturwissenschaftlers ist. Seine Interpretation ist, nach meinem Verständnis von Philosophie, nahezu antiphilosophisch, wird doch sein (konsequent durchgehaltener) Grundansatz von einer Perspektive bestimmt, die von Nietzsche als Philosoph fast nichts übrigläßt. In der Einleitung zu Bd. 2 (auf den sich alle folgenden Seitenangaben in dieser Anmerkung beziehen) spricht Groddeck von seiner „Verpflichtung und Distanz gegenüber zeitgenössischen Texttheorien" (XXI) – kurz zuvor (XX f.) nennt er diesbezüglich u. a. Derrida und de Man. Auf die Seite der 'Verpflichtung' scheint mir zu gehören, daß Groddeck sich in einen Umkreis stellt, in dem aus Nietzsches Werk Philosophie weitgehend ausgetrieben wird (vgl. nochmals Anm. 8 zu Kap. 14). Sein Fazit aus den Gedichten dürfte jeweils von vornherein weitgehend vorprogrammiert gewesen sein. Das Gedicht ›Unter Töchtern der Wüste‹ etwa begegnet bei Groddeck als „‚Sinnfalle'" (46), und er diagnostiziert hier die „Unentscheidbarkeit von 'Sinn' und 'Nonsens'" (56). Der „Metapher-‚Löwe'", der mit dem Verschwinden des anderen Beinchens der Palme ins Blickfeld rückt, bedeutet „das sinn-destruierende tropische Verfahren des Textes selber" (78). In der „Figur des Sängers" dieses Liedes sieht Groddeck einen „dem Dithyrambus einverleibten Interpreten" (81); dessen schließliche „Selbstaufhebung mittels zitierter Rede" (gemeint ist das Luther-Zitat) bedeutet: das Gedicht „löst das Subjekt der dithyrambischen Rede durch den Dithyrambus auf" (83 f.). Immerhin drückt der Schluß des Dithyrambus ein Memento mori aus, mit dem „der 'Mensch' als 'moderner Mensch' angesprochen wird" (88 f.). – Bezüglich ›Zwischen Raubvögeln‹ kommt Groddeck zu dem Ergebnis: „Der 'Selbstkenner' ist nur Ausdruck für die Autoreflexivität einer

Sprache, die 'sich nicht von sich abwerfen' kann. [...] sie zersetzt ihren eigenen Inhalt" (130). – Zur ›Klage der Ariadne‹ liest man: „Im Kontext des Dithyramben-Zyklus ließe sich 'Ariadne', wie schon der 'Wanderer' im zweiten Dithyrambus, als Figur einer deutenden 'Leserin' auffassen" (182, Anm. 20). Und: „die fortgesetzte Metaphorik des Erfrierens kodiert sich [...] als eine Allegorie der Erkenntnis von Sprache"; die „Hyperbel von den 'Frostpfeilen'" ist „Selbstkritik der dithyrambischen Sprache" (184). Groddeck sieht in dem Gedicht einen Text, „der sich durchgängig als virtuose Darstellung von Stilreflexion lesen läßt" (205). Darin geht der Text für Groddeck allerdings auf. Mit dem als „komisch" und als „Farce" eingestuften Auftreten des Dionysos (der mit dem Dithyrambus identisch sein soll) und mit der nach Groddeck von Dionysos gegebenen Deutung des Dithyrambus ergibt sich das Resultat: „poetische Selbstreflexion als Farce" (207). Ferner: „Die 'eigentliche' Bedeutung der 'Labyrinth'-Metapher, mit welcher sich der siebente Dithyrambus selber deutet, ist daher wohl die, daß sich jede Deutung in ihr verirrt" (209). Mag man in dem vorsichtigen „wohl" noch eine geringe Chance eingeräumt sehen, daß sich vielleicht doch nicht jede Deutung verirrt, so wird man alsbald mit der Feststellung konfrontiert, „daß der 'Sinn' in der ›Klage der Ariadne‹ sich darin bestimmt, ihn 'ausdrücklich' nicht zu haben" (ebd.). Dionysos „erklärt" die ›Klage der Ariadne‹ „zu einer 'Semiotik'", und zwar „in einem doppelten Sinne: zum einen als poetische Zeichenlehre, zum anderen aber auch in der eigentlichen Bedeutung der medizinischen Symptomatologie", so daß eine „Überlagerung zweier Diskurse" gegeben ist, wobei, was den medizinischen Diskurs betrifft, in der ›Klage der Ariadne‹ „vor allem der Begriff und das Phänomen 'Hysterie' von Interesse" ist (210). – Im 3. und 4. Teil von ›Ruhm und Ewigkeit‹ gibt es nach Groddeck einen Gedanken, nämlich, wie er glaubt, den Gedanken der ewigen Wiederkunft (vgl. 233 und 240), ja der 4. Teil hat sogar einen „ontologischen Status" (240). Aber, wie könnte es anders ein, am Ende des Gedichtes (genauer: mit seiner vorletzten Zeile) „wird nicht nur jeder Inhalt und jede mögliche Referenz, sondern auch die Gegenständlichkeit des Textes selber ausgeblendet: Die 'ewige' Bejahung des Textes erfüllt sich im Augenblick seines Verschwindens" (245). – Zur Vorgehensweise an gewaltsamen Stellen der Untersuchung verweise ich nur auf zwei Beispiele: 200, 1. Abs. mit Anm. 76; ferner 194, 1. Abs., wo übrigens schon am Ausgangspunkt eine Gottesvorstellung bestimmend ist, die von der Nietzscheschen Möglichkeit eines 'Gottes' jenseits von Gut und Böse unberührt ist – dies freilich nicht zufällig, wenn denn Nietzsche im Blick steht als jemand, der mit Gedanken allenfalls spielt.

[13] Schon hier möchte ich aber möglichen Einwänden vom späten Nachlaß her begegnen. Nietzsche hat im Sommer 1888 verschiedene Titel für eine Gedichtsammlung entworfen, die schließlich als ›Dionysos-Dithyramben‹ verwirklicht wurde, darunter: ›*Die ewige Wiederkunft*. Zarathustra's Tänze und Festzüge‹ (NF VIII 3, 381) Dazu ist zu sagen: 1. Dieser Titelentwurf ist nicht zum Zuge gekommen. 2. Das Gedicht ›Ruhm und Ewigkeit‹ dürfte später entstanden sein. Dies gilt auch für das folgende. – Auf Oktober 1888 ist ein Plan für das Buch ›Umwerthung aller Werthe‹ zu datieren, der als ersten Teil vorsieht: ›*Der Antichrist*. [...]‹ und als vierten Teil: ›*Dionysos*. Philosophie der ewigen Wiederkunft‹ (NF VIII 3, 397). Nietzsche hat dieses Projekt aber gerade fallenlassen (vgl. Colli und Montinari, KSA 14, 434: „Spätestens vom 20. Nov. 1888 [...] an betrachtete N den ›Antichrist‹ nicht mehr als

das erste Buch der ›Umwerthung aller Werthe‹, sondern als die ganze ›Umwerthung‹,
so daß nun der Haupttitel (›Umwerthung aller Werthe‹) zum Untertitel wurde").

Schlußkapitel

[1] Vgl. Colli und Montinari, KSA 14, 513: „Im Sommer 1888, als N auf die Veröffentlichung eines Werks unter dem Titel ›Der Wille zur Macht‹ verzichtete, sammelte
er seine bis dahin unbenutzt gebliebenen dichterischen Fragmente, vor allem aus
den Zarathustra-Heften, in einem neuen Heft [...], das er dann bis Ende 1888 zur
Abfassung seiner letzten Gedichte: ›Die Sonne sinkt‹, ›Zwischen Raubvögeln‹, ›Von
der Armut des Reichsten‹, ›Ruhm und Ewigkeit‹, ›Das Feuerzeichen‹ gebrauchte,
[...]."

[2] In ›Wahrheit und Wahrheitsgrund‹ (186 und 187) habe ich als ein Ergebnis der
›Klage der Ariadne‹ formuliert, daß der Wille zur Macht *ein Aspekt* des Seins und
auch des Denkens *ist*, was zugleich heißt, daß das Sein *nicht nur* Wille zur Macht ist –
wie es denn in der Epiphanie des Gottes dem Denken seine verborgene Dimension
zukehrt.

[3] Zur Sachproblematik (über eine Nietzsche-Interpretation hinaus) vgl. meinen
ansatzweisen Versuch im Schlußkapitel von ›Wahrheit und Wahrheitsgrund‹.

[4] Die Bedeutung des schönen Gedichtes ›Die Sonne sinkt‹ und seine Stellung in
diesem Gedichtzyklus lasse ich weiterhin auf sich beruhen.

[5] Ob hier eine echte Alternative zur vorigen Möglichkeit gegeben ist, mag an dieser Stelle offenbleiben. Die Entscheidung dieser Frage hinge mit der einer anderen
zusammen. Es fragt sich nämlich, ob Kant nur da metaphysisch denkt, wo er auf jenem Faktum aufbaut, oder vielleicht (und in Gegensatz zu seinem Selbstverständnis)
auch schon dort, wo er anscheinend ganz transzendentalphilosophisch und vernunft-
kritisch den Gegensatz von Erscheinungen und Dingen an sich selbst etabliert.

[6] Ich erinnere etwa daran, daß das Triebleben des Individuums von Nietzsche aufgefaßt wird als Kampfspiel um eines Machtgefühls willen und als ein Prozeß von Befehlen und Gehorchen, in dem es temporäre Kraftfeststellungen gibt (vgl. S. 120).

[7] Müller-Lauter belegt Nietzsches Auffassung, daß der Gedanke der ewigen Wiederkunft des Gleichen von andersartigen Menschen oberflächlich bejaht werden
kann, nämlich (so Nietzsche) vom „Gesindel [...], das kalt und ohne viel innere
Noth ist" (Nietzsche, 155).

[8] Wie früher ausgeführt, läßt sich diese Position 1884 für Nietzsche selbst nachwei-
sen, vgl. in Kap. 5 S. 75 und die dazugehörige Anm. 36.

[9] Übrigens scheint mir der Als-ob-Gedanke der ewigen Wiederkunft auch als
„Schwergewicht" auf aktuellem menschlichem Handeln (vgl. Anm. 28 zu Kap. 5)
entbehrlich, wenn Vernunft, Freiheit, Verantwortlichkeit nicht, wie bei Nietzsche zumeist, außer Kraft gesetzt werden.

[10] Vgl. von Jonas: Das Prinzip Verantwortung. Versuch einer Ethik für die technologische Zivilisation. Vgl. von Apel u. a.: Das Apriori der Kommunikationsgemeinschaft und die Grundlagen der Ethik. Zum Problem einer rationalen Begründung
der Ethik im Zeitalter der Wissenschaft.

[11] Eine Destruktion von Vernunft muß in der zweiten Hälfte des 20. Jahrhunderts

gelinde gesagt als weltfremd erscheinen; als grassierendes und anhaltendes Phänomen wäre sie selbstmörderisch für die menschliche Gattung. Von ihr zu unterscheiden ist ein gegenüber der Tradition verwandeltes Selbstverständnis von Vernunft, das sich ergeben muß, wenn philosophisches Denken aus der Metaphysik herausgetreten ist und überdies (und damit in Zusammenhang) ein neues Verständnis von Wahrheit zu gewinnen sucht.

12 Grundlegung zur Metaphysik der Sitten, A 66f. (Werke IV, 61) – bei Kant hervorgehoben.

ZUR ZITIERWEISE UND SIGLENVERZEICHNIS

Nietzsche wird zitiert nach: Nietzsche, Werke. Kritische Gesamtausgabe. Die Zitate sind auch aufzufinden in der textgleichen KSA (Konkordanz: KSA 15, 215 ff.) sowie in vielen Fällen – mit Hilfe der dem genauen Zitatnachweis vorangestellten Angaben – in jeder anderen Ausgabe. In den vorangestellten Angaben fehlt die Werkbezeichnung, wenn sie aus dem Kontext meiner Ausführungen schon eindeutig hervorgeht.

Auslassungen in Nietzsche-Zitaten sind durch Punkte in eckigen Klammern gekennzeichnet; Aneinanderreihung von Punkten ohne eckige Klammern sind Interpunktion Nietzsches. Ein Schrägstrich innerhalb der Nietzsche-Zitate bedeutet, daß Nietzsche an dieser Stelle eine neue Zeile begonnen hat; zwei Schrägstriche zeigen einen doppelten Absatz oder den Beginn einer neuen Strophe an. Statt des Werktitels ›Also sprach Zarathustra‹ wird der Kurztitel ›Zarathustra‹ benutzt.

Die verwendeten Siglen bedeuten:

AC   Der Antichrist
DS   David Strauss, der Bekenner und der Schriftsteller
EH   Ecce homo
FW   Die fröhliche Wissenschaft
GD   Götzen-Dämmerung
GM   Zur Genealogie der Moral
GT   Die Geburt der Tragödie
HL   Vom Nutzen und Nachtheil der Historie für das Leben
JGB Jenseits von Gut und Böse
KGB Nietzsche, Briefwechsel. Kritische Gesamtausgabe
KSA Friedrich Nietzsche, Sämtliche Werke, Kritische Studienausgabe
M   Morgenröthe
MA   Menschliches, Allzumenschliches
NF   Nachgelassene Fragmente
NW   Nietzsche contra Wagner
WA   Der Fall Wagner
WL   Ueber Wahrheit und Lüge im aussermoralischen Sinne
Za   Also sprach Zarathustra

LITERATUR

Nietzsche, Friedrich: Werke. Kritische Gesamtausgabe, hrsg. v. Giorgio Colli und Mazzino Montinari, Berlin–New York 1967 ff.

–: Sämtliche Werke. Kritische Studienausgabe in 15 Bänden, hrsg. v. Giorgio Colli und Mazzino Montinari, München–Berlin–New York 1980 (Band 15 enthält eine Konkordanz zur kritischen Gesamtausgabe).

–: Briefwechsel. Kritische Gesamtausgabe, hrsg. v. Giorgio Colli und Mazzino Montinari, Berlin–New York 1975 ff.

Abel, Günter: Nietzsche. Die Dynamik der Willen zur Macht und die ewige Wiederkehr, Berlin–New York 1984.

–: Nominalismus und Interpretation. Die Überwindung der Metaphysik im Denken Nietzsches, in: Nietzsche und die philosophische Tradition, hrsg. v. Josef Simon, Bd. 2, Würzburg 1985, 35–89.

Apel, Karl-Otto: Das Apriori der Kommunikationsgemeinschaft und die Grundlagen der Ethik. Zum Problem einer rationalen Begründung der Ethik im Zeitalter der Wissenschaft, in: Ders., Transformation der Philosophie, Bd. 2, Frankfurt a. M. 1976, 358–435.

Becker, Oskar: Nietzsches Beweise für seine Lehre von der ewigen Wiederkunft, in: Blätter für Deutsche Philosophie 9 (1935/36), 368–387.

Behler, Ernst: Derrida – Nietzsche. Nietzsche – Derrida, München–Paderborn–Wien–Zürich 1988.

Bernstein; John Andrew: Nietzsche's moral philosophy, Cranbury, NJ–London–Mississauga, Ontario 1987.

Biser, Eugen: „Gott ist tot". Nietzsches Destruktion des christlichen Bewußtseins, München 1962.

Bueb, Bernhard: Nietzsches Kritik der praktischen Vernunft, Stuttgart 1970.

Camus, Albert: Der Mensch in der Revolte, übers. v. Justus Streller, neubearbeitet v. Georges Schlocker unter Mitarbeit v. François Bondy, Reinbek 1969.

Danto, Arthur C.: Nietzsche as philosopher, New York 1965.

Decher, Friedhelm: Wille zum Leben – Wille zur Macht. Eine Untersuchung zu Schopenhauer und Nietzsche, Würzburg–Amsterdam 1984.

–: Nietzsches Metaphysik in der ›Geburt der Tragödie‹ im Verhältnis zur Philosophie Schopenhauers, in: Nietzsche-Studien 14 (1985), 110–125.

Del Caro, Adrian: Symbolizing philosophy. Ariadne and the labyrinth, in: Nietzsche-Studien 17 (1988), 125–157.

Deleuze, Gilles: Nietzsche und die Philosophie. Aus d. Französischen v. Bernd Schwibs, Frankfurt a. M. 1985.

Descartes, René: Discours de la méthode / Von der Methode des richtigen Vernunftgebrauchs und der wissenschaftlichen Forschung, übers. und hrsg. v. Lüder Gäbe, Hamburg 1964.

Dickopp, Karl-Heinz: Zum Wandel von Nietzsches Seinsverständnis – African Spir und Gustav Teichmüller, in: Zeitschrift f. philos. Forschung 24 (1970), 50–71.

Diogenes Laertius: Leben und Meinungen berühmter Philosophen, übers. v. Otto Apelt, 2. Aufl., Hamburg 1967.

Djurić, Mihailo: Die antiken Quellen der Wiederkunftslehre, in: Nietzsche-Studien 8 (1979), 1–16.

–: Nietzsche und die Metaphysik, Berlin–New York 1985.

Donnellan, Brendan: Nietzsche and the French moralists, Bonn 1982.

Fahrenbach, Helmut: Nietzsches radikale Kritik der traditionellen Moral und Moralphilosophie, in: Ders., Existenzphilosophie und Ethik, Frankfurt a. M. 1970, 33–58.

Fauth, Wolfgang: Artikel ›Dionysos‹, in: Der kleine Pauly. Lexikon der Antike, Bd. 2, Stuttgart 1967.

Figl, Johann: Interpretation als philosophisches Prinzip. Friedrich Nietzsches universale Theorie der Auslegung im späten Nachlaß, Berlin–New York 1982.

Fink, Eugen: Nietzsches Philosophie, Stuttgart 1960.

–: Nietzsches Neue Welterfahrung, in: 90 Jahre philosophische Nietzsche-Rezeption, hrsg. v. Alfredo Guzzoni, Königstein/Ts. 1979, 126–139.

Flake, Otto: Nietzsche. Rückblick auf eine Philosophie, Frankfurt a. M. 1980.

Fleischer, Margot: Die Zeitlichkeit des Menschen. Nietzsches Analyse in seiner zweiten Unzeitgemäßen Betrachtung, in: Weltaspekte der Philosophie. Rudolph Berlinger zum 26. Oktober 1972, Amsterdam 1972.

–: Hermeneutische Anthropologie. Platon – Aristoteles, Berlin–New York 1976.

–: Wahrheit und Wahrheitsgrund. Zum Wahrheitsproblem und zu seiner Geschichte, Berlin–New York 1984 (Kap. 6; 133–190 mit 247–267).

–: Dionysos als Ding an sich. Der Anfang von Nietzsches Philosophie in der ästhetischen Metaphysik der ›Geburt der Tragödie‹, in: Nietzsche-Studien 17 (1987), 74–90.

–: Das Spektrum der Nietzsche-Rezeption im geistigen Leben seit der Jahrhundertwende. Übersicht und Materialien, in: Nietzsche-Studien 20 (1991), 1–47.

–: Artikel ›Nietzsche‹, in: Theologische Realenzyklopädie, Berlin–New York 1993.

Foucault, Michel: Nietzsche, la généalogie, l'histoire, in: Hommage à Jean Hyppolite, Paris 1971, 145–172 (deutsch in: Ders., Von der Subversion des Wissens, übers. v. Walter Seiter, München 1974, 83–110).

Gadamer, Hans-Georg: Das Drama Zarathustras, in: Nietzsche-Studien 15 (1986), 1–15.

Goedert, Georges: Zur Notwendigkeit des Bösen in Nietzsches Projekt vom Übermenschen, in: Perspektiven der Philosophie 7 (1981), 89–101.

–: Nietzsche der Überwinder Schopenhauers und des Mitleids, Amsterdam–Würzburg 1988.

Granier, Jean: Le problème de la Vérité dans la philosophie de Nietzsche, Paris 1966.

–: Généalogie des valeurs et vérité dans la philosophie de Nietzsche, in: Perspektiven der Philosophie 3 (1977; erschienen 1978), 149–156.

Grau, Gerd-Günther: Ideologie und Wille zur Macht. Zeitgemäße Betrachtungen über Nietzsche, Berlin–New York 1984.

Groddeck, Wolfram: Friedrich Nietzsche – „Dionysos-Dithyramben", Bd. 1: Textgenetische Edition der Vorstufen und Reinschriften, eingeleitet und hrsg. v. Wolfram Groddeck, Bd. 2: Die „Dionysos-Dithyramben". Bedeutung und Entstehung von Nietzsches letztem Werk, Berlin–New York 1991.

Haar, Michel: Nietzsche and metaphysical language, in: Man and world 4 (1971), 359–395.

Haase, Marie-Luise: Der Übermensch in ›Also sprach Zarathustra‹ und im Zarathustra-Nachlaß 1882–1885, in: Nietzsche-Studien 13 (1984), 228–244.

Halder, Alois: Die metaphysisch-religiöse Transzendenz im Experiment des Willens zur Macht, in: Zur Aktualität Nietzsches, Bd. 1, hrsg. v. Mihailo Djurić und Josef Simon, Würzburg 1984, 45–62.

Heftrich, Eckhard: Nietzsches Philosophie. Identität von Welt und Nichts, Frankfurt a. M. 1962.

–: Nietzsches Goethe. Eine Annäherung, in: Nietzsche-Studien 16 (1987), 1–20.

Hegel, Georg Wilhelm Friedrich: Vorlesungen über die Philosophie der Weltgeschichte, 1. Hälfte, Bd. I: Die Vernunft in der Geschichte, hrsg. v. Johannes Hoffmeister, 5. Aufl., Hamburg 1955.

–: Werke in 20 Bänden. Theorie Werkausgabe, Bd. 15, Frankfurt a. M. 1970 (= Vorlesungen über die Ästhetik, Bd. 3).

Heidegger, Martin: Nietzsches Wort „Gott ist tot", in: Ders., Holzwege, 6., durchgesehene Aufl., Frankfurt a. M. 1980.

–: Was heißt Denken?, 4. Aufl., Tübingen 1984.

–: Nietzsche, 2 Bde., 5. Aufl., Pfullingen 1989.

–: Wer ist Nietzsches Zarathustra?, in: Ders., Vorträge und Aufsätze, 6. Aufl., Pfullingen 1990.

Heidemann, Ingeborg: Der Antagonismus der Ideale und das Problem der Sinneinheit in Nietzsches Entwurf der Moralkritik von 1886 und 1887, in: Kant-Studien 62 (1971), 427–445.

–: Nietzsches Kritik der Moral, in: Nietzsche-Studien 1 (1972), 95–137.

Heimsoeth, Heinz: Metaphysische Voraussetzungen und Antriebe in Nietzsches Immoralismus, Abh. der Akademie der Wiss. und der Lit. Mainz, Geistes- und Sozialwiss. Klasse, Wiesbaden 1955.

Horkheimer, Max, und Theodor W. Adorno: Dialektik der Aufklärung. Philosophische Fragmente, Frankfurt a. M. 1969.

Janz, Curt Paul: Friedrich Nietzsches akademische Lehrtätigkeit in Basel 1869–1879, in: Nietzsche-Studien 3 (1974), 192–203.

–: Friedrich Nietzsche. Biographie, 3 Bde., München–Wien 1978–79.

Jaspers, Karl: Philosophie, Bd. 2: Existenzerhellung, 3. Aufl., Berlin–Göttingen–Heidelberg 1956.

–: Nietzsche. Einführung in das Verständnis seines Philosophierens, Nachdruck der 4. Aufl., Berlin–New York 1981.

Jonas, Hans: Das Prinzip Verantwortung. Versuch einer Ethik für die technologische Zivilisation, Frankfurt a. M. 1979.

Kant, Immanuel: Werke in 6 Bänden, hrsg. v. Wilhelm Weischedel, Bd. 4, Darmstadt 1963.

Kaufmann, Walter: Nietzsche. Philosoph – Psychologe – Antichrist. Aus d. Amerikan. übers. v. Jörg Salaquarda, Darmstadt 1982.

Kaulbach, Friedrich: Nietzsches Idee einer Experimentalphilosophie, Köln–Wien 1980.

Kimmerle, Gerd: Die Aporie der Wahrheit. Anmerkungen zu Nietzsches ›Genealogie der Moral‹, Tübingen 1983.

Köster, Peter: Der sterbliche Gott. Nietzsches Entwurf übermenschlicher Größe, Meisenheim am Glan 1972.

–: Nietzsches Beschwörung des Chaos, in: Theologische Quartalschrift 153 (1973), 132–163.

–: Nietzsche-Kritik und Nietzsche-Rezeption in der Theologie des 20. Jahrhunderts, in: Nietzsche-Studien 10/11 (1981/82), 615–685.

Krämer, Hans: Zur ethischen Tragweite des Machtbegriffs, in: Nietzsche und die philosophische Tradition, hrsg. v. Josef Simon, Bd. 1, Würzburg 1985, 34–45.

Kuhn, Elisabeth: Nietzsches Quelle des Nihilismus-Begriffs, in: Nietzsche-Studien 13 (1984), 253–278.

Künzli, Rudolf E.: Nietzsche und die Semiologie: Neue Ansätze in der französischen Nietzsche-Interpretation, in: Nietzsche-Studien 5 (1976), 263–288.

Landmann, Michael: Geist und Leben. Varia Nietzcheana, Bonn 1951.

Löwith, Karl: Nietzsches antichristliche Bergpredigt, in: Heidelberger Jahrbücher 6 (1962), 39–50.

–: Nietzsches Philosophie der ewigen Wiederkehr des Gleichen, 3. Aufl., Hamburg 1978.

Magnus, Bernd: Nietzsche's existential imperative, Bloomington–London 1978.

–: Nietzsches äternalistischer Gegenmythos, in: Nietzsche, hrsg. v. Jörg Salaquarda, Darmstadt 1980, 219–233.

–: Perfectibility and attitude in Nietzsche's „Übermensch", in: The review of metaphysics 36 (1982/83), 633–659.

Mann, Heinrich: Nietzsche, in: Maß und Wert, Zweimonatsschrift für freie deutsche Kultur, hrsg. v. Thomas Mann und Konrad Falke, 2 (1939), 277–304.

Margreiter, Reinhard: Ontologie und Gottesbegriffe bei Nietzsche. Zur Frage einer „Neuentdeckung Gottes" im Spätwerk, Meisenheim am Glan 1978.

McBride, Joseph: Nietzsche's existential ethic, in: Philosophical studies 30 (1984), 73–82.

Mehregan, Hushang: Zarathustra im Awesta und bei Nietzsche – eine vergleichende Gegenüberstellung, in: Nietzsche-Studien 8 (1979), 291–308.

Metz, Wilhelm: Friedrich Nietzsche. Die Verwandlung des Menschen in ›Also sprach Zarathustra‹, in: Philosophische Anthropologie im 19. Jahrhundert, hrsg. v. Friedhelm Decher und Jochem Hennigfeld, Würzburg 1992.

Miller, C. A.: Nietzsche's "Daughters of the desert". A reconsideration, in: Nietzsche-Studien 2 (1973), 157–195.

Mittasch, Alwin: Friedrich Nietzsches Verhältnis zu Robert Mayer, in: Blätter für deutsche Philosophie 16 (1942/43), 139–161.

Mohr, Jürgen: Nietzsches Deutung des Gewissens, in: Nietzsche-Studien 6 (1977), 1–15.

Müller-Lauter, Wolfgang: Nietzsche. Seine Philosophie der Gegensätze und die Gegensätze seiner Philosophie, Berlin–New York 1971.

–: Der Geist der Rache und die ewige Wiederkehr. Zu Heideggers später Nietzsche-Interpretation, in: Redliches Denken. Festschrift für Gerd-Günther Grau, hrsg. v. F. W. Korff, Stuttgart-Bad Cannstatt 1981, 92–113.

–: Das Willenswesen und der Übermensch. Ein Beitrag zu Heideggers Nietzsche-Interpretationen, in: Nietzsche-Studien 10/11 (1981/82), 132–177.

–: Nietzsches Auf-lösung des Problems der Willensfreiheit, in: Nietzsche heute. Die Rezeption seines Werkes nach 1968, hrsg. v. Sigrid Bauschinger, Susan L. Cocalis und Sara Lennox, Bern–Stuttgart 1988.

Oaklander, L. Nathan: Nietzsche on freedom, in: The southern journal of philosophy 22 (1984), 211–222.

Platon: Der Staat. Über das Gerechte, übers. und erläutert v. Otto Apelt, durchgesehen v. Karl Bormann, 8. Aufl., Hamburg 1961.

–: Sämtliche Dialoge, übers. v. Otto Apelt, hrsg. v. Otto Apelt in Verbindung mit Kurt Hildebrandt, Constantin Ritter und Gustav Schneider, 7 Bde., Hamburg 1988.

Preller, L.: Griechische Mythologie, Bd. 1, 5. Aufl., bearbeitet v. Carl Robert, Berlin–Zürich 1964.

Rauh, Manfred: Die Einsamkeit Zarathustras. Eine Untersuchung des 4. Teiles von Friedrich Nietzsches ›Also sprach Zarathustra‹, in: Zeitschrift f. Religions- und Geistesgeschichte 21 (1969), 55–72.

Reininger, Robert: Friedrich Nietzsches Kampf um den Sinn des Lebens. Der Ertrag seiner Philosophie für die Ethik, Wien–Leipzig 1922.

Riehl, Alois: Friedrich Nietzsche. Der Künstler und der Denker. Ein Essay, Stuttgart 1897.

Salaquarda, Jörg: Nietzsche und Lange, in: Nietzsche-Studien 7 (1978), 236–260.

Salter, William M.: Nietzsche's superman, in: The journal of philosophy psychology and scientific methods 12 (1915), 421–438.

Schacht, Richard: Nietzsche, London–Boston–Melbourne–Henley 1983.

Scheler, Max: Der Formalismus in der Ethik und die materiale Wertethik. Neuer Versuch der Grundlegung eines ethischen Personalismus, 6., durchgesehene Aufl., Bern–München 1980 (Gesammelte Werke, Bd. 2).

Schiller, Friedrich: Werke. Nationalausgabe. Bd. 20: Philosophische Schriften, 1. Teil, unter Mitwirkung v. Helmut Koopmann hrsg. v. Benno von Wiese, Weimar 1962.

Schopenhauer, Arthur: Sämtliche Werke, hrsg. v. Wolgang von Löhneysen, Darmstadt 1961–65.

Schröder, Erich Christian: Die Selbstaufhebung der Moral im Vollendungsstadium der Metaphysik bei Nietzsche, Diss. Köln 1954.

Schulz, Walter: Philosophie in der veränderten Welt, Pfullingen 1972, 408–418.

Schweppenhäuser, Gerhard: Nietzsches Überwindung der Moral. Zur Dialektik der Moralkritik in ›Jenseits von Gut und Böse‹ und in der ›Genealogie der Moral‹, Würzburg 1988.

Simon, Erika: Die Götter der Griechen, München 1969.

Small, Robin: Nietzsche's God, in: Philosophy today 26 (1982), 41–53.

Solomon, Robert C.: Nietzsche, nihilism, and morality, in: Ders. (Hrsg.), Nietzsche. A collection of critical essays, New York 1973, 202–225.

Spiekermann, Klaus: Nietzsches Beweise für die ewige Wiederkehr, in: Nietzsche-Studien 17 (1988), 496–538.

Stack, George J.: Nietzsche's myth of the will to power, in: Diálogos 40 (1982), 27–49.

Stambaugh, Joan: Nietzsche's thought of eternal return, Baltimore–London 1972.

Thatcher, David S.: Eagle and serpent in ›Zarathustra‹, in: Nietzsche-Studien 6 (1977), 240–260.

Tugendhat, Ernst: Nachdenken über die Atomkriegsgefahr und warum man sie nicht sieht, Berlin 1986.

Voigt, E.-M.: Artikel ›Dithyrambos‹, in: Lexikon der Alten Welt, Zürich–Stuttgart 1965.

Volkmann-Schluck, Karl-Heinz: Nietzsches Gedicht „Die Wüste wächst, weh dem, der Wüsten birgt . . .", Frankfurt a. M. 1958 (auch in: Ders., Leben und Denken, 115–150).

–: Leben und Denken. Interpretationen zur Philosophie Nietzsches, Frankfurt a. M. 1968.

–: Die Stufen der Selbstüberwindung des Lebens (Erläuterungen zum 3. Teil von Nietzsches Zarathustra), in: Nietzsche-Studien 2 (1973), 137–156.

–: Die metaphysische Rescendenz im Denken Nietzsches, in: Perspektiven der Philosophie 7 (1981), 133–145.

–: Die Philosophie Nietzsches. Der Untergang der abendländischen Metaphysik, hrsg. v. Bernd Heimbüchel, Würzburg 1991.

Weischedel, Wilhelm: Der Gott der Philosophen. Grundlegung einer philosophischen Theologie im Zeitalter des Nihilismus, Bd. 1, München 1979, 429–457.

NAMENREGISTER

Abel, Günter 300 (30)
Adorno, Theodor W. 306 (10)
Ahriman 290 (19)
Alexander der Große 322 (58)
Alkibiades 193
Anaxagoras 272 (30)
Apel, Karl-Otto 263. 334 (10)
Archilochos 286 (39)
Ariadne 243
Aristophanes 315 (32)
Aristoteles 30f. 46. 96. 206. 266 (17).
   273 (32). 273 (33). 277 (7). 277 (8).
   290 (19)
Assassinen 151. 226f.

Bacon, Francis, Viscount of Verulam
   268 (3)
Barth, Karl 280 (17)
Bataille, Georges 329 (8)
Becker, Oskar 300 (30)
Behler, Ernst 329 (8)
Bentham, Jeremy 268 (2)
Biser, Eugen 279 (17)
Borgia, Cesare 192. 193f. 195. 196. 311
   (33). 313 (11). 316 (36). 316f. (38).
   319 (47). 324 (65)
Burckhardt, Jacob 317 (38)

Caesar, Gaius Julius 150. 192. 193. 197.
   198. 200. 227. 315 (28). 315 (31). 315
   (32). 316 (35)
Camus, Albert 302 (44). 306 (10)
Colli, Giorgio 287 (44). 292 (26). 294
   (2). 333f. (13). 334 (1)
Creuzer, Georg Friedrich 285 (30). 290 (19)

Dante Alighieri 192. 318 (46)
Darwin, Charles Robert 283 (16). 298
   (17). 307 (5). 320 (54)

David (König) 273 (30)
Decher, Friedhelm 284 (27)
Deinon 290 (19)
Del Caro, Adrian 331 (11)
Deleuze, Gilles 329 (8)
Demokrit 272 (30)
Derrida, Jacques 329 (8). 332 (12)
Descartes, René 1. 106. 268 (5). 277 (8).
   281 (11)
Dickopp, Karl-Heinz 266 (12)
Diogenes Laertius 290 (19)
Dionysos 184. 243. 287 (47). 288 (58).
   294 (14). 331 (8)
   s. auch Sachregister
Djurić, Mihailo 284 (26)
Donnellan, Brendan 268 (4)
Dühring, (Karl) Eugen 285 (27)

Exekias 288 (58)

Fauth, Wolfgang 294 (14)
Fichte, Johann Gottlieb 38. 277 (9)
Figl, Johann 265 (2)
Flake, Otto 306 (10)
Friedrich der Große 315 (32)
Fuchs, Carl 297 (5)

Gadamer, Hans-Georg 287 (47)
Gobineau, Joseph Arthur 285 (30)
Goedert, Georges 284 (27)
Goethe, Johann Wolfgang von 99. 106.
   184. 188ff. 191. 192. 192f. 193. 197.
   198. 199. 203. 210. 225. 313 (11). 314
   (22). 315 (24). 315 (25). 315 (26). 315
   (32). 315 (34). 316 (36). 323 (60). 324
   (65)
Granier, Jean 310f. (33)
Groddeck, Wolfram 293 (8.1). 332f.
   (12)

SACHREGISTER

Im Sachregister sind *nicht sämtliche* Stellen aufgelistet, an denen die Schlagwörter vorkommen. Gelegentlich findet sich ein Schlagwort im Text als Teil einer Zusammensetzung. Unter substantivierten Infinitiven sind auch Stellen aufgeführt, an denen das Verb nicht substantiviert gebraucht wird.